故宫宣教
THE PALACE MUSEUM
PUBLICITY AND EDUCATION

我要去故宫系列

探秘
午门

故宫博物院宣传教育部 / 编著　果美侠 / 主编
本册作者：孙晓晔
本册绘者：御鉴文化（北京）有限公司　别玮璐

中信出版集团 | 北京

探秘午门

编　　著：故宫博物院宣传教育部
主　　编：果美侠
本册作者：孙晓晔
本册绘者：御鉴文化（北京）有限公司　别玮璐
摄　　影：齐梦伯
图片提供：故宫博物院资料信息部
策划出品：故宫博物院
　　　　　御鉴文化（北京）有限公司
出版发行：中信出版集团股份有限公司
　　　　　（北京市朝阳区东三环北路 27 号嘉铭中心　邮编　100020）
承 印 者：北京瑞禾彩色印刷有限公司

序言：我要去故宫

去故宫，可以有许多理由：陪亲朋，遛孩子，看展览，拍美照……

不去故宫，往往只有一个理由：太无趣！

相似的院落，差不多的建筑，看过和没看过，似乎没什么差异。如果不是真心喜欢，如果不是迫于无奈，自己说出“我要去故宫”的，可能少之又少。

常年工作在故宫的我们，也不是每个人都能把各个宫殿的与众不同讲出来。揭开600年宫殿建筑的奥秘，需要善于发现的眼睛，需要勇于探索的精神。

一群在这里工作的年轻人，每年向数以万计的游客讲述同样的建筑历史，述说600年不变的宫殿故事，好无趣！不妨换种方式，看看有什么能够吸引人们的看点，整理出新奇的探秘主题，既激发自己去主动发现，也让大家对故宫兴趣盎然。于是，从给学生参观使用的探秘学习单开始，我们策划了《我要去故宫系列》探秘图书。

匆匆的游客，常常一小时走过一座城。而我们，想让孩子们一小时只看一座宫。从中轴线，到东西六宫，再到外西路和外东路，20个建筑区域，构成了20册书的内容主体。既讲建筑，又说历史；既有精美的文物呈现，也有有趣的故事传说。看得见的，引你看细节；看不见的，诱你来想象。文字与插图相辅，内涵与颜值并重。这说的就是《我要去故宫系列》图书。每册分多个主题，涉及建筑、历史、藏品等内容，选题有趣、文字好读、插图好看！

午门，这里是紫禁城的门面担当，既有颜值，又有故事。午门前威严的皇宫仪仗中，竟曾有盛装的宝象，还有宝象拉的辂。

太和门，这里有规矩，讲秩序，门前的古物不只我们不知是做什么用的，就连曾经住在这座宫城里的皇帝也不知。石栏杆的火焰望柱头，开了洞的警报器石别拉似乎也不难发现。

太和殿，皇宫里最重要的建筑，历经600年风雨洗礼，既有灭火的陈设，也有克火的理念，只为向你证明曾经的盛世繁华，可以绵延不变。

保和殿，这里不仅是科举士人的考场，也是清初帝王的临时寝宫。方方正正的中和殿，更是帝王筹备亲耕之礼、关注皇家玉牒的重要场所。

乾清门，朝和廷的分野、家与国的界限，皇帝运筹帷幄在内，军机昼夜值守于外。皇帝很辛苦，大臣也不易，宫里禁火烛，官员上朝，几乎都得黑灯瞎火入宫，“蹭灯”的机会少之又少。

乾清宫，这里是帝王寝宫，却也传来皇子的琅琅读书声。这里药味浓，龙袍新，年节大典，更是院内高悬百丈灯，举国君民齐欢庆。

坤宁宫，凤舞千秋的世界，满汉交融的风格透过门、穿过窗，印在屋内的诸多角落。交泰殿的无为匾，一匾述说出三代帝王与这宫殿的渊源。

御花园，这里春有百花秋有月，夏有凉风冬有雪。钦安殿内护佑宫殿免遭火灾的玄武大帝，不知道是否注意到园内亭子中，井亭竟然没有顶。

西六宫，果然是宫闱趣事多，两枚锈迹斑斑的铁环，记载的是宫内静谧生活中难得的欢娱。末代帝后也在这里赶着新潮，穿洋装、吃西餐、学英语，西方的玩意儿在这里一样不少。

东六宫，曾经的后妃居住地，遗留下一座未建完的西式建筑，只能凭想象复原其类似水族馆的华美。其他的院落，也各有各的故事，既见证繁花盛放，也目睹香魂陨落。

宁寿全宫，看似普通的皇极门，竟然也是有限空间内建造出的另一座“小午门”。门内的皇极殿，更是有着乾清宫的外表，却发挥着太和殿的功用。乾隆皇帝的乐寿之所，不仅有乾隆，还有“钱龙”，而晚清的慈禧太后，也把这里作为御用居处，内政外交，见证了时代的更迭。

乾隆花园，文人的雅致随处可见，禊赏亭、古华轩、碧螺亭、藤萝顶，处处精致，处处惊喜。乾隆皇帝倦于勤，欣赏花园勤而不倦，乐此不疲。

慈宁宫，御路石上的小蜥蜴和门前的麒麟兽一同述说着这里的秘密，屋顶独特的轩辕镜与院内与众不同的月晷，则告诉你这里主人的独特身份。

重华宫，是“养在深闺人未识”的宫苑建筑，弘历在这里娶了他挚爱的富察氏。当了皇帝（乾隆皇帝）后也到这里举办茶宴，君臣之间赋诗联句，雅性使然、默契使然，更是家国天下的情怀使然。

养心殿，八代帝居一定不负众望，既有治国理政之所，也显生活起居之便，更有闲暇怡情之趣。小小的三希堂，幻化出大空间，一幅通景画，巧妙地让景入画，人也入画！

文华殿，象征水的黑色屋顶还不足以护佑文渊阁的《四库全书》，从屋檐彩画到栏板石雕，水的元素随处可见。“天一生水”而有黑瓦屋顶，“地六成之”便有了屋阔六间！

武英殿，摄政王的权力中心，变身为殿本修书之所。浴德之水蜿蜒而出，于断虹桥畔诉说沧桑。储冰之所，亦呈现皇室消夏之聪慧。

珍宝馆，华丽的珠宝背后，隐藏了采珠人等付出的艰辛。皇室的饰品，最精于其取材的独特。先秦石鼓唐时现，流转千年入深宫。只要有心，你就会被它们的文字和经历感动。

钟表馆，让我们了解中西方再次开启的对话。漂洋过海的计时仪器，成了皇家喜好的有趣玩具，可计时，可打更，可升降，可转花。魔术、水法、音乐、鸟音，无不炫目悦耳，赞从心生。

我觉得，以上这些远远不够，书中好玩的故事、好看的插画，等你去探索，由你去发现。如果每读完一本，你就有拿起书入宫的冲动，我们会万分欣慰。真诚地，真心地，在宫里，期盼你，欢迎你！

果美侠，写于墨尔本旅途

2019 年 7 月 27 日

目录

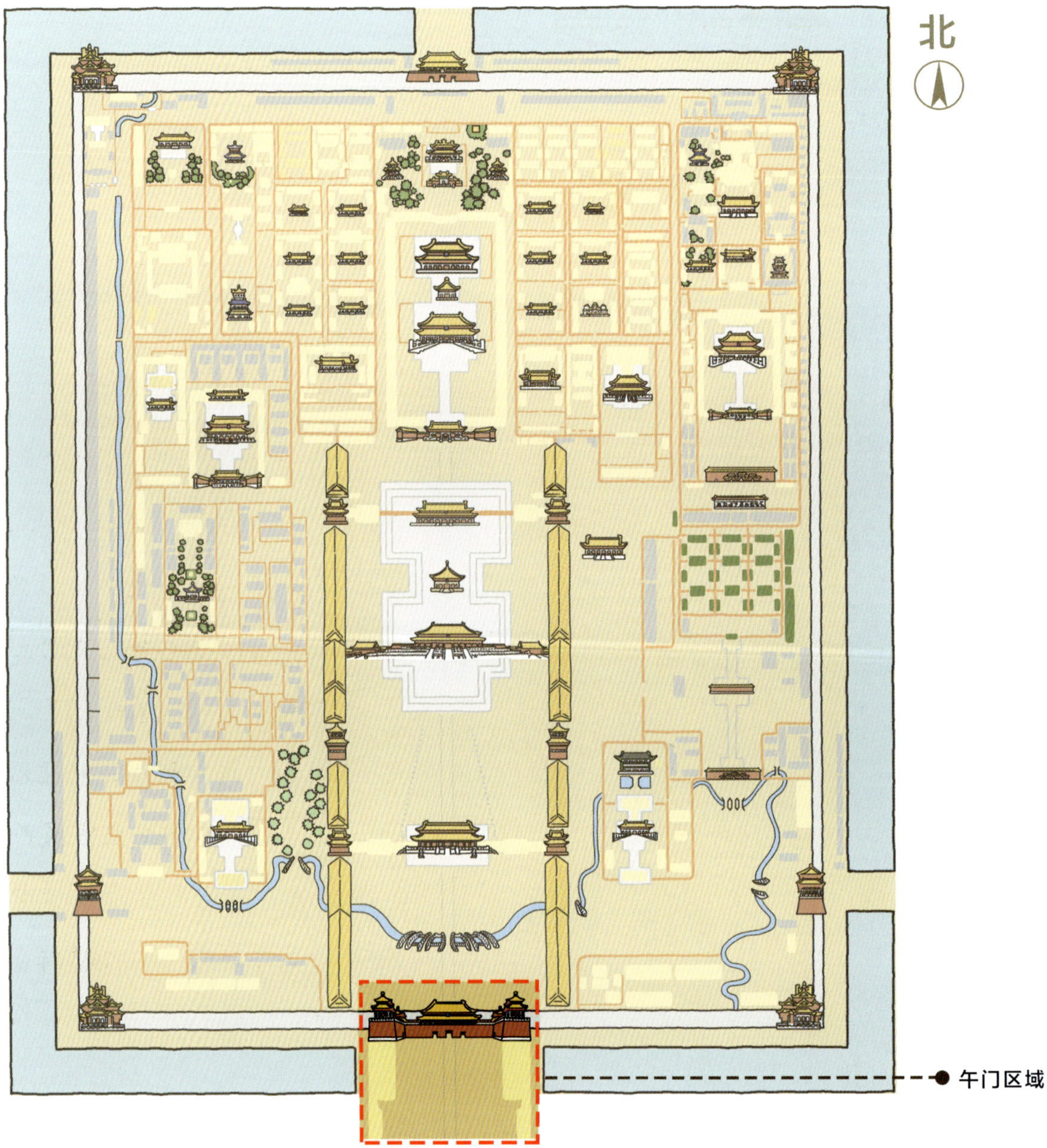

故宫平面示意图

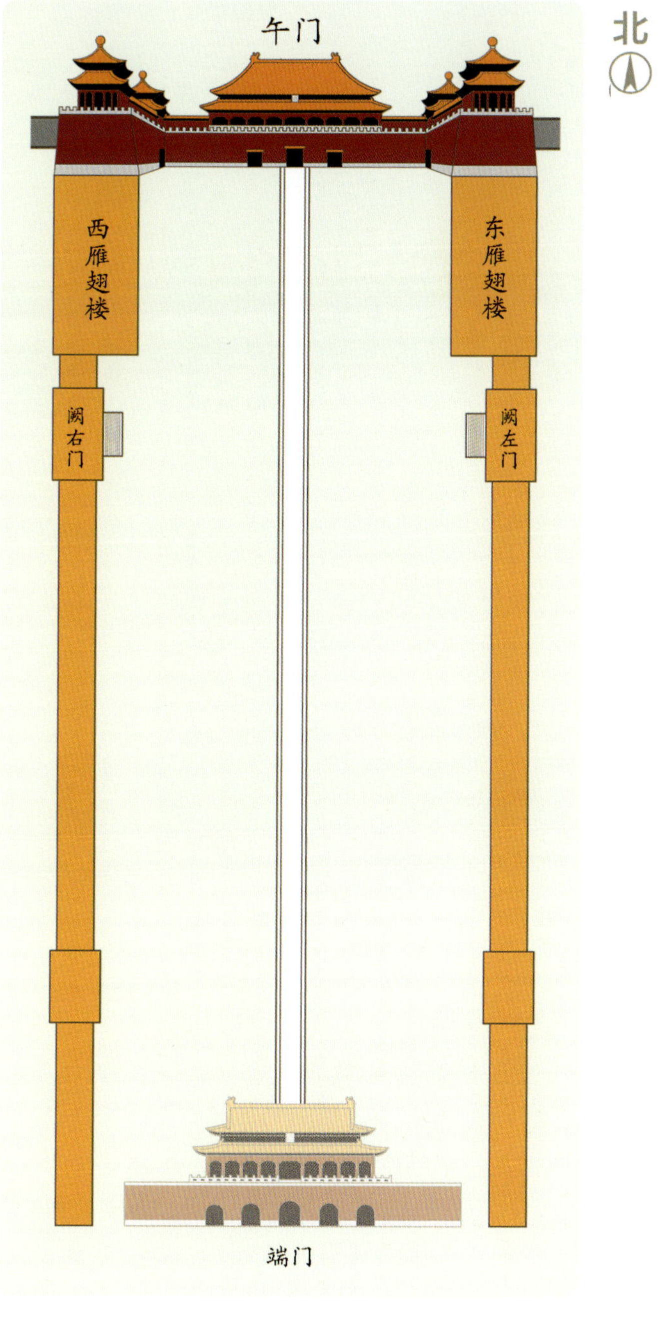

午门区域平面示意图

欢迎来到午门！

午门是紫禁城（现故宫博物院）的正门，是明清皇宫的门面担当。它造型雄峻、优雅、独特，不仅是紫禁城最耀眼的建筑符号之一，也是皇家威仪的象征。

作为紫禁城的第一门户，皇帝在此处登门阅礼，主持重大的典礼活动；百官在此处井然肃立，捍卫皇室威严。

现在，就让我们通过紫禁门户、授时迎春、受俘扬威、朝仪赫赫、朝事悠悠五个专题来探秘午门！

紫禁门户

01
紫禁门户

午门，是紫禁城的正门，是明清两代皇帝宫殿的门户，是皇家礼仪与威严的第一担当。

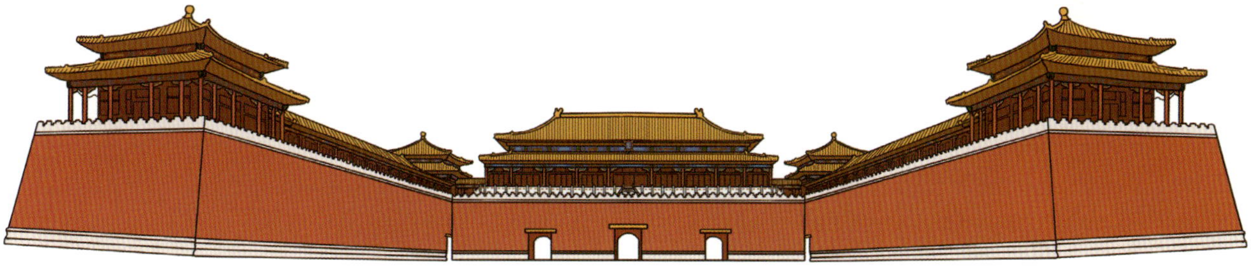

明清时期的北京城，由外向内有外城、内城、皇城和紫禁城共四道城池，其中紫禁城是皇帝生活的居所，也就是人们通常所说的皇宫。午门，是紫禁城的正门，是皇帝宫殿的门户。

今天，午门依然是门户担当，是人们参观故宫博物院的入口，其恢宏的气势尽显皇家威严。

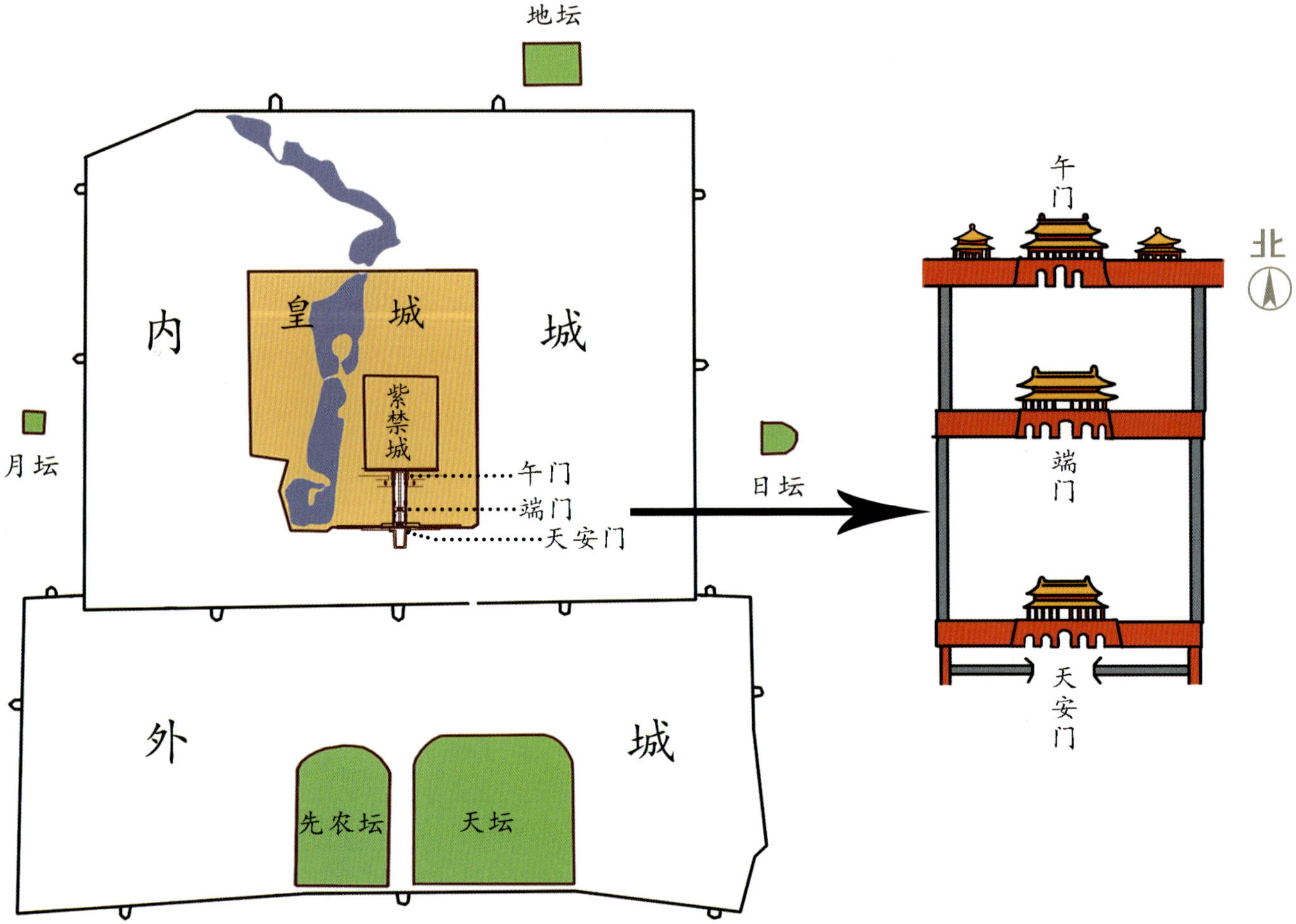

明清北京城简图

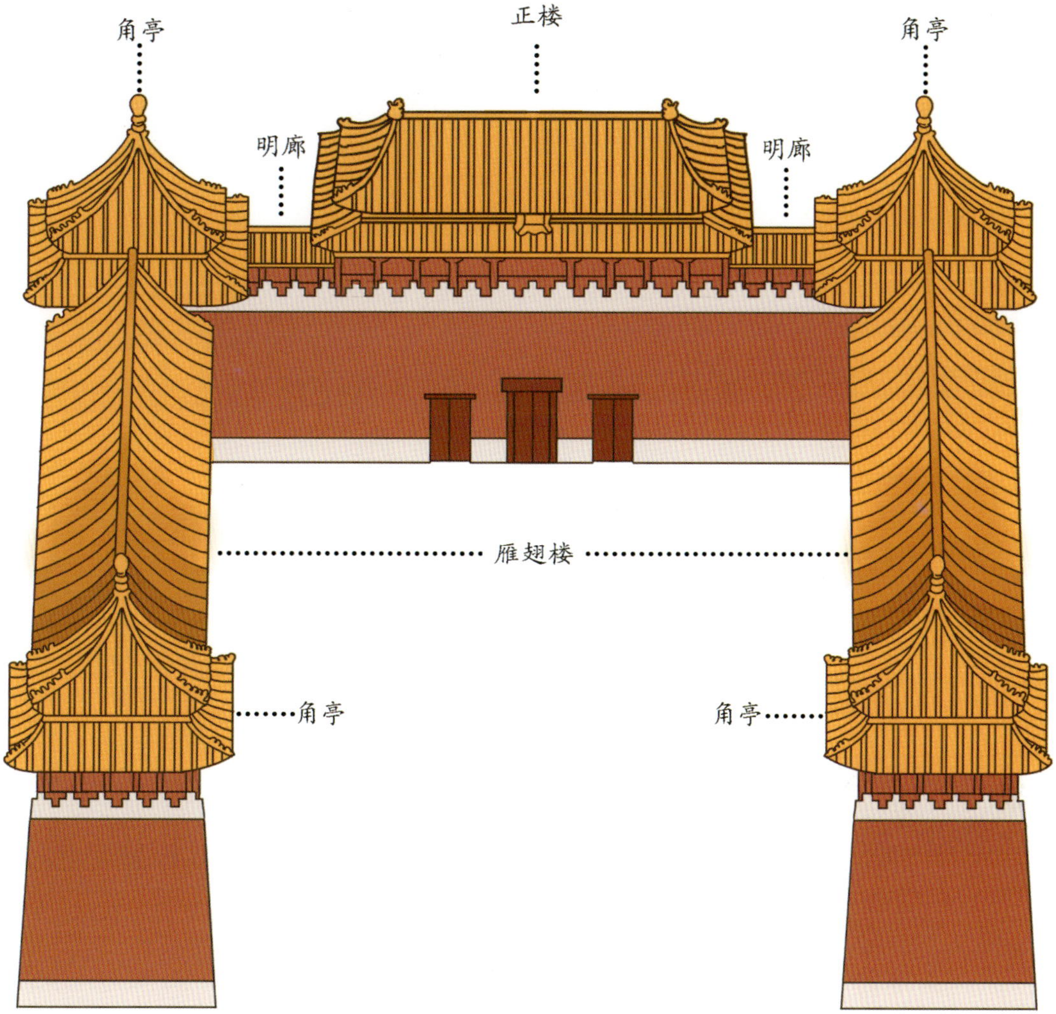

午门鸟瞰图

我国古代，人们在方位上以北为子、以南为午，在时间上以太阳在天空正中的时辰为午（11:00—13:00），午门因坐落于紫禁城的正南方，又居中向阳， 故得名。从高空俯瞰，午门呈“凹”字形，上为城楼，下为城台，城台的东、西两端分别向南延伸出了一段，如同飞鸟的双翼。午门的城楼由正楼、明廊、雁翅楼及雁翅楼两端的角亭构成。

午门东西两端延伸出的这两段城台称作“双阙”或“双观”，是古代城门中最隆重的一种建筑规制。关于“阙”最早的记录见于《诗经·郑风·子衿》——“挑兮达兮，在城阙兮”，描述了主人公在城阙上焦急眺望归人的场景。这里的“阙”是建筑于城门外两侧的高台，用于瞭望、防御和发布重要消息。后来，阙逐渐发展成建于宫殿、庙堂乃至陵墓前的一种礼制性建筑物，多用于装饰和记录官爵、功绩。有些阙还与城门相连，成为城门的一部分。

午门双阙的造型汲取了古代城门建筑艺术的精华——双阙自城台两端向南延伸，如同巨鸟展翼，势拥天下。城台上的城楼错落飞扬。因而，人们常沿用古代对宫门的美称，称午门为“五凤楼”。

城阙演变图

午门正面（南侧）

午门通高38米，有今天的十几层楼那么高。城台上开有5个门洞，呈“明三暗五”的格局。如果从午门的正面也就是南侧看，只能看到3座门，即正中的中门和左右各一的翼门，而从背面也就是北侧看，可以看到5个门洞一字排开。这是因为午门的南面有雄伟的双阙，为了保证视野上的开阔，体现出威严气势，东、西两侧的城门在城台里拐了个弯，将门洞藏在双阙的内侧，这两个门被形象地称作“掖门”。掖门不只在位置上与三座主门有区别，其门钉也少于主门，主门的门钉为81颗，而掖门的门钉是72颗。

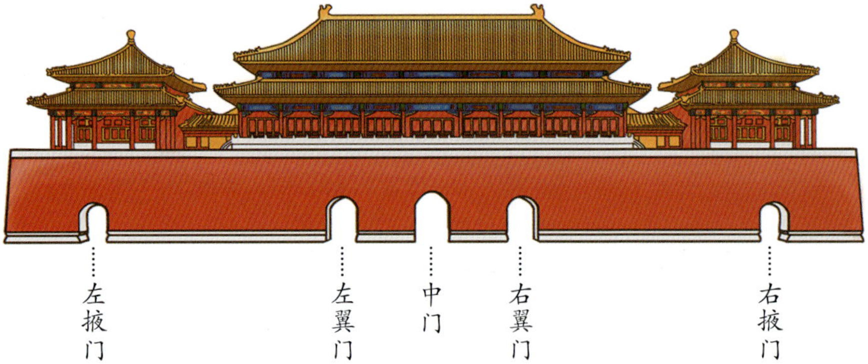

午门背面（北侧）

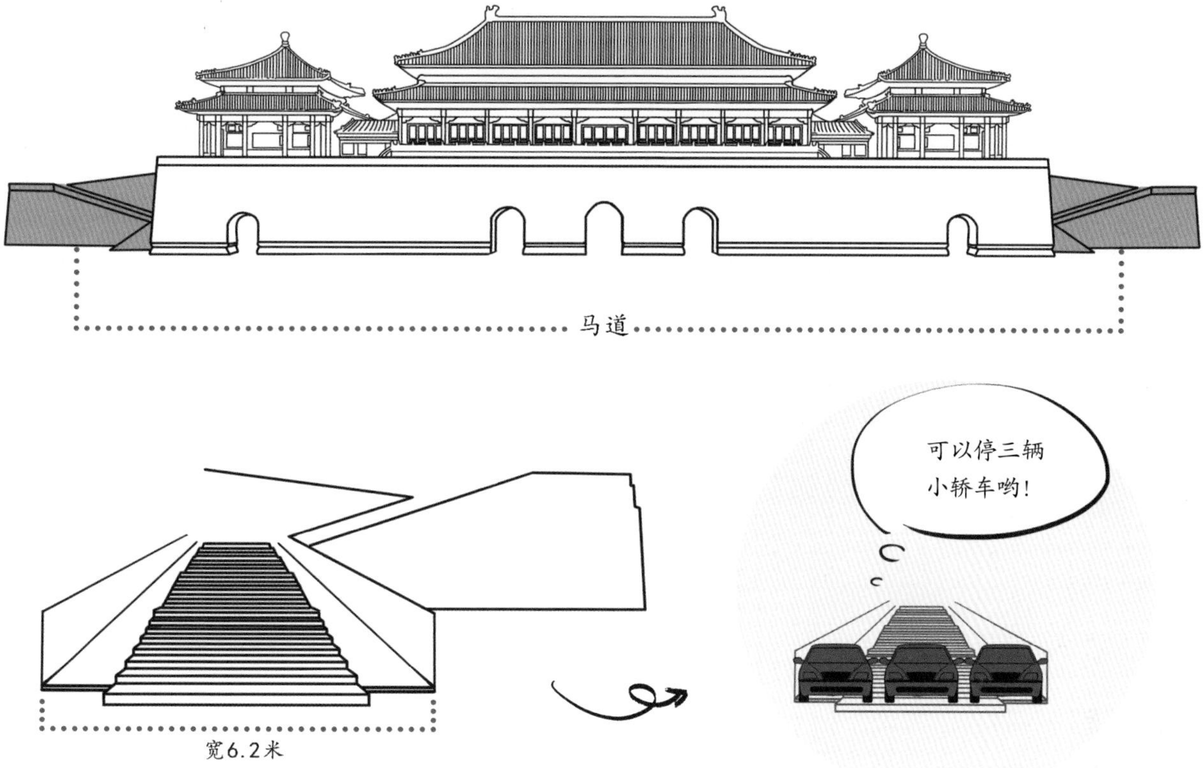

午门马道

午门北侧的两端各有一条曲折向上的马道通向城垣及城楼。午门既是皇帝举行典礼的重要场所，又是防卫紫禁城的要冲，因此马道修建得格外平缓宽阔。为了减缓上升的坡度，午门马道总长超过56米，折为三段通向城楼。马道宽6.2米，可以并排停下3辆小轿车。马道的中间是台阶，两侧则是缓坡，以便于皇帝的轿辇和运送兵器、辎重的车辆上下通行。

作为紫禁城的正门，午门拥有紫禁城内等级最高、装饰最为华美的城楼。城楼顶遍铺黄色琉璃瓦，门窗皆漆朱色，窗棂采用三交六椀菱花装饰，正楼屋檐下的梁枋采用和玺彩画和宝珠吉祥草彩画装饰，朱色底的宝珠吉祥草与青绿色底的龙草相映成趣，城楼围以汉白玉的石栏杆。这一切装饰都与午门以北的三大殿相得益彰。

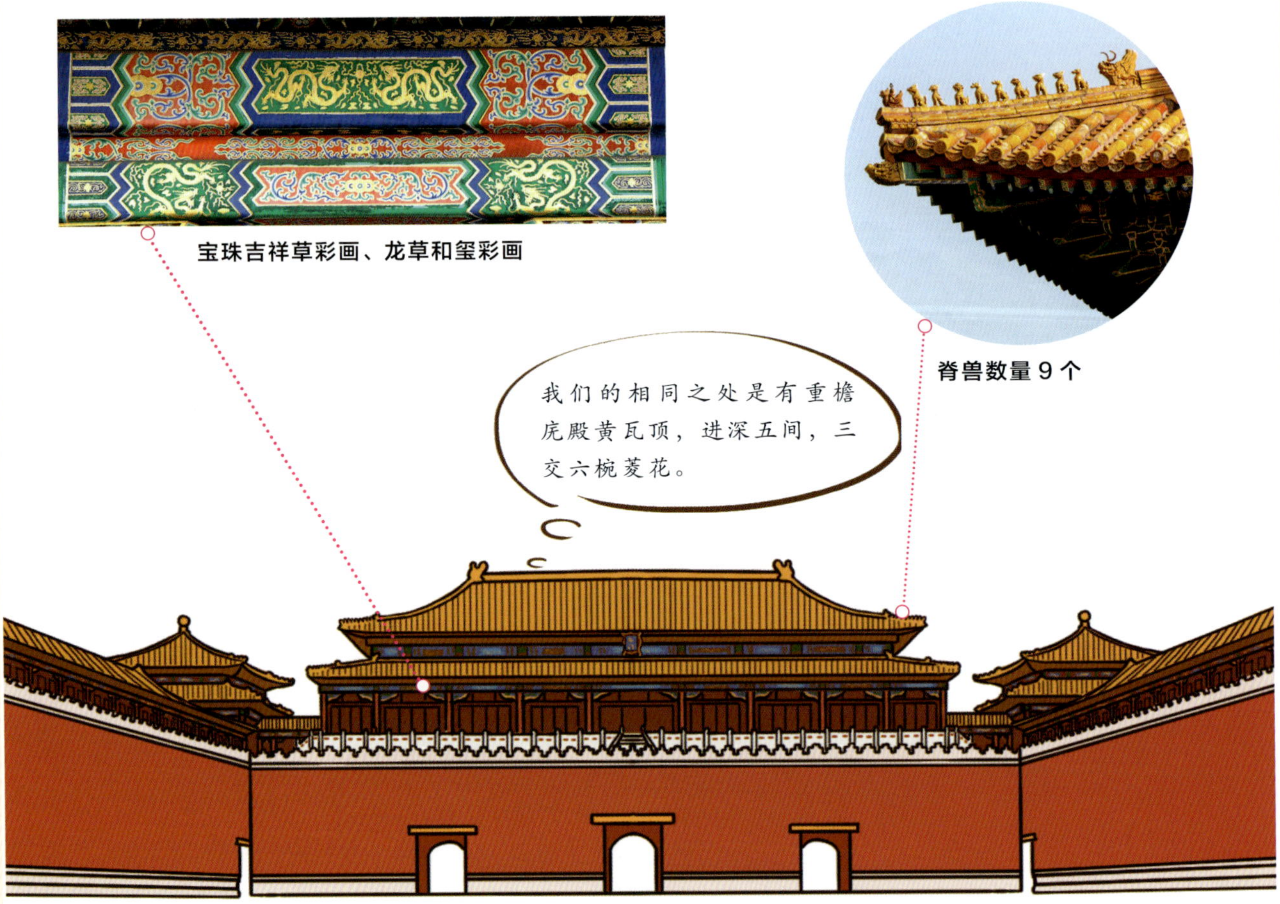

午门

金龙和玺彩画

脊兽数量 10 个

太和殿

午门正楼采用重檐庑殿式屋顶，面阔九间，进深五间。这种重檐庑殿顶、象征九五之尊的开间建制与紫禁城中等级最高的建筑太和殿相近，而午门正楼仅在部分建筑细节上做法从简，以示等级略低于太和殿。

正楼两侧的连廊，在过去是通透的明廊，其中安放有钟鼓，这里的钟鼓并不是我们一般印象中的报时工具暮鼓晨钟，它们只在祭祀等大型活动中鸣响，是皇家朝仪的一部分。

例如，皇帝到太庙祭祀经过午门时，门楼上击鼓；在外出祭祀其他坛庙经过午门时，门楼上鸣钟；举办大朝会时，则钟鼓齐鸣。钟鼓的声音不仅可以烘托皇帝仪仗威严肃穆的气势，也可以作为一种信号，让候在午门外的百官知道皇帝即将通过城门，以便提前做好迎送的准备。

满文《大藏经》经版

午门展厅

那么紫禁城里有没有报时用的钟鼓呢？事实上也是有的，它们曾经被安放在与午门遥遥相对的神武门内。而鸣钟敲鼓的讲究，也不是暮鼓晨钟这样简单，以神武门为例，每日黄昏后鸣钟108响，自起更至五更，每更击鼓，启明时再鸣钟报晓。特殊之处是，当皇帝在皇宫内居住时，是不鸣钟的。

午门双阙之上各建有一座长长的庑殿，因双阙好像大雁的双翅，所以双阙上的庑殿称为雁翅楼。雁翅楼的两端还各有两座四角攒尖重檐顶的角亭，仿佛四颗明珠，使午门城楼的布局高低错落，左右相应，威严中又透露出灵动俊逸。

高大宽阔的午门城楼除了用于举办重要典礼，还曾作为清代的藏经阁，用来储藏乾隆皇帝主持翻译的多部《大藏经》译文的经版。如今，午门城楼已经成为故宫博物院最重要的展厅之一，用于举办重要的临时展览。

嘉量

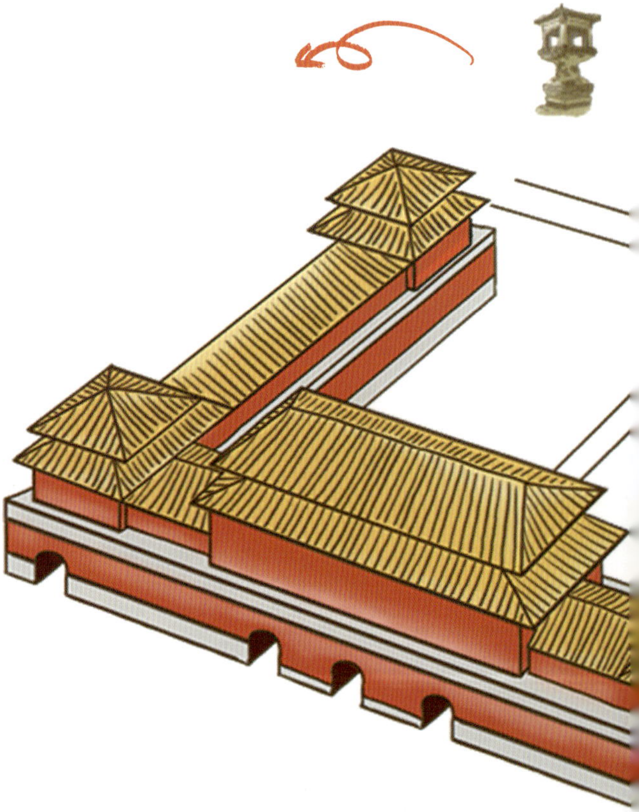

午门前有宽阔的广场，是王公大臣通过午门之前重要的活动区域。午门广场东西两侧各有一道门，因为临近午门双阙，所以称阙左门和阙右门。除了端门，阙左门和阙右门也是进入午门广场的重要通道。

午门外还陈设有日晷和嘉量。日晷在右（西侧），是用来观测日影推定时间的重要仪器，可以用来测定天时、节气、方向，进而用

日晷

于推算历法，它象征了皇权对时间的控制与把握；嘉量在左（东侧），是一种标准量器，通过其深度、所容黍的重量和数量，规定了长度、容积、重量的基本单位，象征着皇权对空间的绝对控制。这其中比较特殊的是午门外日晷、嘉量的方位，它们与紫禁城内其他日晷、嘉量的位置是相反的。

授时迎春

02
授时迎春

午门是举办典礼的重要场所之一。“颁朔”“进春”这两项关系国计民生的重要典礼便在这里举行。

紫禁城是皇帝处理政务和日常生活最主要的场所。皇帝的日常工作主要分为两类。一类是参与、主持各种祭祀、典礼仪式。皇帝作为天子，想通过各种祭祀与上天和先祖沟通，通过各种仪式传达上天的指示，彰显天子威严，是政治生活中必不可少的部分。另一类则是召见王公大臣等，听取、处置全国上下发生的各类政务。

在这两类活动中，午门都扮演着至关重要的角色。首先，午门本身就是一个举办典礼的重要场所。古代中国是以农为本的国家，历朝皇帝都非常重视农业生产。于是，在午门前举办的最重要的典礼仪式中，有两项都与农业有着密切联系。

每年十月初一，皇帝都要在午门前举办颁朔礼，发布来年历书，授百姓以天时。

颁朔礼是古代中国一项非常重要的典礼。古代的历书又叫“历日”或“宪书”，功能类似于我们现在的日历，只不过除了根据历法排定的年、月、日和节气，它还附有关于农事活动时宜、日常活动宜忌的指南。由于它必须以皇帝名义颁发，所以又叫“皇历”。古人认为，历法体现的是天地之道，昭示着上天的神性，谁掌握了制定历法、颁布历书的权力，他就是神意所顾、天命所依的真命天子。而各地是否推行、使用皇帝颁布的历书，也是是否服从政权领导的一个重要表现。因此，历朝皇帝都非常重视这项仪式。

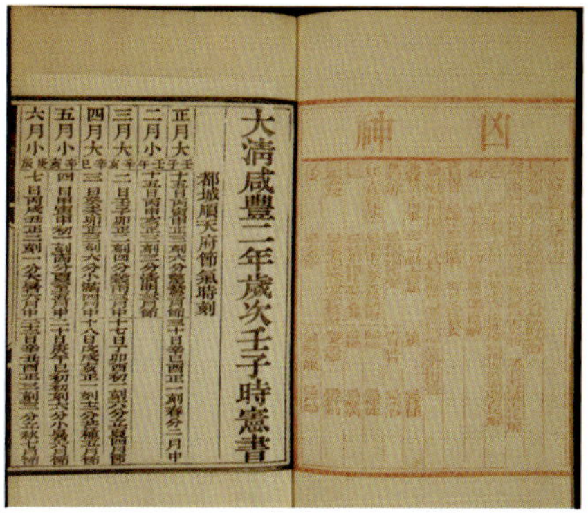

《大清咸丰二年时宪书》

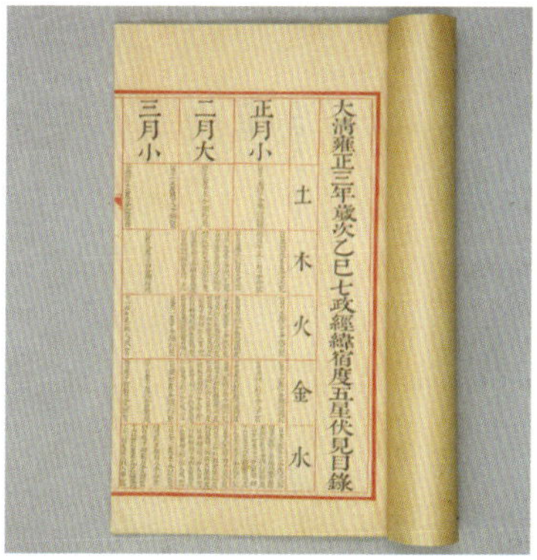

《大清雍正三年七政经纬躔度时宪历》

清代发布历书的这项活动在每年的十月朔日，也就是十月初一于午门外举行，原称为“颁历”典礼。乾隆朝时，为了避乾隆帝“弘历”的名讳，改称“颁朔”。“颁朔”之日，王公大臣齐集午门之外，午门广场设八张红案、两张黄案，太和门正中设两张黄案。负责制定历书的钦天监将历书由钦天监送往午门广场，将准备赐给王公大臣的历书安置在午门外的红案之上，呈献给皇帝的历书安置在黄案上。然后钦天监官员抬着黄案经由午门中门进入太和门，将历书安置在预先设好的黄案上。钦天监官员三拜九叩，将历书呈给皇帝后退出，午门外的王公大臣则在鸿胪寺官赞引下跪领历书。此后，地方便可据此刊印新一年的历书并发行。

明清两代的历书由国家天文台——钦天监负责编撰。明代末期，德意志传教士汤若望来到中国，进入钦天监，带来了西方的天文历法技术，也引发了中西历法之争。清军入关后，汤若望凭借天文历法方面的学识和技能获得了顺治皇帝的赏识，任钦天监监正，负责对传统历法进行修正等。康熙朝初年，汤若望通过西法制定的新历得到了朝廷认可和广泛推行，引起了一些官员的不满，被诬告入狱。后来汤若望的学生南怀仁接替了汤若望的职位，通过大量的实测，进一步证明了西方新历法的准确性，他曾与中国官员在午门前实地测验正午日影并取得胜利。经过南怀仁的不懈努力，康熙皇帝重新审理汤若望案，恢复了汤若望的名誉，也使西方历法一直沿用到清王朝结束。

古代中国是一个以农立国的国度，春种秋收，农时对于中国人来说非常关键。因此象征着春回大地的立春日是一个很重要的节日。这一天，各地的官员、百姓，为了迎接春天的到来，祈祷风调雨顺、五谷丰登，都要举行一系列迎春仪式，包括迎春、进春、鞭春等。迎春的准备工作从上一年的六月就开始了，先由钦天监推算下一年立春的精确时刻，并绘制春图。等到冬至后第一个辰日，从各地最神圣的地方取来水土，依照春图来塑造、装饰象征春耕的芒神、春牛。此外，还要搭建一座象征春耕与丰收的春山。立春当日，隆重的仪仗队伍去郊外迎芒神、春牛、春山，这个过程称为“迎春”；迎春的队伍经郊外农田一直将芒神、春牛、春山送入当地衙署，这个过程称为“进春”；之后地方官员都要用彩杖鞭打春牛三下，以示劝农，这个过程称为“鞭春”。

在清代，皇家对农事尤为重视，要在午门前举行盛大的进春仪式。立春前一日，京城地方最高官员顺天府尹带领府属官吏，穿朝服去郊外迎春坊举行祈祷祭祀仪式，然后选取生员将芒神、春牛、春山预先迎入礼部安放。立春日当天，顺天府官员要将芒神、春牛、春山用神案提前抬放在午门广场。立春时辰一到，再由礼部官员和顺天府官员一同将春牛、春山和芒神抬进宫去，进献给皇帝。在皇帝御览后将春牛、春山等安放在太和殿东暖阁，并把前一年进献的抬回顺天府。

芒神，又称句芒、木神、春神。在《山海经》等文献中，句芒是一种鸟身人面的神兽，主宰着草木发芽生长，掌管着农业，是春天祭祀中的主神。迎春仪式上另外一个重要角色是春牛。牛作为农业生产中重要的劳动力，象征着农事的繁荣，因为春牛多用泥土塑成，又称土牛。在清代，芒神和春牛作为固定组合出现在迎春礼当中，芒神的形象也由神兽变成了可爱的牧童。而芒神的服饰颜色、穿着方式，土牛头、颈、身、蹄的颜色和眼、耳、口、首的姿态都与当年立春日的天干、地支、五行等信息严格对应，不仅具有象征意义，还具备一定的推算节气乃至当年农耕气候的功能。

春神句芒画像石

受俘扬威

03
受俘扬威

每逢战事大捷，皇帝都会登上午门城楼受俘，接受凯旋的将士进献俘虏，弘扬国威。

（清）《乾隆大阅图卷》（局部）

“国之大事，在祀与戎。”（《左传 · 成公十三年》）这句话的意思是国家最重要的事情有两件：一是通过祭祀与天地神明沟通；二是通过战争开疆扩土，平定四方。因此，历史上，中国十分重视战争前后的礼仪，早在《礼记》中就有详细的记载，周天子在出征之前，会祭祀天、地、祖先，到达出征之地，还会为士兵祭祷，祈求战争的胜利。战争获胜，不仅仅是作战者的功劳，更要归功于祖先授予的使命，以及从圣贤那里习得的兵法战略。因此，将士凯旋更要大行祭祀，献上俘虏，告慰圣祖先贤。（《礼记 · 王制》：“天子将出征，类乎上帝，宜乎社，造乎祢，祃于所征之地；受命于祖，受成于学。出征，执有罪，反，释奠于学，以讯馘告。”）

自周朝起，历朝历代的帝王均把受俘礼视为宣扬国威、彰显王权的重要手段。清代初年虽然广泛开疆拓土，征服军民众多，却没有制定并举行受俘礼。直到雍正皇帝平定青海时，朝廷才正式举行了受俘礼并规定了相应的仪式流程。整个清朝一共举行过六次受俘礼，其中四次都是由乾隆皇帝举行的。

清代的受俘礼在午门举办。受俘礼前一天，把俘虏押送到太庙和社稷坛外，由专门的承祭官主持仪式，仪式像四季祭祖、春秋祈福的仪式一样隆重。受俘礼当天，午门前排列着威武的仪仗：卤簿、仗马、辇辂、宝象一直排到天安门外。

受俘礼当日，王公大臣等齐集午门，俘虏脖子上系着白练，由凯旋将士押解着趴伏在午门之外。一阵金鼓乐鸣之后，皇帝登上午门城楼，升宝座，接受百官朝拜，仪式正式开始。押解俘虏的将士向皇帝跪奏平定某地俘获俘虏的情况，并将俘虏献给皇帝，请皇帝下旨处置俘虏。之后，皇帝会下旨处置俘虏并封赏将士。一般情况下，皇帝会下旨将俘虏押送刑部等候审讯判决，刑部官员领旨后就会将这些俘虏押送出天安门右门，送入刑部大牢关押或送到菜市口受刑。

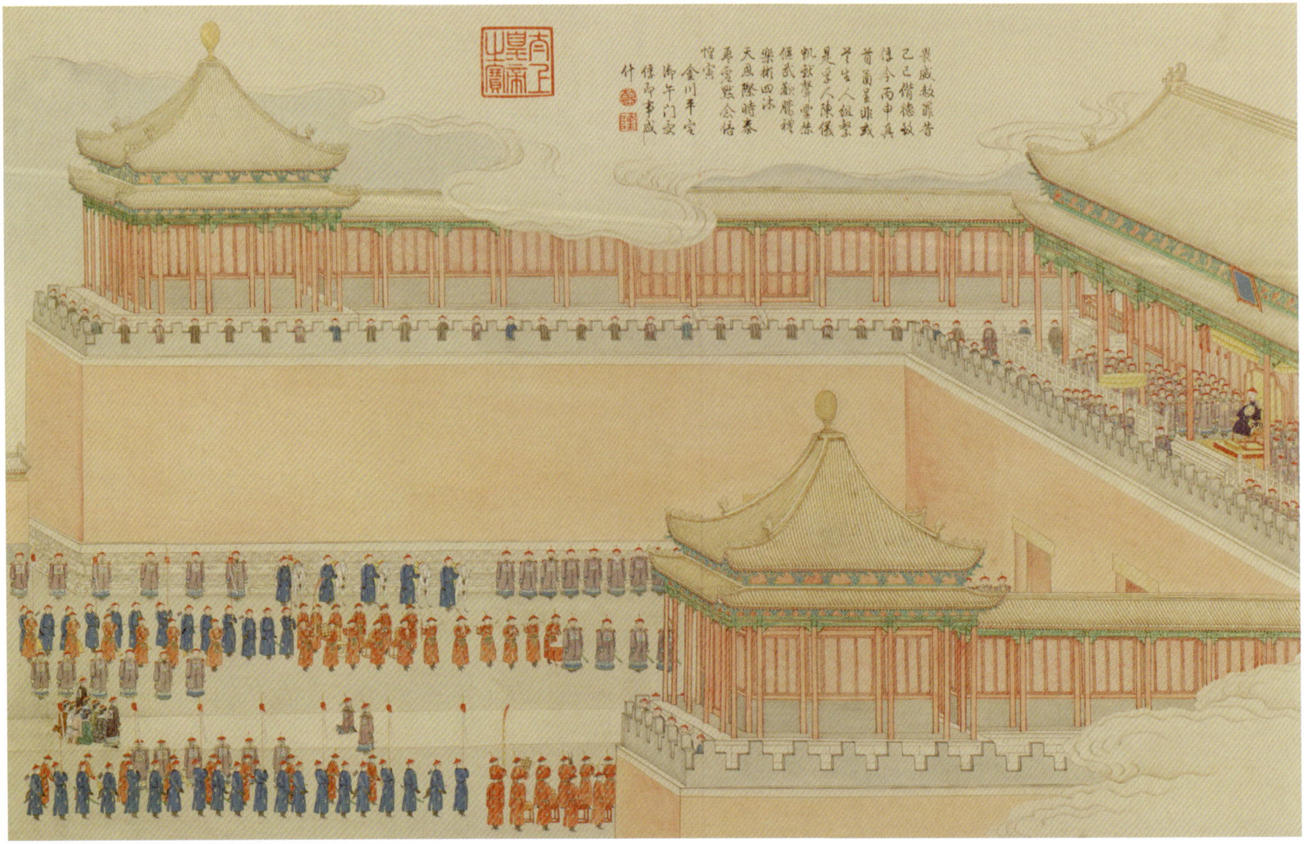

（清）《平定两金川得胜图》“受俘图”（局部）

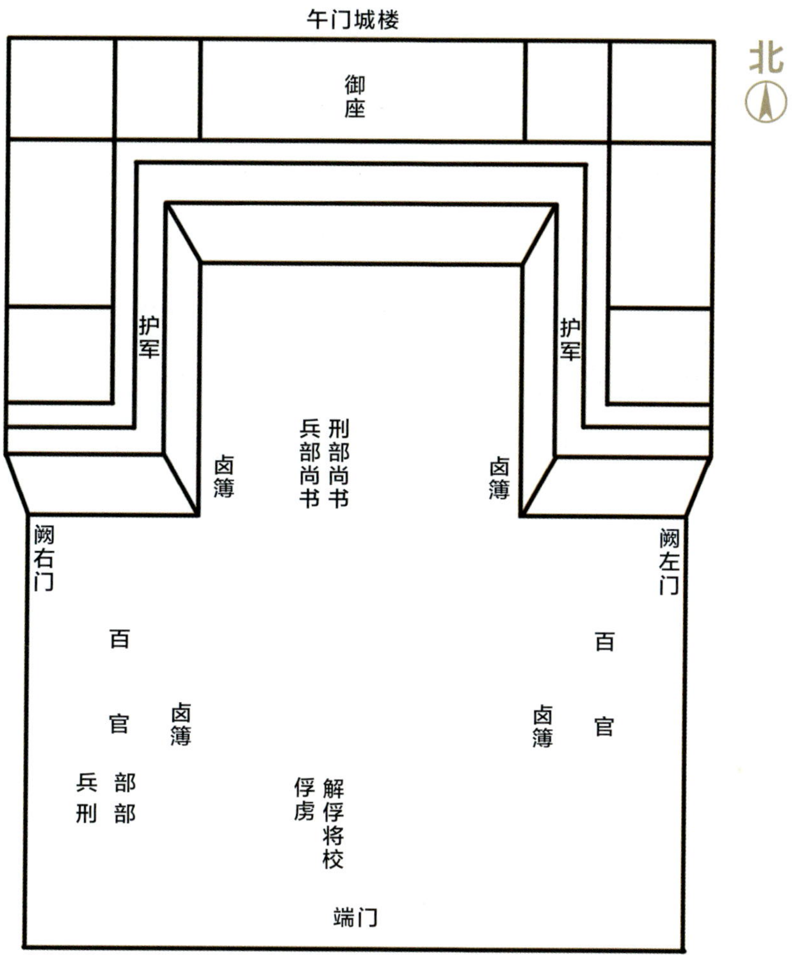

御门受俘位次图

参照《钦定大清会典图》卷二十七绘制。

有些时候，皇帝为了表现宽仁也会赦免某些俘虏。俘虏会被当场解开绑缚并跪谢圣恩。例如，乾隆皇帝在平定了准噶尔部后，为了表现自己的宽仁以安定民心，不但赦免了准噶尔的最后一位大汗达瓦齐，还册封他为亲王，为他赐婚，并在京城赏赐了他一座豪华的宅院。然而，这个“战俘王爷”却无法适应远离故土的生活，日渐消沉堕落，每天无所事事，只知吃喝玩乐，尤以在大池塘中驱放鸭鹅为乐。

朝仪赫赫

04 朝仪赫赫

午门作为皇家各类典礼、朝会的必经之门，自然有不少通行的礼仪规矩。

除了午门前，皇家更多的典礼、朝会活动是在午门以内的各个大殿和午门之外的各处坛庙举办的。午门就成了举办这些仪式的必经之路，午门前的广场则扮演着“候备区”的角色。特殊的位置也使午门自然而然地成为皇家礼制的一道重要分界线——能否进入午门，如何进出午门，是划分等级的重要标志之一。

最初，按照清代礼制，所有的王公大臣进入紫禁城的时候，都要在午门前下马、落轿：大部分王公大臣都应在阙左门、阙右门的下马碑处下马、落轿，仅亲王、郡王可以到午门前再下马、落轿。此外，王公大臣的一切仪仗也都要候在午门外，根据品级的不同，进入午门时可跟随一定数量的随从。雍正初年，为了优抚行动不便的老臣，特意放宽了这一政策，特许六十五岁以上的老臣，可以乘马、 轿从东华门、西华门进入紫禁城。

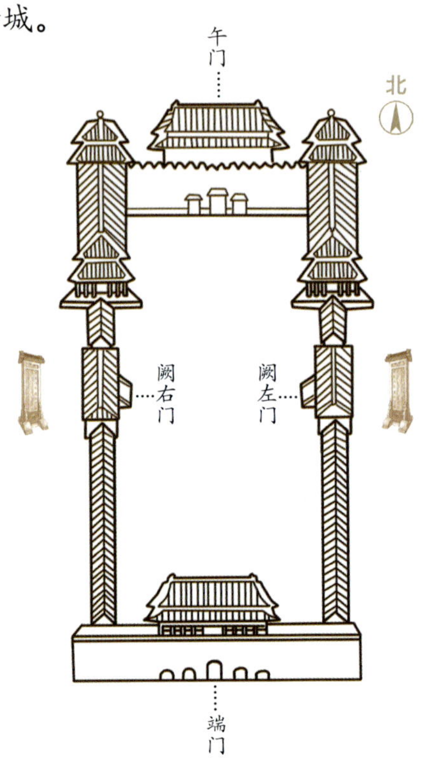

下马碑

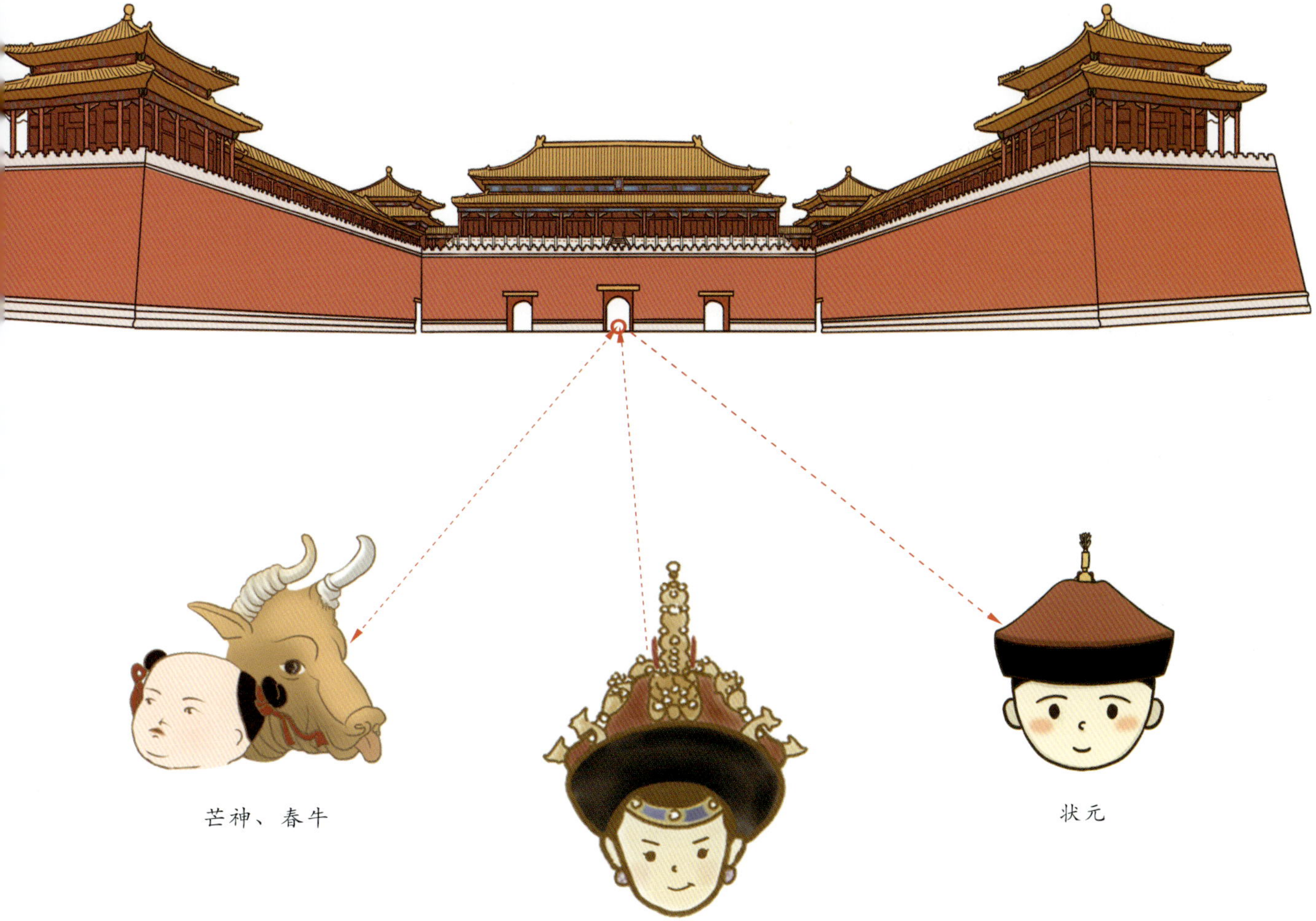

芒神、春牛　　皇后　　状元

午门一共有 5 个门洞，其中中门是皇帝的御用通道，除了特别情形，只允许皇帝通过。特别情形如下：一是皇帝大婚之日皇后所乘的凤舆可从午门中门进入紫禁城；二是科举殿试的一甲前三名，也就是状元、榜眼、探花，在太和殿参加过发布名次的传胪仪式之后，可以从午门中门走出紫禁城；三是典礼中的神位或重要道具，如进春礼中的芒神、春牛，传胪礼中的榜亭，颁朔礼中的历书等，也都可以从中门通过。

皇帝上朝主要分大朝和常朝。大朝是在元旦、冬至、万寿节、皇帝大婚、登基等重要日期举办的，是皇帝接受文武百官朝贺、参拜的典礼活动，具有很强的仪式性。大朝之日，午门的五门齐开，王公大臣等齐集午门，在朝房内排班列次，依照品级分别从不同的门洞进入紫禁城。五座门洞，除了皇上御用的中门，翼门的等级高于掖门。大朝会时，宗室王公走右翼门，一、二品官员走左翼门，三品以下官员则走左、右掖门。《京师生春诗意图》中就绘有元旦群臣在午门前应召聚集的场景。

而皇帝的卤簿也会从天安门一直摆至太和殿前。午门外所陈设的，是华丽的五辂和五只宝象。辂是带篷子、有车轮的车。朝会、祭祀及午门受俘等典礼都会在午门前陈设五辂。五辂分别是玉辂、金辂、象辂、革辂和木辂。玉辂饰以青色，金辂饰以黄色，此二辂以象驾车；象辂饰以红色，革辂饰以泥银色，木辂饰以黑色，此三辂用马驾车。

（清）《京师生春诗意图》（局部）

（清）《乾隆皇帝南巡图卷》第十二卷（局部）

五只宝象身上挂着绘有金龙彩云的络辔，背上驮着嵌满珠宝的铜镀金宝瓶。大象“服重致远，行如丘徙”“行必端，履必深”，用以象征君主贤明、政清民和、天下太平。象背上驮着的宝瓶装有五谷，寓意“太平有象”“五谷丰登”。此外，仪仗乐队也会列队在宝象之后。

朝事悠悠

05
朝事悠悠

午门前不仅是重要的礼仪场所，还是王公大臣上朝前及处理部分公务的集合地点。看看官员们在午门前的表现，便可以推知朝廷上下对待政务的态度。

清代皇帝每月初五、十五、二十五还会举办常朝。常朝是皇帝听取、处理政务最主要的“办公会议”，由王公、八旗武官、 六部九卿等文武官员参加。同样，在上朝之前，王公大臣会在午门朝房按照品级排班列队，在专人的引导下依次进入紫禁城。

而在不上朝的日子里，王公大臣也要在午门前的朝房内轮值排班。这不仅是一种礼制的要求，更是方便皇帝有针对性地召见部分官员及防备紧急情况的发生。值班时还会有专门的监察官员巡视，考察官员是否按时到岗、行为举止是否规范得宜。官员稍有差池，便可能遭到监察官员的弹劾。

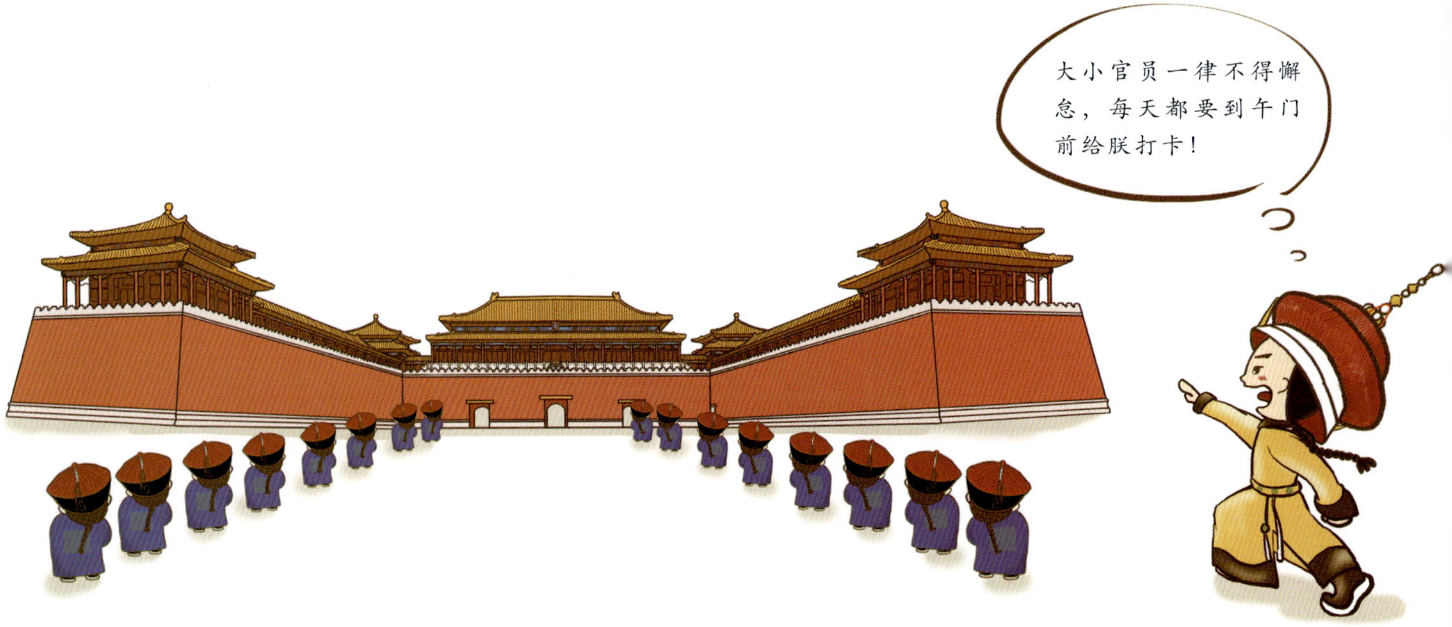

康熙皇帝对文武百官上朝的要求尤其严格，他要求上至王公、将军，下至普通官员，无论是否承担政务、有无本章启奏，上朝之时都要齐集午门列班，专门命令监察官员留意报告是否有官员懒怠逃避上朝。他专门在午门朝房外安置了两块《御制台省箴》石碑，用满汉两种文字的碑文强调了负责监察的言官的重要性，用以勉励监察官员、鞭策文武百官。

因为午门之外是官员上朝前集合的地点，也就成了不同衙门大臣集中议事的一个场所。康熙皇帝曾着令各衙门官员聚集午门，商议赈灾方案、审结官员贪污案件等。

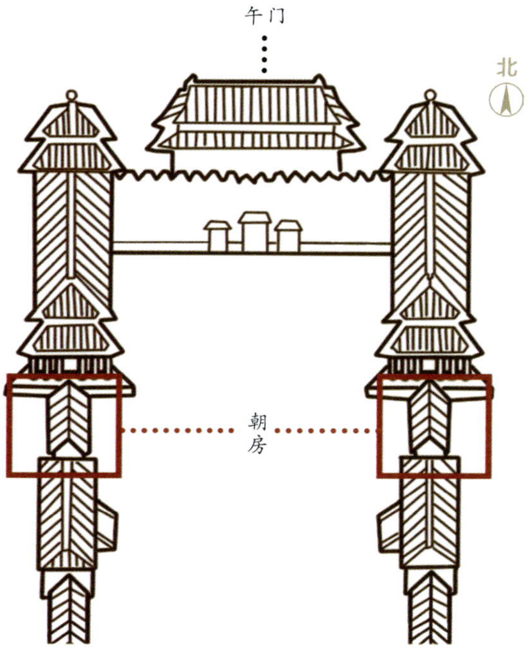

午门外朝房位置

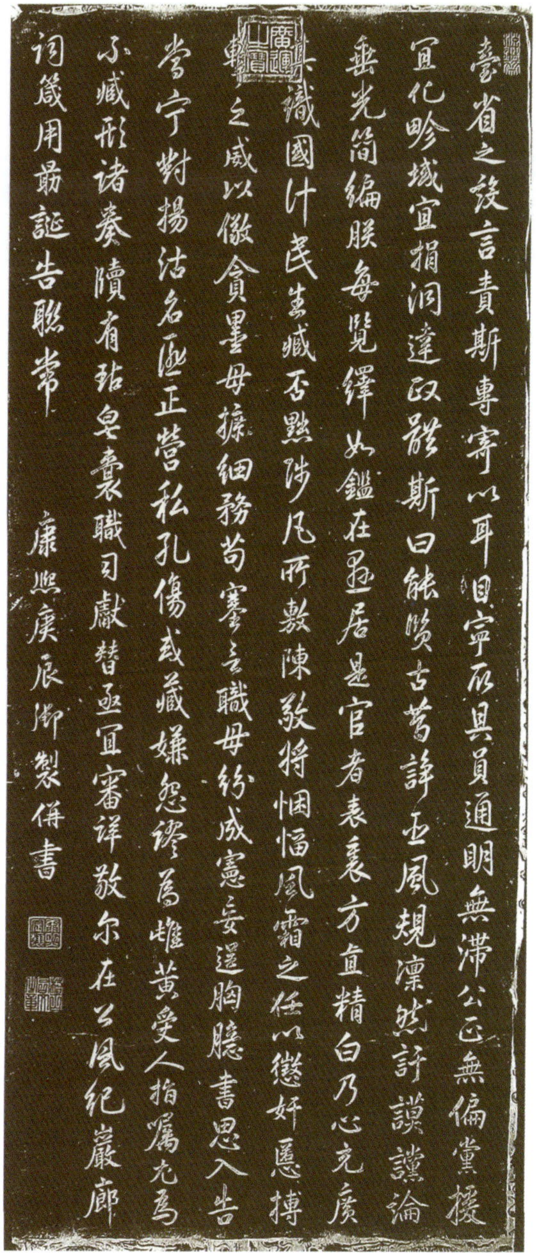

《御制台省箴》碑汉文碑文

除了前面所说的举办典礼、大臣准备上朝、集会议事，午门外的广场还会用于处理一些日常公务：皇帝、皇后生日，接受官员进献的表笺、贺礼；皇帝接受番邦使节的朝拜与进贡并进行封赏；新任命的地方官员离京赴任前向皇帝谢恩辞行；年迈官员向皇帝申请告老还乡等。然而，在午门前执行的公务也不总是喜气洋洋。午门不仅是接受朝贺、进献的地点，也是皇帝申斥乃至责罚大臣的地方。

清代的官员如果犯错，会在午门之外遭到申斥；而在明代，错误严重的官员则会被“打屁股”，也就是施以廷杖之刑，场面相当惨烈，有的大臣甚至会被活活打死。说到这里不免要特别说明一句，廷杖已经是在午门外进行的最为严酷的刑罚，所谓“推出午门斩首”的情况，是并不存在的。

午门作为紫禁城的门户，六百年来以巍峨壮丽的身姿彰显着紫禁城的威严与荣耀，也见证了历史的变迁与兴衰。

午门是紫禁城的正门，是明清皇宫的门面担当。午门前不仅是重要的礼仪场所，还是王公大臣上朝前及处理部分公务的集合地点。让我们一起来看看大小官员的“打卡”之地有哪些故事吧。

故宫宣教
THE PALACE MUSEUM
PUBLICITY AND EDUCATION

故宫博物院宣传教育部 / 编著　果美侠 / 主编
本册作者：王可心
本册绘者：御鉴文化（北京）有限公司　别玮璐

我要去故宫系列

探秘太和殿

中信出版集团

故宫宣教
THE PALACE MUSEUM
PUBLICITY AND EDUCATION

我要去故宫系列

探秘太和殿

故宫博物院宣传教育部 / 编著　果美侠 / 主编
本册作者：王可心
本册绘者：御鉴文化（北京）有限公司　别玮璐

中信出版集团 | 北京

探秘太和殿

编　　著：故宫博物院宣传教育部
主　　编：果美侠
本册作者：王可心
本册绘者：御鉴文化（北京）有限公司　别玮璐
摄　　影：齐梦伯
图片提供：故宫博物院资料信息部
策划出品：故宫博物院
　　　　　御鉴文化（北京）有限公司
出版发行：中信出版集团股份有限公司
　　　　　（北京市朝阳区东三环北路 27 号嘉铭中心　邮编　100020）
承 印 者：北京瑞禾彩色印刷有限公司

序言：我要去故宫

去故宫，可以有许多理由：陪亲朋，遛孩子，看展览，拍美照……

不去故宫，往往只有一个理由：太无趣！

相似的院落，差不多的建筑，看过和没看过，似乎没什么差异。如果不是真心喜欢，如果不是迫于无奈，自己说出“我要去故宫”的，可能少之又少。

常年工作在故宫的我们，也不是每个人都能把各个宫殿的与众不同讲出来。揭开600年宫殿建筑的奥秘，需要善于发现的眼睛，需要勇于探索的精神。

一群在这里工作的年轻人，每年向数以万计的游客讲述同样的建筑历史，述说600年不变的宫殿故事，好无趣！不妨换种方式，看看有什么能够吸引人们的看点，整理出新奇的探秘主题，既激发自己去主动发现，也让大家对故宫兴趣盎然。于是，从给学生参观使用的探秘学习单开始，我们策划了《我要去故宫系列》探秘图书。

匆匆的游客，常常一小时走过一座城。而我们，想让孩子们一小时只看一座宫。从中轴线，到东西六宫，再到外西路和外东路，20个建筑区域，构成了20册书的内容主体。既讲建筑，又说历史；既有精美的文物呈现，也有有趣的故事传说。看得见的，引你看细节；看不见的，诱你来想象。文字与插图相辅，内涵与颜值并重。这说的就是《我要去故宫系列》图书。每册分多个主题，涉及建筑、历史、藏品等内容，选题有趣、文字好读、插图好看！

午门，这里是紫禁城的门面担当，既有颜值，又有故事。午门前威严的皇宫仪仗中，竟曾有盛装的宝象，还有宝象拉的辂。

太和门，这里有规矩，讲秩序，门前的古物不只我们不知是做什么用的，就连曾经住在这座宫城里的皇帝也不知。石栏杆的火焰望柱头，开了洞的警报器石别拉似乎也不难发现。

太和殿，皇宫里最重要的建筑，历经600年风雨洗礼，既有灭火的陈设，也有克火的理念，只为向你证明曾经的盛世繁华，可以绵延不变。

保和殿，这里不仅是科举士人的考场，也是清初帝王的临时寝宫。方方正正的中和殿，更是帝王筹备亲耕之礼、关注皇家玉牒的重要场所。

乾清门，朝和廷的分野、家与国的界限，皇帝运筹帷幄在内，军机昼夜值守于外。皇帝很辛苦，大臣也不易，宫里禁火烛，官员上朝，几乎都得黑灯瞎火入宫，“蹭灯”的机会少之又少。

乾清宫，这里是帝王寝宫，却也传来皇子的琅琅读书声。这里药味浓，龙袍新，年节大典，更是院内高悬百丈灯，举国君民齐欢庆。

坤宁宫，凤舞千秋的世界，满汉交融的风格透过门、穿过窗，印在屋内的诸多角落。交泰殿的无为匾，一匾述说出三代帝王与这宫殿的渊源。

御花园，这里春有百花秋有月，夏有凉风冬有雪。钦安殿内护佑宫殿免遭火灾的玄武大帝，不知道是否注意到园内亭子中，井亭竟然没有顶。

西六宫，果然是宫闱趣事多，两枚锈迹斑斑的铁环，记载的是宫内静谧生活中难得的欢娱。末代帝后也在这里赶着新潮，穿洋装、吃西餐、学英语，西方的玩意儿在这里一样不少。

东六宫，曾经的后妃居住地，遗留下一座未建完的西式建筑，只能凭想象复原其类似水族馆的华美。其他的院落，也各有各的故事，既见证繁花盛放，也目睹香魂陨落。

宁寿全宫，看似普通的皇极门，竟然也是有限空间内建造出的另一座“小午门”。门内的皇极殿，更是有着乾清宫的外表，却发挥着太和殿的功用。乾隆皇帝的乐寿之所，不仅有乾隆，还有“钱龙”，而晚清的慈禧太后，也把这里作为御用居处，内政外交，见证了时代的更迭。

乾隆花园，文人的雅致随处可见，禊赏亭、古华轩、碧螺亭、藤萝顶，处处精致，处处惊喜。乾隆皇帝倦于勤，欣赏花园勤而不倦，乐此不疲。

慈宁宫，御路石上的小蜥蜴和门前的麒麟兽一同述说着这里的秘密，屋顶独特的轩辕镜与院内与众不同的月晷，则告诉你这里主人的独特身份。

重华宫，是“养在深闺人未识”的宫苑建筑，弘历在这里娶了他挚爱的富察氏。当了皇帝（乾隆皇帝）后也到这里举办茶宴，君臣之间赋诗联句，雅性使然、默契使然，更是家国天下的情怀使然。

养心殿，八代帝居一定不负众望，既有治国理政之所，也显生活起居之便，更有闲暇怡情之趣。小小的三希堂，幻化出大空间，一幅通景画，巧妙地让景入画，人也入画！

文华殿，象征水的黑色屋顶还不足以护佑文渊阁的《四库全书》，从屋檐彩画到栏板石雕，水的元素随处可见。“天一生水”而有黑瓦屋顶，“地六成之”便有了屋阔六间！

武英殿，摄政王的权力中心，变身为殿本修书之所。浴德之水蜿蜒而出，于断虹桥畔诉说沧桑。储冰之所，亦呈现皇室消夏之聪慧。

珍宝馆，华丽的珠宝背后，隐藏了采珠人等付出的艰辛。皇室的饰品，最精于其取材的独特。先秦石鼓唐时现，流转千年入深宫。只要有心，你就会被它们的文字和经历感动。

钟表馆，让我们了解中西方再次开启的对话。漂洋过海的计时仪器，成了皇家喜好的有趣玩具，可计时，可打更，可升降，可转花。魔术、水法、音乐、鸟音，无不炫目悦耳，赞从心生。

我觉得，以上这些远远不够，书中好玩的故事、好看的插画，等你去探索，由你去发现。如果每读完一本，你就有拿起书入宫的冲动，我们会万分欣慰。真诚地，真心地，在宫里，期盼你，欢迎你！

果美侠，写于墨尔本旅途

2019 年 7 月 27 日

目录

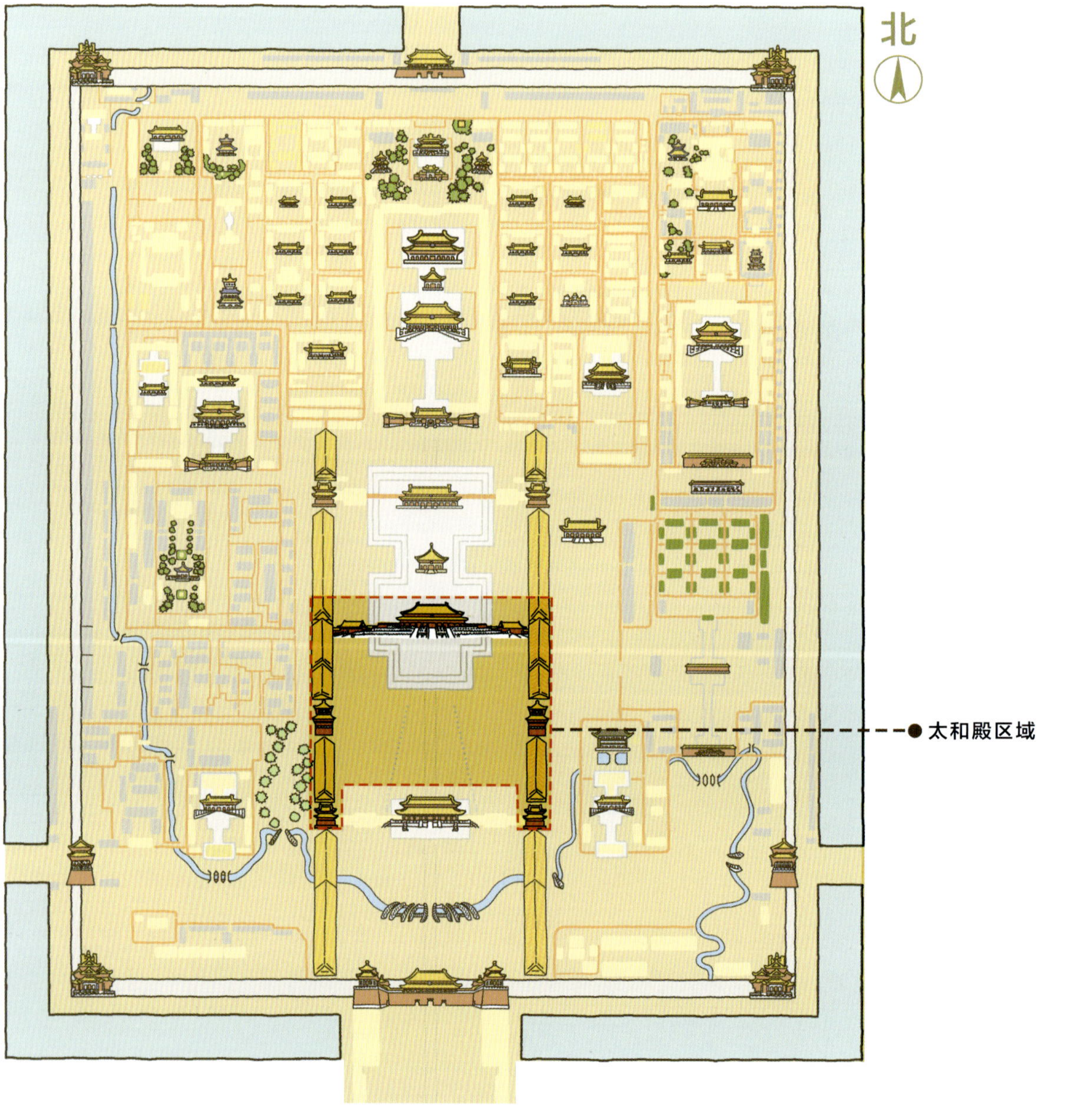

故宫平面示意图

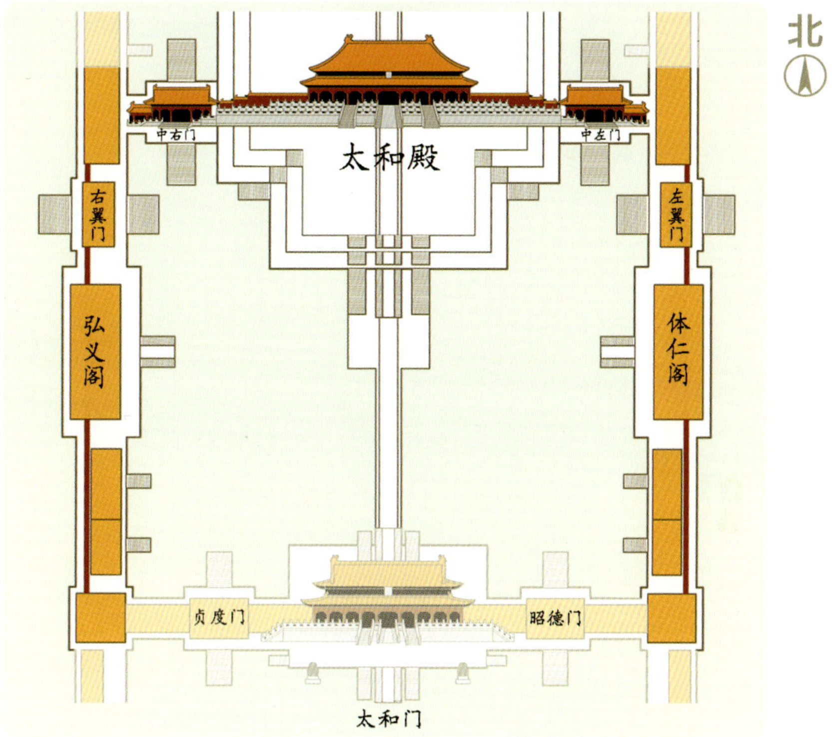

太和殿区域平面示意图

欢迎来到太和殿！

走过太和门，我们就进入了紫禁城外朝的中心——前三殿（太和殿、中和殿、保和殿）区域。前三殿区域面积占紫禁城的九分之一，为紫禁城中最大的“院落”了。前三殿区域的正殿便是太和殿了。

太和殿，俗称“金銮殿”，曾是明清帝王举办典礼的场所，也是紫禁城（现故宫博物院）内规模最大、等级最高的建筑物。太和殿广场里，隐藏着许多小秘密。就让我们通过屋尽其用、择材巧用、水火皆防、祥瑞云集和大殿小物五个专题来探秘太和殿吧！

屋尽其用

01 屋尽其用

太和殿广场上的房屋不仅是彰显威仪的宏伟建筑，还是见证明清盛世的实用空间。

太和殿（连同台基）的高度

太和殿是紫禁城内规模最大、等级最高的建筑物，用来举行盛大典礼活动、庆祝重要节日等，如清代宫廷“三大节”，即元旦、冬至和万寿节。元旦，是农历的正月初一，即春节。冬至，是每年白天最短、黑夜最长的一天，自此之后白天逐渐变长，这一天被认为是“天的生日”，身为“天之子”的皇帝不仅要赴天坛祭天，还要在太和殿举行典礼。万寿节，就是皇帝的生日。此外，一些不定期的重大活动也会在太和殿举办，比如皇帝登基、册立皇后、皇帝大婚、命将出征、宣布进士名次等。

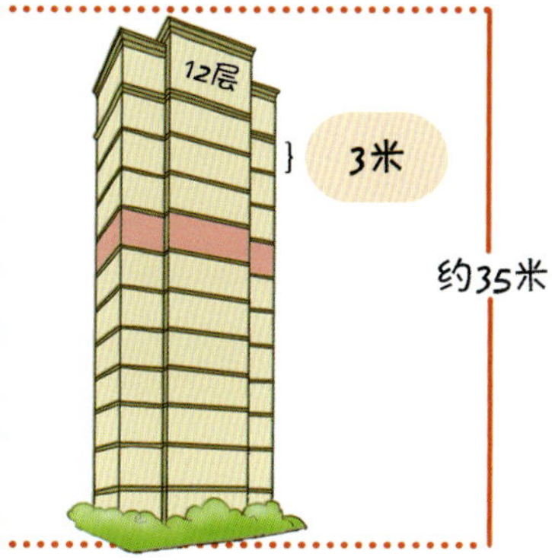

太和殿（连同台基）高约35米，主体建筑占地约2400平方米。如果和现代建筑相比较，太和殿相当于现代12层楼（一层楼3米）那么高，面积约等于80个客厅（一个客厅约30平方米）那么大。

皇帝大婚

命将出征

体仁阁与弘义阁是位于太和殿广场东西两侧的两层阁楼，最早建于明永乐十八年（1420），最开始叫文楼与武楼，明嘉靖四十一年（1562）改为文昭阁与武成阁，清顺治二年（1645）改为体仁阁与弘义阁，并沿用至今。

在清代，弘义阁是内务府银库，专门储存皇室的金银珠宝，并为皇家筵席准备金银玉器。

太和殿广场

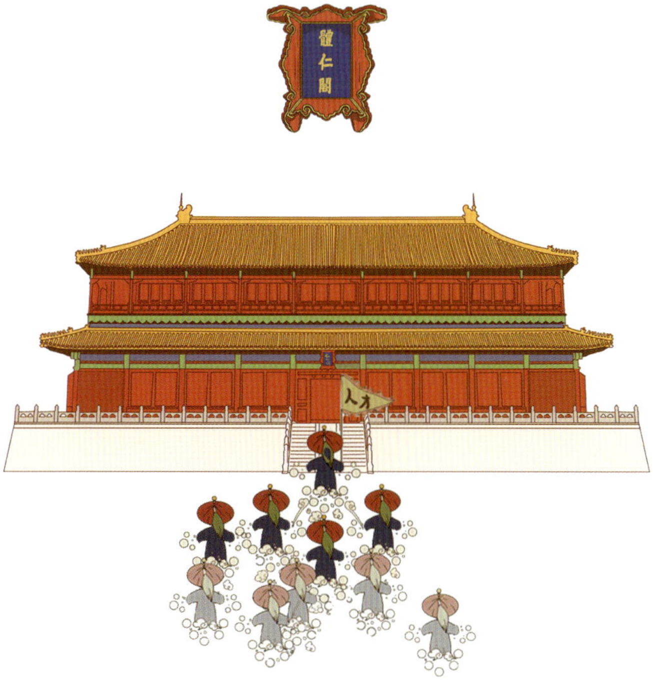

康熙皇帝曾在体仁阁内开设博学鸿词科，为更多的知识分子提供进入清廷当官的机会。这是一种不同于科举的特殊考试，由内外大臣推选人才，进京参加考试和宴会。最终通过选拔的人才可被授予官职，可参与编修《明史》《大清一统志》等规模宏大的著作。

两座阁楼可谓太和殿的左膀右臂，是为清朝发展储备人才与钱财之处。

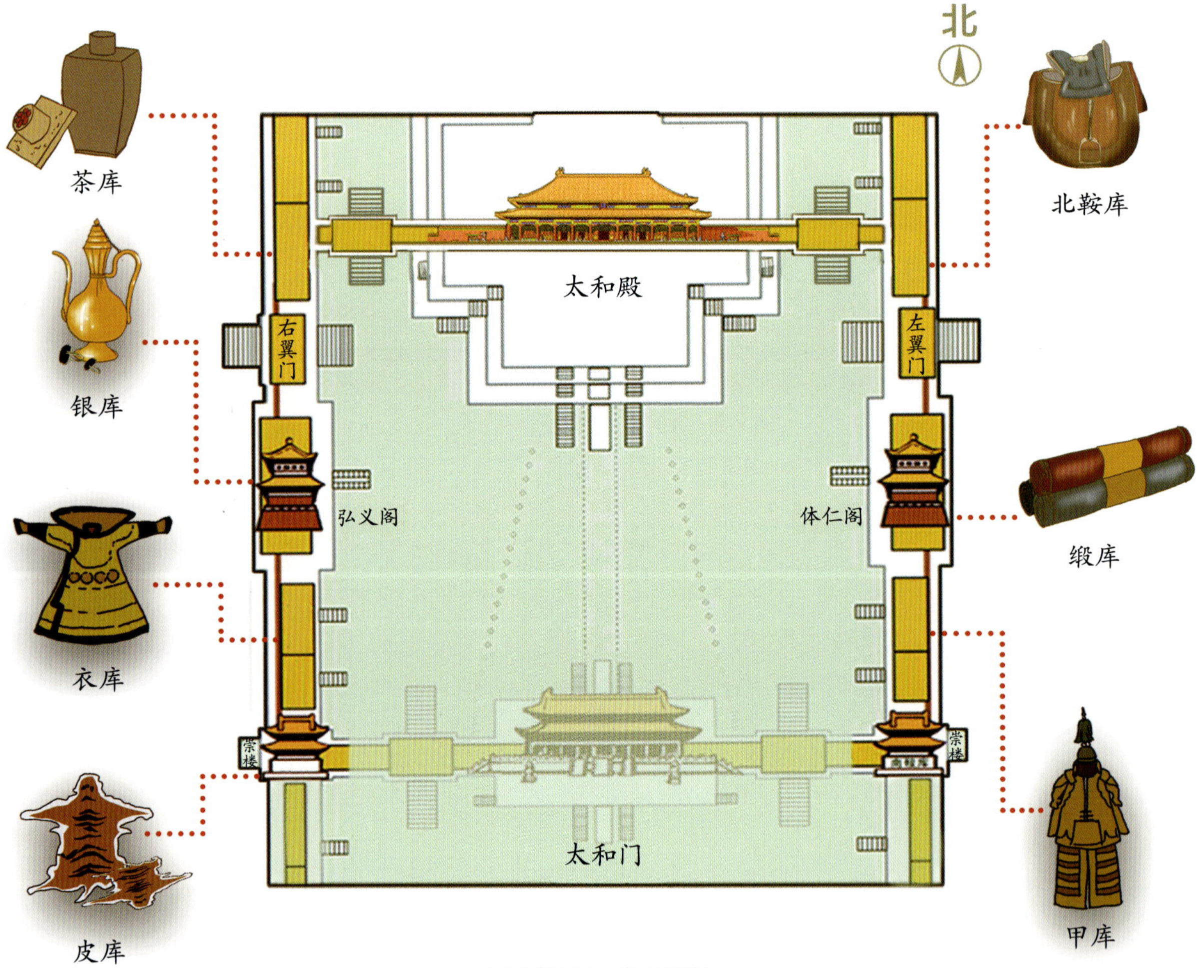

太和殿区域各建筑用途

清代茶库一角

清代衣库

在这个相对封闭的广场内，不仅有弘义阁这一座皇家库房，连接宫殿、楼阁与门阁等的一排排房屋，在清代也曾用作皇家库房，包括皮库、衣库、茶库、北鞍库、缎库和甲库等。如此看来，太和殿广场上的建筑，不仅是人才的会聚之地，也是珍宝的聚集之地。

择材巧用

02
择材巧用

这是一座将自然与人工完美结合的宫城，来自全国各地的天然建材，经历代能工巧匠的精雕细琢，最终形成了我们所看到的宏伟建筑群。

明永乐四年(1406)，皇帝下诏营建紫禁城，并派遣官员前往全国各地征集工匠和采集、制造建材。

太和殿屋顶上的黄色琉璃瓦

明初营建紫禁城时，建筑的“主心骨”——梁、椽、枋、柱均使用最上等的木材，主要是产自四川、湖北、湖南、云南和贵州等地的楠木。可惜的是，紫禁城历经多次火灾，部分建筑原本使用的木材大多已被烧毁，加之楠木资源有限，后人在重建或修缮时，就改用东北松木了。

琉璃瓦是一种重要建材。它以陶土为胎，并施以光亮的、不渗水的釉质，铺设在屋顶上，可保护木结构不受雨水侵蚀。明初使用的琉璃瓦是在今北京琉璃厂古玩街一带烧制的，而在清代康熙年间，为就近取材与减少污染，人们将烧造地点迁移到离皇城较远的门头沟琉璃渠一带。

金砖墁地的太和殿内部

一两黄金，是明代初年1500斤精米的价格，是清代初年三个县令一个月的俸禄，而在太和殿，它是一块地砖的价格。

紫禁城内的重要大殿多以金砖墁地。金砖并不是铸成砖块状的黄金，而是以苏州太湖澄浆泥为原料，经过多重工序制作而成的地砖。从制作、筛选、运输到铺墁，一块砖要经过两年多的时间才能在紫禁城“落户”。一块砖的成本在当时约等于一两黄金，因此人们便称其为“金砖”。也有人说，“金砖”原本叫“京砖”，是专门为京城皇宫制作的地砖，传来传去就成了“金砖”。

望柱、螭首和挡板护栏

精美的汉白玉石雕将紫禁城衬托得更加气派、威严。石雕种类多样，有望柱、螭首、挡板护栏、御路台阶等，除了装饰功能，它们还因纹饰不同而具有等级划分功能。明清两代，朝廷多将石料开采地选在北京周边，如北京房山大石窝，以节省石料运输的人力、物力与财力。

经过十多年的准备，紫禁城于明永乐十五年（1417）正式动工，永乐十八年（1420）落成。从准备到建成，十五年的时间里，人们不仅是收集材料，建成这座“城”，而且为维持这座城的“呼吸”，让它延续下去，做了不少防护设计呢！

中国古建筑主要由木质结构支撑，其中柱子起到十分关键的作用。因此，古代工匠会使用多种办法保护木质柱子不受湿气侵袭和虫蛀等危害。一方面，工匠会在木柱下方安置凸出于地面的石质构件，以防止地面湿气侵袭木柱。这类石质构件在宋代被称为“柱础”，在清代被称为“柱顶石”。

太和殿前的柱子

柱顶石

另一方面，工匠还会在木质构件表面添加起保护作用的地仗层。在清代，工匠常用“一麻五灰地仗”来保护木质柱子。具体来说，工匠会先用捉缝灰填补木柱上的缝隙，再用不同黏度的灰料（通灰、亚麻灰、中灰和细灰）将麻线平整地固定在柱子上，形成一个抗腐蚀、防水、防潮的地仗灰壳，如同给构件穿上衣服。之后，工匠还会在地仗上做油饰彩绘，既美观又可起到保护作用，如给柱子刷上一层红漆，形成今天我们看到的红色柱子。

破损之处见地仗

“一麻五灰地仗”和添加红色颜料的上光油

太和殿内的沥粉贴金蟠龙柱

金箔制作流程示意图

太和殿内，人们又用贴金藻井、贴金柱子和黄纸匾联为帝王营造了一个金色的至尊空间。六根金柱全称为“沥粉贴金江山万代升转蟠龙柱”，使用了古代装饰工艺“沥粉贴金”。这种工艺大体可以分为两步。首先，将胶、灰土等制成的膏状物装在特制皮囊中，再像给蛋糕裱花一样将膏状物粘贴在柱子图案轮廓线上，形成凸起的线条，使花纹呈现立体效果。接下来，将桐油涂抹在柱子上，再将金箔贴在上面，像是为柱子“穿上了一件金色外衣”。

水火皆防

03
水火皆防

水火无情人有情，紫禁城内巧妙的排水系统和完备的消防体系，为古建瑰宝提供了重要保障。

明初始建紫禁城时，考虑到排水需要，工匠们将城内地面设计为北高南低，使紫禁城具备了排水能力。然而，宫内并不是一马平川，重重宫墙会阻碍水的自流。因此，工匠们又在各处宫院内设明槽与暗沟，沟河相连，最终将雨水排入内金水河。太和殿广场开阔宽敞，遇有大雨急落，雨水可以顺着三层汉白玉石台上的螭首和栏板下方排水孔逐层落下，与院中雨水汇合，并顺着中间高、两边低的地势向东南、西南流去。

暗沟盖板上的沟眼

太和门北侧的暗沟

暗沟之上覆盖石板

右翼门东侧坡道下的明槽

太和殿区域东南角崇楼下的涵洞

在太和殿广场南端，人们又在贞度门、太和门与昭德门的北侧，设有一条东西向排水暗沟，并在其上覆盖石板防人不慎踏入。另外，人们还在暗沟盖板上凿有凹槽和沟眼，以承接更多雨水。最终，广场内雨水会顺着西高东低的暗沟流至东南角崇楼下的涵洞内，排到庭院外的内金水河中。

自明永乐十八年(1420)建成以来，至清代最后一位皇帝退位(1912)，紫禁城内发生的有记载的重大火灾有四五十次之多。其中，太和殿及其周边建筑共经历了四次严重火灾。为减少火灾对木结构建筑的损害，无论是建造与维护紫禁城的工匠，还是现在故宫博物院的工作人员，都设计了不少防火、防雷装置。

如今的太和殿及其两侧封火墙

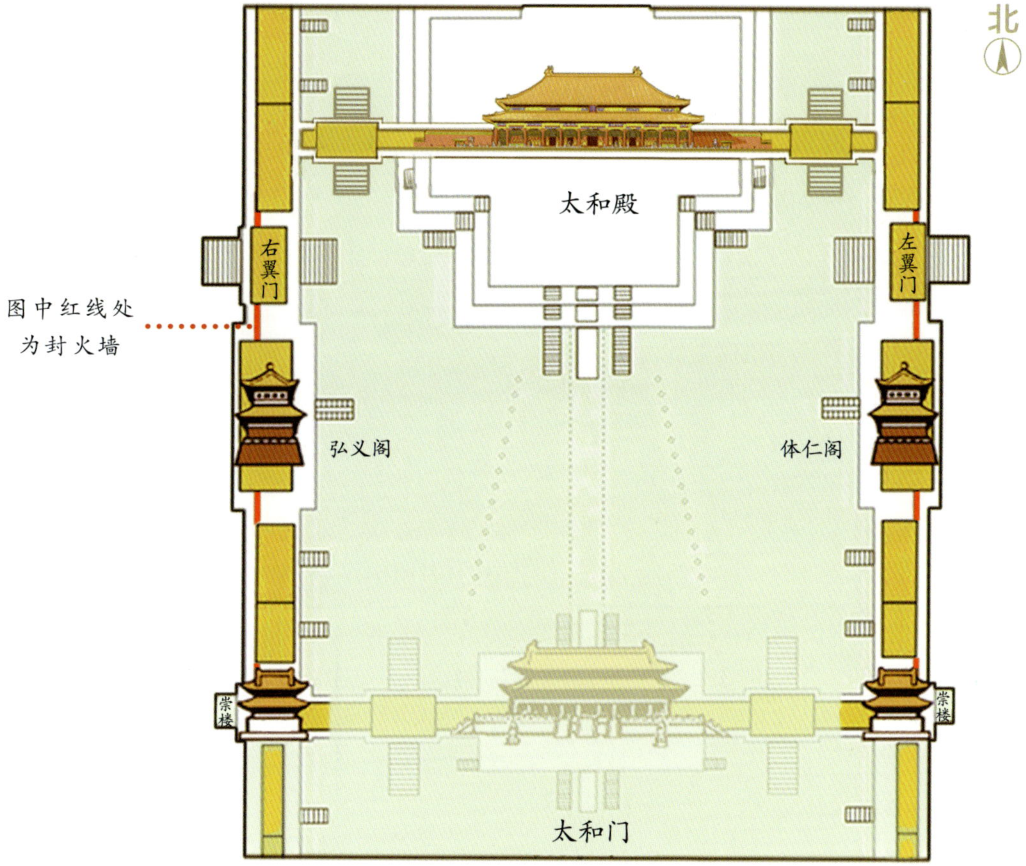

太和殿区域封火墙

天灾难以避免，紫禁城内的人们在经历数次火灾后增强了消防意识，逐渐建立了较为完善的防火体系，尤其是太和殿，“浴火重生”之后，防火体系更加完备。清康熙三十四年(1695)重建太和殿时，主持营造的匠师梁九为避免一屋失火殃及一片的情况再次发生，将太和殿两侧原有的木结构斜廊改为砖砌封火墙，又将左翼门、右翼门、体仁阁、弘义阁等门阁独立出来，以墙相连。这也就形成了我们今天所看到的太和殿及其附属建筑之间的连接方式。

太和殿旁的镏金铜缸

太和殿广场上的铁缸

发生火灾时，及时扑灭火源是救火人员的首要任务。首先，要有水源。明清两代，重要宫殿附近都设有铁缸和铜缸，其内可注水百升或千升，人们称其为“门海”，即门前有大海。其次，要有工具，尤其是高大建筑起火时。若仅靠人力取水扑火，效果甚微，所以古代人便发明了专门用于救火的工具，即岔子激桶和西式激桶。岔子激桶小巧便携，可单人操作，但吸水量小，射程有限；而西式激桶笨重复杂，但有射程远、速度快、灭火性强等优点。

使用放大版玩具水枪——岔子激桶灭火

工作原理类似现代压水井的西式激桶

水源和工具都已具备，最后就需要专业的灭火团队了。清代康熙皇帝非常重视防火工作，设立了火班，又称激桶处，这是紫禁城内最早的专职防火机构。回看整个清代，火灾次数比明代明显减少，同时康熙皇帝在位时间最长，宫中失火次数却最少。

藻井上圆下方，
寓意天圆地方

太和殿内部

除了实用的消防设备，工匠们设计的一些宫殿装饰也寄托了人们的防火愿望。其中以太和殿内顶部正中的藻井最为人所熟知。顾名思义，“藻”为水中之物，“井”为储水之地，二者都与水相关，所以藻井被视为避免火灾的吉祥装饰。藻井上圆下方，中心蟠龙所衔宝珠为铜镀银材质，相传为中华民族人文初祖——黄帝所制的轩辕镜（其形如球），拥有轩辕镜者可被视为轩辕黄帝的嫡系子孙，为皇位正统继承人。整座藻井全部贴金箔，与其下方的皇帝宝座和六根金柱相呼应，更加突出了太和殿的庄严氛围。

一代代“宫里人”为保护紫禁城做出了重大贡献。当皇家禁宫成为向公众开放的故宫博物院后，保护古建筑的重任也就落到了一代代“故宫人”的肩上。出于保护建筑不受雷击的考虑，故宫博物院于 1957 年起，在太和殿等诸多较高建筑物上安装避雷针和相关避雷设施。此外，还安放了大量的灭火器。

若不幸遇火灾，现场人员可以立即使用灭火器进行扑救，故宫消防处和驻院消防队也会接替昔日激桶处，在第一时间赶到现场灭火。故宫博物院还于 2013 年起实行全院范围内禁止吸烟的政策。

祥瑞云集

04 祥瑞云集

人们认为见到某一类稀有且奇特的事物将会有好运，并称这些事物为祥瑞。那太和殿广场上的祥瑞又有哪些呢？

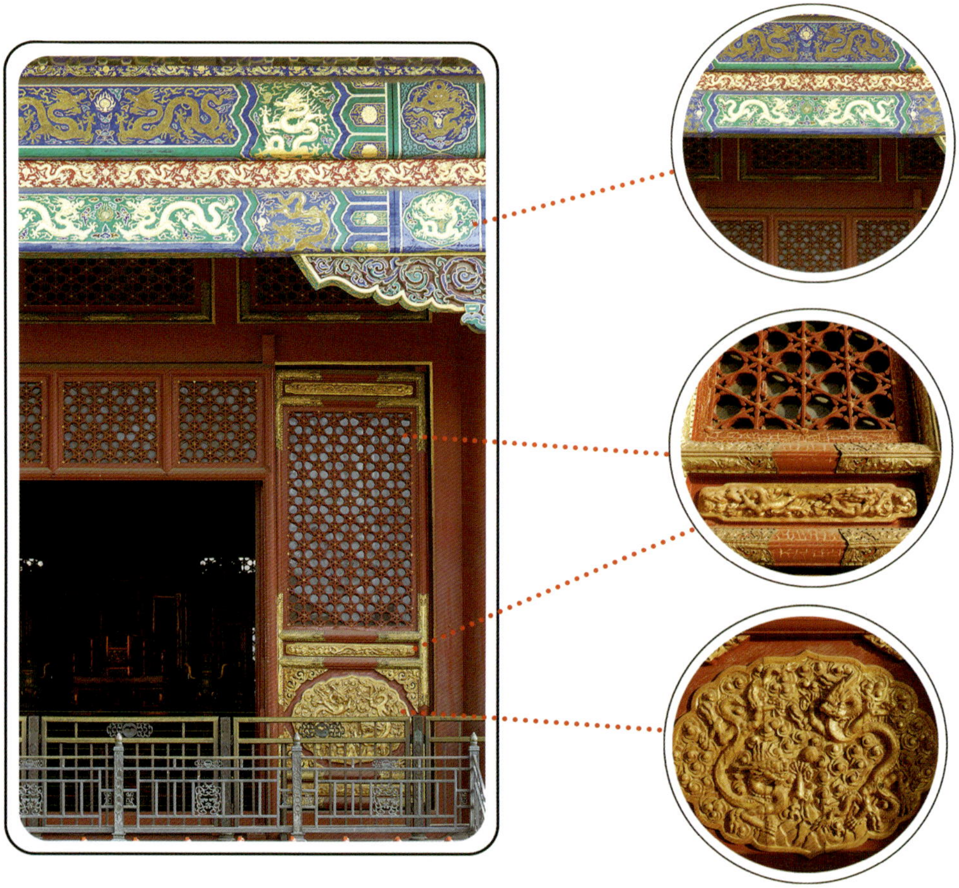

太和殿外的梁枋彩画、门扉等地方均饰有龙纹

龙，传说中的一种神异动物，是一种古老的图腾，也被自居真龙天子的帝王当作权力和尊严的象征。太和殿是明清帝王用来举行国家庆典的地方，是最为重要的殿宇之一，其装饰有金龙约14 000只，成为紫禁城中拥有最多龙纹的宫殿。

我国古代神话传说中有“龙生九子”的说法，认为一条龙所生的小龙，外貌各异，能力出奇。其实，“龙生九子”的传说有很多版本，每个版本内所含的“九子”略有不同，所以“九子”中的“九”并非指代数字九，而是虚指，表示数量极多。

身为“九子”之一的大吻（又名螭吻），相传能镇火，故将其安置在建筑屋顶正脊的两端，以祈求免受雷火之灾。大吻外形像龙，怒目张口，牢牢咬住正脊，四爪腾空，尾巴上翘卷起，好似要激起海浪，形成雨水。人们怕大吻不能长期坚守在岗位上保护古建筑免受雷火之灾，就在它的背部插了一把剑，固定住它。太和殿大吻为现存古建筑中最大者，高 3.4 米，重 4.3 吨，由 13 块琉璃构件组成。

古时候，人们都在建筑物上安置大吻祈求免雷火之灾。1957 年之后，人们就用避雷针等装置保护紫禁城里的古建筑啦！

太和殿屋顶正脊两端的大吻

须弥座台基上的螭首

螭首，好戏水，故将其安置在太和殿三层须弥座台基之上，用来排除殿区内积水。暴雨来临，1000多只螭首可呈现千龙吐水的壮观景象！

太和殿屋顶上的脊兽

太和殿的屋顶上，还有不少小神兽呢！在骑凤仙人的带领下，龙、凤、狮子、海马、天马、押鱼、狻猊、獬豸、斗牛、行什一字排开，守护着太和殿。骑凤仙人和十个脊兽不仅是装饰屋顶的琉璃构件，还被人们寄予了各种期望，人们认为它们是能力出奇的守护者。其中，第十只脊兽为行什，外形似猴，背有双翼，手持金刚宝杵，传说是雷公的化身，是人们防雷的希望。行什仅出现在太和殿的屋顶之上，是中国现存古建筑中的孤例！

太和殿前还有一对“神龟”和一对“仙鹤”，它们不仅是栩栩如生的铜质雕塑，也是很实用的背部有盖的香炉。典礼当天，人们将点燃的香料放入香炉之中，缕缕青烟从“神龟”和“仙鹤”口中缓缓升起，营造出一种神圣庄严的氛围。

在太和殿与太和门的墙面上，还有一些仿照龟背纹设计的黄绿色六角形墙砖，即表面覆有光亮釉质的龟背锦琉璃砖。龟背锦琉璃砖仅用来装饰紫禁城内的重要建筑，除了太和殿与太和门，我们还可以在宁寿宫区域的皇极殿、御花园内的万春亭和千秋亭等地方看到它们。

宝座连同一系列祥瑞陈设是太和殿内的焦点。宝座前方木架上陈列着一对宝象驮着宝瓶：宝象代表国家安定、政权稳固；内盛五谷的宝瓶象征丰收与吉祥，整体寓意太平有象。除此之外，我们还能看到

太和殿墙壁上装饰的龟背锦琉璃砖

造型似甪端和仙鹤的实用香炉。相传，甪端是一种独角的神兽，通晓多种语言，可日行万里，为君主带来广博知识，暗示着皇帝虽身在宝座却可通晓天下大事，是君主贤明的象征。仙鹤，则有着皇帝健康长寿、国家长治久安的美好寓意。

仙鹤

太和殿中央的宝座与祥瑞陈设

宝象驮宝瓶

甪端

大殿小物

05
大殿小物

明代迁都北京以后，国家的权力中心在紫禁城，紫禁城的重心在太和殿，太和殿的重心在一切昭示皇权的设计。

重檐庑殿顶

太和殿

重檐歇山顶

太和门

中国古代建筑的等级体现在屋顶、彩画、窗户等方方面面。当我们欣赏太和殿时，光是看屋顶样式及脊兽数量，就会明白它是中国现存古建筑中等级最高的！

首先，太和殿拥有等级最高的重檐庑殿顶。中国古代建筑屋顶主要有五种基本样式，包括庑殿顶、歇山顶、攒尖顶、悬山顶和硬山顶。其中，同一样式的双层屋檐比单层屋檐等级高，即拥有重檐庑殿顶的太和殿，等级高于仅拥有单檐庑殿顶的体仁阁和弘义阁。

其次，太和殿的檐角屋脊上装饰有十个脊兽。一般古建筑在骑凤仙人之后最多使用九个脊兽，依次递减为七个、五个、三个，有些等级低微的建筑甚至只有一个。太和殿，作为紫禁城内体量最大、等级最高的建筑物，也是帝王举行重大典礼的宫殿，装饰有十个脊兽，成为中国现存古建筑中的唯一特例。

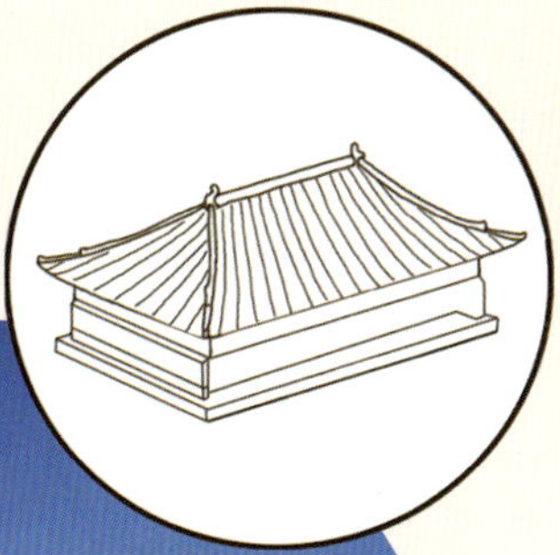
单檐庑殿顶

体仁阁

单檐歇山顶

衣库

硬山顶

茶库

此外，太和殿所在的前三殿区域（外朝中心建筑太和殿、中和殿、保和殿所在区域）四角设有崇楼。在古代建筑制度中，只有等级很高的建筑庭院内才可设置崇楼，所以前三殿区域的等级之高也是不言而喻。

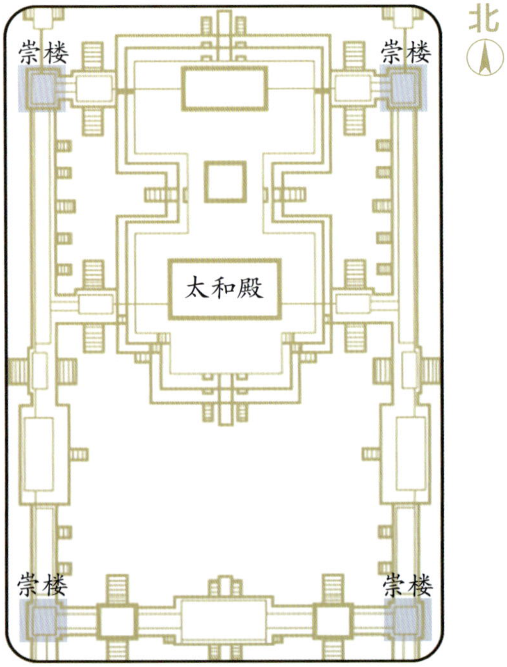

太和殿区域西南角的崇楼

太和殿广场西侧的仪仗墩

太和殿的等级制度，不仅体现在殿堂楼阁之上，还体现在一些小物件上。

太和殿广场上，有些小小的白色石块，称为“仪仗墩”。每个石块与地面齐平，边长约 30 厘米，均匀分布在太和殿广场的东西两侧。站在太和殿前的平台向南望去，白色仪仗墩构成两条白色虚线，呈“八”字形在广场地面上排开，北窄南宽。

文武百官在太和门北侧按品级跪在御道两侧参加册立奉迎典礼。

（清）《光绪大婚图》局部（1）

（清）《光绪大婚图》局部（2）

光绪皇帝亲临太和殿出席册立奉迎礼，卤簿也按顺序站在仪仗墩上。

当举办重大典礼时，仪仗墩上会站立卤簿。他们手持相应陈设，为典礼营造神圣庄严的氛围。卤，通“橹”，意为大盾，卤簿原指持卤护天子出行的人，他们站次有先后且被记录于簿册。卤簿最迟始于汉代，至清代逐渐成为典礼活动中彰显帝王威严的仪仗队。许多以宫廷盛典为主题创作的绘画作品，都将这一幕记录了下来，比如《光绪大婚图》。

太和殿前的日晷

太和殿外的平台上，陈列着日晷与嘉量各一个，象征皇帝掌控时间和空间。

日晷是中国古代利用日影测定时刻的计时工具。“晷”是指太阳的影子。然而，日晷的使用会受到光照的影响，即太阳落山后至日出前或者阴天不见阳光时就难以计时。因此，当运行稳定、计时准确的西方钟表传入明清宫廷时，宫殿前陈设的日晷就演变成一种皇家礼制器物了，即象征皇帝拥有向天下万民授时的最高权力。

赤道式日晷的表盘与赤道面平行，晷针与地轴方向一致。春分到秋分，太阳直射日晷上表盘（日晷朝上的一面），秋分到次年春分，太阳直射日晷下表盘。

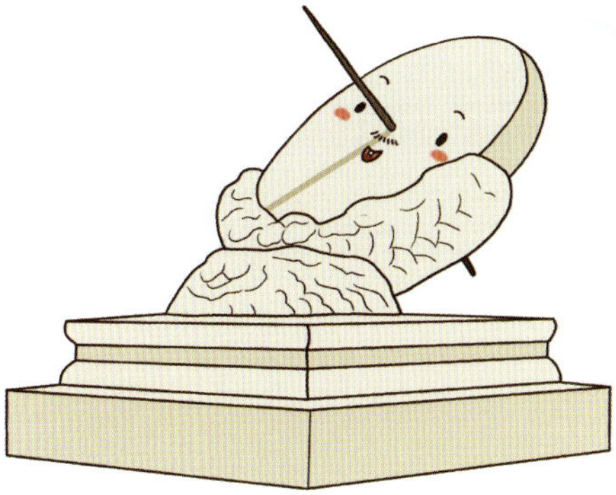

上表盘

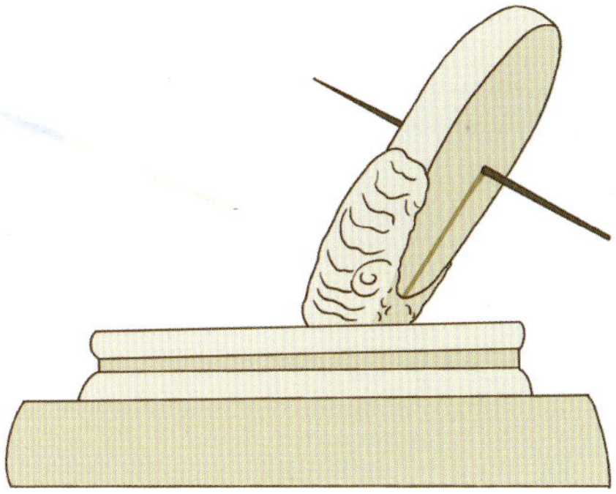

下表盘

春分到秋分看上表盘

太和殿前石亭内摆放的铜制嘉量

嘉量上刻有满汉两种文字

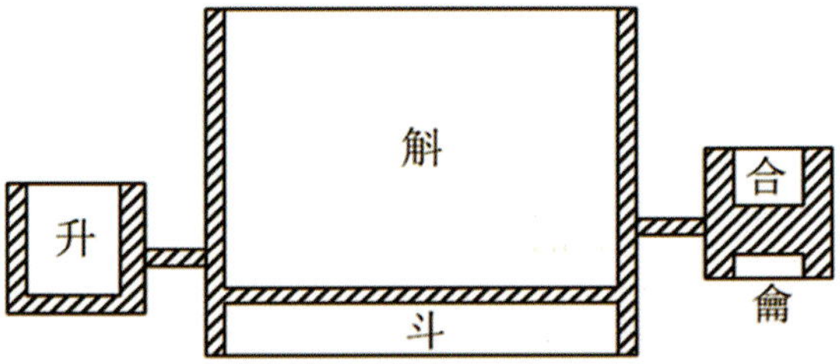

嘉量结构图

嘉量是中国古代标准的容积测量工具，其中“嘉”字寓意美好，说明这是最好、最标准的量器。

嘉量包含的五种计量单位及相互换算关系：二龠为合，十合为升，十升为斗，十斗为斛，即 1 斛 =10 斗 =100 升 =1000 合 =2000 龠。太和殿前的铜制嘉量，陈设于一座拥有单檐歇山顶的汉白玉石亭内，为清乾隆九年（1744）仿照汉代王莽时期嘉量制造，上刻有乾隆皇帝亲撰的满汉两种文字。殿前设置嘉量，表明乾隆皇帝继承古制的决心，同时也象征着国家度量衡定，天下统一。

望向太和殿内部，人们的视线很容易被一个金色空间吸引，进而关注到位于中央的宝座。这是一把表面装饰有金粉和金胶的楠木座椅。在约 2400 平方米的太和殿中，乃至 3 万多平方米的太和殿区域中，再没有第二把这样的椅子。明清两代近五百年的时间里，这是中国最重要的一把椅子，坐到了这里代表拥有了天下。

帝王虽然拥有至高无上的权力，但也不能随意使用。位于宝座上方的四字匾额“建极绥猷”为清代乾隆皇帝御笔亲书，希望借此告诫天子上对皇天下对庶民都要负责任，应当中正地治理国家，顺应大道。

太和殿内部“金色空间”

宝座上方的“建极绥猷”匾

宝座

故宫宣教
THE PALACE MUSEUM
PUBLICITY AND EDUCATION

我要去故宫系列

探秘太和门

故宫博物院宣传教育部 / 编著　果美侠 / 主编
本册作者：李颖翀
本册绘者：御鉴文化（北京）有限公司　刘畅

中信出版集团 | 北京

探秘太和门

编　　著：故宫博物院宣传教育部
主　　编：果美侠
本册作者：李颖翀
本册绘者：御鉴文化（北京）有限公司　刘畅
摄　　影：齐梦伯
图片提供：故宫博物院资料信息部
策划出品：故宫博物院
　　　　　御鉴文化（北京）有限公司
出版发行：中信出版集团股份有限公司
　　　　　（北京市朝阳区东三环北路 27 号嘉铭中心　邮编　100020）
承 印 者：北京瑞禾彩色印刷有限公司

序言：我要去故宫

去故宫，可以有许多理由：陪亲朋，遛孩子，看展览，拍美照……

不去故宫，往往只有一个理由：太无趣！

相似的院落，差不多的建筑，看过和没看过，似乎没什么差异。如果不是真心喜欢，如果不是迫于无奈，自己说出“我要去故宫”的，可能少之又少。

常年工作在故宫的我们，也不是每个人都能把各个宫殿的与众不同讲出来。揭开 600 年宫殿建筑的奥秘，需要善于发现的眼睛，需要勇于探索的精神。

一群在这里工作的年轻人，每年向数以万计的游客讲述同样的建筑历史，述说 600 年不变的宫殿故事，好无趣！不妨换种方式，看看有什么能够吸引人们的看点，整理出新奇的探秘主题，既激发自己去主动发现，也让大家对故宫兴趣盎然。于是，从给学生参观使用的探秘学习单开始，我们策划了《我要去故宫系列》探秘图书。

匆匆的游客，常常一小时走过一座城。而我们，想让孩子们一小时只看一座宫。从中轴线，到东西六宫，再到外西路和外东路，20 个建筑区域，构成了 20 册书的内容主体。既讲建筑，又说历史；既有精美的文物呈现，也有有趣的故事传说。看得见的，引你看细节；看不见的，诱你来想象。文字与插图相辅，内涵与颜值并重。这说的就是《我要去故宫系列》图书。每册分多个主题，涉及建筑、历史、藏品等内容，选题有趣、文字好读、插图好看！

午门，这里是紫禁城的门面担当，既有颜值，又有故事。午门前威严的皇宫仪仗中，竟曾有盛装的宝象，还有宝象拉的辂。

太和门，这里有规矩，讲秩序，门前的古物不只我们不知是做什么用的，就连曾经住在这座宫城里的皇帝也不知。石栏杆的火焰望柱头，开了洞的警报器石别拉似乎也不难发现。

太和殿，皇宫里最重要的建筑，历经 600 年风雨洗礼，既有灭火的陈设，也有克火的理念，只为向你证明曾经的盛世繁华，可以绵延不变。

保和殿，这里不仅是科举士人的考场，也是清初帝王的临时寝宫。方方正正的中和殿，更是帝王筹备亲耕之礼、关注皇家玉牒的重要场所。

乾清门，朝和廷的分野、家与国的界限，皇帝运筹帷幄在内，军机昼夜值守于外。皇帝很辛苦，大臣也不易，宫里禁火烛，官员上朝，几乎都得黑灯瞎火入宫，“蹭灯”的机会少之又少。

乾清宫，这里是帝王寝宫，却也传来皇子的琅琅读书声。这里药味浓，龙袍新，年节大典，更是院内高悬百丈灯，举国君民齐欢庆。

坤宁宫，凤舞千秋的世界，满汉交融的风格透过门、穿过窗，印在屋内的诸多角落。交泰殿的无为匾，一匾述说出三代帝王与这宫殿的渊源。

御花园，这里春有百花秋有月，夏有凉风冬有雪。钦安殿内护佑宫殿免遭火灾的玄武大帝，不知道是否注意到园内亭子中，井亭竟然没有顶。

西六宫，果然是宫闱趣事多，两枚锈迹斑斑的铁环，记载的是宫内静谧生活中难得的欢娱。末代帝后也在这里赶着新潮，穿洋装、吃西餐、学英语，西方的玩意儿在这里一样不少。

东六宫，曾经的后妃居住地，遗留下一座未建完的西式建筑，只能凭想象复原其类似水族馆的华美。其他的院落，也各有各的故事，既见证繁花盛放，也目睹香魂陨落。

宁寿全宫，看似普通的皇极门，竟然也是有限空间内建造出的另一座“小午门”。门内的皇极殿，更是有着乾清宫的外表，却发挥着太和殿的功用。乾隆皇帝的乐寿之所，不仅有乾隆，还有“钱龙”，而晚清的慈禧太后，也把这里作为御用居处，内政外交，见证了时代的更迭。

乾隆花园，文人的雅致随处可见，禊赏亭、古华轩、碧螺亭、藤萝顶，处处精致，处处惊喜。乾隆皇帝倦于勤，欣赏花园勤而不倦，乐此不疲。

慈宁宫，御路石上的小蜥蜴和门前的麒麟兽一同述说着这里的秘密，屋顶独特的轩辕镜与院内与众不同的月晷，则告诉你这里主人的独特身份。

重华宫，是“养在深闺人未识”的宫苑建筑，弘历在这里娶了他挚爱的富察氏。当了皇帝（乾隆皇帝）后也到这里举办茶宴，君臣之间赋诗联句，雅性使然、默契使然，更是家国天下的情怀使然。

养心殿，八代帝居一定不负众望，既有治国理政之所，也显生活起居之便，更有闲暇怡情之趣。小小的三希堂，幻化出大空间，一幅通景画，巧妙地让景入画，人也入画！

文华殿，象征水的黑色屋顶还不足以护佑文渊阁的《四库全书》，从屋檐彩画到栏板石雕，水的元素随处可见。“天一生水”而有黑瓦屋顶，“地六成之”便有了屋阔六间！

武英殿，摄政王的权力中心，变身为殿本修书之所。浴德之水蜿蜒而出，于断虹桥畔诉说沧桑。储冰之所，亦呈现皇室消夏之聪慧。

珍宝馆，华丽的珠宝背后，隐藏了采珠人等付出的艰辛。皇室的饰品，最精于其取材的独特。先秦石鼓唐时现，流转千年入深宫。只要有心，你就会被它们的文字和经历感动。

钟表馆，让我们了解中西方再次开启的对话。漂洋过海的计时仪器，成了皇家喜好的有趣玩具，可计时，可打更，可升降，可转花。魔术、水法、音乐、鸟音，无不炫目悦耳，赞从心生。

我觉得，以上这些远远不够，书中好玩的故事、好看的插画，等你去探索，由你去发现。如果每读完一本，你就有拿起书入宫的冲动，我们会万分欣慰。真诚地，真心地，在宫里，期盼你，欢迎你！

果美侠，写于墨尔本旅途
2019 年 7 月 27 日

目录

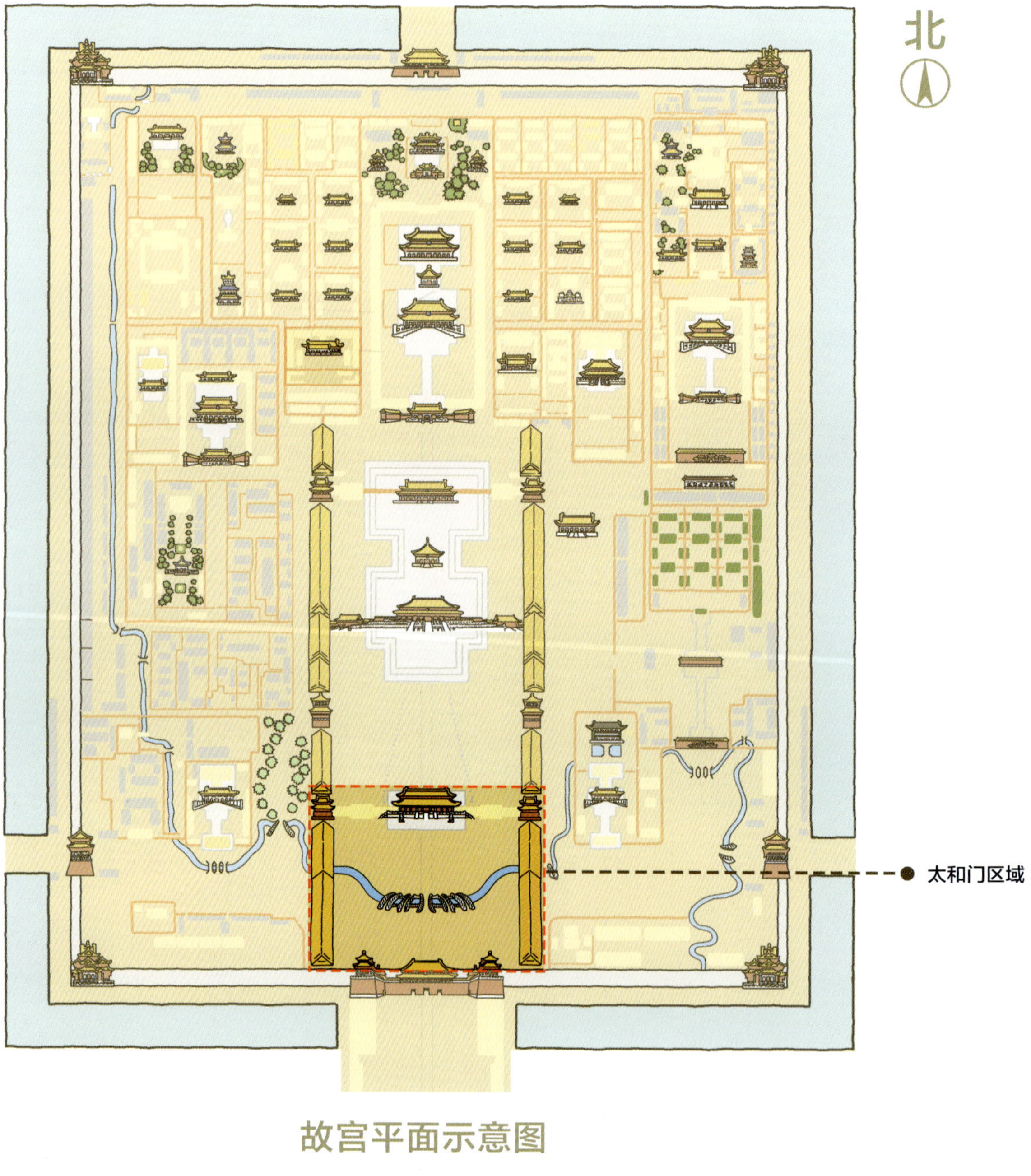

故宫平面示意图

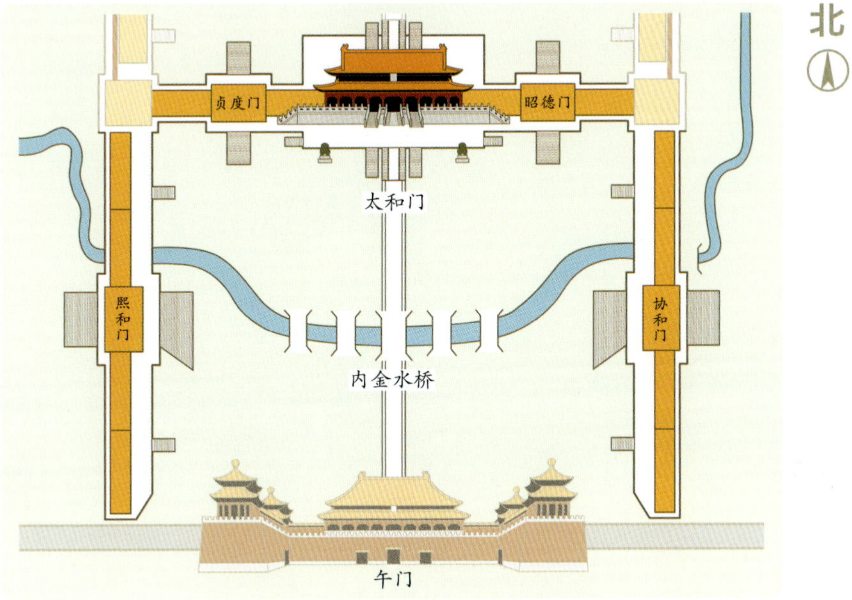

太和门区域平面示意图

欢迎来到太和门！

穿过午门，我们就正式进入了紫禁城（现故宫博物院）。首先映入眼帘的是一处宽广的广场——规制森严，设计精巧，流水潺潺，这就是太和门广场。高高的宫墙之内虽然不缺巍峨的宫殿、精巧的院落，但壮美而灵动的却只有太和门广场这一处。

作为从午门步入皇家宫城后的第一站，太和门广场西守武英殿、西华门，东锁文华殿、东华门，北托太和殿等宫廷核心区域，虽有院墙连廊环绕，却又四通八达。它既壮美无限、气势磅礴，又不乏红墙碧水的温柔，是紫禁城中轴线上一道亮丽的风景线。

现在，就让我们通过秩序井然、各行其“道”、宫门政事、明代遗珍和百孔千机五个专题来探秘太和门！

秩序井然

01
秩序井然

在南北取直、东西对称的紫禁城里，建筑常常中轴对称。午门之后就是秩序井然的太和门广场。

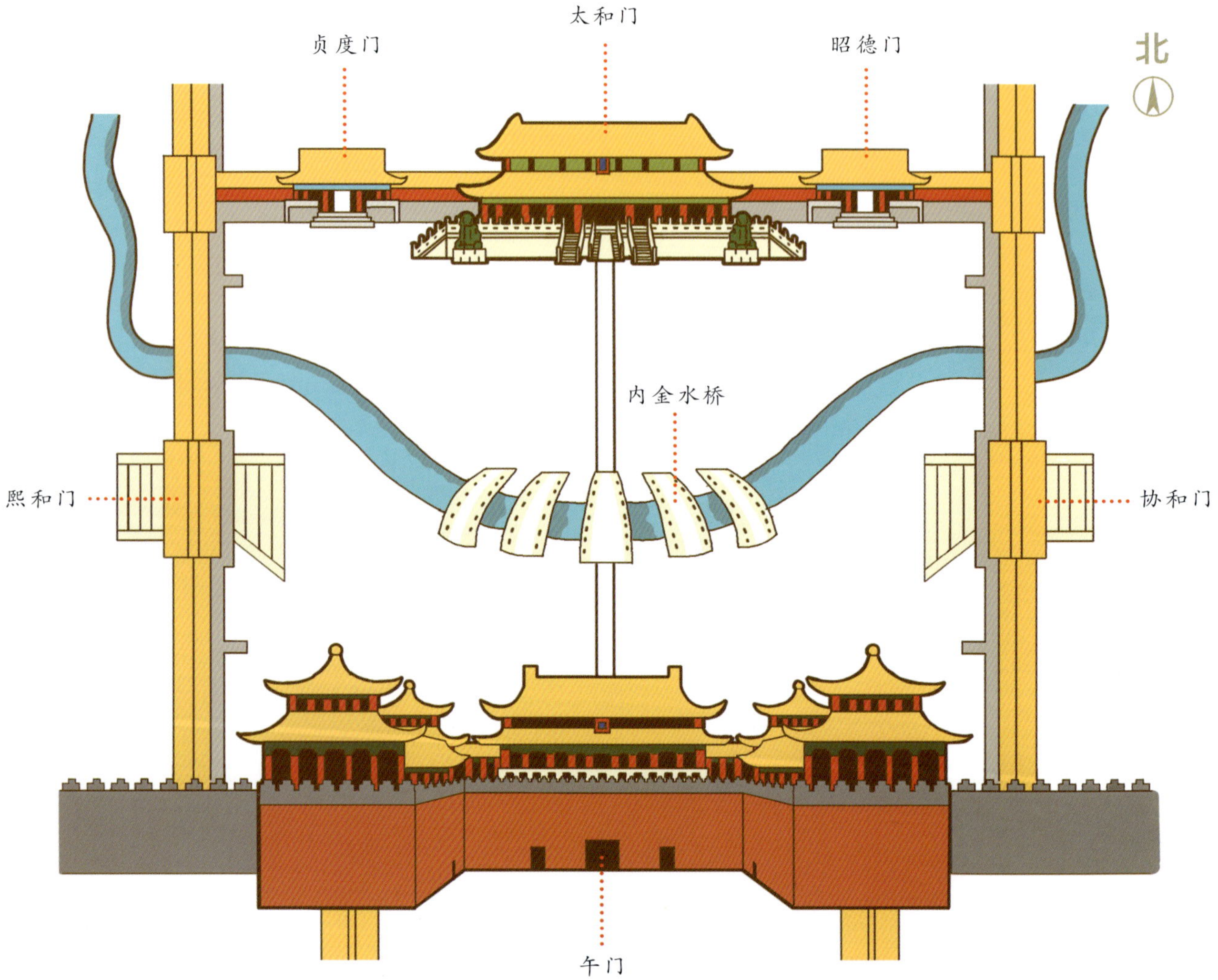

太和门区域平面示意图

走过狭长的通道，进入一个宽广的大庭院，忽然间视野开阔，你会不会觉得豁然开朗？从午门走入紫禁城，就是这样的感觉。当你穿过长长的午门门洞，进入的就是宽广的太和门广场。

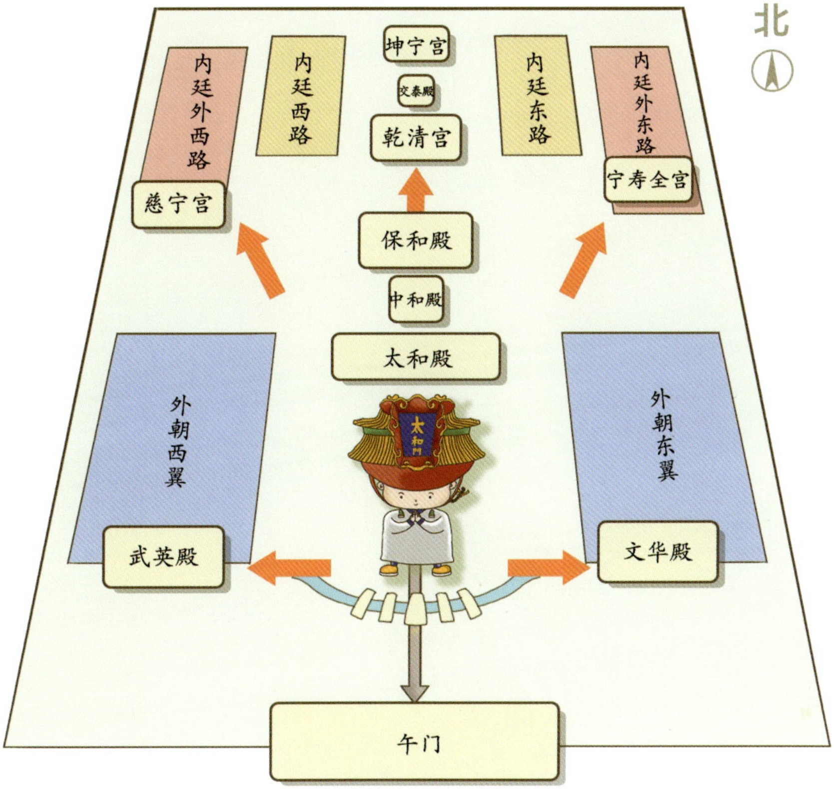

紫禁城平面简图

太和门广场南北宽130米、东西长200米，整体呈长方形，面积约26 000平方米，由宫门、院墙及辅助建筑庑房围合而成，包括6座门、8条通道。从这里一路往北可以到达紫禁城最重要的建筑群——太和殿、中和殿、保和殿、乾清宫；向西过熙和门可到达紫禁城西南的武英殿区域和西北的慈宁宫区域；向东过协和门则可以到达东南的文华殿区域和东北的宁寿全宫区域。作为进入紫禁城的第一站，太和门广场既是一处四通八达的交通枢纽，也是一个宫城与宫殿建筑的缓冲区。它犹如紫禁城的玄关，我们在此即可窥见整个紫禁城的设计规则与建造规律。

为突出“皇权至尊、中正安和”的理念，古代帝王往往在一国的中心设立都城，在都城的中心设立宫殿，同时宫殿里的建筑还要围绕系列核心建筑，形成中轴对称。都城营建上，民居、街巷往往也需以宫城为核心对称分布。于是，宫城建筑核心向南北两个方向延伸，形成了坐北朝南、两侧对称的中轴线建筑群。

紫禁城中轴线上的建筑

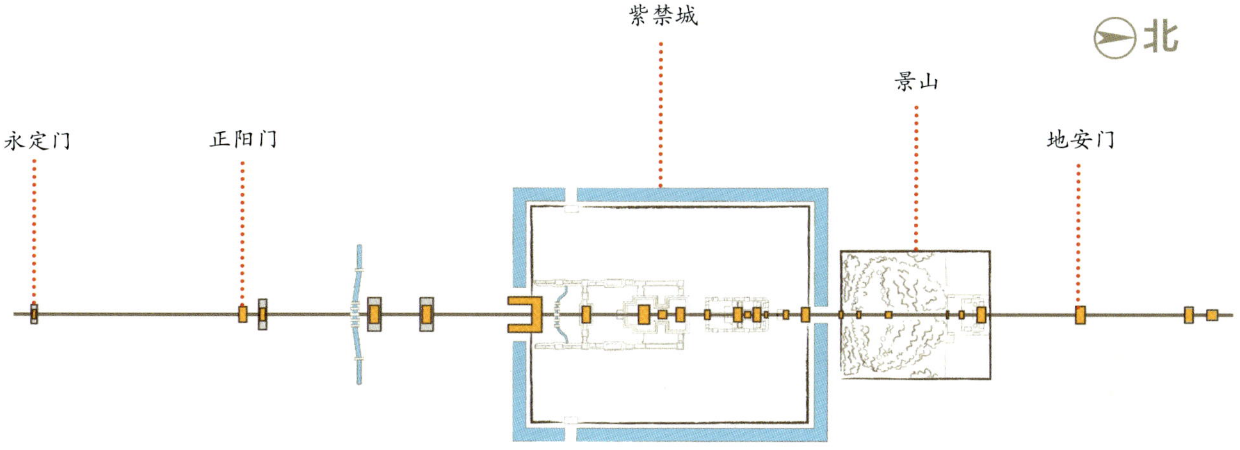

北京中轴线上的建筑

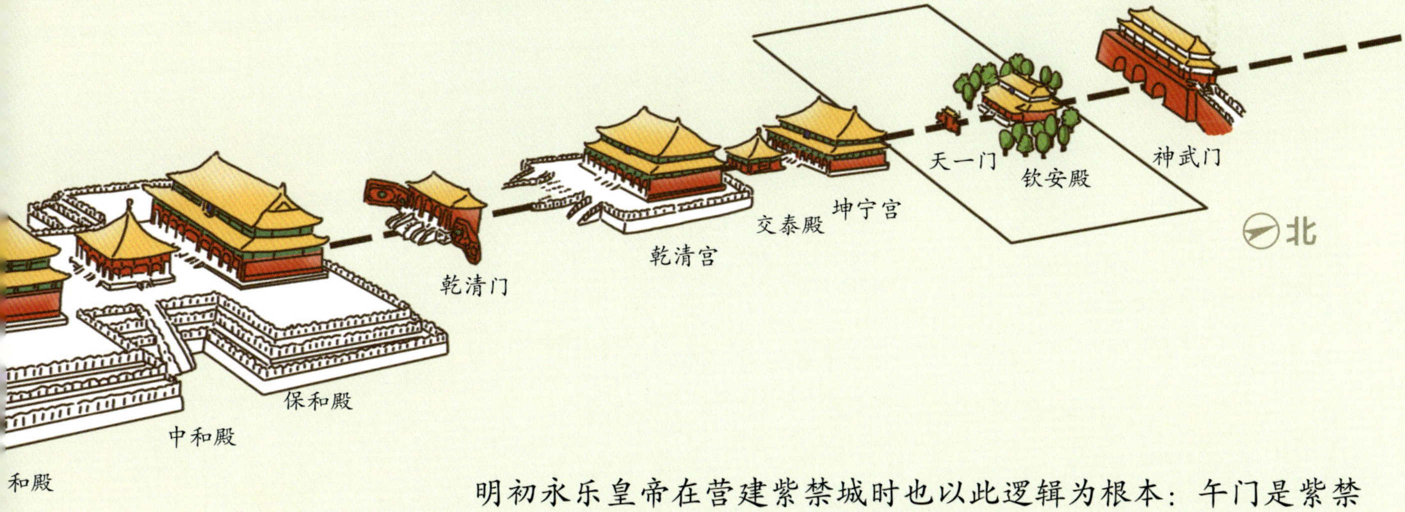

明初永乐皇帝在营建紫禁城时也以此逻辑为根本：午门是紫禁城的正门，也是紫禁城中轴线上的第一道门；太和门是第二道门——整个太和门广场以午门中心至太和门中心一线（中轴线）为对称轴，各元素对称分布。

贞度门

昭德门

太和门两侧对称分布的贞度门和昭德门

“对称性”在太和门广场的建筑规划、外观设计等各个方面体现得淋漓尽致。首先，所有建筑均以一条庄重的南北中轴主线串起。围合太和门广场的建筑包括6座门，除南北相望、轴对称的太和门和午门，还包括太和门两侧对称分布的贞度门和昭德门、分别位于广场东西侧的协和门与熙和门。另东北、西北角各有崇楼一处，东、西高台各有庑房20间。其次，东西对称的建筑均采用相同的外观设计，且建筑本身一般也是平面轴对称设计，布置均齐，无论是屋顶、梁柱、门栏和坡道，还是建筑上面的彩画等都是井井有条，整齐划一，精致非常。

协和门

熙和门

广场东西侧的协和门与熙和门

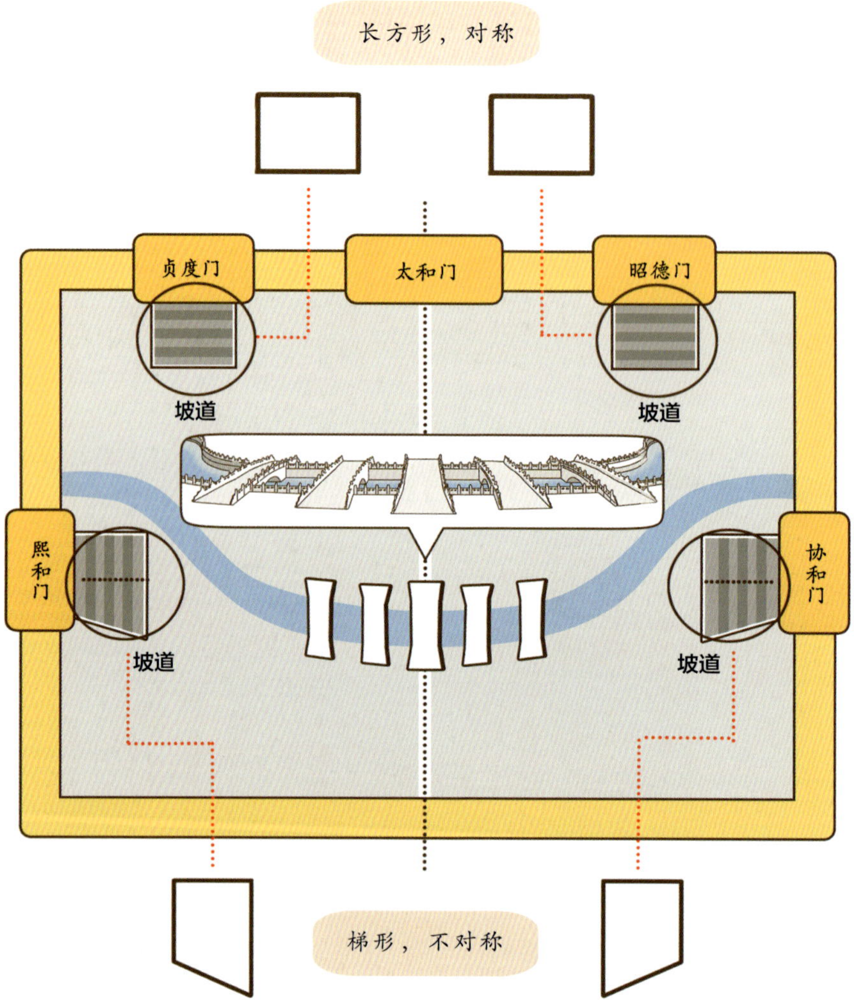

广场上的对称图形与不对称图形

但在这个充满对称元素的广场上，也并非所有建筑元素都完全对称。例如，各门前的坡道，平面图一般为“长方形”。但熙和门与协和门前的坡道却与众不同，平面呈“梯形”。可见，此处设计虽然遵循了大的中轴线对称原则，却打破了建筑本身平面轴对称的原则。为什么呢？

太和门广场

俯瞰太和门广场，中部是蜿蜒而过的内金水河，其形状像一条飞舞的帛带，中间向南突出，两侧对称弯曲。熙和门与协和门前不规则的坡道正是为了适应这条弯弯的内金水河。内金水河上的五座内金水桥也与此类似，在保证中轴线对称分布的基础上，桥身形状则随河流弯曲之势变化。

我拿着矩，矩为方，象征地。
伏羲女娲一阳一阴，一刚一柔，相和相济。
我拿着规，规为圆，象征天。
伏羲（火）
女娲（水）
北
内金水河
南
午门

规矩方圆

内金水河的设计众说纷纭。有人说，这条内金水河是皇帝在禁中缓缓舒展的一张弓，河上的五座桥则是皇帝凭弓射向人间的五种德行（仁、义、礼、智、信）。还有人认为，从阴阳五行学说的角度分析，午门在南侧，代表火；内金水河在北侧，代表水，二者形状又一方一圆，这样的设计非常和谐。正如人们所熟知的女娲、伏羲两位上古大神——他们的形象常常同时出现，一人持规，一人持矩，规为圆，矩为方，二者也是方圆相济，阴阳相合。无论如何，内金水河蜿蜒曲折地流过太和门广场，不仅为广场的用水、排水和消防等提供了便利，也在广场的对称与平衡的秩序美中增添了一丝灵动与跳跃。

作为紫禁城的“玄关”，太和门广场让初入宫禁者不仅能感受到紫禁城规划建造的秩序，也为紫禁城的宏伟及皇家庄严所震撼。太和门广场周围的建筑都建在砖石垒砌的高台上，中轴线上的建筑尤为壮丽，将宫廷建筑特有的壮伟和肃穆展露无遗。觐见帝王者若是一路从南侧向北前往太和殿，途经一道道门和一个个宫廷广场，定是要惊叹于天子的威严，“天阙九重”的帝王境界也因此越发明了。

各行其『道』

02
各行其“道”

帝制时代，等级森严，皇帝居高临下，甚至走道都有专用“御路”，真是“不走寻常路”。不仅如此，不同身份等级的人也需规行矩步、各行其“道”。

紫禁城里的道路有千万条，几乎每条都有每条的规矩。路与路之间有明确的区别——位置、宽度、建造材质、装饰……都有可能成为区分各条道路行走人身份的标识。秩序井然的太和门广场上从午门至太和门的通道就不止一条，不同的通道便是为不同身份的人设计的。

通过午门进入太和门广场的门洞共有 5 个，其中中间的门洞最大，两侧门洞则分别以通过中门洞的中轴线对称分布，且尺寸递减。中间三门直通午门正面，门上有门钉 81 颗；最外侧的两门通向午门东西雁翅楼下，在午门正面仅以侧开的掖门呈现，门钉 72 颗。如此设计之下，中间的门洞不仅位置中正，尺寸最大，而且拥有的门钉数量也属午门各洞中之最多，因此中间的门洞等级最高，为皇帝御用，平日常闭不开。

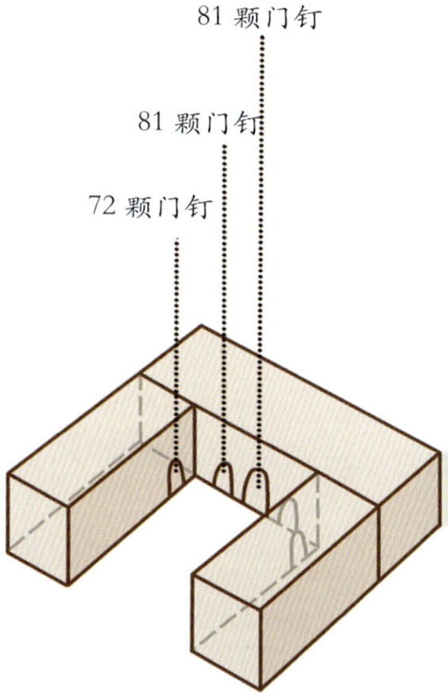

午门门洞示意图

（明）《徐显卿宦迹图》（局部）

这是该图的楚藩持节部分。万历七年（1579）明神宗派徐显卿前往湖北。徐显卿随册宝亭从午门东侧门一路走出紫禁城时，中间门洞大门紧闭。

（清）《光绪大婚图》（局部）

光绪皇帝大婚时，迎接皇后凤舆入宫的队伍是从装饰一新的午门中间门洞进出紫禁城的。

不过，历史上午门中间的门洞也曾走过皇帝以外的人。比如皇帝大婚当日，午门会装饰一新，迎接皇后乘坐的凤舆经中间的门洞进入紫禁城；通过殿试选拔的状元、榜眼和探花，也允许高中及第后从中间的门洞出宫一次。这一进一出，是天子赐予的无上殊荣，也体现着天子重人伦英才，齐家治国平天下的价值观和理想。

午门背面

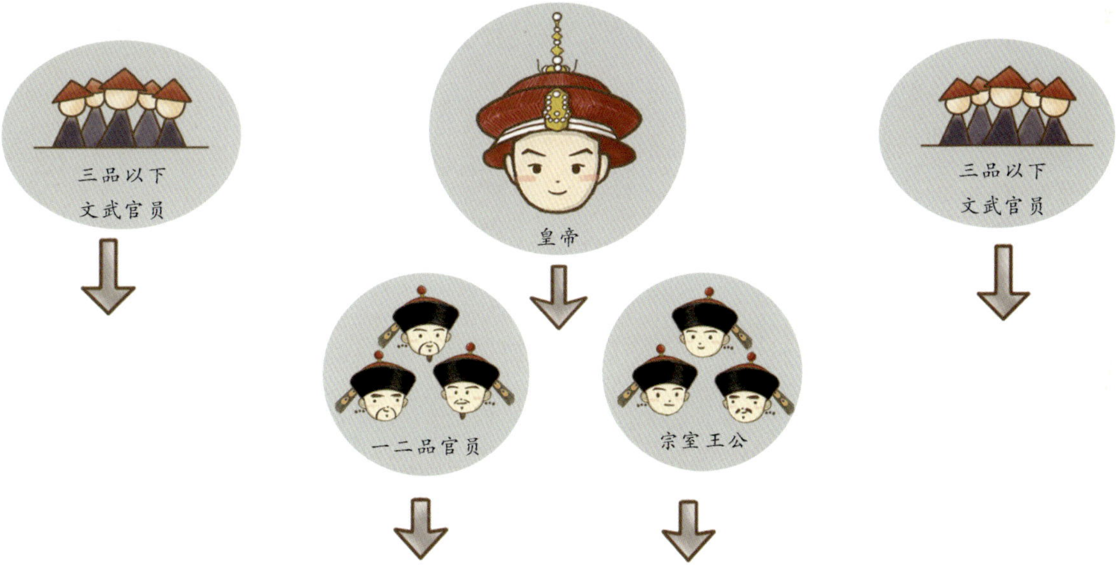

午门各门洞功能示意图（大朝礼）

门洞的使用在许多场合都有具体的规定。从中间门洞出入是皇帝的特权。常朝时，文武官员一般从左侧门洞出入，宗室王公一般从右侧门洞出入。大朝时，进出的人多，所以会开启左右掖门供三品以下文武官员进出。殿试时，午门两侧掖门也会开启。进宫考试的考生，由鸿胪寺官员引入，按照会试名次，单数走左掖门，双数走右掖门。

火焰形望柱头

从午门到达太和门要经过内金水河。与午门门洞对应，河上设汉白玉单孔桥 5 座。中轴线上的桥是主桥，也是御路桥，桥面最宽，供皇帝行走。两侧的 4 座桥则是宾桥，比主桥略窄，供王公大臣行走。

五座桥仅有主桥桥面采用平面轴对称设计，中间窄两头宽。4 座宾桥随内金水河走向桥面均略有弧度。值得注意的是，宾桥桥面虽非轴对称图形，但整体上仍以中轴线对称布局。

主桥与宾桥的“身份”差异不仅体现在桥的尺寸、形状和位置上，

内金水桥主桥和宾桥也是根据不同使用者的身份设计和建造的。

云龙纹望柱头

桥体装饰也有区别。主桥两侧的汉白玉石雕花栏杆采用了云龙纹望柱头。柱头上高浮雕云龙纹，龙身下衬云朵，华贵而优美，代表的是真龙天子。宾桥则采用了火焰形望柱头。这在紫禁城许多地方都能见到，等级比云龙纹望柱头低了许多。

内金水桥主桥至太和门一线以御路相连。御路也是皇帝特权的体现，主要用于重要建筑群之间的连通，在中轴线上最为常见。普通的道路用青石、方砖或长砖铺成，但皇帝专用的高等级道路——御路则用大块方形青石墁地，铺成的路面略呈弧形，两侧还有青砖铺设的排水功能区“散水”，雨天也不会存水。御路路面平整干净，若是恰逢下雪，上面的冰雪似乎也消失得比别处快些。

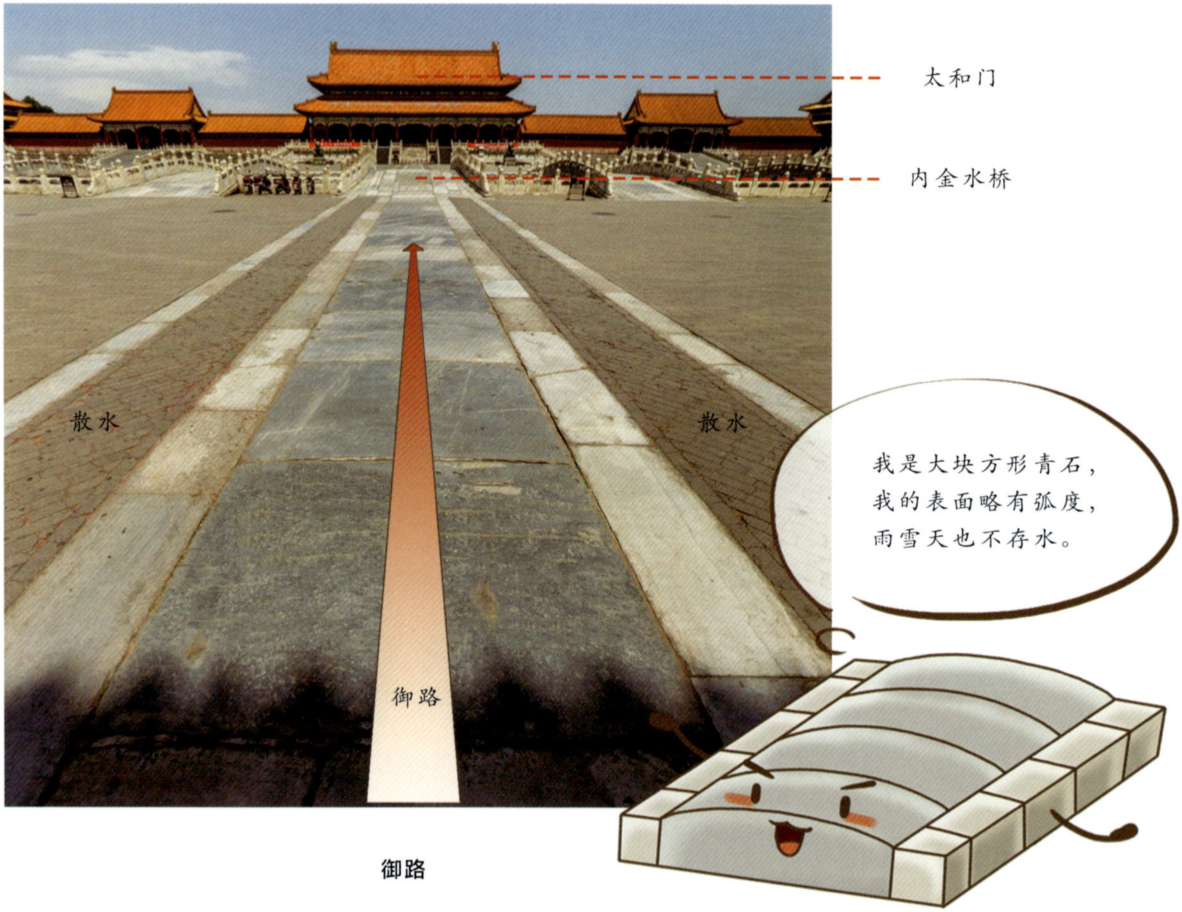

御路

下雪天太和门广场的御路

（清）《万国来朝图》（局部）

《万国来朝图》是乾隆皇帝授意宫廷画师绘制的。它展现了“藩属及外国使者到紫禁城朝贺”的繁荣景象。图中太和门广场上人潮涌动，但中间的御路却空无一人。

太和门前的丹陛石也是御路的一种形式。此处大石雕上的花纹为海水江崖和云龙图案，这些图案可是皇帝的特权，其他人本不可僭越。然而从历史图像中我们可以发现御路并不是皇帝的专属。如为光绪皇帝举行大婚典礼时，婚前纳采礼的队伍、后来册立奉迎的轿辇都是允许通过内金水桥中的御路桥，一路沿着御路穿过太和门中门洞进出宫禁的。

（清）《光绪大婚图》（局部）

这是光绪皇帝大婚前纳采礼的一个场景。图中显示给皇后家的礼物正在经过太和门广场。

太和门前丹陛石和丹陛石上的云龙纹、海水江崖纹

（清）《光绪大婚图》（局部）

这是册立奉迎的一个场景。迎娶皇后的凤舆即将从太和门出发。

细数起来，“御路”果然都不是寻常路，概括来说有以下特点：位置必须正中，因为中轴线是皇帝的特权；规模必须和别的通道有明显区别；道路设计需要考虑到各种天气因素；装饰或设计必须精巧，真龙天子配以龙纹再合适不过了。当然，皇帝也为各类可以来到太和门广场的人规定了适合他们的路线。如若有人走在不该走的路上，还有可能掉脑袋呢。

宫门政事

03
宫门政事

照常理，皇帝应该在紫禁城最华丽的宫殿指点江山，处理政务。然而，太和门既不是紫禁城前朝最重要的建筑，也不是最华美的宫殿，却一度被皇帝选为王朝的政治中心。广场上的其他宫门也因此一度经历血雨腥风。

皇帝作为一国之君，处理日常政务最基本的形式就是上朝听政。听政时，皇帝与大臣面对面沟通政情，对国家大事全面考量。一国的政事决策、法令传达都在这里发生。可见，皇帝上朝听政的“会议室”多么重要。“会议室”附近的地方地位也举足轻重，不仅有过宦官之争，还曾发生大臣们冒死进谏的事情。

明永乐皇帝朱棣

明代永乐皇帝朱棣兴建紫禁城时在如今三大殿（太和殿、中和殿与保和殿）原址上建有奉天殿、华盖殿和谨身殿，听政“会议室”就设在三大殿。但他搬入紫禁城不过百日，三大殿便遭雷击，起火焚毁。朱棣认为这是天意，不敢即时重修，于是就将“会议室”挪到了当时三大殿前的大门奉天门（即今日的太和门）处。

朱棣

明太祖朱元璋开国后已立下每日临朝的祖制，朱棣则将其改为“御门听政”，从此皇帝在宫门处上朝议政。初期，子孙除节庆、丧日之外，还能坚持每日清晨在奉天门听政，但明中后期的皇帝越发贪图享乐，有的甚至疏于朝政，还常常不临朝。

清顺治皇帝仍在太和门临朝，康熙六年（1667）以后，“御门听政”就挪到紫禁城内廷的乾清门了。

太和门

乾清门

御门听政的理由

这么说来，“御门听政”制度发端于明初永乐皇帝，而且是被迫为之的了？可为什么清代皇帝决定更换会议地点却仍选择了一座宫门呢？这就要从“天人感应”“真命天子”的说法讲起了。古人认为天帝在上，露天听政时天子贤明公正、勤政爱民的心更“昭然”，且风吹日晒雨淋下依然孜孜不倦、兢兢业业更能凸显天子的“敬业精神”，也是“天将降大任于是人”的明证。所以，即使皇帝的宫门常朝相当于露天办公，条件远不如其他华美的宫殿，但“御门听政”仍然代代传袭。

（明）《徐显卿宦迹图》（局部）

《明史 · 卷五十三》记载的常朝御门听政的仪式为“……有钦差官及外国人领敕，坊局官一人奉敕立内阁后，稍上，候领敕官辞，奉敕官承旨由左陛下，循御道授之。”图为“金台捧敕”部分，表现的正是明神宗（万历皇帝）时期徐显卿作为奉敕官颁旨的场景。

除太和门、乾清门外，太和门广场上的贞度门、协和门也曾作为听政之所。贞度门明代称宣治门（改宣治门前称西角门），明仁宗朱高炽曾在此听政。而协和门（明代称左顺门）听政则与明英宗朱祁镇和他的弟弟朱祁钰有关。英宗当政时遇瓦剌来犯，不听群臣劝谏执意带兵亲征，最后被俘。国不可一日无君，他的弟弟朱祁钰因此协理政事，后来即皇帝位。朱祁钰就曾在奉天门东侧的左顺门处御朝办事。

土木之变和皇位易主

作为听政场所的太和门广场也是各种政治闹剧高发之处。明正德年间太监刘瑾专权乱政。正德三年（1508）的一天，正德皇帝在奉天门早朝听政刚刚结束，将要退朝时，忽在御道上见到一封匿名文书，内容是揭露刘瑾乱政罪行。

刘瑾当场大发淫威，不仅不让文武百官退朝，甚至让文武大臣都跪在奉天门前，威逼群臣举报写信之人。当天在场官员三百余人全部下狱，酿成了正德帝即位以来的最大冤狱。

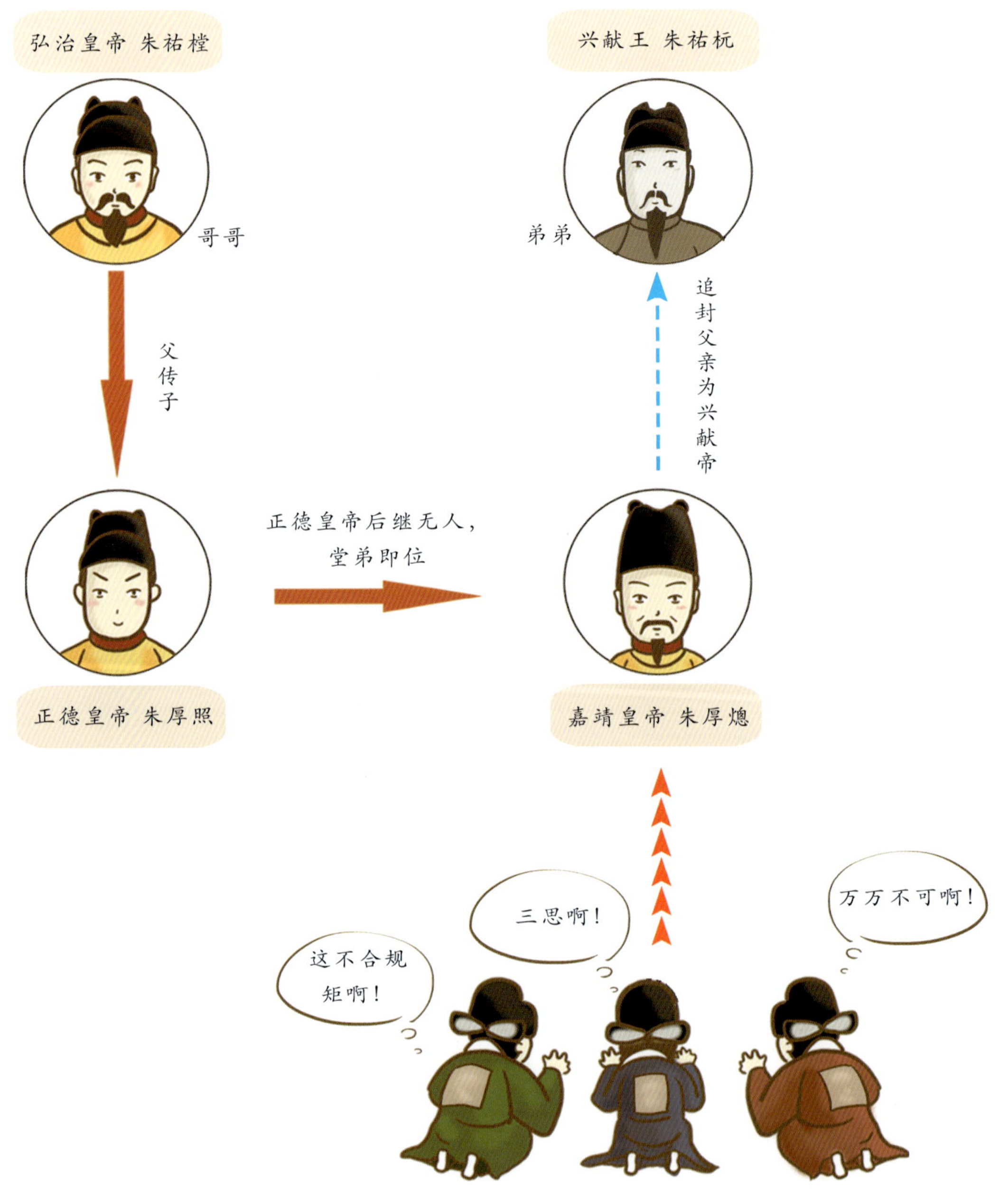

大礼议之争主要人物关系示意

正德皇帝之后，嘉靖皇帝在奉天门东侧的左顺门因“大礼议”又与群臣发生冲突。嘉靖皇帝并非正德皇帝的儿子，而是他的堂弟。为了让自己继承大统更加名正言顺，嘉靖皇帝在当上皇帝后一门心思希望追封自己的亲生父亲为帝，并要称自己的母亲为太后。阁臣认为此举“不足取信天下”，纷纷上书，并集结于左顺门高声力谏。这场闹剧最后以跪谏134人下狱，所有参与者全部治罪告终，甚至有17人死于廷杖。

宫门政治是明清政治历史的一大特色。太和门广场因在明代时长期作为听政之所，所以政治事件多发。如今，斗转星移，留下的只有这恢宏的太和门、灵秀的内金水河和博大的庭院式广场。

大礼议之争中大臣挨打

明代遗珍

04 明代遗珍

中国有句古话“一朝天子一朝臣”，然而清代皇帝掌管紫禁城后却未完全更换其中的明代陈设，太和门广场上就有好几处。它们静默不语，身上的沧桑却似诉说着朝代更迭、沧海桑田的故事。

1644年，顺治皇帝入主紫禁城。历经战火，又逢易主，紫禁城的许多宫殿都有损毁，清廷或修缮，或在原基础上重建，甚至还改变了部分区域的布局。太和门区域更是改头换面，顺治皇帝入主紫禁城不久便修改了该区域的各宫门名称。部分建筑也因各种缘由于清代重建或修葺。然而令人讶异的是，太和门广场上的明代陈设却大多保留完好，且留存至今。

太和门是中轴线上最年轻的建筑。清光绪十四年（1888），太和门及旁边的贞度门、昭德门都被火烧毁，现在的太和门是光绪十五年（1889）重建的。

太和门前，有两件颇为“神秘”的汉白玉石雕。西侧是一个方方正正的石盒子，高 127.5 厘米，体量约 1 立方米。方形石盒子分三部分，顶部为带盘龙纽的盒盖，中部为盒身，底部为雕花基座，看起来与摆在交泰殿中盛放二十五玺的宝盝形状类似。这个方盒被称为石匮。

太和门前的石匮和石亭

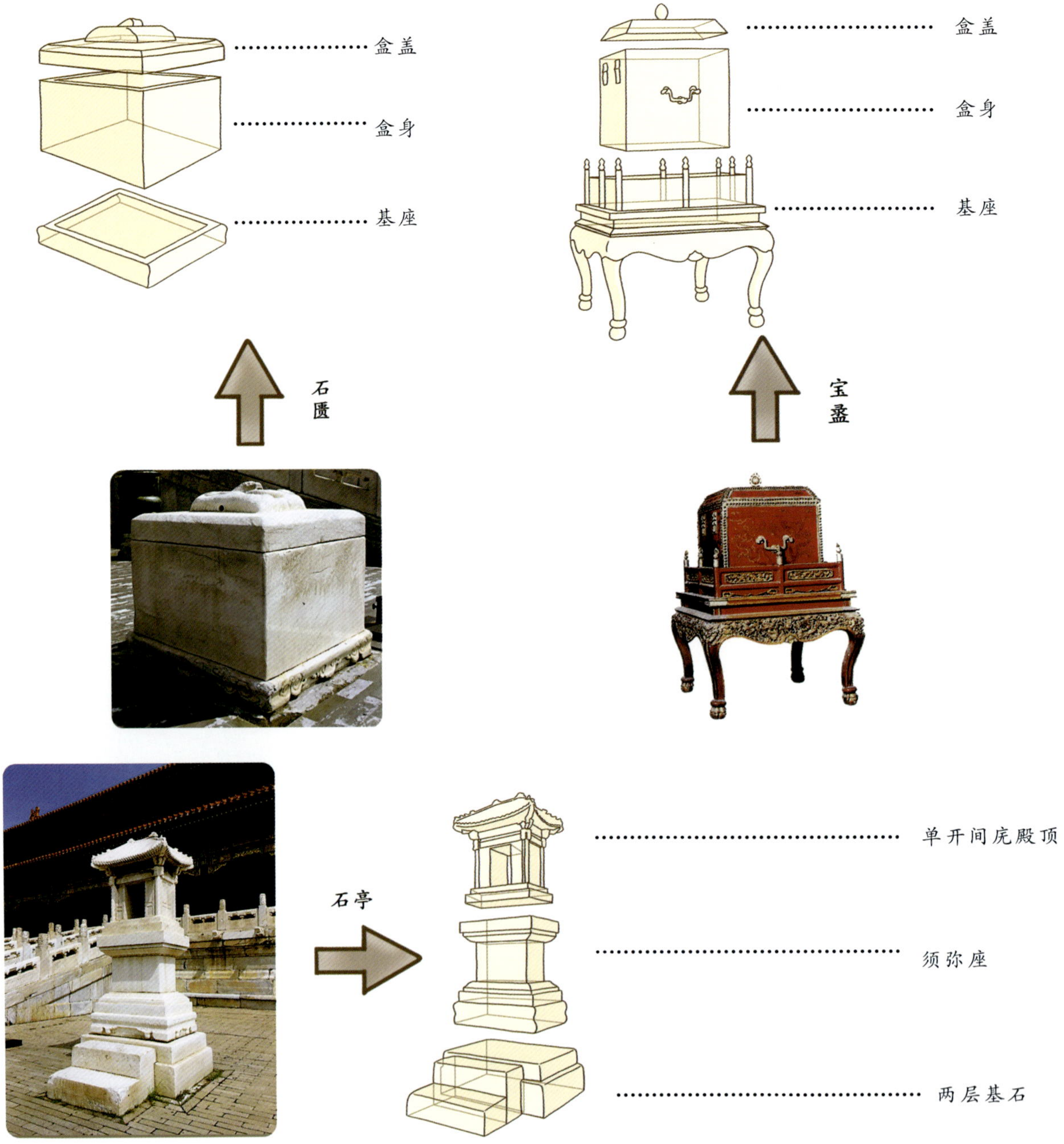

石匮、宝盝及石亭结构图

与石匮相对，东侧立有一座汉白玉石亭。石亭高3.5米左右，也可以分为三部分。上部是单开间庑殿顶建筑，南北通透，东西为闭合的一组对开门；中部为一个承托石亭的须弥座；下部为两层基石，基石南侧还设置了台阶。

（明）《徐显卿宦迹图》（局部）

明代奉天门（今太和门）广场上的石亭和石匮摆放位置与如今不同，都在奉天门前东侧。

石匮

石亭

（清）《万国来朝图》（局部）

这幅《万国来朝图》是《清人胪欢荟景图册》的一部分，也是乾隆年间完成的。图中可见石匮被挪到太和门西侧，东侧狮子身后是石亭。

即便历经百年风霜，石匮上的花纹、蟠龙，石亭的屋檐、斗拱、须弥座上的一点一线仍清晰可见。然而它们的功能是什么呢？为什么在清代它们被分置太和门前两侧？这不仅是如今我们的疑问，也是清代嘉庆皇帝的疑问。传说他曾经问起这两个石雕的名称、由来和功能，可南书房、翰林院等都没人能回答。近年也有专家关注到这对石雕，但依旧只能凭早期文献中的只言片语和历史遗迹，结合太和门的功能去推测各种可能性。

相传，纪晓岚认为石匮里面有谷物，象征社稷，而石亭则被推测为放时辰牌之处，表示敬畏天时；也有人认为石匮与放置宝玺的宝盝形制类似，石亭则可能是诏书亭，二者象征着皇家册宝制度。

嘉庆皇帝

同石匮与石亭相比，太和门前那对青绿色的大铜狮更加显眼。两只铜狮的铜铸底座下均又设置了汉白玉石须弥座，通高 4.32 米，是紫禁城内现存六对铜狮中最高大的一对。它们一东一西，一雄一雌：东侧雄狮脚踏绣球，象征着皇家权力一统天下；西侧雌狮左足抚慰幼狮，象征皇家子孙延绵昌盛。

太和门前的铜狮

太和门前西侧雌狮

太和门前东侧雄狮

铜狮子身上的斑点

这对铜狮早在明代就已经铸就，经过时光的打磨，铜狮表面虽光滑锃亮，却有不少颜色深浅不一的方块形斑点。这些斑点从何而来呢？原来，那时的铸造技术没有现在高超，有时刚铸造出来的物件就会有大大小小的砂眼，随着时间推移，有些小砂眼还会变大。于是人们就用一种简易的修复技术：在砂眼处錾出方形的小坑，再用大小合适的铜块錾补，而后打磨平整。这样，刚修整完的铜狮看起来光滑平整，但不同錾补时间使用的铜块成分有差别，加上风吹日晒雨淋，时间长了色差逐渐变大，就变成如今的满身斑点了。

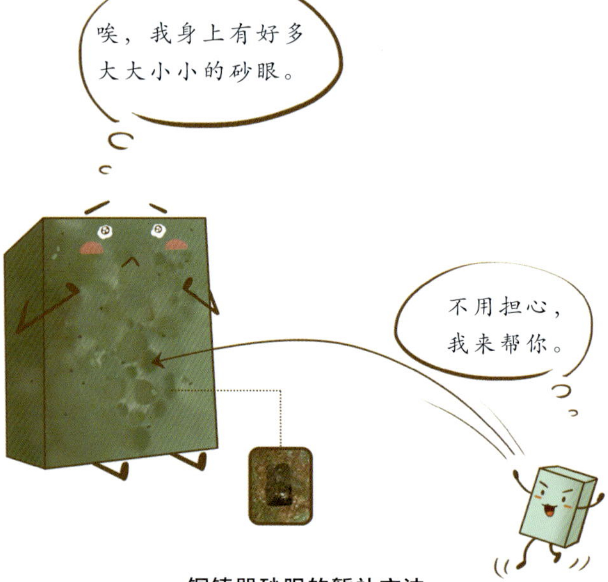

铜铸器砂眼的錾补方法

太和门两侧的贞度门、昭德门前各陈设有一对大铁缸，称为太平缸，用于储水防火。紫禁城的殿堂屋宇前几乎都陈设有太平缸，少则一对，多则几对。人们也称它们为“门海”，取“门前大海”之意，因为人们相信门前有海则无火灾。无火便是吉祥，因此它们还有“吉祥缸”的称呼。

据说清代紫禁城内共有大小水缸 308 口，既有铜质的，也有铁质的。铜质的多为清代产品，铁质的则多是明代遗物。太和门前的大铁缸上就有“大明弘治四年御用监吉日造”（弘治四年为 1491 年）铭文，它们也是目前紫禁城内年代最早的太平缸。

大明弘治四年御用监吉日造

水缸上的明代弘治四年款

太和门前的明代大缸（紫禁城现存最早的明代铁缸）

明代太平缸

当然仅依凭质地（铜、铁）来区分太平缸的时代是不行的，不同时代的太平缸样貌也不尽相同。明代的太平缸往往两侧有素耳圆环，缸身都是口大下收，而清代的缸则是腹大口收，两侧有兽面铺首装饰的环耳，不仅储水量增加，而且更加华丽。

无论是石匮、石亭，还是铜狮、铁缸，这些明代时期的珍宝现今依然保存完好。清廷保留它们的原因至今未明，也许是将其作为战利品进行展示；也许是让后世皇族保持警醒；又或者是惊叹于明代的旷世之作，留作后人享用……流光易逝而金石仍存。

清代太平缸

百孔千机

05
百孔千机

朱墙黄瓦，雕栏玉砌，太和门广场的营建和设计可谓工巧精湛。就连屋墙、栏杆、坡道、石桥上的各式孔洞也是匠人特意设计的，满满都是“心机”！

建筑上各式各样的孔洞

建造紫禁城的工匠们在各种建筑上设计了各式各样、大小不一的孔洞。仅太和门广场上就有大小、功能各异的孔洞400余个。它们看起来微不足道，其实意义非凡。

排水孔是最多样也是最常见的。紫禁城的排水系统包括建筑排水系统、地下排水系统和地面排水系统三部分。建筑排水系统主要指屋顶上的筒瓦、板瓦、滴水等，地下排水系统指地底下的沟渠，而地面排水系统就主要由各种各样的排水孔组成。

螭首口部的排水圆孔

内金水桥栏板下的雨水口

高台建筑栏板下的雨水口

太和门广场上的排水孔一共有三类。第一类是小号排水孔，包括高台建筑栏板下、内金水桥栏板下的雨水排放口，还有太和门高台外围每隔约1米设置的螭首口部的圆孔。这些排水孔都是连通建筑地面与建筑外侧空间的，一旦下暴雨，可迅速排出地面积水。

螭首排水

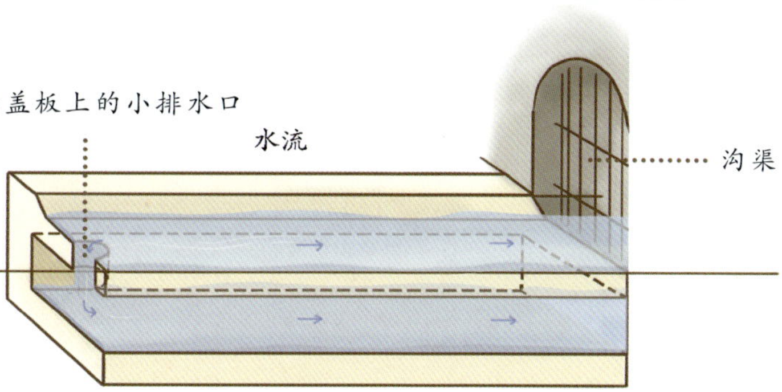

沟渠与沟渠出入口排水

第二类是沟渠的出入口，包括太和门、贞度门、昭德门等门下的石阶底部的雨水口和内金水桥东西两侧的明渠出入口。紫禁城北高南低，太和门广场的建筑和地面又是中间高四周低，所以台基边缘处于地势较低处。石阶下的雨水口连通着台基边上的排水沟渠，沟渠表面铺盖石板，盖板上还凿出凹形浅槽，并设小排水口。这样小雨来袭，雨水顺着地势，流到广场周围的水渠盖板上，盖板上的浅槽便汇集水流，直接通过小排水口排入板下沟渠；若是瓢泼大雨，雨水量较大，盖板的浅槽因直通沟渠的出入口，也能加速雨水排出。

城台上的排水沟滴

第三类是城台上排水沟滴的出入口。太和门广场南侧的午门上共有 4 个排水沟滴，每个排水沟滴又连接着城台上的排水石槽。紫禁城城台的设计是外侧高、内侧低，这样雨水便会顺势汇集到石槽，通过石槽和排水沟滴排出。

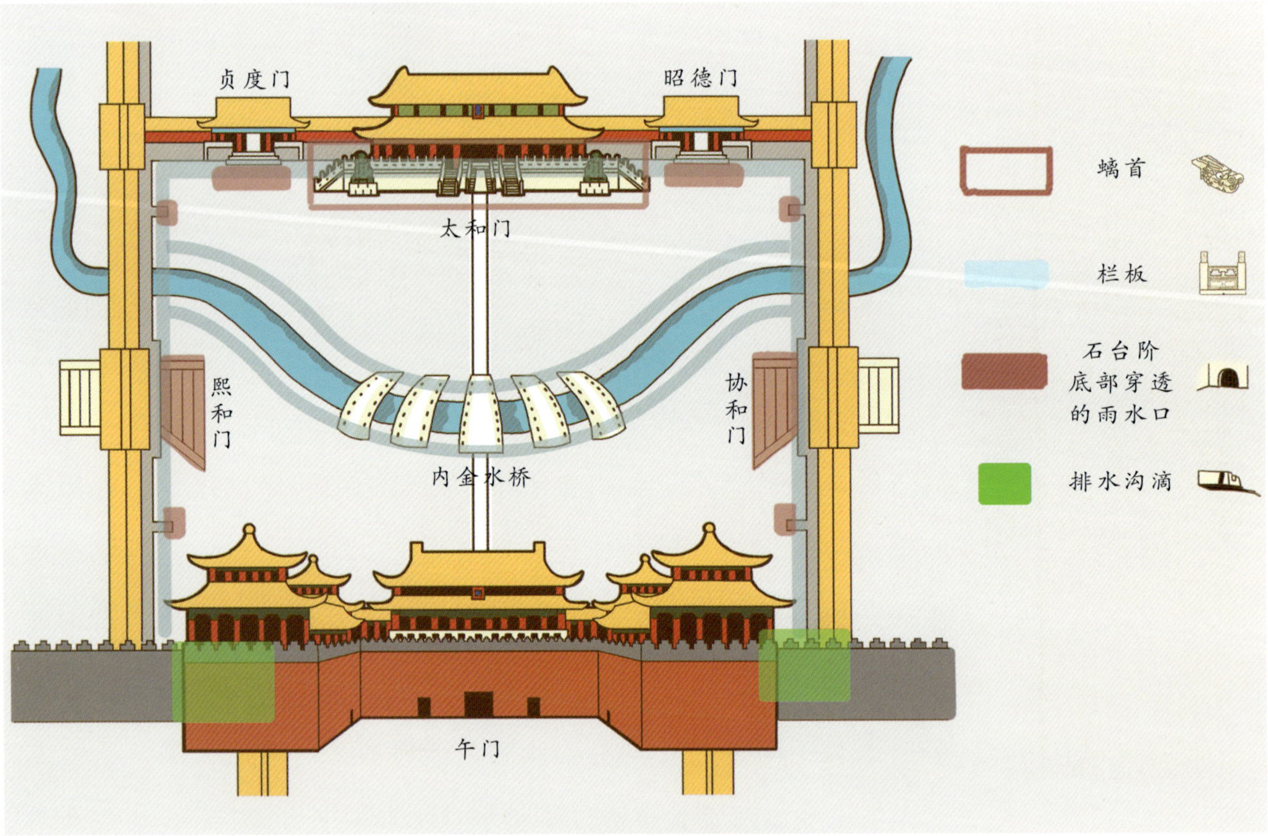

太和门广场排水孔分布示意图

如此强大的排水系统，哪怕是瓢泼大雨来袭，只要排水孔们各司其职，紫禁城就基本不会被淹。当然，建成600年来，也是有例外的。《徐显卿宦迹图》中就描绘过几变湖海的太和门广场。那是万历十五年（1587），史料记载当时北京城遭遇大水灾，城内多处坍塌。太和门广场上也是可以看海了，不仅有人洗洗涮涮，水鸟等动物也是悠然自得。

（明）《徐显卿宦迹图》（局部）

万历十五年北京城遭遇大水灾，太和门广场被淹。

贞度门旁山墙上的透风

宫殿透风则是一类兼具审美与实用功能的“心机孔”。古代木构建筑设计精巧，能够做到“墙倒屋不塌”，这其中真正起承重、支撑作用的是建筑的梁柱。所以，为了保证木梁柱的使用寿命，用于建造宫殿的木梁柱都要经过近十道工序才可以投入使用，人们还发明了“透风”，为柱子创造良好的“生存环境”，以延长其使用寿命。

透风是山墙上用砖镂雕的小窗户。每一个透风必对应着山墙内包裹的一根柱子，柱子周围空间里的空气通过透风与外界相连，这样长期包裹在山墙里的柱子便不容易因空气湿热阻滞而糟朽。

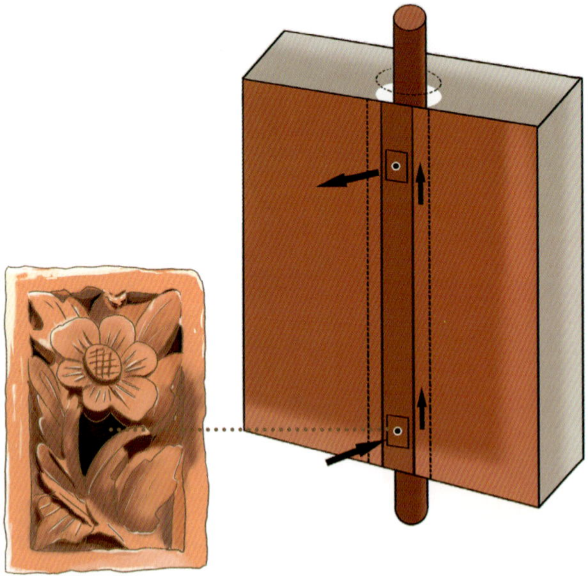

透风透气原理

太和殿广场上的瑞兽砖雕

透风不仅实用，雕琢工艺也非常精湛：透雕花饰的选择极多，既有狮子绣球、禽鸟花卉，也有简单的几何纹样。太和殿是紫禁城里等级最高的建筑，其山墙采用各种瑞兽透风；太和门广场南侧山墙则主要以折枝花叶为主，也有个别使用了“卍”纹。有了透风，单调朴实的山墙似乎也有趣精巧了起来。

太和门广场上的花叶、“卍”纹砖雕

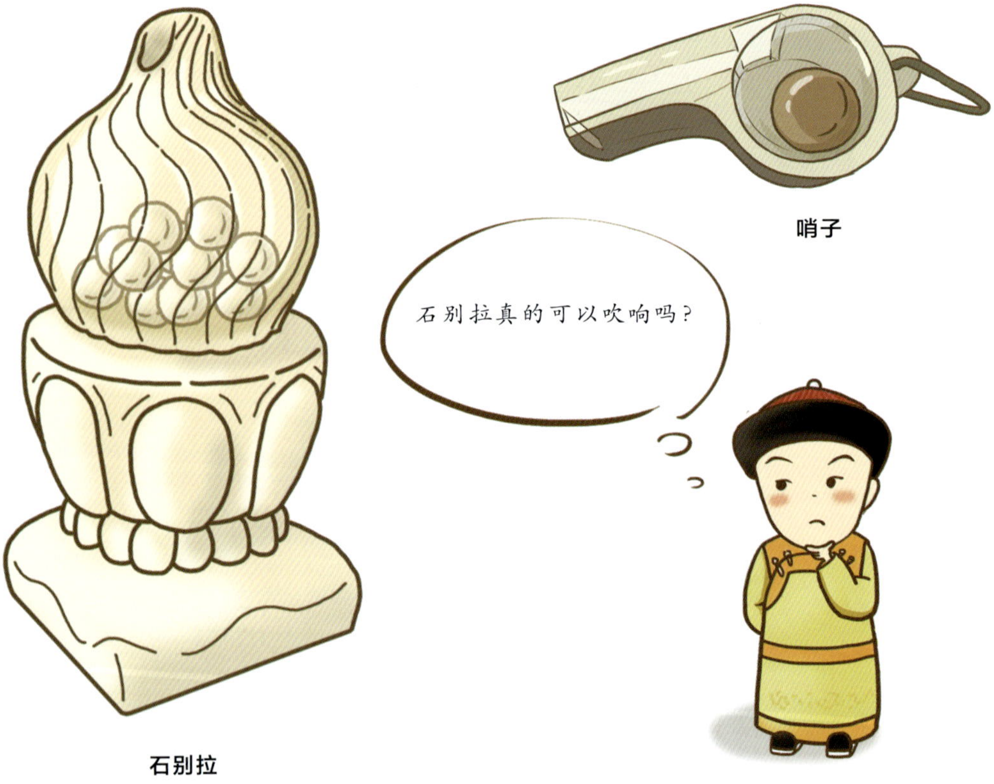

古代的石别拉与现代的哨子

广场栏杆上还有一种特殊的报警用孔，满语名称是“石别拉”。它是一种特殊的号角，位于栏杆之上，表面看起来就是个普通的火焰形望柱头。你只有走近细看，才会发现表面一侧或顶端有一小孔。它内部中空，内底还有连珠石球，一旦紫禁城遇袭，侍卫就将一种特制的小铜喇叭插入孔中，用力吹出声音，以警示宫内其他区域。

火焰形望柱头在明代已有，清廷将某些区域的望柱头凿空制成石别拉。在太和门广场，协和门前柱头有石别拉8处，熙和门有3处，分布既不对称，也无规律。人们偶尔在此望见一处石别拉还常误认为是年代久远，风雨对栏杆侵蚀而成的孔洞。可见，其隐蔽性和迷惑性足矣，然实用性存疑。试想，如果真的有一群打进皇宫里的敌人，士兵再去吹响石别拉来得及吗？它也许只是古人巧思下诞生的一种备而不用的有趣装饰罢了。

排水孔也好，宫殿透风也罢，还有石别拉，明代和清代人的慧心巧思在太和门广场匿影藏形。了解了这些以后，怎能不赞叹其恢宏壮美风景下的那份工巧与灵秀。

故宫宣教
THE PALACE MUSEUM
PUBLICITY AND EDUCATION

我要去故宫系列

探秘 中和殿 保和殿

故宫博物院宣传教育部 / 编著　果美侠 / 主编
本册作者：谈瑶
本册绘者：御鉴文化（北京）有限公司　别玮璐

中信出版集团 | 北京

探秘中和殿保和殿

编　　著：故宫博物院宣传教育部
主　　编：果美侠
本册作者：谈瑶
本册绘者：御鉴文化（北京）有限公司　别玮璐
摄　　影：齐梦伯
图片提供：故宫博物院资料信息部
策划出品：故宫博物院
　　　　　御鉴文化（北京）有限公司
出版发行：中信出版集团股份有限公司
　　　　　（北京市朝阳区东三环北路 27 号嘉铭中心　邮编　100020）
承 印 者：北京瑞禾彩色印刷有限公司

序言：我要去故宫

去故宫，可以有许多理由：陪亲朋，遛孩子，看展览，拍美照……

不去故宫，往往只有一个理由：太无趣！

相似的院落，差不多的建筑，看过和没看过，似乎没什么差异。如果不是真心喜欢，如果不是迫于无奈，自己说出“我要去故宫”的，可能少之又少。

常年工作在故宫的我们，也不是每个人都能把各个宫殿的与众不同讲出来。揭开600年宫殿建筑的奥秘，需要善于发现的眼睛，需要勇于探索的精神。

一群在这里工作的年轻人，每年向数以万计的游客讲述同样的建筑历史，述说600年不变的宫殿故事，好无趣！不妨换种方式，看看有什么能够吸引人们的看点，整理出新奇的探秘主题，既激发自己去主动发现，也让大家对故宫兴趣盎然。于是，从给学生参观使用的探秘学习单开始，我们策划了《我要去故宫系列》探秘图书。

匆匆的游客，常常一小时走过一座城。而我们，想让孩子们一小时只看一座宫。从中轴线，到东西六宫，再到外西路和外东路，20个建筑区域，构成了20册书的内容主体。既讲建筑，又说历史；既有精美的文物呈现，也有有趣的故事传说。看得见的，引你看细节；看不见的，诱你来想象。文字与插图相辅，内涵与颜值并重。这说的就是《我要去故宫系列》图书。每册分多个主题，涉及建筑、历史、藏品等内容，选题有趣、文字好读、插图好看！

午门，这里是紫禁城的门面担当，既有颜值，又有故事。午门前威严的皇宫仪仗中，竟曾有盛装的宝象，还有宝象拉的辂。

太和门，这里有规矩，讲秩序，门前的古物不只我们不知是做什么用的，就连曾经住在这座宫城里的皇帝也不知。石栏杆的火焰望柱头，开了洞的警报器石别拉似乎也不难发现。

太和殿，皇宫里最重要的建筑，历经600年风雨洗礼，既有灭火的陈设，也有克火的理念，只为向你证明曾经的盛世繁华，可以绵延不变。

保和殿，这里不仅是科举士人的考场，也是清初帝王的临时寝宫。方方正正的中和殿，更是帝王筹备亲耕之礼、关注皇家玉牒的重要场所。

乾清门，朝和廷的分野、家与国的界限，皇帝运筹帷幄在内，军机昼夜值守于外。皇帝很辛苦，大臣也不易，宫里禁火烛，官员上朝，几乎都得黑灯瞎火入宫，“蹭灯”的机会少之又少。

乾清宫，这里是帝王寝宫，却也传来皇子的琅琅读书声。这里药味浓，龙袍新，年节大典，更是院内高悬百丈灯，举国君民齐欢庆。

坤宁宫，凤舞千秋的世界，满汉交融的风格透过门、穿过窗，印在屋内的诸多角落。交泰殿的无为匾，一匾述说出三代帝王与这宫殿的渊源。

御花园，这里春有百花秋有月，夏有凉风冬有雪。钦安殿内护佑宫殿免遭火灾的玄武大帝，不知道是否注意到园内亭子中，井亭竟然没有顶。

西六宫，果然是宫闱趣事多，两枚锈迹斑斑的铁环，记载的是宫内静谧生活中难得的欢娱。末代帝后也在这里赶着新潮，穿洋装、吃西餐、学英语，西方的玩意儿在这里一样不少。

东六宫，曾经的后妃居住地，遗留下一座未建完的西式建筑，只能凭想象复原其类似水族馆的华美。其他的院落，也各有各的故事，既见证繁花盛放，也目睹香魂陨落。

宁寿全宫，看似普通的皇极门，竟然也是有限空间内建造出的另一座“小午门”。门内的皇极殿，更是有着乾清宫的外表，却发挥着太和殿的功用。乾隆皇帝的乐寿之所，不仅有乾隆，还有“钱龙”，而晚清的慈禧太后，也把这里作为御用居处，内政外交，见证了时代的更迭。

乾隆花园，文人的雅致随处可见，禊赏亭、古华轩、碧螺亭、藤萝顶，处处精致，处处惊喜。乾隆皇帝倦于勤，欣赏花园勤而不倦，乐此不疲。

慈宁宫，御路石上的小蜥蜴和门前的麒麟兽一同述说着这里的秘密，屋顶独特的轩辕镜与院内与众不同的月晷，则告诉你这里主人的独特身份。

重华宫，是“养在深闺人未识”的宫苑建筑，弘历在这里娶了他挚爱的富察氏。当了皇帝（乾隆皇帝）后也到这里举办茶宴，君臣之间赋诗联句，雅性使然、默契使然，更是家国天下的情怀使然。

养心殿，八代帝居一定不负众望，既有治国理政之所，也显生活起居之便，更有闲暇怡情之趣。小小的三希堂，幻化出大空间，一幅通景画，巧妙地让景入画，人也入画！

文华殿，象征水的黑色屋顶还不足以护佑文渊阁的《四库全书》，从屋檐彩画到栏板石雕，水的元素随处可见。“天一生水”而有黑瓦屋顶，“地六成之”便有了屋阔六间！

武英殿，摄政王的权力中心，变身为殿本修书之所。浴德之水蜿蜒而出，于断虹桥畔诉说沧桑。储冰之所，亦呈现皇室消夏之聪慧。

珍宝馆，华丽的珠宝背后，隐藏了采珠人等付出的艰辛。皇室的饰品，最精于其取材的独特。先秦石鼓唐时现，流转千年入深宫。只要有心，你就会被它们的文字和经历感动。

钟表馆，让我们了解中西方再次开启的对话。漂洋过海的计时仪器，成了皇家喜好的有趣玩具，可计时，可打更，可升降，可转花。魔术、水法、音乐、鸟音，无不炫目悦耳，赞从心生。

我觉得，以上这些远远不够，书中好玩的故事、好看的插画，等你去探索，由你去发现。如果每读完一本，你就有拿起书入宫的冲动，我们会万分欣慰。真诚地，真心地，在宫里，期盼你，欢迎你！

果美侠，写于墨尔本旅途

2019 年 7 月 27 日

目录

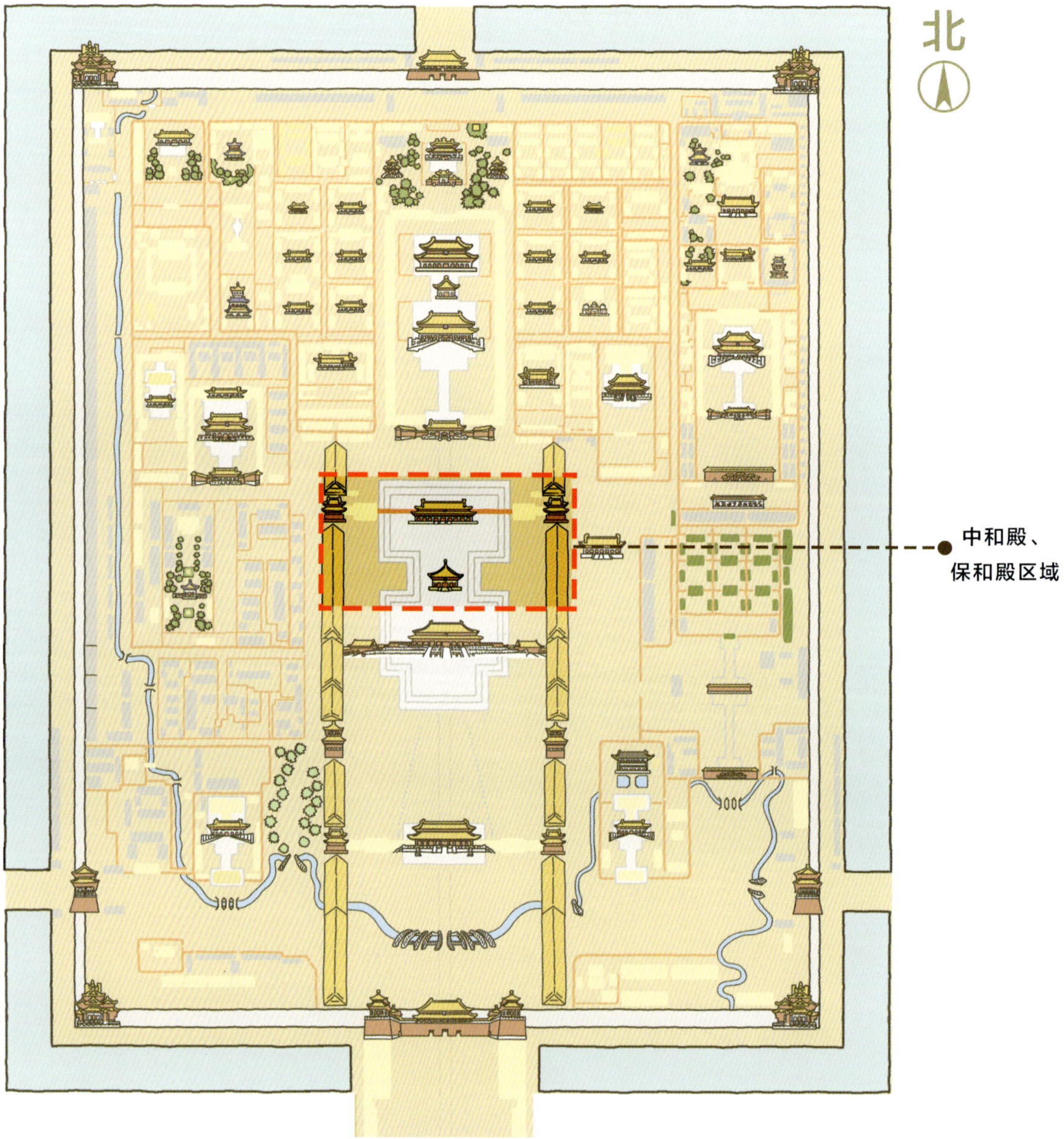

故宫平面示意图

中和殿、保和殿区域平面示意图

欢迎来到中和殿、保和殿！

中和殿与保和殿是紫禁城（现故宫博物院）中轴线上的重要建筑，在明代嘉靖年间遭火灾，并重修，与重建于清代康熙年间的太和殿相比，年代更为久远一些。

中和殿位于太和殿后，平面呈正方形，是一座风格独特的建筑。“中和”取自《礼记·中庸》，意思是凡事要做到不偏不倚、恰如其分，才能使各方关系得以和顺。

保和殿位于中和殿后，平面呈长方形，是一座亦宫亦殿的建筑。“保和”“太和”“中和”互相呼应，核心思想是保持和谐才能长治久安。

让我们通过一亩三分地、家家有谱牒、帝王暂居处、皇家宴会厅和进士排位赛这五个专题走进中和殿、保和殿两座大殿！

一亩三分地

01
一亩三分地

国以农为本，农以种为先。

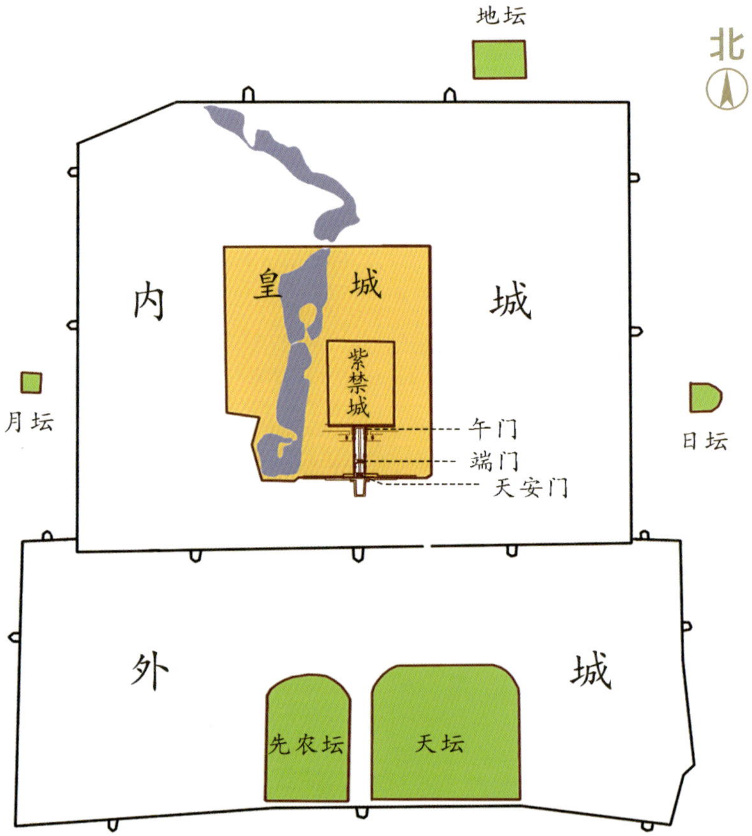

明清时期先农坛位置示意图

人们会经常用“一亩三分地”来形容自己的小地盘，却不知这个俗语出自北京的先农坛。“国以农为本”，皇帝为了显示对农业的重视，会举行亲耕典礼。明永乐十八年（1420），在建造先农坛的时候，永乐皇帝下令专门辟出一块土地供自己每年春天到此耕种。这块土地的面积，恰好为一亩三分。皇帝耕种这“一亩三分地”，既表示他对农业生产的重视，又为文武百官做出了榜样。

皇帝亲耕典礼大致在惊蛰之后举行。清代规定，亲耕典礼前一个月，由礼部向皇帝报请亲耕日以及从耕官员名单。在亲耕典礼前，皇帝要先祭拜先农坛里供奉的先农神。先农神是指中国农业的始祖，也就是制作农具、教民耕种、遍尝百草的神农氏（一说是后稷）。据说，从周代起，就有祭祀先农的活动。春天开播前，无论帝王还是百姓，都要向他行礼祭拜，以祈求丰收。

神农氏

初候桃始华

古代五天为“一候”。

惊蛰

惊蛰，在每年3月5日、6日或7日，是二十四节气中的第三个节气，标志仲春时节的开始。这时候天气转暖，渐有春雷，冬眠动物将出土活动。

清代，在去先农坛祭祀的前一天，皇帝会在中和殿阅视祝版——有祝词的木板。此外，皇帝还要在中和殿查验亲耕时使用的种子和农具。彩亭和龙亭里存放祝版、种子、农具等，由负责官员送至先农坛，为第二天的大典做好准备。亲耕典礼当天，皇帝穿着蓝色的祭服，乘龙辇前往先农坛。皇帝在先农坛率众祭拜先农神后，换龙袍衮服准备行亲耕礼。

皇帝阅视祝版

（清）《雍正帝祭先农坛图》（局部）

清代皇帝亲耕

皇帝是如何在田地里耕作的呢？《礼记》中有相关的记载，让我们能够知晓2000多年前天子亲耕的场景："天子乃以元日祈谷于上帝，乃择元辰，天子亲载耒耜……天子三推，三公五推，卿诸侯九推。"耒耜为古代耕地翻土的农具，形状如同木叉，上面有曲柄，下面是犁头。"推"指的是犁地时往返一趟。清代皇帝亲耕时，右手扶犁，左手拿鞭，身后是捧着种子的顺天府尹，以及在皇帝推犁后负责播种的户部侍郎。因为皇帝亲耕的队伍声势浩大，所以为了避免惊吓到亲耕典礼中的耕牛，除预先配好正牛外，还要预备一头副牛，并事先进行多次演练，确保亲耕典礼顺利进行。

清代顺治皇帝仅是设立祭先农礼之初、康熙皇帝仅是亲政之初才亲自去先农坛祭祀，一般年份多是派遣官员代为祭祀。雍正皇帝则将“天子三推”进到“四推”，并让皇子们随同，接受重农、务实的教育。同时雍正皇帝使亲耕礼成为一项从中央到地方的国家制度。在皇帝的带领下，地方官员也要在管辖的区域开辟四亩九分地作为籍田。通过推行这种全国上下都举行的仪式，皇帝大力宣扬国家以农为本的国策。乾隆十九年（1754），将木质观耕台改为砖石结构。皇帝亲耕结束后，要从中路登上观耕台观看王公大臣耕作。乾隆皇帝在位期间行亲耕礼 58 次，其中 29 次亲力亲为，行亲耕礼的次数为历代帝王之冠。

皇帝登上观耕台观看王公大臣耕作

管理人员向皇帝奏报稻谷收获情况

亲耕礼后，会由专人负责管理这一亩三分地。到了收获的季节，要先向皇帝奏报稻谷的收获情况，然后选出优良的谷粒作为来年的种子，剩余部分储藏在神仓内并驻兵把守。农业的根本是天、地、人三者之间的关系。王者以民为天，民以食为天，皇帝举行亲耕典礼表达了对五谷丰登、丰衣足食和国泰民安的向往。

家家有谱牒

02
家家有谱牒

国有史,方有志,家有谱。

家谱，是一个家族记载本族世系和重要人物事迹的书，又可以称为族谱、宗谱和家乘。

皇帝家族的谱册称为玉牒，中国历代王朝均修玉牒，可惜的是清代以前各王朝的玉牒没能流传下来。清代玉牒是我国唯一完整保存至今的皇族家谱，内容翔实，装帧精美。

溥仪家族关系示意图

清代玉牒纂修时间表

年号	第一次	第二次	第三次	第四次	第五次	第六次	合计 / 次
顺治	十八年						一
康熙	九年	十八年	二十七年	三十六年	四十五年	五十三年	六
雍正	二年	十一年					二
乾隆	七年	十二年	二十二年	三十二年	四十二年	五十二年	六
嘉庆	二年	十一年	二十二年				三
道光	七年	十七年	二十七年				三
咸丰	七年						一
同治	六年						一
光绪	三年	十三年	二十三年	三十三年			四

数据来源于辽宁省档案馆新馆展陈资料。

顺治九年（1652），清廷设立宗人府，目的在于加强对皇家宗室的监督和管理，维护皇室和谐。顺治十二年（1655），顺治皇帝下令“玉牒以十年纂修一次，按黄册、红册所记，汇载于牒，统以帝系，序以长幼。存者朱书，殁者墨书”。这是清代第一次以国家政令形式对皇室玉牒纂修发布的明文规定。“存者朱书，殁者墨书”是指将上次纂修玉牒之后死亡者改用墨笔书写，在世者和新出生者用红笔书写。新出生者并不是简单地添写在末尾，而是按照辈分及其支系远近添加在相应的位置上。顺治十八年（1661），清代统治者正式纂修玉牒。整个清代共纂修玉牒二十七次。民国十年（1921）又修一次。

草拟玉牒初稿

宗人府收藏管理

玉牒的纂修和审核是一项重大的工程。每到玉牒纂修的年份，由宗人府提请皇帝设立玉牒馆，再由皇帝钦派大臣组织人力开始纂修工作。玉牒纂修的具体流程是，由纂修官根据每年的登记造册，对皇族人口材料进行整理，按支系、辈分逐一排列，草拟出玉牒的初稿。初稿完成后，交宗人府，再由宗令、宗正及大学士、礼部尚书、侍郎、内阁学士组成正副总裁官进行审稿修改，确保信息准确无误；然后由各部抽调的文书官员进行抄录，再由宗人府府丞对抄好的玉牒进行校对。至此玉牒纂修完成。纂修完成后，由钦天监选择吉日进呈皇帝，届时皇帝在中和殿御览玉牒，同时要举行隆重的存放仪式。

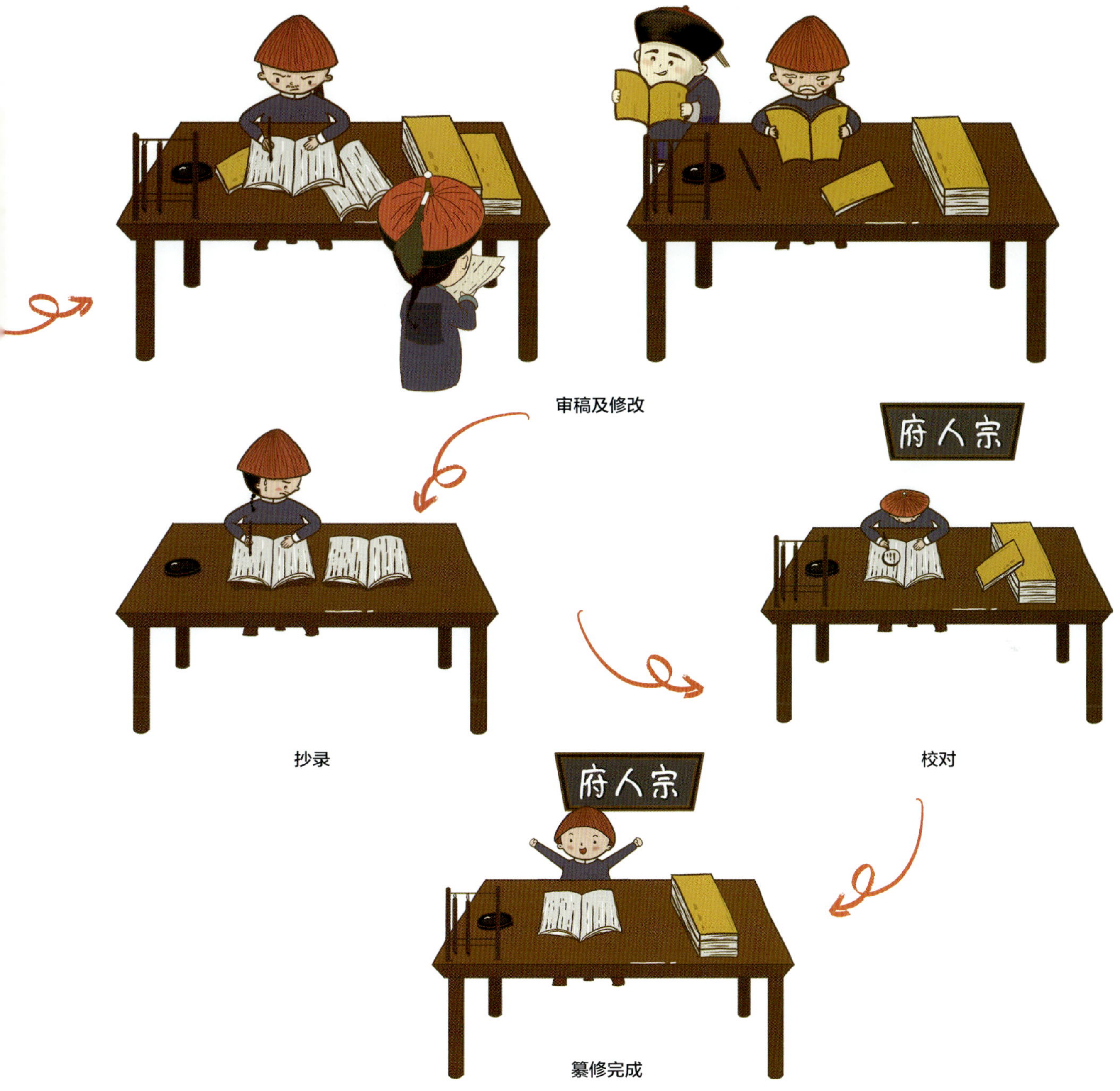

玉牒纂修步骤示意图

从文字上，清代玉牒分为满文本和汉文本两种。清初，朝廷不相信汉族官员，重要文书都用满文书写，因此在顺治、康熙两朝，玉牒只有满文本。雍正元年之后，玉牒基本上以满汉两种文字书写，两种文本的玉牒格式和内容完全一致。

宗室

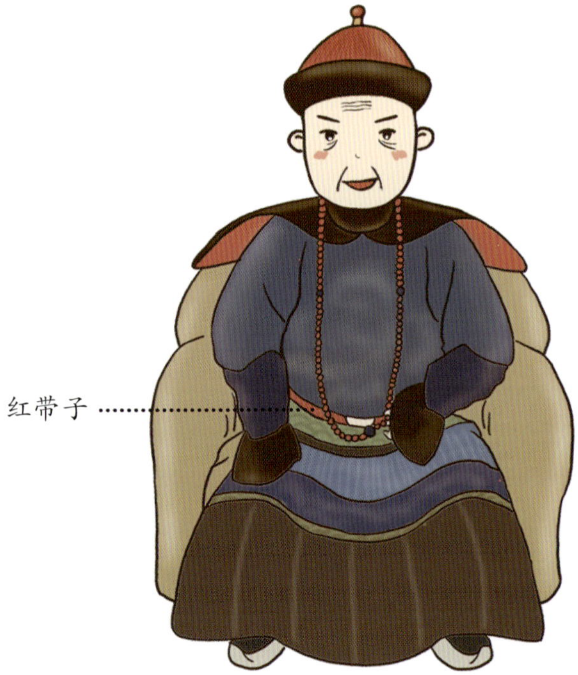

觉罗

从内容上，清代玉牒分为帝系玉牒、宗室玉牒和觉罗玉牒三种。清代将皇族依照血缘分为两类，以清太祖努尔哈赤父亲塔克世为本支，称为宗室，腰间系黄带子；以塔克世的叔伯兄弟为旁支，称为觉罗，腰间系红带子。宗室记于黄册，觉罗记于红册。根据血统，帝系玉牒应属于宗室玉牒的范畴，但清代统治者为了凸显皇帝至高无上的权威，将帝系人口情况单独汇编成帝系玉牒。帝系玉牒只收录皇帝本人及皇子的情况，玉牒中凡出现皇帝名字，必须避讳，用小块黄绫盖住。

从编修方法上，清代玉牒分为竖格玉牒和横格玉牒。竖格玉牒表示辈分，每页十五列竖格，按辈分依次记载宗室、觉罗子孙的情况，记载内容包括名字、职衔、封号、生卒年月日时、生母姓氏、妻妾姓氏及岳父职衔等。横格玉牒表示支系，每页十三行横格，辈分最高者写于卷首第一横格，其子孙后代依辈分递降，通常每横格只记载一个辈分，且记载内容比较简略，只包括名字、职衔和封号。

清代顺治皇帝批准，将玉牒缮写三部，分别藏于皇史宬、宗人府和礼部。乾隆二十五年（1760），改为缮写两部，分别藏于皇史宬和盛京皇宫（今沈阳故宫）。

藏于北京皇史宬的玉牒现存放在中国第一历史档案馆，共2600余册；藏于沈阳故宫的玉牒现收藏在辽宁省档案馆，共1060册。通过研读清代各类玉牒，我们可以了解清代的皇权更替、皇族爵位继承、宫廷内部关系等。

毫无疑问，清代玉牒是我国宝贵的文化遗产，作为档案珍品，对档案学、历史学研究也具有重要作用，对研究清代典章制度、宫廷历史、皇族户籍等也具有重大价值。

帝王暂居处

03 帝王暂居处

宫阙重重，天子居中。

保和殿是外朝三大殿中使用最为频繁的一座大殿，它建成于明永乐十八年（1420），初名谨身殿。明嘉靖时遭遇火灾，重修后改称建极殿。

清顺治二年（1645），改建极殿为保和殿。顺治三年（1646），顺治皇帝开始在保和殿居住，并改保和殿为位育宫。最初，这里不仅是顺治皇帝的寝宫，还是他召见大臣、处理政务的场所。

保和殿

顺治八年（1651），皇帝大婚典礼在位育宫举行。皇帝即位后结婚称为大婚，整个清代只有幼年即位的顺治、康熙、同治和光绪四位皇帝举行过大婚典礼。大婚以后，顺治皇帝与皇后同住在位育宫，这里就成为帝后的寝宫。顺治皇帝就选择位育宫前的左右配殿来处理政务。

皇后居住在外朝区域，不仅与清代典制不符，而且占用了皇帝理政的场所。顺治皇帝极力想改变这种居住环境，于顺治十年（1653）决定大修内廷乾清宫、坤宁宫等宫殿，准备移居内廷。在同一年，顺治皇帝以皇后未经自己选择为缘由，把皇后降为静妃。静妃搬出位育宫，改在侧宫居住。

（清）《光绪大婚图》（局部）

光绪皇帝亲临太和殿命使奉迎。

顺治十一年（1654），顺治皇帝第二次大婚，由于内廷宫殿尚未修整完毕，大婚典礼依然在外朝举行。顺治十三年（1656），内廷乾清宫、坤宁宫等重修工程相继完工，顺治皇帝决定搬出住了10年的位育宫，搬到乾清宫居住。顺治十四年（1657），位育宫又恢复了保和殿的名称。

顺治皇帝像

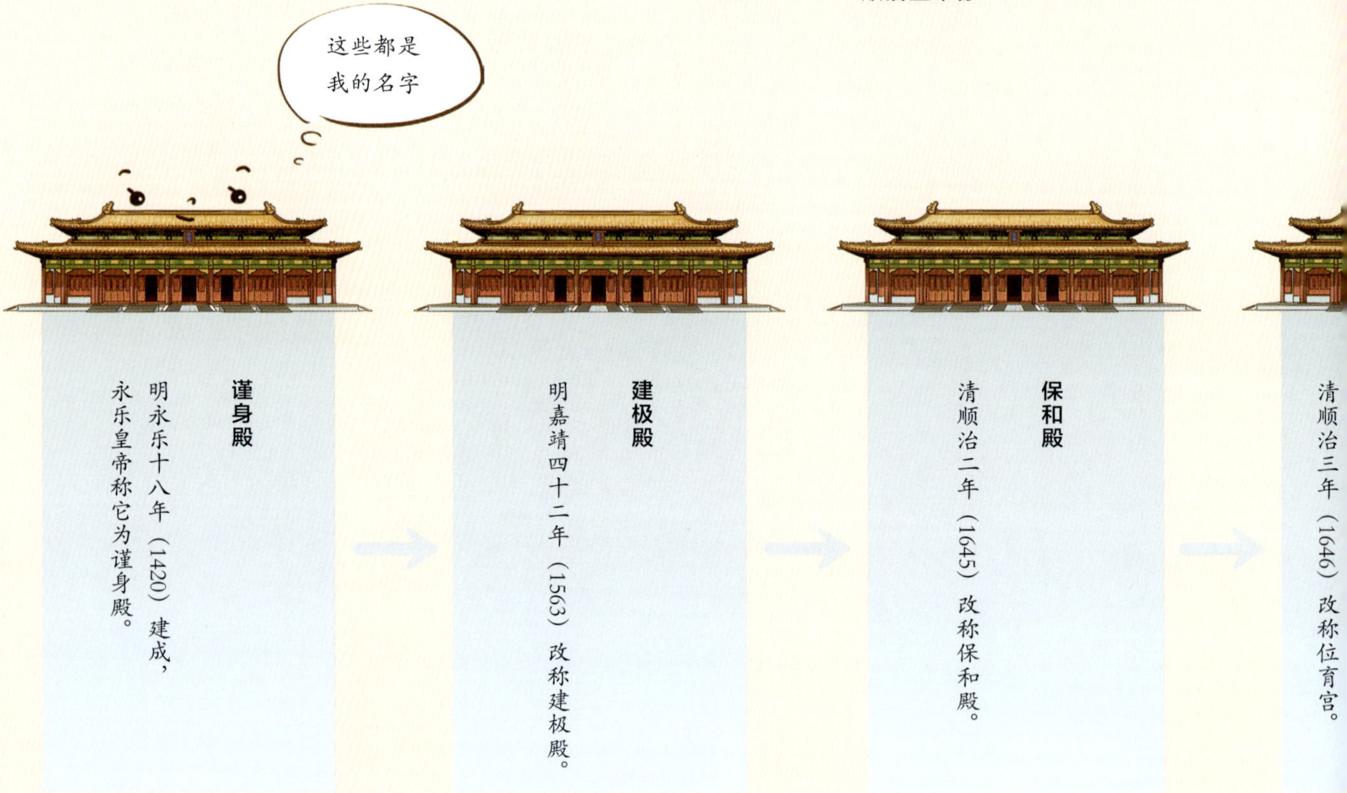

康熙皇帝像

康熙皇帝即位之初，内廷后三宫已修葺一新，然而他并没有选择在内廷居住，而是选择保和殿作为寝宫，并且仿效顺治皇帝改保和殿为位育宫的做法，将保和殿改为清宁宫。康熙四年（1665），皇帝大婚，太皇太后指定大婚典礼在内廷坤宁宫举行，但大婚之后，康熙皇帝仍然回清宁宫居住。直到康熙八年（1669），太皇太后明确指令让皇帝移居内廷，康熙皇帝才听从太皇太后旨意，回到乾清宫居住。康熙九年（1670），清宁宫又恢复了保和殿的名称。

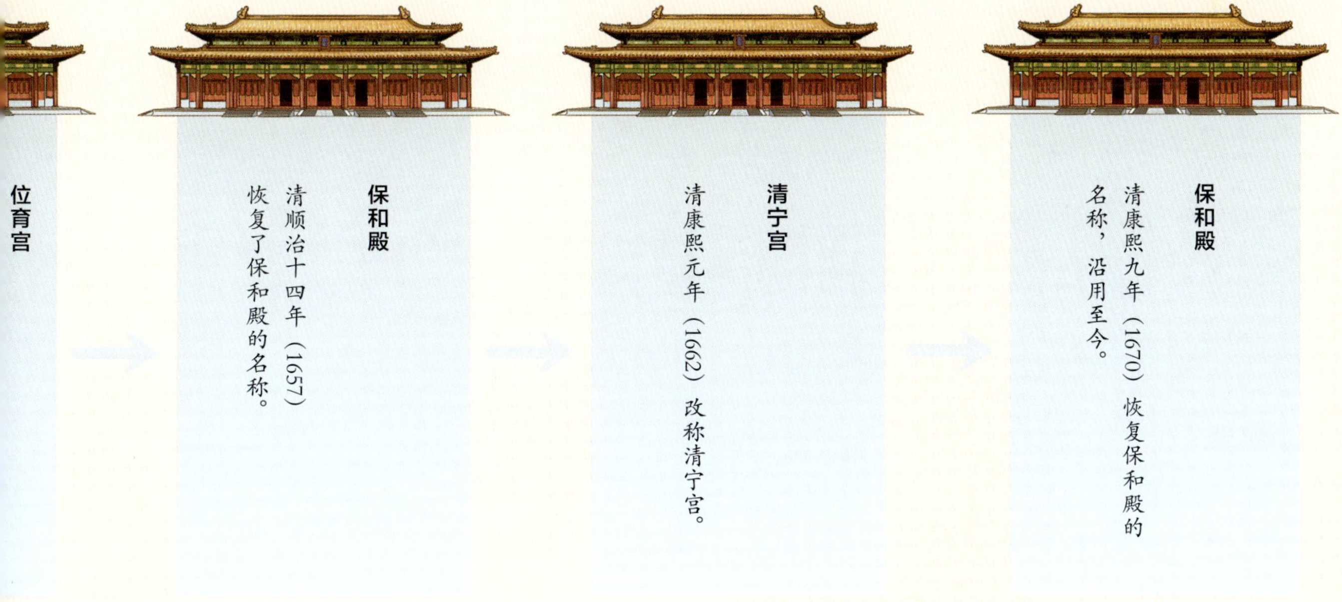

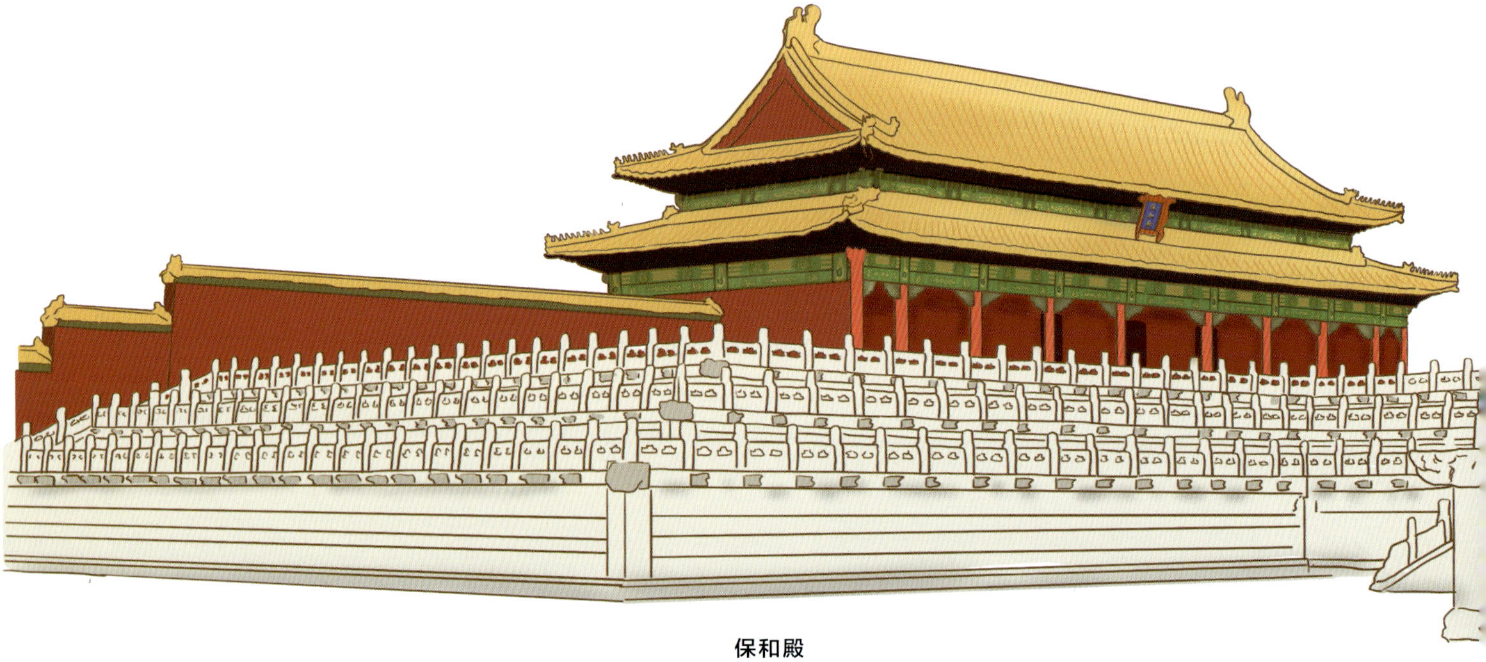

保和殿

清代顺治、康熙皇帝选择保和殿作为寝宫的原因有很多。从客观方面来讲，清军入关之初，战事未平、立足不稳，从精力和财力上都不宜进行大的修建工程。顺治二年，出于一国之君处理朝政的需要，皇帝才下令对外朝三大殿进行修缮。顺治十年（1653）之前，内廷建筑都未曾进行大规模修缮，不符合皇帝的居住条件。

从主观方面来讲，清代顺治、康熙皇帝选择保和殿作为寝宫与满族择高而居的习俗有关。盛京皇宫的清宁宫，建在4米高的台基之上，曾是皇太极的寝宫，而用于皇帝理政的主要宫殿，却建立在低矮的台基之上，高低差异十分明显。紫禁城建成于明代，外朝与内廷的规制与满族习俗恰恰相反，内廷后三宫台基的高度远不及外朝三大殿。所以清代皇帝乐意选择位于高台之上的宫殿作为寝宫。清军入关前，盛京皇宫已经颇具规模，并且有与之相适应的宫殿等级制度。清军入关后，为建造摄政王府，曾制定了造屋筑基的制度，规定“房基高十四尺，楼三层，覆以绿瓦，脊及四边俱用金黄瓦”。而紫禁城内供帝后所居的内廷后三宫，台基高不足3米，还没有王府台基高，这不符合宫殿等级制度。外朝保和殿则位于8米多高的台基之上，把保和殿作为寝宫，与太和殿构成前朝后寝的布局形式。外朝三大殿建筑规模远远超过王府，符合皇帝居住的宫殿规制。

乾清宫

皇家宴会厅

04

皇家宴会厅

觥筹交错，君臣同乐。

在清代，保和殿作为皇家最高等级的宴会场所，在空间上有着得天独厚的优势。它面阔九间，进深五间，采用了宋代“减柱造”方法，将殿内前檐柱子减去六根，使室内空间更为宽敞舒适，满足了宴会时的基本陈设需求。

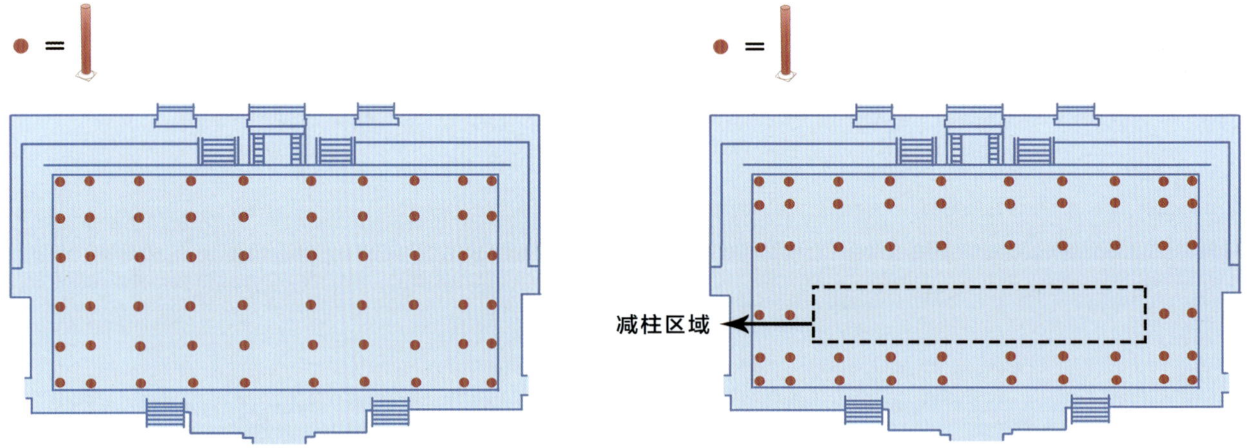

常规样式　　减柱法

清代每年除夕、正月十五，皇帝要在保和殿赐宴给外藩王公及一、二品大臣，用五等满席。根据《大清会典》记载，保和殿筵宴时，设丹陛大乐于中和殿北檐下左右，皇帝御宴桌摆放在保和殿皇帝宝座前，外藩王公与一、二品大臣分坐两侧。宴会设饽饽桌 90 张，酒 40 瓶，兽肉 5 斤。在宴会上，皇帝还会将御桌上的酒赐给群臣，君臣欢聚一堂，其乐融融。宴会结束后，大臣们可将宴桌上的水果、肉等打包带走。嘉庆二十四年（1819）除夕筵宴，皇帝还曾下令在殿内地平二层两角安设两盆炭火。

（清）《光绪大婚图》（局部）

纳采礼后，皇帝宴请皇后父亲及其族属。

头等满席：皇帝、皇后死后的随筵。
二等满席：皇贵妃死后的随筵。
三等满席：贵妃、妃、嫔死后的随筵。
四等满席：元旦、万寿、冬至等重大节庆筵宴。
五等满席：除夕、正月十五赐外藩王公筵宴等。
六等满席：进贡使臣赐宴。

清代公主出嫁之时，皇帝要在保和殿宴请三品以上大臣、额驸、额驸的父亲，以及额驸家族中在朝为官的人。皇帝的女儿出身高贵，出嫁称为“下嫁”。宴会当天，在保和殿与中和殿之间的丹陛正中搭一座凉棚，里面放两个大的铜火盆，每个火盆上面放一口大铁锅，一个装肉，一个盛水（烧热温奶酒）。铜盘、盐碟、方桌等物品，也事先备齐。保和殿筵席共设 60 桌，中和韶乐和丹陛大乐分别陈设于保和殿前檐下和中和殿后檐下，整场宴会热闹非凡。额驸家族中的女眷在皇太后所居宫殿参加宴会，皇太后宫筵席共设 30 桌，规模比保和殿略小一些。

保和殿筵席

皇帝进膳的用具

皇太后宫筵席

清代皇帝派将出征时，也会在保和殿举行宴会。与前两种宴会不同，派将出征的宴会增添了几分庄严与肃穆。清康熙二年（1663），湖广提督董学礼要带兵到四川、湖南围剿南明余部。康熙皇帝便在保和殿设宴为他饯行。在宴会上，康熙皇帝还赐予将士们御弓、宝刀、良马，以护卫将士出征，期待他们凯旋。

筵宴是宫廷生活的重要内容之一。清代的宫廷筵宴既沿袭了历代的规制，又具有自己的特色。一般而言，清代皇帝在筵宴中使用的酒壶、酒杯、筷子等御用品，都由清宫造办处按照皇帝的旨意专门制作。此外，筵宴的名称、等级、地点、座次等都需要严格遵循清代宫廷典章和礼仪制度。

进士排位赛

05
进士排位赛

仕而优则学，学而优则仕。

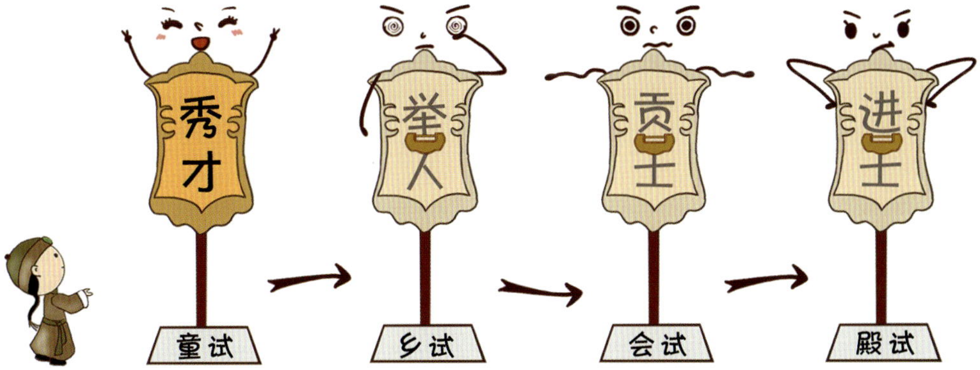

科举，是古代读书人做官的途径之一。它采用分科取士的方法，设计严密，层级很多。清代的科举考试分为三个等级：乡试、会试、殿试。在此之前，要先参加童试。童试过关之后称为“秀才”，这时就获得了参加正式科举考试的资格。乡试中榜后称作“举人”，会试的考取者称为“贡士”，殿试的考中者称为“进士”。殿试一般不会再有淘汰，只是将名次重新排列，也可以说是一场进士排位赛。

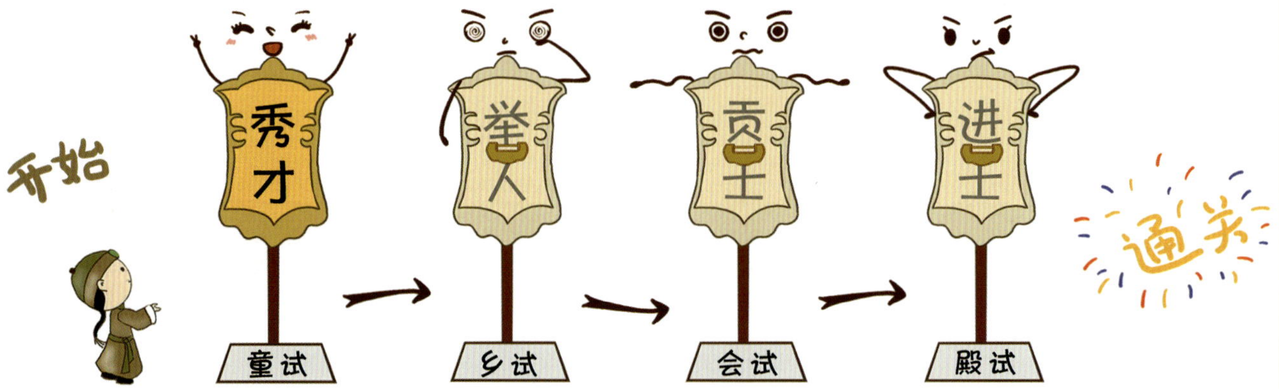

从顺治三年（1646）开始，殿试每三年举行一次，但时间、地点多有变化。清初，殿试定于农历三月举行。乾隆二十六年（1761），改为四月二十一殿试，二十五传胪，此后一直沿袭下去。殿试地点最初在天安门外，后在太和殿，乾隆五十四年（1789）定于保和殿内。

保和殿内陈设

清代，殿试由皇帝亲自主持，殿试题目也由皇帝钦定。最初是在殿试举行前数日由内阁大学士预拟数道题目，由皇帝从中择定。后来为了避免泄题，改为殿试前一天由读卷官密拟（有时皇帝也亲自拟定），交皇帝钦定考题后，由读卷官到内阁监督工匠当场刊刻印刷。考题为时务策，涉及政治、经济、文化、军事、教育等内容，先就所提问题进行描述，如目前该问题的状况，未采取或已实行的措施，然后向考生征询见解及良策。

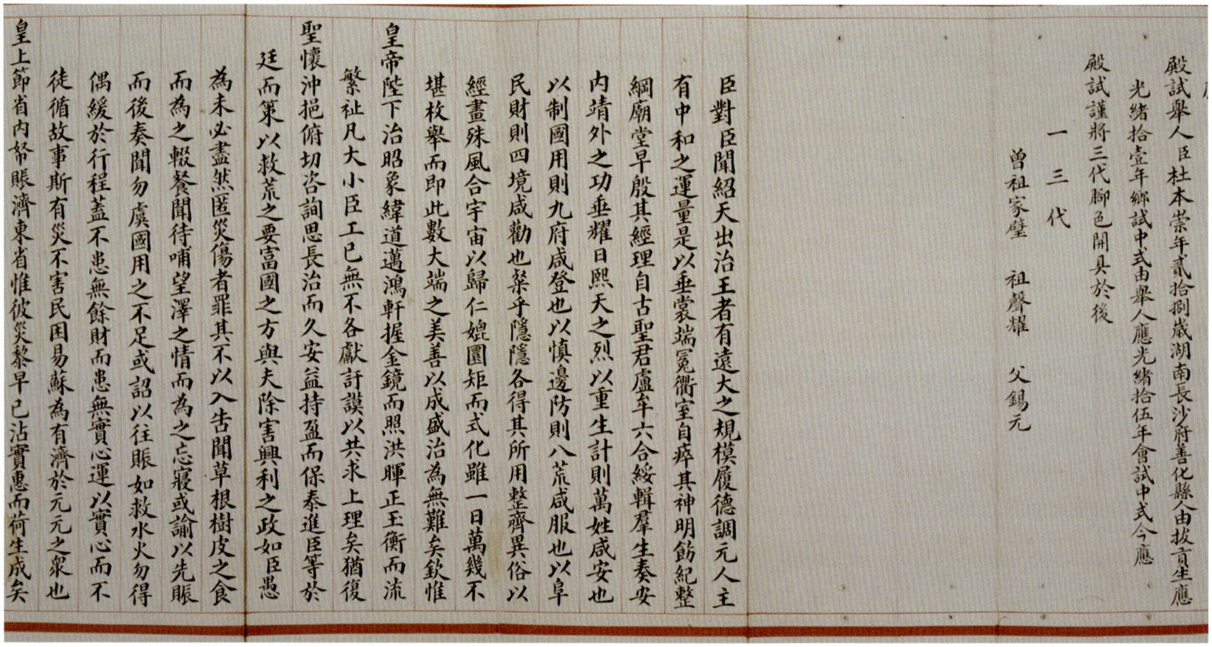

殿試舉人臣杜本崇年貳拾捌歲湖南長沙府善化縣人由拔貢生應
光緒拾壹年鄉試中式由舉人應光緒拾伍年會試中式今應
殿試謹將三代腳色開具於後
一 三代
曾祖家璧 祖聲耀 父錫元
臣對臣聞紹天出治王者有遠大之規模履德調元人主
有中和之運量是以垂裳端冕黼室自瘁其神明飭紀整
綱廟堂早般其經理自古聖君盧牟六合綏輯羣生奏安
內靖外之功垂耀日熙天之烈以重生計則萬姓咸安也
以制國用則九府咸登也以慎邊防則八荒咸服也以阜
民財則四境咸勸也槩乎隱隱各得其所用整齊異俗以
經畫殊風合宇宙以歸仁媲圜矩而式化雖一日萬幾不
堪枚舉而即此數大端之美善以成盛治為無難矣欽惟
皇帝陛下治昭象緯道邁鴻軒握金鏡而照洪暉正玉衡而流
繁祉凡大小臣工已無不各獻訏謨以共求上理矣猶復
聖懷沖挹俯切咨詢思長治而久安益持盈而保泰進臣等於
廷而策以救荒之要富國之方與夫除害興利之政如臣愚
為未必盡然匿災傷者罪其不以入告聞草根樹皮之食
而為之輟餐聞待哺望澤之情而為之忘寢或諭以先賑
而後奏聞勿虞國用之不足或詔以往賑如救水火勿得
偶緩於行程蓋不患無餘財而患無實心運以實心而不
徒循故事斯有災不害民困易蘇為有濟於元元之衆也
皇上節省內帑賑濟東省惟彼災黎早已沾實惠而荷生成矣

清代光绪年间殿试卷子（策文）

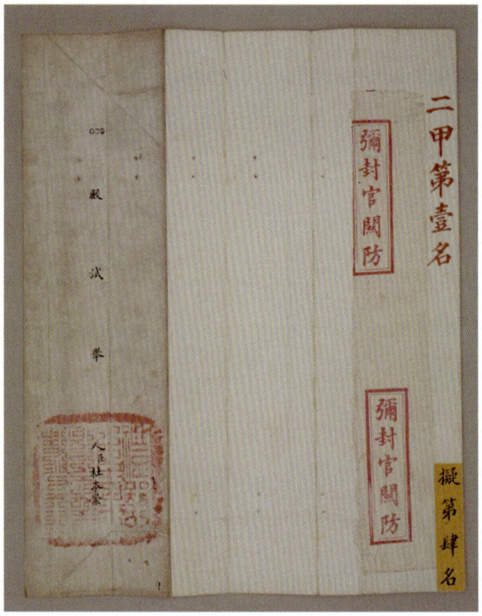

清代光绪年间殿试卷子（弥封）

殿试前一天，鸿胪寺官员预先设策题黄案：一在保和殿内东旁，一在殿外丹陛正中。光禄寺官员在保和殿内摆放试桌。殿试当天，礼部官员发放考题，贡士入座后开始答卷。

按照规定，殿试考生日出时入考场，日落交卷，但经常有考生推迟至次日凌晨才交卷，为此乾隆皇帝曾规定殿试不提供蜡烛，避免考生通宵答卷。虽然殿试要求严格、规定苛刻，却也有人性化的一面。乾隆十年（1745）殿试时，乾隆皇帝考虑到天气热，考生人数众多，下令多备茶冰，避免考生口渴心烦。

考生日出时入考场

考生日落时交卷

顺治、康熙两朝时，读卷官的人数为 14 人。雍正元年（1723），改为 12 人。乾隆二十五年（1760），读卷官减至 8 人，分别由两名大学士和六名部院大臣组成，后成定制。清初，殿试后读卷官等人在内阁满本堂阅卷，阅卷天数不作硬性规定。乾隆二十五年后，规定读卷官等人在文华殿两廊及传心殿前后房阅卷，且必须在规定时日内完成。

阅卷结束后，读卷官从殿试卷子中挑选出最佳的十份进呈给皇帝。读卷官还要将这十份卷子排列出名次，等皇帝钦定。皇帝钦点一甲前三名后，读卷官将后七名填写二甲名次，交内阁列于金榜。

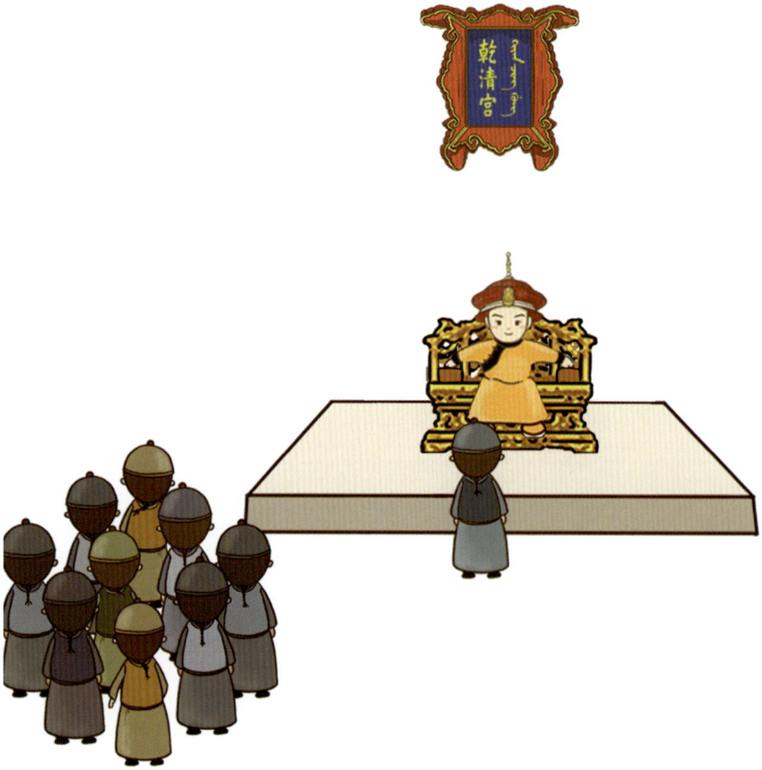

乾清宫小传胪

太和殿正式传胪

接下来就是公布殿试结果，称为传胪。在正式传胪的前一天，通常会安排一次小传胪，即皇帝在乾清宫接见殿试前十名考生。正式的传胪在太和殿举行，场面十分隆重。典礼结束后，一甲前三名（俗称状元、榜眼、探花）率领进士们走出紫禁城。在皇帝的准许下，一甲前三名可以享受从午门正中门洞出宫的无上荣耀。

传胪之后，皇帝上谕，授予一甲第一名翰林院修撰，第二、第三名翰林院编修的职务。其余进士还要在保和殿进行朝考。按照朝考的成绩，结合殿试的名次，再由皇帝决定分别授予何种官职。从此新科进士作为天子门生，开始入朝为官，为朝廷效力。

紫禁城中轴线（午门至太和门）

故宫宣教
THE PALACE MUSEUM
PUBLICITY AND EDUCATION

我要去故宫系列

探秘

文华殿

故宫博物院宣传教育部 / 编著　果美侠 / 主编
本册作者：李颖翀
本册绘者：御鉴文化（北京）有限公司　陈欣

中信出版集团 | 北京

探秘文华殿

编　　著：故宫博物院宣传教育部
主　　编：果美侠
本册作者：李颖翀
本册绘者：御鉴文化（北京）有限公司　陈欣
摄　　影：齐梦伯
图片提供：故宫博物院资料信息部
策划出品：故宫博物院
　　　　　御鉴文化（北京）有限公司
出版发行：中信出版集团股份有限公司
　　　　　（北京市朝阳区东三环北路 27 号嘉铭中心　邮编　100020）
承 印 者：北京瑞禾彩色印刷有限公司

序言：我要去故宫

去故宫，可以有许多理由：陪亲朋，遛孩子，看展览，拍美照……

不去故宫，往往只有一个理由：太无趣！

相似的院落，差不多的建筑，看过和没看过，似乎没什么差异。如果不是真心喜欢，如果不是迫于无奈，自己说出“我要去故宫”的，可能少之又少。

常年工作在故宫的我们，也不是每个人都能把各个宫殿的与众不同讲出来。揭开 600 年宫殿建筑的奥秘，需要善于发现的眼睛，需要勇于探索的精神。

一群在这里工作的年轻人，每年向数以万计的游客讲述同样的建筑历史，述说 600 年不变的宫殿故事，好无趣！不妨换种方式，看看有什么能够吸引人们的看点，整理出新奇的探秘主题，既激发自己去主动发现，也让大家对故宫兴趣盎然。于是，从给学生参观使用的探秘学习单开始，我们策划了《我要去故宫系列》探秘图书。

匆匆的游客，常常一小时走过一座城。而我们，想让孩子们一小时只看一座宫。从中轴线，到东西六宫，再到外西路和外东路，20 个建筑区域，构成了 20 册书的内容主体。既讲建筑，又说历史；既有精美的文物呈现，也有有趣的故事传说。看得见的，引你看细节；看不见的，诱你来想象。文字与插图相辅，内涵与颜值并重。这说的就是《我要去故宫系列》图书。每册分多个主题，涉及建筑、历史、藏品等内容，选题有趣、文字好读、插图好看！

午门，这里是紫禁城的门面担当，既有颜值，又有故事。午门前威严的皇宫仪仗中，竟曾有盛装的宝象，还有宝象拉的辂。

太和门，这里有规矩，讲秩序，门前的古物不只我们不知是做什么用的，就连曾经住在这座宫城里的皇帝也不知。石栏杆的火焰望柱头，开了洞的警报器石别拉似乎也不难发现。

太和殿，皇宫里最重要的建筑，历经 600 年风雨洗礼，既有灭火的陈设，也有克火的理念，只为向你证明曾经的盛世繁华，可以绵延不变。

保和殿，这里不仅是科举士人的考场，也是清初帝王的临时寝宫。方方正正的中和殿，更是帝王筹备亲耕之礼、关注皇家玉牒的重要场所。

乾清门，朝和廷的分野、家与国的界限，皇帝运筹帷幄在内，军机昼夜值守于外。皇帝很辛苦，大臣也不易，宫里禁火烛，官员上朝，几乎都得黑灯瞎火入宫，“蹭灯”的机会少之又少。

乾清宫，这里是帝王寝宫，却也传来皇子的琅琅读书声。这里药味浓，龙袍新，年节大典，更是院内高悬百丈灯，举国君民齐欢庆。

坤宁宫，凤舞千秋的世界，满汉交融的风格透过门、穿过窗，印在屋内的诸多角落。交泰殿的无为匾，一匾述说出三代帝王与这宫殿的渊源。

御花园，这里春有百花秋有月，夏有凉风冬有雪。钦安殿内护佑宫殿免遭火灾的玄武大帝，不知道是否注意到园内亭子中，井亭竟然没有顶。

西六宫，果然是宫闱趣事多，两枚锈迹斑斑的铁环，记载的是宫内静谧生活中难得的欢娱。末代帝后也在这里赶着新潮，穿洋装、吃西餐、学英语，西方的玩意儿在这里一样不少。

东六宫，曾经的后妃居住地，遗留下一座未建完的西式建筑，只能凭想象复原其类似水族馆的华美。其他的院落，也各有各的故事，既见证繁花盛放，也目睹香魂陨落。

宁寿全宫，看似普通的皇极门，竟然也是有限空间内建造出的另一座“小午门”。门内的皇极殿，更是有着乾清宫的外表，却发挥着太和殿的功用。乾隆皇帝的乐寿之所，不仅有乾隆，还有“钱龙”，而晚清的慈禧太后，也把这里作为御用居处，内政外交，见证了时代的更迭。

乾隆花园，文人的雅致随处可见，禊赏亭、古华轩、碧螺亭、藤萝顶，处处精致，处处惊喜。乾隆皇帝倦于勤，欣赏花园勤而不倦，乐此不疲。

慈宁宫，御路石上的小蜥蜴和门前的麒麟兽一同述说着这里的秘密，屋顶独特的轩辕镜与院内与众不同的月晷，则告诉你这里主人的独特身份。

重华宫，是“养在深闺人未识”的宫苑建筑，弘历在这里娶了他挚爱的富察氏。当了皇帝（乾隆皇帝）后也到这里举办茶宴，君臣之间赋诗联句，雅性使然、默契使然，更是家国天下的情怀使然。

养心殿，八代帝居一定不负众望，既有治国理政之所，也显生活起居之便，更有闲暇怡情之趣。小小的三希堂，幻化出大空间，一幅通景画，巧妙地让景入画，人也入画！

文华殿，象征水的黑色屋顶还不足以护佑文渊阁的《四库全书》，从屋檐彩画到栏板石雕，水的元素随处可见。“天一生水”而有黑瓦屋顶，“地六成之”便有了屋阔六间！

武英殿，摄政王的权力中心，变身为殿本修书之所。浴德之水蜿蜒而出，于断虹桥畔诉说沧桑。储冰之所，亦呈现皇室消夏之聪慧。

珍宝馆，华丽的珠宝背后，隐藏了采珠人等付出的艰辛。皇室的饰品，最精于其取材的独特。先秦石鼓唐时现，流转千年入深宫。只要有心，你就会被它们的文字和经历感动。

钟表馆，让我们了解中西方再次开启的对话。漂洋过海的计时仪器，成了皇家喜好的有趣玩具，可计时，可打更，可升降，可转花。魔术、水法、音乐、鸟音，无不炫目悦耳，赞从心生。

我觉得，以上这些远远不够，书中好玩的故事、好看的插画，等你去探索，由你去发现。如果每读完一本，你就有拿起书入宫的冲动，我们会万分欣慰。真诚地，真心地，在宫里，期盼你，欢迎你！

果美侠，写于墨尔本旅途

2019 年 7 月 27 日

目录

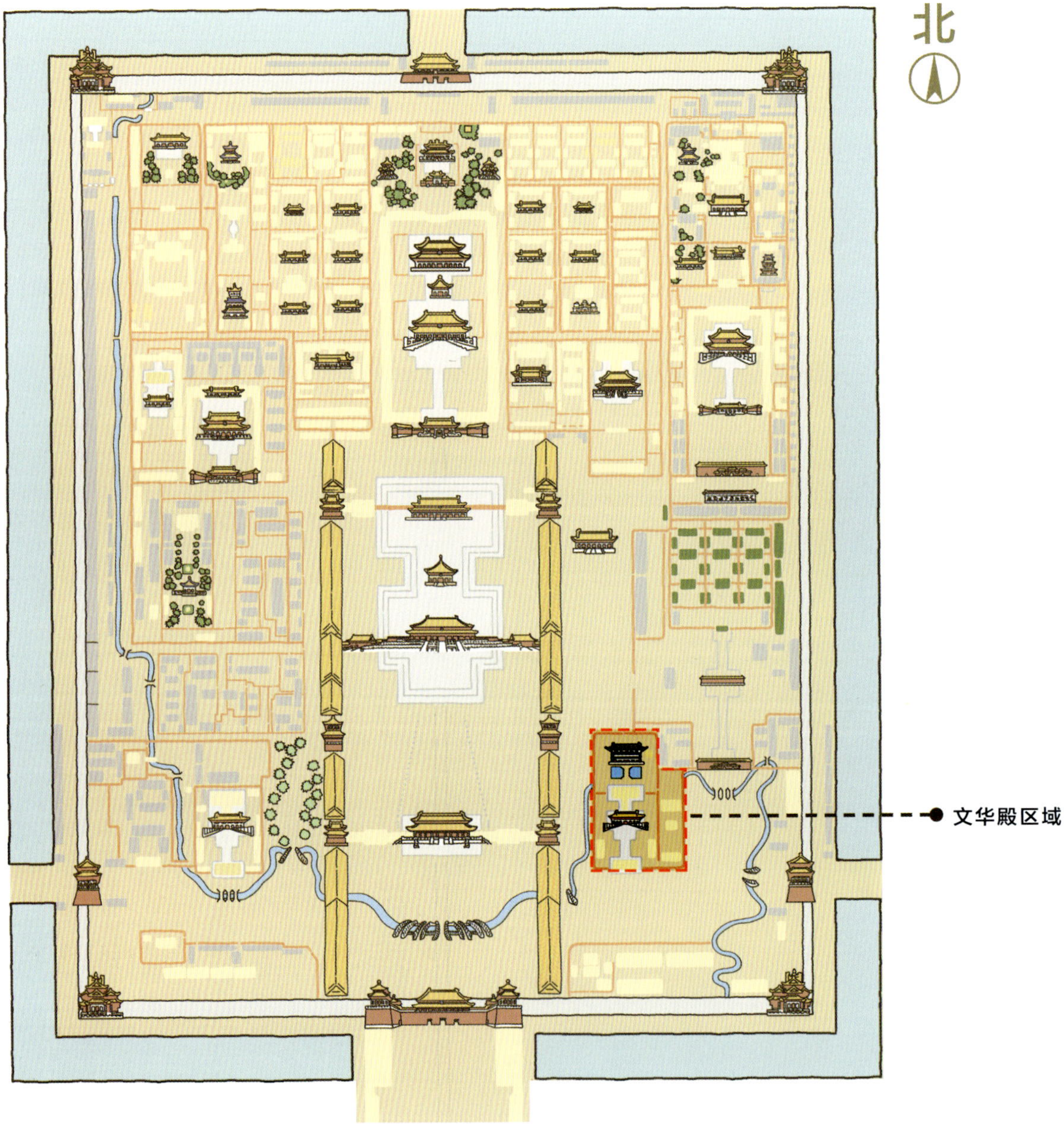

故宫平面示意图

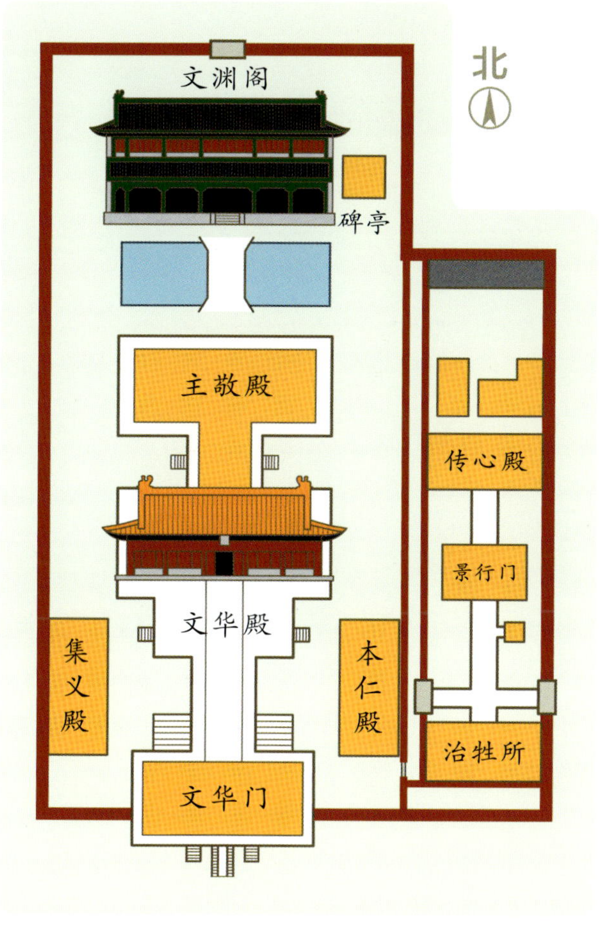

文华殿区域平面示意图

欢迎来到文华殿！

为了治国安民，中国古代皇室是十分重视教育问题的。皇室成员往往会研经读史，加强文化修养。紫禁城（现故宫博物院）不仅是明清皇帝的治国理政之所、安居之所，也是皇帝的学习圣地。

在紫禁城里，文华殿与武英殿一文一武，东西相对，遥相呼应。文华殿区域北侧还建有紫禁城里最大的藏书楼文渊阁。

接下来，我们将一起通过漫步文华殿、细品文渊阁、五行避火术、另类梁上花和读碑知古今这五个专题去探索文华殿区域的秘密。

漫步文华殿

01
漫步文华殿

步入文华门就进入文华殿区域了，让我们放慢节奏，近距离观察文华殿的建筑格局、建筑结构，了解它的实际功能、历史文化！咱走着！

中国传统建筑里的“合”

在步入文华门之前，你知道文华殿区域里有什么建筑吗？你可能会说：“我没来过这儿，怎么可能知道呢！”其实，了解一些中国传统建筑的基本知识你就能猜个八九不离十。

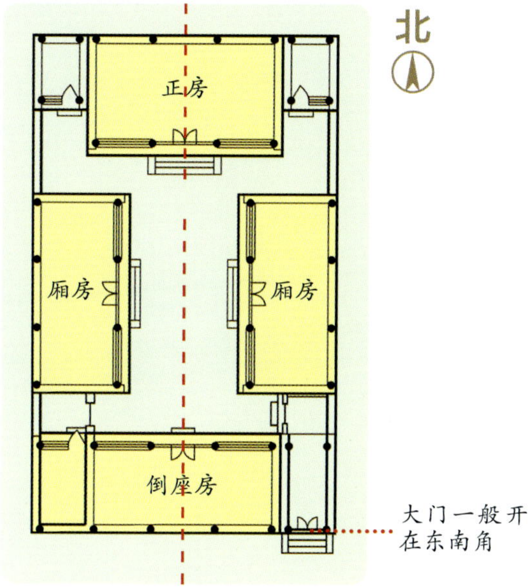

一进四合院

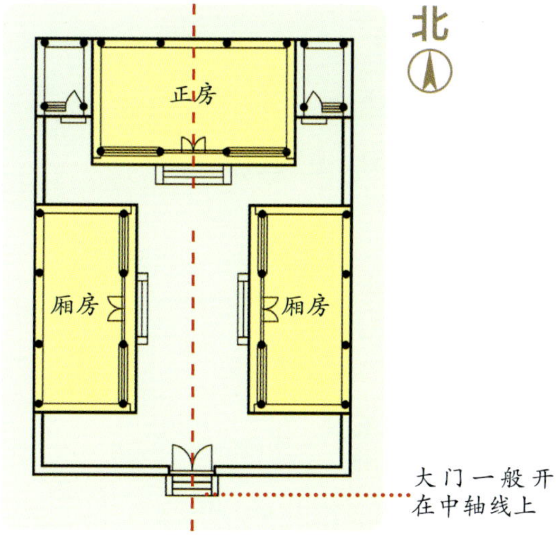

一进三合院

中国传统建筑的设计与中国人的家族观念和传统生活方式密切相关。我们中国人喜欢以家族为单位聚居，所以院落式住宅是最符合这种居住理念的。院落式住宅的代表就是四合院了。那四合院具体指的是什么样的院子呢？

首先，四合院都有一条中轴线（常为南北向），所有建筑都依中轴线分布。一个院子称为一进，要是中轴线上有两个院子就是两进，依此类推。第一进院子中位于中轴线北面的屋子为正房，两侧的为厢房。与正房相对的是倒座房，一般在东南角开门。这些房屋四面相围就形成了四合院。后来，又出现了一种三合院：正房和厢房的布局都与四合院无异，只是去掉了倒座房，在中轴线上开大门，也称为“一正两厢”式格局。

皇宫的布局往往也遵循古代院落式住宅的“一正两厢”式格局，第一进院子的中轴线北侧建筑为正殿，两侧略小的为配殿，我们可以将它看作豪华升级版的三合院。

以文华殿区域为例，文华殿整体建造在一个工字形台基上，西配殿集义殿和东配殿本仁殿的台基略低于文华殿的台基。所有殿宇基座均由砖石建成。

文华殿区域主体建筑俯视示意图

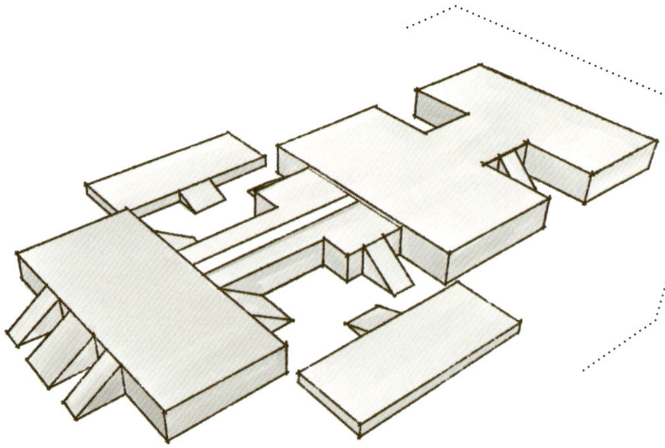

前院台基示意图

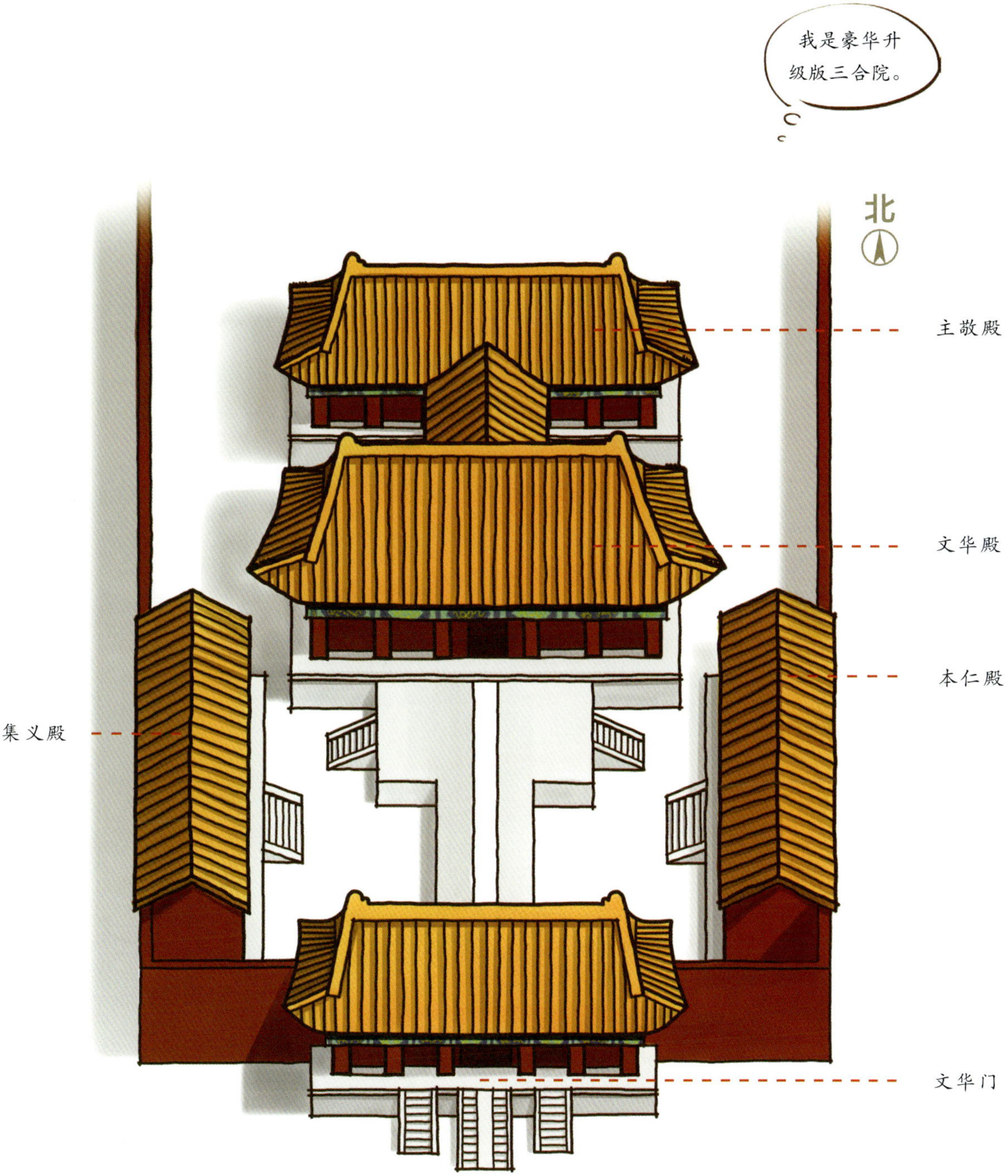

文华殿区域主体建筑前院布局图

台基功能

台基是高出地面的建筑物基座，是我国古代工匠的一大发明。建筑自身有一定重量，建在台基上可以防止它沉降塌陷。这与我们现在建房子需要打地基是一个道理。同时，台基高出地面也能防止建筑受潮、腐朽。要是台基足够高大，还能烘托建筑的雄伟气势，凸显建筑等级。文华殿的工字形台基就远高于配殿的台基。在配殿的陪衬下，文华殿也更显雄伟。

文华殿前的御道

文华门至文华殿前的丹陛，由御道相连。“御道”，顾名思义，就是专供皇帝行走的路。大臣是不能经由御道进入文华殿的。

文华殿区域各殿台基高度对比

文华殿建于明初，与武英殿一文一武，分列于紫禁城外朝区域南端两翼。建成后用途几经变迁，后来成为经筵之所。

经筵在宋代被正式确立为国家礼仪制度。明初，经筵无固定日期与地点，后来明确了经筵的时间与地点，并确定了流程和礼仪，将地点定在文华殿。举行经筵前，皇帝或受命于皇帝的大臣会先祭告周公、孔子等。经筵的主讲官或由专人担任，或择重要的朝廷大员客串。经筵讲官主要为皇帝讲解四书五经等儒学经典，有的会结合时政，以史鉴今。进讲结束后，讲官享用皇帝赐宴。因为有的皇帝非常重视学习，明清时还出现了日讲，比经筵仪式更具有针对性。

康熙皇帝就是好学的典范，康熙十六年（1677），日讲由隔日一讲改为日日进讲。哪怕是三藩之乱等重大事件发生期间，政务极其繁重，他也坚持每日听讲，以免荒疏学问。 直至康熙二十五年（1686）才谕令停止日讲。

康熙皇帝听讲

把日讲由隔日一讲改为日日进讲。

（明）《徐显卿宦迹图》（局部）

这是明代在文华殿举行经筵的情景。画中的皇帝是明神宗朱翊钧，经筵讲官是徐显卿。

细品文渊阁

02
细品文渊阁

文渊阁的房间数与紫禁城里的大多数建筑都不同，它是偶数间哟！这是为什么呢？

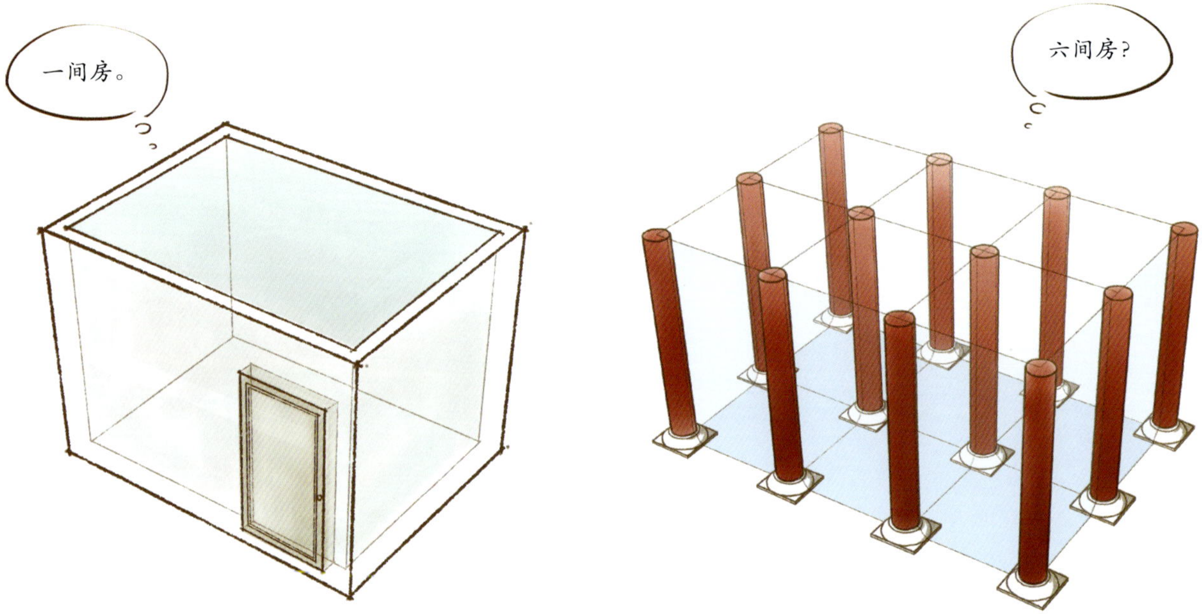

古今房间概念对比

相传营建紫禁城时，明永乐皇帝（明成祖）朱棣是想建一万间房子的。但后来他梦见玉皇大帝说天宫才一万间房子，你怎么能把地上的宫殿建得和天宫一样呢？梦醒后，朱棣就将一万间改成了九千九百九十九间半。这样一来，虽然没有“10000”的圆满，“9999.5”却也符合天子的“九五至尊”之说，还有长长久久、长治久安的寓意。不过紫禁城真的有九千九百九十九间半房吗？

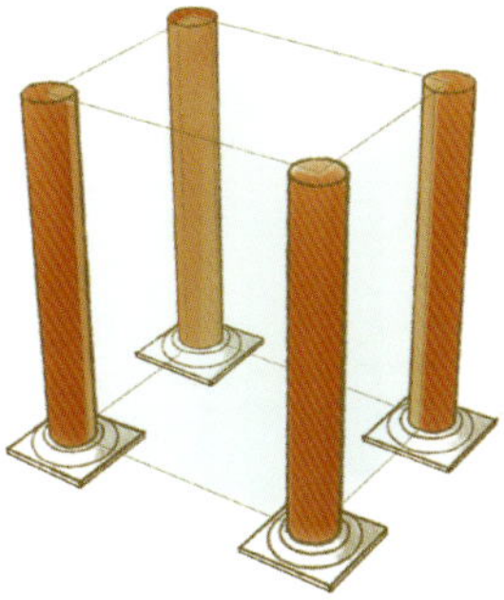

四根柱子围成的“一间房”

虽然皇宫里除了皇帝，还有太后、皇后、嫔妃、丫鬟、太监一众人等，但也未必真能用上九千九百九十九间半房。其实，朱棣说的“一间房”并非我们认为的“一间房”。我们说的“一间房”不管是什么形状，一定是由门、柱子和墙组成的封闭空间。但在明清时期，紫禁城里的“一间房”是完全不同的概念。四根柱子围成的空间，就称为“一间房”。柱子之间不一定有墙，空间也常常不是密闭的。

依据这样的概念，我们可以看到：太和殿横向（东西向）共12根柱子，纵向（南北向）共6根柱子，4根柱子围成一间房，因此太和殿东西向有11间房，南北向则是5间房。依此类推，文华殿的横向和纵向分别有几间房？文渊阁又是面阔几间呢？

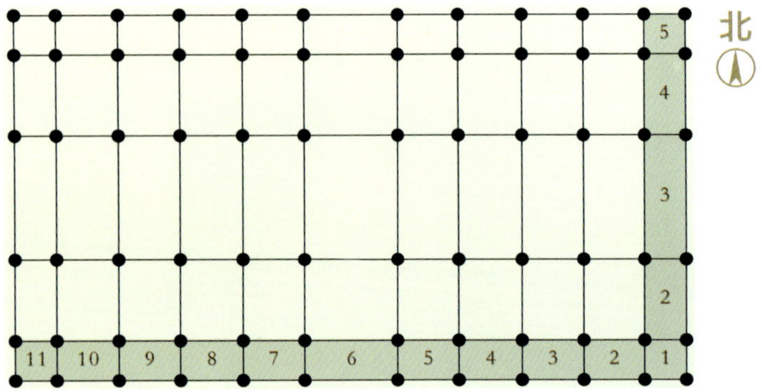

太和殿柱网示意图

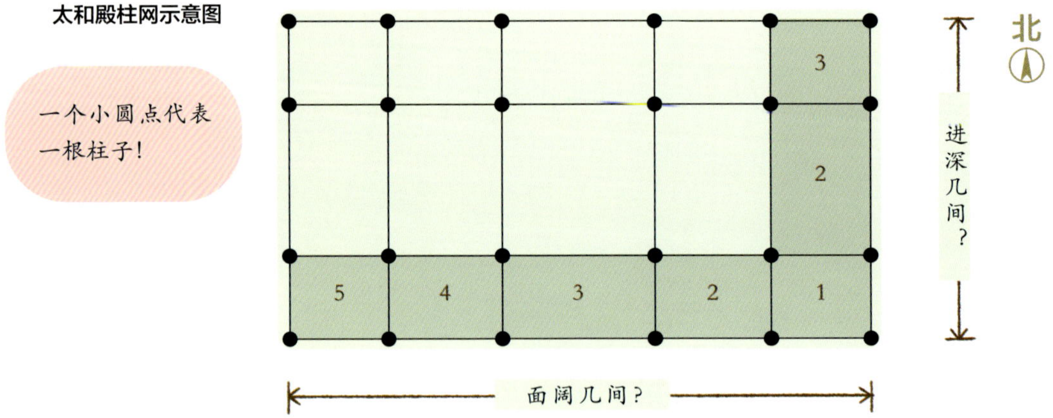

文华殿柱网示意图

太和殿和文华殿的房间数都是奇数：太和殿面阔11间，进深5间；文华殿面阔5间，进深3间。这是为什么呢？因为古代人崇尚中央，在中轴对称的情况下（两侧同一位置的房间一样大），他们以房间总数为奇数来确定最中间的那间房，那间房也称为“明间”。为了突出明间的中心位置，明间往往比周围的开间宽大敞亮。明间两旁略小些的开间称为次间，再小再次者就是稍间了。皇帝认为自己是天之骄子，必须居于中央，所以建筑中央的明间毋庸置疑也就是皇帝的宝座所在之处。

然而奇怪的是，文渊阁却没有遵循这个奇数原则，它一层共有30间房。

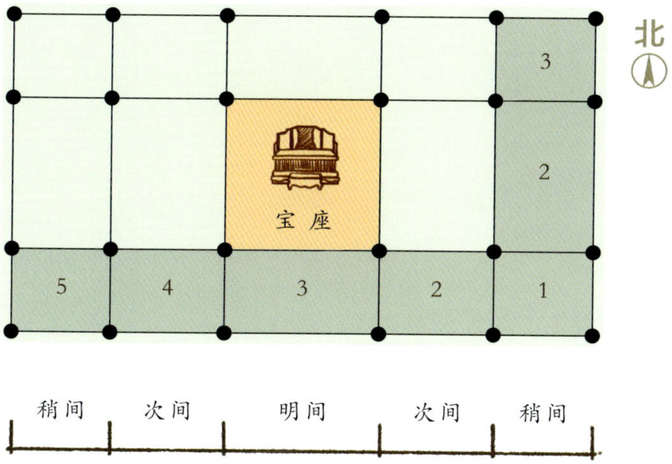

文华殿柱网及宝座位置示意图

数数文渊阁面阔几间?

在文渊阁，宝座会放在哪里?

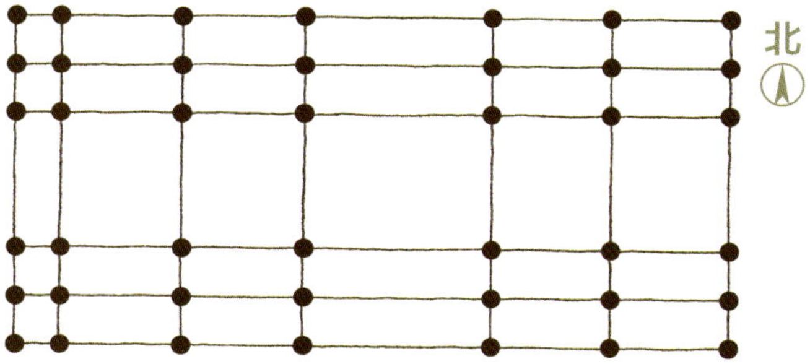

文渊阁一层柱网示意图

现存的文渊阁是清代乾隆皇帝所建，修建文渊阁的目的是保存由他本人主持编撰的世纪巨著《四库全书》。这套书是中国古代最大的丛书，分经、史、子、集四部，故名《四库全书》，几乎囊括了当时可见的所有书籍，集成图书3400多种，共79000余卷，36000余册，由满腹经纶的学者和众多抄写校对人员共4403人耗时十年才完成。

《四库全书》

天一阁及其一层平面示意图

当时，中国藏书界有一座非常有名的藏书楼天一阁，位于今浙江宁波。天一阁是明代范钦所筑私人藏书处，延绵至清，数百年未遇火灾。最为神奇的是，在潮湿的南方，天一阁收藏的书籍既不生虫也不发霉。《四库全书》的编撰耗费了乾隆皇帝大量的心血、人力、物力和财力，他自然希望这套书能像天一阁里面的藏书一样，安然无恙，永葆万年。

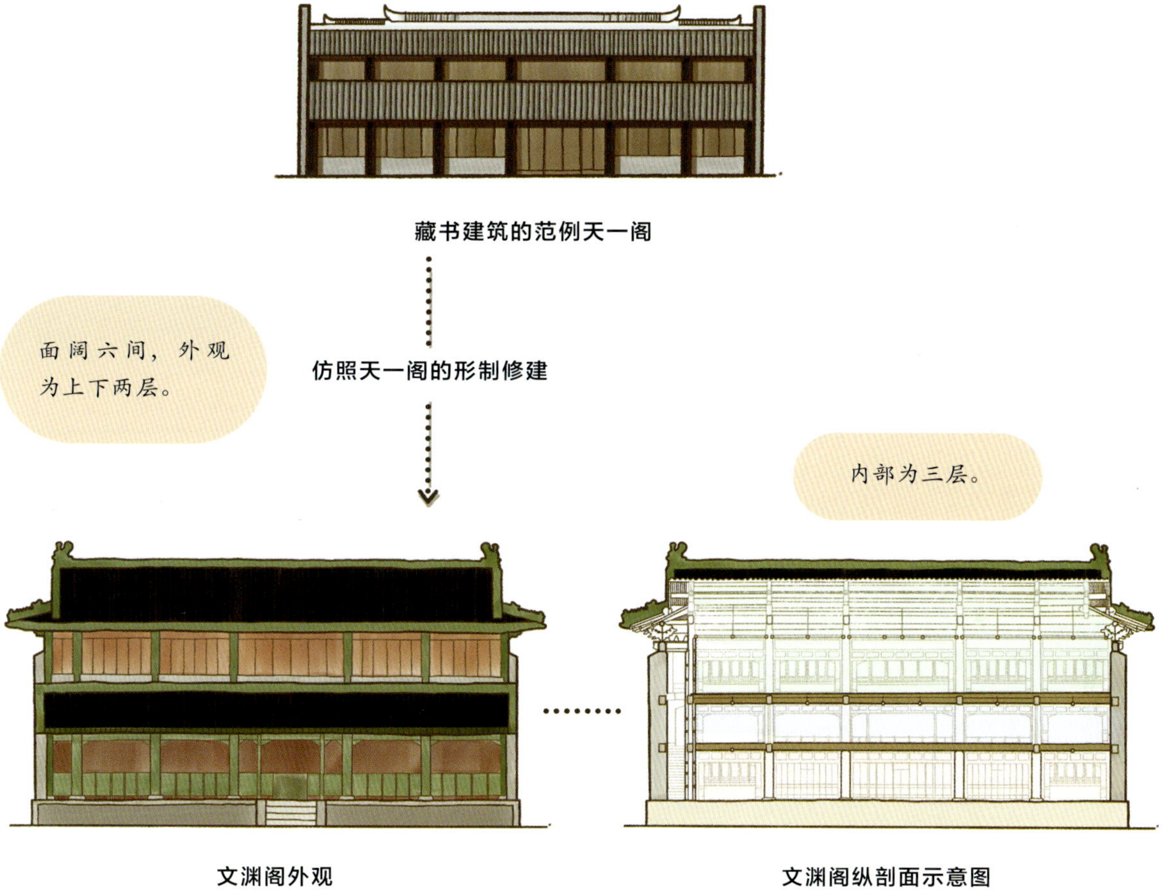

文渊阁的建筑结构特点

他下令仿天一阁修建皇家藏书之地，也就是文渊阁。从外观上看，文渊阁分为上下两层，内部为三层。顶层为一大开间，一层面阔六间，与天一阁设计相同，取“天一生水，地六成之”的“天一”“地六”，如此可以生水，也符合五行学说中水能克火的思想，想以此防火护书。

文渊阁面阔 6 间，无法按照“奇数取中间”方法确定中间的那间房。要是 6 间房大小相同，建筑的中央位置就是第三、第四间房中间的柱子。根据宝座放置中央的规则，就是说皇帝的宝座会在这个位置上。这不是让皇帝“面柱思过”吗？

乾隆皇帝

这个难题如何解决呢？说到这，我们要为古代劳动人民的伟大智慧点一个大大的赞！他们在文渊阁的“第六间房”上动了点心思。这间房面积很小，且与阁内其他开间隔开，里面设置了楼梯，这样在阁内看，只有五间房，中央位置清晰。而且文渊阁明间与前面的文华殿、文华门位于同一条中轴线上，在阁内看皇帝的宝座位于屋

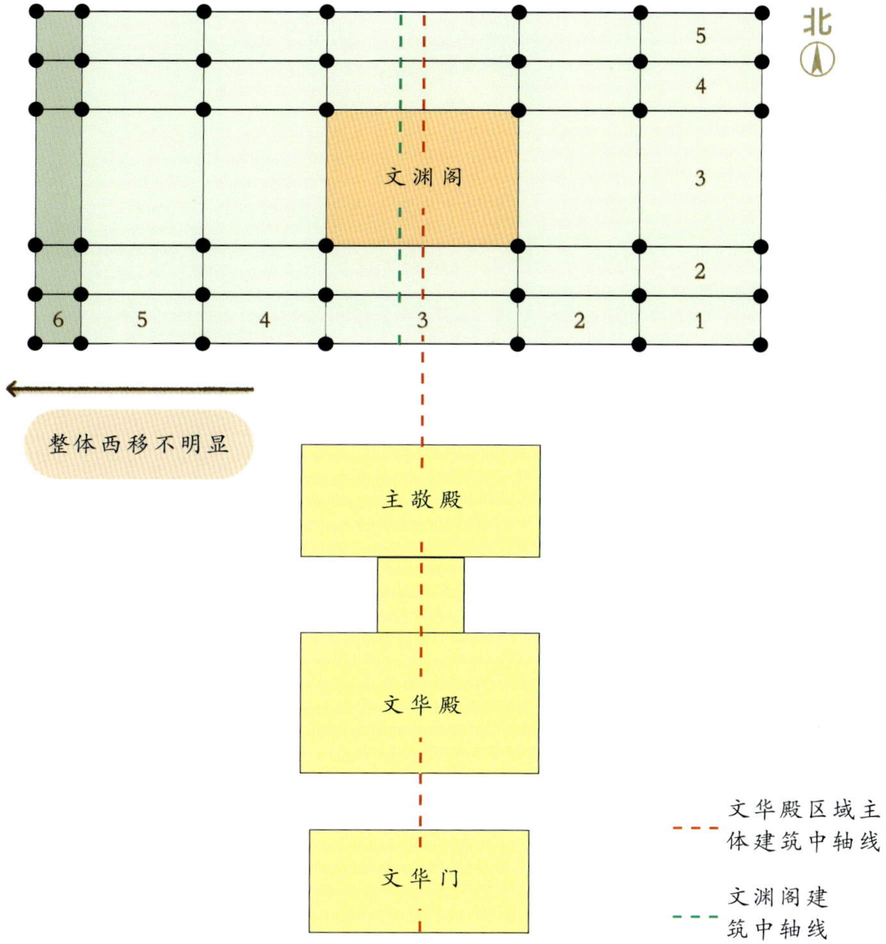

文华殿区域中轴线

子正中，皇帝坐在宝座上时也处于文华殿区域的中轴线上。从阁外看，文渊阁横向房间达到六间，但第六间较窄，阁体整体西移不明显。这种布局既满足了乾隆皇帝取“天一生水，地六成之”之义设置六间房的要求，又符合天子居于正中的使用需求。

五行避火术

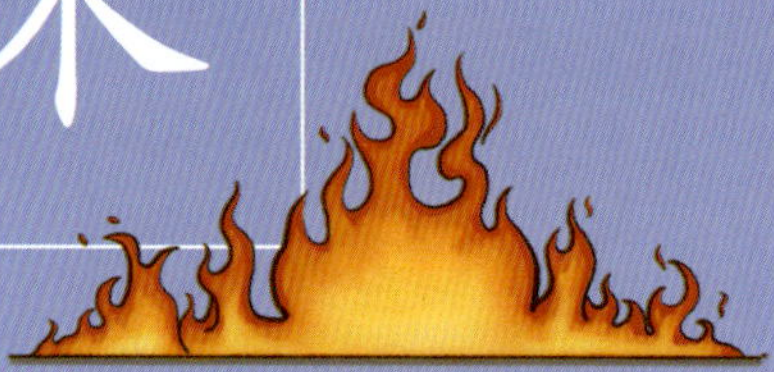

03
五行避火术

如今，人们拥有丰富的防火材料和先进的防火技术来避火。可是在科技并不发达的古代，人们一度寄希望于五行学说，这一点在皇家藏书楼的设计上体现得淋漓尽致。

我国古代建筑多是木结构，设计精巧、工艺精湛。木构建筑不需要钢筋水泥，甚至不需要一枚钉子，单靠榫卯相连，就能做到即使墙倒，屋仍不塌。但是木构建筑也有它的缺点——怕火。一旦着火，损失惨重。文渊阁是皇宫里最大的藏书楼，里面收藏着极其珍贵的《四库全书》。要是它发生火灾，灰飞烟灭的就不仅是阁楼本身了，还有所有的藏书。于是其设计建造的首要原则就是防火。

“天一生水，地六成之”是文渊阁设计的指导方针。设一个顶层，即“天一”，一层横向设六间房，即“地六”，寓意生水避火。另外，阁体色彩均采用黑、绿等冷色调，避开紫禁城中宫殿、宫墙最常见的红红火火的暖色。

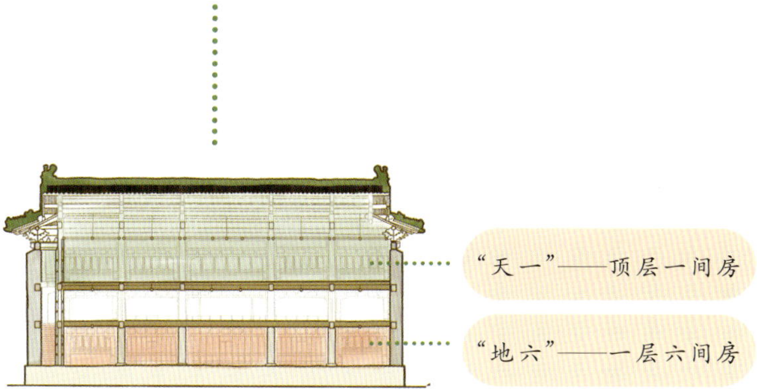

文渊阁的避火设计

除了整体设计的讲究，文渊阁各处细节均呼应避火主题。

紫禁城内的建筑覆盖的几乎都是黄色琉璃瓦，文渊阁却覆盖着黑瓦。这是为什么呢？根据五行学说，皇家属中央为土，土为黄色。因此黄色成为最尊贵的色彩，紫禁城重要的建筑基本都覆盖黄色瓦片。文渊阁是乾隆皇帝下旨建造的，收藏了他主持编撰的《四库全书》，这里还是他举行经筵仪式后赐茶宴的地方。可见文渊阁也非常重要，文渊阁未覆黄瓦却覆黑瓦主要与五行学说有关。黑色对应五行中的水，水能克火，所以是再次强调了文渊阁建筑设计克火、避火的中心思想。

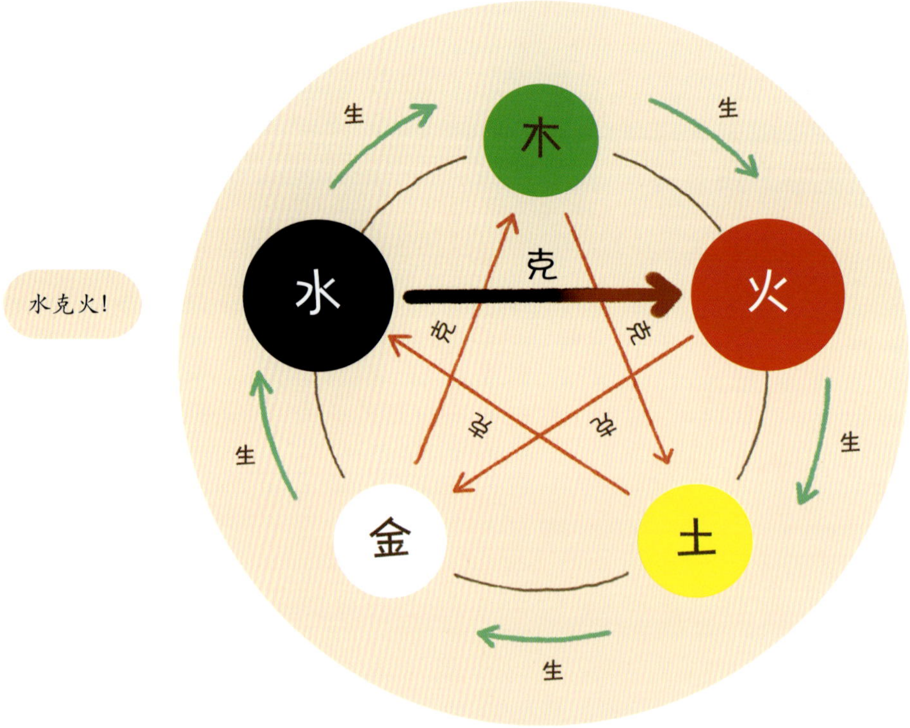

五行相生相克示意图

屋顶黑瓦绿琉璃边

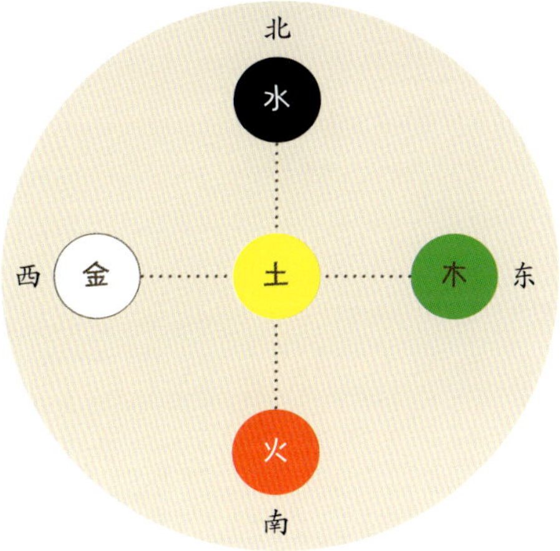

五行对应的色彩和方位

文渊阁上的水元素

此外，文渊阁黑屋顶的边缘均覆盖绿瓦，屋脊上有绿色云龙水纹，两侧山墙由青砖砌筑直至屋顶，屋顶下的梁枋彩画和天花彩画里都有与水或水生植物相关的元素，细节里满是古代工匠设置的避火“小心机”。阁体满满的“水”元素，简洁、素雅，一反其他宫殿建筑的红墙黄瓦设计。

文渊阁屋脊上的绿色云龙水纹

文渊阁屋檐下的梁枋彩画

包袱轮廓线里也有水纹图案。

文渊阁的天花彩画

海水

建筑细节上的避火“小心机”

这种“小心机”在文渊阁前的长方形水池设计上也显露无遗。水池位于文渊阁正南方，池的长宽均为偶数；石桥在池正中，长为奇数，宽为偶数。根据五行学说，南方属火，北方属水，南侧火位设置水池，北侧水位是文渊阁所在之处，方位的安排坚持了“以水克火”的原则；另偶数为阴，奇数为阳，池、桥的各类数据分属阴阳，阴阳相济，也有以水克火之意。水池、石桥四周的栏板上都还雕有灵秀精美的水生动物图案，也尽显灭火之意。

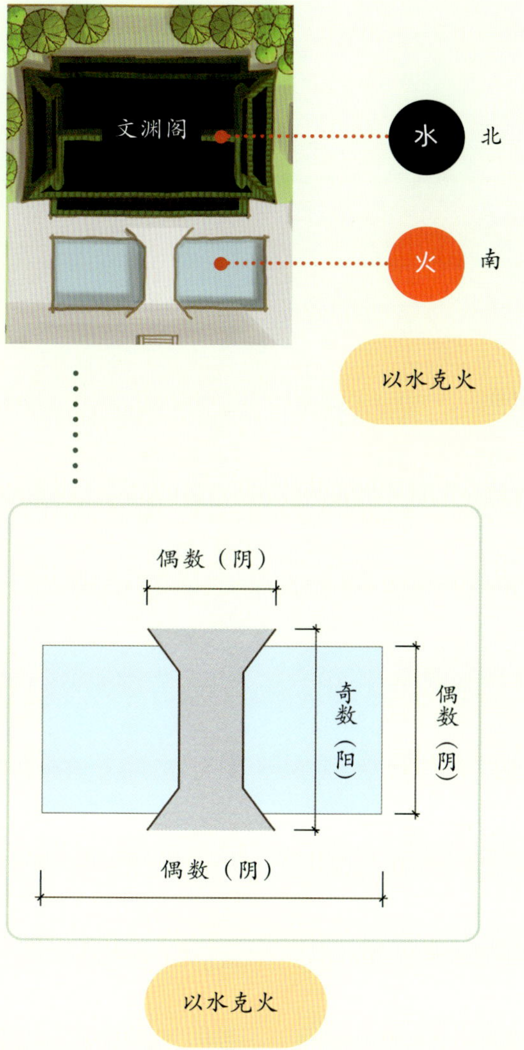

文渊阁与阁前水池的“防火术”

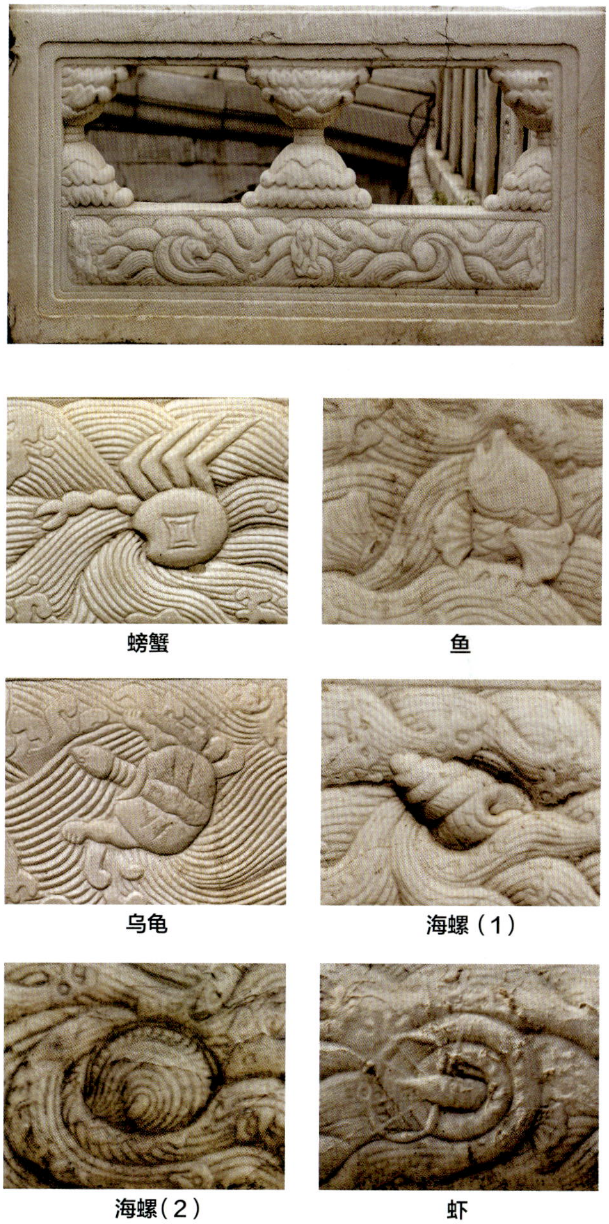

阁前水池栏板上的水生动物图案

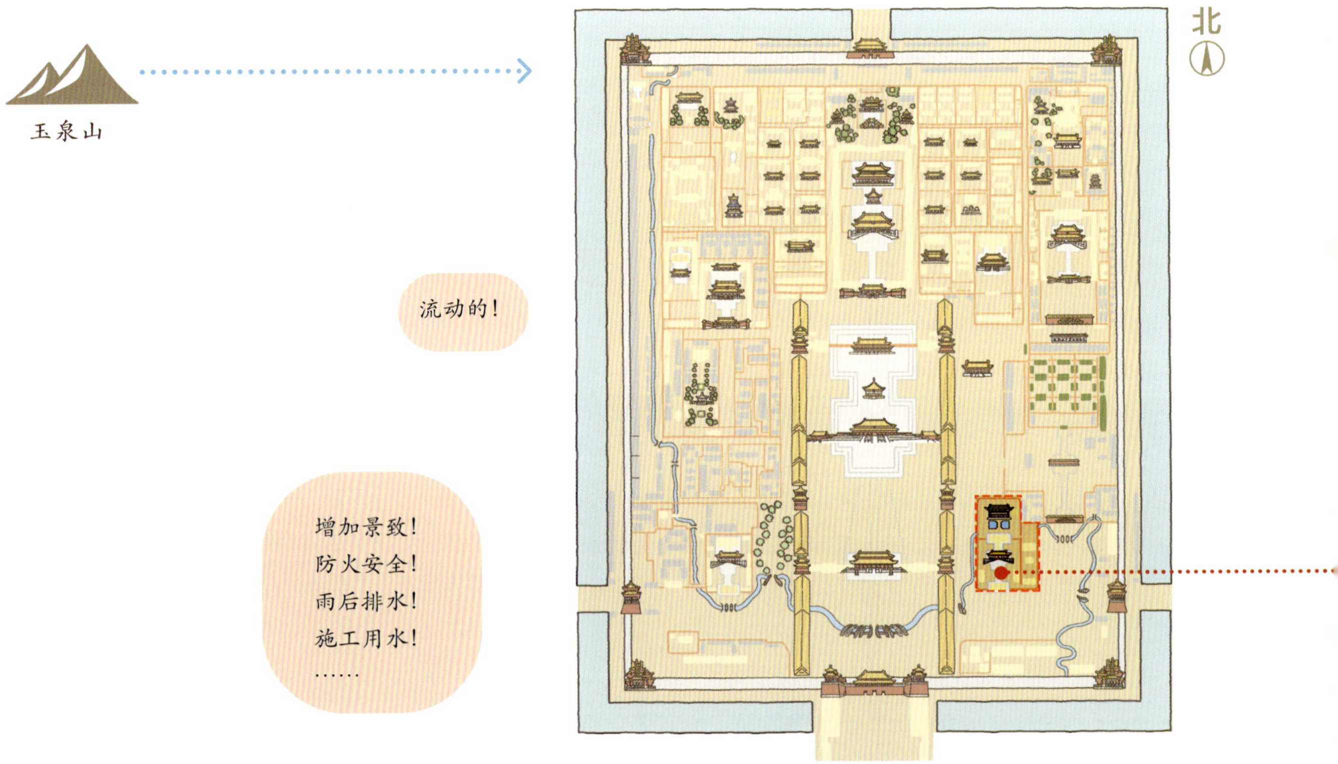

内金水河流向示意图

当然，设置水池不仅是为了防火，工匠们还考虑了增加景致、施工用水等功用。可是这么小的水池能起到这么大的作用吗？里面的水是从哪里来的呢？

我们认真观察紫禁城的地图，就会发现紫禁城南侧的内金水河穿过太和门东侧协和门一带向北弯曲直通文华殿区域，但到这里就消失了，直到紫禁城东侧的三座门附近才又出现。根据内金水河的走向，文渊阁前的水池正位于内金水河上！所谓水池其实就是内金

文华殿区域及周边环境图

水河的一段，水池与地图上其他内金水河的区段，都有相连的暗河，看起来好像河断了，实则全部相连。紫禁城内金水河里的水引自玉泉山，贯穿紫禁城的西面与南面。如此，水池自然不易干涸。在科学技术并不发达的古代，天灾、人祸导致的火灾始终威胁着建筑及其内部物品的安全，也无怪乎人们想尽各种办法，甚至笃信神灵、追捧五行，祈望新修的建筑免受灾祸。

另类梁上花

04
另类梁上花

中国古代木构建筑上多绘有缤纷的彩画。人们为什么要在建筑上画画呢？不同建筑上的彩画有没有区别？悄悄告诉你，文渊阁上的彩画就是故宫里的“另类”！

在一些传统建筑的天花板、柱头、房梁上，我们总会看到各式各样的图案，这些图案就是彩画。彩画随着木构建筑的产生和发展而逐渐成熟，并且演变出各种类型、各种组合，成为中国古代建筑艺术极其重要的组成部分。

最初，人们为什么会在建筑的表面绘画呢？中国古代建筑基本为木质结构，榫卯精巧，墙倒屋不塌，但是木材经过风吹日晒雨淋虫咬，容易糟朽，难以长时间维持。于是人们开始寻找各种材料涂在木材的表面，以防虫、防腐。后来，人们不只是简单地涂抹材料，还在上面画画，图案由单一到丰富，由简单到复杂，成为一种集实用性、技术性与艺术性为一体的装饰技艺。

紫禁城的建筑上绘有各式各样的彩画。你认真观察，就会发现不同的建筑上绘的内容也不相同。这是彩画发展至明清时期又一个重要功能的体现——区分建筑的等级、体现建筑的功能。

太和殿的金龙和玺彩画

体仁阁旁廊子的旋子彩画

储秀宫的苏式彩画

文渊阁的天花彩画

藕

金荷水草

海水

流云

龙云波涛

文渊阁梁枋彩画

文华殿区域内，文华殿、两个配殿、文华门跟文渊阁就使用了不同主题和类型的彩画。我们先看看“不走寻常路”的文渊阁。文渊阁天花板上装饰的是金荷水草主题的天花彩画。房梁、柱头、柱子与柱子之间的横梁上则围绕书、水、云、龙这几个元素展开，具体有“龙马负图”“图书博古”“海水”“流云”“龙云波涛”等，体现了文渊阁皇家藏书楼的定位和人们防火避祸的愿望。

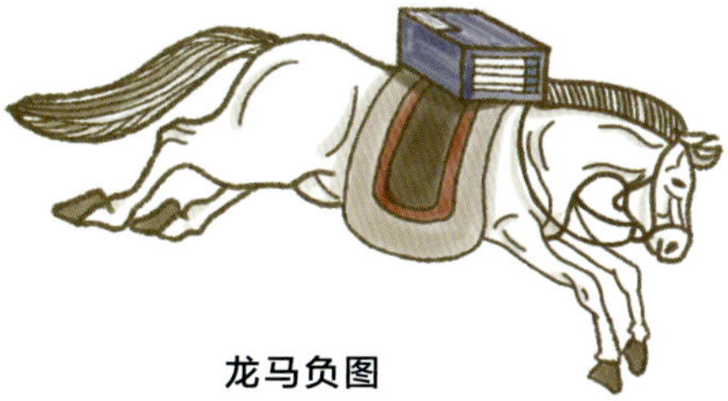

龙马负图

图书博古

“龙马负图”来源于“河图洛书”的神话故事。虽然流传的版本不一，但都认为“河图”与“洛书”是中国上古时代留传下来的两幅神秘图案。它们被今人誉为“宇宙魔方”，蕴藏着无穷的奥秘。上古伏羲氏时，洛阳东北的黄河中浮出龙马，背负“河图”，洛河中又浮出神龟，背驮“洛书”，伏羲依此而演成八卦，这也是后来《周易》中八卦的来源。也有说法认为，神明赐予大禹《洪范九畴》，他依此治水成功，并划天下为九州。而《洪范九畴》就是洛书。

无论何种版本的“河图洛书”传说，都是指神明为当时的统治者送来重要资料，统治者认真领悟加以应用，从而将人类文明大大向前推进。文渊阁是乾隆皇帝用以保存世纪丛书《四库全书》的地方，《四库全书》包含经、史、子、集四部分，囊括3400多种图书，也是帝王治国理政、以史鉴今的重要资料。将“河图洛书”主题彩画绘于此真是再合适不过了。

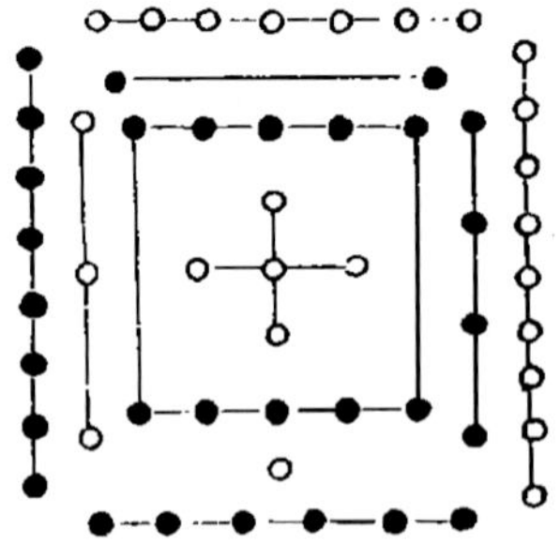

河图

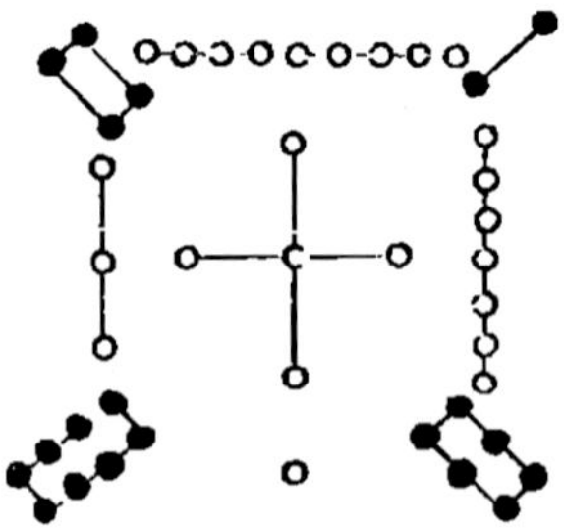

洛书

根据《周易采图》绘制。

乾隆皇帝

除文渊阁以外，文华殿区域的其他建筑都绘有大量龙主题彩画，天花彩画一般为团龙，柱头、房梁上则常见团龙和双龙戏珠纹样。这些建筑的梁枋上绘的都是紫禁城里等级最高的彩画——金龙和玺彩画。金龙和玺彩画也出现在太和殿等其他高等级的建筑中。

在文华殿区域绘金龙和玺彩画与其定位和功能也是直接相关的。文华殿初建时是为太子准备的，但不久就改为皇帝的便殿，也就是除了皇帝主要使用的殿宇外，供他处理政务和休憩之处，再后来成为皇帝举行经筵的场所。皇帝作为文华殿的主要使用者，在建筑上绘金龙和玺彩画也是理所应当。

金龙和玺彩画的具体特征是：以龙为纹饰主体，龙均以金色绘制；底色为蓝色和绿色；还有个最明显的标志就是枋心（两柱间的横梁中心）的双龙外侧均为双折“括号”，将龙纹围住。

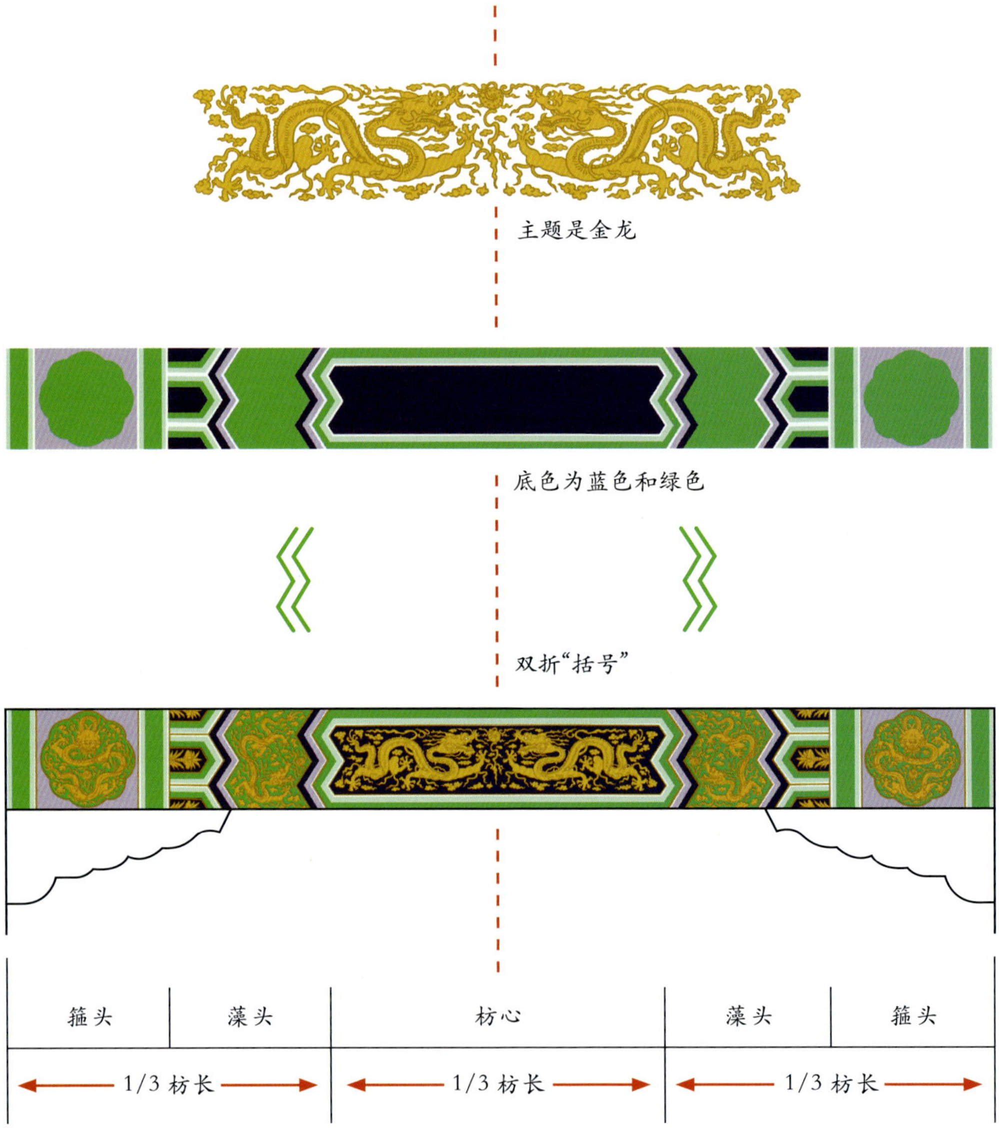

金龙和玺彩画

在中国传统纹样中，龙的形态有很多种。

降龙的头部在下方，
龙整体呈下降动势。

两条行龙对称分布在火球两边。行龙的姿势为缓缓行走状，整条龙为水平状态的正侧面。

文华殿的梁枋彩画

升龙的头部在上方，
呈升起的动势。

文华殿的天花彩画

团龙又称坐龙，多画在圆形（团形）部位内，如用在盒子里面或天花的圆鼓子中，龙的姿态端正，头及宝珠居中，四肢位置匀称。

读碑知古今

05
读碑知古今

碑作为纪念或标记的竖石，往往刻文字记录曾经发生的重要事件、伟人功勋。为了解文华殿区域的变迁，本专题我们就在这儿研究研究石碑。除了有字碑，还有无字碑哟！

文华殿区域始建于明代永乐年间，随着历史的变迁、宫殿使用需求的变化和各种原因的损毁、重建，最终变成我们今天看到的样子。文华殿和文渊阁旁都立了一块碑，碑上分别记载着文华殿发生的重要历史事件和文渊阁的重修情况。石碑历经百年风霜雨雪，见证了历史，跨越了时代，是我们了解这些建筑历史沿革的重要资料。

文华殿记

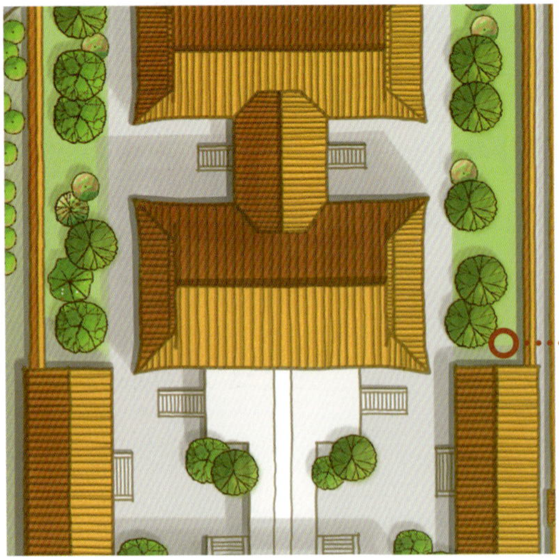

文华殿旁的石碑

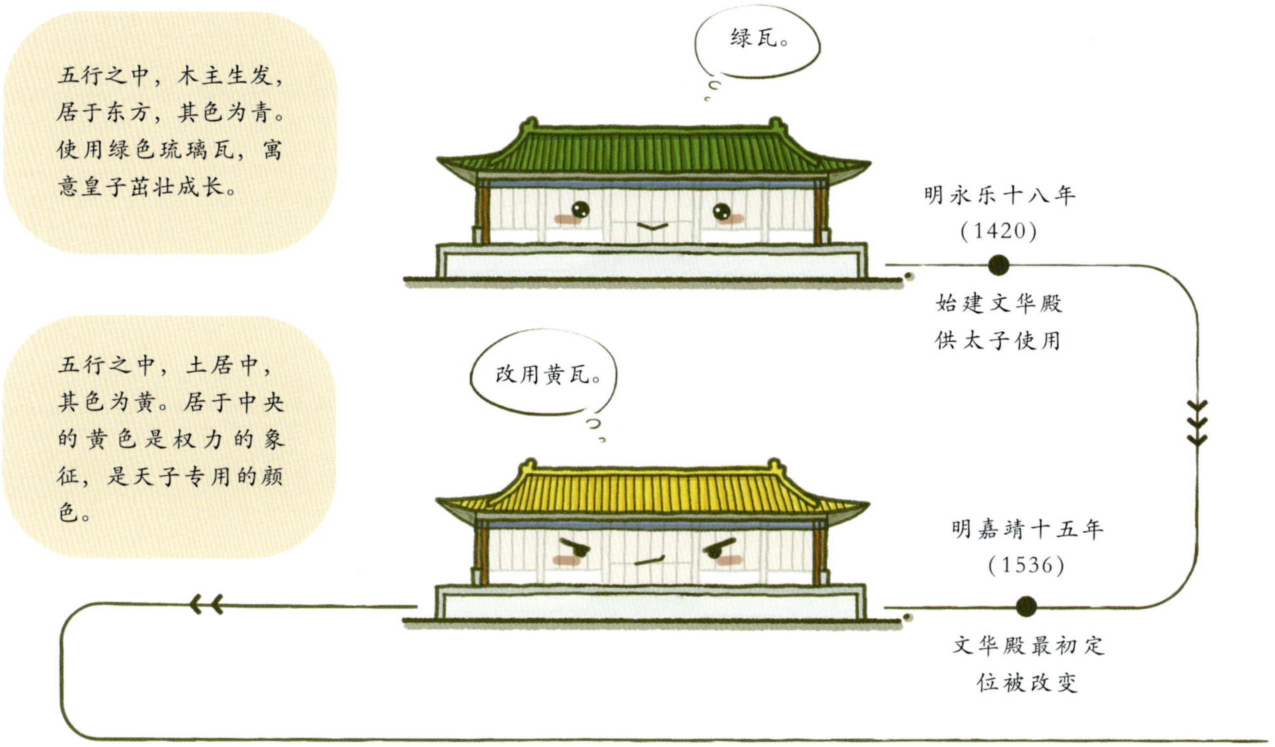

文华殿旁的石碑立于1938年，碑最上方刻着“文华殿记”四个大字。根据它的记载，明永乐十八年（1420）朱棣营建紫禁城时，始建文华殿。文华殿沿袭南京大内文华殿“太子视事”的功能，主要用作年幼太子读书、太子接受朝贺的场所，同时也为太子协助皇帝处理朝政做准备。

大约明宣德、景泰（1426—1457）时文华殿已被皇帝作为便殿使用。明英宗朱祁镇于正统元年（1436）确定这里为经筵之所。嘉靖十五年（1536），文华殿重新修葺，绿瓦变成黄瓦，仍为皇帝便殿，也为明经筵之所，彻底改变了文华殿的最初定位。至此，皇帝每年都会在这里举行多次经筵，听大儒讲经，不断充实自己。

明末，文华殿被毁。清代康熙皇帝重建文华殿，对文华殿和经筵仪式越发重视：康熙皇帝在经筵外又设日讲，日日听讲；乾隆皇帝也极其重视经筵，八十岁那年还要求皇子、皇孙一起到文华殿听讲。

清末，光绪皇帝于甲午战争进行期间，在文华殿接见了各国公使，并且用满语致以问候。此后，文华殿也一度成为光绪皇帝接见外国使臣的固定场所。

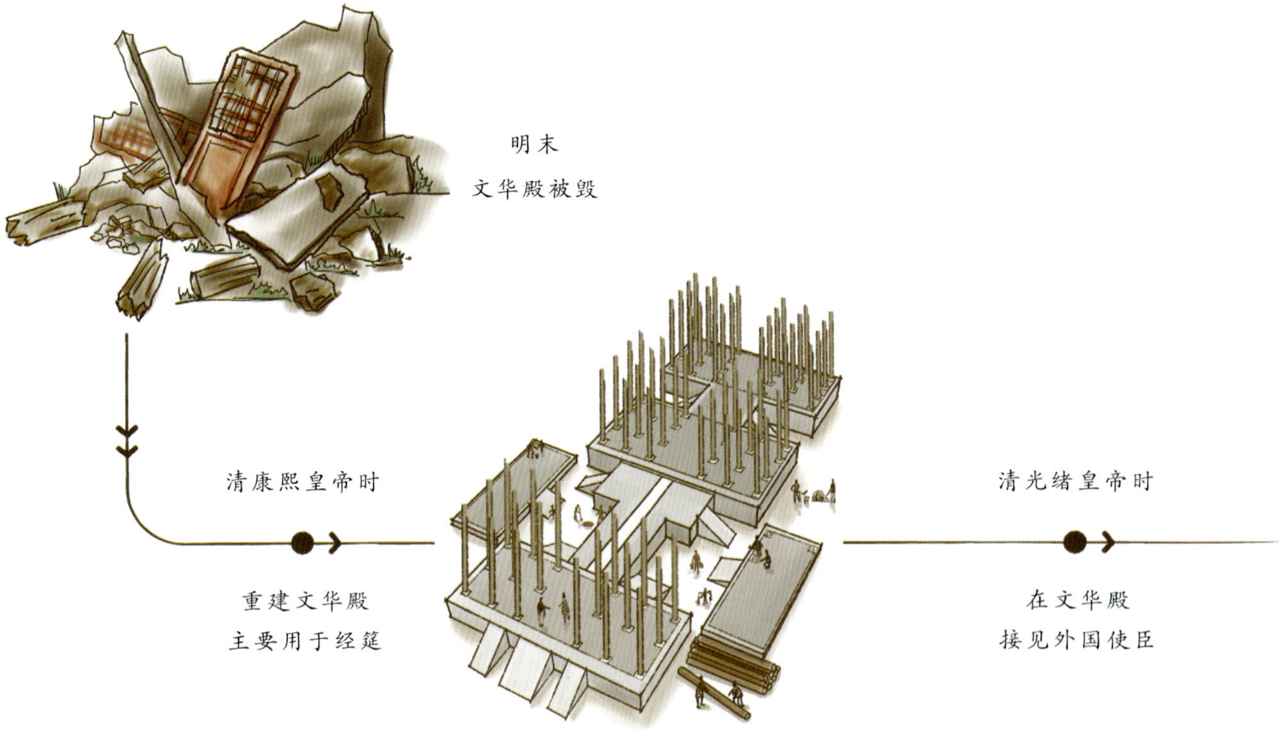

光绪皇帝接见法国大使施阿兰

1894 年 11 月 12 日，各国驻华公使在文华殿觐见光绪皇帝。这是清代第一次把外国公使觐见地点定在了紫禁城内。事后，法国大使施阿兰回忆说："这次觐见本身标志着西方同中国关系史上的一个新纪元。这是破天荒第一遭让君王神圣不可接近和不可仰望的信条（直到那天为止，中国礼仪使它带上偶像崇拜的性质），被纯粹的外交礼仪所替代。"

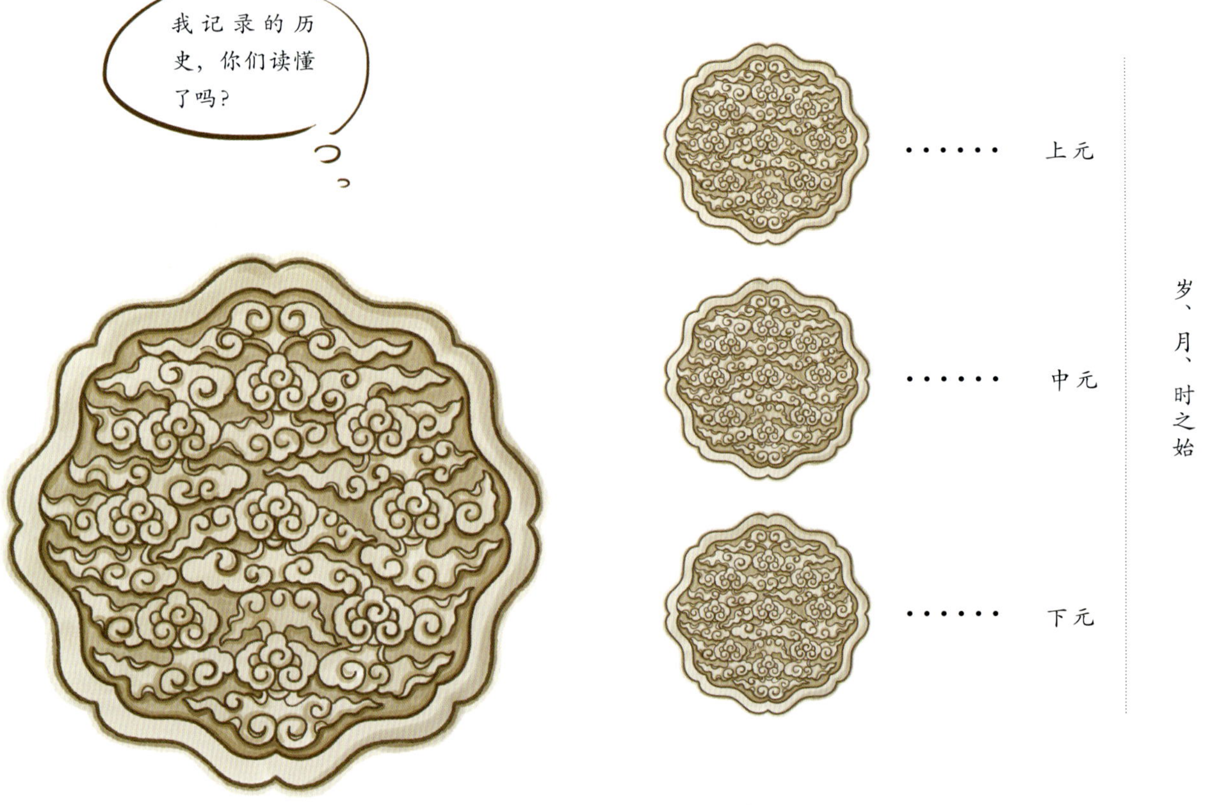

三元纹

文华殿因是为太子而建，所以在建筑设计上也需与太子身份相称。保存至今的文华门前的丹陛石（俗称“大石雕”）就是记录这一历史的“无字碑”。石雕上雕刻有三个圆形祥云，从上至下称为“上元”、“中元”和“下元”，代表的是岁、月、时之始，合称三元纹。

文华门前的三元纹石雕

武英门前的龙纹石雕

紫禁城内，太和殿、武英殿、乾清宫等大殿前，保和殿后都用龙纹石雕，唯独文华殿用的是三元纹石雕，石雕上仅有祥云而无龙饰。这是因为太子虽是国本，是将来的天子，但毕竟还没有成为天子，宫里的真龙天子只有皇帝一人，所以文华殿前石雕就不能现龙身，而只能使用三元纹。除此之外，文华殿的屋顶也一度覆盖的是代表生长的绿色琉璃瓦，既符合太子的身份，也是皇帝本人对太子的一番美好祝愿。

文渊阁旁石碑的碑首刻着“文渊阁记”四个大字，碑身正面以满、汉两种文字书写，内容是乾隆皇帝撰写的《文渊阁记》，记录了他编录《四库全书》的缘起、目的和过程，以及设立文渊阁的原因。背面刻着文渊阁赐宴御制诗。立碑时特意仿南方园林的亭子建了碑亭，呼应文渊阁所仿制的著名藏书楼天一阁。

文渊阁旁的碑亭

文渊阁所在之处也是几经变迁。文华殿初建时，文渊阁也建成了，但当时是二层的砖石建筑，石梁石柱，位置与现在也不相同。除藏书功能外，也曾供内阁处理公务。后来，明代文渊阁两度被毁，清初紫禁城并无文渊阁。康熙年间重建文华殿区域时，文华殿后殿之后是一片空地，直到乾隆皇帝为了《四库全书》重新选址建文渊阁。乾隆四十一年（1776），目前所见文渊阁才正式建成。

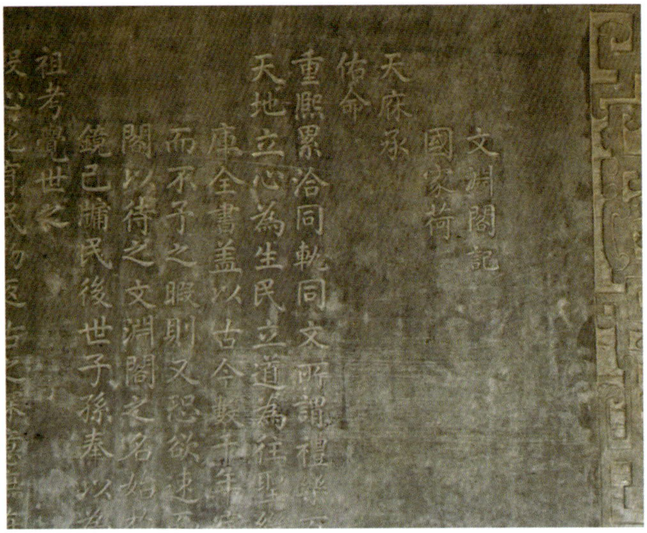

石碑上的文字——《文渊阁记》（局部）

碑亭内的石碑

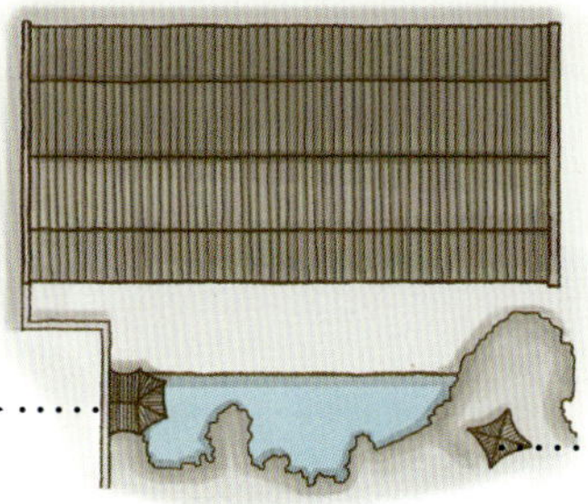

天一阁

文渊阁

文渊阁是皇帝的私人藏书楼，过去除了皇帝本人、皇家图书管理员和经筵后得到皇帝特许的官员，其他人都难以一睹世纪巨著《四库全书》的风采。现在，国家图书馆、中国第一历史档案馆等机构都存有《四库全书》，我们也可以轻松查阅啦！

文渊阁旁碑亭和石碑

文华殿旁的石碑

故宫宣教
THE PALACE MUSEUM
PUBLICITY AND EDUCATION

我要去故宫系列

探秘武英殿

故宫博物院宣传教育部 / 编著　果美侠 / 主编
本册作者：姜倩倩
本册绘者：御鉴文化（北京）有限公司　刘畅

中信出版集团 | 北京

探秘武英殿

编　　著：故宫博物院宣传教育部
主　　编：果美侠
本册作者：姜倩倩
本册绘者：御鉴文化（北京）有限公司　刘畅
摄　　影：齐梦伯
图片提供：故宫博物院资料信息部
策划出品：故宫博物院
御鉴文化（北京）有限公司
出版发行：中信出版集团股份有限公司
（北京市朝阳区东三环北路 27 号嘉铭中心　邮编　100020）
承 印 者：北京瑞禾彩色印刷有限公司

序言：我要去故宫

去故宫，可以有许多理由：陪亲朋，遛孩子，看展览，拍美照……

不去故宫，往往只有一个理由：太无趣！

相似的院落，差不多的建筑，看过和没看过，似乎没什么差异。如果不是真心喜欢，如果不是迫于无奈，自己说出“我要去故宫”的，可能少之又少。

常年工作在故宫的我们，也不是每个人都能把各个宫殿的与众不同讲出来。揭开600年宫殿建筑的奥秘，需要善于发现的眼睛，需要勇于探索的精神。

一群在这里工作的年轻人，每年向数以万计的游客讲述同样的建筑历史，述说600年不变的宫殿故事，好无趣！不妨换种方式，看看有什么能够吸引人们的看点，整理出新奇的探秘主题，既激发自己去主动发现，也让大家对故宫兴趣盎然。于是，从给学生参观使用的探秘学习单开始，我们策划了《我要去故宫系列》探秘图书。

匆匆的游客，常常一小时走过一座城。而我们，想让孩子们一小时只看一座宫。从中轴线，到东西六宫，再到外西路和外东路，20个建筑区域，构成了20册书的内容主体。既讲建筑，又说历史；既有精美的文物呈现，也有有趣的故事传说。看得见的，引你看细节；看不见的，诱你来想象。文字与插图相辅，内涵与颜值并重。这说的就是《我要去故宫系列》图书。每册分多个主题，涉及建筑、历史、藏品等内容，选题有趣、文字好读、插图好看！

午门，这里是紫禁城的门面担当，既有颜值，又有故事。午门前威严的皇宫仪仗中，竟曾有盛装的宝象，还有宝象拉的辂。

太和门，这里有规矩，讲秩序，门前的古物不只我们不知是做什么用的，就连曾经住在这座宫城里的皇帝也不知。石栏杆的火焰望柱头，开了洞的警报器石别拉似乎也不难发现。

太和殿，皇宫里最重要的建筑，历经600年风雨洗礼，既有灭火的陈设，也有克火的理念，只为向你证明曾经的盛世繁华，可以绵延不变。

保和殿，这里不仅是科举士人的考场，也是清初帝王的临时寝宫。方方正正的中和殿，更是帝王筹备亲耕之礼、关注皇家玉牒的重要场所。

乾清门，朝和廷的分野、家与国的界限，皇帝运筹帷幄在内，军机昼夜值守于外。皇帝很辛苦，大臣也不易，宫里禁火烛，官员上朝，几乎都得黑灯瞎火入宫，“蹭灯”的机会少之又少。

乾清宫，这里是帝王寝宫，却也传来皇子的琅琅读书声。这里药味浓，龙袍新，年节大典，更是院内高悬百丈灯，举国君民齐欢庆。

坤宁宫，凤舞千秋的世界，满汉交融的风格透过门、穿过窗，印在屋内的诸多角落。交泰殿的无为匾，一匾述说出三代帝王与这宫殿的渊源。

御花园，这里春有百花秋有月，夏有凉风冬有雪。钦安殿内护佑宫殿免遭火灾的玄武大帝，不知道是否注意到园内亭子中，井亭竟然没有顶。

西六宫，果然是宫闱趣事多，两枚锈迹斑斑的铁环，记载的是宫内静谧生活中难得的欢娱。末代帝后也在这里赶着新潮，穿洋装、吃西餐、学英语，西方的玩意儿在这里一样不少。

东六宫，曾经的后妃居住地，遗留下一座未建完的西式建筑，只能凭想象复原其类似水族馆的华美。其他的院落，也各有各的故事，既见证繁花盛放，也目睹香魂陨落。

宁寿全宫，看似普通的皇极门，竟然也是有限空间内建造出的另一座“小午门”。门内的皇极殿，更是有着乾清宫的外表，却发挥着太和殿的功用。乾隆皇帝的乐寿之所，不仅有乾隆，还有“钱龙”，而晚清的慈禧太后，也把这里作为御用居处，内政外交，见证了时代的更迭。

乾隆花园，文人的雅致随处可见，禊赏亭、古华轩、碧螺亭、藤萝顶，处处精致，处处惊喜。乾隆皇帝倦于勤，欣赏花园勤而不倦，乐此不疲。

慈宁宫，御路石上的小蜥蜴和门前的麒麟兽一同述说着这里的秘密，屋顶独特的轩辕镜与院内与众不同的月晷，则告诉你这里主人的独特身份。

重华宫，是“养在深闺人未识”的宫苑建筑，弘历在这里娶了他挚爱的富察氏。当了皇帝（乾隆皇帝）后也到这里举办茶宴，君臣之间赋诗联句，雅性使然、默契使然，更是家国天下的情怀使然。

养心殿，八代帝居一定不负众望，既有治国理政之所，也显生活起居之便，更有闲暇怡情之趣。小小的三希堂，幻化出大空间，一幅通景画，巧妙地让景入画，人也入画！

文华殿，象征水的黑色屋顶还不足以护佑文渊阁的《四库全书》，从屋檐彩画到栏板石雕，水的元素随处可见。“天一生水”而有黑瓦屋顶，“地六成之”便有了屋阔六间！

武英殿，摄政王的权力中心，变身为殿本修书之所。浴德之水蜿蜒而出，于断虹桥畔诉说沧桑。储冰之所，亦呈现皇室消夏之聪慧。

珍宝馆，华丽的珠宝背后，隐藏了采珠人等付出的艰辛。皇室的饰品，最精于其取材的独特。先秦石鼓唐时现，流转千年入深宫。只要有心，你就会被它们的文字和经历感动。

钟表馆，让我们了解中西方再次开启的对话。漂洋过海的计时仪器，成了皇家喜好的有趣玩具，可计时，可打更，可升降，可转花。魔术、水法、音乐、鸟音，无不炫目悦耳，赞从心生。

我觉得，以上这些远远不够，书中好玩的故事、好看的插画，等你去探索，由你去发现。如果每读完一本，你就有拿起书入宫的冲动，我们会万分欣慰。真诚地，真心地，在宫里，期盼你，欢迎你！

果美侠，写于墨尔本旅途

2019 年 7 月 27 日

目录

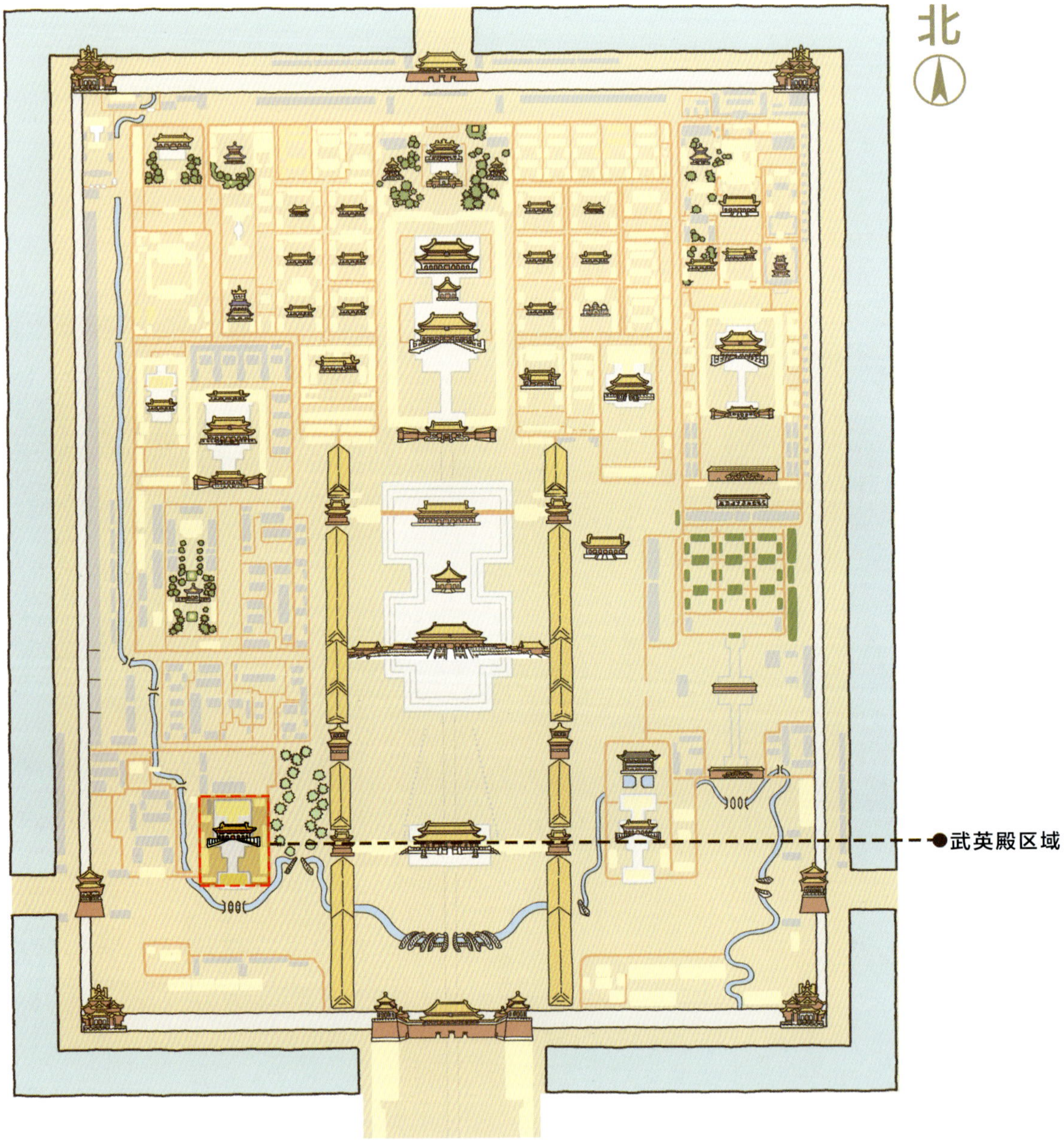

故宫平面示意图

武英殿区域平面示意图

欢迎来到武英殿！

紫禁城（现故宫博物院）西南角曾是一个安静的角落，这里人迹罕至，唯参天古树与啾啾鸟声长伴。随着紫禁城开放面积的扩大，这个角落也热闹起来。这里藏着紫禁城最古老的建筑，它们见过刀光剑影，也闻过醇厚墨香。

如今，历史的尘埃早已被拂去，可历史的印记仍在。武英殿外红墙环绕，流水潺潺——内金水河从它门前流过，蜿蜒向东，从断虹桥下缓缓流过。踏上断虹桥，穿过槐树林，左边长长的红墙后面那低矮的房屋就是冰窖了。

就让我们通过庭院深深、书香郁郁、水雾蒙蒙、古韵悠悠和凉风习习这五个专题来开启武英殿探秘之旅吧！

庭院深深

01
庭院深深

庭院深处，一门一殿、一石一瓦皆有故事。让我们走进武英殿区域，听听它们的故事吧。

武英殿区域位于紫禁城外朝西侧，建成于明永乐十八年（1420），最初是皇帝斋戒和召见大臣的地方。殿后的群房（现已不存）曾为宫廷画师绘画的地方。康熙十九年（1680），皇帝在武英殿设修书处，刊印书籍。1914年，武英殿用作古物陈列所陈列室和办公处。1947年，古物陈列所并入故宫博物院。2005年，武英殿被开辟为故宫专题展馆，正式对外开放。

武英殿区域

武英殿

这么看来，武英殿似乎是个平静安宁的所在。可如果回到明末清初，你看到的可就是剑拔弩张的权力争斗场面了。明崇祯十七年（1644），李自成攻入北京，崇祯皇帝在景山上吊自杀。李自成进入紫禁城后，在武英殿处理军政要事，并草草举行了即位仪式，但在即位第二天清晨便被迫撤离北京。离开时，李自成率军火烧宫殿，炮轰京师城楼。幸运的是，大火未蔓延到武英殿。清军入京后，摄政王多尔衮坐镇武英殿，在此发号施令。顺治皇帝进京初期，因其他宫殿被烧，将武英殿作为皇帝便殿，举行小型朝贺、赏赐、祭祀等典礼。康熙八年（1669），康熙皇帝因太和殿、乾清宫等处修缮，曾移居武英殿。在此期间，康熙皇帝为了扳倒把持朝政的权臣鳌拜，挑选了一批身强力壮的八旗少年，每天在武英殿外练习摔跤。后来在这些少年的协助下，康熙皇帝智擒鳌拜，完全掌握皇权。

1420年

武英殿建成，
皇帝在此斋戒
和召见大臣。

1644年

多尔衮坐镇武英殿。

顺治初期

皇帝在武英殿举行
小型朝贺、赏赐、
祭祀等典礼。

1669年

鳌拜赴武英殿途中被
康熙皇帝智擒。

1680年

康熙皇帝在武英殿设修书处。

1914年

武英殿成为古物陈列所陈列室和办公处。

1947年

武英殿归属故宫博物院。

2005年

武英殿被开辟为故宫专题展馆。

武英殿区域被高高的红墙环绕，东西宽约70米，南北长约100米，平面呈长方形。武英门前有三座石桥，内金水河从桥下潺潺流过。主体建筑武英殿、敬思殿，以及武英殿通往武英门的御路都建造在高高的台基上。武英殿前东配殿名凝道殿，西配殿名焕章殿。该区域西北方有浴德堂，东北方有恒寿斋。

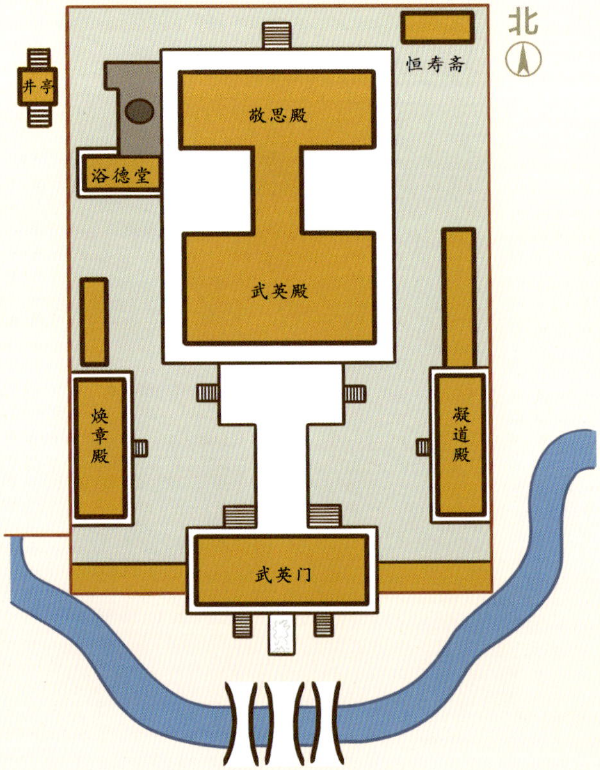

武英殿区域平面图

在紫禁城外朝东路，与武英殿对称位置上，也有一座宫殿，名为文华殿。两座宫殿，一文一武，相得益彰。清同治八年（1869），武英殿发生火灾，30余间殿宇房屋被烧毁，殿内所存书籍版片也付之一炬。之前，清康熙年间重建文华殿时，曾以武英殿为蓝本，此次武英殿失火重建又仿照文华殿，所以两组建筑十分相似。

虽然两组建筑相似，但武英殿的地位要高于文华殿。从哪里可以看出来呢？

武英门前有桥

文华门前无桥

武英门至武英殿丹陛桥有栏杆

武英门前龙纹石雕

首先，武英门前有内金水河流过，河上有三座桥，而文华门前却无河无桥。宫门前桥的尺寸和数量代表了建筑等级：武英门前的三座桥在紫禁城偏殿中是独一无二的，表明武英殿的等级高于其他偏殿。

其次，武英门前大石雕图案为龙纹，而文华门前大石雕图案为三元纹。龙纹代表皇帝，三元纹代表太子，龙纹等级自然比三元纹高。

再次，武英门至武英殿的丹陛桥两侧安装有汉白玉石栏杆，而文华门至文华殿的丹陛桥两侧却无栏杆。丹陛桥是一种高于地面的旱桥，用砖石砌成，建于高台式宫门与重要宫殿之间，也代表了建筑等级。显然，最初设计时，武英殿建筑等级要高于文华殿。这也解释了为什么明末清初武英殿的地位如此重要。

文华门至文华殿丹陛桥无栏杆

文华门前三元纹石雕

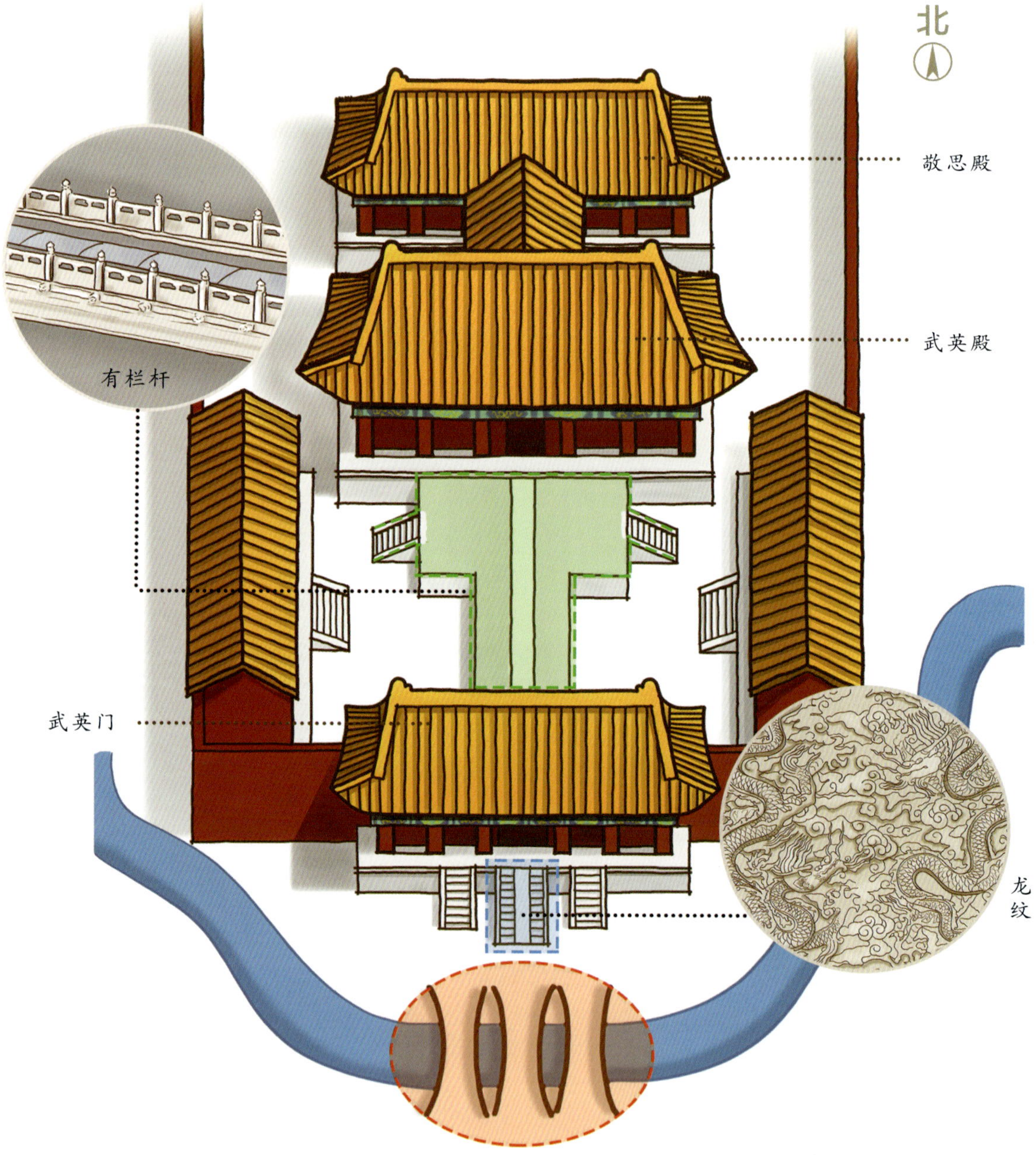

武英殿区域俯瞰图

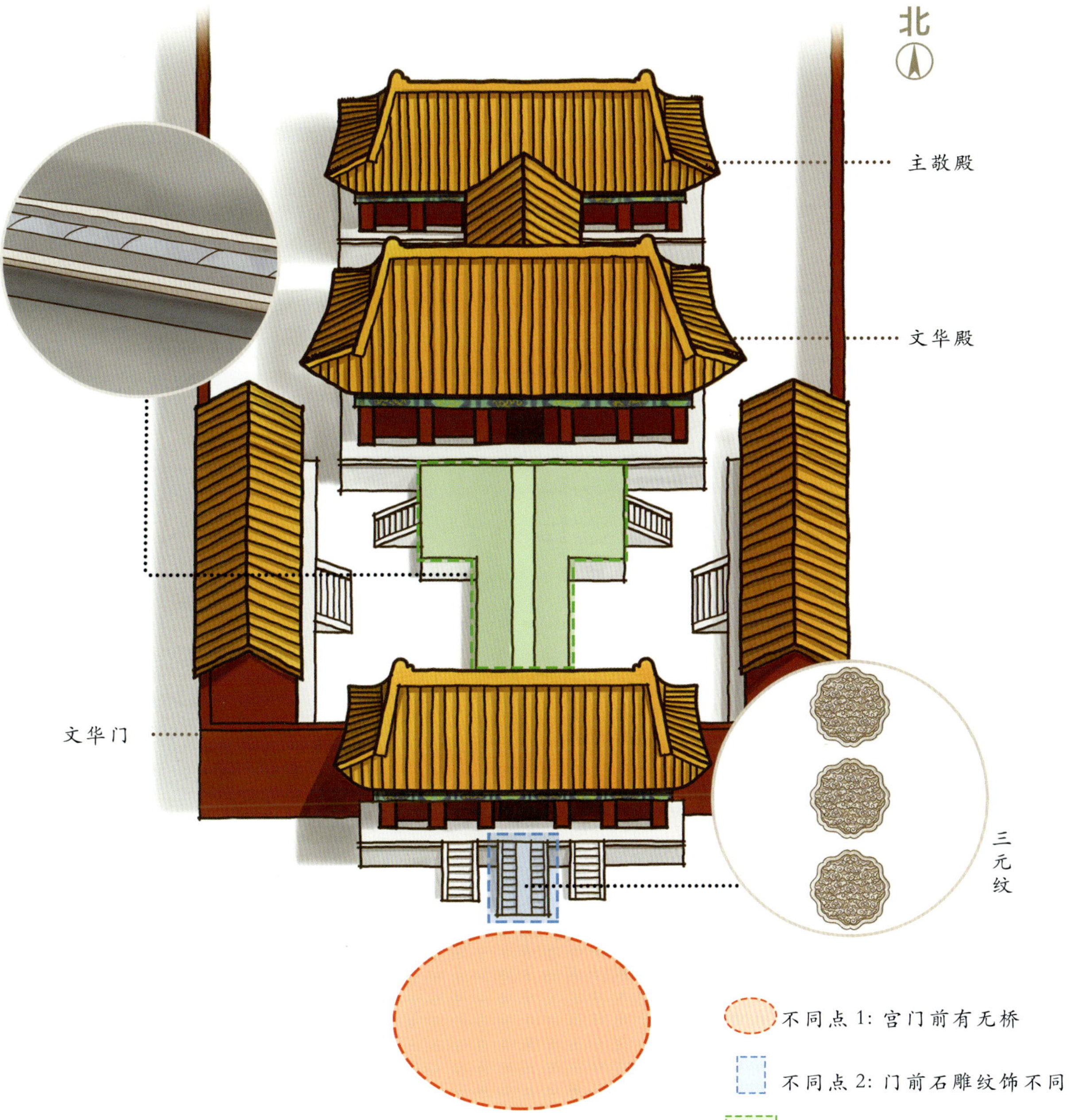

文华殿区域俯瞰图

虽然武英殿等级高，但相对于文华门前的开阔，武英门前却有些局促：武英门东南和西南墙角打破了河道上的汉白玉栏杆的连续性，门前的大石雕距离门前石桥北桥头只有 4.8 米。此外，敬思殿后台阶距离围墙 2 米左右。皇家用地为何如此紧张呢？这是因为武英门前的河道是元代时就有的，即先于武英殿而存在；建造时，武英殿后已有仁智殿，可供建造武英殿的面积十分有限。为了与文华殿保持相同的体量，只好将武英门前移，从而打破了河道上的栏杆。

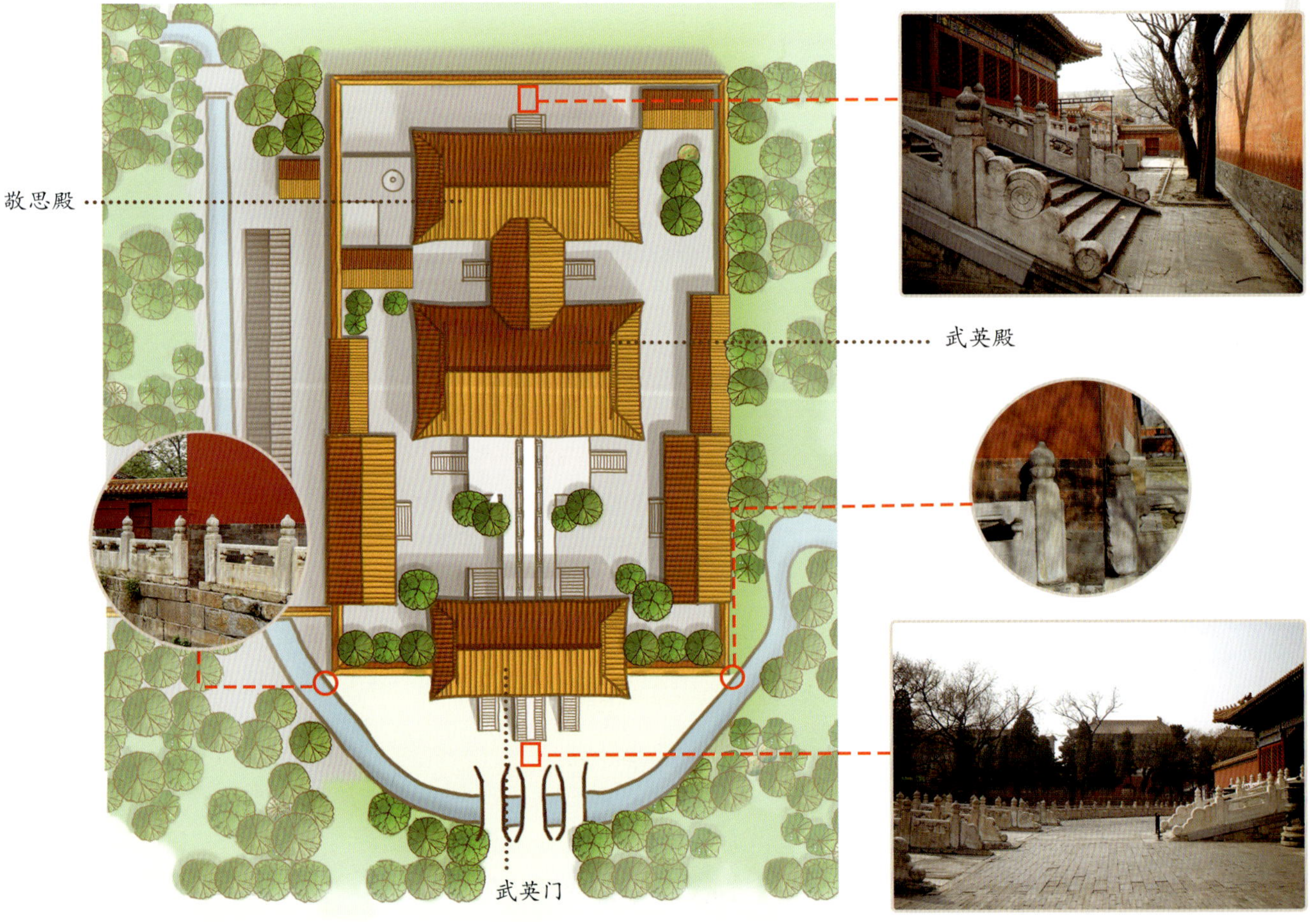

武英殿区域示意图

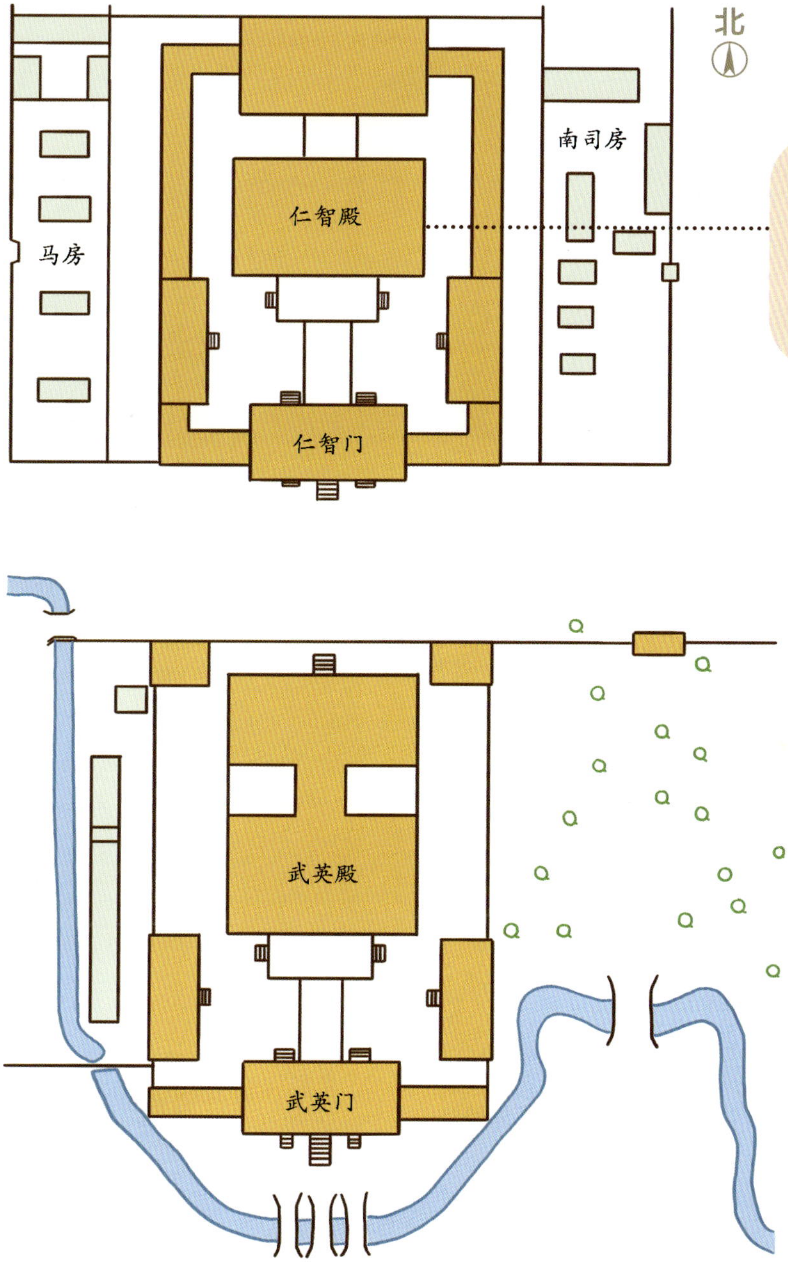

仁智殿即前文所述画师作画的地方，清代被开辟为内务府和造办处，现已不存。

从图中可以看出，明代的武英殿区域，前有内金水河，后有仁智殿，建筑面积受限。

明天启七年（1627）武英殿及仁智殿区域平面图

书香郁郁

02
书香郁郁

古代帝王大多也是勤奋好学之人，除了经筵日讲，他们也会抽空阅读，但皇帝看的书可不是市面上能买得到的。那这些书从何而来呢？

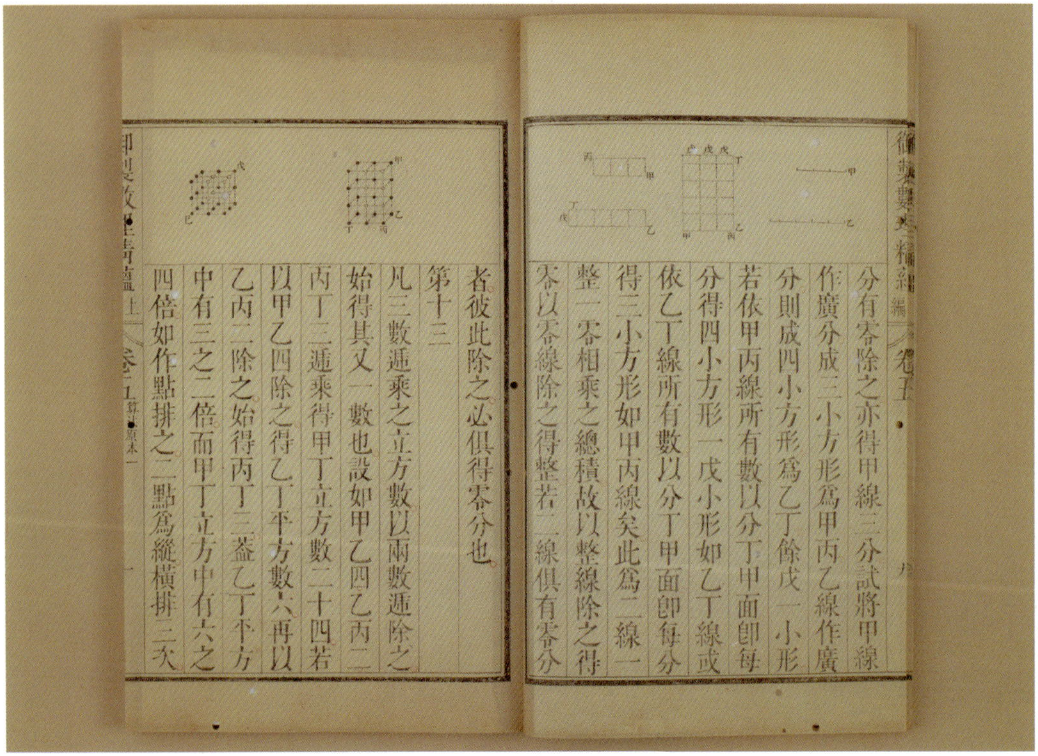
分有零除之亦得甲線三分試將甲線
作廣分成三小方形爲甲丙乙線作廣
分則成四小方形爲乙丁餘戊一小形
若依甲丙線所有數以分丁甲面即每
分得四小方形一戊小形如乙丁線或
依乙丁線所有數以分丁甲面即每分
得三小方形如甲丙線矣此爲二線一
整一零相乘之總積故以整線除之得
零以零線除之得整若二線俱有零分
者彼此除之必俱得零分也
第十三
凡三數遞乘之立方數以兩數遞除之
始得其又一數也設如甲乙四乙丙二
丙丁三遞乘得甲丁立方數二十四若
以甲乙四除之得乙丁平方數六再以
乙丙二除之始得丙丁三蓋乙丁平方
中有三之二倍而甲丁立方中有六之
四倍如作點排之二點爲縱橫排二次

（清）《御制数理精蕴》（殿本）

武英殿名字威武，在清代“做”的却主要是文事。康熙十九年（1680），在武英殿设修书处，专门负责内府图书的雕版、印刷、装帧事宜。武英殿修书处由两大部分组成：监造处和校刊翰林处。监造处由皇帝任命的王公大臣负责，职责是雕版和排印内府书籍。校刊翰林处职责是校刊、装帧监造处已刻印完成的书籍。

修书处刊刻的书籍种类繁多，康熙朝就有120多种，包括武功纪胜等类书、经学书籍、史学著作、法律图书、政书、自然科学图书、皇帝御撰图书，以及满文、蒙古文等少数民族语言文献等。除满足皇帝御览、宫内陈设、奖励臣民外，这些书籍还会颁行各省官府、书院等，或是用于对外文化交流。这里的书，字体刻工极佳，印刷用的是特制的墨及洁白细腻的开化纸，无论字体还是绘画都完善精美，被称为“殿本”。

康熙皇帝读书像

皇帝赐书

在没有印刷机的年代，武英殿采用了多种印刷方法，包括雕版印刷、多色套印、铜版印刷、铜活字印刷、木活字印刷、石版印刷和铅版印刷。这其中，历史最悠久的是雕版印刷，但效果最突出的却是铜活字印刷、木活字印刷、多色套印和铜版印刷。

雕版印刷源于隋唐，操作过程如下。（1）写样：将文稿写在薄而近乎透明的纸上。（2）上版：将有字的一面粘贴固定在加工好的木板上。（3）刻版：用刻刀把木板上没有字迹的部分削去，木板上的字就成为凸出的阳文反体字。（4）上墨：在凸起的字上涂上墨汁。（5）覆纸印刷。（6）揭纸。雕版印刷是凸版印刷，即附着油墨的地方相对于其他部分是凸出的。比起原始的人工抄写，雕版印刷已是很大的进步，但其制版复杂、耗时耗资，操作多有不便。

佛经雕版

雕版印刷流程

活字印刷术由北宋毕昇发明，最初采用的材料是胶泥，被称为“泥活字”。后来又出现锡活字、木活字、铜活字和铅活字等。其操作过程如下。（1）刻单字：将文字刻在大小一致的材料上。（2）排版：将单字按行文顺序摆在槽版里。（3）印刷：在活版上刷墨，进行印刷。活字印刷具有省工时、省材料、简单易行等优点。采用活字印刷，一书印完之后，版可拆散，单字仍可用于下次排印。

活字印刷流程

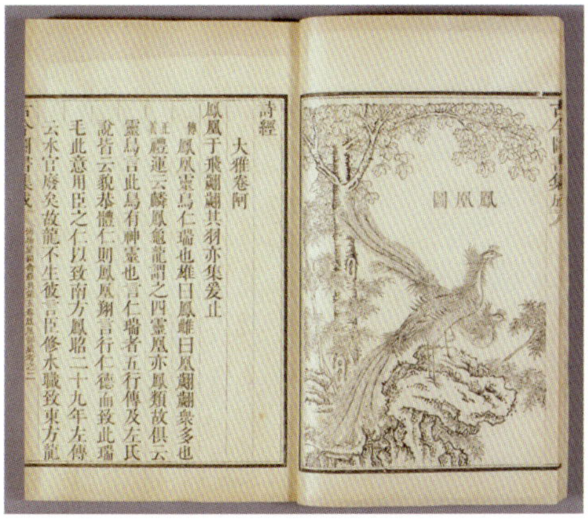

（清）《钦定古今图书集成》

（清）聚珍版《琉球国志略》

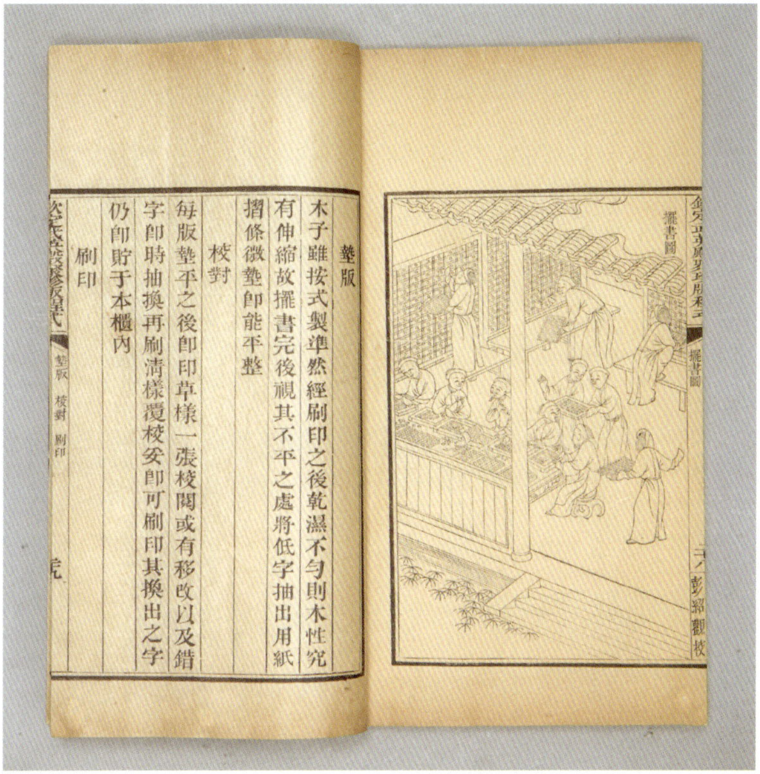

（清）《钦定武英殿聚珍版程式》

铜活字即用铜制作的活字。清代用铜活字印书仅见于康雍两朝，卷帙浩繁的《钦定古今图书集成》就是用铜活字印制的。可惜，这批铜活字并未保存下来，于乾隆年间一律毁掉，用于铸钱。乾隆时《四库全书》编写完成后，只能再用枣木制成木活字来印刷。因木活字名称不雅，乾隆皇帝特赐名聚珍版。

在印制聚珍版图书的过程中，总管内务府大臣金简总结前人经验，并结合自身实践，对木活字印刷工序做了具体、详尽的规范，写成《钦定武英殿聚珍版程式》，由乾隆皇帝批准出版，作为国家标准，颁布天下。这极大地推动了后世木活字印刷的发展。

多色套印是在单色印刷基础上发展起来的。单色印刷，纸上只呈现一种颜色，而多色套印却可以在一张纸上印出不同的颜色。最初，人们是在一块版的不同部位，分别涂上不同的颜色，一次印成。严格来讲，这还不能算是套印，只能称为涂色。后来，人们将同一版面上需要的不同的颜色部分分别刻在大小规格相同的版的相应位置上，逐次印刷，这才是真正的套印。套印比涂色效率更高，颜色更清晰。

多色套印套版

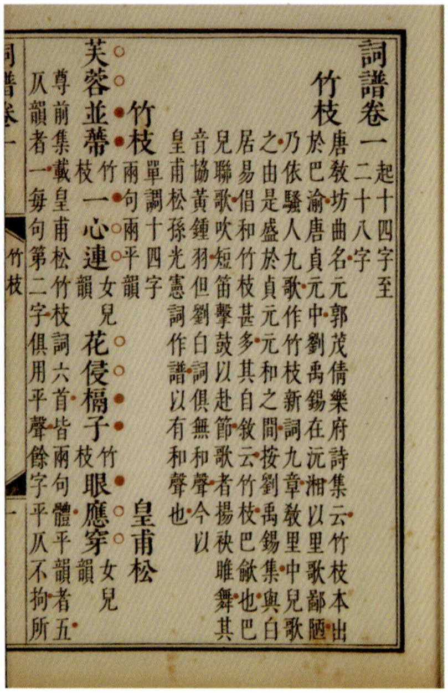
詞譜卷一
竹枝 起十四字至二十八字
唐教坊曲名元郭茂倩樂府詩集云竹枝本出
於巴渝唐貞元中劉禹錫在沅湘以里歌鄙陋
乃依騷人九歌作竹枝新詞九章教里中兒歌
之由是盛於貞元元和之間按劉禹錫集與白
居易倡和竹枝甚多其自敘云竹枝巴歈也巴
兒聯歌吹短笛擊鼓以赴節歌者揚袂睢舞其
音協黃鍾羽但劉白詞俱無和聲今以
皇甫松孫光憲詞作譜以有和聲者
竹枝
單調十四字兩句兩平韻
皇甫松
芙蓉並蔕 竹枝 一心連 韻 女兒 花侵槅子 竹枝 眼應穿 韻 女兒
尊前集載皇甫松竹枝詞六首皆兩句體平韻者五
仄韻者一每句第二字俱用平聲餘字平仄不拘所

（清）朱墨二色套印《词谱》（局部）

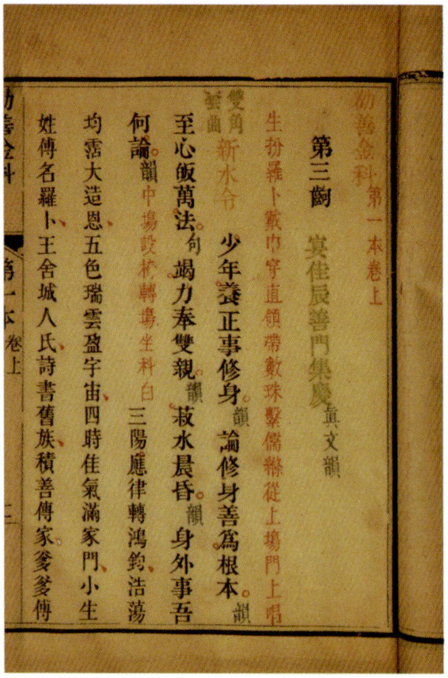
勸善金科第一本卷上
第三齣 寔佳辰善門集慶 真文韻
生扮羅卜戴巾穿直領帶數珠繫偹縧從上場門上唱
雙角隻曲 新水令
少年養正事修身 韻 論修身善爲根本 韻
至心皈萬法 句 竭力奉雙親 韻 菽水晨昏 韻 身外事吾
何論 韻 中場設桌轉場坐科白 三陽應律轉鴻鈞浩蕩
均霑大造恩五色瑞雲盈宇宙四時佳氣滿家門小生
姓傅名羅卜王舍城人氏詩書舊族積善傳家爹爹傳

（清）五色套印《劝善金科》（局部）

涂色

套印

铜版印刷有两种操作方法：一是直接雕刻，二是腐蚀。直接雕刻就是在铜版上直接雕刻出凹面，类似于雕版印刷。腐蚀有多种方法，比较普遍的是：（1）在铜版上涂一层防腐蜡；（2）用刻针在铜版上刻字作画；（3）倒上腐蚀液腐蚀，凡被刻针刮去防腐蜡的地方，即被腐蚀，形成凹线；（4）将版面上的蜡层和腐蚀液清理干净；（5）在凹处涂抹油墨，覆纸，通过压力作用将字印到纸张上。因此，铜版印刷是凹版印刷，即附着油墨的位置相对其他部分是凹陷的。武英殿刻书所采用的是腐蚀方法。

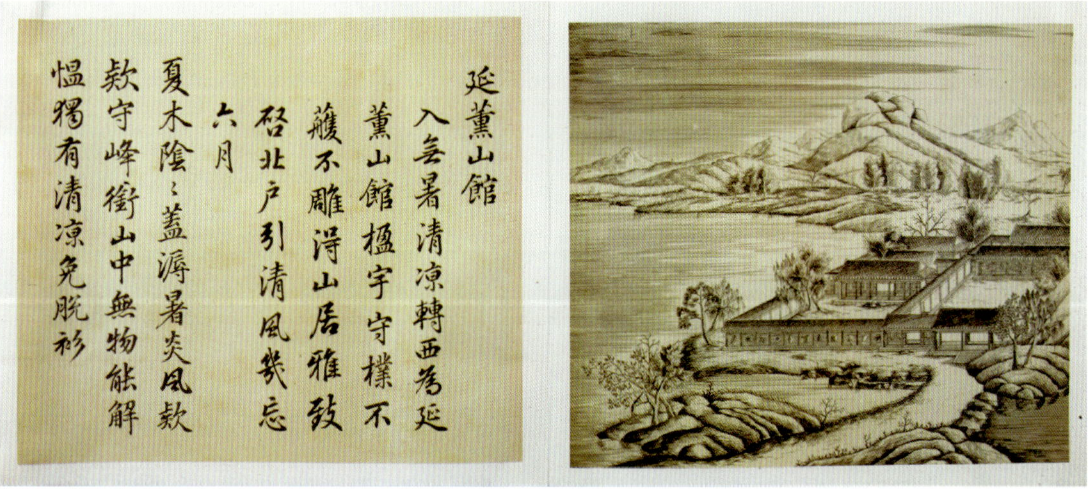

（清）铜版画《避暑山庄三十六景诗图》（局部）

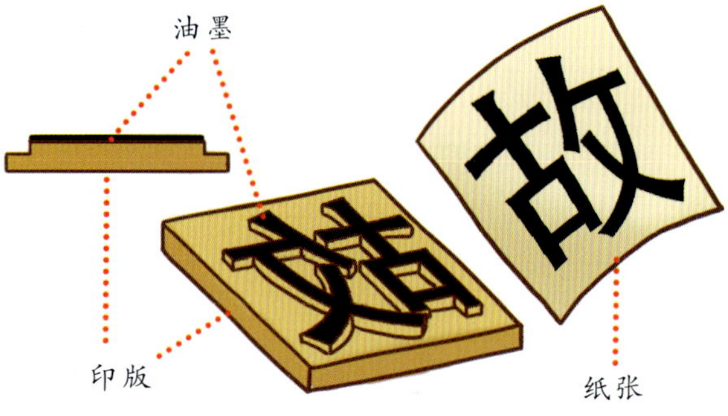

凸版印刷

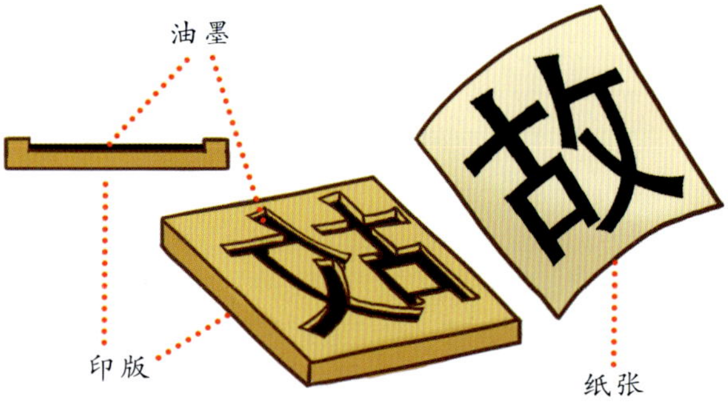

凹版印刷

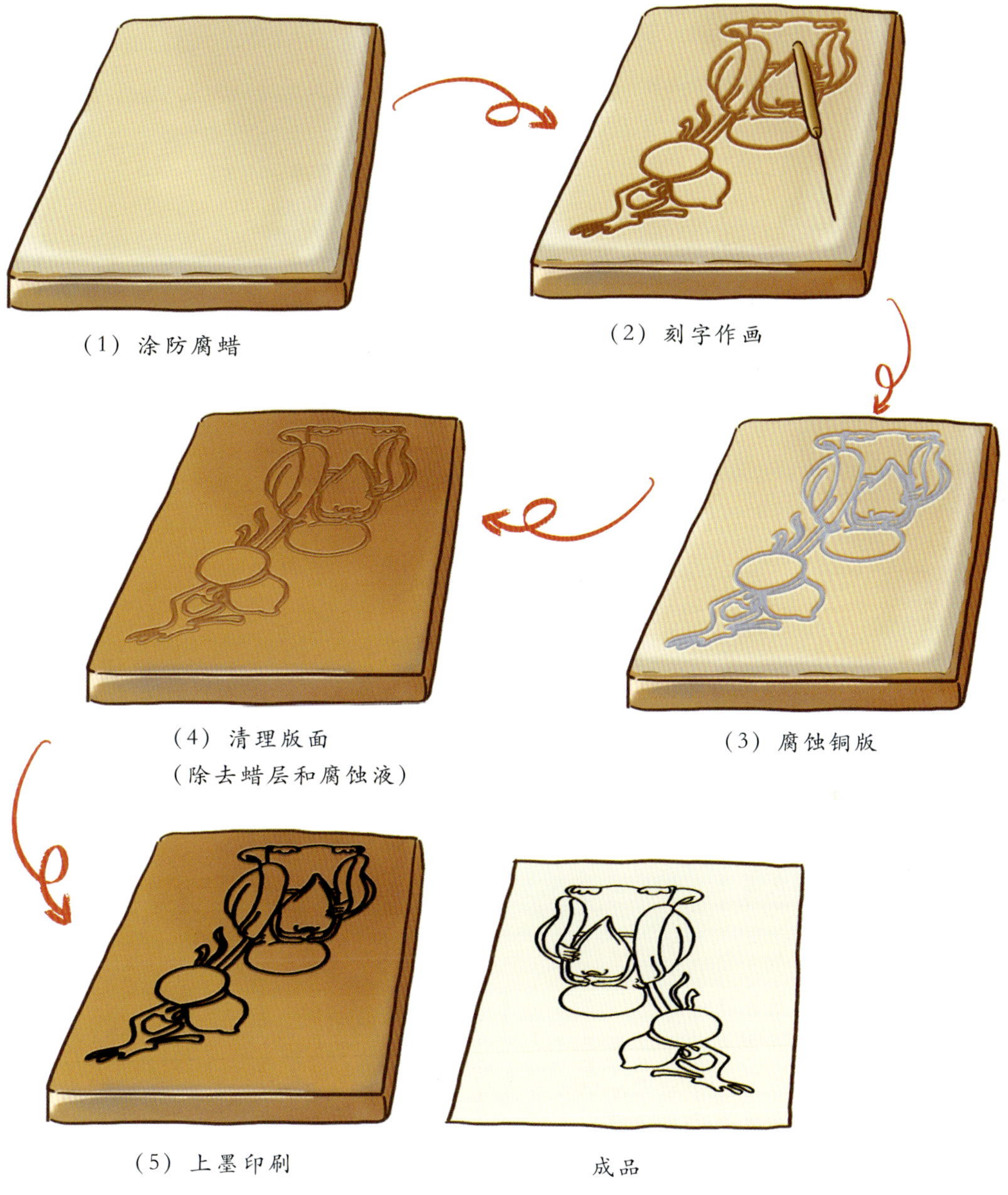

铜版印刷流程

武英殿的刻书活动在康乾时期最为繁盛。这里不仅编辑刊印了大量清朝编纂的书籍，还校刊了大量古籍。嘉庆皇帝时，武英殿修书处已少有作为，趋向衰落。同治八年的大火之后，这里的修书工作基本停止，武英殿修书处名存实亡。

水雾蒙蒙

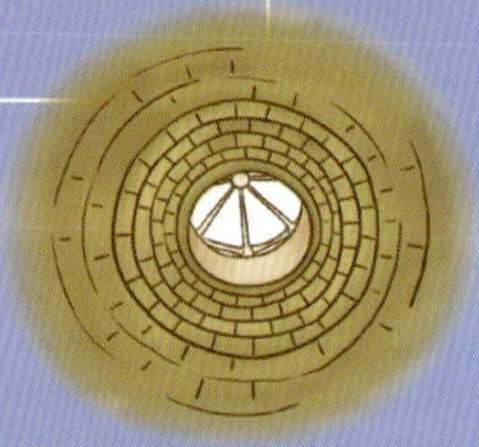

03
水雾蒙蒙

故宫看似严肃冰冷的外表下，也有温暖的所在。那是什么地方呢？

浴德堂位于武英殿西北角，由四部分组成：前殿、穹顶浴室、井亭和灶屋。前殿面阔三间，黄琉璃瓦卷棚歇山顶，东侧后檐接拱顶通道，通到浴室。

浴室平面呈方形，上覆穹顶，顶中央有一采光天窗，上建一小圆屋顶，用于通风散气。浴室四周墙体厚 1 米以上，保温效果很好。通道和浴室内均贴白琉璃砖，以防水侵蚀墙壁。室内东北角有排水孔，可及时将水排出，保持地面干燥。

浴室外观

浴室内部

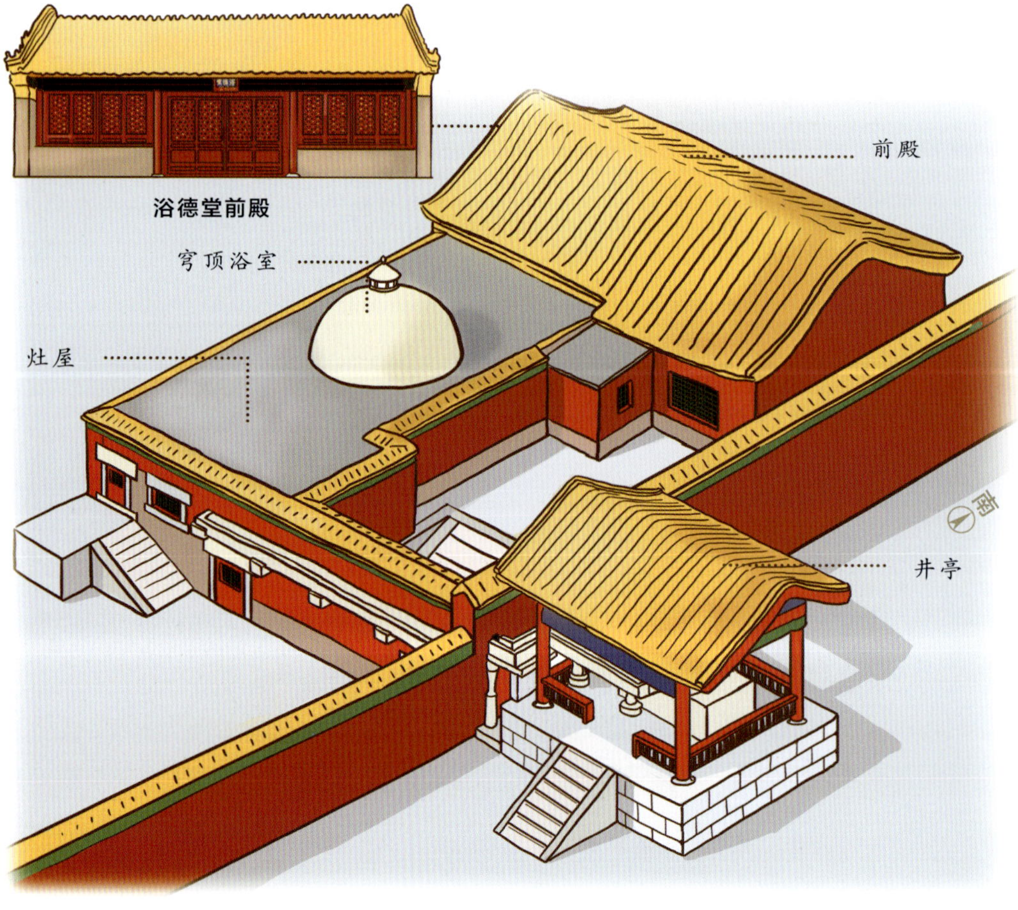

浴德堂示意图

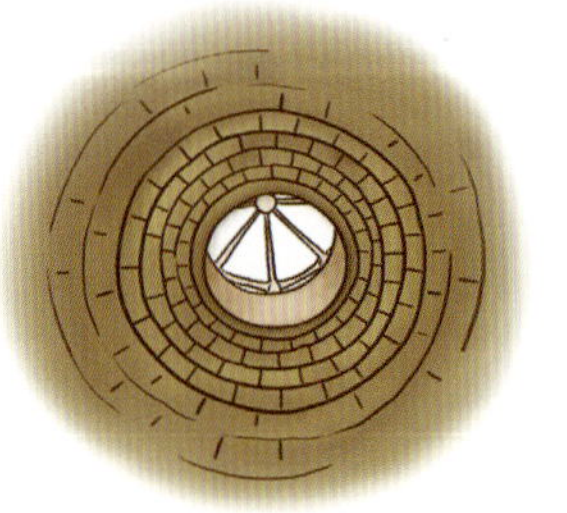

采光天窗

排水孔

沐浴水源来自浴德堂墙外西北的一口水井，井上覆有亭子。取水的工具现已不存，但从井亭上方留存的铁杆和铁环，以及井口侧面的对称圆孔判断，人们应该使用过辘轳一类的工具。

由于常年汲水，井口为绳索所磨沟道多达十五条，沟道深度有的超过五厘米。

井亭

井口沟道

井亭上的铁杆和铁环

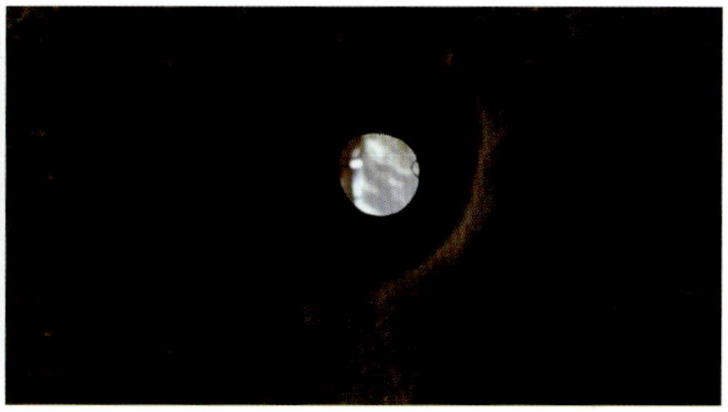

井口侧面圆孔

那么，从井里取到的水是如何被送到室内的呢？是一桶一桶提进去的吗？不是的，古人的聪明才智在此得到了充分体现：建水槽引水入屋。井口北边连接曲折的引水槽，把水汲出倒入方形贮水石槽，水便通过引水槽辗转前进，到达灶屋北壁，再通过其他工具便可引至灶屋锅内。

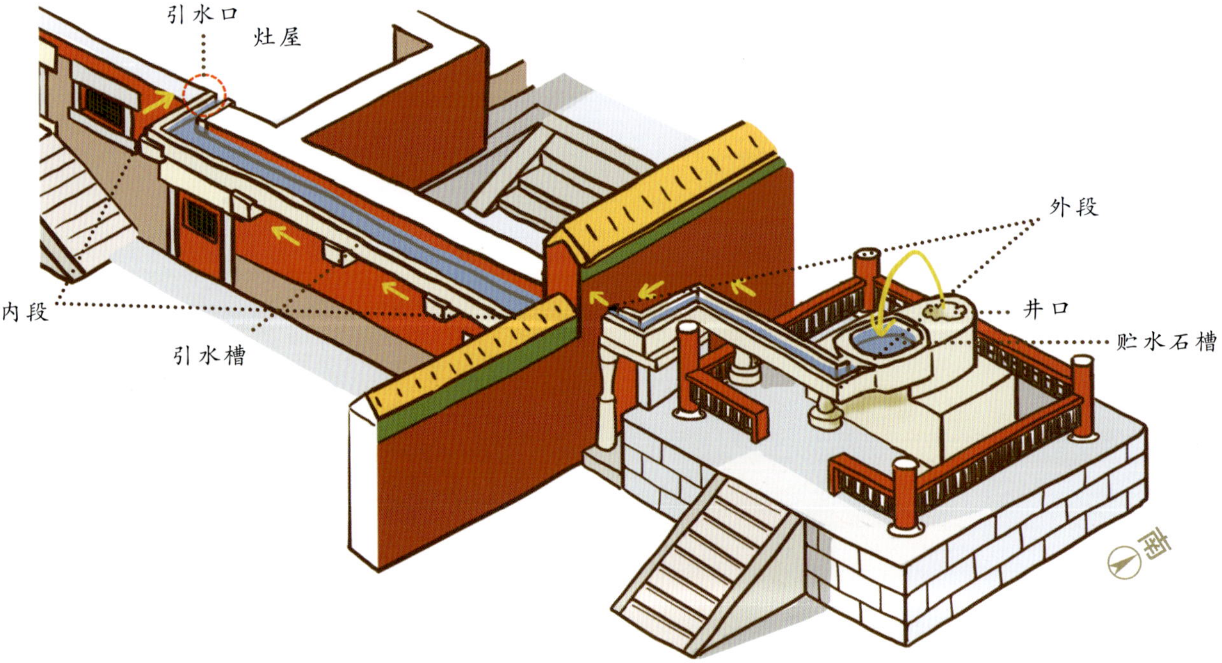

水槽引水线路

水槽外段

灶屋北壁引水口

水槽内段

灶屋在浴室以北，内有一大而深的锅台。灶屋与浴室有一孔相通，孔位于锅台邻墙的圆形石槽内，内嵌铜管。使用时，将铜锅内的热水舀出，倒入圆形石槽中，再通过铜管流入浴室，这便是沐浴时用的热水。浴室内的出水铜管距地面 0.9 米，这说明沐浴方式不是淋浴，而是用盆接水擦洗身体。

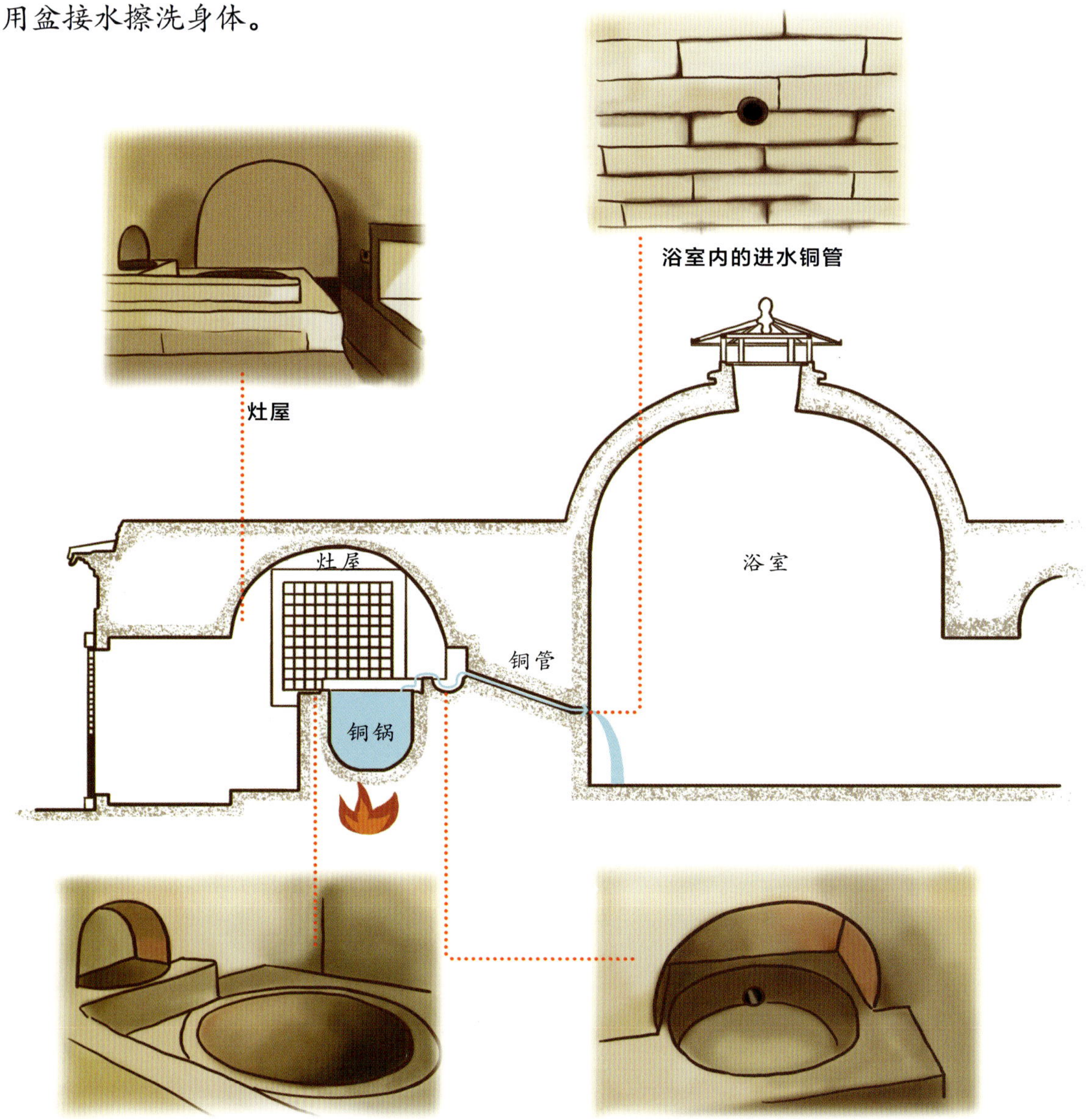

沐浴所用热水流向图

据专家考证，这座浴室为元代建筑。白琉璃砖、引水槽、前殿后浴室加井亭的结构，都是元代建筑特点。

元代建筑因年代久远，目前遗存的已不多，其中北京的妙应寺白塔保存得相对完整。这座白塔由元世祖忽必烈下令建造，至元十六年（1279）建造完成，已有700多年的历史，是现存最大的一座藏式佛塔。

紫禁城是在拆除元大内宫殿的基础上兴建的，但在拆除过程中却保留了这座穹顶浴室。这是为什么呢?

据专家考证，明永乐皇帝建立武英殿是用于帝王斋戒，而斋的要求是“整齐其内”，首先就要沐浴更衣，以示对神和祖先的尊敬。因此，永乐皇帝在规划武英殿时，留下这座元代浴室，作为自己斋戒沐浴的地方。

此外，明代承袭了给死者沐浴的礼制，为的是让死者干净地离开人世。浴尸室由浴室、灶、井、厨房组成，而浴德堂浴室正好也是这种构造。浴室的空间结构安排也与《礼记》所记给死者沐浴的人员分工相同，即取水和煮水的人不能进入浴室，而给死者沐浴的人也只负责沐浴，外人看不到他的操作过程。所以，这座浴室很可能也用作皇帝死后沐浴。

妙应寺白塔

古韵悠悠

04
古韵悠悠

桥在紫禁城并不鲜见，可你知道哪一座的历史最悠久吗？

断虹桥

断虹桥位于太和门外武英殿以东，有古建专家认为它始建于元代，是紫禁城最古老的桥。有专家考证，该桥为元代皇宫中轴线上的周桥。周桥原为三虹（即三座桥），明代在元代皇宫旧址上重筑皇宫，拆去其中两桥，故名“断虹桥”。

断虹桥为单孔汉白玉石拱桥，南北走向，全长 18.7 米，呈两头宽、中间细的喇叭腰形。桥两侧共有望柱 20 根，每侧 10 根，两两相对。每根望柱上雕刻着连珠莲花须弥座，座顶雕刻形态各异的石狮。有的石狮身上还刻有小狮。这些狮子有的昂首挺胸，正襟端坐；有的侧身转头，环顾四周；还有一只抓耳挠腮，手抚下腹。它们仿佛是一个大家族，有威严的父亲、慈爱的母亲，也有顽皮淘气的小孩。可惜由于风化严重，有些石狮的轮廓已不清晰。

石狮

莲花和狮子都是吉祥的象征。莲花象征圣洁祥和，佛教中佛、菩萨常坐在莲花宝座上。此外，莲蓬多子，有多子多福、生命延续的寓意。狮子在佛教中既是神兽，又是菩萨、护法的坐骑，常用来比喻佛法威猛，能降服一切邪魔。石桥上雕饰这些形象或许是为了祈求平安顺遂。

木雕金漆观音像

铜镏金多闻天王像

望柱间嵌有石栏板，两边共有 18 块栏板。每块栏板正反两面都雕刻有精美的图案。图案中心是两条行龙，一条向前追逐，另一条回首嬉戏。栏板底纹各不相同，但都为花卉，有牡丹、菊花、荷花等。栏板四周雕刻着统一的纹饰，上边为卷草纹，下边为锦地夔龙纹，都是中国传统装饰纹样。

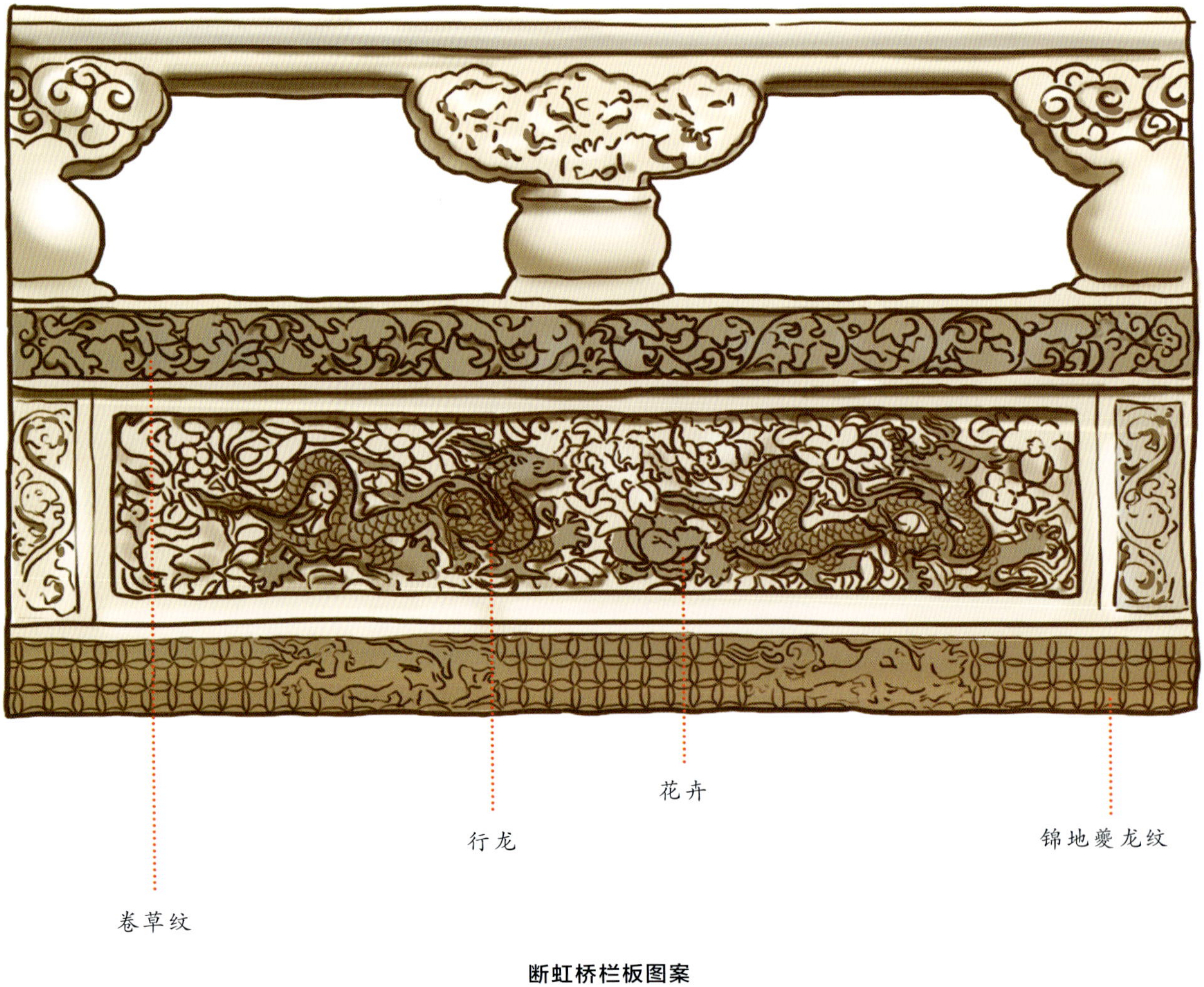

断虹桥栏板图案

掐丝珐琅锦地鹤鹿同春图扁瓶

锦地纹常用作主题纹饰的衬底，表现为同一图形连续反复出现，常见的有十字纹、万字纹、几何图形等。人们还会在锦地纹上添加花卉、动物等纹饰，构成更加精美的图案，如锦地夔龙纹，就是在锦地纹上添加夔龙纹。夔龙纹是龙纹的一种，有的比较写实，如断虹桥上的；有的则非常抽象，如下图紫檀夔龙纹字台上的。

卷草纹是将枝叶、花卉等按波浪的形态设计排布，给人以柔和优美、圆润流畅的感觉。

这些纹饰的应用范围十分广泛，在建筑、家具、器物上都有呈现。

定窑白釉剔花卷草纹腰圆枕

紫檀夔龙纹字台

断虹桥桥孔上的趴蝮

断虹桥桥孔上方中央刻一石兽，据说名叫趴蝮，相传为龙九子之一。它喜欢水，常出现在桥柱上，有消水灾、降祥瑞的寓意。

除蚣蝮之外，龙的儿子们还有下面几个。当然，龙九子的说法，有很多不同的版本。此处只选取其中一个版本介绍。

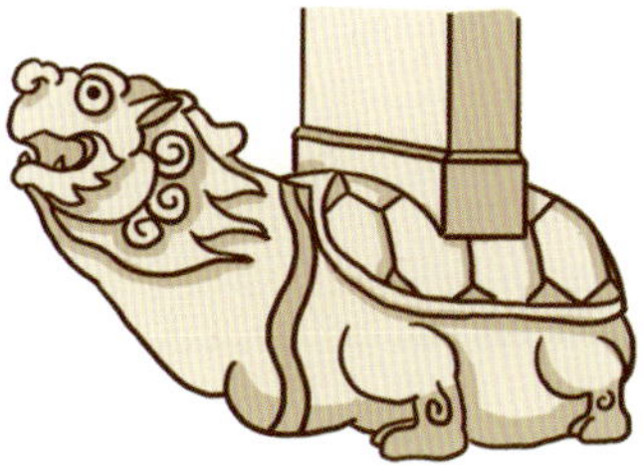

赑屃

形似龟，好负重，常出现在石碑下。

螭吻

形似兽，好望，常出现在屋顶上。

蒲牢

形似龙而小，好叫吼，常出现在钟纽上。

狴犴

形似虎，有威力，常出现在狱门上。

饕餮

好饮食，常出现在鼎盖上。

睚眦

好杀戮，常出现在刀剑上。

金猊

又名狻猊，形似狮，好烟火，常出现在香炉上。

椒图

形似螺蚌，好闭，常出现在大门铺首上。

断虹桥两头各有两只石兽，蹲坐在波浪纹台基上。它们直视前方，牙关紧闭，利齿外露。历经几百年岁月洗礼，这四只石兽有些部位已剥落。好在景仁宫影壁两侧有同样的石兽，保存相对完整，我们可以清楚地看到它们的模样。这些石兽称为“靠山兽”， 一般出现在园林中石桥的两端。

断虹桥桥头的靠山兽

景仁宫影壁的靠山兽

十八槐

断虹桥北两侧，疏疏朗朗地分布着一些古老的槐树，这是紫禁城一景“十八槐”。槐树树干粗壮，枝繁叶茂，其种植时间已不可考，一说元代，一说明初，总归是很有年头了。历经岁月沧桑，这些槐树也呈现出不同的面貌。有的挺拔而立，郁郁葱葱，如同精神矍铄的老人；有的则因树枝过于繁茂，不堪重负，不得不借助金属支架支撑；有的虽树干已毁，却有新的枝条从旁边抽出，延续生命。新老接替，生生不息，伴着这座皇城，走过春夏秋冬。

凉风习习

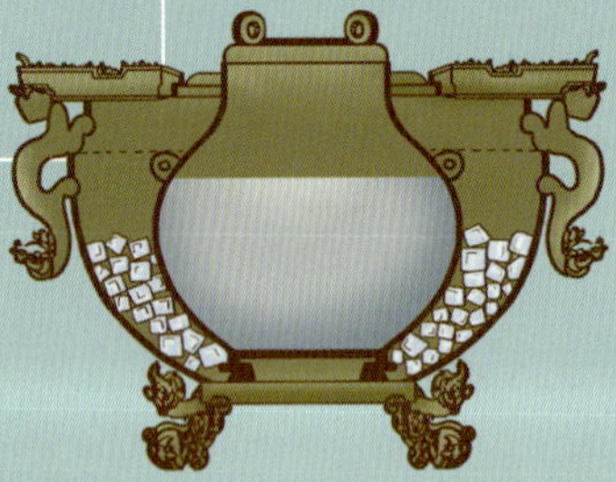

05
凉风习习

炎炎夏日，没有电冰箱的宫中人却能享用冰块。那么，这些冰块从何而来呢？

早在3000多年前，中国人就开始用最原始的方法制冰，但因为取冰、藏冰要耗费大量的人力物力，所以夏季用冰一直以来都是皇室贵族的专利。周代有专门掌管取冰、藏冰和用冰事务的官员，叫作“凌人”。到明清时期，不仅宫中夏日大量用冰，民间用冰也较普遍。清代时，北京到处可见卖冰镇酸梅汤的摊贩。人们所用之冰，都储藏在冰窖中。

清代冰窖分官窖、府窖和民窖三种。官窖即官方建立和管理的冰窖，特供宫廷和官府用冰。《大清会典》记载，紫禁城内共有五座官窖，可藏冰二万五千块。府窖即专门为王府建立的冰窖，但并非所有王府都有资格，只有少数几位“铁帽子王”（世袭罔替的王爵）经皇帝特许后才能建立。民窖自清晚期开始盛行，由商民设立，专门用于商业经营。

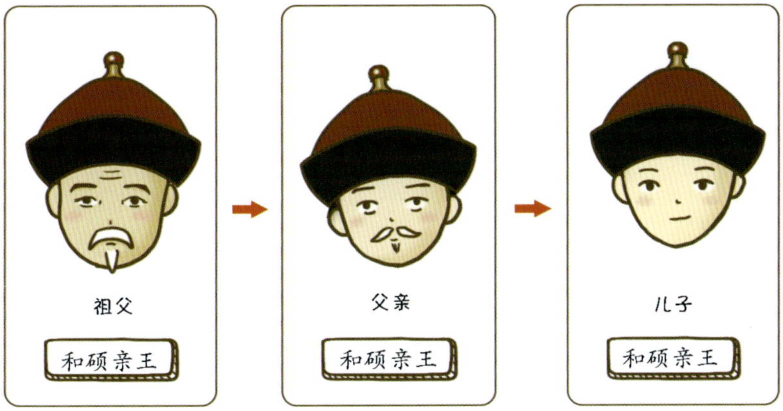

世袭罔替

爵位世代承袭，不降级。

世袭递降

每承袭一次，爵位降一等，降到第五世，就不再降，而以这一爵位传世，如和硕亲王递降至奉恩镇国公不再降级，后代子孙都承袭奉恩镇国公的爵位。

清代宗亲爵位（从高到低）
和硕亲王
多罗郡王
多罗贝勒
固山贝子
奉恩镇国公
奉恩辅国公
不入八分镇国公
不入八分辅国公
镇国将军
辅国将军
奉国将军
奉恩将军

各冰窖储存的冰块从紫禁城筒子河、北海、中海、南海、御河等处开采而来。每年立冬以后，要先“涮河”，即捞去水草杂物，开上游闸门放水冲刷，再关下游闸门蓄水，使水面上涨饱满，以此保证水质清洁、冰块明净。

冬至后半个月便开始采冰。采过一次后，待水面重新冻结后便可再次开采，每年可采冰三至四次。工部都水司有采冰差役定员 120 名，人手不足时还要加雇短工。到了采冰时节，工匠们便穿戴着由官府提供的皮袄、皮裤、草鞋、皮手套等行头来到冰面工作。

涮河

采冰的重要工具是冰镩，镩头呈矛状，有的带有双倒钩或单倒钩。工匠按照官方规定的冰块尺寸，用冰镩在冰面上画出“方格子”。镩冰时，从河中心开始一排一排退着镩。这样既方便冰块的运输，也更为安全。冰镩很重，人需要双手握牢把手让冰镩与冰面垂直，一抬一放一下下镩。镩完后，用倒钩将冰从水里拽上来。采冰数量为实际需求的三倍，以防冰块融化影响供应。

采得之冰，先由短工用绳索往岸上拉拽，运到冰窖，再由技术熟练的差役由里到外、由下到上，一层一层把冰垒至窖顶。为了防止冰块冻在一起，冰块之间用稻草隔开。垒好冰块后，密封窖门，以泥巴和稻草堵住缝隙。直到立夏，才会打开冰窖，取出冰块享用。冰块主要用于防暑降温、冷藏食物、制作冷饮等。

若是从河边开始镩，采得的冰便无法运到岸上。

故宫现存四座冰窖，建筑形制完全相同，都有地上和地下两部分。地上部分比普通的房屋低矮，有门无窗。门为拱形，开在山墙上；进入门内，有台阶通往窖底。窖底铺有长条形石头，仅在一角预留沟眼，以便融化的冰水由此流入暗沟，使地窖保持干燥。冰窖的建筑设计有利于冰块长期保存：地下部分温度较恒定，受室外气温影响较小；地上部分墙壁厚达2米，可有效隔热，且可防止外人闯入，保证用冰安全。目前三座冰窖已改造为餐厅，一座用作库房。

故宫冰窖餐厅

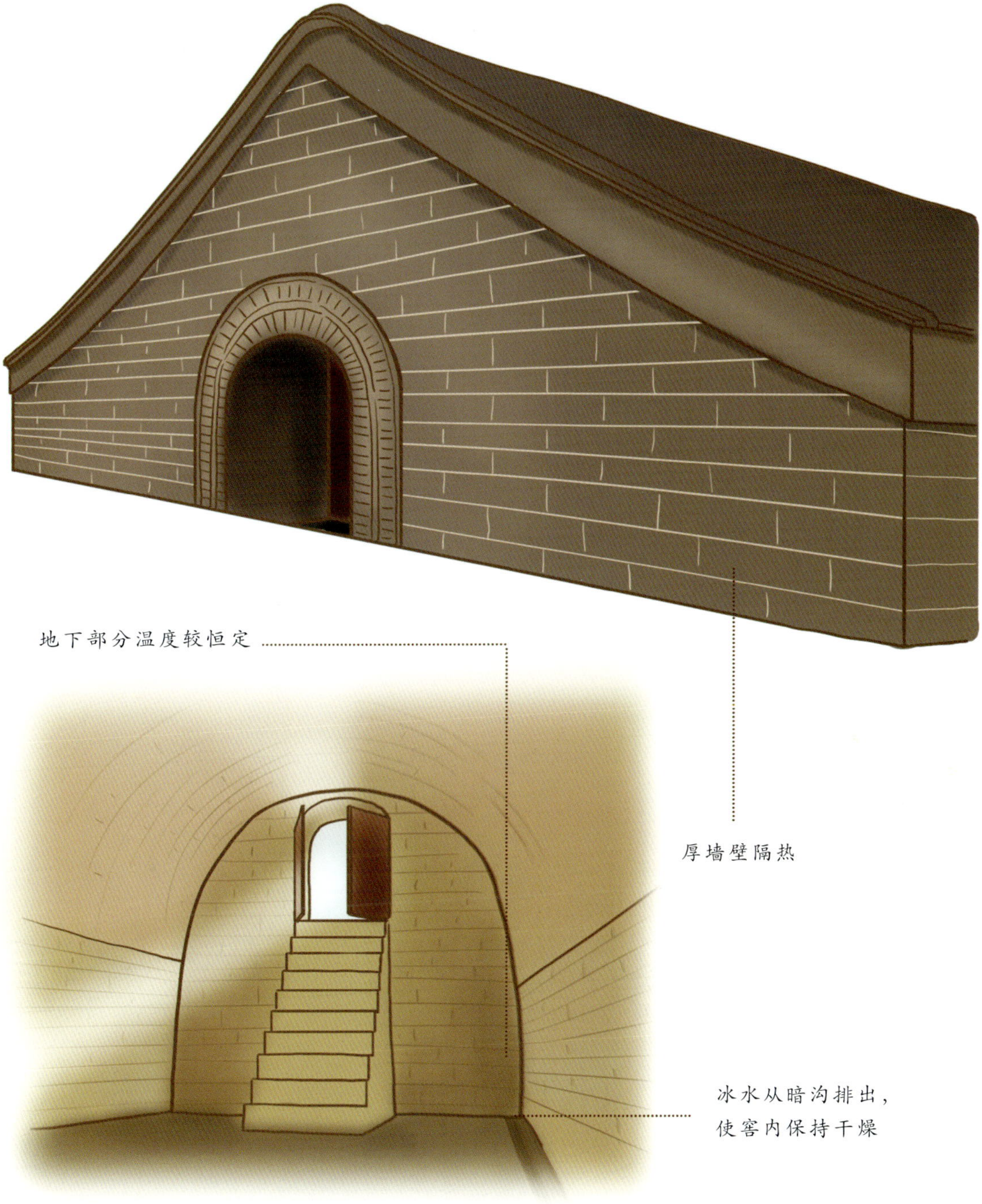

冰窖外部和内部

清代宫廷已普遍使用的木质冰箱，在当时称为“冰桶”“洋桶”，由古代盛冰容器“冰鉴”发展而来。木质冰箱虽然结构简单，却具备现代冰箱和空调的双重作用，可用于冰镇食物和降低室内温度：将冰块放入冰箱内，再将瓜果、饮品等放入其中，冰块融化吸热，即可冰镇食物；箱盖上有镂空图案，使冰箱内外空气流通，冰块融化时可吸收室内热量，起到降温的作用。冰箱内壁一般包有铅皮或锡皮，都是不易导热的金属，冰块放入其中不会很快融化，因而可以降低冰块的更换频率，减少使用数量。

冰鉴冰镇酒水

掐丝珐琅冰箱

柏木冰箱

故宫宣教
THE PALACE MUSEUM
PUBLICITY AND EDUCATION

我要去故宫系列

探秘

乾清门

故宫博物院宣传教育部 / 编著　果美侠 / 主编
本册作者：姜琪鹏
本册绘者：御鉴文化（北京）有限公司　别玮璐

中信出版集团 | 北京

探秘乾清门

编　　著：故宫博物院宣传教育部
主　　编：果美侠
本册作者：姜琪鹏
本册绘者：御鉴文化（北京）有限公司　别玮璐
摄　　影：齐梦伯
图片提供：故宫博物院资料信息部
策划出品：故宫博物院
　　　　　御鉴文化（北京）有限公司
出版发行：中信出版集团股份有限公司
　　　　（北京市朝阳区东三环北路27号嘉铭中心　邮编　100020）
承 印 者：北京瑞禾彩色印刷有限公司

序言：我要去故宫

去故宫，可以有许多理由：陪亲朋，遛孩子，看展览，拍美照……

不去故宫，往往只有一个理由：太无趣！

相似的院落，差不多的建筑，看过和没看过，似乎没什么差异。如果不是真心喜欢，如果不是迫于无奈，自己说出“我要去故宫”的，可能少之又少。

常年工作在故宫的我们，也不是每个人都能把各个宫殿的与众不同讲出来。揭开600年宫殿建筑的奥秘，需要善于发现的眼睛，需要勇于探索的精神。

一群在这里工作的年轻人，每年向数以万计的游客讲述同样的建筑历史，述说600年不变的宫殿故事，好无趣！不妨换种方式，看看有什么能够吸引人们的看点，整理出新奇的探秘主题，既激发自己去主动发现，也让大家对故宫兴趣盎然。于是，从给学生参观使用的探秘学习单开始，我们策划了《我要去故宫系列》探秘图书。

匆匆的游客，常常一小时走过一座城。而我们，想让孩子们一小时只看一座宫。从中轴线，到东西六宫，再到外西路和外东路，20个建筑区域，构成了20册书的内容主体。既讲建筑，又说历史；既有精美的文物呈现，也有有趣的故事传说。看得见的，引你看细节；看不见的，诱你来想象。文字与插图相辅，内涵与颜值并重。这说的就是《我要去故宫系列》图书。每册分多个主题，涉及建筑、历史、藏品等内容，选题有趣、文字好读、插图好看！

午门，这里是紫禁城的门面担当，既有颜值，又有故事。午门前威严的皇宫仪仗中，竟曾有盛装的宝象，还有宝象拉的辂。

太和门，这里有规矩，讲秩序，门前的古物不只我们不知是做什么用的，就连曾经住在这座宫城里的皇帝也不知。石栏杆的火焰望柱头，开了洞的警报器石别拉似乎也不难发现。

太和殿，皇宫里最重要的建筑，历经600年风雨洗礼，既有灭火的陈设，也有克火的理念，只为向你证明曾经的盛世繁华，可以绵延不变。

保和殿，这里不仅是科举士人的考场，也是清初帝王的临时寝宫。方方正正的中和殿，更是帝王筹备亲耕之礼、关注皇家玉牒的重要场所。

乾清门，朝和廷的分野、家与国的界限，皇帝运筹帷幄在内，军机昼夜值守于外。皇帝很辛苦，大臣也不易，宫里禁火烛，官员上朝，几乎都得黑灯瞎火入宫，“蹭灯”的机会少之又少。

乾清宫，这里是帝王寝宫，却也传来皇子的琅琅读书声。这里药味浓，龙袍新，年节大典，更是院内高悬百丈灯，举国君民齐欢庆。

坤宁宫，凤舞千秋的世界，满汉交融的风格透过门、穿过窗，印在屋内的诸多角落。交泰殿的无为匾，一匾述说出三代帝王与这宫殿的渊源。

御花园，这里春有百花秋有月，夏有凉风冬有雪。钦安殿内护佑宫殿免遭火灾的玄武大帝，不知道是否注意到园内亭子中，井亭竟然没有顶。

西六宫，果然是宫闱趣事多，两枚锈迹斑斑的铁环，记载的是宫内静谧生活中难得的欢娱。末代帝后也在这里赶着新潮，穿洋装、吃西餐、学英语，西方的玩意儿在这里一样不少。

东六宫，曾经的后妃居住地，遗留下一座未建完的西式建筑，只能凭想象复原其类似水族馆的华美。其他的院落，也各有各的故事，既见证繁花盛放，也目睹香魂陨落。

宁寿全宫，看似普通的皇极门，竟然也是有限空间内建造出的另一座“小午门”。门内的皇极殿，更是有着乾清宫的外表，却发挥着太和殿的功用。乾隆皇帝的乐寿之所，不仅有乾隆，还有“钱龙”，而晚清的慈禧太后，也把这里作为御用居处，内政外交，见证了时代的更迭。

乾隆花园，文人的雅致随处可见，禊赏亭、古华轩、碧螺亭、藤萝顶，处处精致，处处惊喜。乾隆皇帝倦于勤，欣赏花园勤而不倦，乐此不疲。

慈宁宫，御路石上的小蜥蜴和门前的麒麟兽一同述说着这里的秘密，屋顶独特的轩辕镜与院内与众不同的月晷，则告诉你这里主人的独特身份。

重华宫，是“养在深闺人未识”的宫苑建筑，弘历在这里娶了他挚爱的富察氏。当了皇帝（乾隆皇帝）后也到这里举办茶宴，君臣之间赋诗联句，雅性使然、默契使然，更是家国天下的情怀使然。

养心殿，八代帝居一定不负众望，既有治国理政之所，也显生活起居之便，更有闲暇怡情之趣。小小的三希堂，幻化出大空间，一幅通景画，巧妙地让景入画，人也入画！

文华殿，象征水的黑色屋顶还不足以护佑文渊阁的《四库全书》，从屋檐彩画到栏板石雕，水的元素随处可见。“天一生水”而有黑瓦屋顶，“地六成之”便有了屋阔六间！

武英殿，摄政王的权力中心，变身为殿本修书之所。浴德之水蜿蜒而出，于断虹桥畔诉说沧桑。储冰之所，亦呈现皇室消夏之聪慧。

珍宝馆，华丽的珠宝背后，隐藏了采珠人等付出的艰辛。皇室的饰品，最精于其取材的独特。先秦石鼓唐时现，流转千年入深宫。只要有心，你就会被它们的文字和经历感动。

钟表馆，让我们了解中西方再次开启的对话。漂洋过海的计时仪器，成了皇家喜好的有趣玩具，可计时，可打更，可升降，可转花。魔术、水法、音乐、鸟音，无不炫目悦耳，赞从心生。

我觉得，以上这些远远不够，书中好玩的故事、好看的插画，等你去探索，由你去发现。如果每读完一本，你就有拿起书入宫的冲动，我们会万分欣慰。真诚地，真心地，在宫里，期盼你，欢迎你！

果美侠，写于墨尔本旅途

2019 年 7 月 27 日

目录

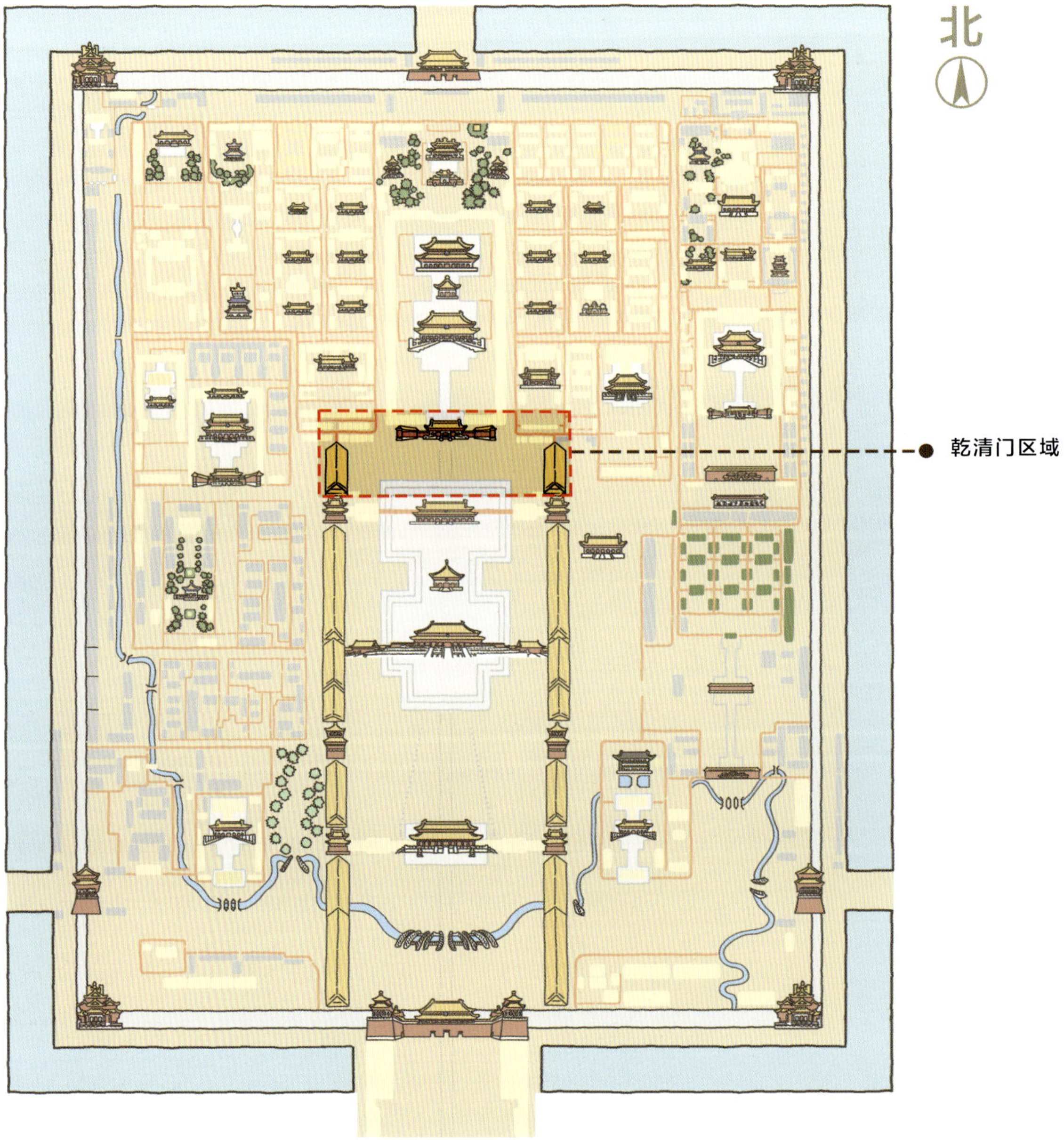

故宫平面示意图

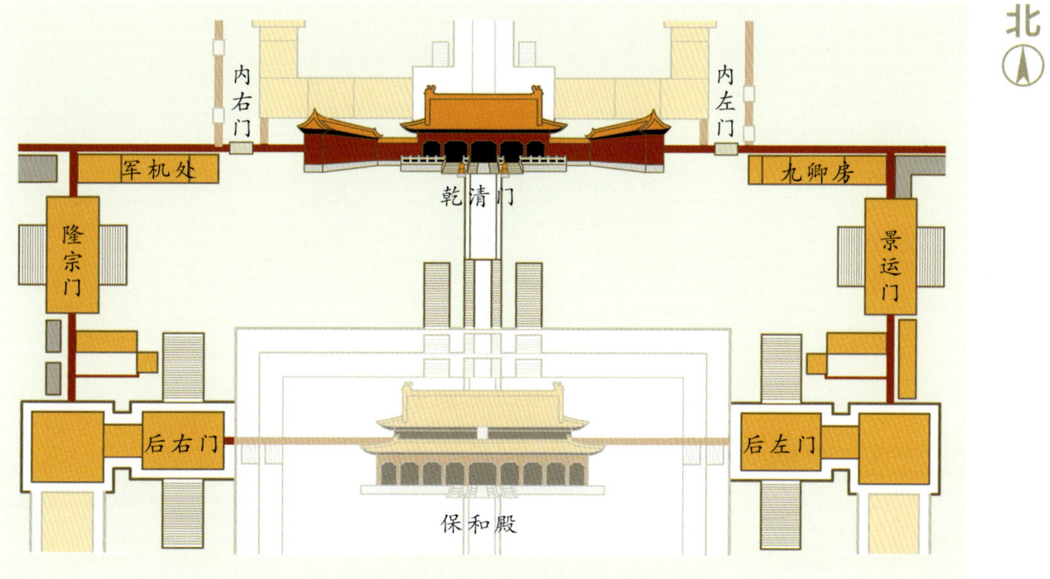

乾清门区域平面示意图

欢迎来到乾清门！

乾清门是紫禁城（现故宫博物院）内廷的正门，规制小于前朝太和门。门前是一个东西长约200米、南北宽仅30米的狭长广场，即乾清门广场，俗称“天街”。乾清门广场以南为外朝，是皇帝举行典礼的地方；以北为内廷，也叫后宫，是皇帝、后妃等生活居住的区域。以乾清门为界，无论皇亲国戚，还是文武大臣，没有皇帝的准许，都不能进入内廷半步；而内廷的女眷，也不能随便跨出乾清门。乾清门广场两端各有一座重要禁门，东面是通往宁寿全宫、奉先殿、东华门区域的景运门；西面是往来慈宁宫、寿康宫、西华门区域的隆宗门，它们与乾清门都是进出内廷的交通要道。

现在，就让我们通过御门来听政、大臣坐陋室、岿然守天街、激战隆宗门、艰苦见君王五个专题一起来探秘乾清门吧。

御门来听政

01 御门来听政

乾隆皇帝上早朝的地方在哪里？答案就是乾清门。谁能想到，清代有些皇帝就是坐在半露天的乾清门过道里和大臣们商议国家大事的！

古代有“天子五门”之制，分别为皋、库、雉、应、路五座门，其中应门为“治朝”之所，也就是处理朝政的地方，对应明、清两代，从天安门开始，太和门就相当于应门，所以明代皇帝在太和门御门听政，即民间俗称的“上早朝”。清代康熙时期为了皇帝方便和提高效率，才把地点内移至相当于路门的乾清门。乾清门属于屋宇式大门，它面阔五间，进深三间，单檐歇山顶，坐落在将近 1.7 米高的汉白玉基座上。

乾清门

乾清门西侧撇山影壁

为了让乾清门显得壮观雄伟，乾清门两侧建有高大的影壁，使乾清门前的空间显得更大。影壁高 8 米、长 9.7 米，壁心及四角以精美的琉璃花装饰，在阳光的照射下流光溢彩，将乾清门映衬得格外威严壮观。

影壁上的花是宝相花。宝相花不是真实的花，是一种装饰纹样。花样以荷花为基础，进行艺术处理，形成的花朵纹样集中了荷花、牡丹、菊花等花的特征。花形自然逼真，色彩绚美艳丽。

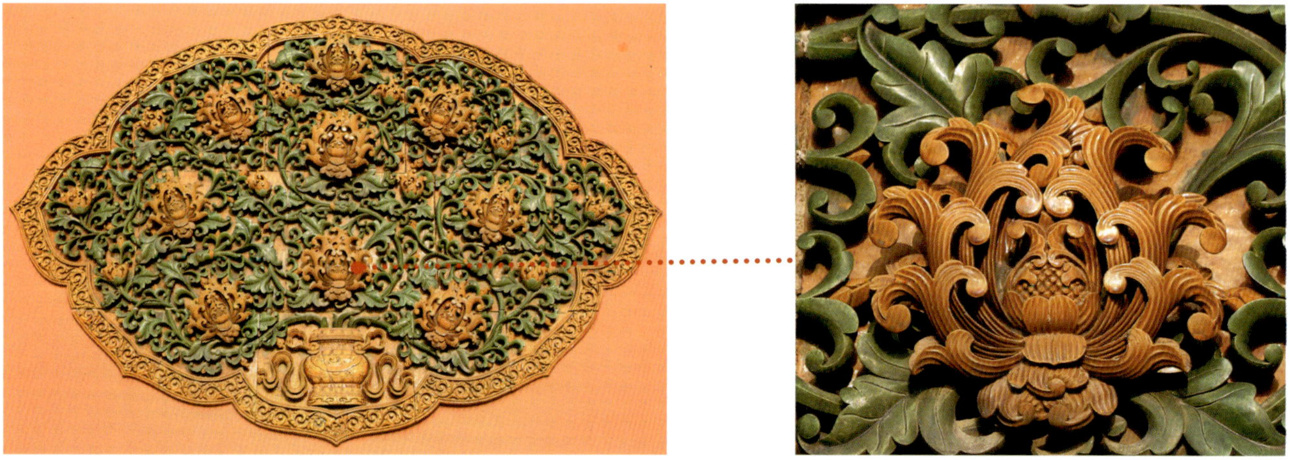

乾清门影壁上的宝相花

从乾清门往北，一座座建筑的匾额格式与外朝明显不同，上面开始出现满文，而且一般都是满文在右，汉文在左。清代皇帝是满族人，入主中原后，把皇宫中绝大部分建筑的匾额都改成了汉文和满文并列的形式，慈宁宫区域甚至是汉文、满文、蒙文三种文字并列。

乾清门匾额

慈宁门匾额

1912年宣统皇帝溥仪退位时，按条例受到“优待”，可以继续居住在紫禁城的内廷区域，这里的匾额也就保留了清代时的式样。现在外朝宫殿的匾额没有满文，则是因为当时外朝部分交由中华民国政府管辖，1915年中华民国大总统袁世凯想要恢复帝制，意图在太和殿举行登基大典。袁世凯命人把外朝建筑匾额上的满文去掉了，也就形成了如今只有汉文的样子。

宣统皇帝

袁世凯

清代早朝时，乾清门的正中会临时摆放宝座、龙书案、屏风和象征皇帝贤明的神兽角端（实际上用作香炉），铺好跪奏者用的毡垫。皇帝就在这半露天的环境下处理朝政，好多大臣更是要站到头上没有任何遮挡的乾清门广场上，在御道两侧相向站立，有事上奏的官员要按顺序跪在毡垫上，面向皇帝奏事。遇到下雨下雪，皇帝会让大臣们同到乾清门里，特殊情况由皇帝酌情临时决定。清代皇帝中“御门听政”最勤奋的当属康熙皇帝，他从 14 岁亲政到 69 岁驾崩，无特殊情况几乎从不辍朝。

明清时期，人们多用毛笔写字，但是在寒冷的冬天，砚台里的墨水很容易结冰，书写困难。在乾清门早朝时，康熙皇帝特意让人用松花江底的石头制成暖砚，砚台下部可以放置热水或燃上炭火，保持砚台里墨汁的温度，使其不结冰。

御门听政陈设

御门听政

清代皇帝对“御门听政”非常重视，对大臣们参加“御门听政”的纪律要求也极为严格，乾隆皇帝和道光皇帝就曾把迟到的官员降职或给予罚俸的处理。“御门听政”制度在康熙、雍正、乾隆三位皇帝时执行得比较好，在嘉庆、道光两位皇帝时也基本维持，到了咸丰皇帝之后就很少举行了。

乾隆皇帝像

道光皇帝像

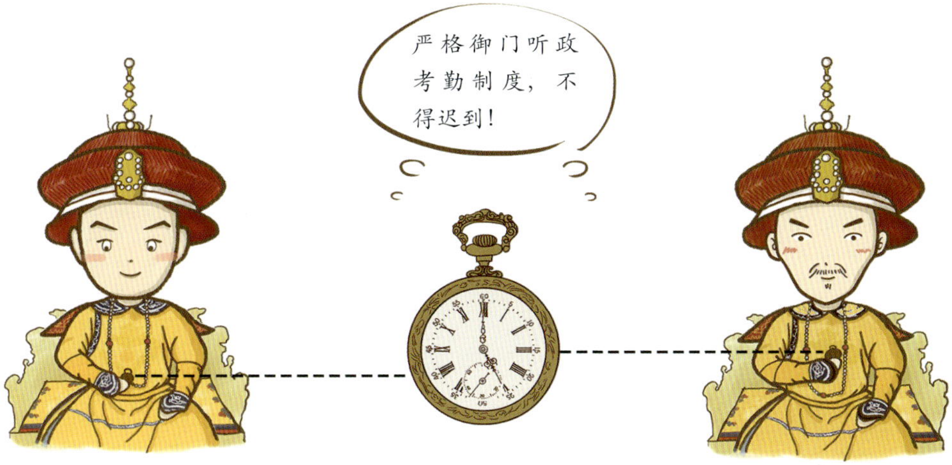

大臣坐陋室

02
大臣坐陋室

位高权重的军机大臣在哪里上班？他们的办公室会不会高大舒适呢？军机处里又发生过哪些让人意想不到的事呢？

军机处创立于雍正七年（1729，也有雍正四年、八年、十年创立之说），地处乾清门广场的西北角。这排看起来不起眼甚至低于宫墙的狭长房屋，却装载着辅助皇帝处理军国大事的重要机构。军机处虽然是声名显赫的机要之地，室内空间却是狭小甚至是有些拥挤的，曾有军机大臣形容这里“屋小如舟，油灯如豆”。室内只有桌、椅、炕、笔、砚等必要的设施和办公用品，再加上非常简单的装饰，整个氛围与其重要的地位显得很不对应。

军机处外景

远望军机处

军机处比宫墙矮

军机大臣每天凌晨三四点进入值房，并等待皇帝召见。觐见皇帝时跪在预先放好的“军机垫子”上，当场记录下皇帝的旨意，退出后需尽快拟定谕旨，经皇帝审阅后颁发有关衙门执行。他们往往昼夜值班，随时听候皇帝召唤，做事也需十分谨慎。如此繁重的工作就需要充沛的体力。军机处的廊下，烧饼、油条等食物不间断供应，专门供军机大臣在工作间隙食用。

军机处内景

军机垫子和皇帝办事用的文房四宝

雍正皇帝像

军机处设有军机大臣，俗称“大军机”，还设有军机章京，俗称“小军机”。军机大臣和军机章京都直接受皇帝领导。军机大臣相当于皇帝的高级秘书，名额不定，但必须由皇帝绝对信任的人员担当。军机章京辅助军机大臣工作，又相当于军机大臣的秘书。

最初，军机章京无一定额数，在内阁中书等官员中选调。乾隆初年，改由内阁、各部、理藩院等衙门调派。自嘉庆四年（1799）开始，军机章京一般定员为32人，满汉各16人，分四班入值军机章京值房。军机章京值房位于与军机处相对的隆宗门内南侧小房，值房总共五间：中间是门厅；东二间为满人章京值班房，俗称“满屋”；西二间为汉人章京值班房，俗称“汉屋”。

在清代，军机处的保密工作有着非常严格的要求：收发文件要由军机章京亲自办理，下发的文件必须提前密封；任何无关的人员，无论级别多高，没有皇帝的特别旨意，都不能进入军机处；皇帝和军机大臣商量事情的时候，其他人员必须回避。

但就在这样的中枢禁地，同治时期却发生了一件骇人听闻的盗窃案。同治四年八月十七日（1865 年 10 月 6 日）清晨，满章京萨隆阿心怀鬼胎地来军机章京值房值班。他乘人不备，悄悄地潜入汉章京值房，将存放在柜中的一方金印偷了出来并带回自己家中。八月二十四日（10 月 13 日），萨隆阿把金印拿到一家首饰铺，花了四十吊铜钱请首饰铺将金印熔化成十根金条，每根金条大约重十一两（约合现在的 410 克）。不久，萨隆阿又将其中的两根金条拿到钱庄兑换成银两，其余八根则埋藏在家中的炕洞里。

慈禧太后像

恭亲王奕䜣像

那枚被熔化的金印来历不凡，它是太平天国天王洪秀全的金印。太平天国运动是中国历史上的一件大事，1864年7月19日，太平天国的天京（今南京）被清军攻破，清军缴获了这枚金印，它是清廷镇压太平军的凭证，十分贵重。8月14日，这枚金印被送往北京，由军机处官员亲手呈交慈禧太后和同治皇帝过目，之后由军机处负责暂时保管。但是，军机章京萨隆阿却胆大包天将金印盗走了。

很快，军机处发现金印失窃，首席军机大臣恭亲王奕䜣指令内务府人员四处侦查，限期侦破此案。不久，萨隆阿的罪行败露，他虽死不承认，但最终在证据面前也不得不低头认罪。萨隆阿身为朝廷命官，知法犯法，慈禧太后大怒，下令将他绞死。萨隆阿是被处决了，但太平天国天王金印这一极其珍贵的历史文物也永远在世上消失了！

岿然守天街

03
岿然守天街

乾清门广场又称“天街”，是连接内廷与外朝的门户，一尊尊重器默默地“站”在这里，华贵而典雅、威严而神圣。

与南面的太和门一样，乾清门前面也陈设了一对铜狮，它们通体鎏金，熠熠生辉，给人无与伦比的华贵之感。其中，东侧踩绣球的为雄性，象征皇权统治寰宇；西侧爱抚幼狮的是雌性，寓意皇家子嗣昌盛。

乾清门这对铜狮气势不凡，体现了皇权的至高无上和兽王的不可侵犯。不过，毕竟它们护卫的是皇帝和后妃的生活区，一味地追求威严多少与后宫的功能有些不协调。所以，它们比太和门前的铜狮小了许多，加上下面的汉白玉基座，也只比普通成年人高一些而已。这就在威严中让人感到一丝亲切，拉近了和兽中之王的距离。这个不需要仰视的高度让人们可以平视鎏金铜狮，直接与它们对视“交流”，能比较容易地欣赏它们身上精美的纹饰和细节。

平和的乾清门前铜狮

巍峨的太和门前铜狮

除了鎏金铜狮，在乾清门与内左门、内右门之间，景运门和隆宗门的南北两端，还陈设有 14 口体积硕大的铜缸，它们和鎏金铜狮一样，都制造于清代国力鼎盛的乾隆时期。这些大缸平时都储满了水，是宫中重要的消防水源。它们也象征着皇家政权稳固，“金瓯无缺”。

乾清门广场的14口大铜缸可以分为两种类型。乾清门两侧的10口大铜缸和门前的铜狮一样，都是镏金的。金色与背后宫墙的大红色形成了完美的色彩搭配，耀眼夺目。

景运门和隆宗门两端的4口则是仿照流传下来的商周青铜器的颜色制造，没有镏金，它们在当时有一个专门的名称，叫作“烧古铜缸”。

乾清门前镏金铜狮

乾清门前镏金铜缸

远看我们会认为这些大铜缸光滑平整，近看则会发现某些缸体上不规律地分布着大小不一的矩形补丁，有的区域甚至还很密集。这种情况在景运门和隆宗门没有镏金的4口烧古铜缸上表现得最为明显。乾清门两侧的镏金铜缸上则不明显，但是仔细观察可以发现，在金层剥落的位置还是有一些补丁的。

这些小补丁实际上是大铜缸铸造完成后，对它们身上的工艺缺陷（砂眼）的一种修补措施。在古代铸造大型金属器物过程中，砂眼几乎是不能避免的。不过经过匠人们后期的精心修补，这些有砂眼的地方变得十分平滑，人们只能通过颜色的微小差异才可以分辨出来。

紫禁城夜间照明主要靠各种各样的灯，光源主要是蜡烛。紫禁城内一些街道，比如东西六宫的长街、乾清门广场内左门和内右门两侧都设有铜制的路灯。这种路灯底部是一米多高的汉白玉基座，上面是铜制的重檐亭子形灯框，亭身四面镶有玻璃，里面可以燃点蜡烛。据记载，每面玻璃上还画有红色寿字，四角各画一只红色蝙蝠，象征福寿双全，可惜图案现已无存。

内左门及铜灯亭

内左门铜灯亭

铜灯亭两层屋檐之间还开有铜钱形的通风孔，既保证了蜡烛燃烧时的氧气供应，又可以防止蜡烛被风吹灭。古时内廷居住的人员众多，他们在漆黑的夜间走动，靠的就是一座座铜灯亭发出的淡黄色光芒，这些光芒为他们照亮了前方的路途。

铜灯亭通风孔

黑夜中的光芒

在乾清门的南面，保和殿正后方，静静安卧着一块巨型丹陛石，它就是紫禁城中最大的一块云龙石雕：长16.57米，宽3.07米，厚约1.7米，重达200多吨，雕刻完成前的原石应该达到300吨！这块大石雕属明代采掘雕刻，石料为艾叶青，产自距紫禁城80多千米的房山大石窝。大石雕今天的安静与岿然，磨灭不了数百年前它诞生时的喧嚣和艰难。

保和殿背面大石雕

大石雕细部

运输石料示意图

据说，运输之前，人们沿途每隔一里（500 米）打一口井，在滴水成冰的寒冬把井水泼在地上形成一条冰道。而后，朝廷动用了两万多民夫，1000 多头骡马，一步步地牵拉，耗时近一个月，才将这个庞然大物“护送”到紫禁城之中。因此，它当时还得了个绰号“万人愁”。至于这件事情到底发生在哪年、哪月，现在已经无法可查。不过，如此巨大的一块石料，应该是在紫禁城建成之前就已经运到了现场。否则，这个庞然大物是无法通过紫禁城的重重宫门的。

大石雕不但体积巨大，雕刻技法更是高超，图案精美绝伦。现在的图案为清代乾隆年间重新雕刻的，其主体部分是祥云缭绕中的九龙戏珠，九条龙分为三组，从上至下排列，每组的三条龙均呈“品”字形围绕着中心光芒四射的宝珠，栩栩如生。石雕下部为海水江崖，波涛汹涌的大海上，五座山峰高高耸立，直插云霄，为整个画面起到了烘托气氛的作用。

激战隆宗门

04 激战隆宗门

乾清门广场是紫禁城中的交通要道。在壁垒森严的大内禁地，这里作为沟通外朝和内廷、连接外东路和外西路的咽喉，又发生过什么令皇帝和王公大臣胆战心惊的事情呢？

环绕着“天街”的大门共有七座，分别为乾清门、内左门、内右门、景运门、隆宗门、后左门和后右门，这里也就成为紫禁城所有区域中宫门最密集的地方。乾清门、隆宗门等大门体量巨大，远看好似一座房子，称作宫殿式或屋宇式大门，内左门、内右门等则属于直接在红墙上开门的随墙门。这个七门环列、四通八达的狭长地带，号称“大内通衢”可谓名副其实。

进入乾清门，可以到达皇帝的正寝乾清宫以及北面的交泰殿、坤宁宫、御花园。穿过内左门和内右门，分别能够进入后妃居住的东六宫和西六宫。一东一西的景运门与隆宗门则分别是去往东路奉先殿、箭亭、宁寿全宫，以及通往西路慈宁宫的必经之路。出后左门和后右门，或者沿着保和殿后的台阶拾级而上可以去往外朝三大殿。

乾清门

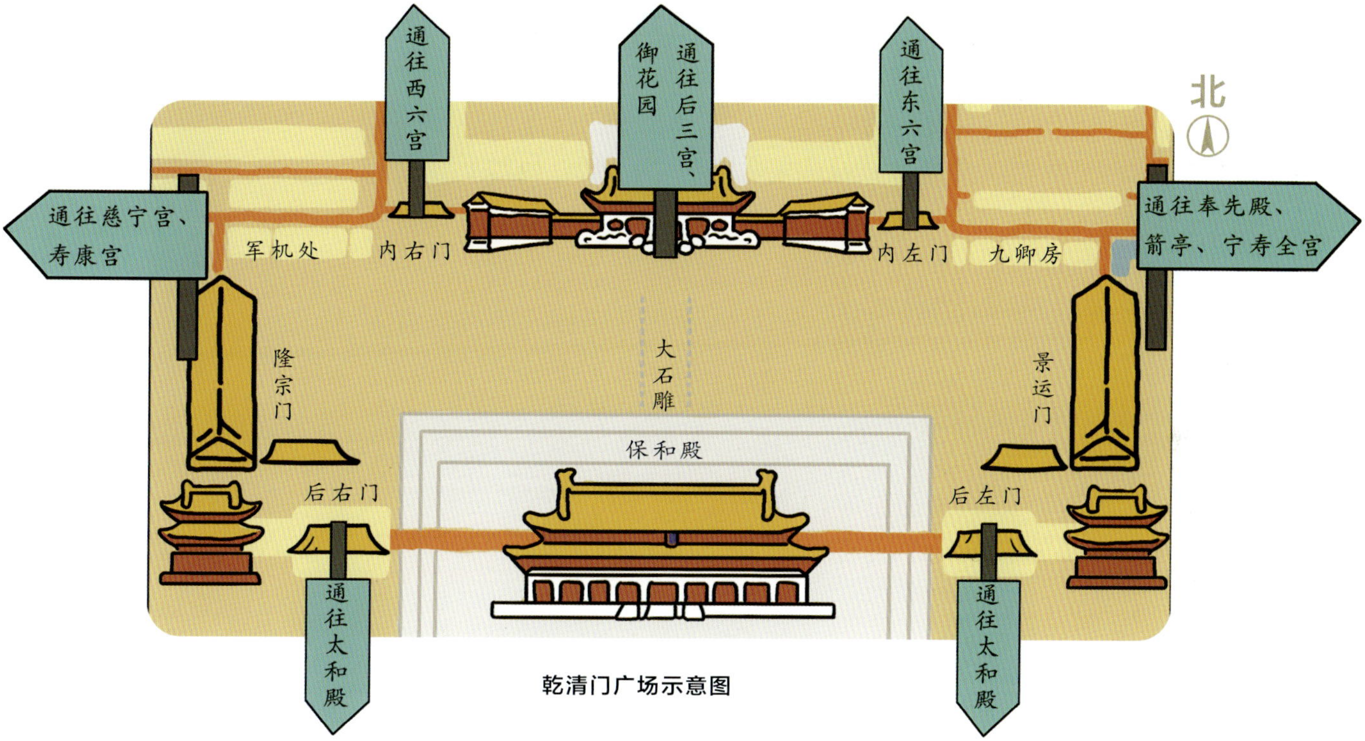

乾清门广场示意图

铺首

紫禁城的各宫门雄伟壮观，门板上大多横九纵九排列着八十一颗圆形的铜门钉，许多门上还安着具有驱邪意义的精美铜铺首。铺首所呈现的神兽形象是“龙生九子”中排行第九的椒图，传说它喜欢封闭的环境，会阻止陌生人进入它的家里，所以古人常用它的形象来装饰大门、守卫内宅。

现在的景运门和隆宗门人来人往，游人如织，清代时则大不相同。除被召见的官员和值班大臣，即使是皇亲国戚、宗室王公也不能擅自进入门内，所有随从人员都必须在台阶下20步以外站立，不得靠近。

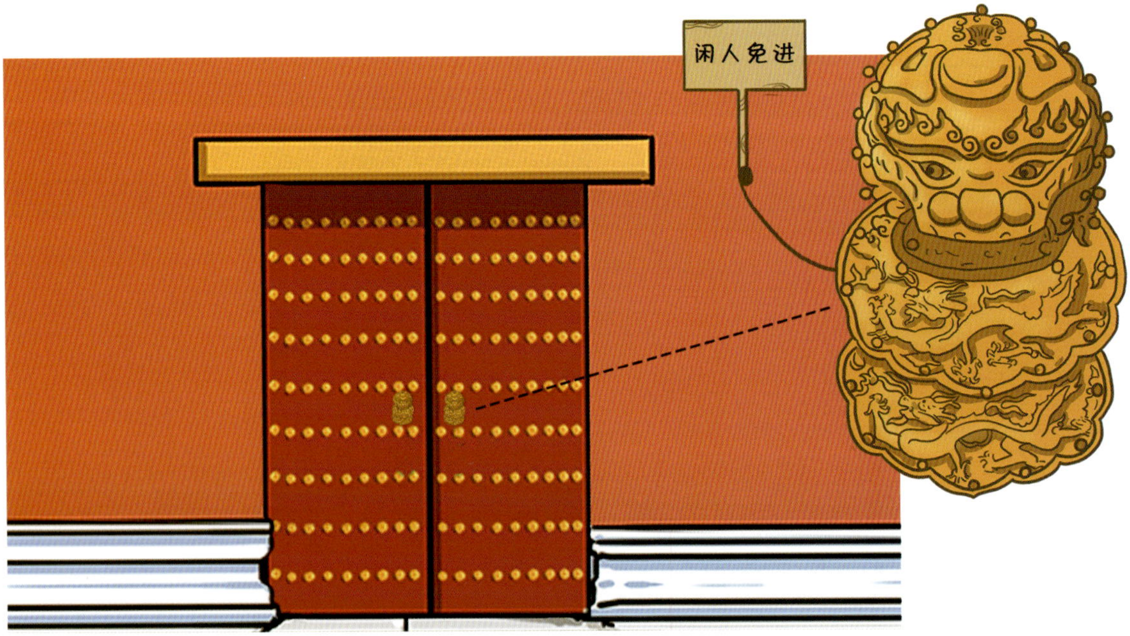

宫门与铺首

戒备如此森严，足见景运门、隆宗门在皇宫中的重要性，但谁又能想到，一场里应外合的激烈战斗就曾在这森严的大内禁地出其不意地打响。

在隆宗门匾额左侧边缘偏下，牢牢地嵌着一枚早已生锈的箭头，这是嘉庆十八年（1813）留下的痕迹。清代自乾隆后期开始没落，各地民众纷纷起义反抗清王朝。直隶（今河北）一带以秘密反清的天理教最为活跃，仅大兴一地入教的人数就达到了一万多人，紫禁城里的一些太监也加入了天理教组织，大家最终的目标就是攻占紫禁城，推翻清政府。

隆宗门匾额及箭头

嘉庆十八年（1813）九月十五日，起义军在内应太监的带领下，分别从东华门、西华门打到景运门、隆宗门外。从西华门进入的一支起义军，在隆宗门外与大内侍卫展开激烈的战斗。激战中，起义军有人将一支利箭射在了隆宗门的匾额上。这枚箭头一直保留至今。

战斗过程中，有的起义军甚至爬到了御膳房的围墙上，准备进入北面的养心殿，后来嘉庆皇帝的次子旻宁（后来的道光皇帝）用火枪将他们击落。

这次起义给予了嘉庆皇帝沉重的打击。当时嘉庆皇帝不在北京，皇宫内一片混乱，一些王公贵族惊慌失措，还有的官员藏在柜子里，很长时间不敢出来。起义之后不到一个月，十月初六，是嘉庆皇帝的生日，这一次他拒绝了王公大臣向他进献如意的惯例，因为他认为自己遇上了“大不如意之事”，宫门上威武的椒图也没能帮他挡住天理教的反贼。朱红的宫门和威武的椒图见证了明清两代的兴衰更替，见证了诸多的历史过往。探秘故宫，每一次和历史对话的机会都值得珍视。

艰苦见君王

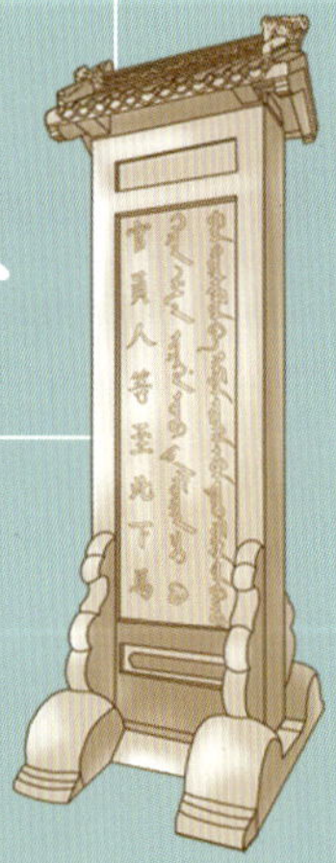

05
艰苦见君王

清代大臣们上班的早高峰大约是什么时候？出于宫中防火的考虑，皇帝又给这些朝廷命官们制定了哪些极致苛刻的进宫守则呢？

景运门位于乾清门广场的东侧，门内北侧为与军机处遥相呼应的九卿房（亦称九卿值房、九卿朝房），南侧是和军机章京值房对称布局的蒙古王公值房。景运门面阔五间，为黄琉璃瓦单檐歇山顶，与隆宗门形制相同。九卿房形制与军机处极为相似，只是开门的位置略有区别。蒙古王公值房和军机章京值房建筑格局完全一致。

景运门

军机处

九卿房

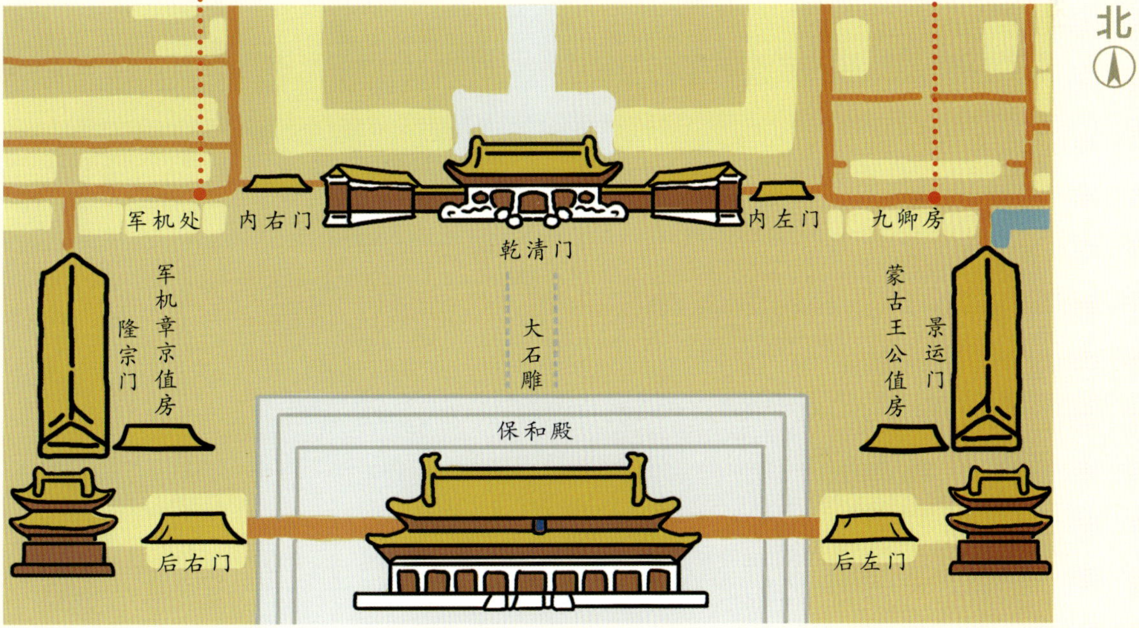

乾清门广场布局图

景运门作为内廷禁门，是大臣们觐见皇帝的必经之路。九卿房是大臣们进入景运门等候皇帝御门听政时“待漏”的地方。各朝代有关“九卿”的记载不一致，只是笼统的名称，泛指高级官员。“待漏”就是臣子等待朝拜皇帝，“漏”指古代的计时器铜壶滴漏。清代中后期宫中钟表已经普及，但用“待漏”代指大臣等待朝拜皇帝这一叫法一直延续下来。

蒙古王公值房是蒙古地区的亲王、郡王进京朝见皇帝期间，在宫中等候和值守的地方。按照清代的规定，蒙古王公们没有皇帝的诏令不准进京，甚至不准离开部落。所以，这个拥有五间房的建筑大部分时候的使用率是很低的，远没有它的“双胞胎兄弟”军机章京值房和它对面的九卿房热闹。

蒙古王公值房

本来，内廷是皇帝及后妃等人的起居之所，大臣的活动范围只限于外朝。康熙皇帝把御门听政的地点移至乾清门，雍正皇帝又在乾清门广场设立军机处，处理朝政也就由外朝移至内廷。外朝的大臣因此可以进入内廷，不过路线和时间要受到严格的限制，大臣们平日只能进东华门，向西经过文华门，到达协和门下方的小石桥折向北，沿着内金水河走一段，再穿过箭亭广场才能到达景运门进入乾清门广场。

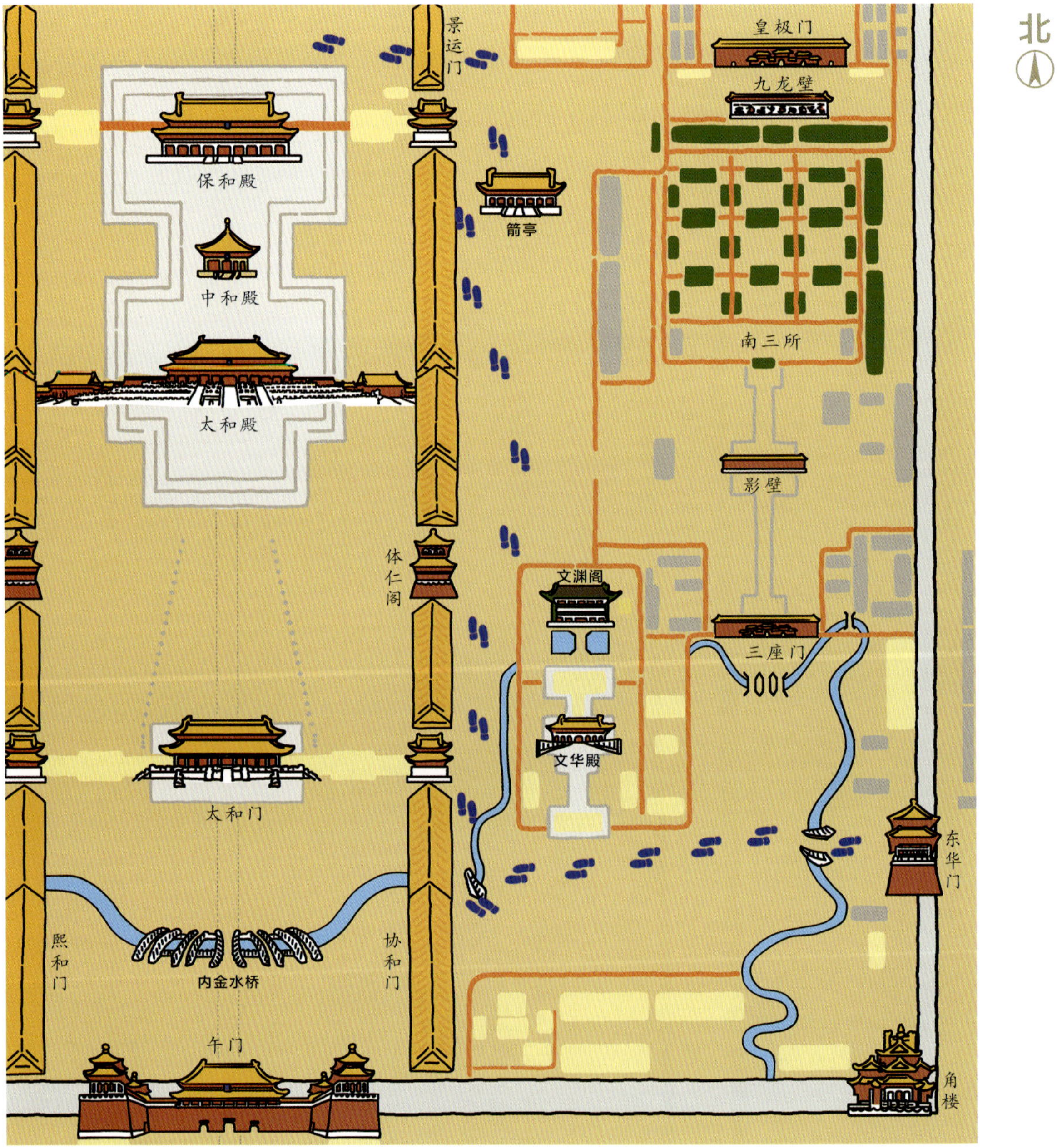
北
景运门
皇极门
九龙壁
保和殿
箭亭
中和殿
南三所
太和殿
影壁
体仁阁
文渊阁
三座门
文华殿
太和门
东华门
熙和门
内金水桥
协和门
午门
角楼

大臣进宫路线图

群臣在东华门等候进宫

清代大臣们集体上朝叫“大起”，天不亮时就要在九卿房集合，等待皇帝御门听政，商议国事。自雍正朝开始，皇帝早起第一批次接见的臣属通常是军机大臣，一般是在凌晨 4 点左右，之后再召见其他重要大臣，5 点到 6 点这些官员就要到乾清门上朝了。所以，好多住得远的大臣往往凌晨两三点钟就要从家里出发了。

群臣陆续进宫

大臣们早早到了东华门还不能立即进宫，需要在门外等候。到了东华门的“下马碑”，不论多大的官职，都需要下马下轿步行。时辰一到，大门开放，守候已久的官员们才能依次进入宫中，这时是凌晨4点左右。而且按照规矩，出于宫中防火的考虑，除了当天要提前送达各式公文的官员，其他大臣从东华门到景运门，不论四周多么黑暗，都不准打灯笼，而这段路恰恰是没有路灯的！

绝大多数大臣只能摸黑进宫。摸黑赶路很不安全，摔倒受伤还算轻的，还曾经有官员因为在雨天摸黑步行，结果不慎跌入内金水河而溺水身亡。如果赶上特许点灯的官员入宫，就会有很多官员跟在后面“蹭灯”。

官员“蹭灯”

即使是香车暖轿、身居要职的中堂和尚书们，进了紫禁城也必须谨小慎微、如履薄冰。不是每一个晚上都月明风清的，大多数情况下大臣们要在漆黑一片中摸索着前行。大家看到景运门里依稀的灯光，也就看到了希望。这也意味着这个庞大王朝的国家机器即将开始新一天的运转。

故宫宣教
THE PALACE MUSEUM
PUBLICITY AND EDUCATION

我要去故宫系列

探秘乾清宫

故宫博物院宣传教育部 / 编著　果美侠 / 主编
本册作者：王鑫淼
本册绘者：御鉴文化（北京）有限公司　刘畅

中信出版集团 | 北京

探秘乾清宫

编　　著：故宫博物院宣传教育部
主　　编：果美侠
本册作者：王鑫淼
本册绘者：御鉴文化（北京）有限公司　刘畅
摄　　影：齐梦伯
图片提供：故宫博物院资料信息部
策划出品：故宫博物院
　　　　　御鉴文化（北京）有限公司
出版发行：中信出版集团股份有限公司
　　　　　（北京市朝阳区东三环北路 27 号嘉铭中心　邮编　100020）
承 印 者：北京瑞禾彩色印刷有限公司

序言：我要去故宫

去故宫，可以有许多理由：陪亲朋，遛孩子，看展览，拍美照……

不去故宫，往往只有一个理由：太无趣！

相似的院落，差不多的建筑，看过和没看过，似乎没什么差异。如果不是真心喜欢，如果不是迫于无奈，自己说出“我要去故宫”的，可能少之又少。

常年工作在故宫的我们，也不是每个人都能把各个宫殿的与众不同讲出来。揭开 600 年宫殿建筑的奥秘，需要善于发现的眼睛，需要勇于探索的精神。

一群在这里工作的年轻人，每年向数以万计的游客讲述同样的建筑历史，述说 600 年不变的宫殿故事，好无趣！不妨换种方式，看看有什么能够吸引人们的看点，整理出新奇的探秘主题，既激发自己去主动发现，也让大家对故宫兴趣盎然。于是，从给学生参观使用的探秘学习单开始，我们策划了《我要去故宫系列》探秘图书。

匆匆的游客，常常一小时走过一座城。而我们，想让孩子们一小时只看一座宫。从中轴线，到东西六宫，再到外西路和外东路，20 个建筑区域，构成了 20 册书的内容主体。既讲建筑，又说历史；既有精美的文物呈现，也有有趣的故事传说。看得见的，引你看细节；看不见的，诱你来想象。文字与插图相辅，内涵与颜值并重。这说的就是《我要去故宫系列》图书。每册分多个主题，涉及建筑、历史、藏品等内容，选题有趣、文字好读、插图好看！

午门，这里是紫禁城的门面担当，既有颜值，又有故事。午门前威严的皇宫仪仗中，竟曾有盛装的宝象，还有宝象拉的辂。

太和门，这里有规矩，讲秩序，门前的古物不只我们不知是做什么用的，就连曾经住在这座宫城里的皇帝也不知。石栏杆的火焰望柱头，开了洞的警报器石别拉似乎也不难发现。

太和殿，皇宫里最重要的建筑，历经 600 年风雨洗礼，既有灭火的陈设，也有克火的理念，只为向你证明曾经的盛世繁华，可以绵延不变。

保和殿，这里不仅是科举士人的考场，也是清初帝王的临时寝宫。方方正正的中和殿，更是帝王筹备亲耕之礼、关注皇家玉牒的重要场所。

乾清门，朝和廷的分野、家与国的界限，皇帝运筹帷幄在内，军机昼夜值守于外。皇帝很辛苦，大臣也不易，宫里禁火烛，官员上朝，几乎都得黑灯瞎火入宫，“蹭灯”的机会少之又少。

乾清宫，这里是帝王寝宫，却也传来皇子的琅琅读书声。这里药味浓，龙袍新，年节大典，更是院内高悬百丈灯，举国君民齐欢庆。

坤宁宫，凤舞千秋的世界，满汉交融的风格透过门、穿过窗，印在屋内的诸多角落。交泰殿的无为匾，一匾述说出三代帝王与这宫殿的渊源。

御花园，这里春有百花秋有月，夏有凉风冬有雪。钦安殿内护佑宫殿免遭火灾的玄武大帝，不知道是否注意到园内亭子中，井亭竟然没有顶。

西六宫，果然是宫闱趣事多，两枚锈迹斑斑的铁环，记载的是宫内静谧生活中难得的欢娱。末代帝后也在这里赶着新潮，穿洋装、吃西餐、学英语，西方的玩意儿在这里一样不少。

东六宫，曾经的后妃居住地，遗留下一座未建完的西式建筑，只能凭想象复原其类似水族馆的华美。其他的院落，也各有各的故事，既见证繁花盛放，也目睹香魂陨落。

宁寿全宫，看似普通的皇极门，竟然也是有限空间内建造出的另一座“小午门”。门内的皇极殿，更是有着乾清宫的外表，却发挥着太和殿的功用。乾隆皇帝的乐寿之所，不仅有乾隆，还有“钱龙”，而晚清的慈禧太后，也把这里作为御用居处，内政外交，见证了时代的更迭。

乾隆花园，文人的雅致随处可见，禊赏亭、古华轩、碧螺亭、藤萝顶，处处精致，处处惊喜。乾隆皇帝倦于勤，欣赏花园勤而不倦，乐此不疲。

慈宁宫，御路石上的小蜥蜴和门前的麒麟兽一同述说着这里的秘密，屋顶独特的轩辕镜与院内与众不同的月晷，则告诉你这里主人的独特身份。

重华宫，是“养在深闺人未识”的宫苑建筑，弘历在这里娶了他挚爱的富察氏。当了皇帝（乾隆皇帝）后也到这里举办茶宴，君臣之间赋诗联句，雅性使然、默契使然，更是家国天下的情怀使然。

养心殿，八代帝居一定不负众望，既有治国理政之所，也显生活起居之便，更有闲暇怡情之趣。小小的三希堂，幻化出大空间，一幅通景画，巧妙地让景入画，人也入画！

文华殿，象征水的黑色屋顶还不足以护佑文渊阁的《四库全书》，从屋檐彩画到栏板石雕，水的元素随处可见。“天一生水”而有黑瓦屋顶，“地六成之”便有了屋阔六间！

武英殿，摄政王的权力中心，变身为殿本修书之所。浴德之水蜿蜒而出，于断虹桥畔诉说沧桑。储冰之所，亦呈现皇室消夏之聪慧。

珍宝馆，华丽的珠宝背后，隐藏了采珠人等付出的艰辛。皇室的饰品，最精于其取材的独特。先秦石鼓唐时现，流转千年入深宫。只要有心，你就会被它们的文字和经历感动。

钟表馆，让我们了解中西方再次开启的对话。漂洋过海的计时仪器，成了皇家喜好的有趣玩具，可计时，可打更，可升降，可转花。魔术、水法、音乐、鸟音，无不炫目悦耳，赞从心生。

我觉得，以上这些远远不够，书中好玩的故事、好看的插画，等你去探索，由你去发现。如果每读完一本，你就有拿起书入宫的冲动，我们会万分欣慰。真诚地，真心地，在宫里，期盼你，欢迎你！

果美侠，写于墨尔本旅途

2019 年 7 月 27 日

目录

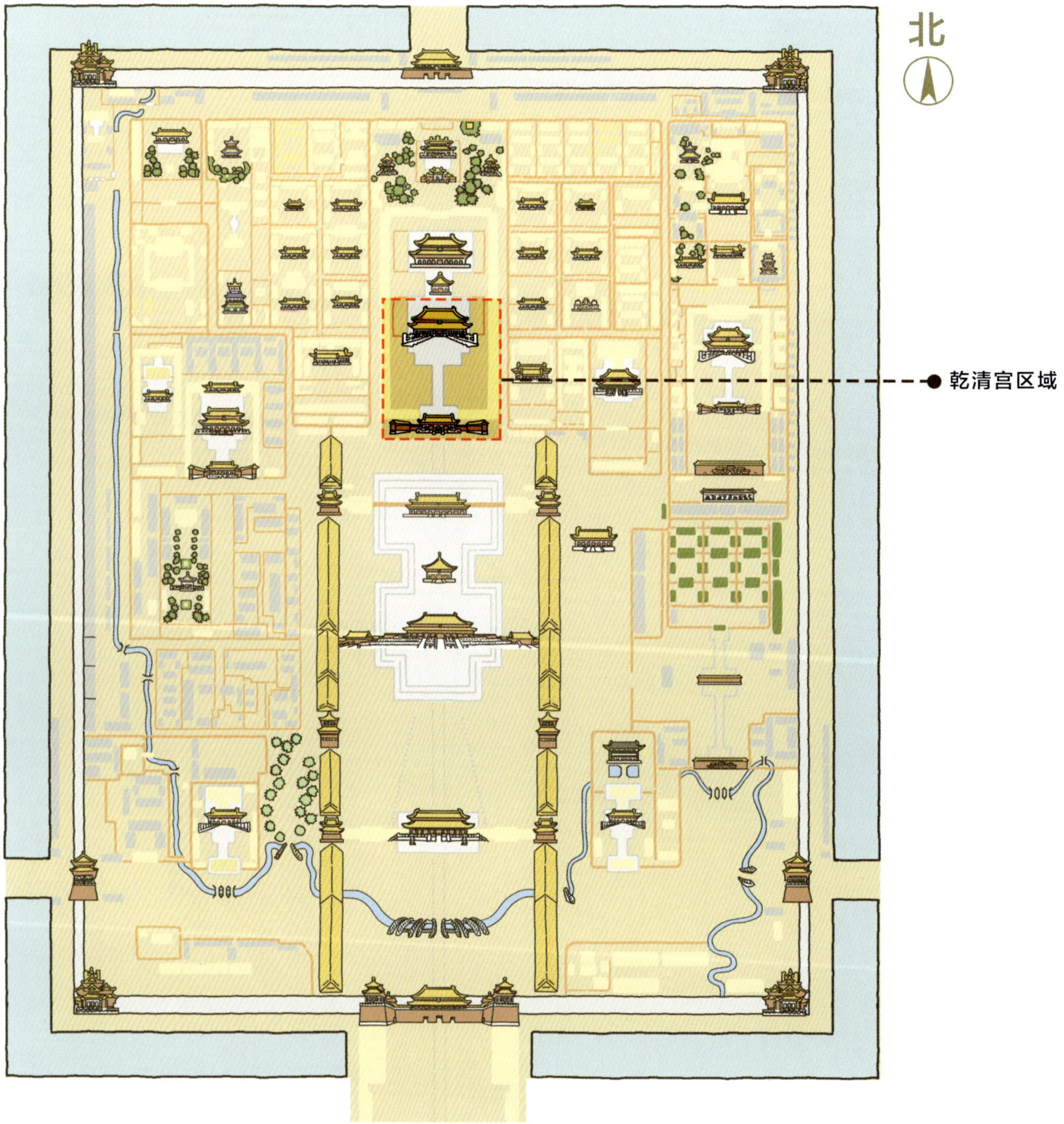

故宫平面示意图

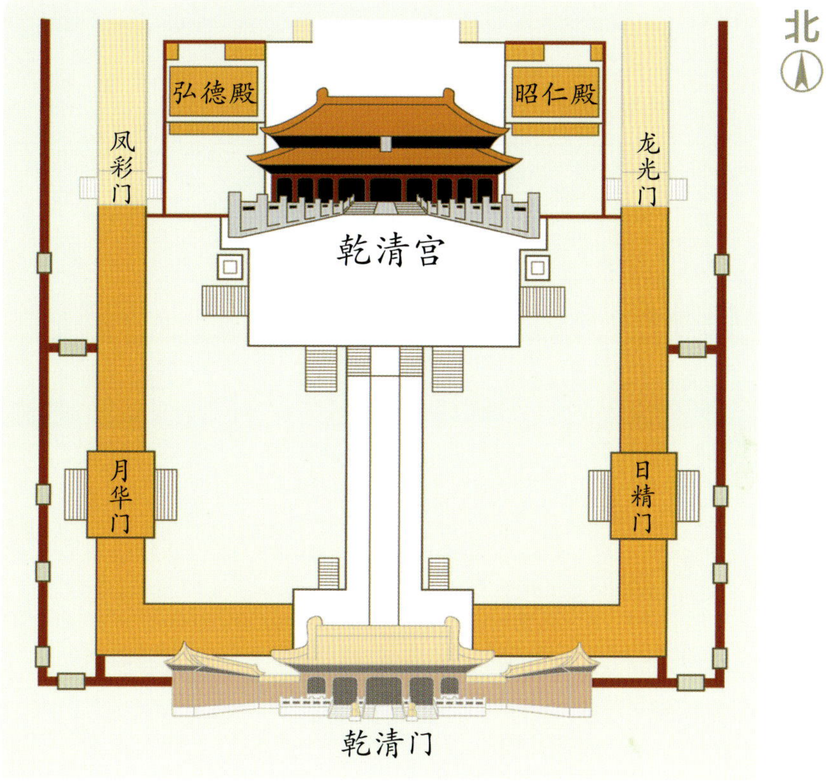

乾清宫区域平面示意图

欢迎来到乾清宫！

穿过乾清门，我们正式进入了紫禁城（现故宫博物院）内廷区域。与外朝区域不同，这里的威严之中，多了几分生活气息。

乾清宫是内廷正殿，内廷后三宫之一。这里的许多元素与国家生存发展息息相关。明清两代，乾清宫伴随着列位帝王完成他们的千秋大业，将中国帝制时代的落日余晖尽收眼底。

希望你在穿行于廊庑殿宇的同时，既能从“表里话乾清”之中探寻乾清宫的秘密，又能从“桃李沐春风”“药服待夏晴”“勾决闻秋雨”“盛宴赏冬灯”这四季轮回之中，探究乾清宫区域发生的“大事小情”。

表里话乾清

01
表里话乾清

这里是明清两代的政治核心区与帝王生活核心区，由内而外透露着皇室的尊严与权威，也发生了许多不为外人所知的事情。

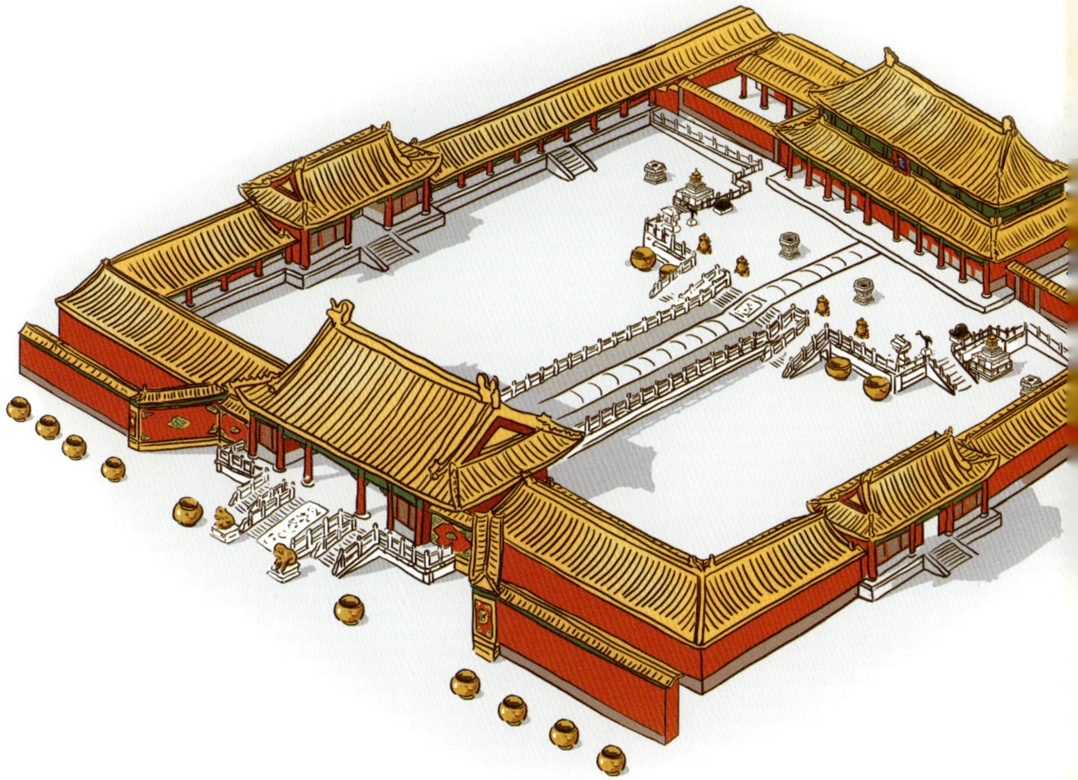

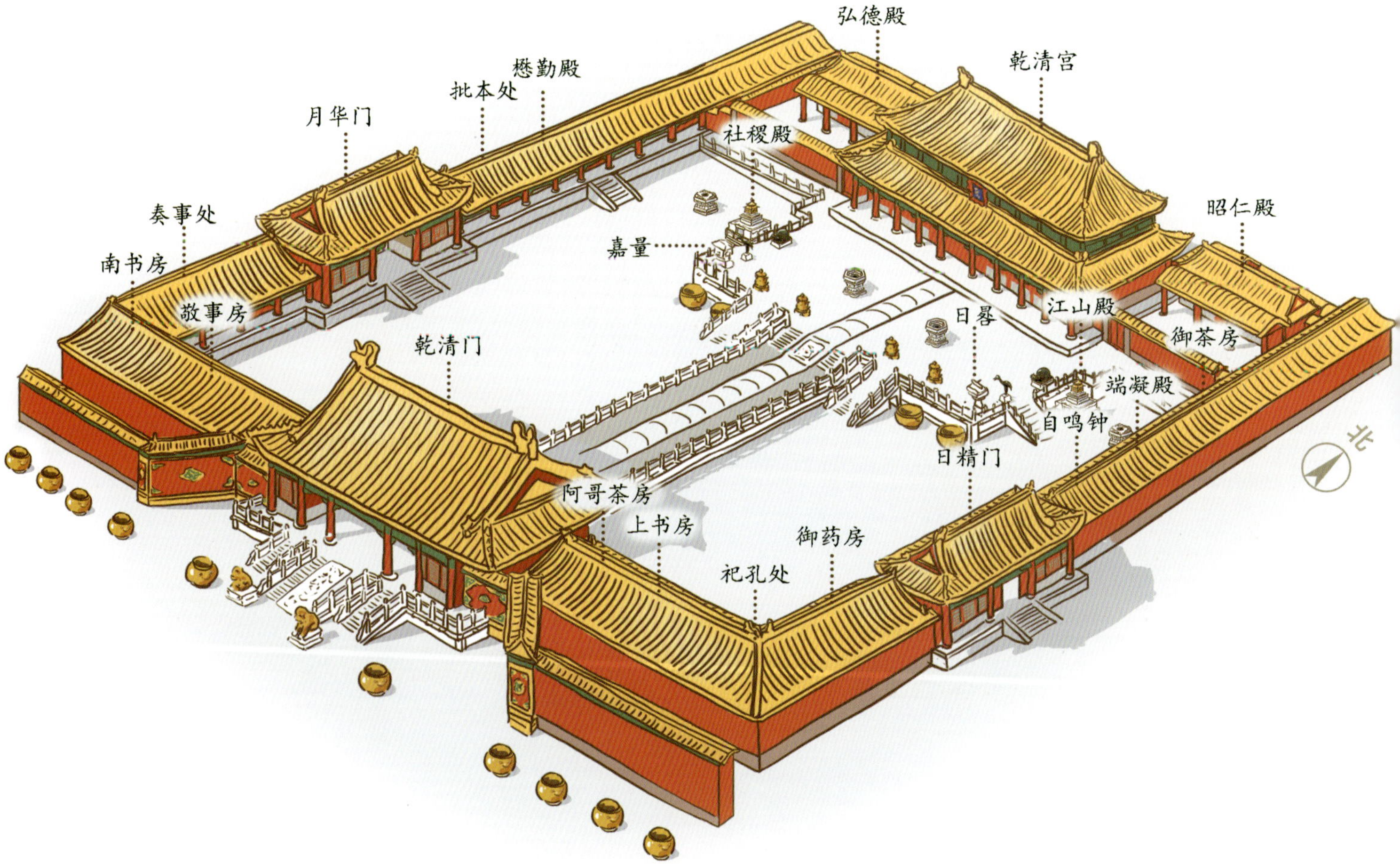

乾清宫区域示意图

乾清宫是内廷最为高大雄伟的宫殿，也是皇帝在内廷活动的中心。它始建于明永乐十八年（1420），因多次被焚毁而重建，我们今天看到的乾清宫，已经不是明代建的啦。嘉庆二年（1797）乾清宫发生火灾，灾后，由名义退位、实际执政的太上皇乾隆主持乾清宫重建工作，于嘉庆三年完成。旧貌新颜，都是文化的积淀与历史的传承。

在明代，乾清宫是皇帝的寝宫；在清代，顺治皇帝、康熙皇帝沿袭明制，也曾居住于此，雍正皇帝将寝宫移至内廷西路的养心殿。从此，乾清宫就成了皇帝召见大臣、批阅奏折、处理日常政务、举行宴会等事务的重要场所。皇帝去世后，他的灵柩也会停放在乾清宫一段时间，供后妃、宗室及臣属等吊唁。乾清宫是内廷正殿，灵柩停放于此，表示皇帝“寿终正寝”。

乾清宫

乾清宫还有两位“贴身小侍卫”，不过今天我们只能在围墙外看到它们的轮廓，那就是东侧的昭仁殿和西侧的弘德殿。昭仁殿在清代是皇帝的书房；弘德殿在明代是皇帝召见臣工的地方，清代改为皇帝传膳、办理政务、读书休憩之所。

乾清宫的丹陛石东西两侧各有一座石台，石台之上各有一座小金殿，它们可以说是紫禁城内“最小的建筑”。昭仁殿对着的是江山殿，弘德殿对着的是社稷殿。两座小金殿在形制上完全一样，但围栏上的石狮形态，却不尽相同。

江山殿

乾清宫前丹陛石尽头的石雕也十分有趣，它和太上皇宫——宁寿全宫门前的丹陛石模样相似，上有龙、凤、麒麟等神兽，还有很多奇花异草。

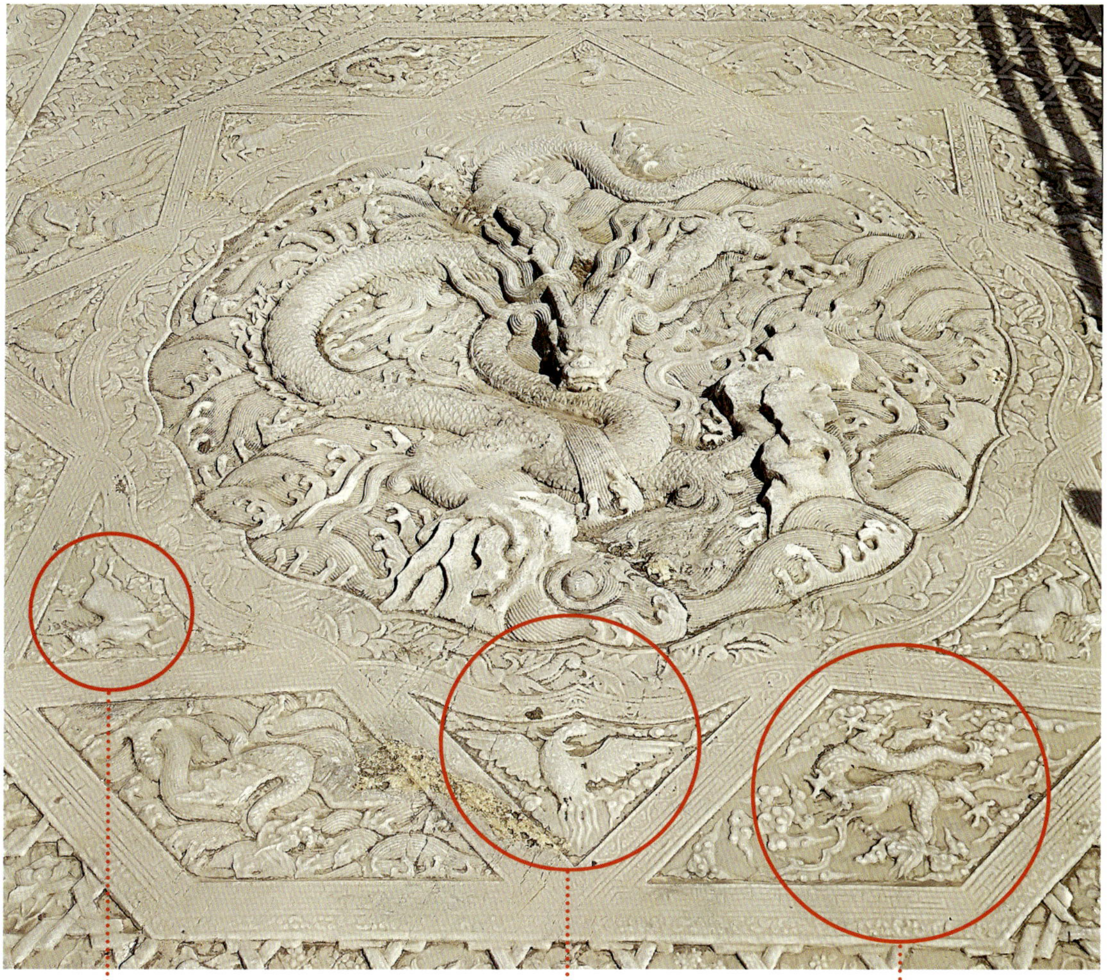

乾清宫前丹陛石

紫禁城的匾额，在明代时都是用汉字书写的，清代经过一系列调整，最终形成了紫禁城内大部分区域保留满汉两种文字匾额的规制。袁世凯称帝，将自己计划使用的紫禁城外朝区域宫殿匾额上的满文全部去掉；内廷部分，当时供退位的溥仪使用，所以原有匾额上的文字得以保留。因此，我们今天才能见到满汉两种文字的乾清宫匾额，而外朝区域宫殿则只有汉字匾额。

在人们的想象中，乾清宫装饰华丽，珠宝琳琅满目。但其实乾清宫内日常陈设并没有人们想象的那么奢华。只有在某些节日或重大事件发生时，宫殿内部才会有特殊的陈设，属于临时性的布置。我们如今去乾清宫看到的就是按宫廷日常生活原状做的陈列。

“匾额”的分界线

本图据《清宫述闻》《故宫辞典》等资料绘制，绿色和粉色区域与一般所讲的外朝和内廷区域有所重合，但并不等同，其中粉色区域中的畅音阁和阅是楼也是汉字匾。

乾清宫内景

紫檀雕龙座镜

进入乾清宫，首先映入眼帘的就是摆放于地平之上的皇帝宝座——金漆五屏风九龙宝座。宝座旁有铜胎掐丝珐琅角端、仙鹤、垂恩香筒各一对，古铜香炉四个，这些都体现了清代宫殿内“礼藏于器”的思想。角端是古代瑞兽，常伴明君左右，一般陈设在宝座旁。殿内还设有四个高大醒目的紫檀雕龙座镜，南边靠近正门的是两面双面镜，北边的是两面单面镜，均为光绪年间所制。高大的镜子可以从视觉上增大房屋空间，令人更加舒适。

在乾清宫，最著名的就是“正大光明”匾额了。正大光明，意为正直无私、光明磊落，寓意帝王走上承前启后的光明正道。皇帝们以此作为标准要求自己。最早的匾额，是由顺治皇帝御笔亲书的，康熙皇帝将这四个字刻在石上，希望永世保存，后来乾清宫遭遇火灾，顺治皇帝御笔被焚毁。不过现在的匾额是乾隆皇帝（当时已是太上皇）主持乾清宫修复工作时根据石刻重新制成的。

“正大光明”匾后，藏着一个小秘密，这涉及清代的“秘密立储”制度。

康熙皇帝的文治武功都达到了很高的程度，政绩卓著，但在立储方面却并不顺利。皇子胤礽被“两立两废”，诸子明争暗斗，各结私党，使得康熙皇帝心力交瘁。最终皇四子胤禛凭借竭尽孝心、深沉谦退，脱颖而出，受到康熙皇帝青睐，得以顺利登基。雍正皇帝即位后，有感于兄弟反目、钩心斗角之痛，吸取经验教训，根据古波斯王国的立储制度，设计了“秘密立储”的传位方式。也就是皇帝生前不设立皇太子，而是将心中人选写下来。文书一式两份，一份随身携带，一份就放在建储匣中，并将此匣放在“正大光明”匾后。皇帝临终前或者去世后，由他的御前大臣等取下建储匣，将两份文书进行比对，如无误，则拥立新君即位。这种制度有效地避免了皇子之间的权力争夺以及大臣们结党营私。之后的乾隆、嘉庆、道光、咸丰四位皇帝，都是通过这种方法顺利登基，完成了政权的平稳过渡。

朕要随身带着。
正大光明
雍正皇帝亲笔写下遗诏
一份随身携带
一份放到“正大光明”匾后
皇帝去世后，由御前大臣打开建储匣
乾隆皇帝即位

秘密立储

从乾清宫后面可以看到二层阳台。难道乾清宫是两层的宫殿吗？事实还真是如此。

乾清宫二层楼构造

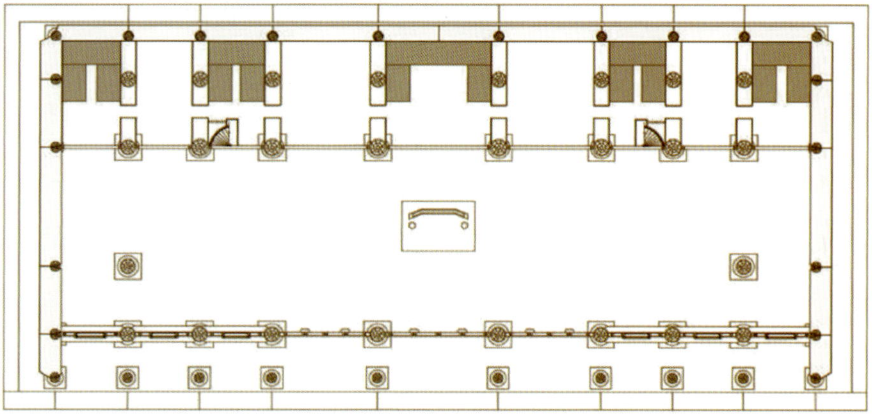

乾清宫一层横剖面图

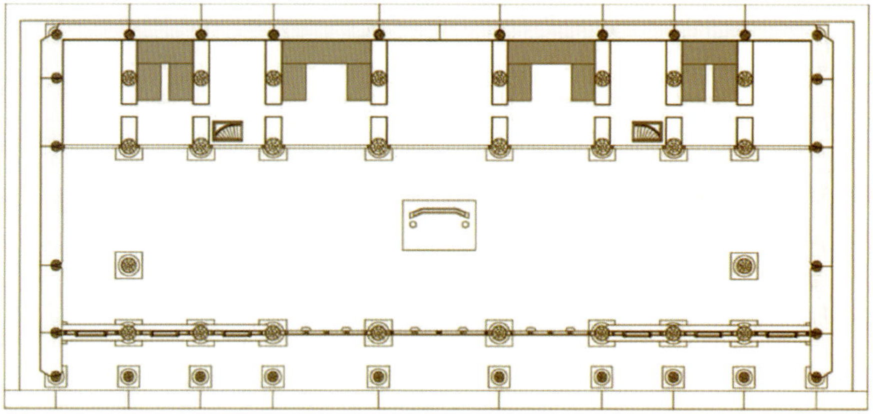

乾清宫二层横剖面图

根据王子林《乾清宫的二十七张床》绘制。

明代乾清宫暖阁就是楼阁形制，叫仙楼，分为上下两层。一层有五个房间，二层有四个房间，共设有龙床二十七张！难道皇帝需要这么多张床休息吗？其实，这是皇帝故布疑阵，令刺客不知道自己睡在哪里，用以保障人身安全。但人算不如天算，明代的嘉靖皇帝在此休息时，就险些被伺候他的十六名宫女勒死！这就是著名的“壬寅宫变”。

桃李沐春风

02
桃李沐春风

良好的教育，是人格发展的重要基石。乾清宫区域内，就专设有供皇子皇孙接受教育的重要场所。

上书房

在乾清门内东侧，有两栋坐南朝北的朝房，如同臣子一般，默默注视着乾清宫，清代的阿哥茶房和上书房就设立于此。古人云“读书不觉已春深”，皇子学习所在的上书房就是乾清之春最好的代表。

上书房的设立，源于康熙时期。最初，上书房的位置并不固定，直到雍正时期，才明确设置在乾清门内东侧庑房。根据史料记载，上书房早期也写作“尚书房”，在道光年间才统一写法，为“上书房”。

上书房授课

在我国古代，太子是国之储君，多居住于皇宫东侧。东在中国传统的五行学说之中属木，代表春天。不过，在实行秘密立储的清代，太子的概念已经不是那么明确了。只要有能力，都有成为下一任帝王的机会。皇子们在上书房里一起学习文化知识，不断完善自我，当然，在上书房就读的不止皇子。乾隆皇帝长寿，子孙满堂，当时，上书房内还出现了皇孙、皇曾孙、皇元（玄）孙在一起学习的情况。

负责教授皇子、皇孙们读书的人员称为上书房师傅，他们都学富五车。师傅们的授课内容主要分为德和才两部分。清嘉庆皇帝曾经对教授三阿哥爱新觉罗·绵恺的上书房师傅周系英说，不但授读作诗文，须教阿哥为人，居心以忠厚为要。在长时间的学习过程中，师生间也产生了深厚的情谊。古人将学生称为桃李，而栽培“桃李”的上书房师傅们，就如同春雨一样浸润着皇子们的心灵。

上书房师傅们的工作是培养皇室子嗣，责任重大，如果教授方法得当，效果良好，就会受到皇帝的表扬。比如乾隆时期，上书房师傅蔡新因材施教，得到乾隆皇帝赞许。在蔡新九十岁的时候，嘉庆皇帝还亲题“绿野恒春”匾赠给这位老师傅。如果师傅偷懒旷工，就会受到相应的惩罚。有一次，乾隆皇帝巡查上书房，发现师傅们竟然集体旷工，大发雷霆，将刘墉、谢墉等入直上书房的师傅们降职。给皇子们当老师，也不是一件容易的事。

嘉庆皇帝赐匾额

乾隆皇帝巡查

上书房的师傅们享有尊贵的身份和较高的地位。清代官员们在下雨天戴的雨冠，颜色是有区别的：三品以上文武大臣，雨冠是红色的；四到六品的文武大臣，雨冠中间是红色，边缘是青（黑）色；七到九品的文武大臣，雨冠中间是青（黑）色，边缘是红色。上书房入直的师傅们和三品以上文武大臣一样用红色雨冠。

祀孔处

上书房东侧，那间坐东朝西的小屋是祀孔处，是祭祀所有读书人的老师——孔子以及历代先贤的地方。

三品以上文武大臣、上书房师傅雨冠

四到六品文武大臣雨冠

七到九品文武大臣雨冠

没有顶戴的军民人等雨冠

皇子们练习射箭

孔子是春秋时期鲁国人，被后世尊称为孔圣人、文圣、至圣、大成至圣先师等。清代宫中祭祀孔子，除了希望皇子们积极学习、认真读书，更多的是希望通过儒家经典教化万民、调和民族矛盾等。皇子们六岁就会进入上书房读书，入学当天还要去祀孔处向孔子神位行礼，以示尊师重教。

此外，每年元旦（过去的元旦指春节），皇帝还会来到这里瞻仰并祭祀孔子神位。

皇子们祭拜孔子

药服待夏晴

03 药服待夏晴

夏日炎炎，宫中的人们都不惧烈日，因为御药房的太医们早就想好了防暑降温良策；宫中的人们也乐意接受太阳的馈赠，欢乐地“晒龙袍”。

清代，祀孔处北侧，就是大名鼎鼎的御药房。在其中工作的各位御医，穿行于三宫六院，为皇室成员治疗疾病，并负责皇室成员的保健工作。即使在夜间，宫中也会安排御医侍值。御药房中保存的大量药材，都是从全国各地，甚至世界各地（外国馈赠或海关进口）运至宫城，专供皇室使用的，自然是弥足珍贵。

御药房

明代御医选拔政策

炎炎夏日，防暑降温是御药房的工作重点。为此，每年从小暑日起，至处暑日止，清代的御医们每天清晨要在乾清门、圆明园大宫门等地准备香薷汤。香薷是一味中药，具有发汗解暑、行水散湿、温胃调中之用。

香薷汤

这么看来，御药房还真是乾清之夏不可或缺的标志。从御药房向北，经过日精门、自鸣钟处，我们就到了乾清之夏的另一处标志——端凝殿。

端凝殿

端凝殿始建于明嘉靖时期，上为黄色琉璃瓦顶，下层石台高 1.1 米，梁枋以旋子彩画为主。什么是旋子彩画呢？其实就是彩画以旋花为主题进行构图，它因此有一个更生动形象的名字——“蜈蚣圈”。

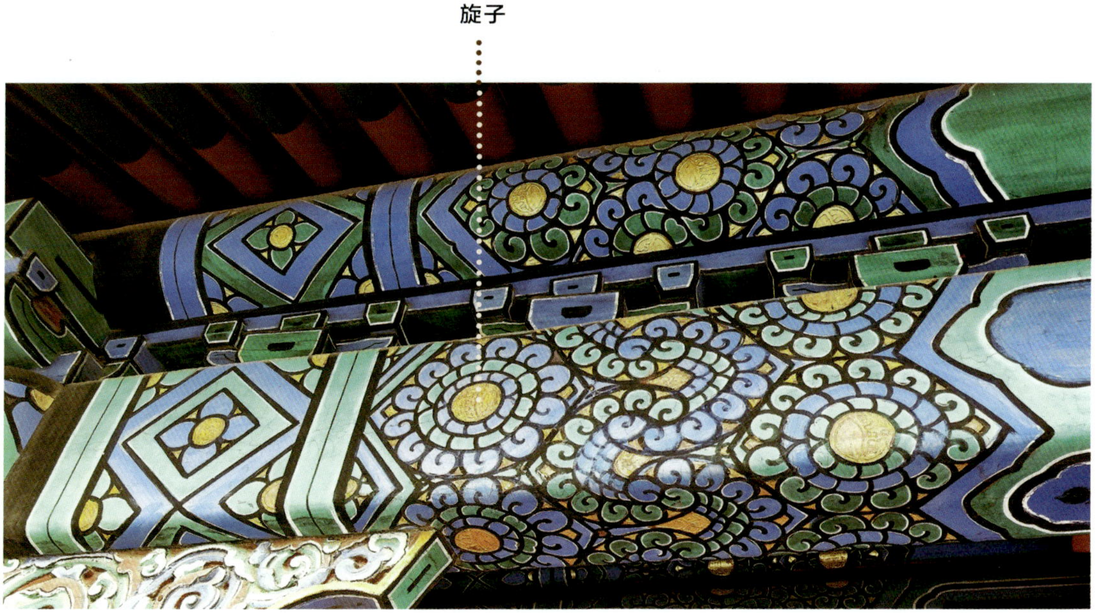

梁枋藻头

为什么说端凝殿是乾清之夏的标志之一呢？原因有两个：首先，这里发生过一件很巧合的事，与一位姓夏的大臣有关。相传端凝殿建成后，嘉靖皇帝命大臣为此殿取名。有一名官员上书皇帝，他认为端凝之名最为恰当，端凝取义于“端冕凝旒”，端冕意思是皇帝要摆正头上的皇冠，凝旒是让皇冠前的垂珠停止摆动。二者结合起来，寓意皇帝头部稳重，头脑清醒。嘉靖皇帝听后十分欣喜，并厚赏了上书的官员——时任礼部尚书的夏言。

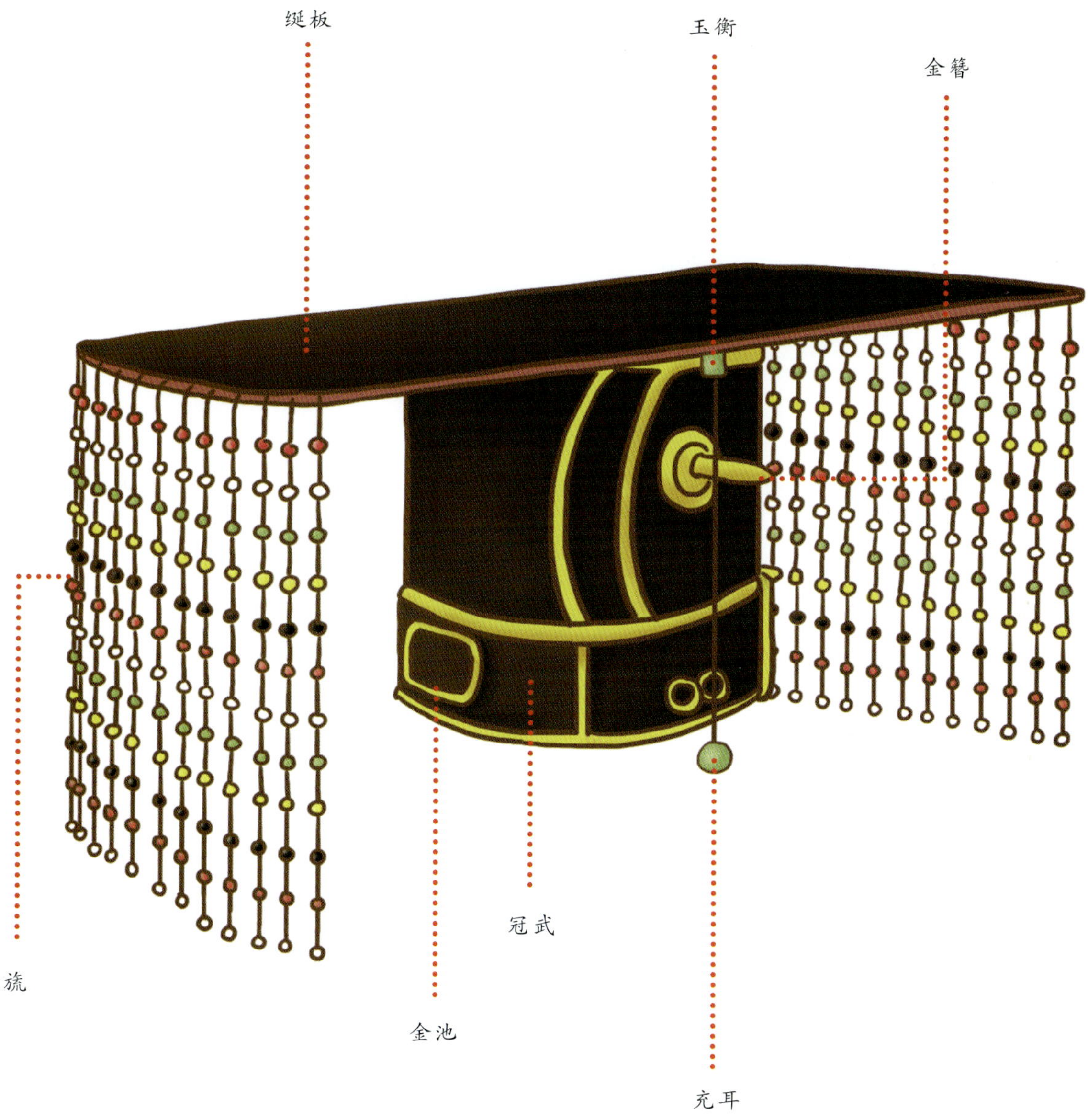

皇帝冕旒（十二旒冕）

其次，宫中有“六月六，晒龙袍”的习俗。端凝殿是明清两代储藏皇帝冠冕和朝服等的地方。这些衣物如果长期封存不使用，难免会生虫有味。所以，宫人们就会在炎炎夏日，将龙袍等从端凝殿中请出，进行晾晒。

月

月亮当中常绘有玉兔，取材自嫦娥奔月的神话传说。

黻

图形为两个己字相背，象征君臣相济。也有说法是背恶向善，有所取舍。

藻

水草形状，柔弱中又透着强韧，象征皇帝的品行冰清玉洁。

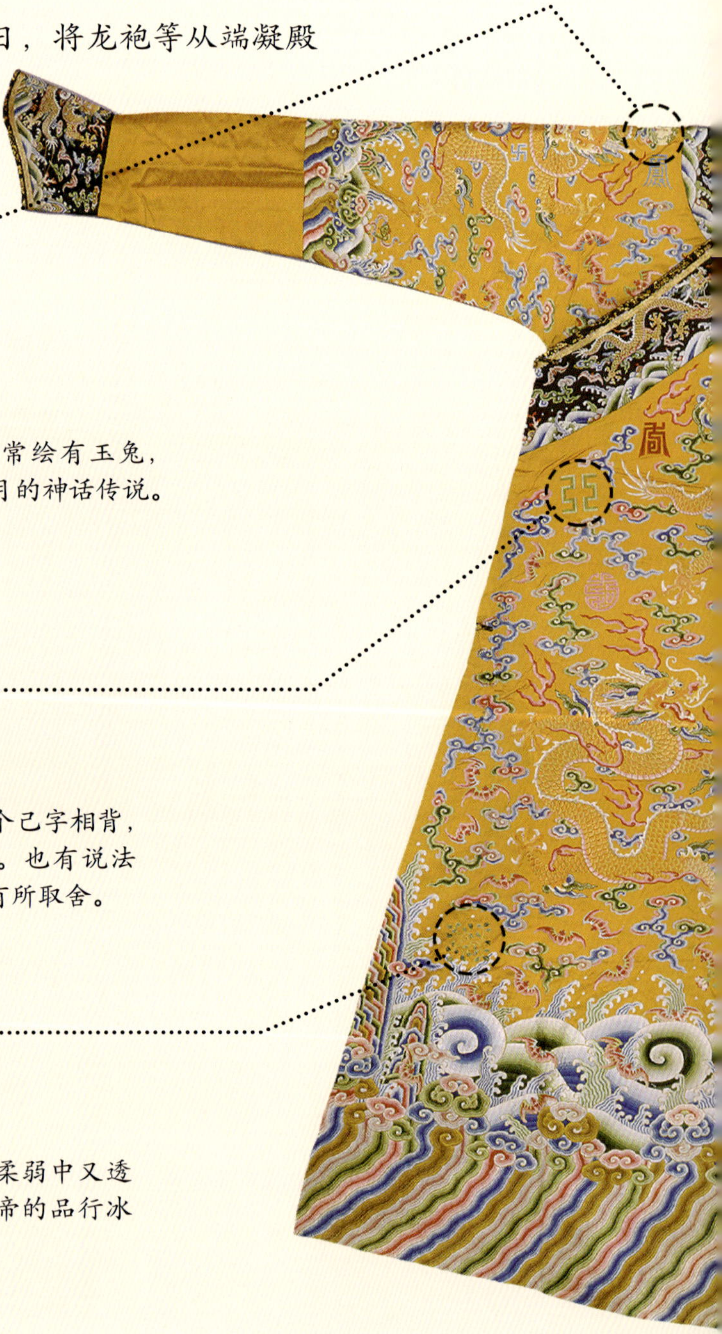

乾隆皇帝明黄色缎绣彩云黄龙夹龙袍（正面）

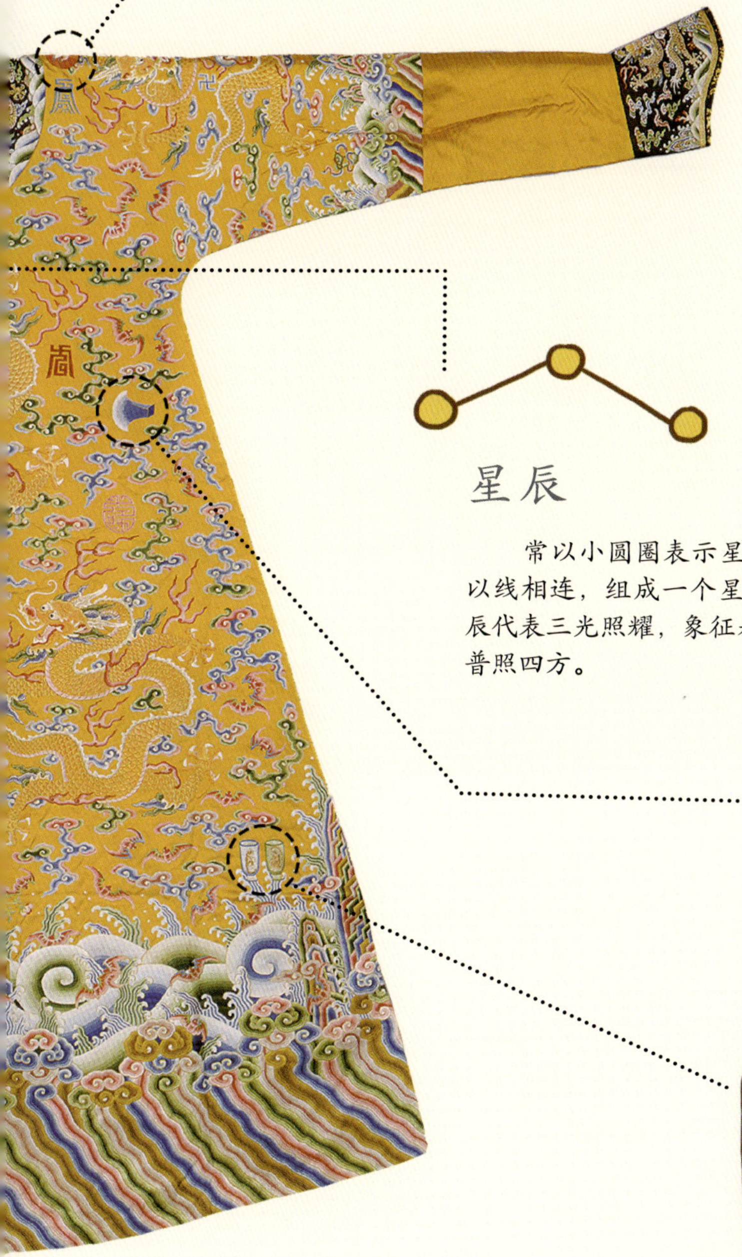

日

太阳当中常绘有三足金乌。三足金乌是古代神话传说中的一种神鸟，它能驾驭日车，也就是驮着太阳飞行。

星辰

常以小圆圈表示星星，星星间以线相连，组成一个星宿。日月星辰代表三光照耀，象征着皇恩浩荡，普照四方。

黼

为斧头形状，象征皇帝干练果敢。

宗彝

古代祭祀中使用的一种器物，通常是一对，绣虎纹和蜼（一种长尾猿）纹，虎象征威严，蜼象征聪慧。

十二章纹，是指中国古代帝王朝服、吉服上绘绣的十二种纹饰，是帝制时代的服饰等级标志，象征着统治者所具备的十二种优秀品格。它们分别是日、月、星辰、山、龙、华虫、宗彝、藻、火、粉米、黼、黻，通称“十二章”，绘绣有章纹的礼服称为“章服”。

龙

龙是古代神话传说中的神异动物，象征祥瑞。在中国传统文化中，“龙”有着非常重要的地位。在封建时代，龙逐渐成为皇权的象征。帝王将自己比作真龙天子。

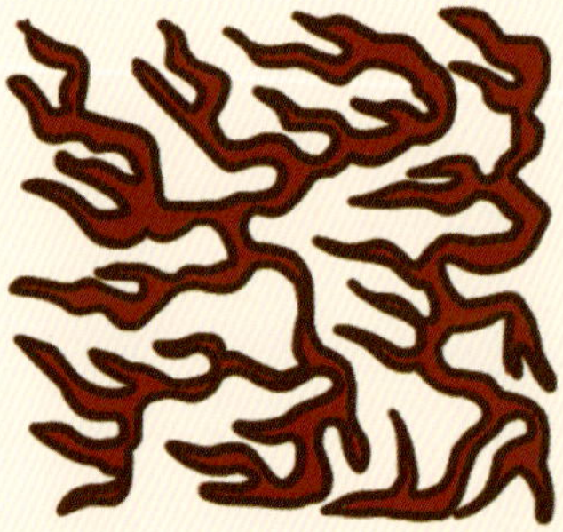

火

火象征帝王处理政务光明磊落。

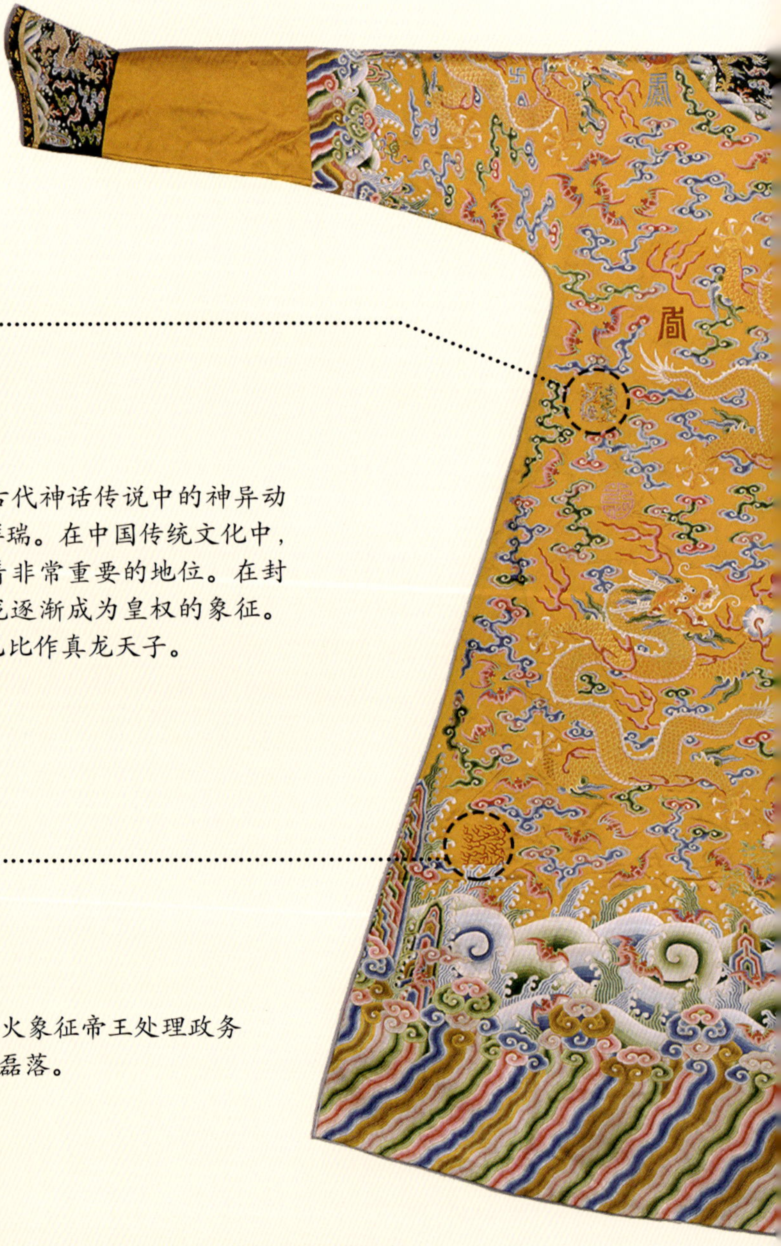

乾隆皇帝明黄色缎绣彩云黄龙夹龙袍（背面）

十二章纹并不是清代服饰中独有的现象，而是历代天子服饰中普遍采用的。数量最初并不是十二章，而是经历了由少而多的演变过程。其发展的过程，我们不过多解释。让我们来认识一下这些纹饰吧。

山

山代表着性格稳重，象征帝王治理四方水土。

华虫

一种漂亮的鸟，象征帝王有着出众的文采。

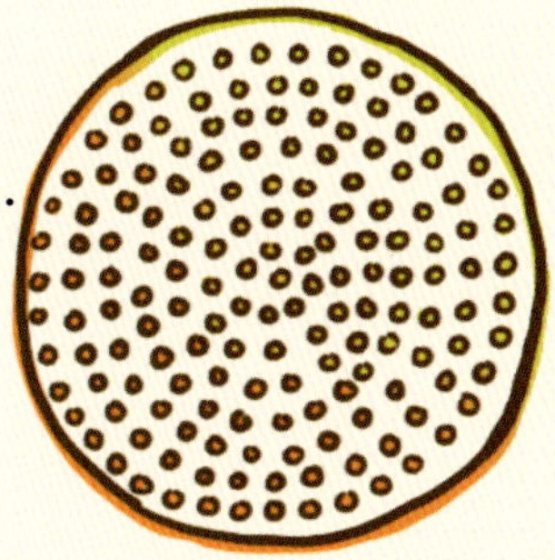

粉米

即白米，象征着皇帝安邦治国，重视农桑，给养着人民。

勾决闻秋雨

04
勾决闻秋雨

国家的发展，离不开法律的设置完备与严格实施。皇帝贪玩是对国家不负责任。

懋勤殿

和端凝殿遥遥相对的，就是乾清之秋的标志性建筑，它的名字叫“懋勤殿”。懋勤殿与端凝殿都是明嘉靖年间建成的，清代沿用懋勤殿之名，但意思却发生改变。明代的懋勤，是指“懋学勤政”；清代的懋勤，则是指“懋文勤武”。

在紫禁城内，皇帝的书房有很多，懋勤殿北侧的房间（又名懋勤殿北房）就是其中之一，里面收藏了大量文房四宝、帝王闲章、书画秘本等，康熙皇帝幼时还曾在懋勤殿读书学习。

懋勤殿最为重要的一个功能，是秋谳。秋谳，就是秋审。清代，每年秋季，各省将判处死刑尚未执行的案犯，集中于省城关押，案犯卷宗根据案情分成几类，上报刑部。刑部会同大理寺等对案件集中审核，提出意见，最后奏请皇帝裁决。皇帝及相关大臣在懋勤殿将确定判处死刑且审核无异的人名，用朱笔勾出，再交付刑部执行。因此秋谳又称“勾到”或“勾到仪”。民间常说的“秋后问斩”，其实就是省城官员在等京师传来秋审的结果。王朝律条，也不能轻易地因人而改。古人认为，西方在五行学说中属金，四季中代表秋天，主刑杀。所以，位于西方的懋勤殿“勾到”，符合阴阳五行规范。

康熙皇帝勾到

乾清宫广场中央有一条高出地面的石台通道，两侧设置了很多望柱和螭首，以彰显皇家气势。这条高大的通道下面，也是暗藏玄机。比如，丹陛桥北端下面，有一个勉强能容一人通过的门洞。乾清宫广场被连接乾清门和乾清宫的丹陛桥分成东西两部分，所以乾清宫广场东侧的日精门和西侧的月华门之间的交通也被“阻断”了。为了方便穿梭于紫禁城内廷部分的宫女太监通行，工匠们在丹陛桥北端的石阶之下“另辟蹊径”，开出了一个小门洞，开辟了一条贯穿东西的涵洞。这种灵活的处理方式，既方便了人们的使用，又不损乾清威严。

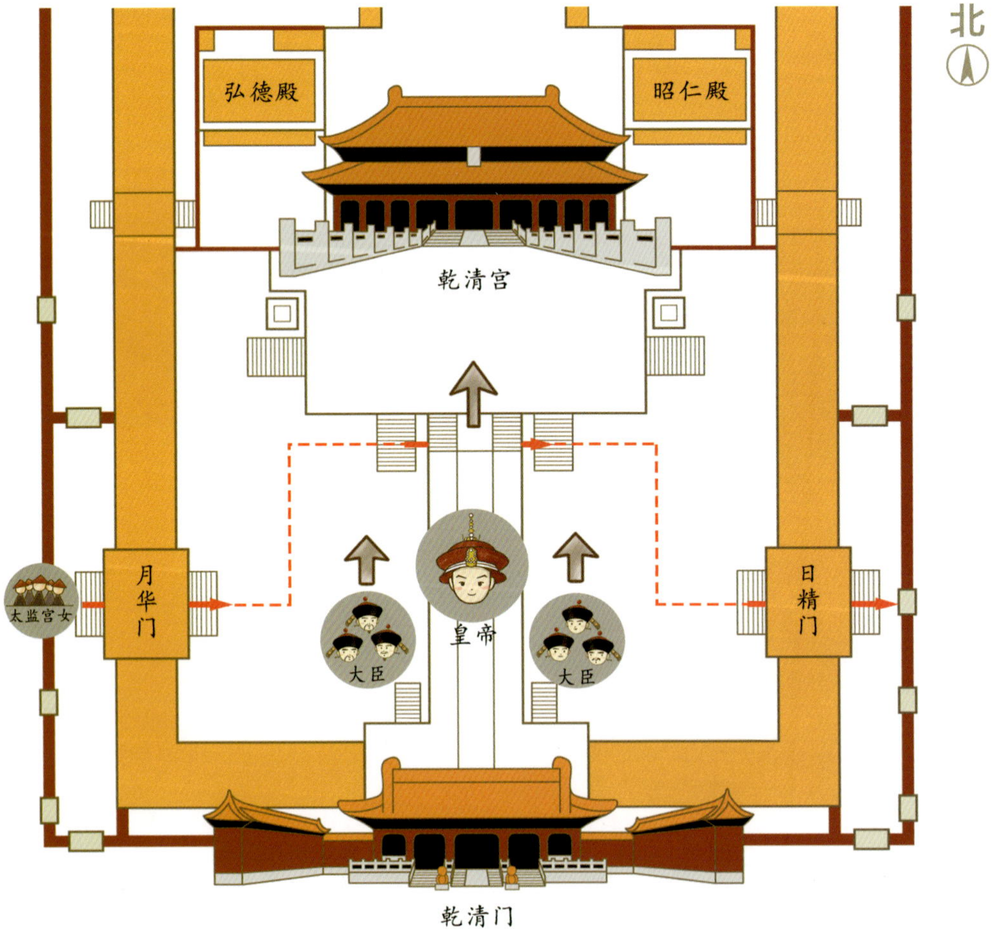

乾清宫区域示意图

天启皇帝捉迷藏

故宫的老虎洞

古代工匠将堤形道路下横向的拱形涵洞称为“老虎洞”。乾清宫前的丹陛桥如同一座飞架南北的“桥”，它下面的横向门洞，当然就是老虎洞了。

民间常说的“秋老虎”，是指入秋以后，暑气并不会马上消散，炎热仍会持续一段时间。但是在老虎洞里，两侧通风，四周阴凉，即便是“秋老虎”，也会乖乖降服。当然，不光是“虎”，老虎洞也曾让“龙”流连忘返。明代的天启皇帝朱由校喜欢玩捉迷藏，曾经就藏在这里。皇帝自认为躲藏地点十分隐秘，但太监们不费力气，顺着香味就找到了皇帝，这是为什么呢？因为皇帝忘记摘掉随身携带的香囊。

盛宴赏冬灯

05
盛宴赏冬灯

康乾盛世是封建王朝历史上的辉煌一页，从乾清宫冬天的装扮与活动就可见一斑。

乾清宫月台上下，各有两个汉白玉基座，陈列在东西两侧。它们是用来安置万寿灯和天灯的灯座。

万寿灯灯座

天灯灯座

清代规定，每年腊月二十四，在乾清宫前安置万寿灯和天灯，万寿灯靠内，在月台之上；天灯靠外，在月台之下。安灯当天，内务府大臣会派人将灯举进乾清门。

万寿灯的杆上有托，上有圆亭。万寿灯上有八幅写满吉祥诗句的灯联 。灯联每日升起，除夕时更换。特定日期还有上灯和出灯活动。上灯是指在除夕，元旦（正月初一），正月十一、十四、十五、十六等日，将万寿灯上的灯联撤下，换上串好的灯。上灯之时，宫中还会奏起《火树星桥》之乐。出灯是指在正月十八，将万寿灯撤出乾清宫区域。

天灯与万寿灯灯座分布

万寿灯示意图

现代复原的万寿灯

天灯的顶端是一挂椭圆形灯笼，内装蜡烛。灯笼是用绳子吊起的。天灯自安置之后，每晚都要点灯，直至二月初三出灯。

此外，由于天灯和万寿灯都是冬季安置，为了防止大风损坏灯笼和灯联，宫人们会将灯笼和灯联系牢，并在灯座旁放置特殊的道具。

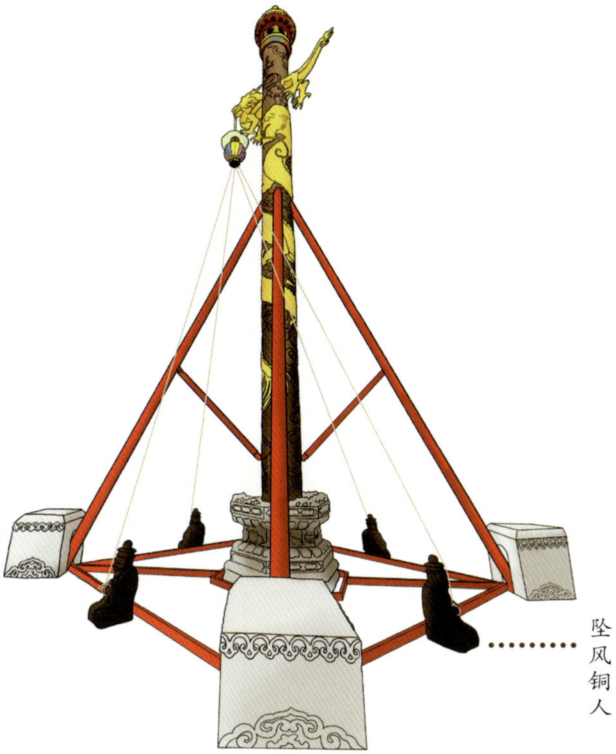

天灯示意图

现代复原的天灯

天灯灯座旁是四个铜人。这些铜人，叫坚风铜人，顾名思义，就是起到固定作用的铜制人形器物，而万寿灯的灯座旁则放置坚风甜瓜式铜鼓。虽然两种灯形态各异，作用不同，但都寓意皇帝万寿无疆、与天同寿。

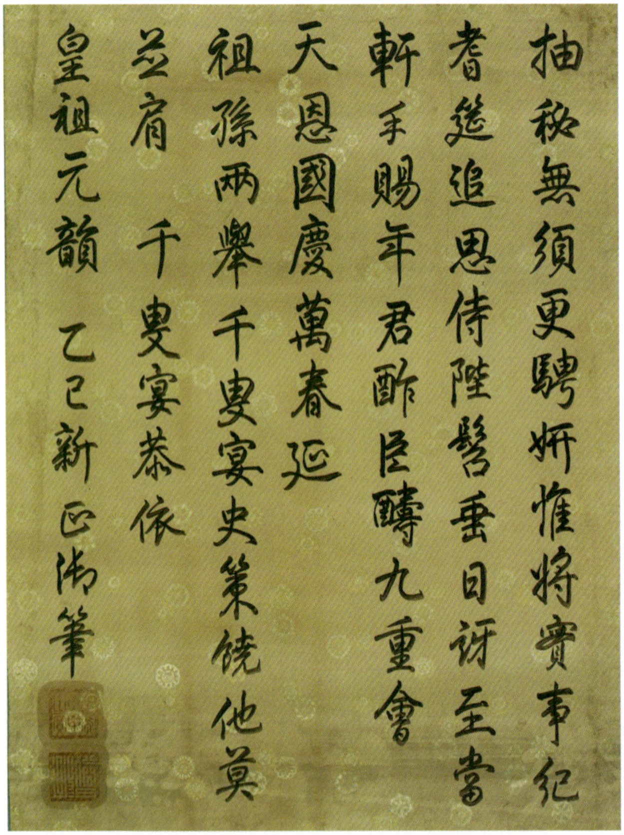

抽秘无须更骋妍，惟将实事纪耆筵。追思侍陛髫垂日，讶至当轩手赐年。君酢臣酬九重会，天恩国庆万春延。祖孙两举千叟宴，史策饶他莫并肩。

千叟宴恭依皇祖元韵

乙巳新正御笔

弘历行书千叟宴恭依皇祖元韵七律字条

出自乾隆皇帝所作《千叟宴》诗。

当然，独乐乐不如众乐乐，皇帝也会赐福他人。除了大赦天下、轻徭薄赋，最好的方式就是举办宴会了。而清代最有特点的宴会，莫过于千叟宴。

千叟宴，是清代宫廷中规模最大、参加人数最多的宴会。千叟宴始于康熙时期，盛于乾隆时期。嘉庆朝以后不再举行。它是古代尊老敬贤思想的集中体现，也是盛世繁荣的象征。众所周知，如果一段时期内，战事频仍，民不聊生，那么人均寿命就会大大缩短；相反，如果一段时期内国泰民安，那么人均寿命也会相应增加。

清代曾经举办过四次千叟宴。康熙朝举行过两次，每次分别为旗人和汉人单独举行——康熙五十二年（1713）三月二十五的汉人宴和三月二十七的旗人宴，以及康熙六十一年（1722）正月初二的旗人宴和正月初五的汉人宴。乾隆、嘉庆时期也举行过两次，所有文武官员，六十岁以上者都参加。不分民族，共同赴宴，时间分别在乾隆五十年（1785）正月初六和嘉庆元年（1796）正月初四。清代的千叟宴，地点并不固定。康熙五十二年千叟宴在畅春园举办，嘉庆元年千叟宴在乾隆皇帝为自己归政改建的太上皇宫——宁寿全宫举办。而康熙六十一年、乾隆五十年的千叟宴，都在乾清宫举办。

四次千叟宴介绍

<table>
<tr><th>皇帝</th><th>时间</th><th>地点</th></tr>
<tr><td rowspan="2">康熙时期</td><td>康熙五十二年（1713）
三月二十五（汉人宴）
三月二十七（旗人宴）</td><td>畅春园</td></tr>
<tr><td>康熙六十一年（1722）
正月初二（旗人宴）
正月初五（汉人宴）</td><td>乾清宫</td></tr>
<tr><td rowspan="2">乾隆、嘉庆时期</td><td>乾隆五十年（1785）
正月初六</td><td>乾清宫</td></tr>
<tr><td>嘉庆元年（1796）
正月初四</td><td>宁寿全宫</td></tr>
</table>

宴会之上，皇帝向老者敬酒，这些老者也会和皇帝一起联席赋诗，恭祝皇帝万寿千秋，四海一统。千叟宴席分为一等桌和次等桌。据记载，千叟宴只有少部分人可以进入乾清宫用餐，大部分人则是在宫外月台或广场上。殿外，寒风刺骨，滴水成冰，还好当时千叟宴的菜品是以火锅为主，食物不至于都是冰冷的，老人们也可以借火锅取暖。

千叟宴举办之时，恰是乾清宫万寿灯和天灯高悬之际，老人们一边饮酒食肉，一边观灯赋诗，也是其乐融融。

到此为止，我们共同走过了乾清宫区域的春夏秋冬，现在的你，对于帝王之家是否有了全新的认知呢？偌大的紫禁城，承载了太多历史与故事，或许在实地参观之时，你会敏锐地找到更多的秘密。想想看，走近古人的世界，细细品味他们的生活意趣，那是多么令人兴奋的探秘之旅！

故宫宣教
THE PALACE MUSEUM
PUBLICITY AND EDUCATION

我要去故宫系列

探秘 交泰殿 坤宁宫

故宫博物院宣传教育部 / 编著　果美侠 / 主编
本册作者：范雪纯
本册绘者：御鉴文化（北京）有限公司　陈欣

中信出版集团 | 北京

探秘交泰殿坤宁宫

编　　著：故宫博物院宣传教育部
主　　编：果美侠
本册作者：范雪纯
本册绘者：御鉴文化（北京）有限公司　陈欣
摄　　影：齐梦伯
图片提供：故宫博物院资料信息部
策划出品：故宫博物院
　　　　　御鉴文化（北京）有限公司
出版发行：中信出版集团股份有限公司
　　　　（北京市朝阳区东三环北路 27 号嘉铭中心　邮编　100020）
承 印 者：北京瑞禾彩色印刷有限公司

序言：我要去故宫

去故宫，可以有许多理由：陪亲朋，遛孩子，看展览，拍美照……

不去故宫，往往只有一个理由：太无趣！

相似的院落，差不多的建筑，看过和没看过，似乎没什么差异。如果不是真心喜欢，如果不是迫于无奈，自己说出“我要去故宫”的，可能少之又少。

常年工作在故宫的我们，也不是每个人都能把各个宫殿的与众不同讲出来。揭开600年宫殿建筑的奥秘，需要善于发现的眼睛，需要勇于探索的精神。

一群在这里工作的年轻人，每年向数以万计的游客讲述同样的建筑历史，述说600年不变的宫殿故事，好无趣！不妨换种方式，看看有什么能够吸引人们的看点，整理出新奇的探秘主题，既激发自己去主动发现，也让大家对故宫兴趣盎然。于是，从给学生参观使用的探秘学习单开始，我们策划了《我要去故宫系列》探秘图书。

匆匆的游客，常常一小时走过一座城。而我们，想让孩子们一小时只看一座宫。从中轴线，到东西六宫，再到外西路和外东路，20个建筑区域，构成了20册书的内容主体。既讲建筑，又说历史；既有精美的文物呈现，也有有趣的故事传说。看得见的，引你看细节；看不见的，诱你来想象。文字与插图相辅，内涵与颜值并重。这说的就是《我要去故宫系列》图书。每册分多个主题，涉及建筑、历史、藏品等内容，选题有趣、文字好读、插图好看！

午门，这里是紫禁城的门面担当，既有颜值，又有故事。午门前威严的皇宫仪仗中，竟曾有盛装的宝象，还有宝象拉的辂。

太和门，这里有规矩，讲秩序，门前的古物不只我们不知是做什么用的，就连曾经住在这座宫城里的皇帝也不知。石栏杆的火焰望柱头，开了洞的警报器石别拉似乎也不难发现。

太和殿，皇宫里最重要的建筑，历经600年风雨洗礼，既有灭火的陈设，也有克火的理念，只为向你证明曾经的盛世繁华，可以绵延不变。

保和殿，这里不仅是科举士人的考场，也是清初帝王的临时寝宫。方方正正的中和殿，更是帝王筹备亲耕之礼、关注皇家玉牒的重要场所。

乾清门，朝和廷的分野、家与国的界限，皇帝运筹帷幄在内，军机昼夜值守于外。皇帝很辛苦，大臣也不易，宫里禁火烛，官员上朝，几乎都得黑灯瞎火入宫，“蹭灯”的机会少之又少。

乾清宫，这里是帝王寝宫，却也传来皇子的琅琅读书声。这里药味浓，龙袍新，年节大典，更是院内高悬百丈灯，举国君民齐欢庆。

坤宁宫，凤舞千秋的世界，满汉交融的风格透过门、穿过窗，印在屋内的诸多角落。交泰殿的无为匾，一匾述说出三代帝王与这宫殿的渊源。

御花园，这里春有百花秋有月，夏有凉风冬有雪。钦安殿内护佑宫殿免遭火灾的玄武大帝，不知道是否注意到园内亭子中，井亭竟然没有顶。

西六宫，果然是宫闱趣事多，两枚锈迹斑斑的铁环，记载的是宫内静谧生活中难得的欢娱。末代帝后也在这里赶着新潮，穿洋装、吃西餐、学英语，西方的玩意儿在这里一样不少。

东六宫，曾经的后妃居住地，遗留下一座未建完的西式建筑，只能凭想象复原其类似水族馆的华美。其他的院落，也各有各的故事，既见证繁花盛放，也目睹香魂陨落。

宁寿全宫，看似普通的皇极门，竟然也是有限空间内建造出的另一座“小午门”。门内的皇极殿，更是有着乾清宫的外表，却发挥着太和殿的功用。乾隆皇帝的乐寿之所，不仅有乾隆，还有“钱龙”，而晚清的慈禧太后，也把这里作为御用居处，内政外交，见证了时代的更迭。

乾隆花园，文人的雅致随处可见，禊赏亭、古华轩、碧螺亭、藤萝顶，处处精致，处处惊喜。乾隆皇帝倦于勤，欣赏花园勤而不倦，乐此不疲。

慈宁宫，御路石上的小蜥蜴和门前的麒麟兽一同述说着这里的秘密，屋顶独特的轩辕镜与院内与众不同的月晷，则告诉你这里主人的独特身份。

重华宫，是“养在深闺人未识”的宫苑建筑，弘历在这里娶了他挚爱的富察氏。当了皇帝（乾隆皇帝）后也到这里举办茶宴，君臣之间赋诗联句，雅性使然、默契使然，更是家国天下的情怀使然。

养心殿，八代帝居一定不负众望，既有治国理政之所，也显生活起居之便，更有闲暇怡情之趣。小小的三希堂，幻化出大空间，一幅通景画，巧妙地让景入画，人也入画！

文华殿，象征水的黑色屋顶还不足以护佑文渊阁的《四库全书》，从屋檐彩画到栏板石雕，水的元素随处可见。“天一生水”而有黑瓦屋顶，“地六成之”便有了屋阔六间！

武英殿，摄政王的权力中心，变身为殿本修书之所。浴德之水蜿蜒而出，于断虹桥畔诉说沧桑。储冰之所，亦呈现皇室消夏之聪慧。

珍宝馆，华丽的珠宝背后，隐藏了采珠人等付出的艰辛。皇室的饰品，最精于其取材的独特。先秦石鼓唐时现，流转千年入深宫。只要有心，你就会被它们的文字和经历感动。

钟表馆，让我们了解中西方再次开启的对话。漂洋过海的计时仪器，成了皇家喜好的有趣玩具，可计时，可打更，可升降，可转花。魔术、水法、音乐、鸟音，无不炫目悦耳，赞从心生。

我觉得，以上这些远远不够，书中好玩的故事、好看的插画，等你去探索，由你去发现。如果每读完一本，你就有拿起书入宫的冲动，我们会万分欣慰。真诚地，真心地，在宫里，期盼你，欢迎你！

果美侠，写于墨尔本旅途

2019 年 7 月 27 日

目录

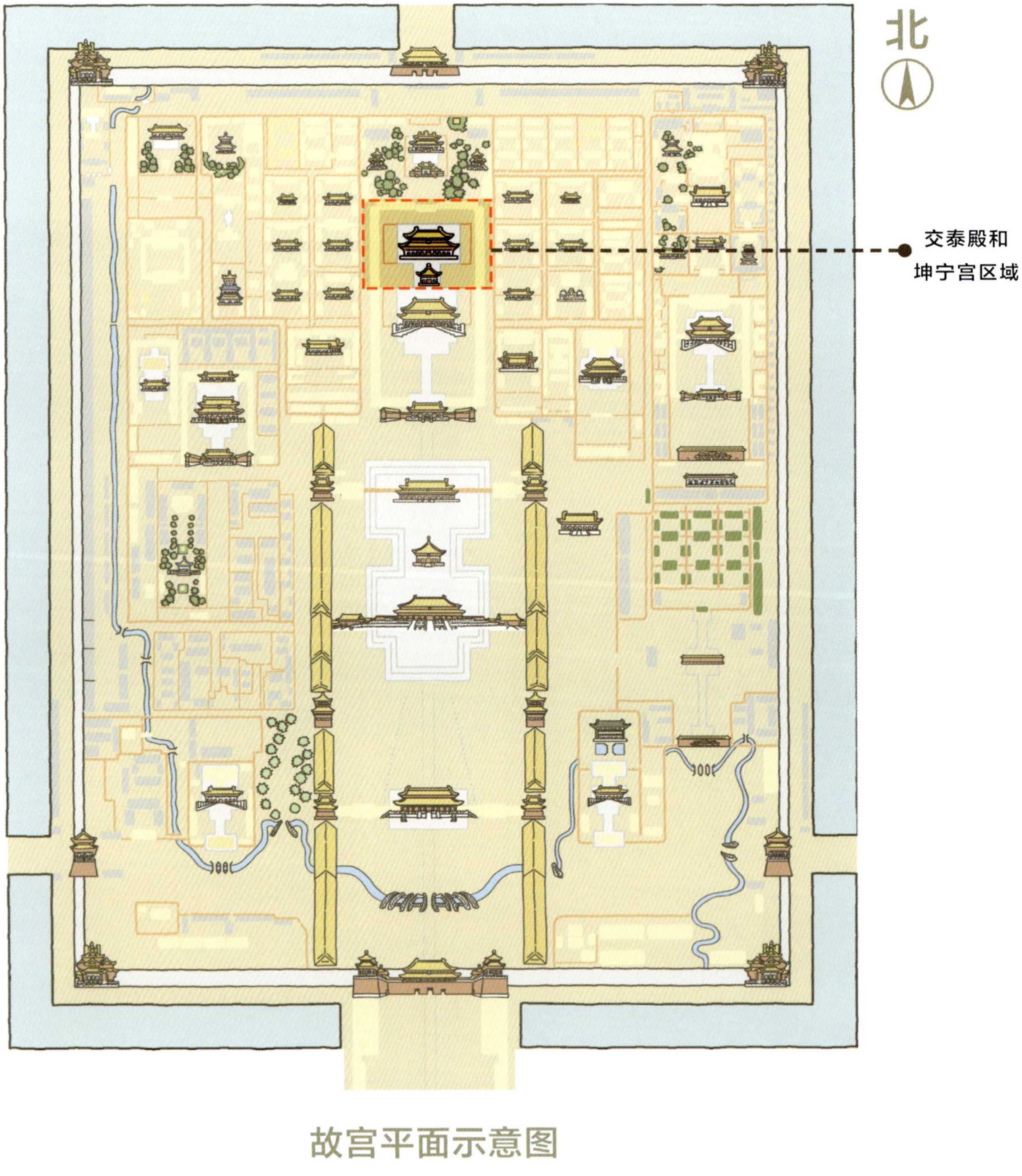

故宫平面示意图

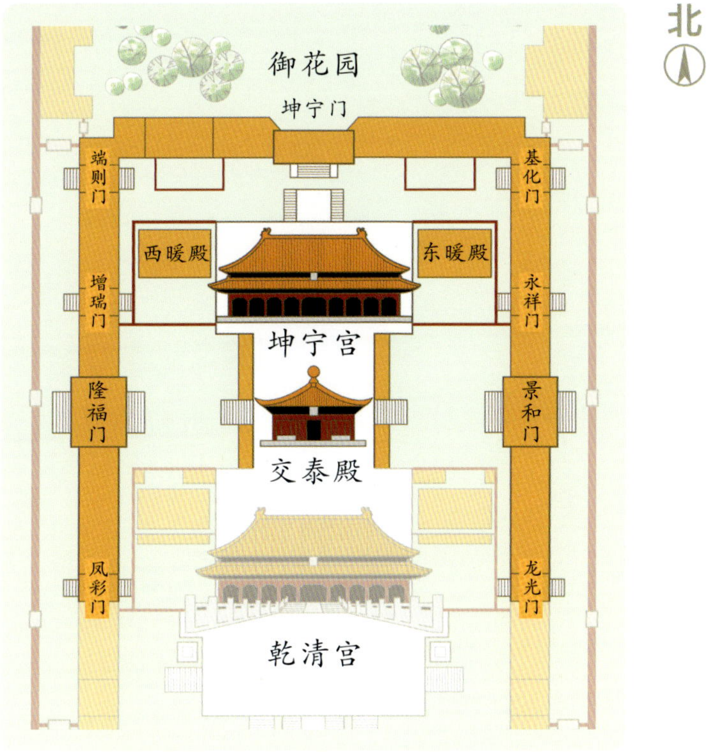

交泰殿和坤宁宫区域平面示意图

欢迎来到交泰殿和坤宁宫！

紫禁城（现故宫博物院）的中轴线，整体上可以分为外朝和内廷两部分。外朝三大殿，主要用来举行典礼仪式，庄严巍峨的建筑，不禁让人肃然起敬，相比起来，内廷区域作为皇帝、后妃居住的场所，开始有了生活气息。内廷中的交泰殿和坤宁宫，正是与皇后密切相关的宫殿。

今天，就让我们通过龙凤呈祥、天地交泰、白驹过隙、满族风俗和宫中细节五个专题，一起走进皇后的宫殿，揭晓交泰殿和坤宁宫的秘密吧！

龙凤呈祥

01 龙凤呈祥

在古代，龙为帝王的象征，凤为皇后的象征。交泰殿和坤宁宫区域装饰有大量体现皇后地位的凤纹，这里也是清代帝后大婚的洞房所在地。

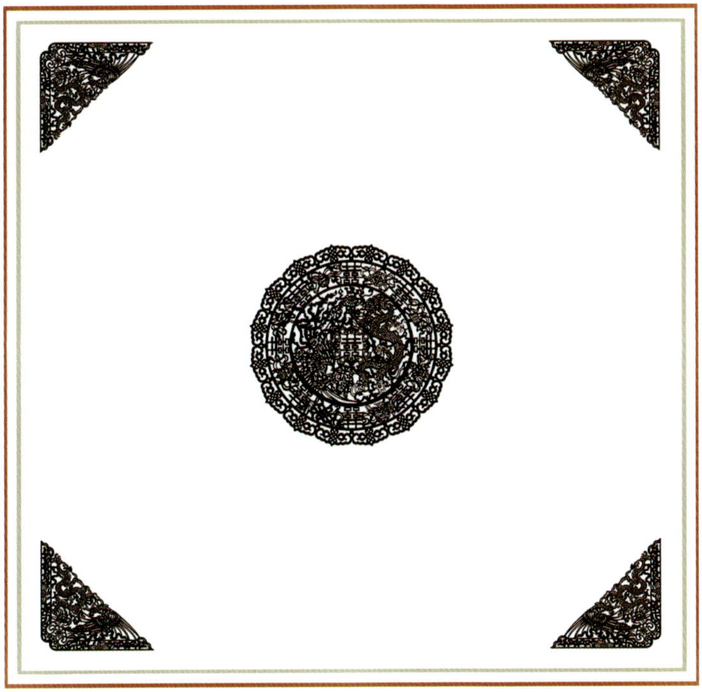

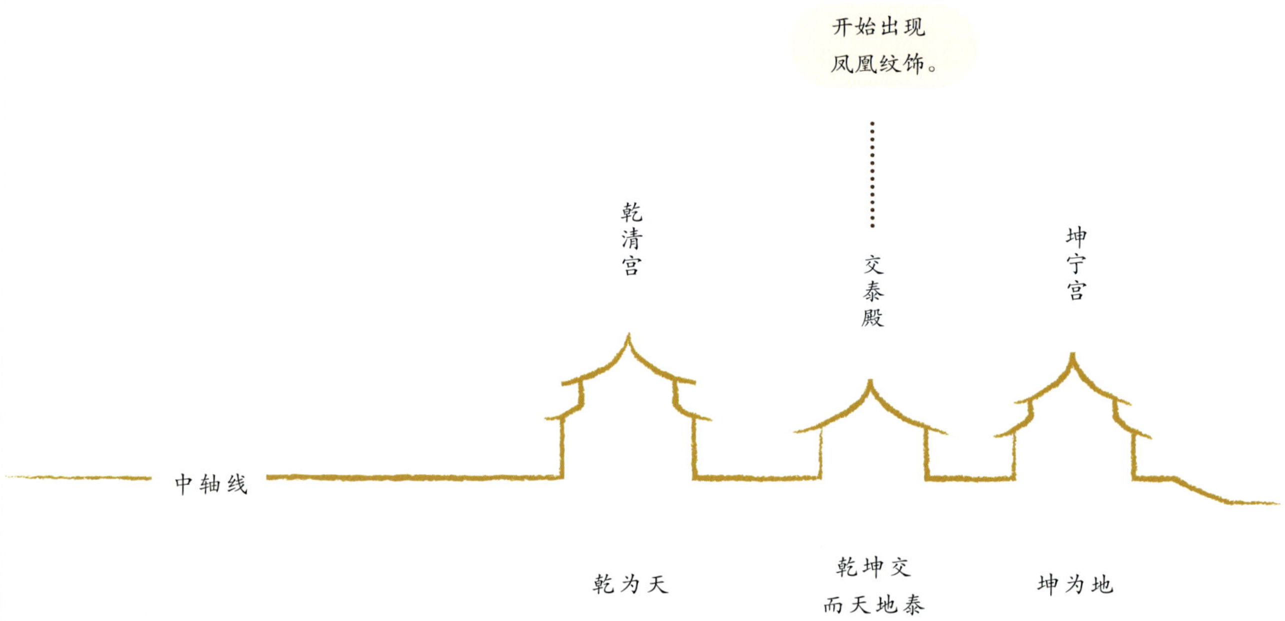

古人通常用龙、凤来分别代表皇帝和皇后。故宫的外朝，是举行典礼仪式的区域，宫殿建筑中，随处可见象征着帝王权威的龙纹，如屋檐下的彩画、太和殿内的蟠龙金柱和金漆宝座等。而内廷区域，沿中轴线向北，从交泰殿开始，则出现了凤凰纹样的装饰，或是金凤起舞，或是龙凤交错，体现着皇后在后宫中的地位。

交泰殿，位于乾清宫和坤宁宫之间。乾清宫是明代皇帝和清代顺治、康熙两位皇帝居住和处理政务的地方，而坤宁宫，从明代开始，一直是皇后名义上的寝宫。乾为天，坤为地，交泰殿之名，取“乾坤交泰、阴阳平衡”之意。代表帝、后的龙纹、凤纹装饰，共同出现在交泰殿的彩画中，龙腾凤舞，上下交错。

除了屋檐下的彩画，交泰殿内，头顶的天花、脚下的地毯，都有大量的凤凰纹饰，就连门板和上面的铜配件，也装饰有凤纹，这在宫中可是个特例。过了坤宁门，通向御花园的台阶中，也嵌着一块四角有凤凰飞舞的石雕呢。如果说外朝三大殿是龙的天下，那内廷的交泰殿和坤宁宫可谓凤凰的世界！

交泰殿屋檐下的龙凤和玺彩画

交泰殿的隔扇门

交泰殿的天花彩画

交泰殿门板铜配件上的凤纹

交泰殿内的彩画

大量地运用凤凰纹饰，强调了皇后在后宫中的主导地位。

交泰殿建筑上的凤凰纹饰

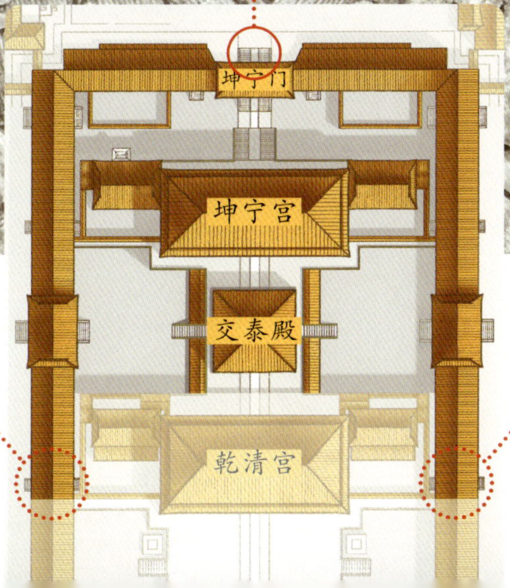

坤宁门北侧的石雕一角

坤宁宫室内东侧两间为东暖阁。

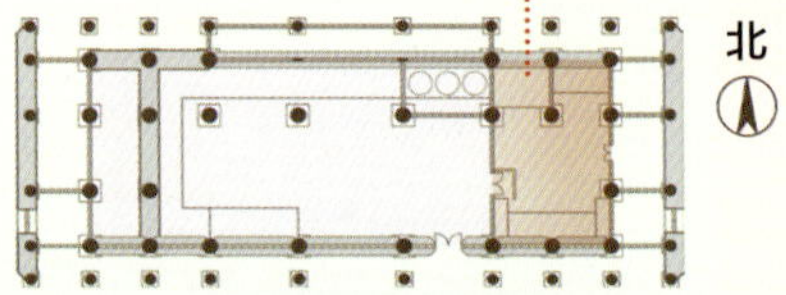

坤宁宫平面示意图

合卺礼是清代皇帝大婚的礼仪程序之一。卺的原意是把瓠分成两个瓢，合卺就是婚礼上夫妻各拿一瓢饮酒，类似于现代意义上的交杯酒。表示夫妻结为一体，共同生活。

坤宁宫，在明代是皇后的寝宫。清代对坤宁宫进行了改建，将东暖阁作为皇帝大婚的洞房。清代年幼登基的康熙、同治、光绪三位皇帝，大婚时都在坤宁宫东暖阁举行合卺礼。逊帝溥仪也在此与婉容举行了婚礼。其他皇帝，大多在做皇子时已经结婚，因此没有在宫内举行大婚典礼。

溥仪

（清）《光绪大婚图》（局部）｜光绪皇帝大婚时交泰殿区域的情景。

坤宁宫的东暖阁现在是按光绪皇帝大婚时的原状所布置，处处洋溢着喜庆的氛围。洞房南边靠窗的坐炕上，铺着大红缎绣龙凤“囍”字大炕褥，安放有紫檀雕龙凤炕几，几上有紫檀雕龙凤“囍”字桌灯。洞房北边为落地罩木炕，床上的大红喜帐和被褥，床前房屋正中的地毯上，都绘有精美的龙凤图案，一派喜悦欢腾之象。

除此之外，坤宁宫内外还有一种素雅的装饰，即在白色的墙纸上张贴黑色的“囍”字剪纸。剪纸出现在坤宁宫洞房内，以及坤宁宫东西两侧穿堂的屋顶和墙壁上。屋顶上是龙、凤和“囍”字组成的团状纹饰，周围还有佛教八宝和“囍”字环绕。墙壁四角贴有黑色的“喜”字剪纸角花，上面装饰有葫芦、蝙蝠、“卍”纹等吉祥装饰。葫芦寓意福禄，蝙蝠也是福的象征，而“卍”纹寓意绵长不绝，它们组合在一起，有着“福禄绵长”的吉祥寓意。

坤宁宫东暖阁的洞房内景

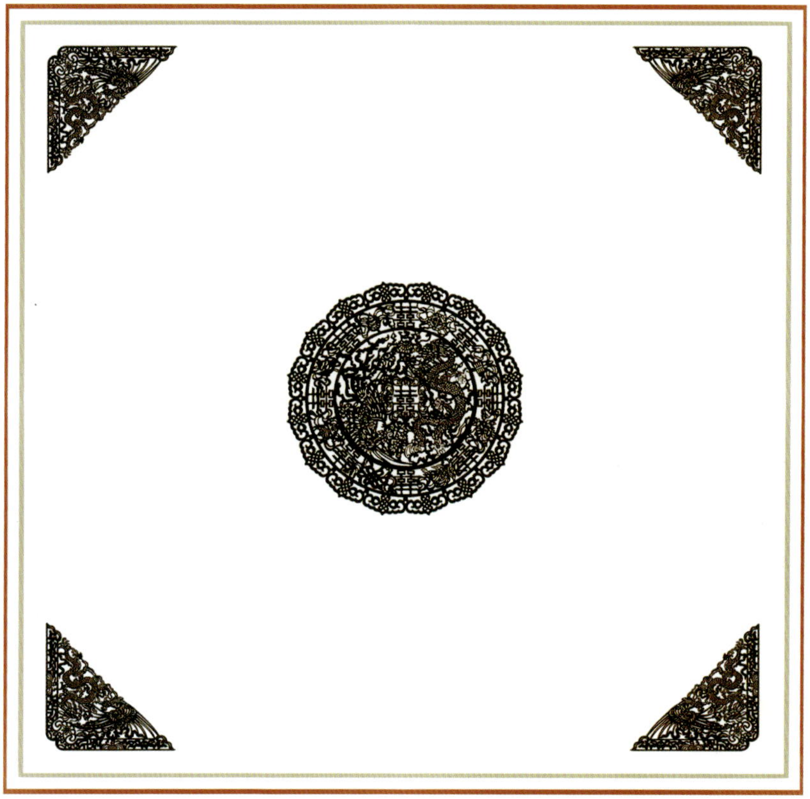

坤宁宫东西两侧穿堂的屋顶天花

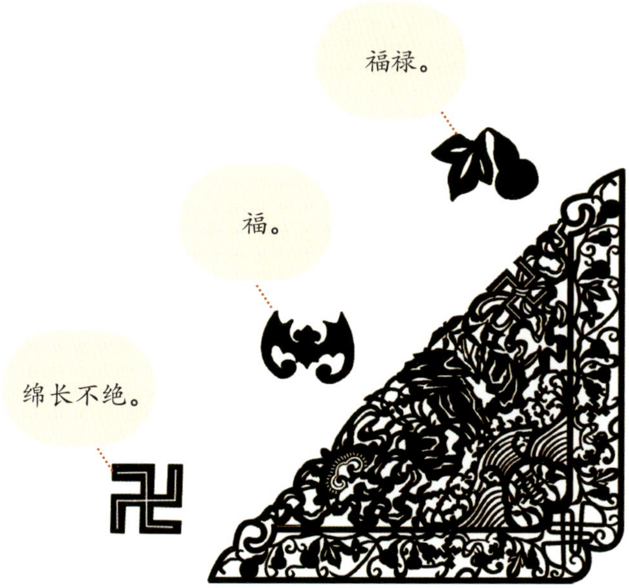

墙壁上的剪纸角花

天地交泰

02
天地交泰

乾为天，坤为地。处于乾坤、天地之交的交泰殿，有着独特的形式和功能。清代，这里是皇后在重大节日受庆贺礼的地方，代表帝王权力的国之宝玺，也存放在这里。

交泰殿

中和殿

交泰殿的建筑形式，与外朝的中和殿相似：中和殿平面呈正方形，四角攒尖顶，四面均开有门窗，几乎没有墙壁，类似于古代明堂的结构。但是交泰殿的结构比中和殿更显封闭一些。

交泰殿四面明间开门，有龙凤裙板隔扇门各四扇。南面次间为槛窗，东、西、北三面次间为墙。

交泰殿南立面

交泰殿东立面

清代，每逢元旦、冬至和千秋等节日，皇后要在交泰殿接受女眷叩拜，以示皇后为后宫之首，母仪天下。清代元旦，指农历正月初一，一元复始，万象更新。而冬至，是一年中日最短、夜最长的一天，被认为是天的生日。千秋，与皇帝的“万寿”相呼应，是皇后的生日。

每年春天，皇帝要赴先农坛举行亲耕礼。与此同时，皇后要到先蚕坛祭先蚕，次日在御苑行躬桑礼，亲自采桑喂蚕。采桑前一天，皇后会在交泰殿阅视采桑工具。皇帝亲耕，为天下人做出表率，倡导人们重视农业生产；皇后躬桑，则表达了对农副业的重视。农耕与蚕桑是中国古代农业社会中，人们生存与发展的基础。《春秋穀梁传》中记载：“天子亲耕，以共粢盛，王后亲蚕，以共祭服。”皇帝和皇后参加这一系列国家礼仪活动，是我国传统农业社会男耕女织的体现，也表达了古人对富足生活的美好向往。

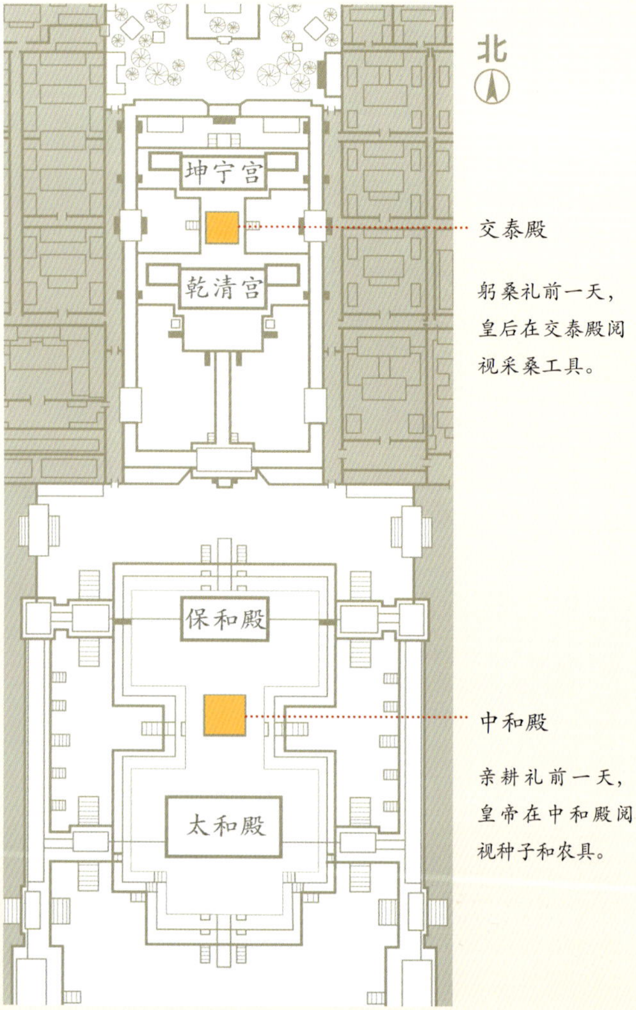

中轴线上的中和殿与交泰殿

男耕女织的表率

躬桑礼

亲耕礼

二十五宝玺的秘密

二十五宝玺如今已不在交泰殿，但存放它们的宝箱从乾隆时期到现在，从未离开过这里。

交泰殿

交泰殿，还是清代宫中存放二十五方宝玺的地方。古时，只有皇帝御用的印章才可以称为“宝”或“玺”。二十五方宝玺各有所用，它们象征着国家政权，代表了皇帝权力的各方面。宝玺质地有金、玉、旃檀木，制作工艺精美，同时也是具有重要历史价值的典章文物。如今，二十五方宝玺已被收藏于他处，而存放它们的宝箱依然陈列在交泰殿中。殿内宝座后方陈列有 5 个宝箱，宝座两侧各陈列有两排，每排 5 个宝箱，共计 25 个。

交泰殿明间内景

交泰殿中的宝盝

用以放置帝、后宝印的箱子称为宝盝。宝盝有两重，皆木质，制作精美。宝盝置于木几上，整体外罩绣龙纹的黄缎罩。

二十五宝玺的来源

清代乾隆皇帝之前，帝王宝玺存在数目和用途混乱的情况。乾隆十一年（1746），乾隆皇帝进行了重新考证排次，将宝玺总数定为二十五方，分别为大清受命之宝、皇帝奉天之宝、大清嗣天子宝、皇帝之宝二方、天子之宝、皇帝尊亲之宝、皇帝亲亲之宝、皇帝行宝、皇帝信宝、天子行宝、天子信宝、敬天勤民之宝、制诰之宝、敕命

檀香木“皇帝之宝”

金“大清嗣天子宝”

碧玉“敕命之宝”

之宝、垂训之宝、命德之宝、钦文之玺、表章经史之宝、巡狩天下之宝、讨罪安民之宝、制驭六师之宝、敕正万邦之宝、敕正万民之宝、广运之宝。

二十五，是乾隆皇帝根据《周易》中“天数二十有五”之说选择的吉利数字。另外，在我国古代所有王朝中，东周先后延续了二十五代天子，达到了“天数之和”。乾隆皇帝希望清代也能传位二十五代。

宝玺印文的字体

青玉“皇帝之宝”钤本

“大清受命之宝”钤本

“命德之宝”钤本

二十五方宝玺中，除青玉“皇帝之宝”外，其余的印文全部为满、汉两种文字。青玉“皇帝之宝”是唯一一方仅镌刻满文的宝玺，而且其上的文字为满文篆书。

汉字有篆、隶、楷、草、行等字体，满文文字也有楷体和篆体的区别。与满文本字相比，篆体满文将本字的圈、点进行了调整删减，

清初四宝，
不宜轻易。

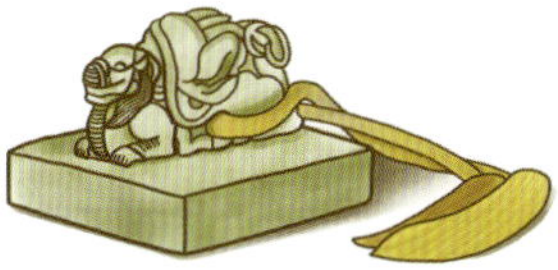	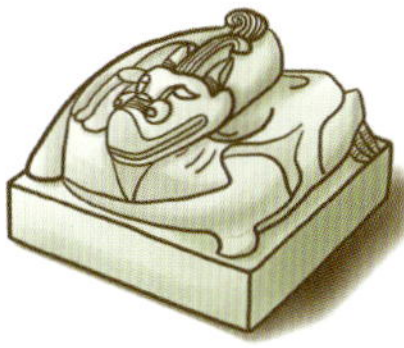		
青玉 **“皇帝之宝”**	**白玉** **“大清受命之宝”**	**碧玉** **“皇帝奉天之宝”**	**金** **“大清嗣天子宝”**

满文篆书	汉文篆书 满文本字	汉文篆书 满文本字	汉文篆书 满文本字

字的结构也更接近汉字的方块布局，字体风格更加饱满，空间排布上也更协调美观。为使宝玺上的满汉文字书体协调，乾隆皇帝特颁旨：“大清受命之宝”“皇帝奉天之宝”“大清嗣天子宝”和青玉“皇帝之宝”四宝因在清入关以前就已使用，不宜轻易更改，其余二十一宝一律改镌，将其中的满文本字全部改用篆书，这就是我们现在看到的二十五宝玺。

唯一一方“玺”

钦文之玺

二十五宝玺中，二十四方以“宝”为名，只有一方以“玺”为名，即“钦文之玺”。这也反映了自唐代以来帝后宝玺制度中“宝”“玺”共用的情况。因为这方玺的存在，“二十五宝玺”的名称才更为精确。

碧玉“钦文之玺”

据《交泰殿宝谱》，此宝作“以重文教”之用。皇帝颁发有关文化教育一类文告时，钤此玺。

秦始皇规定“玺”为皇帝之印的专称，而皇帝之印称为“宝”则始于武则天。《新唐书》卷二十四《车服志》记载：“至武后，改诸玺皆为宝。中宗即位，复为玺。开元六年，复为宝。天宝初，改玺书为宝书。”武则天在位时，改“玺”为“宝”。唐中宗即位后，又将“宝”改为“玺”。唐玄宗登基后，再次将“玺”改为“宝”。从此以后，直到清代，皇帝之印多称为“宝”。

乾隆皇帝重新使用古称“玺”命名“钦文之玺”，以示对“文教”的重视。

白驹过隙

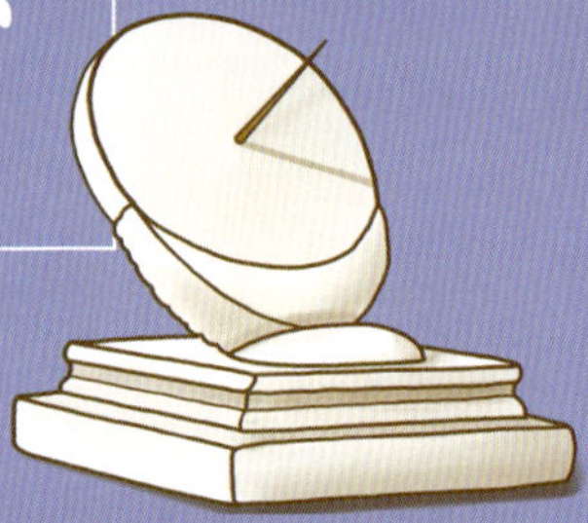

03
白驹过隙

宫中生活悠悠，时光在这里嘀嗒嘀嗒地流逝。其中多少往事和秘密，永远留存在历史的长河中。

宫中的计时器

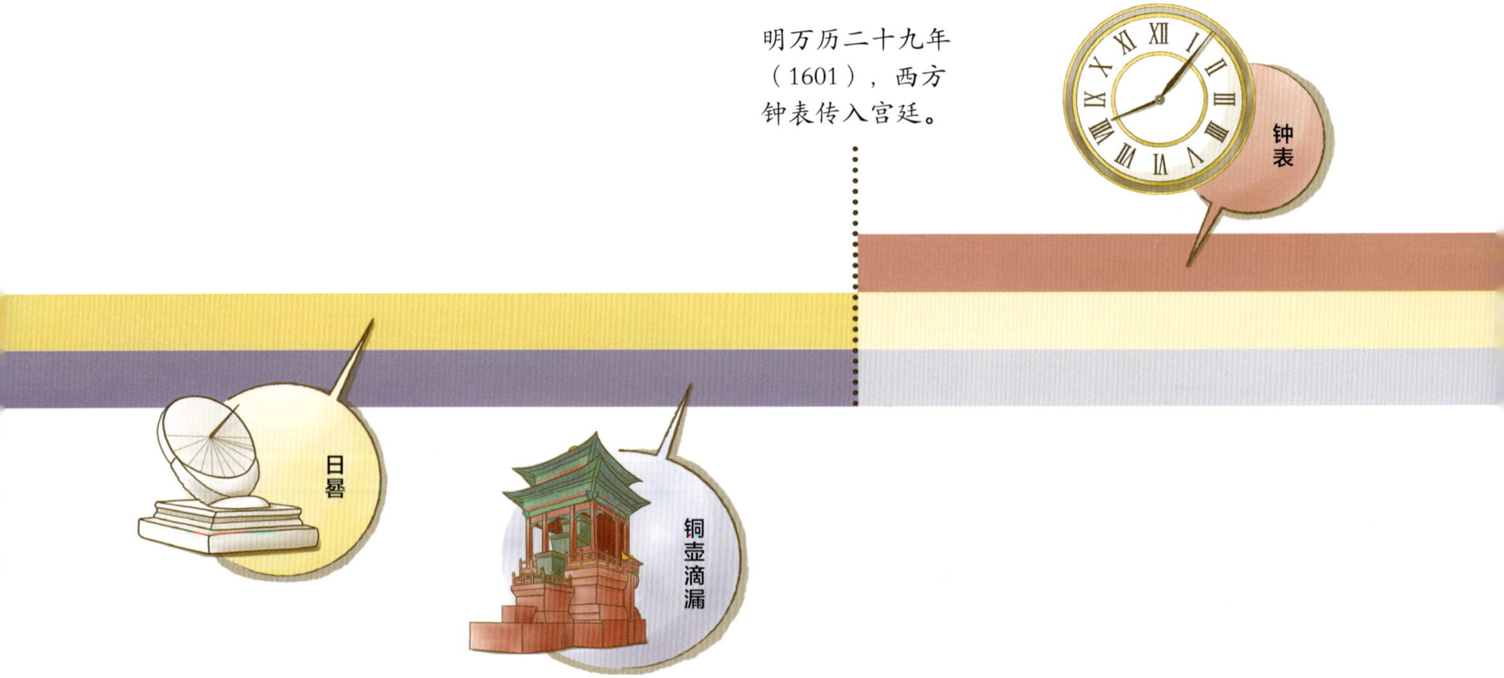

交泰殿内，东侧陈设有铜壶滴漏，西侧陈设有大自鸣钟，都是旧时宫中重要的计时工具。明代以前，中国没有钟表，铜壶滴漏是传统的计时工具。万历年间，西方钟表传入宫廷，出现自鸣钟，运行稳定，报时准确。交泰殿内的大自鸣钟，是清嘉庆时期宫廷造办处仿明万历自鸣钟所制。

交泰殿内西侧陈设的大自鸣钟

大自鸣钟走时准确，规定了宫中的标准时间。悦耳的钟声可直达乾清门外。

大自鸣钟外形仿中国楼阁式木柜，分为三层。底层做成封闭的柜形，起遮挡作用，背面有门。中层是计时部分，钟盘直径达一米，盘上有玻璃罩。钟盘背后有门，机芯在其中。钟楼背后有台阶，可拾级而上给钟上弦。上层中心尖顶下倒扣着两个附有小锤的铜钟，报刻敲上面的铜钟，报时则敲下面的铜钟。每一刻一响，一时一鸣，整点时，先打四响，表示四刻，再打点数。这座自鸣钟，是以表坠所具有的势能为动力，使机轮运转。机芯有左、中、右三组铜制机轮，中间一组连着时刻针，左边一组击钟报时，右边一组击钟报刻。每组轮下各有一根皮弦吊着 100 多斤的铅铊为重锤。每天上弦时把三块铅铊提起，重力使三块铅铊自动以恒定的速度下垂，带动机轮运转，牵连表针走动，分秒无差。

十二时辰是我国传统的计时方法，每个时辰相当于现在的两小时。每个时辰分为八刻，每刻相当于十五分钟。全天共十二时辰，九十六刻。

大自鸣钟

交泰殿宝座

铜壶滴漏

铜壶滴漏，由五个铜质壶组成。壶口间以龙头玉管向下滴水。正面三个敞口敛底方壶总称“播水壶”，自上而下依次为“日天壶”、“夜天壶”和“平水壶”。平水壶后面下侧有“分水壶”，平水壶前的圆筒为“受水壶”，壶盖上立有抱刻漏箭的铜人。箭身镌刻十二时辰、九十六刻，箭下接铜鼓形箭舟。水涨舟浮，依次显示刻度，受水壶满，漏箭也浮到尽头。清代宫廷已使用机械钟表计时，此件铜壶滴漏只是陈设礼器。

铜壶滴漏的工作原理

铜壶滴漏利用的是水匀速流动的原理。

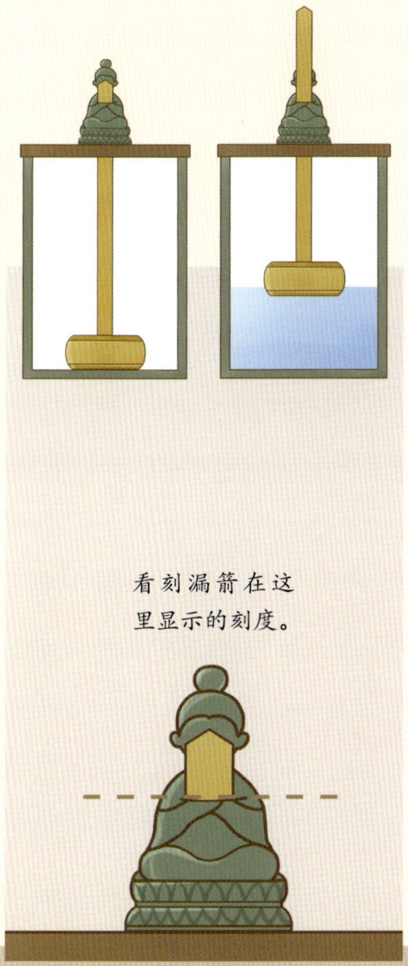

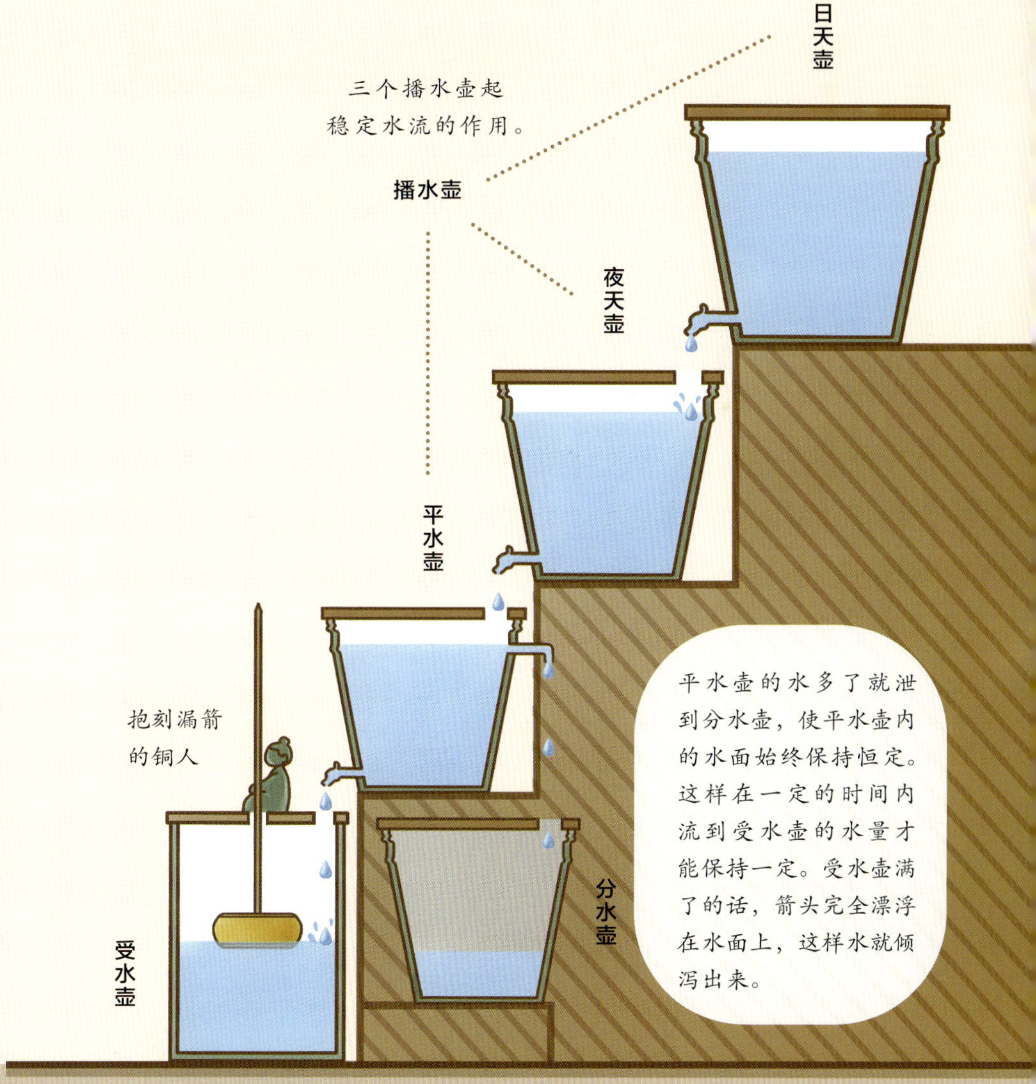

此外，坤宁宫前还陈设有另一种古老的计时工具——日晷。日晷是根据日影判断时刻的计时器。主体是一个圆形石盘，盘上刻有十二时辰，中间立着一根金属晷针，和盘面垂直。晷盘倾斜放置在汉白玉石座上，晷针上端指向北极，利用太阳在晷盘上投影位置的不同，读出时刻。晷盘上下两面皆有刻度，每年春分到秋分，读取晷盘上面的刻度，秋分到次年春分，读取晷盘下面的刻度。

铜壶滴漏在任何天气状况下都可以使用，但滴水的速度受温度影响。

交泰殿内东侧陈设的铜壶滴漏

坤宁宫前东侧陈设的日晷

日晷的使用需要有阳光照射，夜晚和阴天无法使用。

可以从时间上找一找线索哟！

“无为”匾额的秘密

交泰殿内宝座上方悬挂有“无为”二字匾额。匾额上靠右侧，有“圣祖御书”四字。圣祖，即康熙皇帝的庙号。庙号，是皇帝去世后，于太庙中被供奉时所称呼的名号。匾额左侧，落款为“乾隆六十二年丁巳御笔恭摹”，表明这是乾隆皇帝临摹的康熙皇帝御笔。与“无为”二字匾如出一辙，顺治皇帝曾经把“内宫不许干预政事”的铁牌立在这里，用以警示皇后为事贤良，不干预政事。

康熙皇帝与乾隆皇帝情况简介

姓名	年号	庙号	在位时间	实际执政时间
爱新觉罗·玄烨	康熙	圣祖	61 年	61 年
爱新觉罗·弘历	乾隆	高宗	60 年	63 年

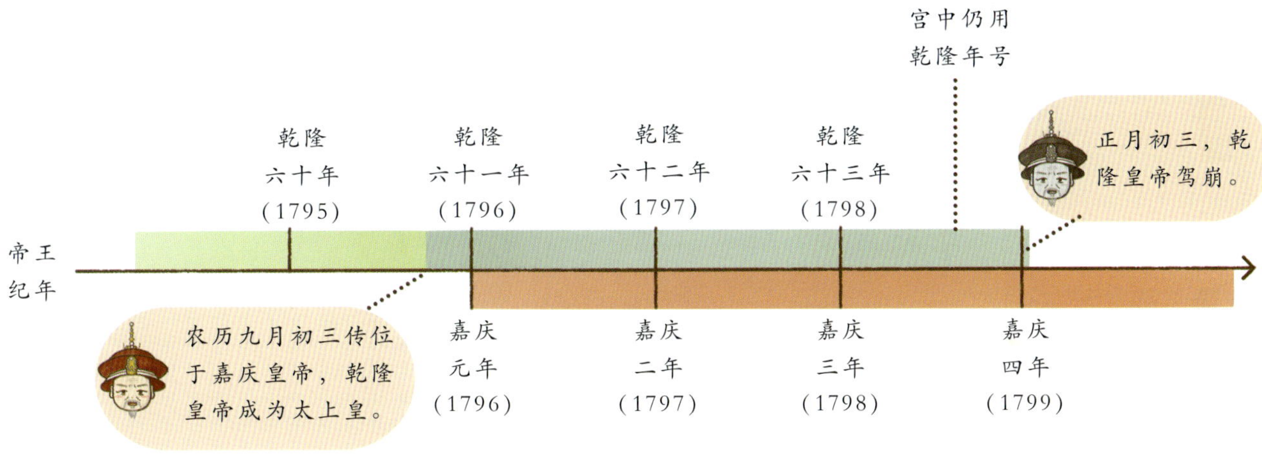

然而，这块匾额中的细节隐藏了一个秘密。为什么会出现“乾隆六十二年”的字眼呢？要知道，康熙皇帝曾在位 61 年，乾隆皇帝为了表达对祖父的尊重，在位时即表示做满 60 年皇帝后会退位归政。乾隆六十年九月初三，他履行了自己的诺言，传位于颙琰（即嘉庆皇帝），但事实上，他并没有真正归政，“一切军国事务，仍行亲理”。所以，当时宫中仍沿用乾隆年号，牌匾上才会出现“乾隆六十二年”的题字。

交泰殿旁黄绿相间的琉璃砖

琉璃砖上的烧造年款

故宫中的大部分建筑，都经历过重新修建。究其原因，或为天灾，或是人祸。比如：太和殿在建成三个月的时候，就被一场天火烧成了灰烬，之后屡遭焚毁，多次重建；太和门，也曾因为悬挂在墙上的油灯引起火灾而被烧毁。我们可以从一些建筑细节中，寻觅古建筑重修的信息。比如，嘉庆二年，由于处理炭火不当，乾清宫失火，波及交泰殿。次年重修，交泰殿周围黄绿相间的琉璃砖上，很多都能清晰地看到烧造年款——“嘉庆三年 官窑敬造”。

交泰殿旁琉璃砖上的烧造年款

交泰殿周围的琉璃砖

嘉庆二年乾清宫失火后，乾隆皇帝对内廷的防火工作高度重视，总管内务府大臣及各衙门，总结制定出宫中救火措施和紫禁城火班（相当于后来的消防队）章程，对火班提出了更加具体严格的防范要求。

内金水河自西北向东南流经大半个故宫，是灭火的重要水源。

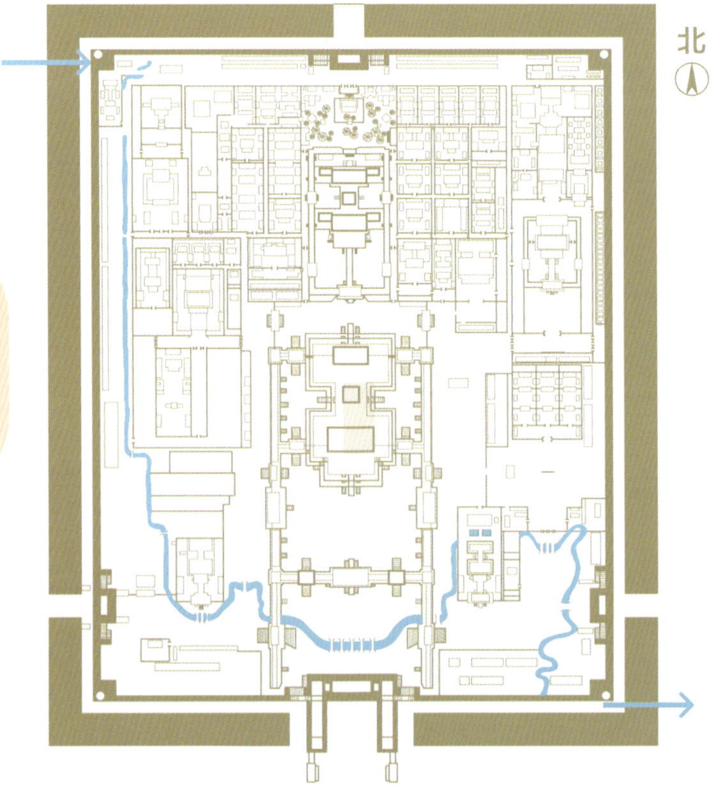

内金水河流向示意图

宫中防火设备之一。

故宫中的大水缸

故宫的建筑以木结构为主，火灾是危害建筑安全的最大隐患。从1420年紫禁城建成到1912年溥仪退位，近500年间有记载的火灾就有四五十次。自西北向东南流经大半个紫禁城的内金水河，是灭火的重要水源。除此之外，故宫内各个院落遍布的大水缸，也是用来防备火情的。水缸也叫“门海”，可以存储大量的水，关键的时候能灭火，而且方便取用。冬天时，为了防止缸内的水结冰，会在缸底燃烧木炭，还会给大水缸穿上“棉袄”呢！

满族风俗

04
满族风俗

清代，作为一个由满族人建立的封建王朝，在大量吸收汉族文化的基础上，也突出了很多满族习俗，其文化特征在宫中多有体现。

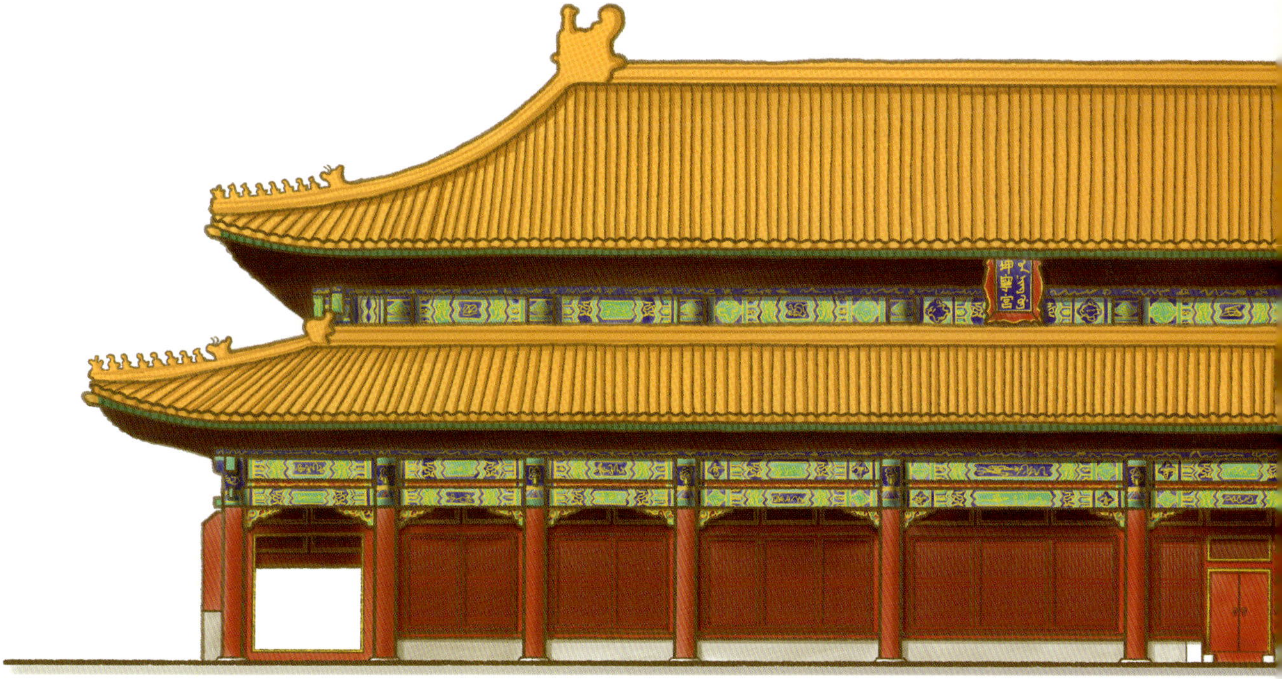

中轴线上的满式建筑

坤宁宫，是内廷在中轴线上靠北的一座宫殿，在明代是皇后的寝宫。清代时，这里的建筑格局和实际用途都发生了改变，主要体现在：大门的位置不是正中，而是偏东设置；西侧为一大间，西、南、北三面环绕有木炕，也称为“万字炕”；窗户不同于其他中轴线建筑所采用的菱花窗，主体部分改成直棂吊搭窗。这些都是典型的满族建筑模式。满族发源于我国东北地区，那里冬季严寒多大雪，建筑风格也跟气候条件密切相关。

坤宁宫的双扇木板门

坤宁宫

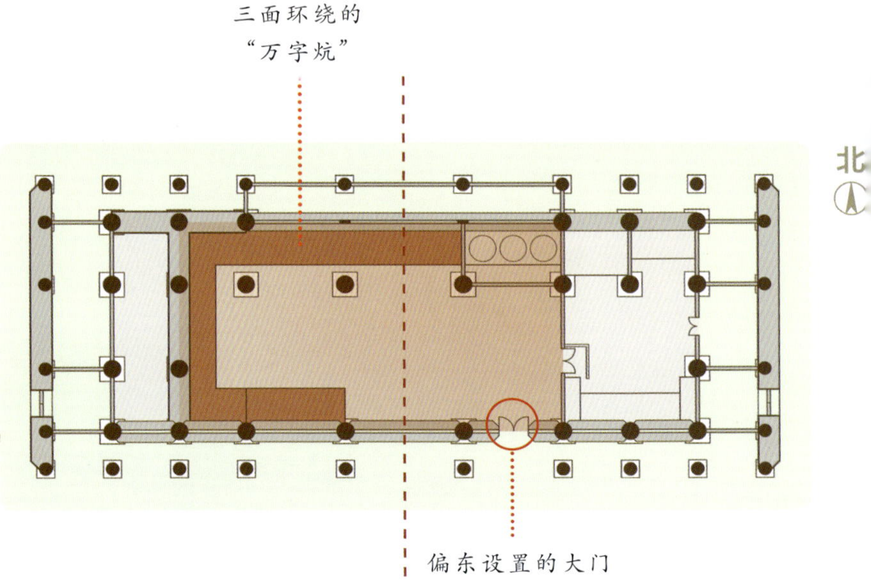

坤宁宫平面示意图

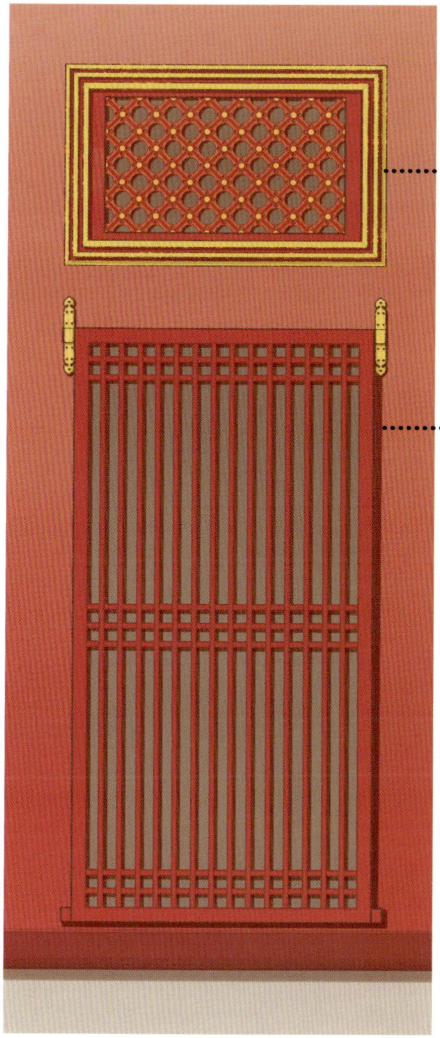

坤宁宫正面窗户示意图

吊搭窗

吊搭窗上部有轴，由下部开启，再用挂钩支吊，故称吊搭窗。

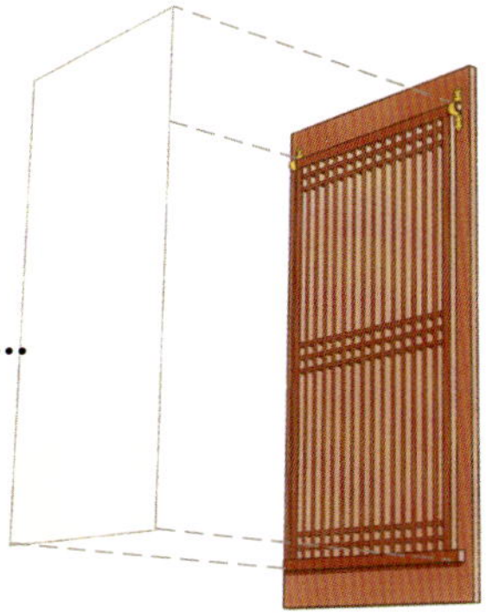

吊搭窗开启示意图

萨满

坤宁宫东暖阁在清代被用作皇帝大婚的洞房。坤宁宫西侧四间，则被改为萨满教祭祀的神堂。在坤宁宫供奉有释迦牟尼、观世音菩萨、关圣帝君（关羽）、蒙古神、穆哩罕神和画像神等。坤宁宫的祭祀活动很多，比如每天早晚分别有朝祭、夕祭，朝祭的神位供在西炕上，夕祭的神位供奉在北炕上。

坤宁宫内祭祀祝祷区

祭祀祝祷区不设隔断墙，三面大炕又依墙、檐而设，因此室内空间宽敞，为萨满祭祀活动提供了足够的空间。

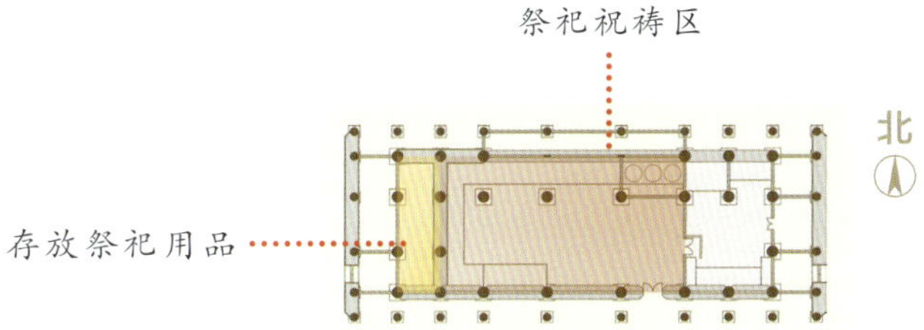

坤宁宫平面示意图

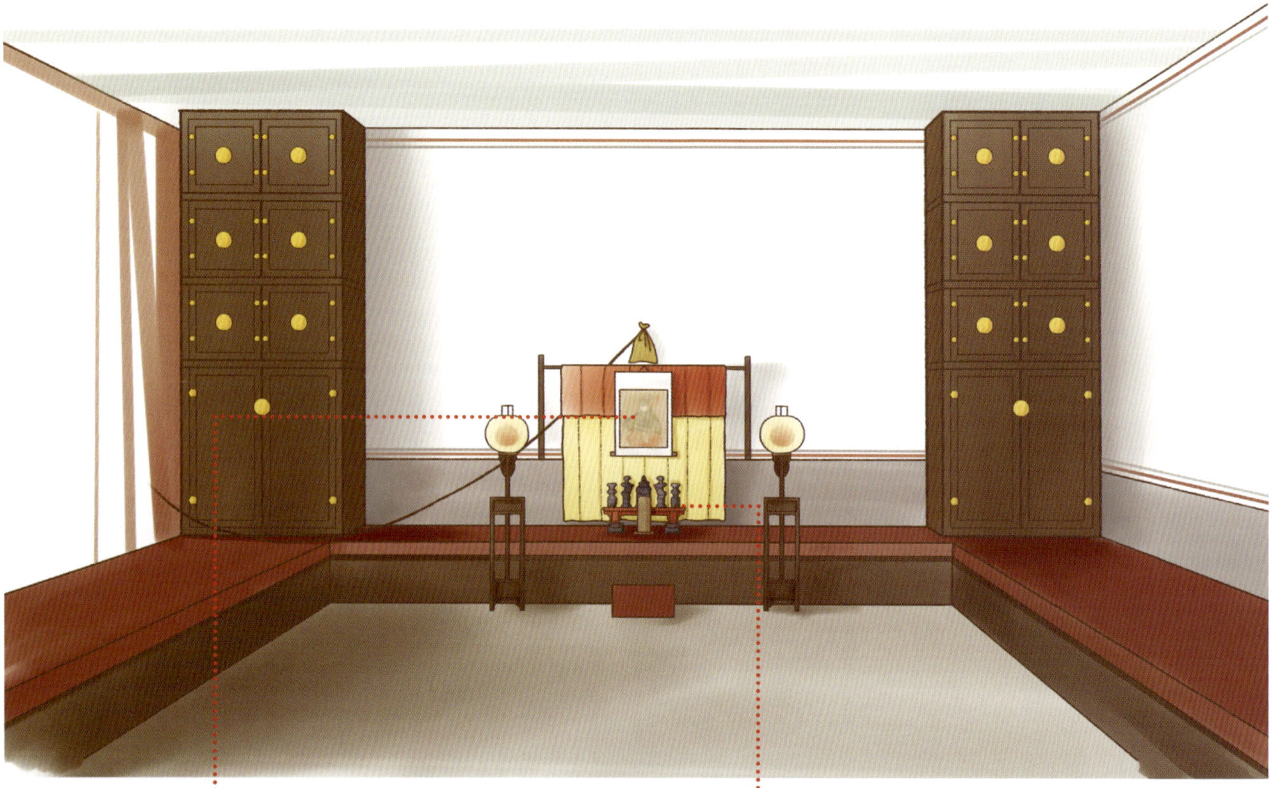

西炕的朝祭陈设

西炕供奉的关圣帝君

西炕五供（神台前的供器）

满族人以西炕最为尊贵，不住人，是供奉祖宗、祭神的地方。

北炕的夕祭陈设

画像神

蒙古神

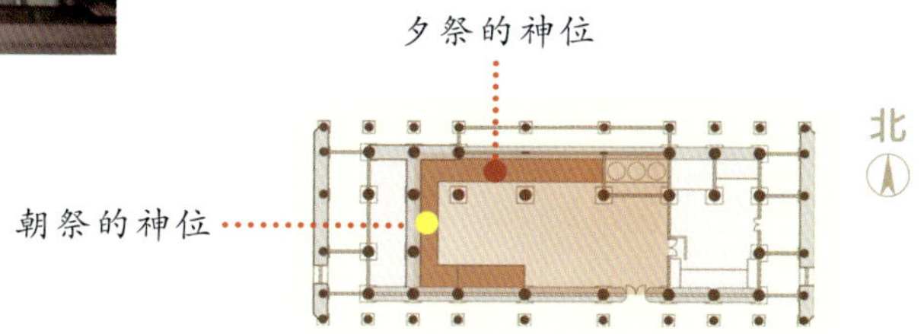

坤宁宫平面示意图

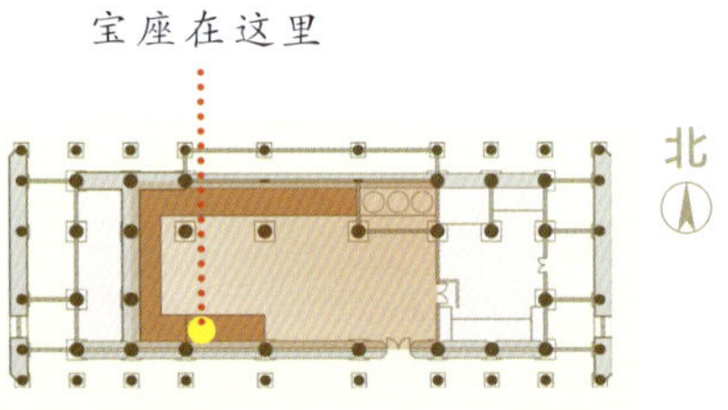

坤宁宫平面示意图

宝相花纹式地毯、坐垫及北墙陈设

皇帝的宝座不再居中面南，而是位于坤宁宫西间西南的南炕上，坐南面北。这是宫中唯一一处皇帝宝座坐南面北的地方。

安设在南炕的宝座

除朝祭、夕祭外，坤宁宫还有春秋两季的立杆大祭，会在宫前竖一根神杆。神杆也称索伦杆，杆顶有锡制斗碗。根据记载，祭祀时，锡碗装精肉、碎米等喂养神鸟。坤宁宫前靠东侧的位置，还保留着当时竖立神杆的神杆石。

坤宁宫前的神杆（旧影）

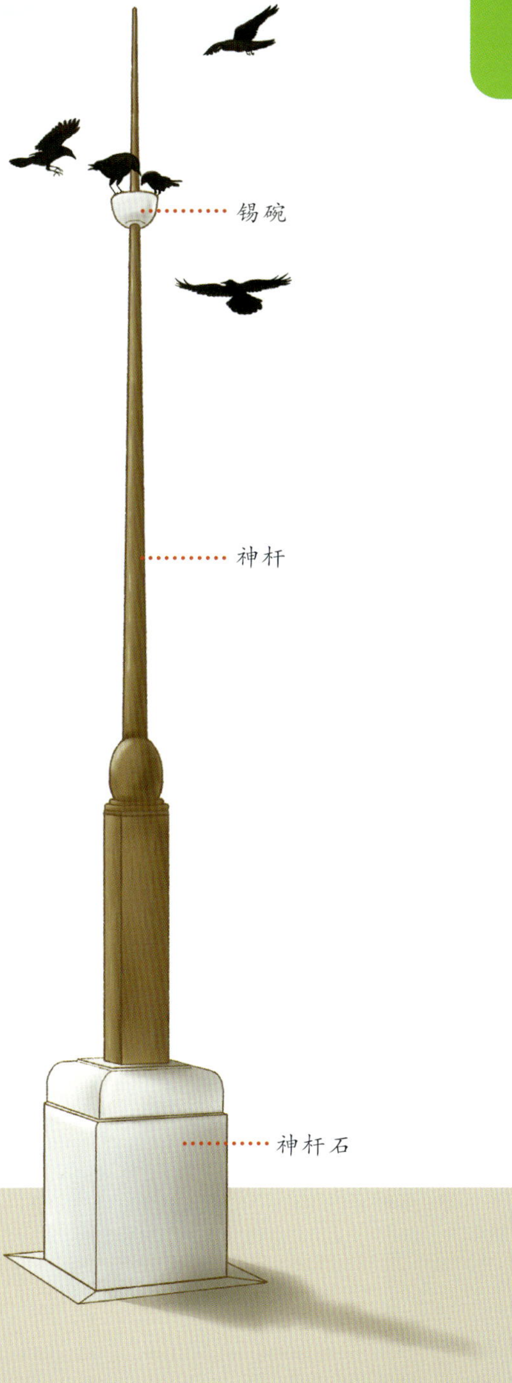

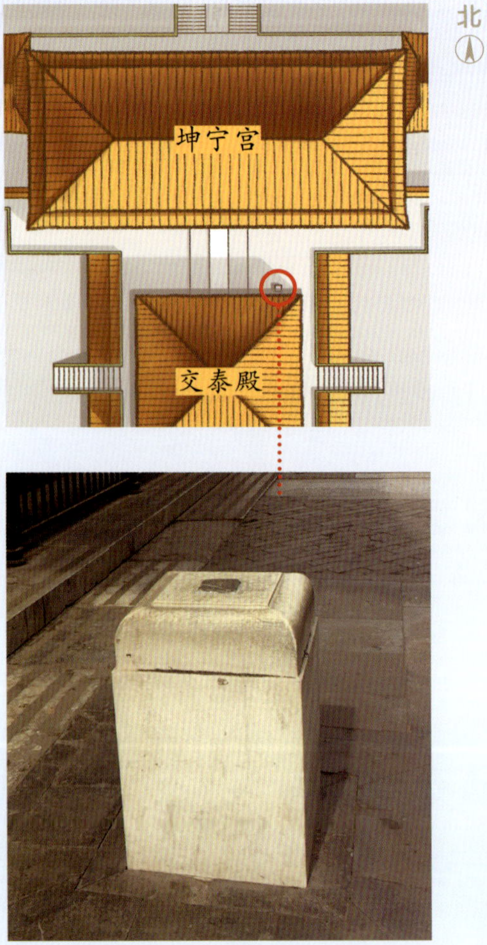

坤宁宫前现存的神杆石

坤宁宫西间内景

祭祀会用到活猪，现场宰杀，将肉煮熟再向神贡献。坤宁宫西间东北角的大锅，就是煮肉所用。大祭的时候，王公大臣会受邀到坤宁宫吃祭肉。吃祭肉的习俗源于远古，是萨满祭祀的礼仪程序之一。皇帝在坤宁宫请王公大臣吃祭肉，还可以加强皇帝同大臣间的情感联系，增强皇权和凝聚力。

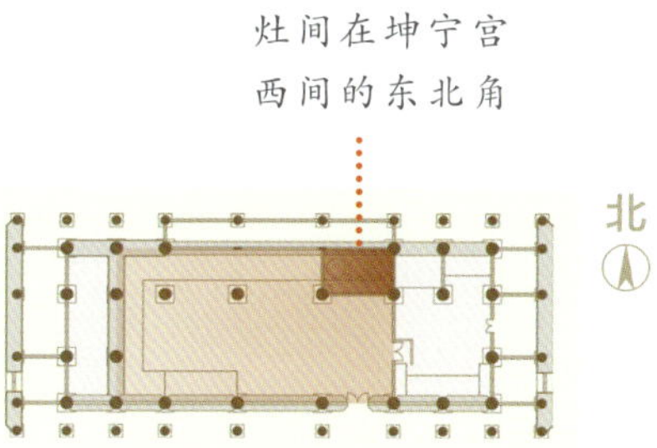

坤宁宫平面示意图

坤宁宫灶间

灶间前陈设的是用来杀猪的包锡红漆大桌。

坤宁宫灶台

灶台上有大锅三口，两口用于煮祭肉，一口用于蒸切糕。

坤宁宫吃祭肉是坤宁宫祭祀活动中的一个重要环节。

一大块祭肉

被邀请去坤宁宫吃肉，对于大臣来说是一种殊荣。据说大臣死后，在出殡时可以打出“坤宁宫吃肉”的牌子。然而，吃祭肉可不是多享受的事情。祭肉又称为“胙肉”，就是白水煮肉。这种肉既无咸味，又半生不熟，很难下咽，但不吃又是对皇帝的大不敬。

宫中细节

05
宫中细节

故宫里有无数的生活细节，等待着你去用心观察。用现代的眼光来看旧时生活，你将有哪些体会？

冬天来到故宫，大部分人都会觉得极其寒冷，自然也会联想到：古时皇帝过冬天也这么冷吗？皇帝在宫里怎么取暖？

宫中取暖有“三宝”：火地、火盆和手炉

明清时期皇宫里主要的取暖措施有火地、火盆和手炉三种，其中火地取暖是最主要方式。室内地面下，用砖石砌好烟道，用烧火所产生的热气烘烤地面，使室内温暖。在暖阁窗外的地面上，设有工作坑，人可以下到坑里烧火。不用的时候，用木板盖上地面缺口，就可以将坑口隐藏起来。在一些宫殿可以看到墙壁下半部分设计有圆孔，就是最常见的排烟口。有人居住的宫殿，一般都会设暖阁。就是在室内用木板隔断把有火道流通的地方包围起来，以达到局部保温的效果。明代的惜薪司、清代的薪库和煤库，都是掌管冬季取暖所用木柴、煤炭的机构。在坤宁宫东暖阁的窗外，能看到一块用石头盖起来的地面，这就是过去烧火的工作坑入口。

坤宁宫前的工作坑入口

坤宁宫西暖殿后檐墙上的排烟口

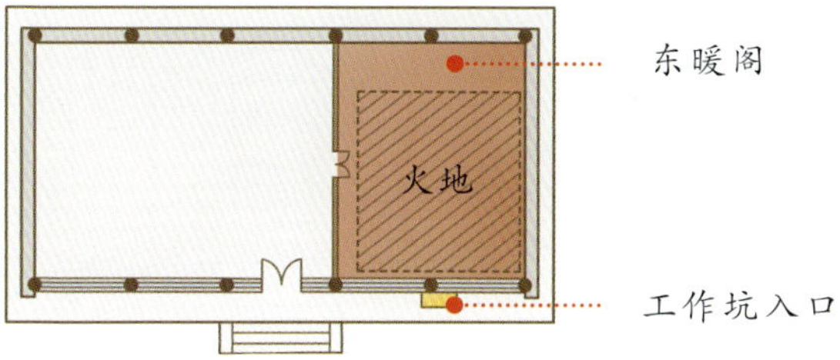

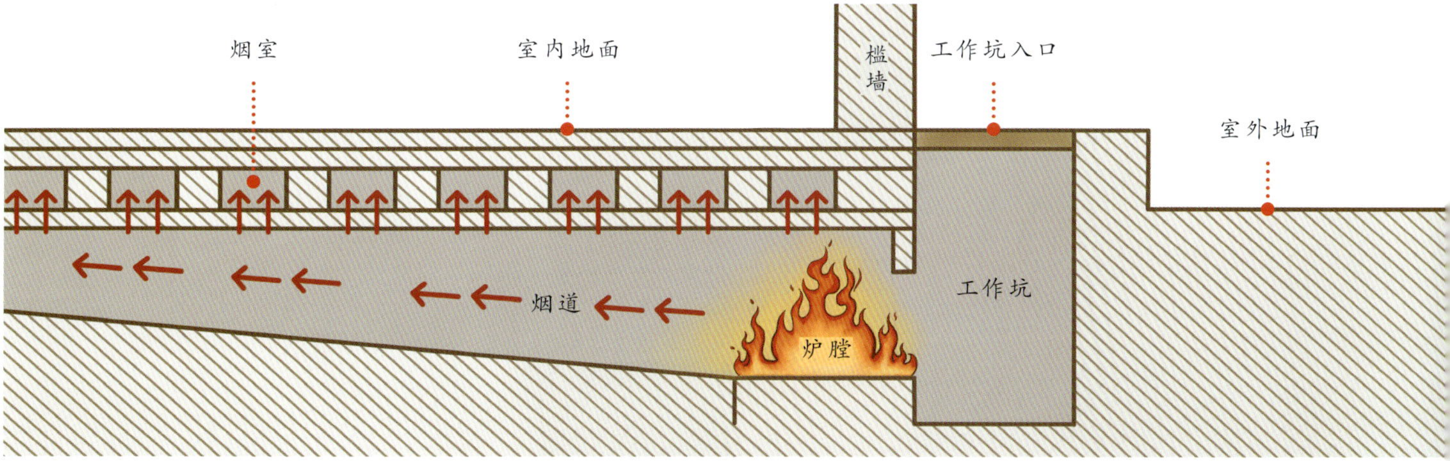

火地取暖示意图

掐丝珐琅海屋添筹图葵花式炭盆

罩上铜丝罩子，防止炭爆火花迸出来。

画珐琅花卉三足熏炉

坤宁宫洞房内的熏炉

火盆取暖，是在室内放个盆烧木炭，火盆方便移动。根据使用人地位的高低，火盆和木炭的供给也有区别。火盆做工精细，更有画珐琅、掐丝珐琅等精美工艺装饰。火盆上还会加镂空的罩子，也叫熏炉。坤宁宫内西间北炕前，就有一个大大的熏炉。

画珐琅花果开光鸟兽图椭圆四瓣手炉

画珐琅花果开光鸟兽图椭圆四瓣手炉（局部）

黑漆描金山水楼阁图手炉

黑漆描金山水楼阁图手炉（局部）

手炉是冬季捧在手中取暖用的小物件，分内外两层，内层装炭火，外层炉体不接触炭火，所以不会过热。内胆一般为铜制，口沿上有镂空的盖子，用以通风。手炉不但有取暖的实用性，其外层的各种材质和工艺装饰也令其成为精美的艺术品，可以供人欣赏把玩。为了方便携带，大部分手炉还设有活动提梁。

建筑屋顶的奥秘

故宫中的明清建筑，体现着严格的等级观念。不同的屋顶规格与形式，体现着不同的建筑等级。比如，重檐屋顶的建筑，等级就高于单檐的建筑。交泰殿和坤宁宫区域，就有三种不同的屋顶形式，分别是坤宁宫的重檐庑殿顶、交泰殿的四角攒尖顶和交泰殿台基下的值房的卷棚硬山顶。

交泰殿台基下的卷棚硬山顶值房

其中，交泰殿东西两侧台基下的值房，等级最低。硬山顶，本身就在各种屋顶形式中等级很低。而且，此排房屋的后墙依台基而建，屋顶比交泰殿的地面还要低，可以说是更“低人一等”的建筑了。

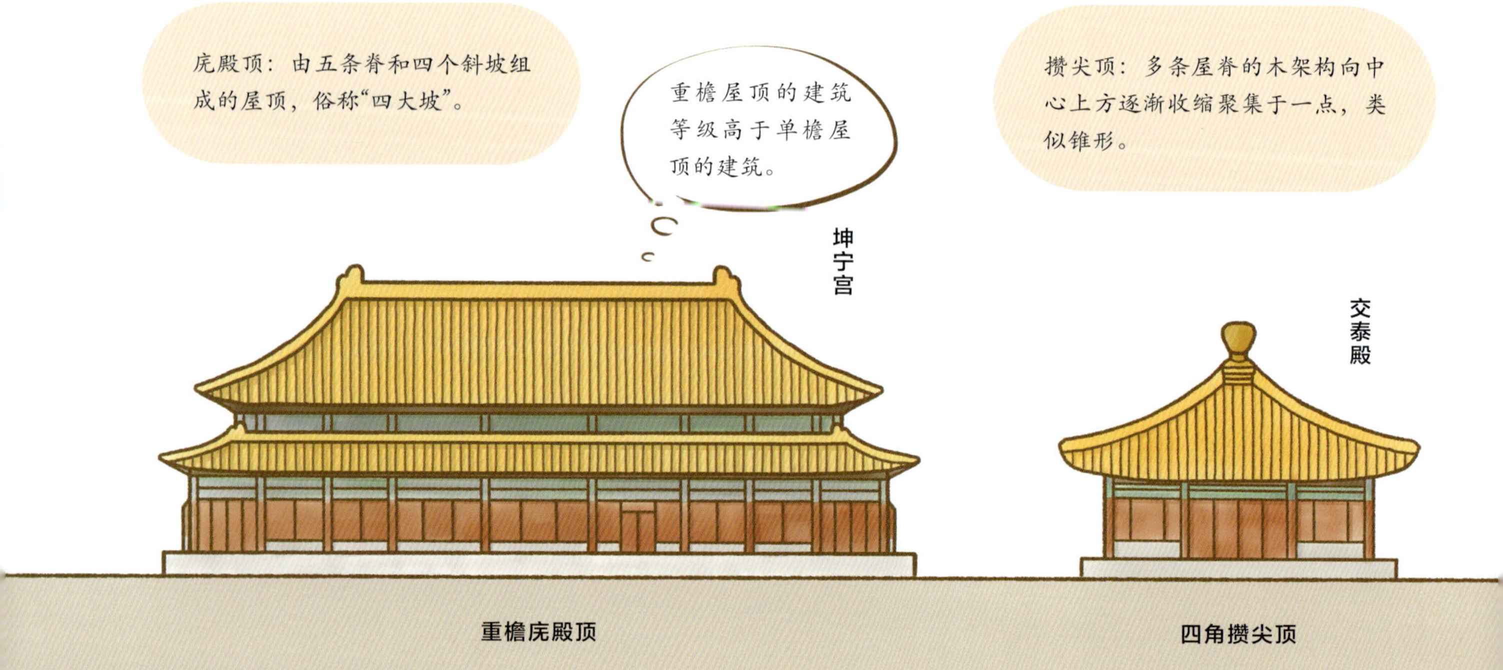

硬山顶

中国古建筑屋顶形式有庑殿顶、歇山顶、攒尖顶、悬山顶、硬山顶和卷棚顶等，其中硬山顶的特点是屋顶分前后两坡，屋檐两端与山墙齐平。

卷棚顶：屋顶呈前后两坡，瓦垄直接卷过屋顶，形成弧形的曲面。

卷棚顶

此处值房兼具硬山顶与卷棚顶的特点。

值房

·宫女、太监们等候差遣的地方。
·空间狭小。
·屋顶等级低，位置低。

卷棚硬山顶

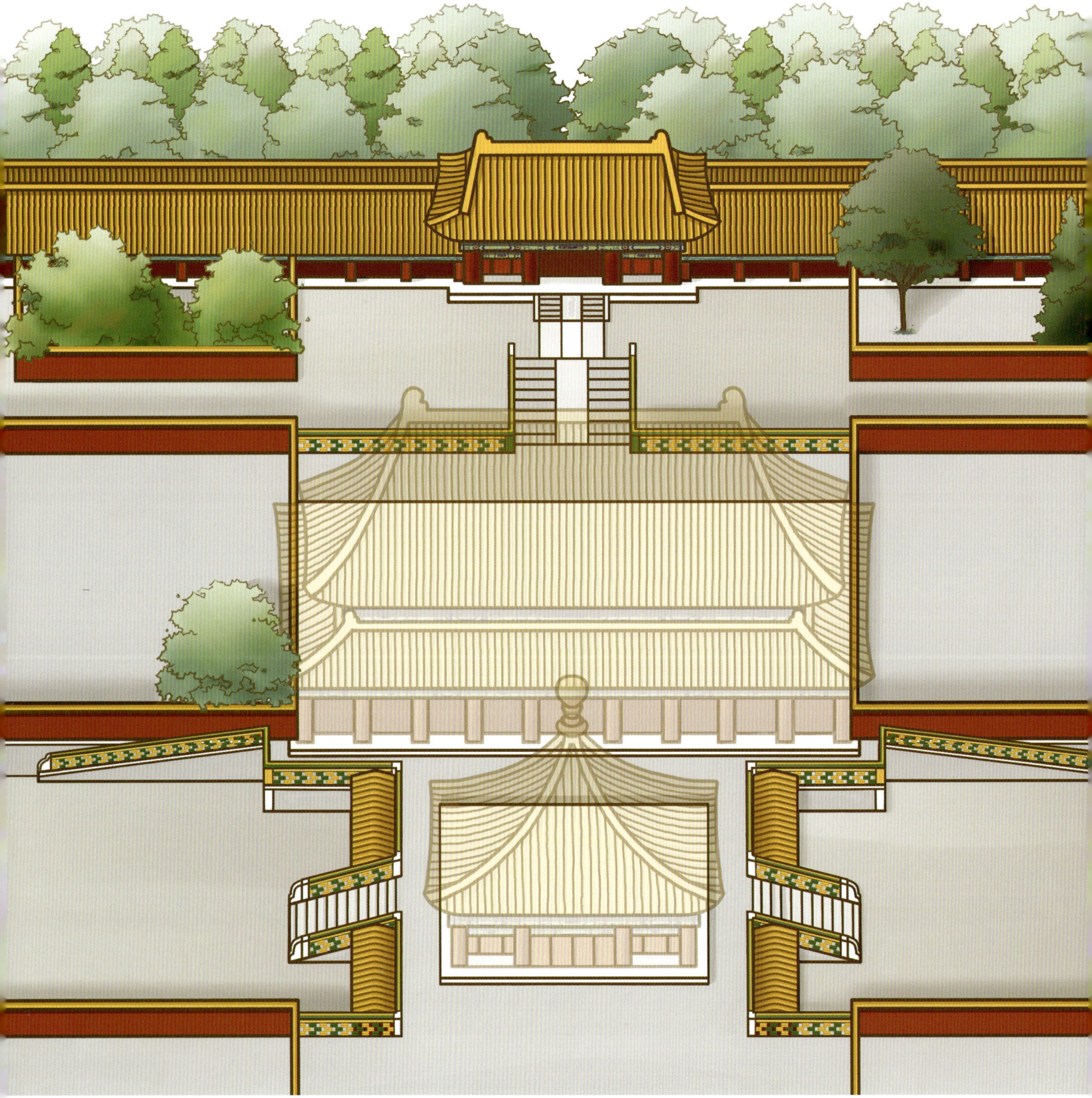

交泰殿和坤宁宫区域俯瞰透视图

交泰殿和坤宁宫，宫殿两侧黄绿色相间的琉璃砖装饰，是该区域建筑的一大特色，而且这种装饰一直向内廷北部延续，在御花园也随处可见。生动的黄色、绿色，充满了活泼、温情的生活气息，而坤宁门两侧的小院，也有一些树木出现，与不远处御花园的葱茏古树、鸟语花香彼此呼应。据说，坤宁宫后的北围廊，原来有“游艺斋”的匾额，想必也是与御花园的休闲娱乐功能有关。

交泰殿旁的琉璃砖装饰

故宫宣教
THE PALACE MUSEUM
PUBLICITY AND EDUCATION

我要去故宫系列

探秘

御花园

故宫博物院宣传教育部 / 编著　果美侠 / 主编
本册作者：陈欣　张晓娟
本册绘者：御鉴文化（北京）有限公司　陈欣

中信出版集团 | 北京

探秘御花园

编　　著：故宫博物院宣传教育部
主　　编：果美侠
本册作者：陈欣　张晓娟
本册绘者：御鉴文化（北京）有限公司　陈欣
摄　　影：齐梦伯
图片提供：故宫博物院资料信息部
策划出品：故宫博物院
　　　　　御鉴文化（北京）有限公司
出版发行：中信出版集团股份有限公司
　　　　　（北京市朝阳区东三环北路 27 号嘉铭中心　邮编　100020）
承 印 者：北京瑞禾彩色印刷有限公司

序言：我要去故宫

去故宫，可以有许多理由：陪亲朋，遛孩子，看展览，拍美照……

不去故宫，往往只有一个理由：太无趣！

相似的院落，差不多的建筑，看过和没看过，似乎没什么差异。如果不是真心喜欢，如果不是迫于无奈，自己说出“我要去故宫”的，可能少之又少。

常年工作在故宫的我们，也不是每个人都能把各个宫殿的与众不同讲出来。揭开600年宫殿建筑的奥秘，需要善于发现的眼睛，需要勇于探索的精神。

一群在这里工作的年轻人，每年向数以万计的游客讲述同样的建筑历史，述说600年不变的宫殿故事，好无趣！不妨换种方式，看看有什么能够吸引人们的看点，整理出新奇的探秘主题，既激发自己去主动发现，也让大家对故宫兴趣盎然。于是，从给学生参观使用的探秘学习单开始，我们策划了《我要去故宫系列》探秘图书。

匆匆的游客，常常一小时走过一座城。而我们，想让孩子们一小时只看一座宫。从中轴线，到东西六宫，再到外西路和外东路，20个建筑区域，构成了20册书的内容主体。既讲建筑，又说历史；既有精美的文物呈现，也有有趣的故事传说。看得见的，引你看细节；看不见的，诱你来想象。文字与插图相辅，内涵与颜值并重。这说的就是《我要去故宫系列》图书。每册分多个主题，涉及建筑、历史、藏品等内容，选题有趣、文字好读、插图好看！

午门，这里是紫禁城的门面担当，既有颜值，又有故事。午门前威严的皇宫仪仗中，竟曾有盛装的宝象，还有宝象拉的辂。

太和门，这里有规矩，讲秩序，门前的古物不只我们不知是做什么用的，就连曾经住在这座宫城里的皇帝也不知。石栏杆的火焰望柱头，开了洞的警报器石别拉似乎也不难发现。

太和殿，皇宫里最重要的建筑，历经600年风雨洗礼，既有灭火的陈设，也有克火的理念，只为向你证明曾经的盛世繁华，可以绵延不变。

保和殿，这里不仅是科举士人的考场，也是清初帝王的临时寝宫。方方正正的中和殿，更是帝王筹备亲耕之礼、关注皇家玉牒的重要场所。

乾清门，朝和廷的分野、家与国的界限，皇帝运筹帷幄在内，军机昼夜值守于外。皇帝很辛苦，大臣也不易，宫里禁火烛，官员上朝，几乎都得黑灯瞎火入宫，“蹭灯”的机会少之又少。

乾清宫，这里是帝王寝宫，却也传来皇子的琅琅读书声。这里药味浓，龙袍新，年节大典，更是院内高悬百丈灯，举国君民齐欢庆。

坤宁宫，凤舞千秋的世界，满汉交融的风格透过门、穿过窗，印在屋内的诸多角落。交泰殿的无为匾，一匾述说出三代帝王与这宫殿的渊源。

御花园，这里春有百花秋有月，夏有凉风冬有雪。钦安殿内护佑宫殿免遭火灾的玄武大帝，不知道是否注意到园内亭子中，井亭竟然没有顶。

西六宫，果然是宫闱趣事多，两枚锈迹斑斑的铁环，记载的是宫内静谧生活中难得的欢娱。末代帝后也在这里赶着新潮，穿洋装、吃西餐、学英语，西方的玩意儿在这里一样不少。

东六宫，曾经的后妃居住地，遗留下一座未建完的西式建筑，只能凭想象复原其类似水族馆的华美。其他的院落，也各有各的故事，既见证繁花盛放，也目睹香魂陨落。

宁寿全宫，看似普通的皇极门，竟然也是有限空间内建造出的另一座“小午门”。门内的皇极殿，更是有着乾清宫的外表，却发挥着太和殿的功用。乾隆皇帝的乐寿之所，不仅有乾隆，还有“钱龙”，而晚清的慈禧太后，也把这里作为御用居处，内政外交，见证了时代的更迭。

乾隆花园，文人的雅致随处可见，禊赏亭、古华轩、碧螺亭、藤萝顶，处处精致，处处惊喜。乾隆皇帝倦于勤，欣赏花园勤而不倦，乐此不疲。

慈宁宫，御路石上的小蜥蜴和门前的麒麟兽一同述说着这里的秘密，屋顶独特的轩辕镜与院内与众不同的月晷，则告诉你这里主人的独特身份。

重华宫，是“养在深闺人未识”的宫苑建筑，弘历在这里娶了他挚爱的富察氏。当了皇帝（乾隆皇帝）后也到这里举办茶宴，君臣之间赋诗联句，雅性使然、默契使然，更是家国天下的情怀使然。

养心殿，八代帝居一定不负众望，既有治国理政之所，也显生活起居之便，更有闲暇怡情之趣。小小的三希堂，幻化出大空间，一幅通景画，巧妙地让景入画，人也入画！

文华殿，象征水的黑色屋顶还不足以护佑文渊阁的《四库全书》，从屋檐彩画到栏板石雕，水的元素随处可见。“天一生水”而有黑瓦屋顶，“地六成之”便有了屋阔六间！

武英殿，摄政王的权力中心，变身为殿本修书之所。浴德之水蜿蜒而出，于断虹桥畔诉说沧桑。储冰之所，亦呈现皇室消夏之聪慧。

珍宝馆，华丽的珠宝背后，隐藏了采珠人等付出的艰辛。皇室的饰品，最精于其取材的独特。先秦石鼓唐时现，流转千年入深宫。只要有心，你就会被它们的文字和经历感动。

钟表馆，让我们了解中西方再次开启的对话。漂洋过海的计时仪器，成了皇家喜好的有趣玩具，可计时，可打更，可升降，可转花。魔术、水法、音乐、鸟音，无不炫目悦耳，赞从心生。

我觉得，以上这些远远不够，书中好玩的故事、好看的插画，等你去探索，由你去发现。如果每读完一本，你就有拿起书入宫的冲动，我们会万分欣慰。真诚地，真心地，在宫里，期盼你，欢迎你！

果美侠，写于墨尔本旅途

2019 年 7 月 27 日

目录

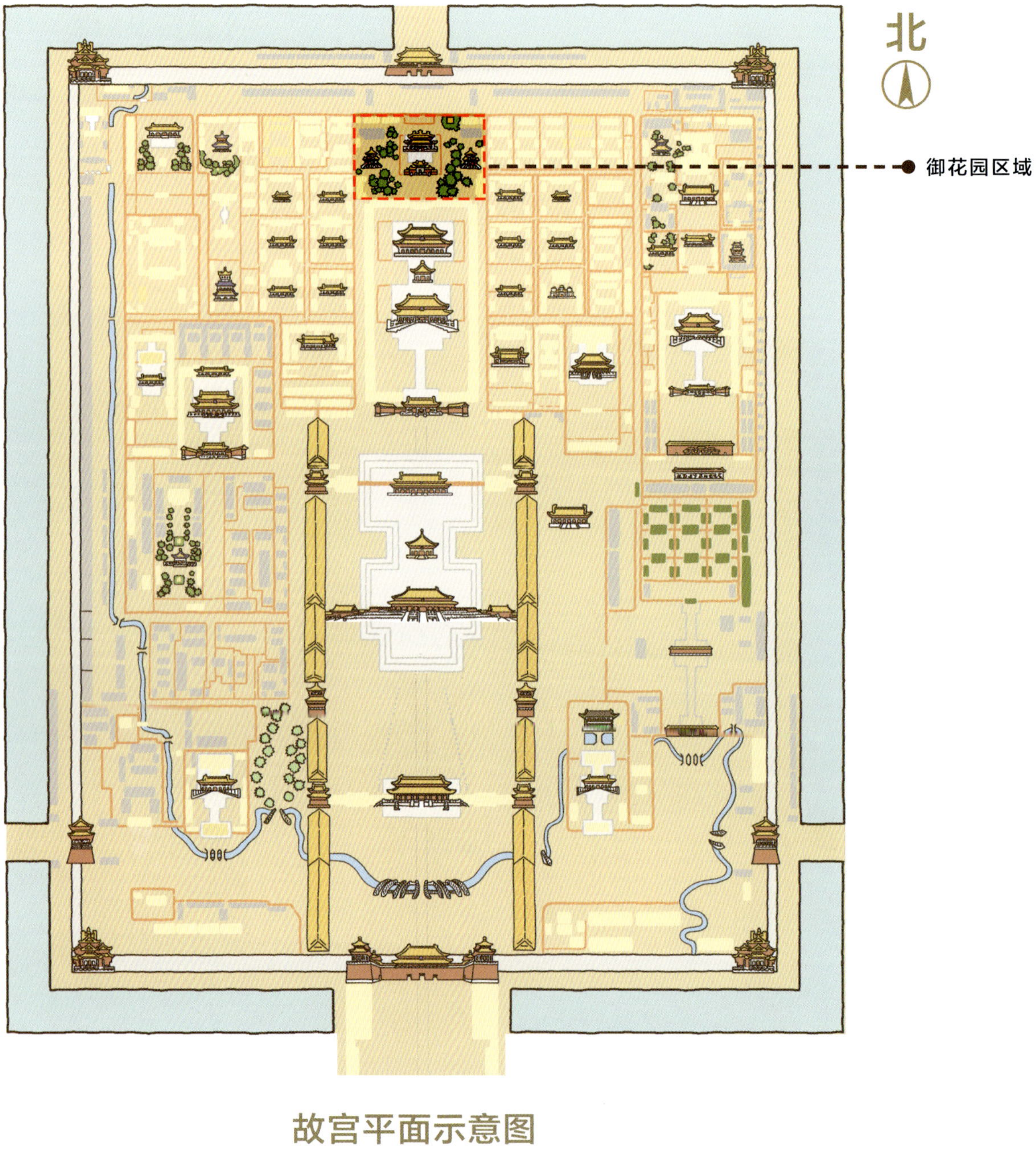

故宫平面示意图

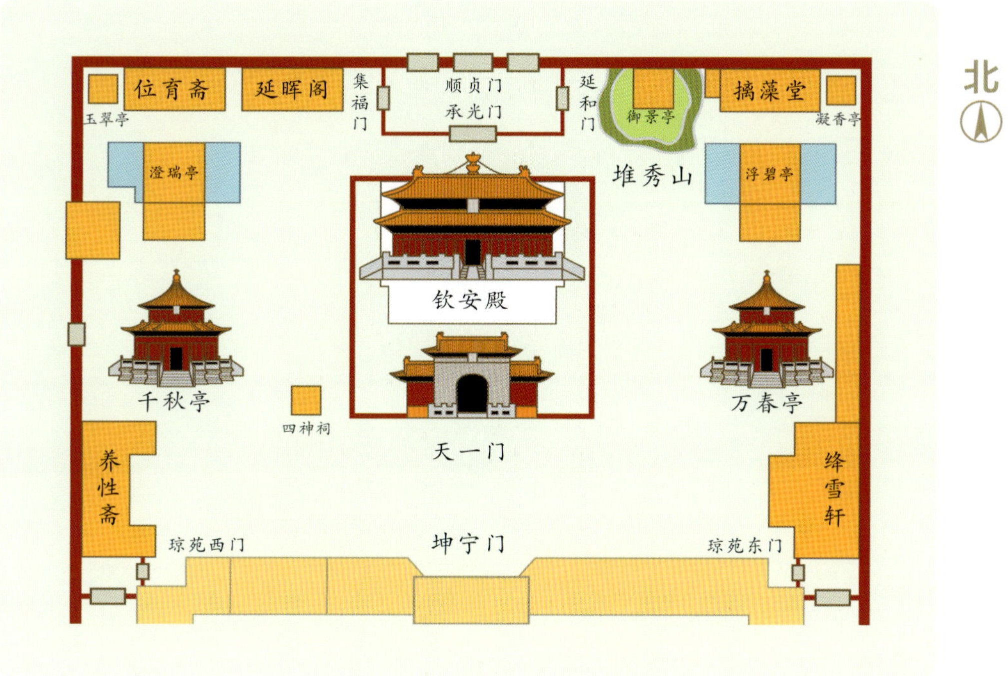

御花园区域平面示意图

欢迎来到御花园！

故宫现在共有四座花园。除了御花园，还有供皇太后和太妃、太嫔们赏玩的慈宁宫花园，以及乾隆皇帝下令建造的建福宫花园和宁寿宫花园（又称乾隆花园）。其中，御花园是这座皇宫里年代最早、面积最大的宫廷园林。

这里不仅有多样的建筑、古老的树木、玲珑的山石，还有许多细节等待我们去发现，有许多的故事等待我们去聆听。

接下来，就让我们通过天一镇佑、亭亭玉立、古木葱茏、望山观石、步步生辉、延晖选秀、“最”得我心这七个专题一起探索御花园的秘密吧！

天一镇佑

01 天一镇佑

钦安殿是御花园的主体建筑，里面奉祀着玄武大帝，人们祈愿他可以守护国家和紫禁城（现故宫博物院）的平安。

盝顶是中国古建筑屋顶形式之一。四面坡，中为四条平脊相围的平顶，四角出垂脊。

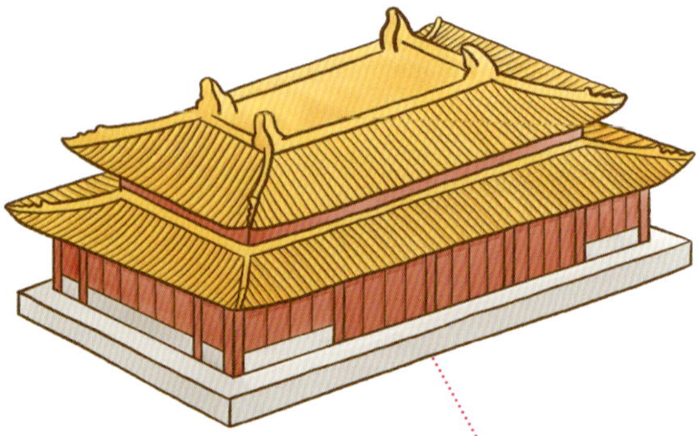

铜胎镏金宝瓶

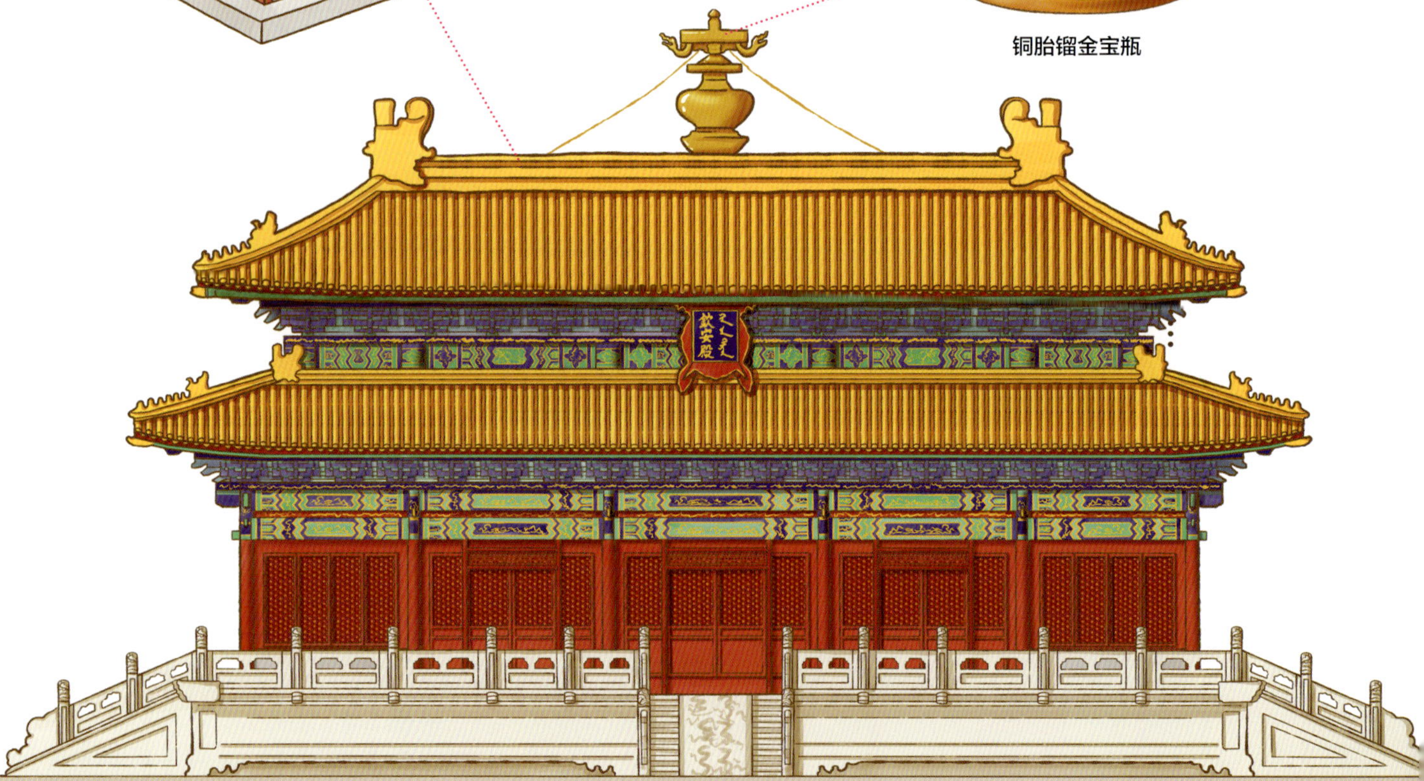

钦安殿

明代初建时无抱厦，抱厦增建于清代。

御花园坐落在紫禁城的中轴线上，位于内廷后三宫的北侧，明代称宫后苑，清代始称御花园。钦安殿是御花园的主体建筑，在紫禁城宫殿建筑中颇具特色。它坐北朝南，建于汉白玉石单层须弥座之上，面阔五间，进深三间。大殿为黄琉璃瓦重檐盝顶，屋顶正中为铜胎鎏金宝瓶，在紫禁城内仅此一例。下檐的斗拱也非常独特，不仅有水平构件叠垒，还有斜向构件联系内部屋架，像是长着一组上通屋内的“大尾巴”，这种斗拱被称为溜金斗拱。

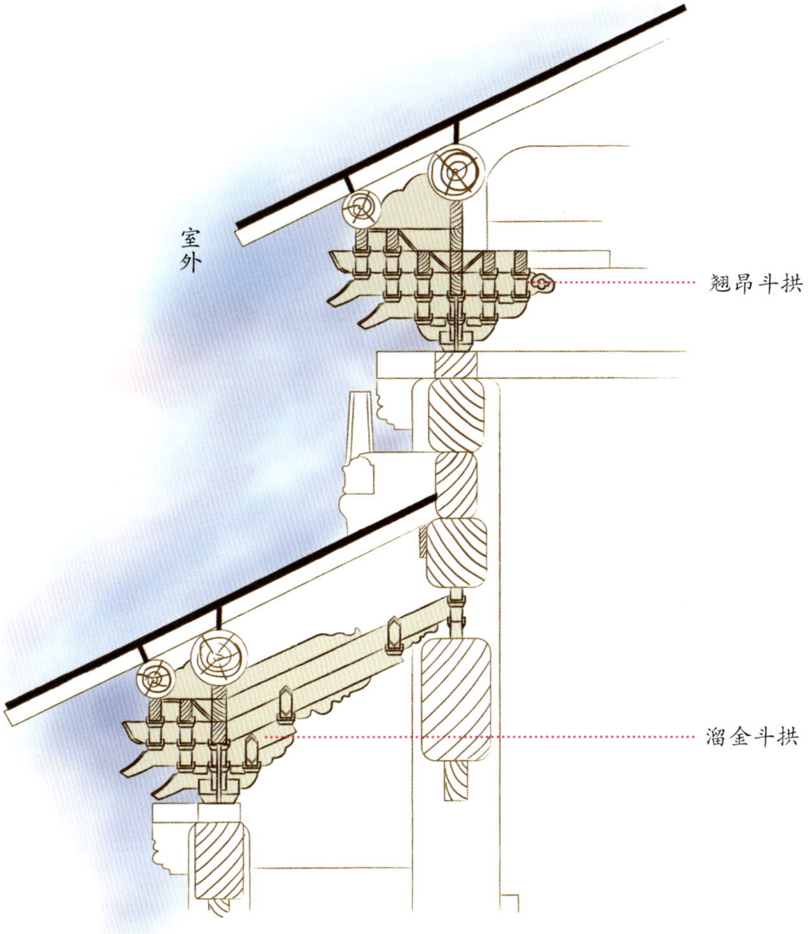

钦安殿上下檐对比图

翘昂斗拱是紫禁城中木结构建筑最主要使用的斗拱组合形式。

溜金斗拱不是表面贴满金箔的“鎏金”斗拱，而是专指这种造型独特的斗拱，后尾部分在室内有很强的装饰效果，一般用在高规格的建筑上，例如太和殿、神武门、钦安殿等。

钦安殿内景

钦安殿是整个北京唯一一处坐落在南北中轴线上的宗教建筑，是紫禁城中轴线北端最后一座宫殿，也是明清两代皇帝在紫禁城中从事道教活动的中心。1420年，它与紫禁城同期落成，从那时起，这里便奉祀着一位道教神仙——玄武大帝，明、清两代，几百年间，香火绵延不绝。

玄武大帝，也称真武大帝、玄天上帝，是职掌北方天界的重要天神。五行理论中北方属水，又以五行分五色，黑色代表水，故曰玄（本义为黑色）；披发赤脚，着铠甲，罩黑袍，踩龟蛇，手持伏魔剑，做武士打扮，故曰武，“玄武”之名便由此而来。

为什么玄武大帝会享有这么尊贵的地位呢？

相传，明太祖朱元璋平定天下时，曾得到玄武大帝的暗中帮助。永乐皇帝朱棣在“靖难之役”中也受到了玄武大帝的护佑，才最终打败建文皇帝的军队夺取了帝位。更有传说，玄武大帝显灵了，大战中披发仗剑的朱棣，其实就是玄武大帝的化身。

原来，玄武大帝是明代的有功之“神”！虽然玄武大帝助战的传说是杜撰的，但是在人们相信“君权神授”的时代，明代统治者编造了种种神乎其神、鼓舞人心的故事，希望借助“神”的力量，来实现维护皇权、征服人心的政治目的。正是由于永乐皇帝的极力推崇，玄武大帝才被赋予了一个新的身份——江山社稷的保护神。

为了尊崇玄武大帝，永乐皇帝在初建紫禁城的总体设计中，于中轴线的北端为玄武大帝专门留下了一个广阔的空间。紫禁城的北门最早被命名为玄武门，至清代康熙时，为避康熙皇帝名“玄烨”御讳，改名为神武门。玄武门内建有玄武大帝的“道观”钦安殿。这种布局早在唐代就有记载，以达到北方神镇守北方，护佑国家的目的。

于是，玄武大帝便在紫禁城安下家来。

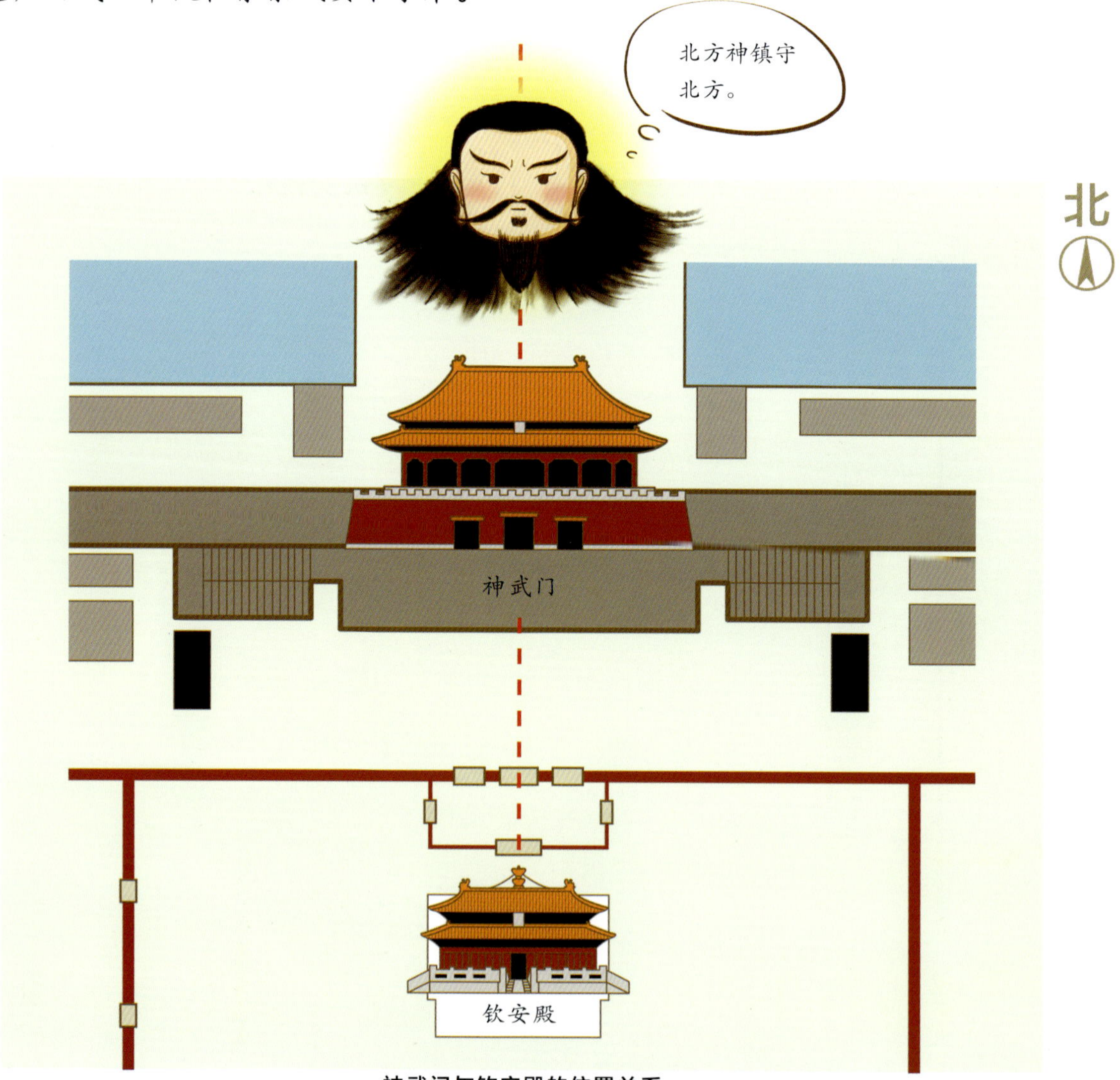

神武门与钦安殿的位置关系

明嘉靖时期，宫中对玄武大帝的推崇达到了新的高度。嘉靖皇帝沉迷于道术，甚至长期不上朝。他还曾一度将钦安殿改名为玄极宝殿——一个极具道教色彩的名字。

嘉靖皇帝

为了能经常在钦安殿举行道教仪式，嘉靖皇帝在御花园进行了一系列增改建项目。御花园原是后宫的一部分，坤宁宫北原是游艺斋围廊，与御花园相连，从御花园通向坤宁宫的大门为广运门，而坤宁门则在钦安殿的北侧。嘉靖十四年（1535）拆除坤宁宫北围廊，改广运门为坤宁门，改原坤宁门为顺贞门，从而将御花园从后宫中分离出来。又为钦安殿增建围墙，围墙南端正中加盖天一门，使之成为一个独立的空间。

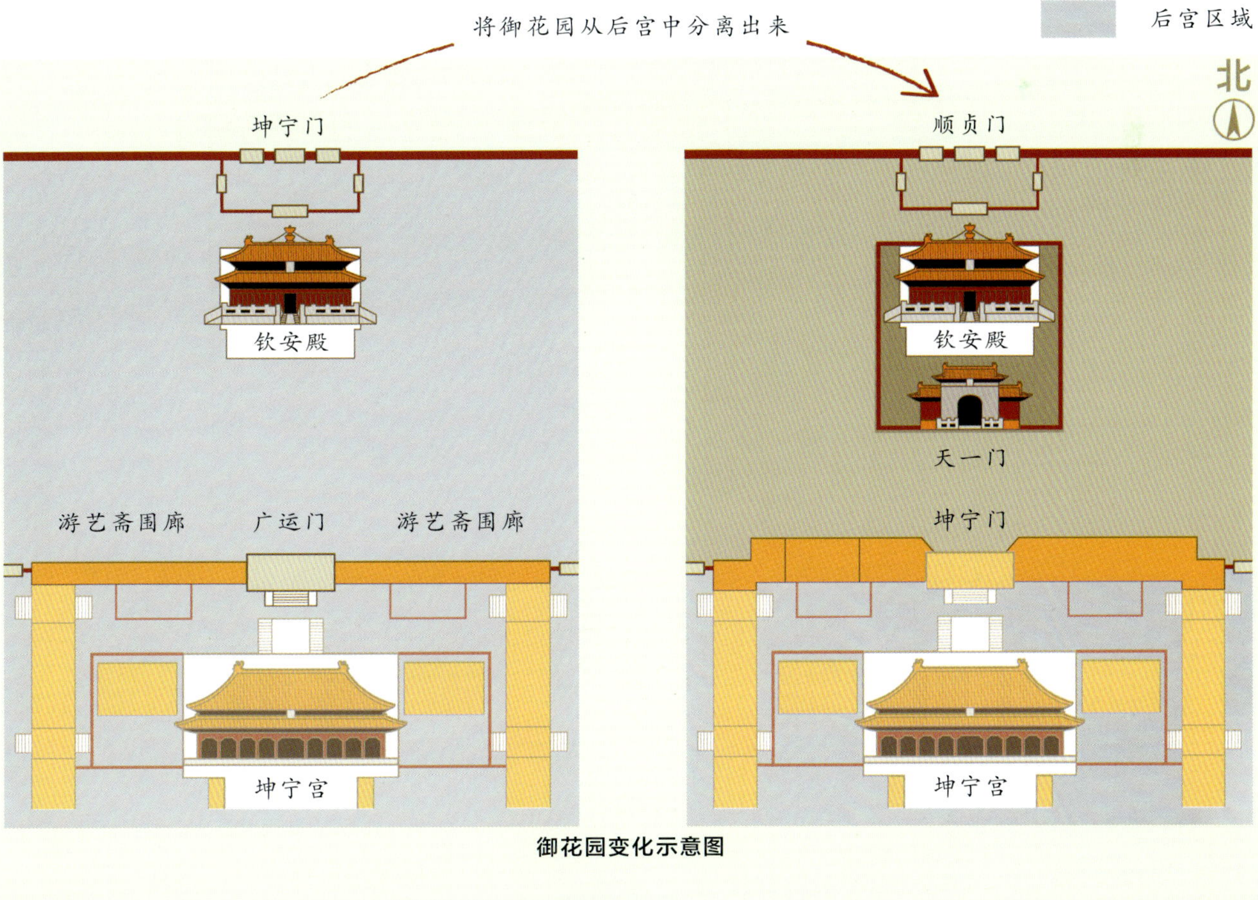

御花园变化示意图

钦安殿区域的院墙

钦安殿周围的院墙虽仿宫墙而建，却只略高于钦安殿的台基。这低矮的院墙真是匠心独运！不仅与钦安殿产生强烈的对比，衬托出宫殿的高大，突出宫殿的重要性，而且在空间不大的御花园内也不显局促，既做了空间的划分，保持了钦安殿的独立格局，又不会遮挡视线，使墙内外的景致可以相互呼应。

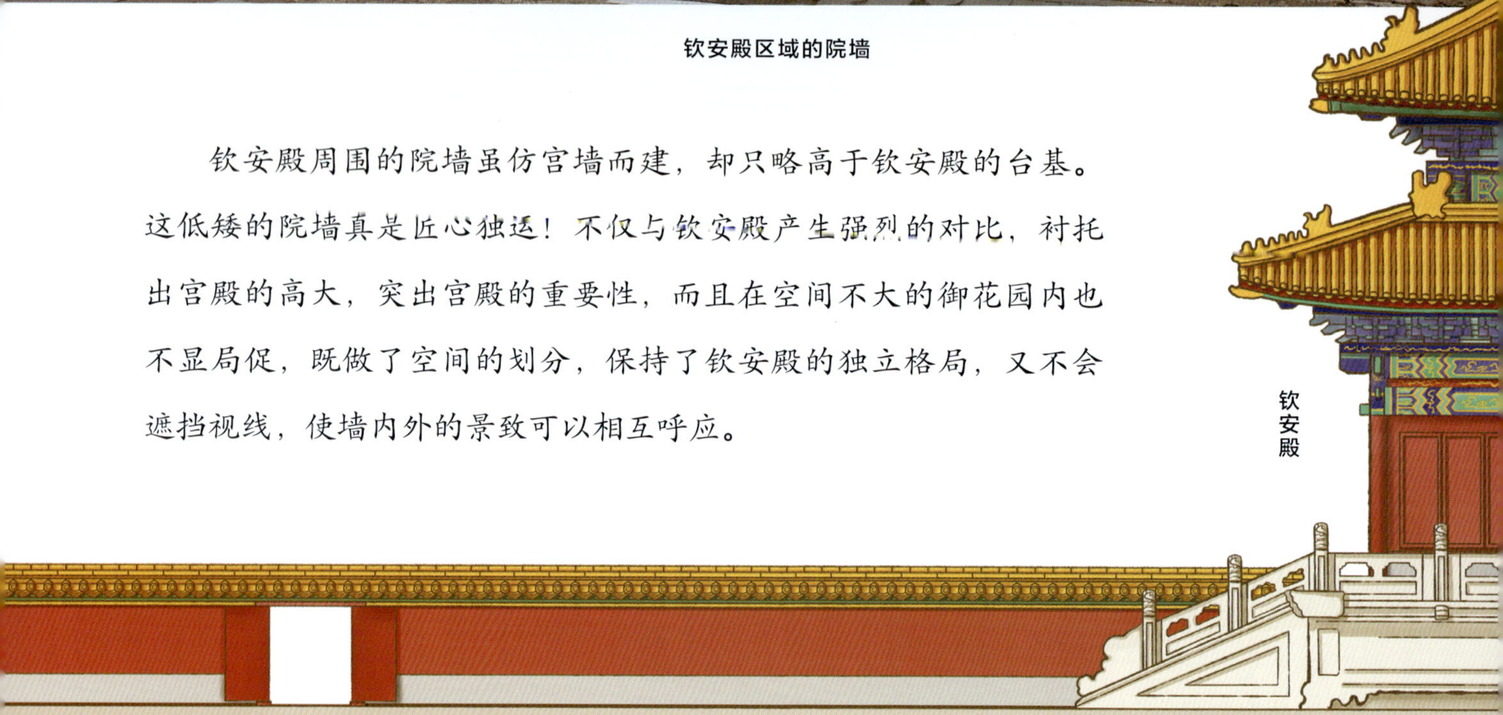

到了清代，皇家信奉藏传佛教，但是对道教依然重视。乾隆皇帝不仅下令为钦安殿增建抱厦，还为玄武大帝御笔亲书“统握元枢”匾额，并将其悬挂于殿内正中。

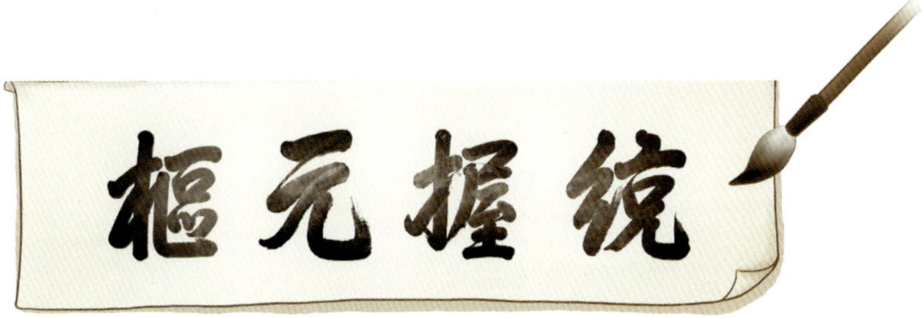

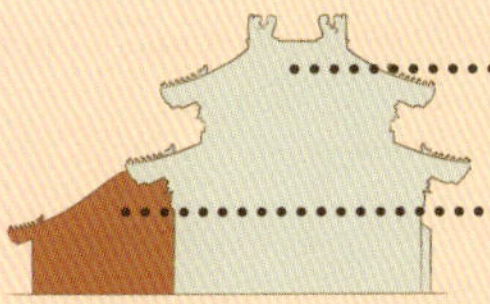

增建抱厦后的钦安殿侧面示意图

玄武大帝还有一个重要身份：水神。因为按照古代五行学说，北方属水，所以古人认为供奉玄武大帝，即可保佑宫中不遭火灾。现在故宫中还有很多处暗合“以水克火”理念而精心设计的细节，以祈求紫禁城免受火灾的侵扰。

钦安殿的汉白玉石栏杆雕刻精美，堪称紫禁城建筑精品。栏板图案为两条正在追逐嬉戏的行龙，神情活灵活现，十分具有动态。行龙周围装饰着各种吉祥花卉，每块栏板的花卉图案又不尽相同。但只有一块栏板上，装饰元素为海水江崖，两条行龙穿行其间，激起波涛漩涡。这块特殊的栏板位于钦安殿北面正中，再次强调了玄武大帝水神的身份，显示“以水克火”的建筑主题。

装饰有吉祥花卉的栏板图案

装饰有海水江崖的栏板图案

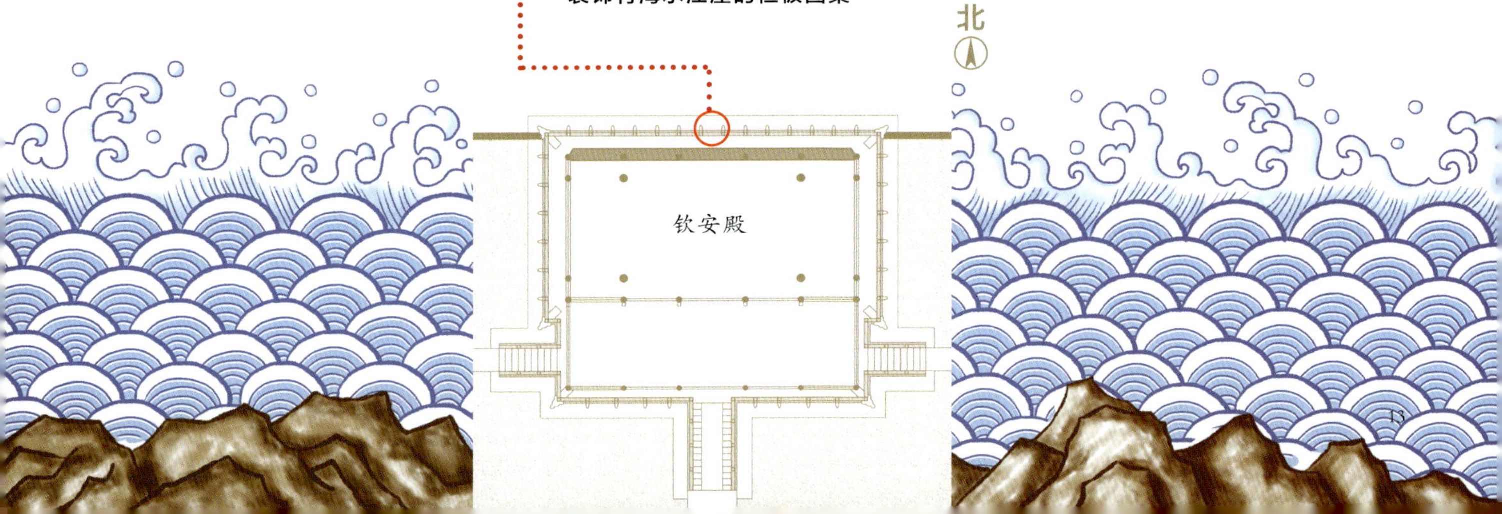

除了强调在五行中的方位，钦安殿的修建还融入了“天一生水，地六成之”的理念，与五行之说相呼应。钦安殿前的天一门，就取“天一生水”之意。有意思的是，钦安殿前的石雕上只有六条龙，这在紫禁城内是极为罕见的，乃是取“地六成之”之意，正好与天一门相对应，以强化建筑主题。

天一门匾额

钦安殿前的石雕

从色彩设计上看，黑色对应五行中的水，所以天一门的墙身全部使用灰黑色的青砖，也直接表达了“以水克火”的愿望。

天一门

此外，钦安殿院内西南方有一个高大的方形青白石旗杆座，下衬一层石阶为基座。整个石座上的雕刻向我们呈现了一组充满“水”元素的画面，有被流云环抱的群山，在云层中翻腾飞舞的巨龙，海水拍打礁石激起的层层浪花，充满水纹的水面，还有出没其间的各种海兽、水怪。

旗杆座上的浮雕图案

旗杆座高210厘米，每面宽140厘米，由两块巨石拼成，用两个铁箍束紧。

从水中浮出的龟和水怪

从水中浮出的虾

从水中浮出的鱼

从水中浮出的水怪

旗杆座石阶上的水生动物图案

木结构建筑最怕火，但钦安殿自建成后，未见火毁及重建记录，这也许和人们诚心祈愿有关吧！

亭亭玉立

02
亭亭玉立

御花园内的亭子，最早的出现于明嘉靖时期，是为供奉道教神仙而修建的。如今，它们与苍松翠柏、奇花异石、庭轩殿阁一起，将这座皇家园林衬托得清幽秀丽。

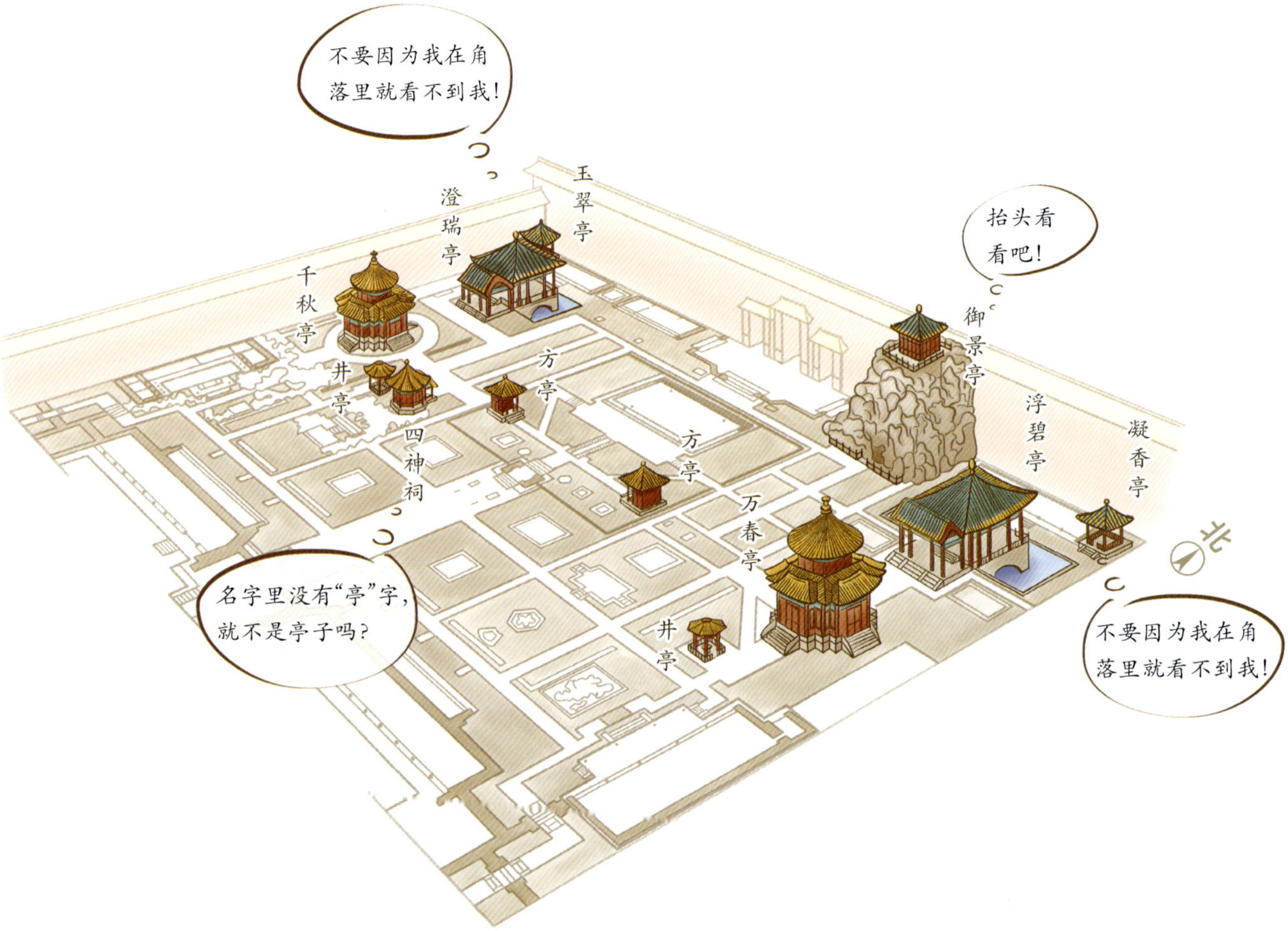

御花园中到底有多少座亭子呢？

御花园中大部分的亭子是两座一组东西对称的。对照下面的平面图，我们先来找找那些成双成对的亭子吧！

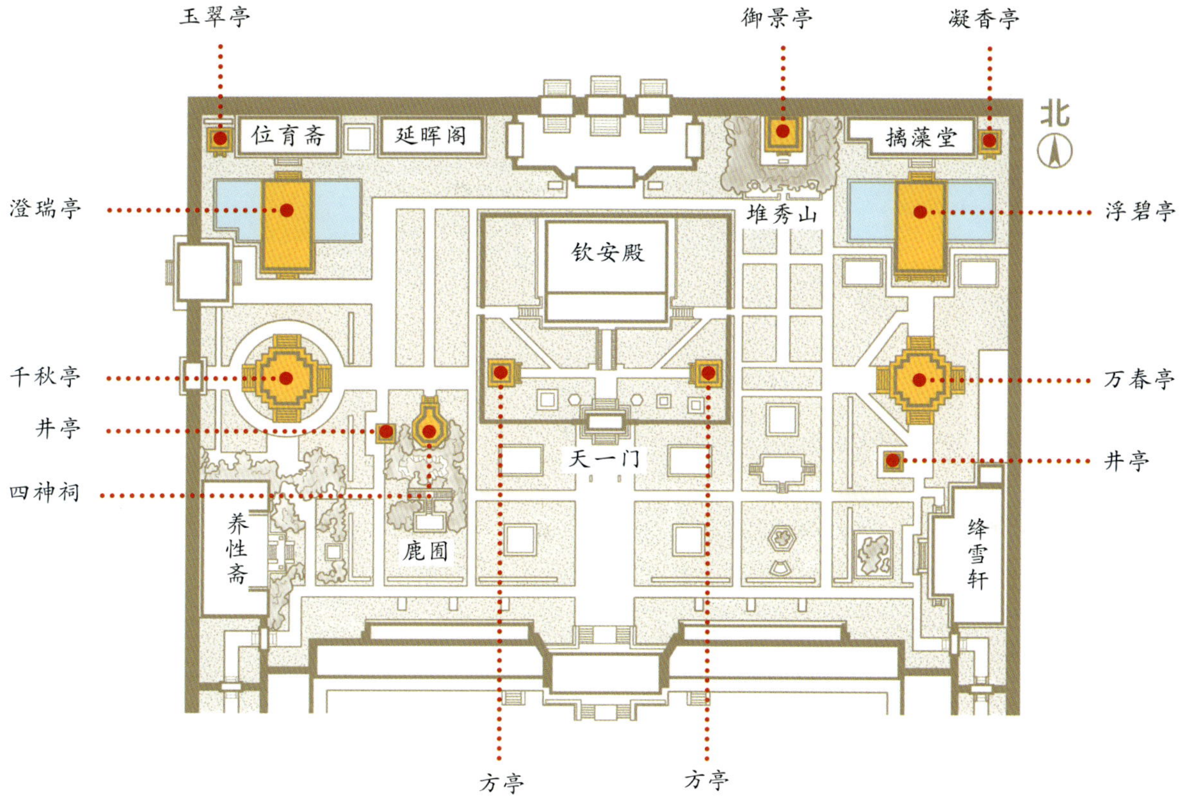

御花园区域平面图

御花园东北角有凝香亭，西北角有玉翠亭；东有万春亭，西有千秋亭；东有浮碧亭，西有澄瑞亭；东边和西边各有一座井亭；钦安殿前东西各有一座方亭。以上是 5 对共 10 座亭子，再加上御花园西边的四神祠，东北侧堆秀山上的御景亭，一共有 12 座。这些亭子外形多样，用途各异。让我们来看看其中几座特别的吧。

御景亭

御景亭

御景亭是御花园所有亭子中位置最高的一座。农历九月九日是重阳佳节，中国有登高的习俗。为了应节登高，皇帝偕后妃缓步登上堆秀山顶，进入御景亭。仔细看看不难发现，堆秀山东西两侧山脚各有一道小门，门里有砌好的台阶，他们就是从那里拾级而上的。

御花园东侧井亭

井亭顶部

井亭中的水井

井口石正上方架设有横木，横木上装设滑轮，旧时作打水之用。

御花园西侧井亭内的横木和滑轮

井亭的设计是最奇特的，它的顶部居然有一个洞，这很容易使人困惑。但想想那口水井，就不难明白了，虽然这个洞削弱了亭子遮阳挡雨的功能，却是为了水井的日常维护而特意设计的，因为这样清理水井的长杆才能比较方便地上下活动。

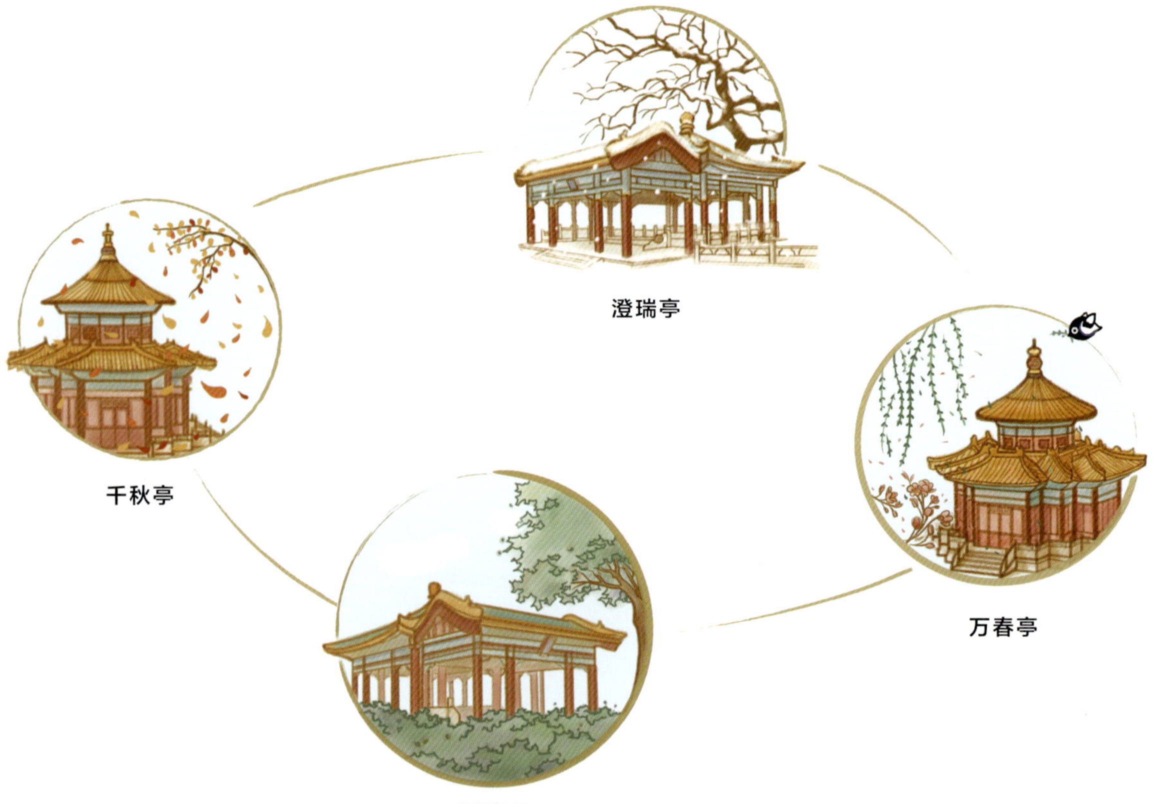

万春亭和千秋亭的顶部设计更是大有深意。它们的屋檐都有两层，叫作“重檐”，就是双重屋檐的意思。这两层屋檐上圆下方，正好符合了“天圆地方”的理念。

这两座亭子的名字分别象征了春天和秋天，那么有没有代表夏天和冬天的呢？有的，它们就是浮碧亭和澄瑞亭。虽然这两座亭子的名字中没有直白地嵌入季节的名称，却描述了季节特点。个中风景，留待读者细细品味。

万春亭

浮碧亭

古木葱茏

03
古木葱茏

御花园里的古树有 100 多棵，以松柏为主。所以即使是在百花凋零的冬季，也能在花园中看到一片绿意。

古树树干上都有一块小小的标牌，这是古树的“身份证”，可以告诉我们许多信息。比如，绿色标牌上标有“二级”，说明这是二级古树，树龄在100年以上。如果树龄超过300年，就是一级古树，标牌是红色的，标有“一级”字样。标牌还显示了树种，比如桧柏、侧柏、白皮松、龙爪槐、楸树等。每棵古树还有一串编号，就像身份证号一样，便于园林部门记档管理。

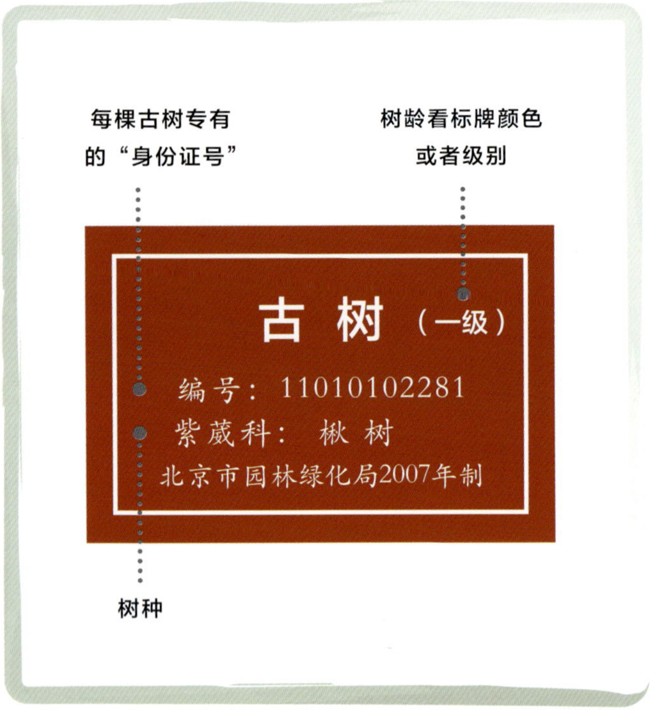

红色标牌为一级古树，
树龄大于 300 年

绿色标牌为二级古树，
树龄大于 100 年

御花园内的五种古树及其叶子：

桧柏

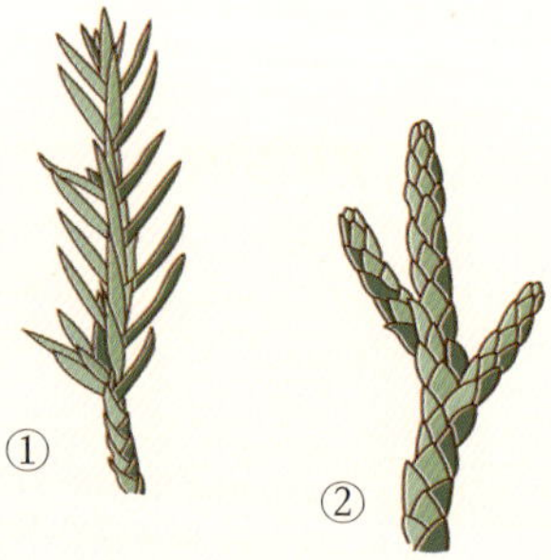

有两种形状的叶子：
刺叶和鳞叶，三枚轮生。
① 刺叶
② 鳞叶

侧柏

鳞叶，交互对生。
① 枝条排列呈一平面
② 鳞叶

白皮松

针叶，三针一束。

羽状复叶；小叶，对生或近互生，卵状披针形或卵状长圆形。

龙爪槐

叶三角状卵形或卵状长圆形。

楸树

善用好奇心，仔细观察。
发现细节的美！

钦安殿前的白皮松

坤宁门后的楸树

这些古树不但树龄长、种类多，外形也极具观赏价值。白皮松有银白色的树皮，在紫禁城外西北侧的团城承光殿前后的两棵最为著名，被乾隆皇帝称为“白袍将军”；龙爪槐枝干虬曲蜿蜒，夏天浓荫蔽日。“人字柏”和“连理枝”的奇特外形则是古人有意为之。

御花园中的人字柏有很多，以万春亭附近最为集中。亭子四扇门外各有一棵人字柏，它们的主干被一分为二，像个大大的“人”字立在那里。连理枝在钦安殿前，两棵树主干被人为地扭转交缠，合二为一，正是“在天愿为比翼鸟，在地愿为连理枝”，美好的寓意引来很多情侣与它们合影。

绛雪轩前的龙爪槐

一分为二

万春亭西侧的人字柏

合二为一

天一门内的连理枝

御花园中的古树

然而，御花园有很多不利于古树生存的因素。首先，御花园面积只有 12 000 平方米，却容纳了大小 20 多座建筑，这些建筑几乎占了全园面积的三分之一。再除去园内奇山异石、花池盆景、道路所占的面积，可供这 100 多棵古树生长的空间十分有限。其次，这里毕竟是人造园林，土壤以建筑用土为主，土质较差，缺乏营养，土壤板结严重，不利于透水透气。

为了使古树能健康生长，工作人员采取了很多措施，比如换土、松土、施肥改良土壤，为古树的枝干做加固支撑，修剪枝叶，防治病虫，安装围栏隔开古树和人群。同时，为古树建立档案，定期监测。

希望大家都能爱护古树，使它们有更好的生存环境，更长久地陪伴我们。

古树保护措施：安装围栏

古树保护措施：加固支撑

望山观石

04
望山观石

叠山布石是常用的造园手法。御花园中的山石既可远望，也可近观。

造园艺术的最高境界是“浑然天成”。为了达到这个目的，叠山布石是常用造园手法。正是因为有这些高低错落的山石，亭台楼阁才能掩映其间。试想，如果除去园中山石，只余中轴突出、左右对称的建筑，作为游憩观赏之用的御花园，该少了多少乐趣啊！

堆秀山

鸡形石

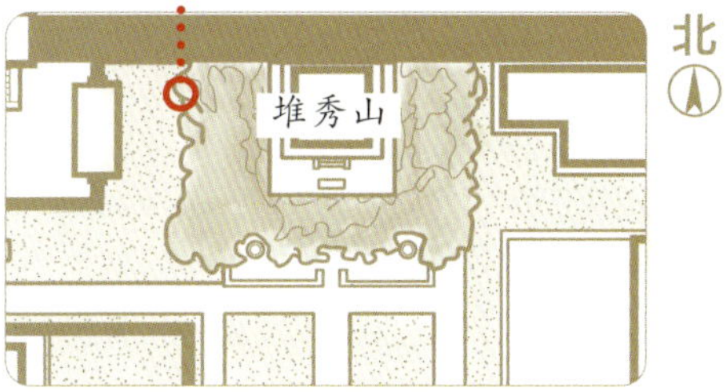

御花园假山最高峰当属堆秀山，高约10米，建于明万历十一年（1583），由太湖石堆叠而成。太湖石是一种产于太湖区域的特殊石料，因为常年受流水冲击，变得多孔而具有瘦、皱、透、漏的外形特点，最适合用来堆叠假山。

姿态万千的太湖石使人们产生了无尽联想，传说有缘人可以在山上找到十二生肖。其中最惟妙惟肖的是鸡形石，在西侧山根处，这只鸡双翅收拢，头微微偏向左侧，似乎被热情的游客所惊扰，正警觉地观察着什么。有兴趣的读者不妨再找一找其他生肖。

木变石

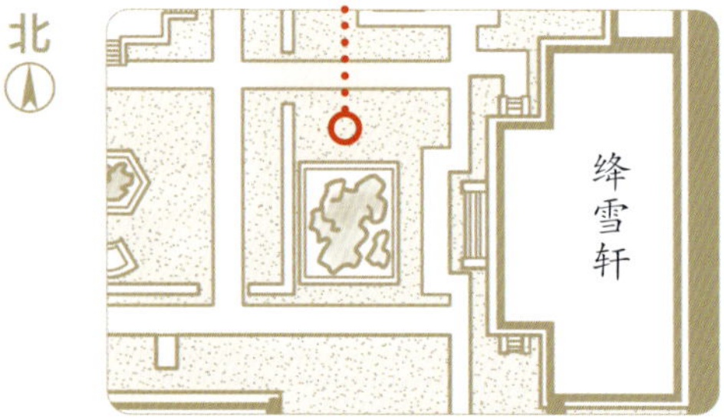

木变石上的诗文及落款

除假山以外，御花园里还有三大奇石。

第一块是木变石，也叫木化石。这块奇石是黑龙江将军富僧阿进献给乾隆皇帝的。据说是松树树干沉入黑龙江中，年深日久石化而成。乾隆皇帝曾创作《咏木变石》五言诗一首，刻在奇石表面，至今仍清晰可辨。诗文及落款如下：

不记投河日，宛逢变石年。磕敲自铿尔，节理尚依然。

旁侧枝都谢，直长本自坚。康干[①]虽岁贡，逊此一峰全。

——乾隆丙戌年[②]新正[③]中澣[④]御题

注：①康干：位于今新疆哈密地区。

②乾隆丙戌年：1766 年。

③新正：农历正月。

④中澣：中旬。

第二块奇石是诸葛拜斗石，在天一门附近，因表面的天然图案而得名。石面左半部分的深紫色块像是一位宽袍大袖的古人，身体微躬，拱手行礼。顺着行礼方向看，右半部分有一片浅紫色块，点点石坑排列成北斗七星。这像极了《三国演义》第一百零三回“上方谷司马受困，五丈原诸葛禳星”描述的情节。诸葛亮夜观天象，预知自己寿命将尽，于是在军帐中祈禳北斗，作法借寿，希望能有更多时间上报君恩，下救民命。石头的天然图案居然暗合了这段故事，的确令人称奇。

第三块奇石就在诸葛拜斗石对面，外形很像许多海参聚集在一起，所以叫海参石。

这三大奇石有源于植物的，有肖似人物的，还有肖似动物的，有的来历不凡，有的因图案著名，还有的以外形称奇，不愧是御园珍品！

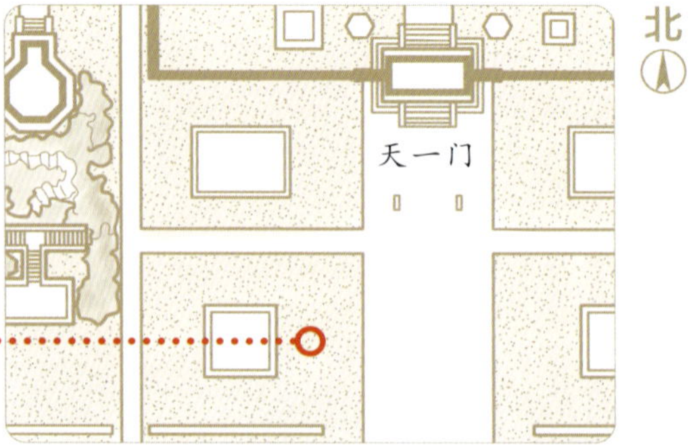

诸葛拜斗石

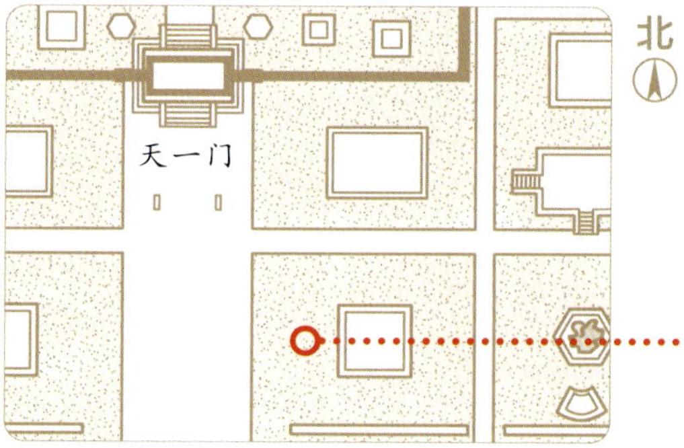

海参石

步步生辉

05
步步生辉

在欣赏御花园建筑、山石、草木之余，千万别错过路面的景致——石子画。

楼阁前、树荫下、山石边，随处可见小路上的石子画，数量达到900多幅。虽然创作石子画的主要材料只有各色天然卵石、砖、瓦和油灰，但贵在设计用心，题材多样，包括人物故事、花鸟鱼虫、瓜果蔬菜、文字图案等，令人目不暇接。如果赶上细雨蒙蒙的天气，路面微湿，卵石颜色会更为鲜亮，是品味石子画的最佳时机。

御花园《清明》石子画

借问酒家何处有，牧童遥指杏花村。

——《清明》（节选）

看！这里有树上结的（佛手、桃、石榴）、地里长的（白菜、萝卜、南瓜）、天上飞的（燕子、鹭鸶、鹤）、地上跑的（老虎、山羊、兔子、象、鹿）、水里游的（金鱼、蟹、虾、乌龟），连小昆虫都活灵活现（螳螂、蝉、蚂蚁、蝴蝶）。还有画说古诗（《寻隐者不遇》《清明》）、历史故事（桃园结义、空城计）、神话传说（水漫金山）……

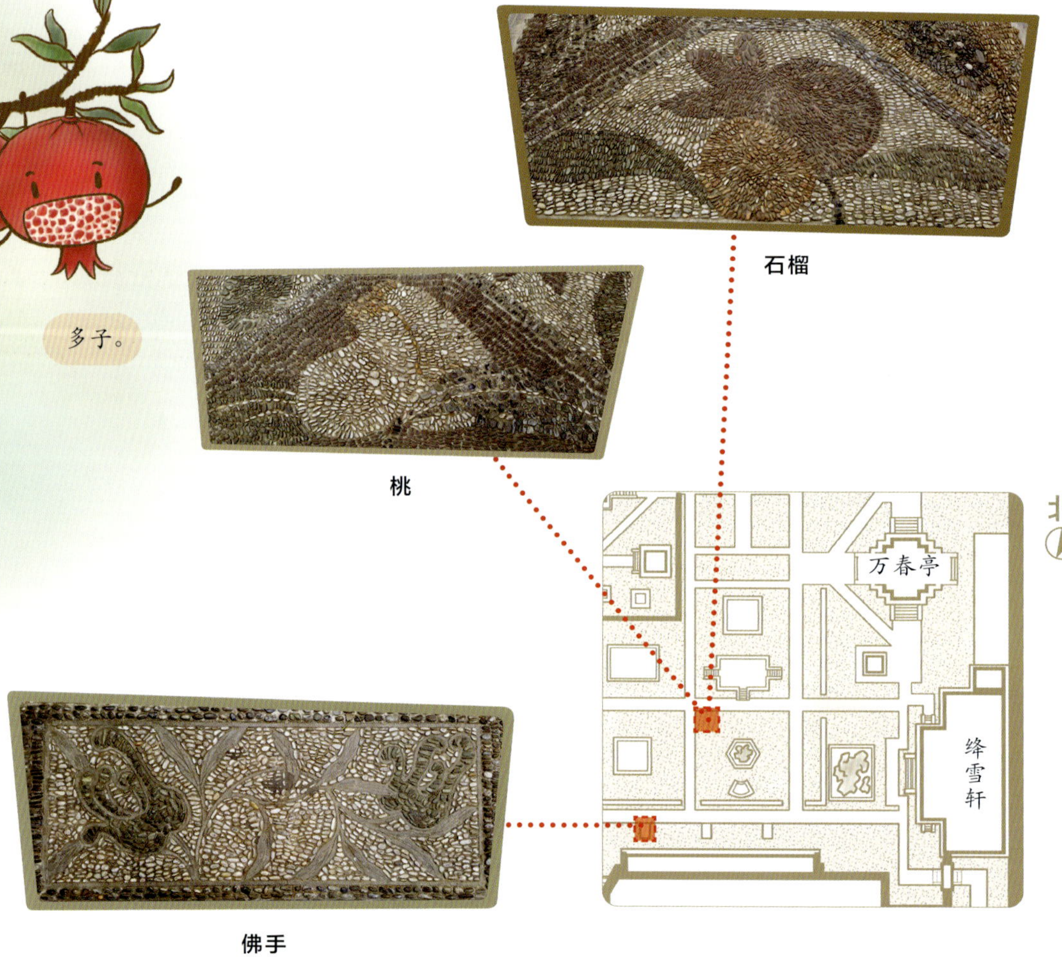

“树上结的”石子画

螳螂

蝉

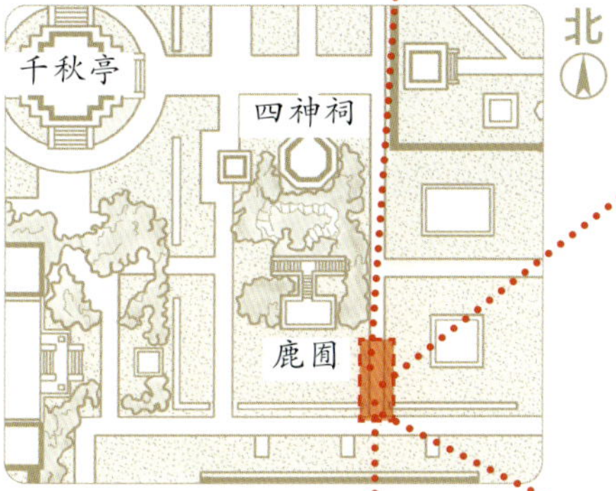

蝴蝶

蚂蚁

昆虫石子画

白菜

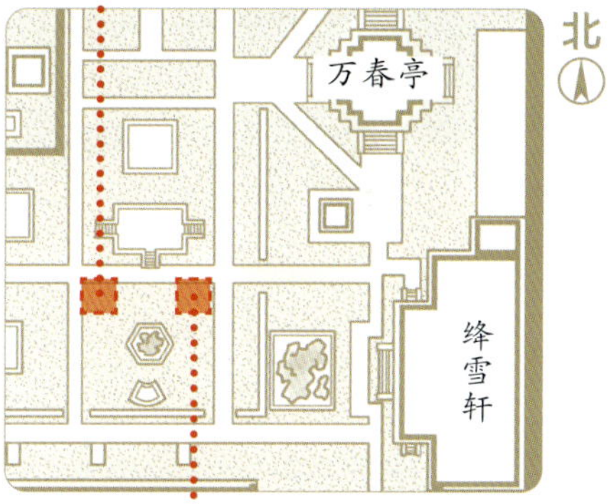

萝卜

“地里长的”石子画

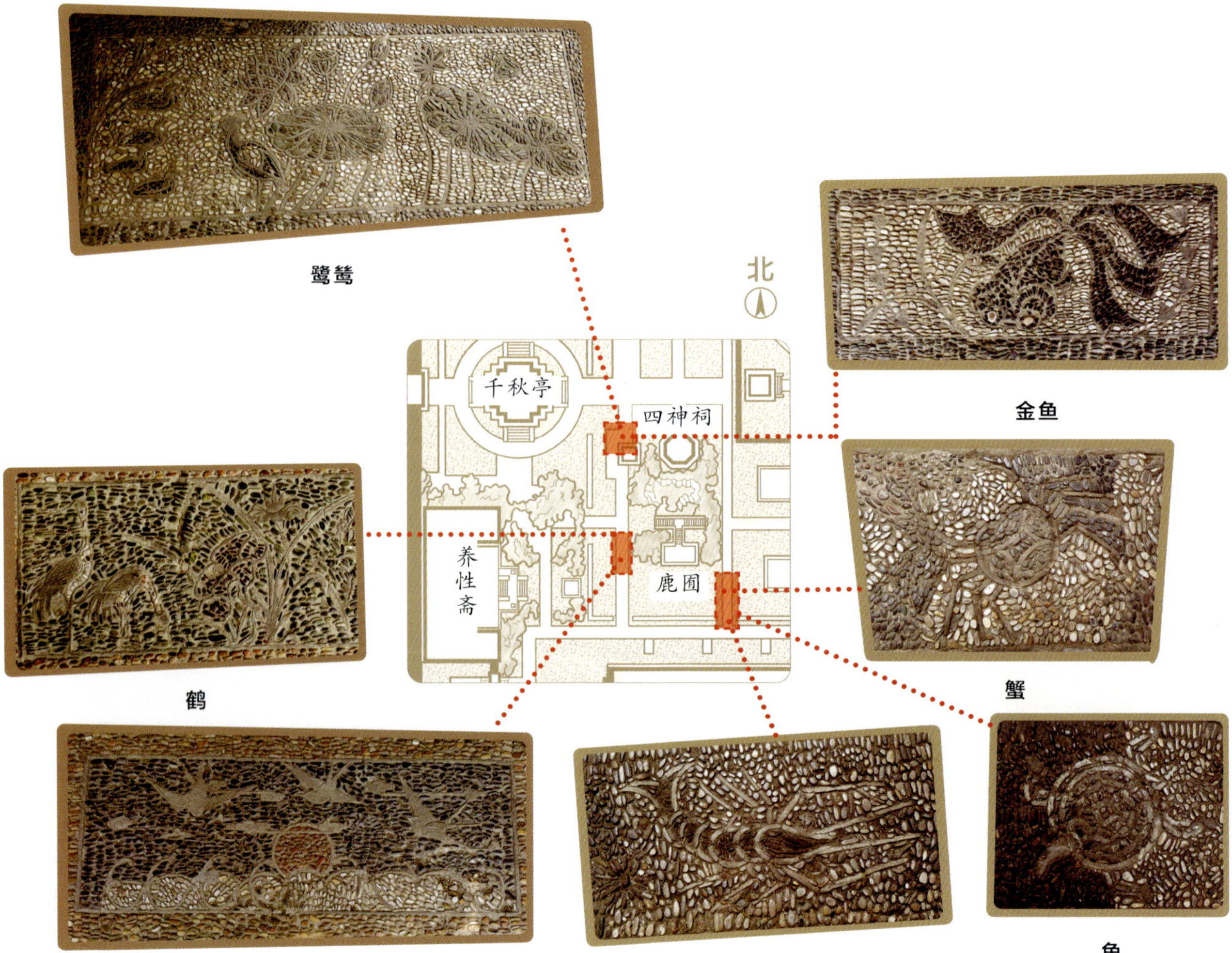

“天上飞的和水里游的”石子画

连年有余。

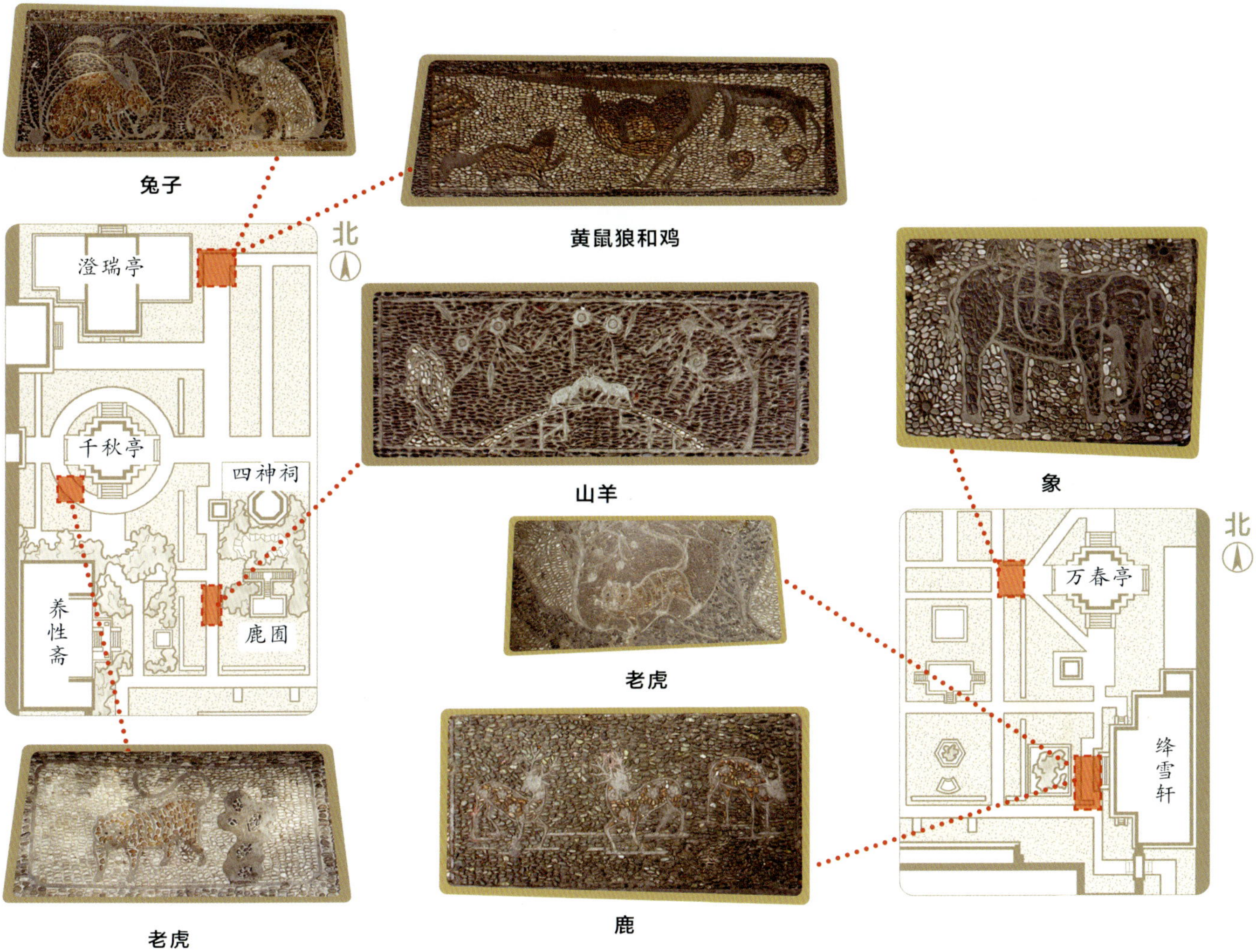

“地上跑的”石子画

各种交通工具

有的石子画还向我们传达着时代发展的信息。比如，在一组集中展现交通工具的石子画中，不但有马车、人力车，还有自行车和火车。由于年深日久自然风化，以及人们鞋底摩擦造成的损耗，有些石子画可能会残缺不全。好在故宫博物院相关部门未雨绸缪，保留了石子画的图像资料，制作工艺也没有失传，如此我们才能继续欣赏这些精美的石子画。不过，我们在参观的时候最好“足”下留情，尽量不要踩踏这些“古画”。

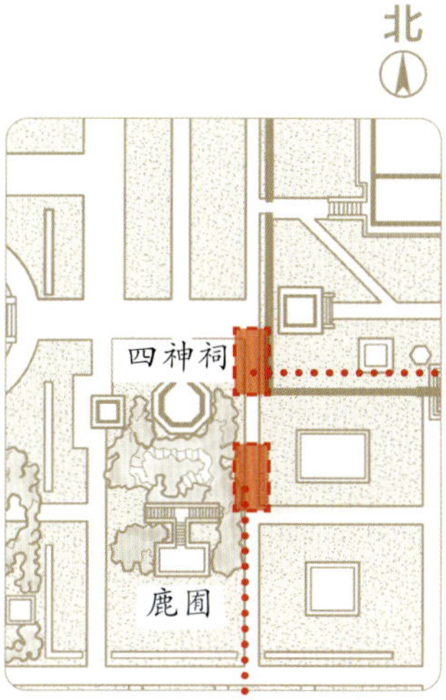

马车

自行车

人力车

“交通警察”

火车

火车头

交通工具石子画

延晖选秀

06
延晖选秀

清代时，延晖阁曾作为“选秀”的场所。在阁上，俯瞰远眺尽是奇秀的景色。在阁前，秀女们又为这里平添了几分精彩。

御花园内西北，有一座北倚宫墙而建的高大建筑，名为延晖阁。它高踞在宫墙之上，与堆秀山御景亭东西对立，遥相呼应，也是供登临远眺的地方。在顺贞门外，一抬头便能望见这两座建筑。

登上延晖阁，俯视园中，满眼都是奇秀的景色，古木成行，北望景山，又见一片繁茂葱郁。若是在冬季天气晴朗的时候，还能看见西山上的积雪呢！清代乾隆、道光、咸丰等皇帝就常登阁赋诗赏景，在此留有不少的诗句。

延晖阁

清代时，延晖阁曾作为选看秀女的场所。选秀女在清代具有一定的独特性，分为两个系统，即每三年一次的选看八旗秀女和每年一次的选看内务府三旗秀女。所选的八旗秀女是为皇帝选立后妃做候选，或为近支宗室、皇子皇孙配婚，而所选的内务府三旗秀女则是供内廷役使的宫女。因此，清代的后宫，上至皇后，下至宫女，都是通过这一制度从旗人女子中挑选出来的。

选秀女两个系统的比较

	八旗秀女	内务府三旗秀女
挑选范围	八旗的适龄女子	内务府三旗的适龄女子
挑选时间	每三年一次	每年一次
挑选目的	为皇帝选立后妃做候选，或为近支宗室、皇子皇孙配婚	即为宫女，供内廷役使
主办单位	户部	内务府

八旗秀女的应选范围，从顺治年间起便有明确的规定，为“八旗满州、蒙古、汉军官员、正户军士、闲散壮丁”之女。后来随着时间的推移，八旗人数渐渐增多，门第观念、民族观念加强，秀女的应选范围便逐渐缩小，身份地位要求越来越高。而规定的年龄段大致为十三岁至十七岁，十七岁以上则称为“逾岁”。应选范围内的八旗女子，如果因为突发原因不能参与选看，要等待下届选看时再参加应选。无论如何，八旗女子都必须首先经过选看，落选后才能自行婚嫁。

挑选八旗秀女由户部负责。在确定选秀女后，户部行文通知八旗各旗。然后各旗审查当年应选的秀女，编制名册报给户部。再由户部上奏当年选看的日期，被批准后，行文通知各旗。登记在册的女子成为备选秀女，等待参加选看。挑选的前一天，各旗的负责人先排车，傍晚时分秀女们依次乘蓝色布围骡车出发，半夜到达神武门外。等待门开启后，再依次下车，由太监带领进入宫中，到顺贞门外恭候。选看的场所各朝不尽相同，除了延晖阁外，还有体元殿、静怡轩等处。

到了选看的时间，太监按照顺序一排一排地将秀女领进顺贞门，一般一排五人，在延晖阁前站好，立而不跪。她们每人都有两块木牌子，一块挂在身上，写有姓氏；另一块则放在御案上，上面写着姓名、年龄、家世等个人信息。如果有合意的秀女，就留下名牌，这称为留牌子，等待下次选看；如果看后不合意，没有留下牌子，就称为撂牌子，也就是秀女落选了。

与此同时，车队放下秀女后，并没有散去，而是由神武门夹道出东华门，经过崇文门大街再绕回神武门等候。这时已经是上午9点到下午1点之间了。选完的秀女再次依序上车，各回各家。虽然有千百辆骡车，但整个过程井然有序。

这是因为挑选八旗秀女的流程中有详细的排序规则。编制名册时是按照每旗满族、蒙古族、汉族的顺序，同族中又以女子的年岁长幼为序先后排列，逾岁者放在名册最后。到了选看秀女时，排车与选看的顺序相同。每天只看两个旗，按照各旗应选秀女的人数均匀搭配，不一定按原八旗的顺序。同一天的两个旗，则按原八旗的先后顺序，比如若选的是正黄、镶黄两旗，则正黄旗先于镶黄旗。而每旗的秀女，一般按照名册的顺序排列，先是上次被留牌子复看的秀女，然后是本次送选的秀女。到了清中后期，后妃的姐妹和亲兄弟姐妹的女儿还可以优先排列于本旗的最前面。

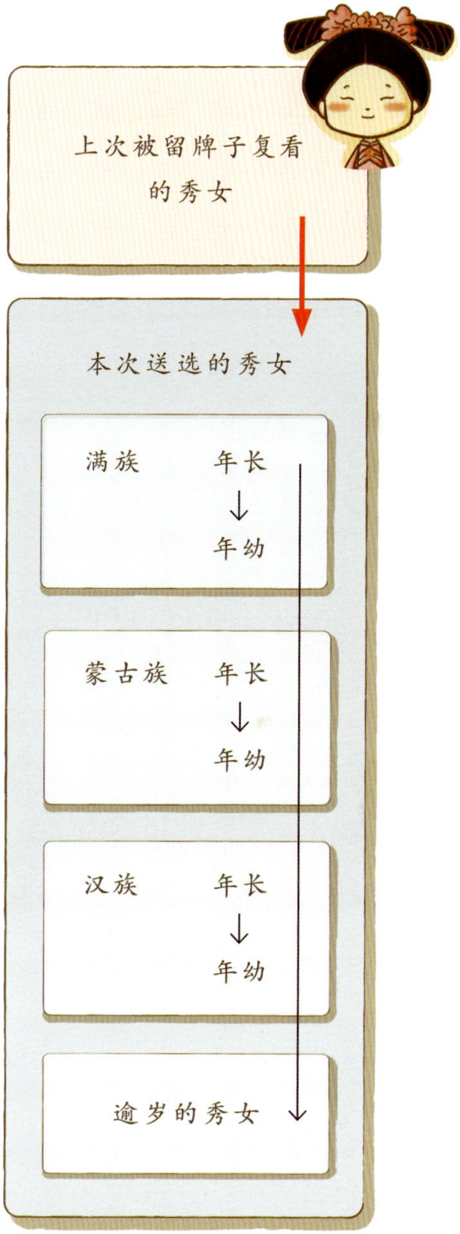

挑选八旗秀女流程中每旗的排序规则

如果每次复看都被留了牌子，最后就被选中入宫。得到皇帝给的封号后，至死也不能出宫另嫁，但有可能成为皇帝宠爱的嫔妃。

清代实行一夫一妻多妾制，在康熙朝以后，后妃制度逐步完善。皇帝的祖母尊为太皇太后，母亲尊为皇太后，先帝的其他妃、嫔尊为太妃、太嫔。皇帝的正妻只有皇后一人，统领后宫。皇后以下妃嫔分四等，为皇贵妃一人，贵妃二人，妃四人，嫔六人，这是指同一时间规定的数目。妃、嫔也称为“主位”，辅佐皇后管理后宫。在嫔之下还有贵人、常在、答应三级，没有固定的名额，随妃、嫔分别居住在东西六宫。但是实际上，各朝妃、嫔数目并没有完全照规定执行，康熙皇帝、乾隆皇帝的妃嫔都超过了规定的数目，而同治皇帝、光绪皇帝的又远远不及规定。

清代的后妃制度

与皇帝的关系	称号	规定的数目
祖母	太皇太后	
母亲	皇太后	
先帝的其他妃嫔	太妃、太嫔	
正妻	皇后	1
妾（正位）	皇贵妃	1
妾（正位）	贵妃	2
妾（正位）	妃	4
妾（正位）	嫔	6
妾	贵人	若干
妾	常在	若干
妾	答应	若干

慈禧的晋升之路

- 咸丰十一年（1861）十月初九：以载淳生母身份晋封皇太后，称圣母皇太后，上徽号“慈禧”。开始了对中国 48 年的统治。
- 咸丰七年（1857）：晋封为懿贵妃
- 咸丰六年（1856）：生皇子载淳（即同治皇帝），晋封为懿妃
- 咸丰四年（1854）：晋封为懿嫔
- 咸丰二年（1852）：入宫，封为兰贵人
- 道光十五年（1835）：出生

秀女如果直接被选中做皇后，按清代规定，皇帝与皇后属于初婚，需要行大婚礼。而一般秀女都是在初得封号后，再等待逐级晋封；如果能生育皇子或公主，则晋升的机会更大。慈禧太后就是成功晋升的代表，她 17 岁时通过选秀女入宫，最终走向了权力的顶峰。

还有一种特殊的情况，就是宫女被皇帝看中，也可得到封号，再步步晋升。这其中最为人熟知的便是乾隆皇帝的孝仪纯皇后，嘉庆皇帝的生母。

不论是什么出身，秀女一旦进入这高大的宫墙中，便也只能站在高阁上望一望外面的世界了！

『最』得我心

07
“最”得我心

本专题只关心御花园之“最”！

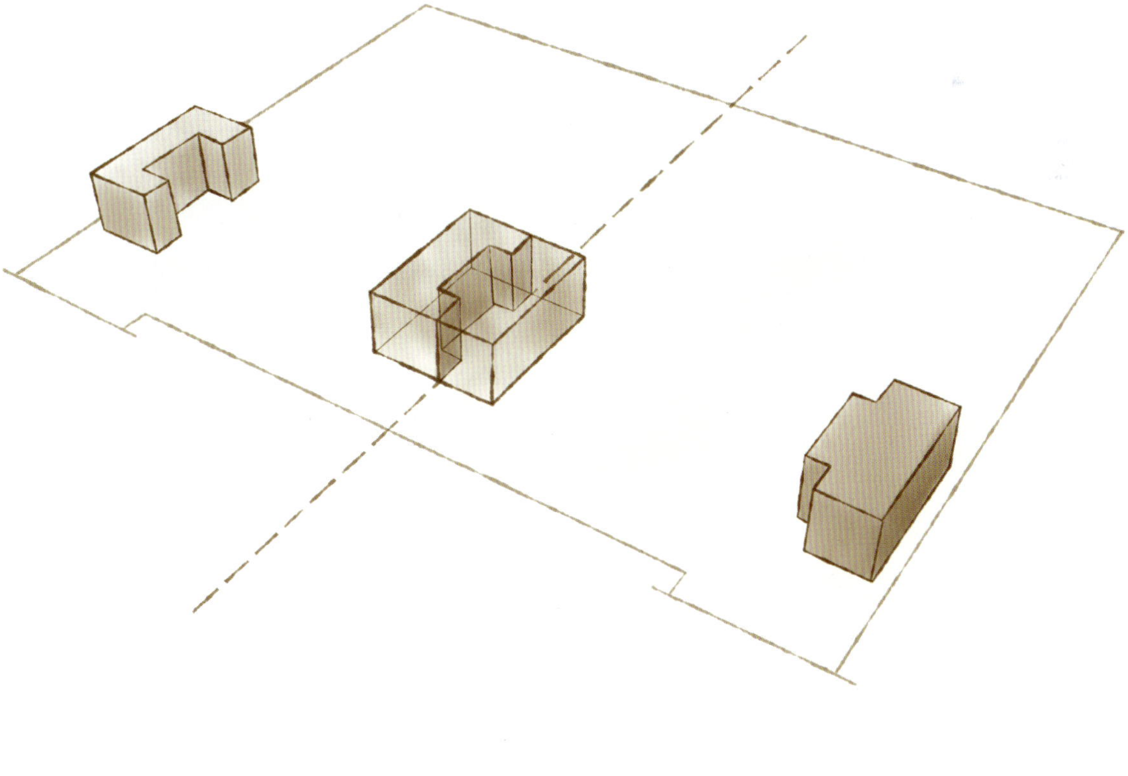

最大的蝙蝠

蝙蝠虽然其貌不扬，但名字却招人喜欢。因为蝙蝠的“蝠”与“福”同音，所以成了中国传统文化中的吉祥物。它艺术化的形象也经常出现在皇宫装饰图案中——看来，即使是天子，也向往着幸福生活啊！你可知道，故宫最大的一只“蝙蝠”就落在御花园地面上。只要先找到千秋亭，走进亭子南边假山门里，左边地上就是。这只大蝙蝠是御花园石子画的一部分，由古代工匠用彩色石子和瓦条拼成。它的身躯也许是因为充满福气才如此硕大吧。

御花园石子画

福气满满！

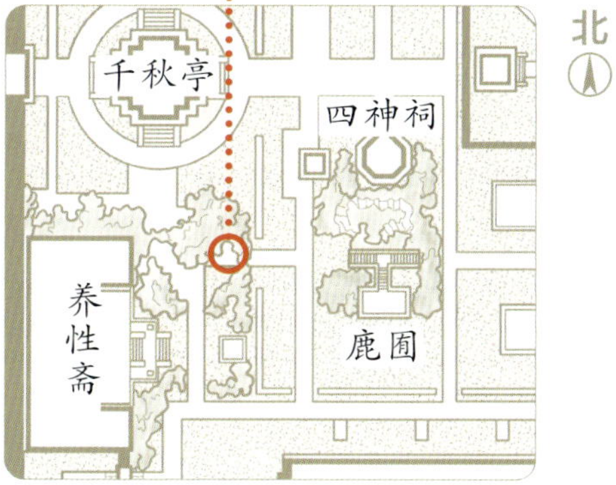

最常被认错的神兽——獬豸

象征公平正义

象征吉祥

天一门外有一对鎏金铜兽，名叫獬豸。这是一种传说中的神兽，古人相信它能明辨善恶，象征公平正义，头上独角就是它惩罚恶人的武器。

如果不认识獬豸，很可能见了獬豸而叫它麒麟，因为它们长得很像。麒麟是瑞兽，象征吉祥。两者外形上有什么区别呢？故宫慈宁门前就有一对守门麒麟。两者比较一下，最明显的两处区别就在犄角和四足：獬豸独角，利爪；麒麟双角，圆蹄。下次见到不要认错了哟！

獬豸

独角

利爪

麒麟

双角

圆蹄

最酷的人造喷泉

堆秀山前的人造喷泉

石刻蟠龙喷水口

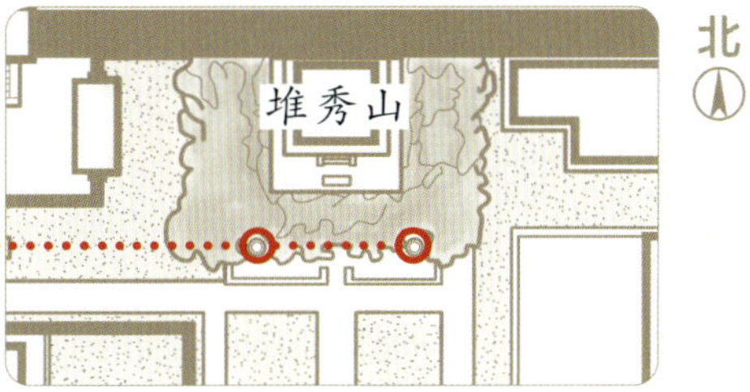

紫禁城中最酷的人造喷泉（古称“水法”）就在堆秀山前，东西各有一处，两条石刻蟠龙就是喷水口。那么水从哪里来呢？“机关”就藏在山腰处，那里放了水缸，和低处的喷水口有水管连通。只要提前把缸里蓄满水，水就会因为压强差从蟠龙口中喷出来。这是多么奇妙的构思啊！

最契合的一对建筑

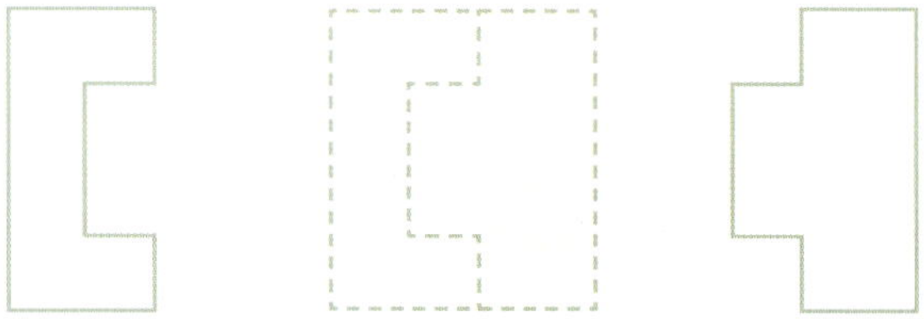

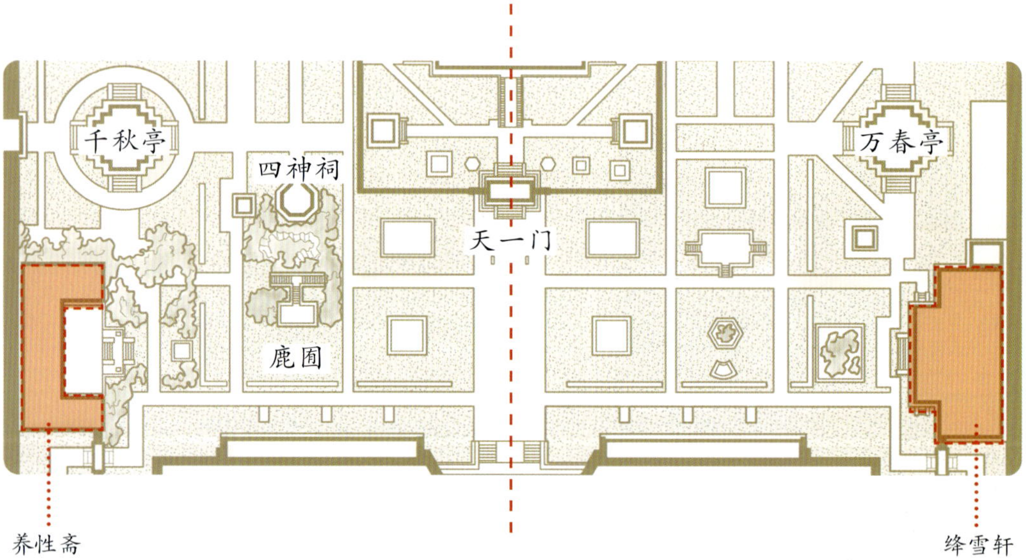

御花园建筑布局遵循了紫禁城中心突出、东西对称的一贯原则。像万春亭与千秋亭，以及浮碧亭与澄瑞亭，都是东西对称且建筑形式相同的建筑。但这一原则并不是说，相对位置上所有建筑都一模一样，比如花园西南角的养性斋和东南角的绛雪轩就不同。清代嘉庆皇帝、道光皇帝经常来养性斋休息读书，末代皇帝溥仪也曾经在这里学习英文。而绛雪轩是皇帝游园时赏景休息的地方，平面呈“凸”字形，刚好与呈“凹”字形的养性斋互补，珠联璧合，十分有趣。

养性斋

绛雪轩

故宫宣教
THE PALACE MUSEUM
PUBLICITY AND EDUCATION

我要去故宫系列

探秘东六宫

故宫博物院宣传教育部 / 编著　果美侠 / 主编
本册作者：杨婉丽
本册绘者：御鉴文化（北京）有限公司　陈欣

中信出版集团 | 北京

探秘东六宫

编　　著：故宫博物院宣传教育部
主　　编：果美侠
本册作者：杨婉丽
本册绘者：御鉴文化（北京）有限公司　陈欣
摄　　影：齐梦伯
图片提供：故宫博物院资料信息部
策划出品：故宫博物院
　　　　　御鉴文化（北京）有限公司
出版发行：中信出版集团股份有限公司
　　　　　（北京市朝阳区东三环北路 27 号嘉铭中心　邮编　100020）
承 印 者：北京瑞禾彩色印刷有限公司

序言：我要去故宫

去故宫，可以有许多理由：陪亲朋，遛孩子，看展览，拍美照……

不去故宫，往往只有一个理由：太无趣！

相似的院落，差不多的建筑，看过和没看过，似乎没什么差异。如果不是真心喜欢，如果不是迫于无奈，自己说出“我要去故宫”的，可能少之又少。

常年工作在故宫的我们，也不是每个人都能把各个宫殿的与众不同讲出来。揭开 600 年宫殿建筑的奥秘，需要善于发现的眼睛，需要勇于探索的精神。

一群在这里工作的年轻人，每年向数以万计的游客讲述同样的建筑历史，述说 600 年不变的宫殿故事，好无趣！不妨换种方式，看看有什么能够吸引人们的看点，整理出新奇的探秘主题，既激发自己去主动发现，也让大家对故宫兴趣盎然。于是，从给学生参观使用的探秘学习单开始，我们策划了《我要去故宫系列》探秘图书。

匆匆的游客，常常一小时走过一座城。而我们，想让孩子们一小时只看一座宫。从中轴线，到东西六宫，再到外西路和外东路，20 个建筑区域，构成了 20 册书的内容主体。既讲建筑，又说历史；既有精美的文物呈现，也有有趣的故事传说。看得见的，引你看细节；看不见的，诱你来想象。文字与插图相辅，内涵与颜值并重。这说的就是《我要去故宫系列》图书。每册分多个主题，涉及建筑、历史、藏品等内容，选题有趣、文字好读、插图好看！

午门，这里是紫禁城的门面担当，既有颜值，又有故事。午门前威严的皇宫仪仗中，竟曾有盛装的宝象，还有宝象拉的辂。

太和门，这里有规矩，讲秩序，门前的古物不只我们不知是做什么用的，就连曾经住在这座宫城里的皇帝也不知。石栏杆的火焰望柱头，开了洞的警报器石别拉似乎也不难发现。

太和殿，皇宫里最重要的建筑，历经 600 年风雨洗礼，既有灭火的陈设，也有克火的理念，只为向你证明曾经的盛世繁华，可以绵延不变。

保和殿，这里不仅是科举士人的考场，也是清初帝王的临时寝宫。方方正正的中和殿，更是帝王筹备亲耕之礼、关注皇家玉牒的重要场所。

乾清门，朝和廷的分野、家与国的界限，皇帝运筹帷幄在内，军机昼夜值守于外。皇帝很辛苦，大臣也不易，宫里禁火烛，官员上朝，几乎都得黑灯瞎火入宫，“蹭灯”的机会少之又少。

乾清宫，这里是帝王寝宫，却也传来皇子的琅琅读书声。这里药味浓，龙袍新，年节大典，更是院内高悬百丈灯，举国君民齐欢庆。

坤宁宫，凤舞千秋的世界，满汉交融的风格透过门、穿过窗，印在屋内的诸多角落。交泰殿的无为匾，一匾述说出三代帝王与这宫殿的渊源。

御花园，这里春有百花秋有月，夏有凉风冬有雪。钦安殿内护佑宫殿免遭火灾的玄武大帝，不知道是否注意到园内亭子中，井亭竟然没有顶。

西六宫，果然是宫闱趣事多，两枚锈迹斑斑的铁环，记载的是宫内静谧生活中难得的欢娱。末代帝后也在这里赶着新潮，穿洋装、吃西餐、学英语，西方的玩意儿在这里一样不少。

东六宫，曾经的后妃居住地，遗留下一座未建完的西式建筑，只能凭想象复原其类似水族馆的华美。其他的院落，也各有各的故事，既见证繁花盛放，也目睹香魂陨落。

宁寿全宫，看似普通的皇极门，竟然也是有限空间内建造出的另一座“小午门”。门内的皇极殿，更是有着乾清宫的外表，却发挥着太和殿的功用。乾隆皇帝的乐寿之所，不仅有乾隆，还有“钱龙”，而晚清的慈禧太后，也把这里作为御用居处，内政外交，见证了时代的更迭。

乾隆花园，文人的雅致随处可见，禊赏亭、古华轩、碧螺亭、藤萝顶，处处精致，处处惊喜。乾隆皇帝倦于勤，欣赏花园勤而不倦，乐此不疲。

慈宁宫，御路石上的小蜥蜴和门前的麒麟兽一同述说着这里的秘密，屋顶独特的轩辕镜与院内与众不同的月晷，则告诉你这里主人的独特身份。

重华宫，是“养在深闺人未识”的宫苑建筑，弘历在这里娶了他挚爱的富察氏。当了皇帝（乾隆皇帝）后也到这里举办茶宴，君臣之间赋诗联句，雅性使然、默契使然，更是家国天下的情怀使然。

养心殿，八代帝居一定不负众望，既有治国理政之所，也显生活起居之便，更有闲暇怡情之趣。小小的三希堂，幻化出大空间，一幅通景画，巧妙地让景入画，人也入画！

文华殿，象征水的黑色屋顶还不足以护佑文渊阁的《四库全书》，从屋檐彩画到栏板石雕，水的元素随处可见。“天一生水”而有黑瓦屋顶，“地六成之”便有了屋阔六间！

武英殿，摄政王的权力中心，变身为殿本修书之所。浴德之水蜿蜒而出，于断虹桥畔诉说沧桑。储冰之所，亦呈现皇室消夏之聪慧。

珍宝馆，华丽的珠宝背后，隐藏了采珠人等付出的艰辛。皇室的饰品，最精于其取材的独特。先秦石鼓唐时现，流转千年入深宫。只要有心，你就会被它们的文字和经历感动。

钟表馆，让我们了解中西方再次开启的对话。漂洋过海的计时仪器，成了皇家喜好的有趣玩具，可计时，可打更，可升降，可转花。魔术、水法、音乐、鸟音，无不炫目悦耳，赞从心生。

我觉得，以上这些远远不够，书中好玩的故事、好看的插画，等你去探索，由你去发现。如果每读完一本，你就有拿起书入宫的冲动，我们会万分欣慰。真诚地，真心地，在宫里，期盼你，欢迎你！

果美侠，写于墨尔本旅途

2019 年 7 月 27 日

目录

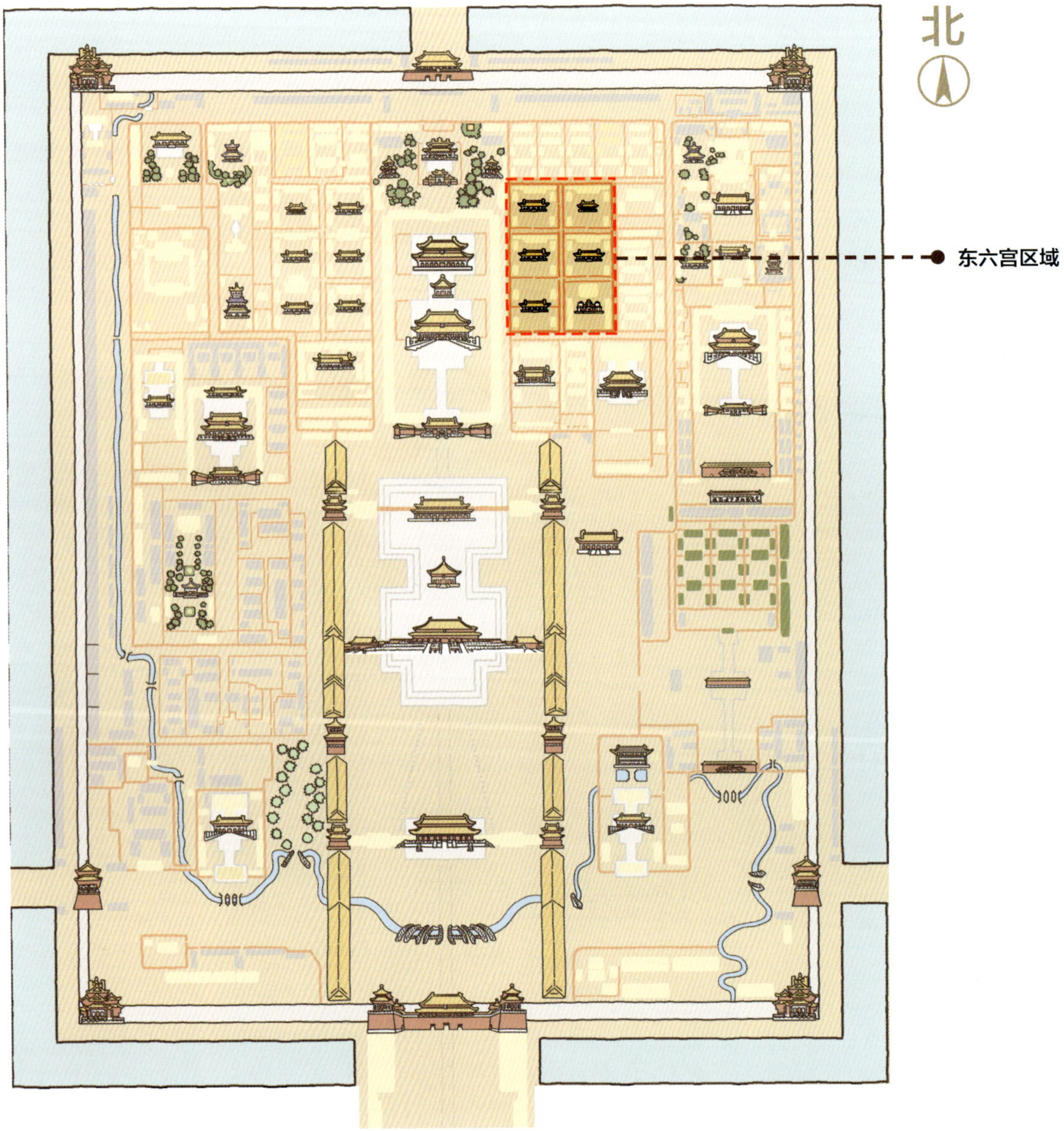

故宫平面示意图

东六宫区域平面示意图

欢迎来到东六宫！

东六宫是明清妃嫔寝居之所，明代崇祯皇帝的宠妃田贵妃，清代顺治皇帝的挚爱董鄂妃、康熙皇帝的德妃（雍正皇帝生母）都曾在此居住过。

宫墙高筑，重垣叠锁，这里究竟锁住了多少往事呢？可惜室迩人遐，我们只能从古人留下的“蛛丝马迹”中，探寻他们过往的生活。本书通过初识宫闱、水月镜像、别具匠心、宫锁情深、“树”说流年五个专题，来开启东六宫尘封的记忆。

初识宫闱

01 初识宫闱

东六宫均建成于明永乐十八年（1420），位于中轴线以东的内廷区域。王朝更迭，时移名换，东六宫各宫又经历了哪些变化呢？

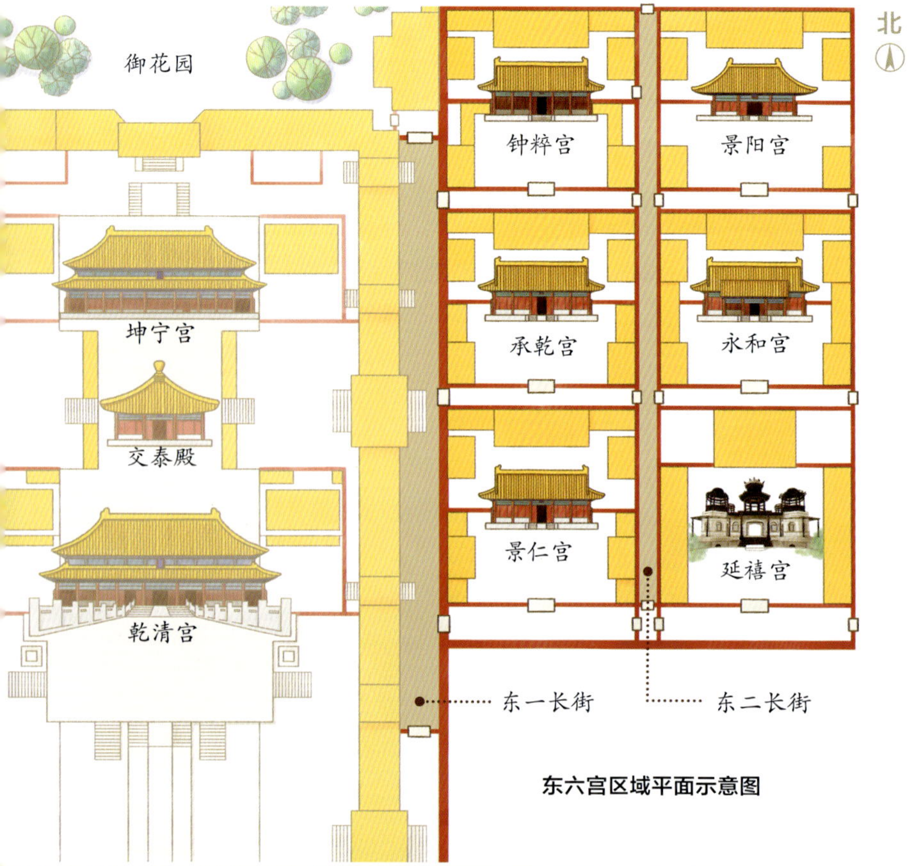

东六宫区域平面示意图

相对西六宫来说，东六宫较为完整地保留了明初时的格局。内廷后三宫（乾清宫、交泰殿、坤宁宫）的东侧，有一条南北走向的长街，称为东一长街。东一长街的东侧，由南至北布列三座院落，即景仁宫、承乾宫和钟粹宫。这三座院落东侧，又有一条南北走向的长街，称为东二长街，光绪皇帝小时候曾在这里骑过马。东二长街的东侧也布列三座院落，即延禧宫、永和宫和景阳宫。这六座院落就是人们常说的东六宫。

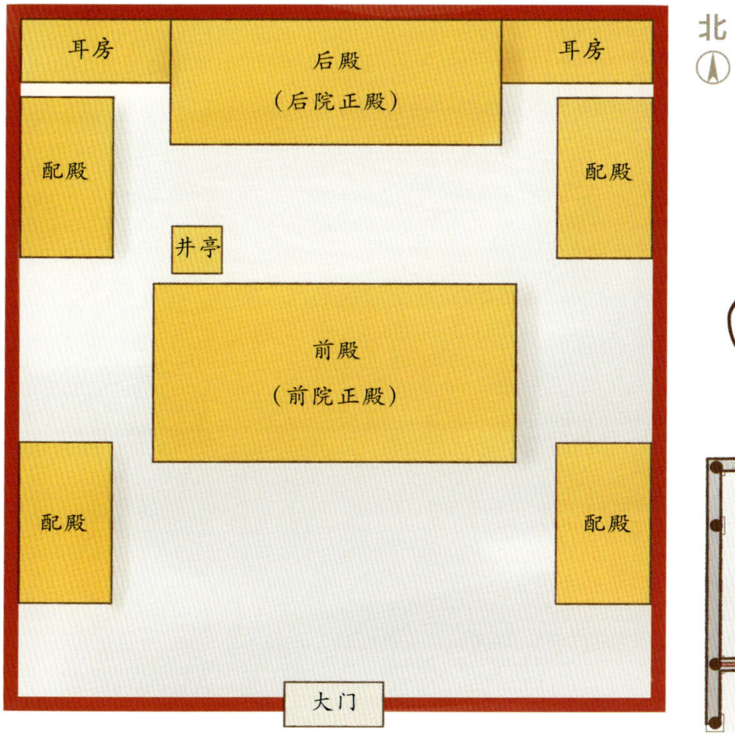

各宫院主体建筑平面示意图

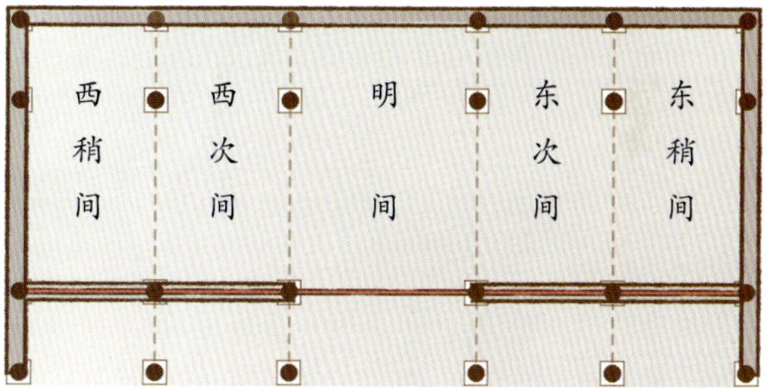

东六宫宫室的基本布局平面示意图

东六宫的每座宫院占地面积约2500平方米，是两进院的三合院形式。除延禧宫外，其他宫院未经改建，建筑布局基本一致。明、清两代，宫院的使用一般遵循“前殿后寝”原则——前殿为礼仪和活动场所，后殿为寝宫，不过实际使用会视情况而变。各宫室的空间分隔方式相似，布置模式可简单总结为：明间是礼仪空间，东西次间为日常活动空间，东西稍间为佛堂和寝室。

明代，皇后住在坤宁宫，东六宫与西六宫为妃嫔的住所。清代，东六宫、西六宫名义上仍为妃嫔居所，但其实太后和皇后也会在某宫居住。皇太后、皇后和较高等级的妃嫔基本上都单独享有一座宫院，为一宫之主，住在后院正殿。后妃人数较多时（如乾隆时期），

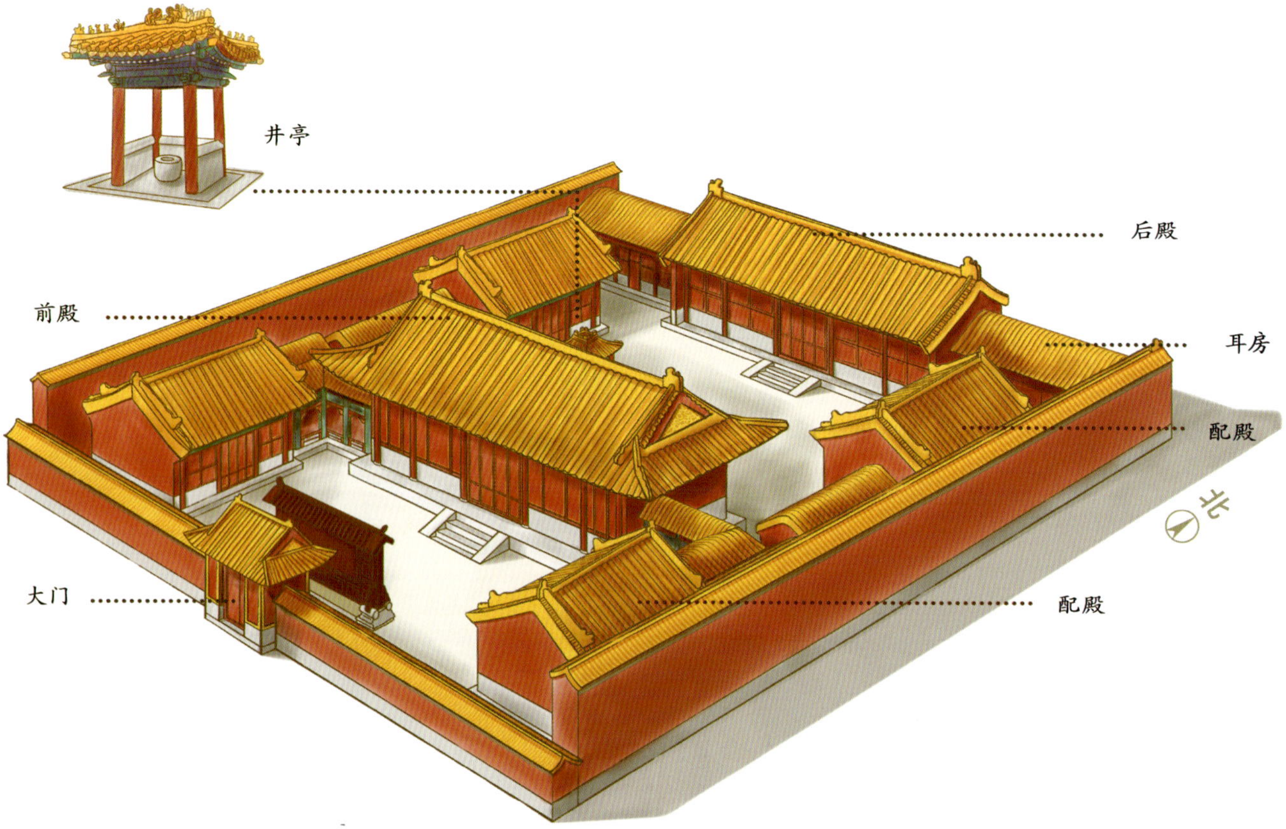

东六宫各宫殿的基本布局示意图

会出现“二主”合住一宫的情况，分别住在后殿东西两侧的空间（次间和稍间），明间为两人共用空间。至于地位低的贵人、常在、答应，则住在各宫院的东西配殿中。

东六宫初建成时，除了景阳宫，其余五宫都是前殿面阔五间，采用黄琉璃瓦单檐歇山顶；后殿面阔五间，采用黄琉璃瓦硬山顶。前院和后院均设东、西配殿，各面阔三间，采用黄琉璃瓦硬山顶。后院西南角有一座井亭。

景阳宫比较特殊，前殿面阔三间，采用黄琉璃瓦单檐庑殿顶；后殿面阔五间，采用黄琉璃瓦单檐歇山顶。

庑殿顶由一条正脊和四条垂脊（或称斜脊）组成四面坡。有单檐、重檐之分，为屋顶最高形式。

歇山顶由一条正脊、四条垂脊、四条戗脊组成，亦称九脊殿。有单檐、重檐之分。

硬山顶分前后两坡，两端与山墙齐平，或两山墙封砌至屋面以上，不露檩头。

中国古代建筑的三种屋顶形式

为什么同一座院落中的建筑会应用各种不同的屋顶呢？这是因为中国古人会以屋顶来区分建筑的等级，这也是宗法和礼仪的要求。每个院落中的建筑等级不同，正殿等级高于配殿和耳房，则使用等级高的屋顶，如庑殿顶或歇山顶。庑殿顶比歇山顶等级高，因为它从任何方向看都一样稳重庄严，是尊贵的象征。东六宫中只有单檐的歇山顶和庑殿顶，但是外朝区域却有重檐的歇山顶和庑殿顶。重檐形式可以增大屋身和屋顶的体量，增加屋顶的高度和层次，这说明外朝区域的建筑等级更高。

仅从屋顶形制来看，景阳宫比其他宫的等级高一些，但并不意味着这里的居住者地位高，相反景阳宫少有嫔妃居住，清代还辟为收藏图书之处。另外，延禧宫院内殿宇在清道光年间因火灾烧毁后一直未能复建，至清末宣统年间，隆裕太后下令在此修建一座西式风格的水殿，但因国库空虚，后被迫停建，现存铁铸构架与汉白玉石基，以及部分墙。

同一院落中的不同屋顶

明清两代，东六宫陪伴着不同的主人，也发生过各种不同的故事，这些故事在历史长河中或流传积淀或消逝，如今人们在东六宫里几乎看不到原状陈列，这些宫殿大多被辟为文物展馆。

古人在给宫院起名字上也花了不少心思。东六宫经过明、清两代人的使用，每座宫院的名字都被换过。从宫院的名字中，人们不难猜测帝王的愿景与期盼。东六宫都有怎样的改名经历呢？

延禧宫初名长寿宫，明嘉靖十四年（1535）更名延祺宫，清代又改为延禧宫，“延禧”为迎福请喜之意。

景仁宫初名长安宫，明嘉靖十四年更名景仁宫，“景仁”为大仁爱之意，寓意后妃要修养大仁、大爱、大慈、大善的品格。

承乾宫初名永宁宫，明崇祯五年（1632）改为承乾宫，“承”即承载、承受，寓意后妃要谨守妇德、顺承天子。

永和宫初名永安宫，明嘉靖十四年改名永和宫，“永和”为长久和谐之意。

钟粹宫初名咸阳宫，明嘉靖十四年改为钟粹宫，沿用至今，“钟粹”二字是汇聚精粹的意思，寄托了封建社会对女性的希望。

景阳宫初名长阳宫，明嘉靖十四年改名景阳宫，“景阳”含景仰光明之意。

嘉靖皇帝与后妃

水月镜像

02
水月镜像

紫禁城（现故宫博物院）里曾经要建一座“水晶宫”，据说走进这座宫殿后，可以观赏游鱼，就好比到了今天的水族馆一样。

明清两代，延禧宫均为妃嫔居所。然而长久以来，这里都被视为邪祟之地，流言迭生。据说住在这个冷僻宫院的嫔妃，生活清苦，甚至缺衣少食。延禧宫明代的主人不详。清代康熙皇帝的常在徐氏和两位名号不详的答应曾在这里居住，道光皇帝的恬嫔、成贵人、玲常在也曾在此居住，都是地位较低的嫔妃。

皇后
皇贵妃
贵妃
妃
嫔
贵人
常在
答应

明清两代对后妃有严格管理规定。明代，后妃等级由高到低为皇后、皇贵妃、贵妃、妃、嫔五等，嫔以下还有选侍、才人等（各朝的封号、位号会有变化，非一成不变）。清代康熙年间，将后妃定为八等，并且制定编制，地位由高到低为皇后（1人）、皇贵妃（1人）、贵妃（2人）、妃（4人）、嫔（6人）、贵人（不限）、常在（不限）、答应（不限）。

清代的后妃等级

延禧宫的主体建筑灵沼轩

延禧宫的主体建筑并非中式宫殿，而是一座未完工的西式建筑。这是为什么呢？

延禧宫原本与东六宫其他宫殿并无大异，为前后两院结构。然而，正如风云变幻的王朝更迭，延禧宫同样命运多舛，不仅屡遭火灾，几经重建，最后部分建筑还被炸毁。

康熙二十五年（1686），延禧宫在明代延祺宫的基础上重修，嘉庆七年（1802）再度重修。道光十二年（1832）发生大火，整个延禧宫都被烧毁，再次重建。道光二十五年（1845），延禧宫再次起火，烧毁正殿、后殿及东西配殿等 25 间，仅余宫门。咸丰五年（1855）再度发生火灾。后来，同治年间曾提议照原样重建，但是工程却一拖再拖，最终未能实现重建。

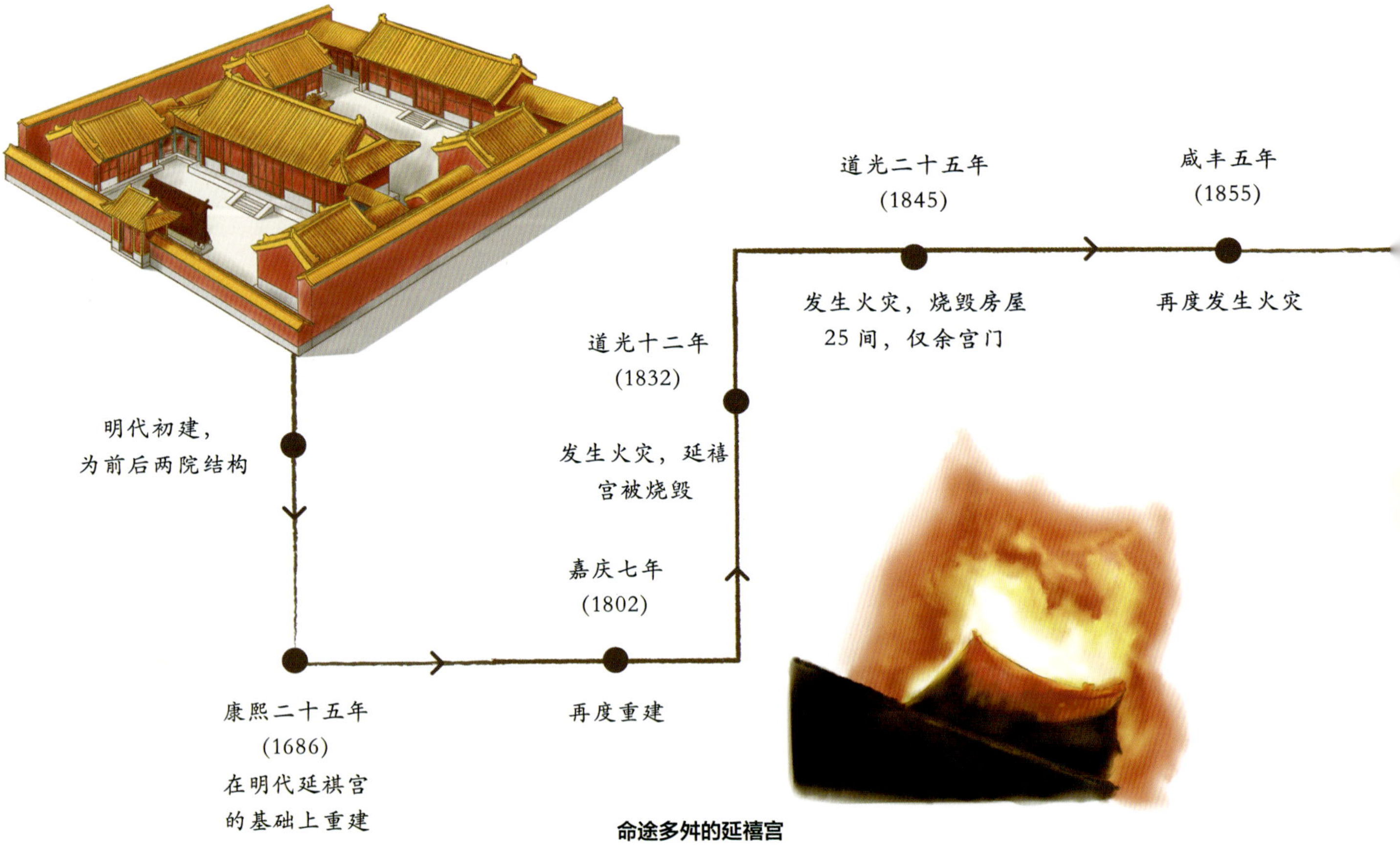

命途多舛的延禧宫

宣统元年（1909），隆裕太后（光绪皇帝的皇后、慈禧太后的侄女）见这个宫殿屡屡发生火灾，便想到以水镇火，于是亲下懿旨，兴建西式建筑“水殿”，将其命名为“灵沼轩”，俗称水晶宫。只可惜从宣统元年到宣统三年（1911），国家内忧外患、国库空虚，这座水晶宫建建停停，直到清王朝被推翻也没有建成。

民国六年（1917），张勋拥戴溥仪复辟。此次复辟仅 12 天便以失败告终，但在此期间，延禧宫北部遭直系部队飞机投弹炸毁。民国二十年（1931），故宫博物院在此修建新式文物库房。

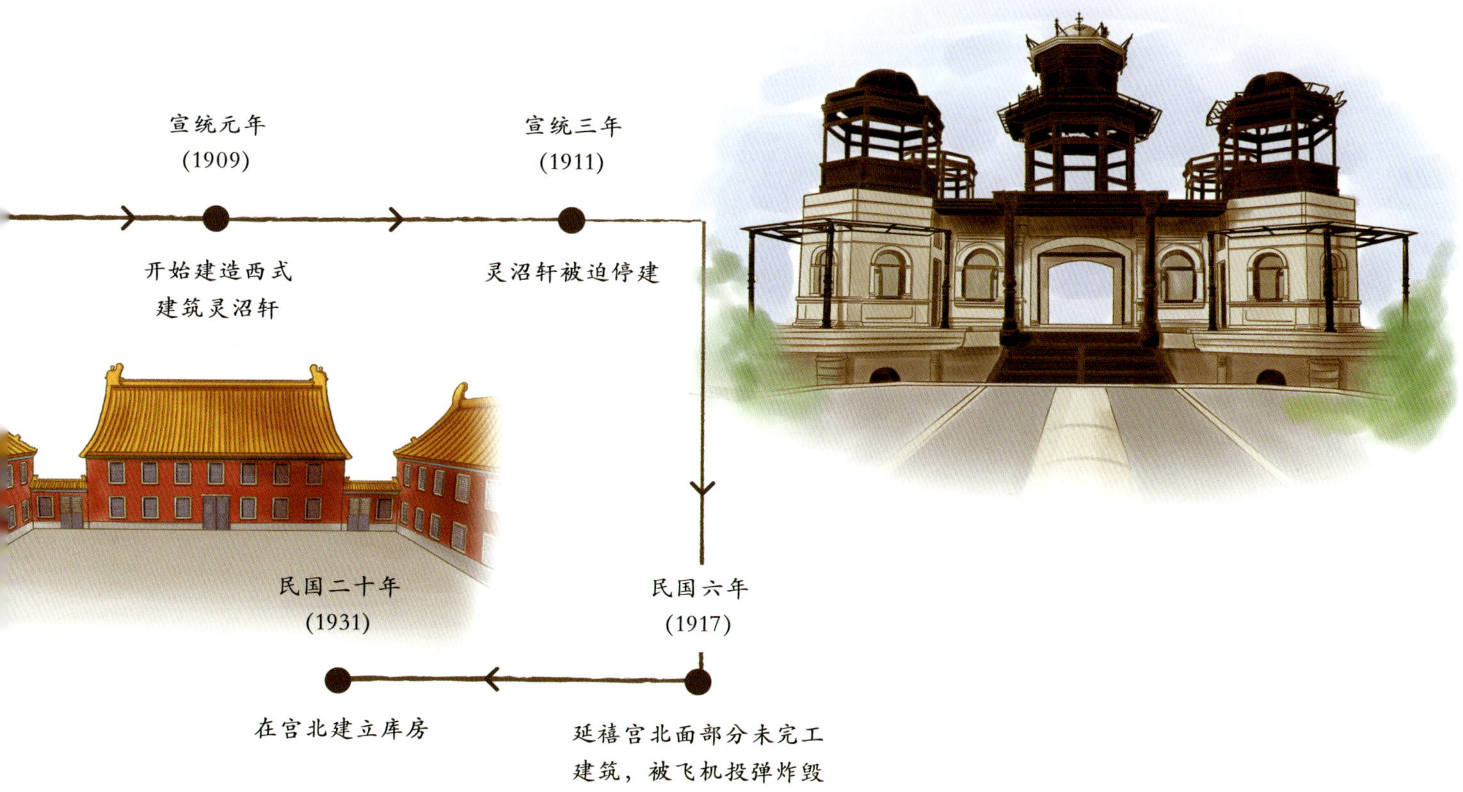

灵沼轩复原图

这座水晶宫究竟是什么样子的呢？这是一座三层的西式建筑，地上两层，地下一层；构架均由铁铸造，主体由汉白玉砌成；四角各接一座三层六角亭；四周下挖深池，引入玉泉山水，水中养鱼；墙上装有玻璃，透过玻璃可观望池中鱼，如同置身海底世界。

灵沼轩蓄水的效果

灵沼轩上的水兽

观赏游鱼

端康太妃（光绪皇帝瑾妃，中）在灵沼轩前观鱼

别具匠心

03
别具匠心

虽然东六宫各宫院布局和规制相似，但也各有特色。古色古香的庭院其实暗藏玄机。

影壁是中国古代建筑中的特色装置。影壁置于大门内，既能保护屋内主人的隐私，也能提醒访客恭敬肃穆。

宫门内的影壁

景仁宫内便有一座石雕影壁，它挡住了来访者的视线，来访者根本看不到院内的景象。据说，这座影壁是元代大内遗物，壁心是整块大理石，石面上的天然纹理好似一幅写意水墨画，基座和边框均为汉白玉质地，底端有石雕坐兽守护。这种石雕坐兽称为“靠山兽”，功能相当于抱鼓石。在石桥的两端，有增强末端栏杆稳定性、美化桥梁整体造型的作用。故宫里有一座雕刻十分精美的石桥，俗称断虹桥，两端的栏杆处就有与景仁宫影壁风格一致的“靠山兽”。另外，这座影壁还有个“孪生兄弟”，位于西六宫之一的永寿宫中。

景仁宫石雕影壁

景仁宫石雕影壁的靠山兽

断虹桥头的靠山兽

抱鼓石

增强稳定性和美化造型。

钟粹宫内的影壁是木质的，也颇具特色，有四扇门，两面各有四字吉语——正面为“斋庄中正”，背面为“松竹并茂”。“斋庄中正”源自宋代诗人袁甫的《番阳喜晴赠幕僚》中的“中正斋庄”，意思就是严肃诚敬。这里“斋”用的是繁体写法，字形较复杂。“松竹并茂”四个字比较好辨认，意思是松树和竹子都很繁茂。

钟粹宫影壁背面

齋

“斋”的标准繁体写法

钟粹宫影壁正面吉语

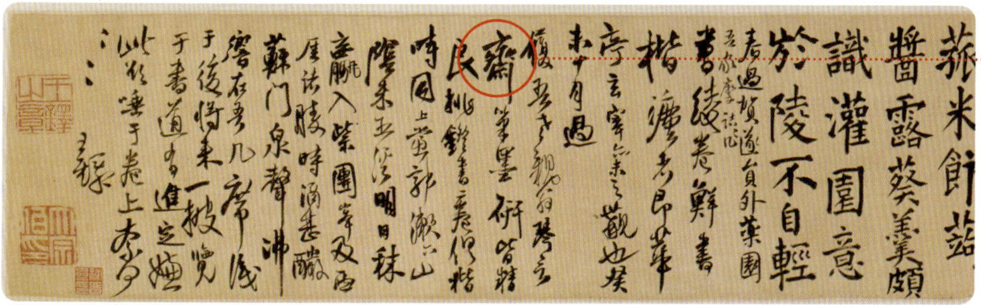

（清）王铎楷书《王维诗卷》（局部）中的“斋”

抱厦是主要殿宇前或后接出来的“小屋”，整个建筑平面呈“凸”字形。宋代称龟头屋。

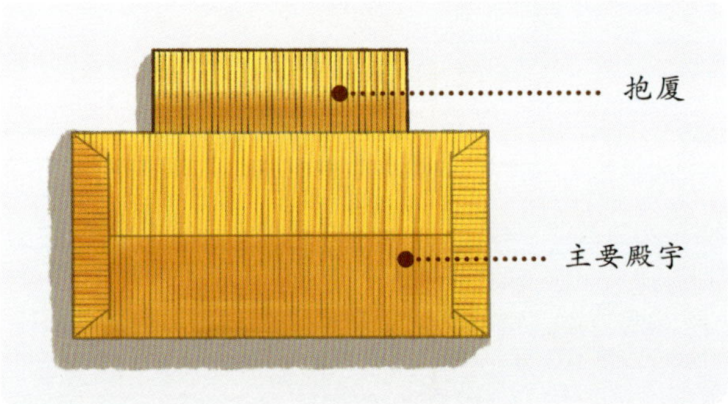

永和宫正殿前接抱厦三间，三面通敞，使后面的殿堂看起来更加宽阔。抱厦相对矮小，添建在高大的正殿之前，使整个建筑显得错落有致，很有层次感。它不仅美观，也很实用：夏天可以遮阳避雨，冬天可以防风挡寒。

永和宫抱厦

永和宫抱厦顶部的吊灯

永和宫抱厦的特别之处在于，抱厦内的顶部装有三组花式吊灯，透着浓浓的西式味道。这些电灯可能是宣统元年至宣统三年（1909—1911）隆裕太后下令安装的。

东六宫各宫后院的西南角都有一座井亭，只是永和宫后院的这座有些与众不同：亭内不是古朴的石井，而是经过改造的铜质压力井，也就是人们常说的压水机。

隆裕太后

永和宫井亭内的压水机

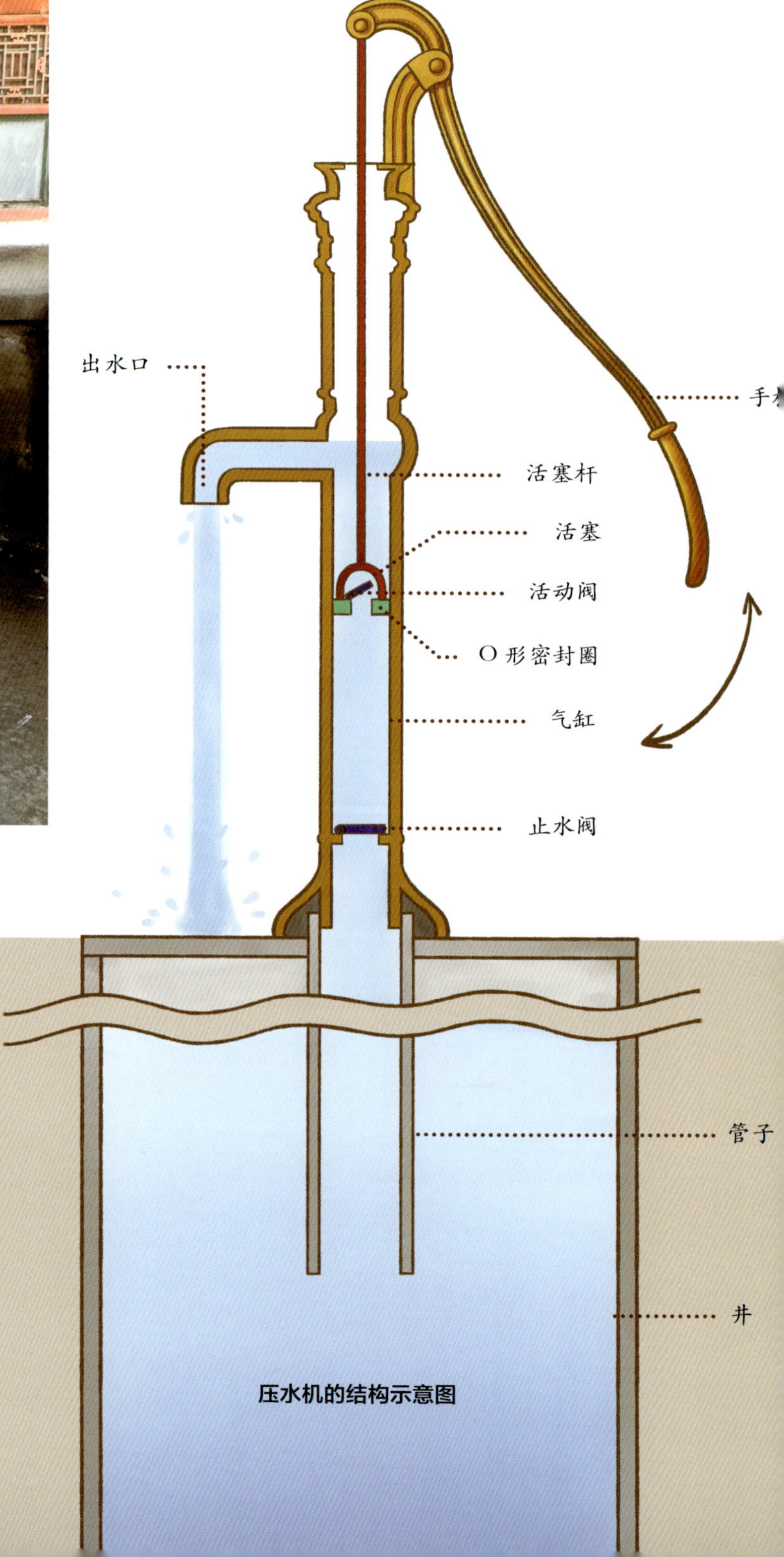

压水机的结构示意图

手动压水机是通过杠杆做往复式活塞运动，利用大气压把地下水引到地面上的工具。

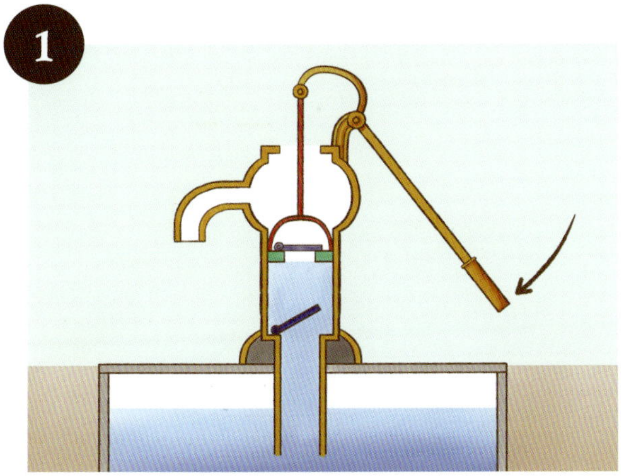

当向下压手柄时，活塞上升，气缸内的气压减小，外部的气压大于气缸内气压，将水推入管子内。

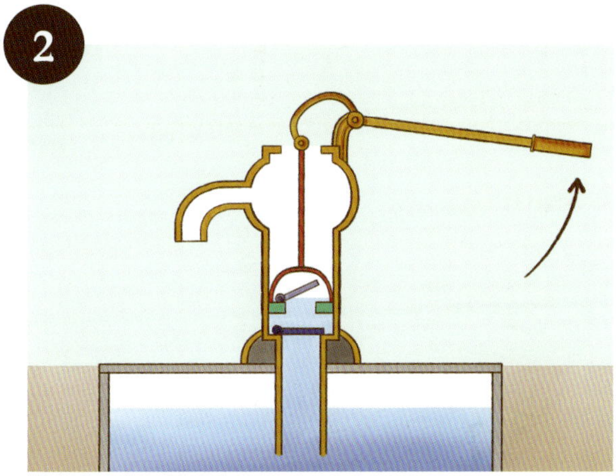

当向上提手柄时，活塞下降，活动阀打开，止水阀关闭，防止水回流。

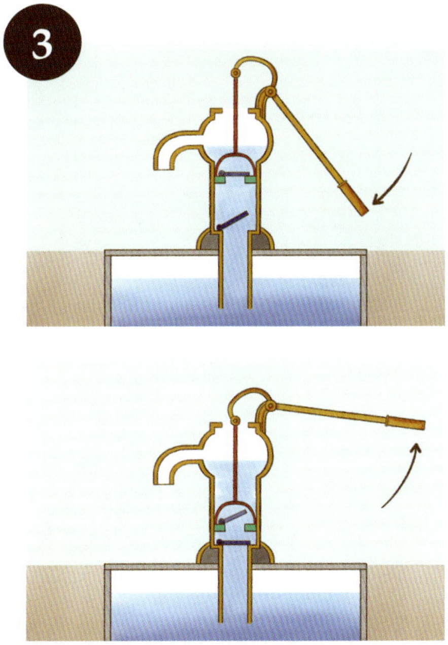

几次往复运动后，再次向下压手柄时，活塞上升，活动阀关闭，止水阀打开，水被提升到出水口高度。

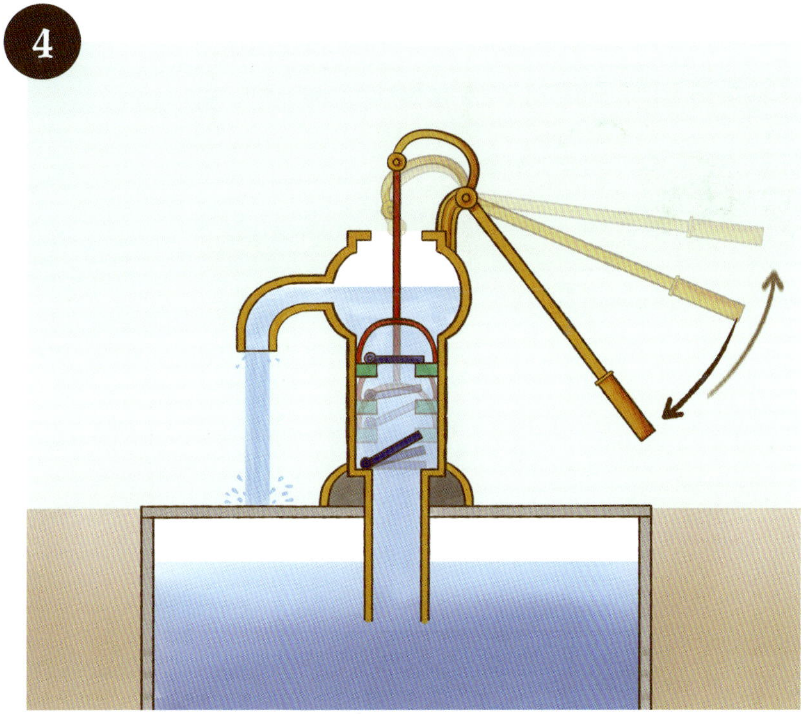

继续做往复式活塞运动，抽出更多的水，活塞上面的水从出水口源源不断地流出。

压水机工作过程

不光是永和宫，延禧宫里面也曾有许多“西式物件”。隆裕太后为了享受“现代化”的乐趣，命人在延禧宫内安设电暖炉、电风扇，并添置了一些电灯，其中大小电暖炉24个，电风扇14台（挂扇8台、桌扇4台、壁扇2台），大小挂灯、壁灯共48只。

安设电暖炉、电风扇和电灯是一笔不小的开销。从天津购买的电暖炉、灯具等设备，共用银九千零九十四两八钱。电暖炉调试过程中共消耗了烟煤三万斤、劈柴一千斤、麻油四百斤、牛油二十斤、煤油两箱，共折银二百八十四两二钱。电暖炉日常供热也是相当大的支出，每年按五个月计算，一年共需八千四百余两。购买电风扇及有关器材共用银一千三百七十九两四钱七分六厘。夏天使用电风扇的日常费用与冬天暖炉的开销差不多，每年按三个月计算，共需银五千余两。

数据来源于：心昊，《清末延禧宫安设电暖炉》。

景阳宫位处东六宫的东北角，最为冷清孤寂。虽然从屋顶形式来看，景阳宫比其他宫等级高，但是住在这里的嫔妃却并非身居高位。明代时，这里还成为万历皇帝的恭妃的“冷宫”。

清代时，景阳宫不再用作嫔妃寝宫，而改为储藏书画的场所。景阳宫的后殿为御书房，藏有宋高宗赵构所书《毛诗》、马和之所绘《诗经图》，殿内还悬挂着乾隆皇帝御题匾额“学诗堂”。乾隆皇帝还在此题联：“古香披拂图书润，元气冲融物象和。”意思是说：古书画散发出的香气，弥漫整间书房，当你全身心地欣赏书画作品时，便能体会到那种物我和谐的快乐了。

御书房

学诗堂是清代宫中一处十分重要的收贮书画图籍的地方。

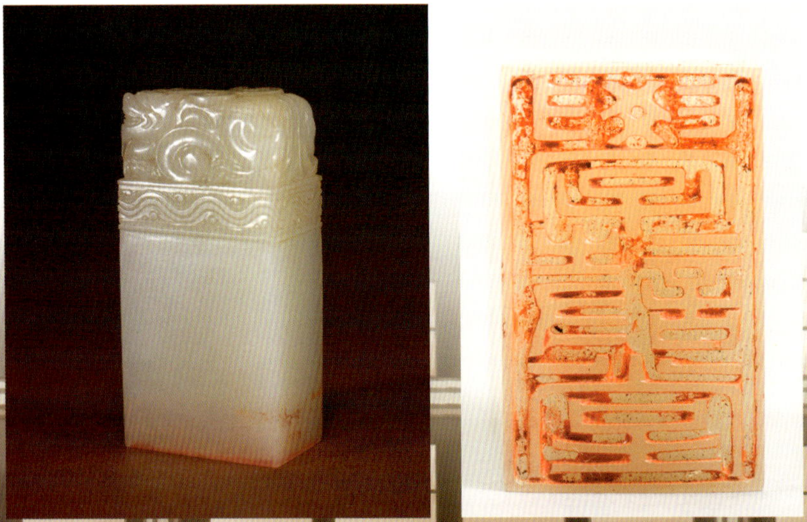

白玉螭纽『学诗堂』玺

乾隆皇帝题写《学诗堂记》

乾隆年间，乾隆皇帝命画师以中国古代后妃美好德行为范本，绘制了 12 幅宫训图，每幅图还配有皇帝的赞，劝诫后妃要修习妇德。过年时，东、西六宫在张挂春联和门神的同时，还需要将宫训图和图赞挂在各宫前殿，图挂在西墙上，图赞挂在东墙上。次年农历二月，再将宫训图和图赞取下，统一收藏于景阳宫后殿御书房。

（清）《许后奉案图》

（清）《御制许后奉案赞》

宫锁情深

04
宫锁情深

“寂寂花时闭院门，美人相并立琼轩。”被锁在这高墙深院之中的女子，有人欢喜有人忧。

承乾宫曾是明清两代帝王数位宠妃的居所，顺治皇帝最宠爱的董鄂妃就曾经住在这里。董鄂妃不仅容貌秀丽，而且聪明贤惠、知书达理。有人考证，她16岁时原本嫁与顺治的弟弟襄亲王博穆博果尔为福晋。博穆博果尔于顺治十三年（1656）七月突然离世，随即18岁的董鄂氏被顺治皇帝召入皇宫，立为贤妃，又很快册封为皇贵妃。

董鄂妃对顺治皇帝体贴入微，顺治皇帝对她亦爱护有加。她不仅能照顾好顺治皇帝的起居饮食，还能在国家大事上为顺治皇帝分忧解难，是名副其实的贤内助。若是有大臣惹顺治皇帝生气了，她便从旁劝解，让顺治皇帝消气，为大臣说情。顺治皇帝与他的第二位皇后长期不和，想要废黜皇后，另立董鄂妃为后。但是董鄂妃知道后却强烈反对，恳求顺治皇帝不要废后。再加上后来朝中各种势力制约，另立皇后一事终是无果。

顺治十四年（1657）十月，董鄂妃为顺治皇帝生下了皇四子，顺治皇帝称其为“朕第一子也”。可惜这个皇四子出生约四个月就不幸夭折了。这对董鄂妃来说是巨大的打击，此后长期抑郁忧伤，于顺治十七年（1660）病逝，年仅21岁。董鄂妃的离去让顺治皇帝对生活失去了信心，辍朝五日，亲自为董鄂妃守灵。顺治皇帝几次在董鄂妃灵柩前哭晕过去，甚至想抛下一切随爱妃同去。董鄂妃过世后的第三天，顺治皇帝追封她为皇后，并举行了隆重的追封仪式，谥曰孝献端敬皇后。他还亲自为董鄂妃撰写行状多达数千字，赞美了董鄂妃的贤德嘉行，寄托了自己对董鄂妃的哀思。办完这些事后，顺治皇帝欲出家为僧，后被孝庄皇太后规劝斥责，才打消了念头。然而，顺治皇帝早已万念俱灰，顺治十八年（1661）染上天花，很快便撒手人寰。

顺治皇帝与董鄂妃、皇四子

悲伤的顺治皇帝

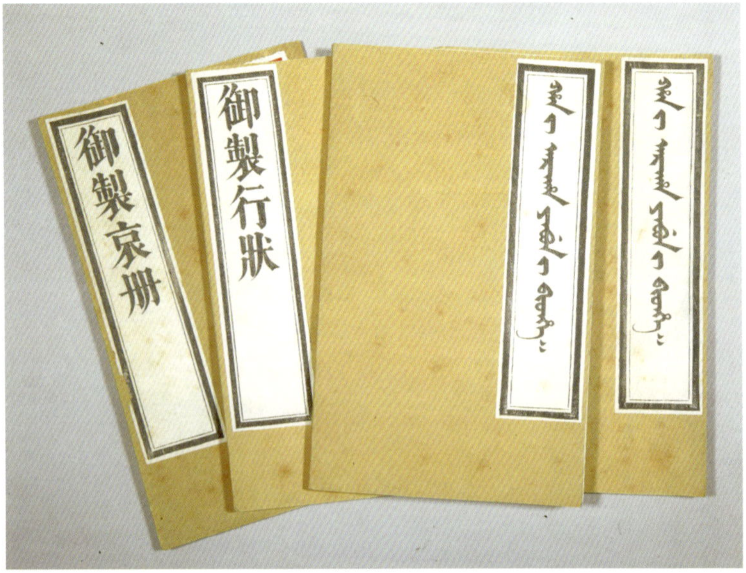

顺治皇帝撰写的孝献皇后《御制行状》及《御制哀册》

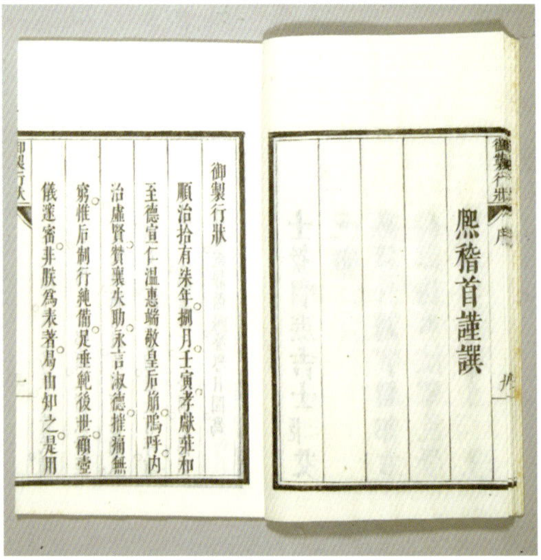

《御制行状》汉语版内页

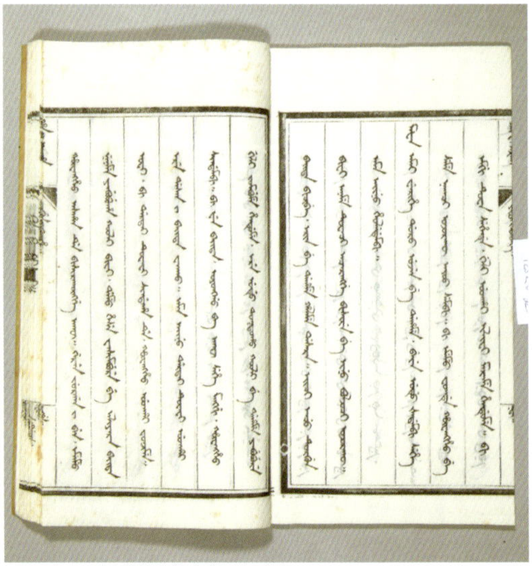

《御制行状》满语版内页

顺治皇帝亲自为董鄂妃撰写悼词

钟粹宫在明代是妃嫔居所，还一度是皇太子的居所，在清代是后妃的寝宫。清代后期，有两位皇后都是以钟粹宫为正宫，即慈安和隆裕。

慈安秀丽端庄、贤良淑德，咸丰皇帝对她颇为敬重。咸丰皇帝还是皇子时，她已入潜邸为侧福晋。咸丰二年（1852）二月，她被封为贞嫔，五月晋封为贞贵妃，十月便被立为皇后，掌管内廷事务，时年仅十六岁。

在咸丰皇帝病逝后，由其皇长子载淳继位。慈安晋封皇太后，尊为母后皇太后，载淳生母慈禧也晋封皇太后，尊为圣母皇太后。有说法称，由于当时慈安居住在东六宫的钟粹宫，慈禧居住在西六宫的储秀宫，于是出现“东太后”和“西太后”的称法。虽然慈安

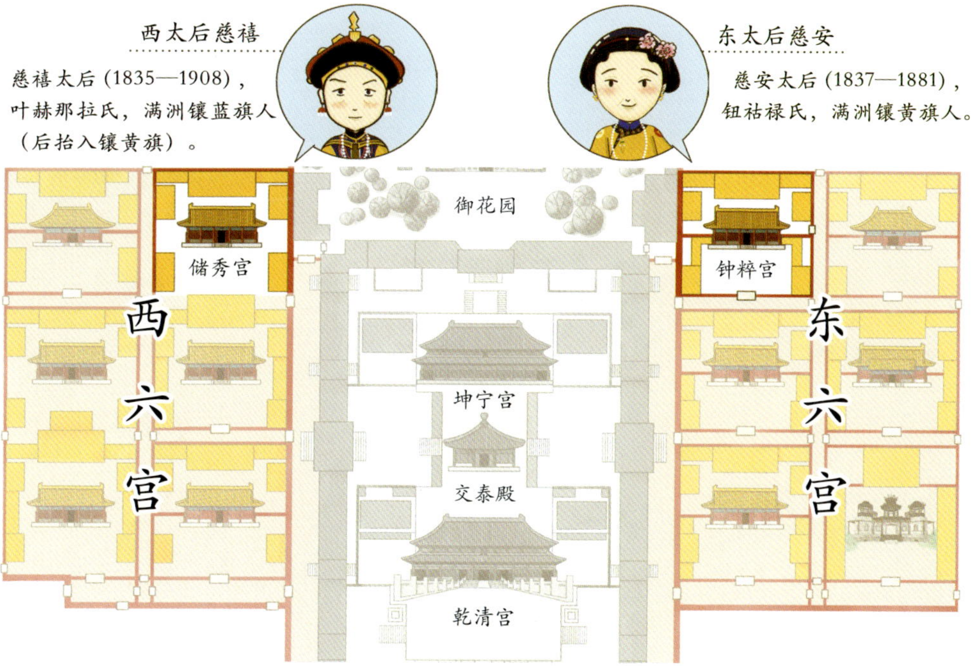

储秀宫、钟粹宫位置示意图

在礼制上尊为母后皇太后，地位高于慈禧，但是由于她性格柔弱又缺乏谋略，朝中的政务琐事多由慈禧一人做主。光绪七年（1881），慈安身感不适，次日便于钟粹宫过世。

光绪皇帝的皇后隆裕也曾住在钟粹宫。她是慈禧太后的弟弟叶赫那拉·桂祥的女儿，也就是慈禧太后的侄女，光绪皇帝的表姐。光绪十四年（1888），在慈禧太后策划下，与光绪皇帝成婚，次年立为皇后，并在婚期过后住进钟粹宫。尽管隆裕贵为皇后，她的婚姻却不幸福，一生都被光绪皇帝冷落，在钟粹宫度过了 19 年的孤寂岁月，1913 年 2 月 22 日，隆裕在西六宫的长春宫病逝，享年 45 岁。

光绪皇帝的后妃人数最少，只有一后（隆裕皇后）、二妃（瑾妃和珍妃）。其中，真正得到光绪皇帝宠爱的是居住在景仁宫的珍

隆裕（1868—1913），
叶赫那拉氏，满洲镶黄旗人。

瑾妃（1873—1924），
他他拉氏，满洲镶红旗人。

妃。瑾妃和珍妃二人为同父异母的姐妹，出生在官宦世家，父亲是礼部侍郎长叙。光绪十五年（1889），长叙这两个女儿都被选入宫中，姐姐封为瑾嫔，妹妹封为珍嫔。光绪二十年（1894），珍嫔晋封为珍妃，之后却因忤逆慈禧太后被降为贵人，次年又复升为珍妃。珍妃年轻貌美，性情活泼，乐于接受新鲜事物。当时，光绪皇帝在各方面都受到慈禧太后的压制，内心十分苦闷，所以珍妃的出现给他带来很大安慰。然而，随着光绪皇帝与慈禧太后的政治斗争愈演愈烈，极力支持光绪皇帝的珍妃也受到牵连。光绪二十六年（1900），在八国联军入侵北京时，慈禧太后以“洋人入城，免受侮辱”为由，命太监崔玉贵将珍妃推入井中溺死，年仅24岁。

珍妃（1876—1900），
他他拉氏，满洲镶红旗人。

『树』说流年

05
“树”说流年

每年春天，那些在东六宫沉睡一冬的古树逐渐苏醒，花儿悄悄绽放在枝头，似乎也想对往来的人们说些什么呢。

每年3月份，钟粹宫里的玉兰最先盛放。盛放的玉兰外形很像莲花，花叶舒展而饱满，在红墙的映衬下十分耀眼。走进院中，阵阵花香，沁人心脾。可惜玉兰的花期十分短暂，最长也只有1个月。正如曾住过这里的慈安，气质优雅、落落大方，但转身后的背影又透着孤寂悲凉，离去得很突然。再如隆裕，虽然贵为皇后，却不得夫君喜爱，一生都被冷落在这钟粹宫。

除了钟粹宫，位于紫禁城最北端的御花园也种有玉兰。每年春天，玉兰盛开，漂亮极了。

御花园中的玉兰

承乾宫有一棵没有标牌的“歪脖树”，要是没有一旁的木杆撑着，真担心它轰然倒地。可这么一棵“怪树”，到了春天却能开出漂亮的梨花呢。

承乾宫的梨树

梨花洁白如雪，寓意唯美纯洁。不过，“梨”谐音“离”，梨花也寓意“离别”。每年4月初，承乾宫花落如雪，美不胜收。让人不禁遥想，谁曾站在树下赏花。除了我们熟知的清代顺治皇帝宠爱的董鄂妃，明代崇祯皇帝的田贵妃也曾住在承乾宫。田贵妃出身扬州大户，不仅美丽，还多才多艺。崇祯皇帝特意将永宁宫改为承乾宫，令田贵妃居住，可能是希望田贵妃住在这里承顺皇帝、沐浴恩宠。只可惜，如此恩宠导致周皇后与田贵妃关系紧张，还引发了帝后冲突。后来田贵妃又连受丧子的打击，过度忧伤，于崇祯十五年（1642）病逝于承乾宫。田贵妃30多岁就悲惨离世，在承乾宫约度过了10年光景。

冬日里的永和宫，最惹眼的便是院里的两棵“枯树”，东侧那棵甚至有些像没装饰好的圣诞树。不过等到了4月中下旬，这里又是另一番景象了，蜿蜒缠绕的紫藤枝蔓上，生出一簇簇紫色的花，迎风飘曳，拨人心弦。

冬天永和宫内的紫藤

紫藤花不仅象征着紫气东来，还寓意思念。那盛开的紫藤花，串串如紫玉，灿烂美丽，像极了这里曾经的一位女主人——清代康熙皇帝的德妃乌雅氏。康熙十七年（1678），乌雅氏生下了她的第一个孩子皇四子胤禛，也就是日后的雍正皇帝。此后，乌雅氏又陆续为康熙皇帝诞下三女两子。在康熙皇帝众多后妃之中，乌雅氏是当时诞育子女最多的妃子之 一，得到康熙皇帝宠爱，久居永和宫。

永和宫内盛开的紫藤花

故宫宣教
THE PALACE MUSEUM
PUBLICITY AND EDUCATION

我要去故宫系列

探秘

西六宫

故宫博物院宣传教育部 / 编著　果美侠 / 主编
本册作者：杨婉丽　张晓娟
本册绘者：御鉴文化（北京）有限公司　陈欣

中信出版集团 | 北京

探秘西六宫

编　　著：故宫博物院宣传教育部
主　　编：果美侠
本册作者：杨婉丽　张晓娟
本册绘者：御鉴文化（北京）有限公司　陈欣
摄　　影：齐梦伯
图片提供：故宫博物院资料信息部
策划出品：故宫博物院
　　　　　御鉴文化（北京）有限公司
出版发行：中信出版集团股份有限公司
　　　　　（北京市朝阳区东三环北路 27 号嘉铭中心　邮编　100020）
承 印 者：北京瑞禾彩色印刷有限公司

序言：我要去故宫

去故宫，可以有许多理由：陪亲朋，遛孩子，看展览，拍美照……

不去故宫，往往只有一个理由：太无趣！

相似的院落，差不多的建筑，看过和没看过，似乎没什么差异。如果不是真心喜欢，如果不是迫于无奈，自己说出“我要去故宫”的，可能少之又少。

常年工作在故宫的我们，也不是每个人都能把各个宫殿的与众不同讲出来。揭开600年宫殿建筑的奥秘，需要善于发现的眼睛，需要勇于探索的精神。

一群在这里工作的年轻人，每年向数以万计的游客讲述同样的建筑历史，述说600年不变的宫殿故事，好无趣！不妨换种方式，看看有什么能够吸引人们的看点，整理出新奇的探秘主题，既激发自己去主动发现，也让大家对故宫兴趣盎然。于是，从给学生参观使用的探秘学习单开始，我们策划了《我要去故宫系列》探秘图书。

匆匆的游客，常常一小时走过一座城。而我们，想让孩子们一小时只看一座宫。从中轴线，到东西六宫，再到外西路和外东路，20个建筑区域，构成了20册书的内容主体。既讲建筑，又说历史；既有精美的文物呈现，也有有趣的故事传说。看得见的，引你看细节；看不见的，诱你来想象。文字与插图相辅，内涵与颜值并重。这说的就是《我要去故宫系列》图书。每册分多个主题，涉及建筑、历史、藏品等内容，选题有趣、文字好读、插图好看！

午门，这里是紫禁城的门面担当，既有颜值，又有故事。午门前威严的皇宫仪仗中，竟曾有盛装的宝象，还有宝象拉的辂。

太和门，这里有规矩，讲秩序，门前的古物不只我们不知是做什么用的，就连曾经住在这座宫城里的皇帝也不知。石栏杆的火焰望柱头，开了洞的警报器石别拉似乎也不难发现。

太和殿，皇宫里最重要的建筑，历经600年风雨洗礼，既有灭火的陈设，也有克火的理念，只为向你证明曾经的盛世繁华，可以绵延不变。

保和殿，这里不仅是科举士人的考场，也是清初帝王的临时寝宫。方方正正的中和殿，更是帝王筹备亲耕之礼、关注皇家玉牒的重要场所。

乾清门，朝和廷的分野、家与国的界限，皇帝运筹帷幄在内，军机昼夜值守于外。皇帝很辛苦，大臣也不易，宫里禁火烛，官员上朝，几乎都得黑灯瞎火入宫，“蹭灯”的机会少之又少。

乾清宫，这里是帝王寝宫，却也传来皇子的琅琅读书声。这里药味浓，龙袍新，年节大典，更是院内高悬百丈灯，举国君民齐欢庆。

坤宁宫，凤舞千秋的世界，满汉交融的风格透过门、穿过窗，印在屋内的诸多角落。交泰殿的无为匾，一匾述说出三代帝王与这宫殿的渊源。

御花园，这里春有百花秋有月，夏有凉风冬有雪。钦安殿内护佑宫殿免遭火灾的玄武大帝，不知道是否注意到园内亭子中，井亭竟然没有顶。

西六宫，果然是宫闱趣事多，两枚锈迹斑斑的铁环，记载的是宫内静谧生活中难得的欢娱。末代帝后也在这里赶着新潮，穿洋装、吃西餐、学英语，西方的玩意儿在这里一样不少。

东六宫，曾经的后妃居住地，遗留下一座未建完的西式建筑，只能凭想象复原其类似水族馆的华美。其他的院落，也各有各的故事，既见证繁花盛放，也目睹香魂陨落。

宁寿全宫，看似普通的皇极门，竟然也是有限空间内建造出的另一座“小午门”。门内的皇极殿，更是有着乾清宫的外表，却发挥着太和殿的功用。乾隆皇帝的乐寿之所，不仅有乾隆，还有“钱龙”，而晚清的慈禧太后，也把这里作为御用居处，内政外交，见证了时代的更迭。

乾隆花园，文人的雅致随处可见，禊赏亭、古华轩、碧螺亭、藤萝顶，处处精致，处处惊喜。乾隆皇帝倦于勤，欣赏花园勤而不倦，乐此不疲。

慈宁宫，御路石上的小蜥蜴和门前的麒麟兽一同述说着这里的秘密，屋顶独特的轩辕镜与院内与众不同的月晷，则告诉你这里主人的独特身份。

重华宫，是“养在深闺人未识”的宫苑建筑，弘历在这里娶了他挚爱的富察氏。当了皇帝（乾隆皇帝）后也到这里举办茶宴，君臣之间赋诗联句，雅性使然、默契使然，更是家国天下的情怀使然。

养心殿，八代帝居一定不负众望，既有治国理政之所，也显生活起居之便，更有闲暇怡情之趣。小小的三希堂，幻化出大空间，一幅通景画，巧妙地让景入画，人也入画！

文华殿，象征水的黑色屋顶还不足以护佑文渊阁的《四库全书》，从屋檐彩画到栏板石雕，水的元素随处可见。“天一生水”而有黑瓦屋顶，“地六成之”便有了屋阔六间！

武英殿，摄政王的权力中心，变身为殿本修书之所。浴德之水蜿蜒而出，于断虹桥畔诉说沧桑。储冰之所，亦呈现皇室消夏之聪慧。

珍宝馆，华丽的珠宝背后，隐藏了采珠人等付出的艰辛。皇室的饰品，最精于其取材的独特。先秦石鼓唐时现，流转千年入深宫。只要有心，你就会被它们的文字和经历感动。

钟表馆，让我们了解中西方再次开启的对话。漂洋过海的计时仪器，成了皇家喜好的有趣玩具，可计时，可打更，可升降，可转花。魔术、水法、音乐、鸟音，无不炫目悦耳，赞从心生。

我觉得，以上这些远远不够，书中好玩的故事、好看的插画，等你去探索，由你去发现。如果每读完一本，你就有拿起书入宫的冲动，我们会万分欣慰。真诚地，真心地，在宫里，期盼你，欢迎你！

果美侠，写于墨尔本旅途

2019 年 7 月 27 日

目录

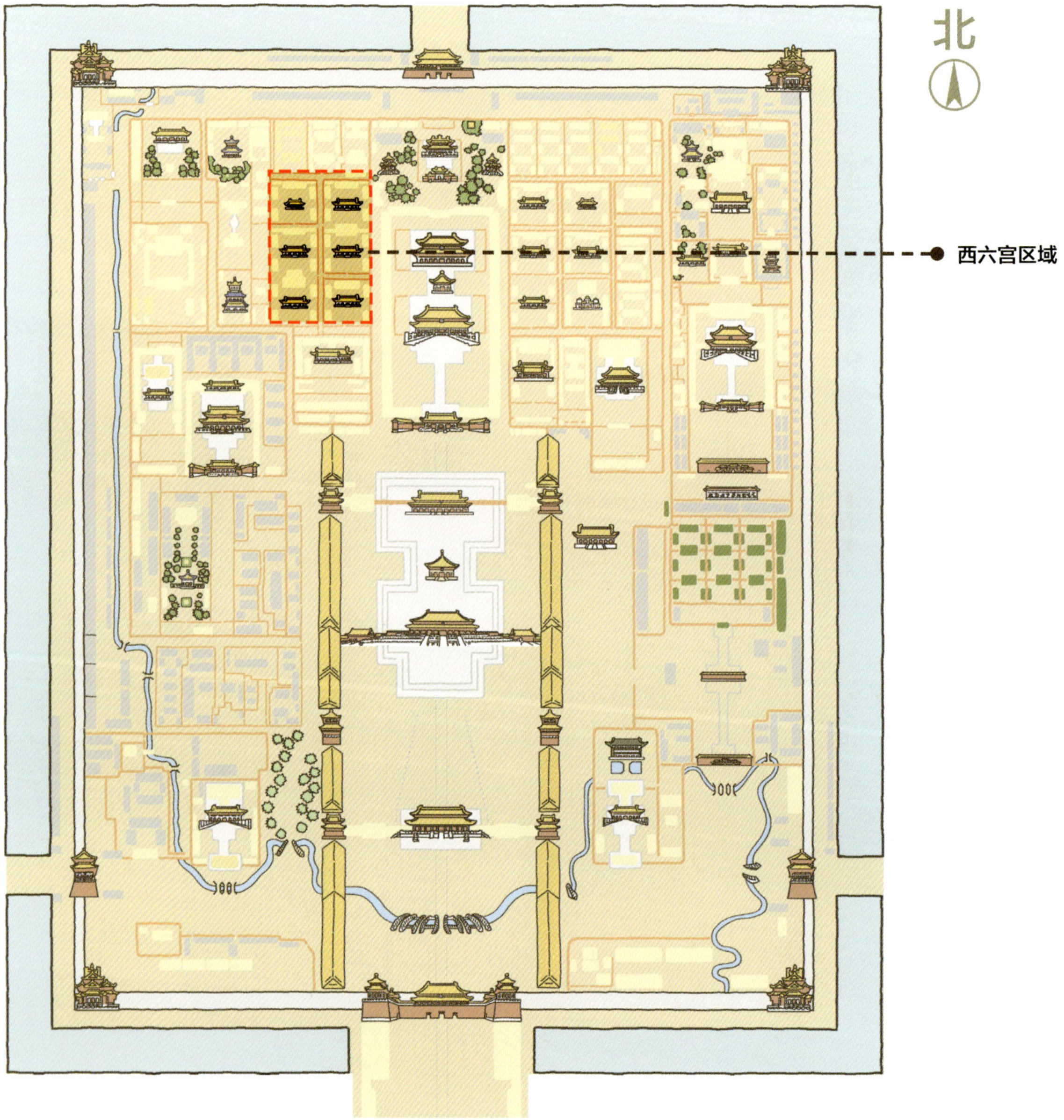

故宫平面示意图

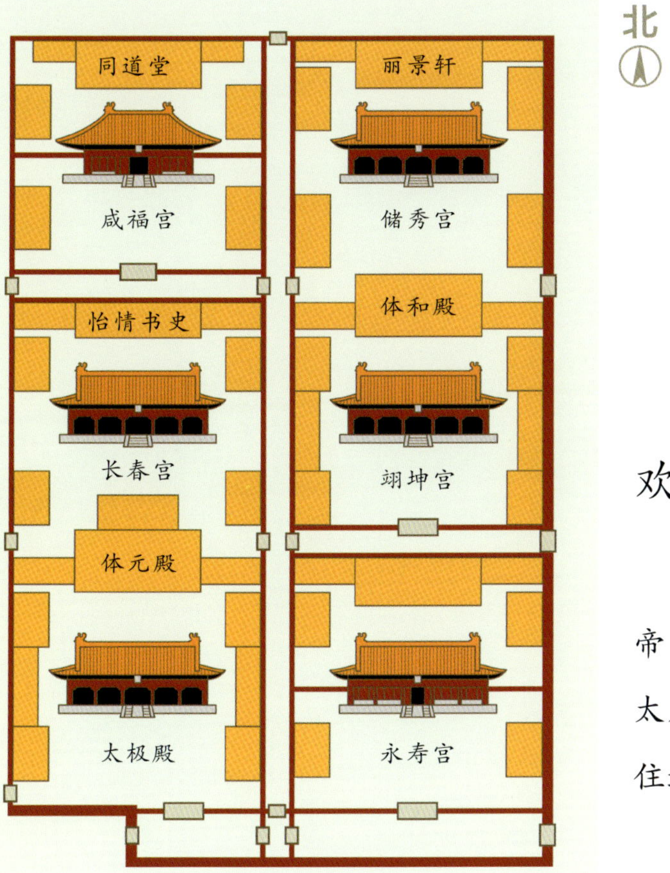

西六宫区域平面示意图

欢迎来到西六宫！

西六宫曾是妃嫔等的寝居之所。顺治皇帝的挚爱董鄂妃、乾隆皇帝的母亲崇庆皇太后、权倾一时的慈禧皇太后都曾在此居住过，就连咸丰皇帝也曾在此生活过。

宫院深深深几许？让我们一起来探秘吧！太极殿、长春宫、咸福宫、储秀宫、翊坤宫、永寿宫等你来哟！在这里，你能体会到中国古代工匠的独具匠心，能从文物古迹中探究历史的真相，能从字里行间一窥古人的心思，能从诗词画卷中了解后宫嫔妃的人生悲欢，还能从建筑改造中感受到帝后的生活意趣。本书通过古建觅趣、史迹探微、字里行间、美人如画、大兴土木五个专题，来揭开西六宫的神秘面纱。

古建觅趣

01
古建觅趣

紫禁城（现故宫博物院）曾是明清皇宫，是古代宫殿式建筑的典范。本专题将从材料、形式、结构、装饰等方面说说西六宫里那些有趣的建筑知识。

木材是中国古建筑的主要材料，其表面多涂以油饰彩画。绚烂的彩画是木构件的保护层，具有防雨防晒防虫蛀的重要功能。紫禁城建筑所用均为官式彩画，主要包括和玺彩画、旋子彩画、苏式彩画。在西六宫开放区域，我们可以看到和玺彩画和苏式彩画。

太极殿和永寿宫使用的是和玺彩画，这是清代最高等级的官式彩画。根据纹样的不同，和玺彩画主要分为金龙和玺彩画、龙凤和玺彩画和龙草和玺彩画等，等级依次降低。太极殿使用的是金龙和玺彩画，永寿宫使用的是龙凤和玺彩画。顾名思义，金龙和玺彩画的主要图案为龙纹，龙凤和玺彩画则是龙凤皆有。和玺彩画表面本是大面积贴金箔的，但因年深日久加之日晒雨淋，看起来便不是那么金碧辉煌了。

储秀宫、体和殿、翊坤宫使用的是苏式彩画，与程式化的和玺彩画相比，图案活泼多样，更富有生活气息。取材可以是花草、鸟兽鱼虫、山水、人物等绘画，也可以是各种万字纹、回纹、锦纹等图案，参观时请一定不时“举头”，仔细欣赏。

太和殿的金龙和玺彩画

体仁阁旁廊子的旋子彩画

储秀宫的苏式彩画

太极殿金龙和玺彩画示意图

永寿宫龙凤和玺彩画示意图

苏式彩画创作灵活，
图案取材广泛。

苏式彩画示意图

太极殿木质影壁上的吉祥图案

影壁是中国古代建筑的一种特殊形式，既体现了中国人内敛含蓄的生活态度，又极具装饰性。西六宫区域有四座各具特色的影壁，让我们逐一来欣赏。

太极殿院门内有一座木质影壁。底色为大红色，正中一个团寿纹，内嵌篆书“吉祥”二字，此二字左右为万字纹，寓意“万寿吉祥”。团寿纹被五只金色大蝙蝠环绕，即“五福捧寿”。再向外是五彩祥云，云中有数只金色小蝙蝠若隐若现。四角还有四只大蝙蝠。若论吉祥寓意，这座影壁可称西六宫区域第一！

太极殿院中，正殿对面还有一座琉璃影壁。壁心是两条龙，一升一降，都目视中间的宝珠。四角各有一条云龙，龙头朝向壁心。与旁边的木质影壁相比，这座琉璃影壁虽然图案稍显单一，却霸气十足。

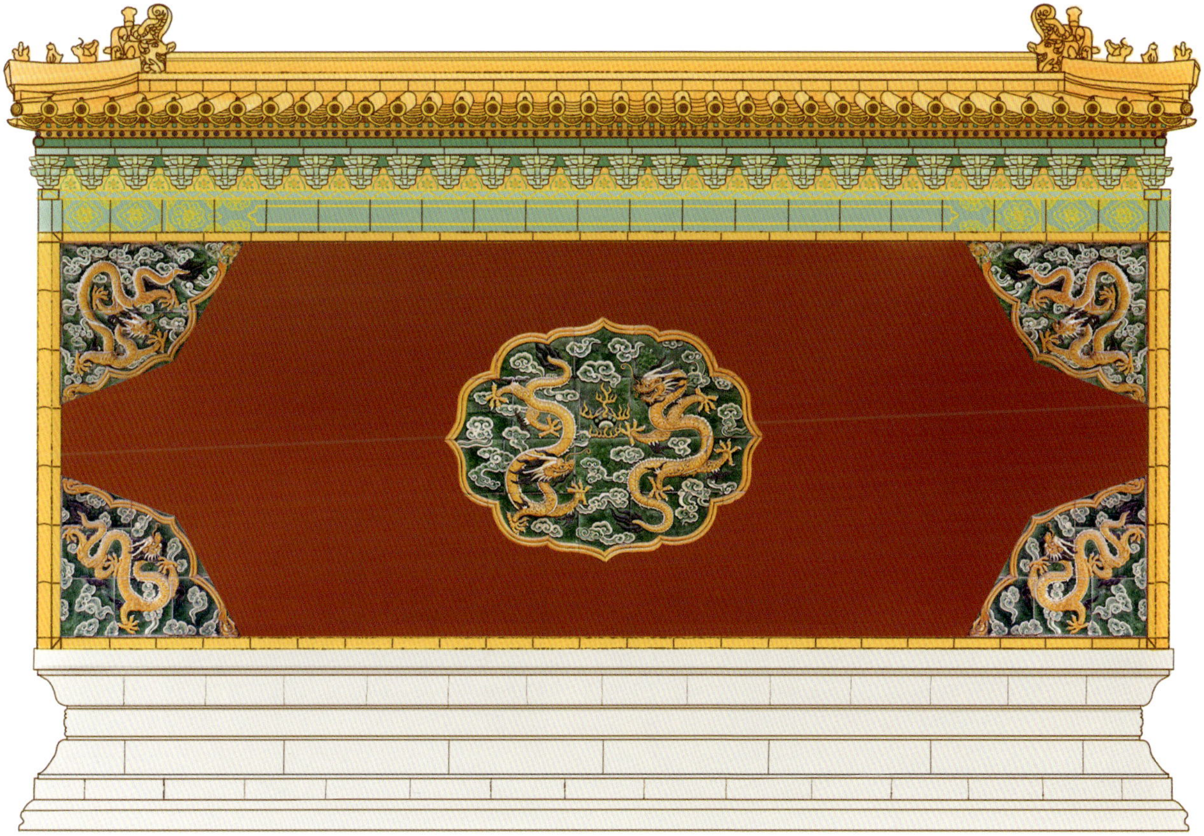

太极殿院中琉璃影壁

影壁集建筑、绘画、雕塑艺术于一身。

永寿宫石雕影壁

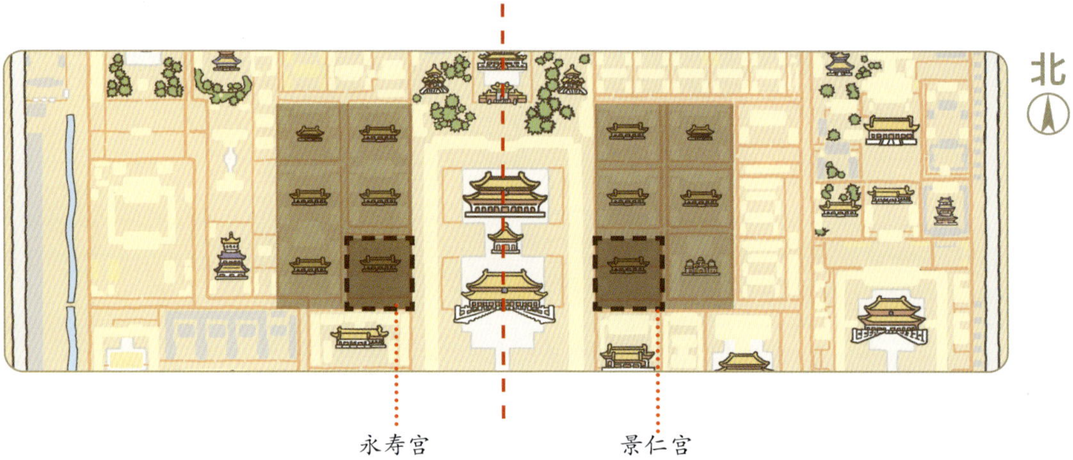

故宫平面图（局部）

永寿宫中的石雕影壁的图案是天然形成的，是西六宫中的一名“硬汉”。它的基座和边框都是用汉白玉制成的，守护蹲兽也是。壁心是整片大理石，未经人工雕琢的纹理似一幅写意水墨画，给人以无限的想象空间。透露一个小秘密，这座影壁有个“孪生兄弟”，就在东六宫区域的景仁宫，位置与永寿宫对称。有兴趣的朋友不妨去看看。

光明盛昌？

光明盛昌？

如果说永寿宫石雕影壁的花纹会引人遐思，那翊坤宫的木质影壁就令人困惑了。这座影壁两面各有四字吉语，排列在四扇门上。目前，中间两扇门固定为开启状态，所以我们看到的是其中一面的“光明盛昌”，四个字分布在门两面。仔细端详，“明”左边为“目”，“盛”右上角则少了一点。这样的错别字怎么能堂而皇之地出现在皇宫里呢？其实，这是书写者采用了艺术写法。但是，今天大家写字还是要按照规范来写哟！

翊坤宫木质影壁

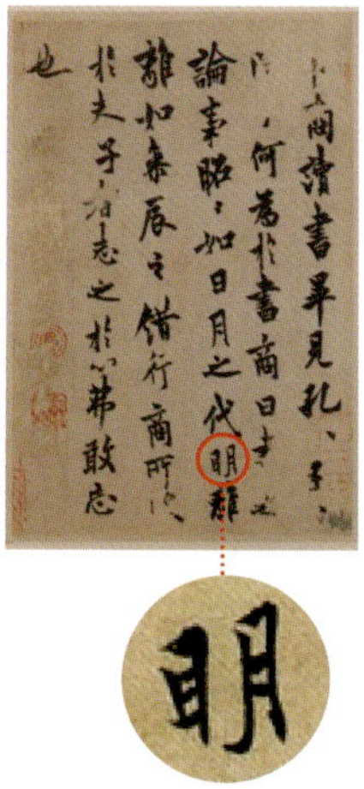

（唐）欧阳询行楷书《卜商读书帖》页

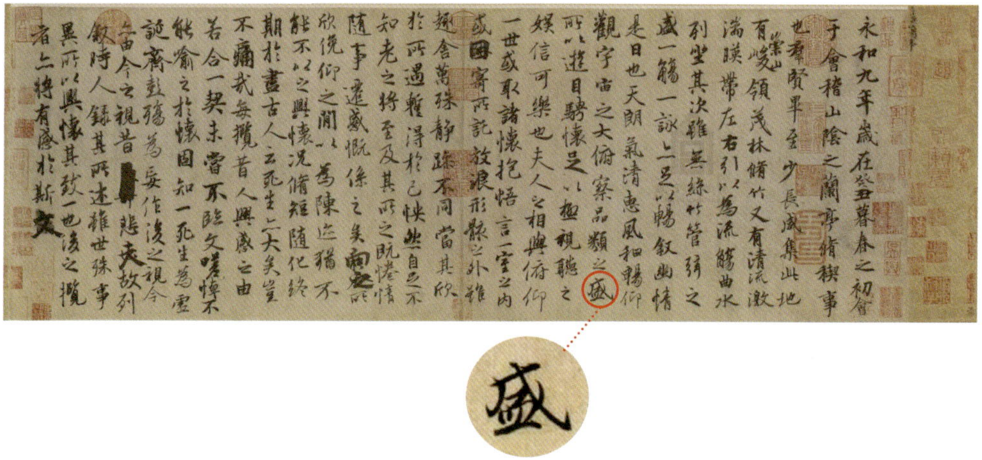

（唐）冯承素行书摹《兰亭序》

书法藏品中的“明”和“盛”

木结构古建筑以柱子承重，用墙壁围护。例如，永寿宫的井亭，没有围墙，结构却很稳固。

与西方石质建筑相比，因为木结构建筑的墙壁无须承重，所以建筑的门窗样式可以有更多灵活的设计。西六宫就有菱花窗、支摘窗和直棂窗等各种类型的窗，以适合不同等级和功能的建筑。

中国古代建筑的窗各式各样，它们的差异主要表现在窗棂样式和细部构件等方面。我们以永寿宫为例，永寿宫前殿用的是双交四椀菱花窗。菱花窗在所有窗中等级最高，分为三交六椀菱花窗和双交四椀菱花窗。

三交六椀菱花

三交六椀菱花：三根棂条交叉相接，相交点以竹钉或木钉固定装饰成花心，形成六瓣菱花。

双交四椀菱花：两根棂条交叉相接，相交点以竹钉或木钉固定装饰成花心，形成四瓣菱花。

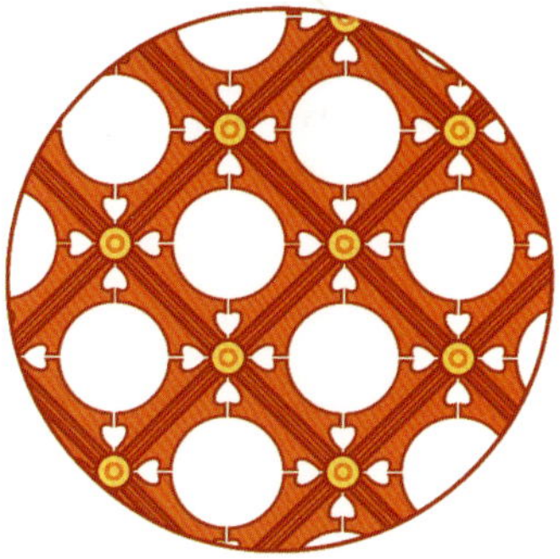

双交四椀菱花

双交四椀菱花窗

方格式窗

永寿宫前殿的菱花窗和方格式窗

永寿宫后殿的支摘窗

永寿宫后殿使用的是支摘窗，等级低于菱花窗。这种窗的结构最为复杂，有内外两层，分上下两部分。内层固定不动，外层上段支窗可以支起，下段摘窗可以摘下，以满足日常生活需要。现在西六宫部分开放区域的摘窗也是摘下来的。支摘窗窗棂有很多样式。永寿宫后殿支摘窗是步步锦式窗棂，寓意步步锦绣。

支窗纵向式开启，再用摘钩支撑。

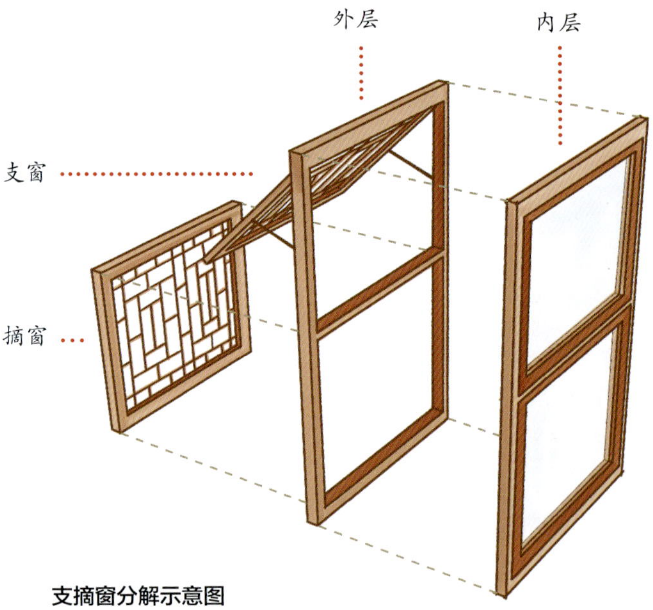

支摘窗分解示意图

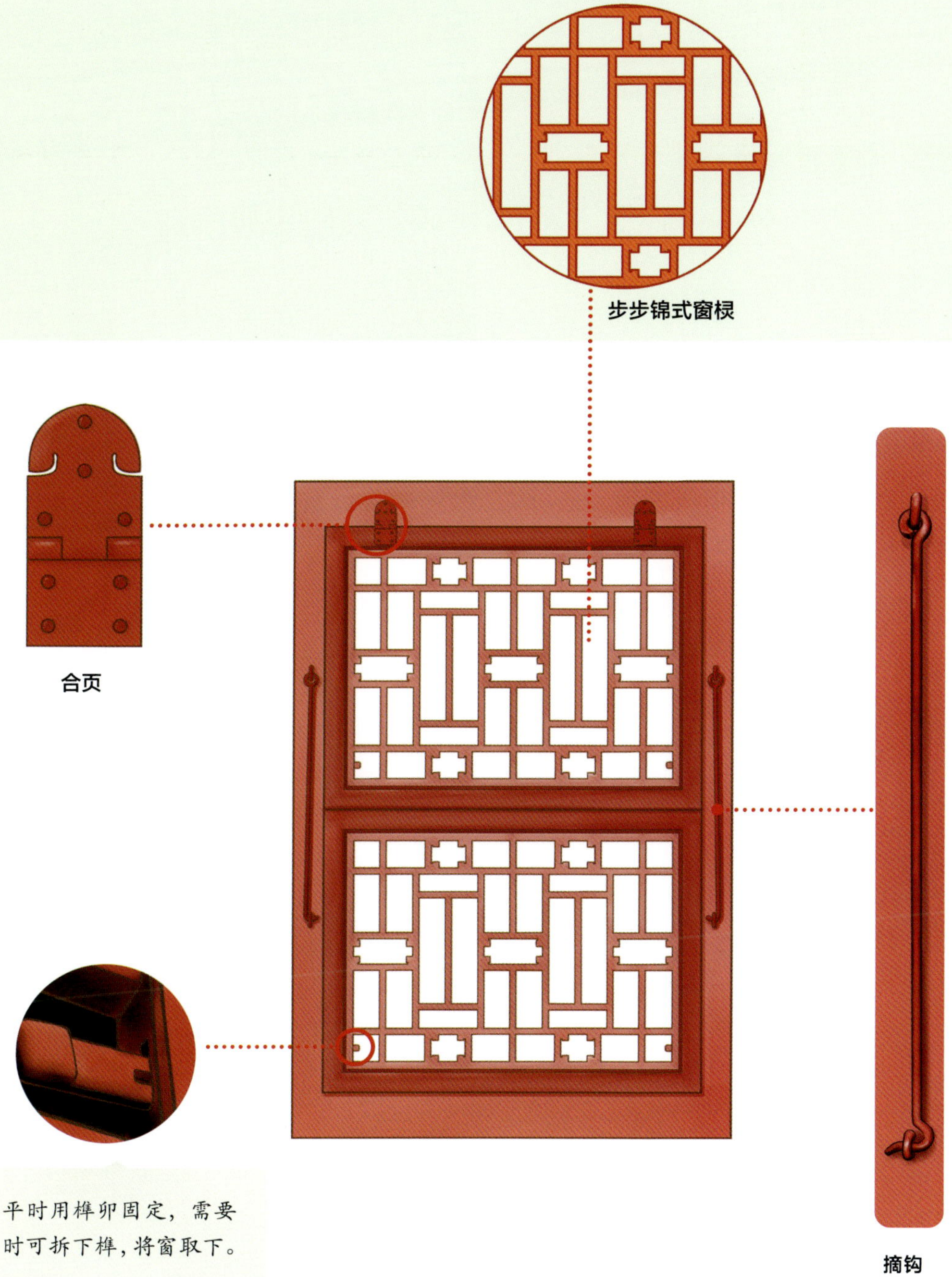

支摘窗外层正面示意图

永寿宫前殿还使用了少量方格式窗，这种窗也称豆腐格式窗。永寿宫东西配殿采用的是直棂窗。这两种窗的等级都比较低。大家去紫禁城的时候可以多去西六宫走走，看看还能发现哪些样式的窗棂。

永寿宫东西配殿的直棂窗

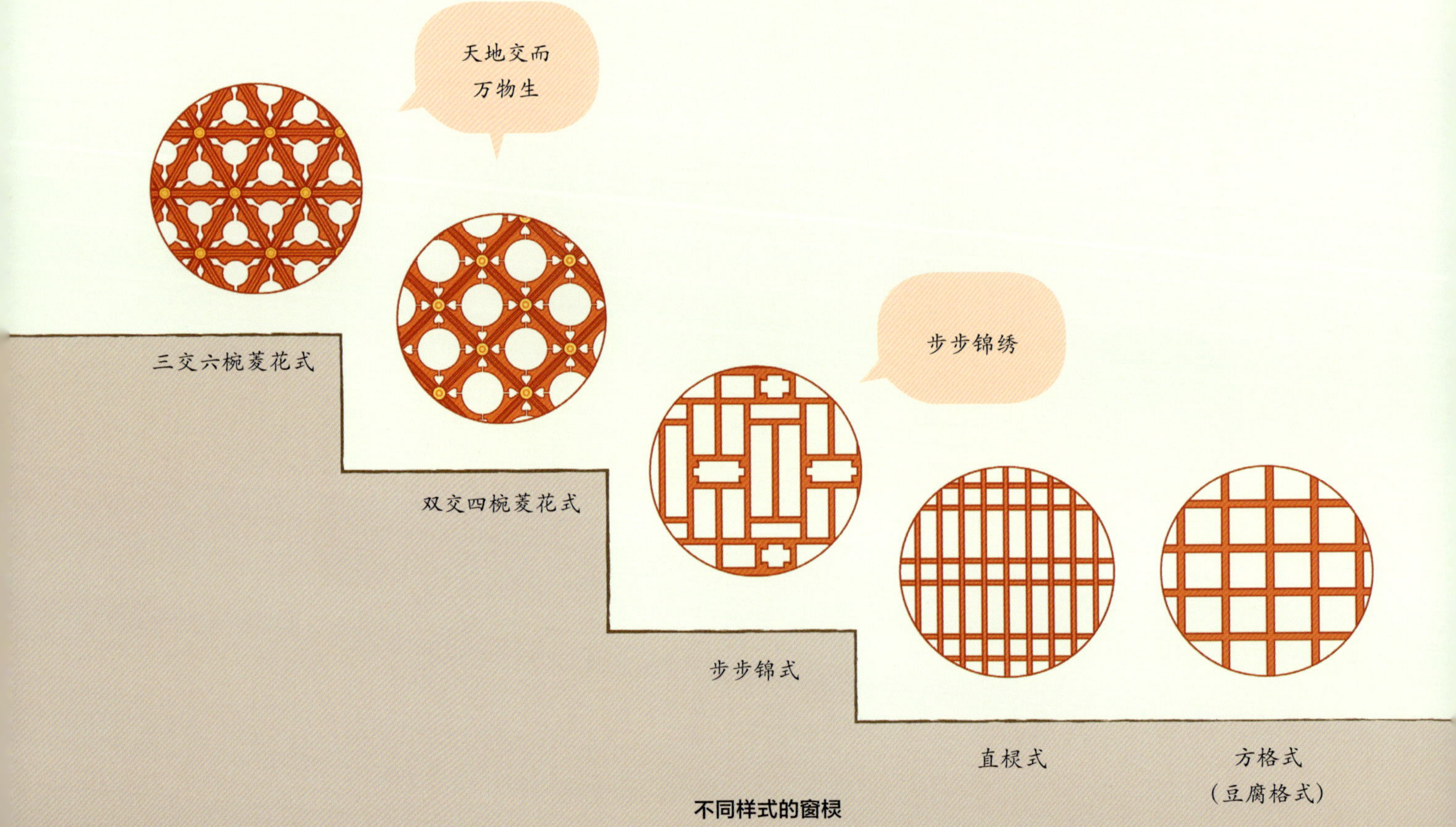

不同样式的窗棂

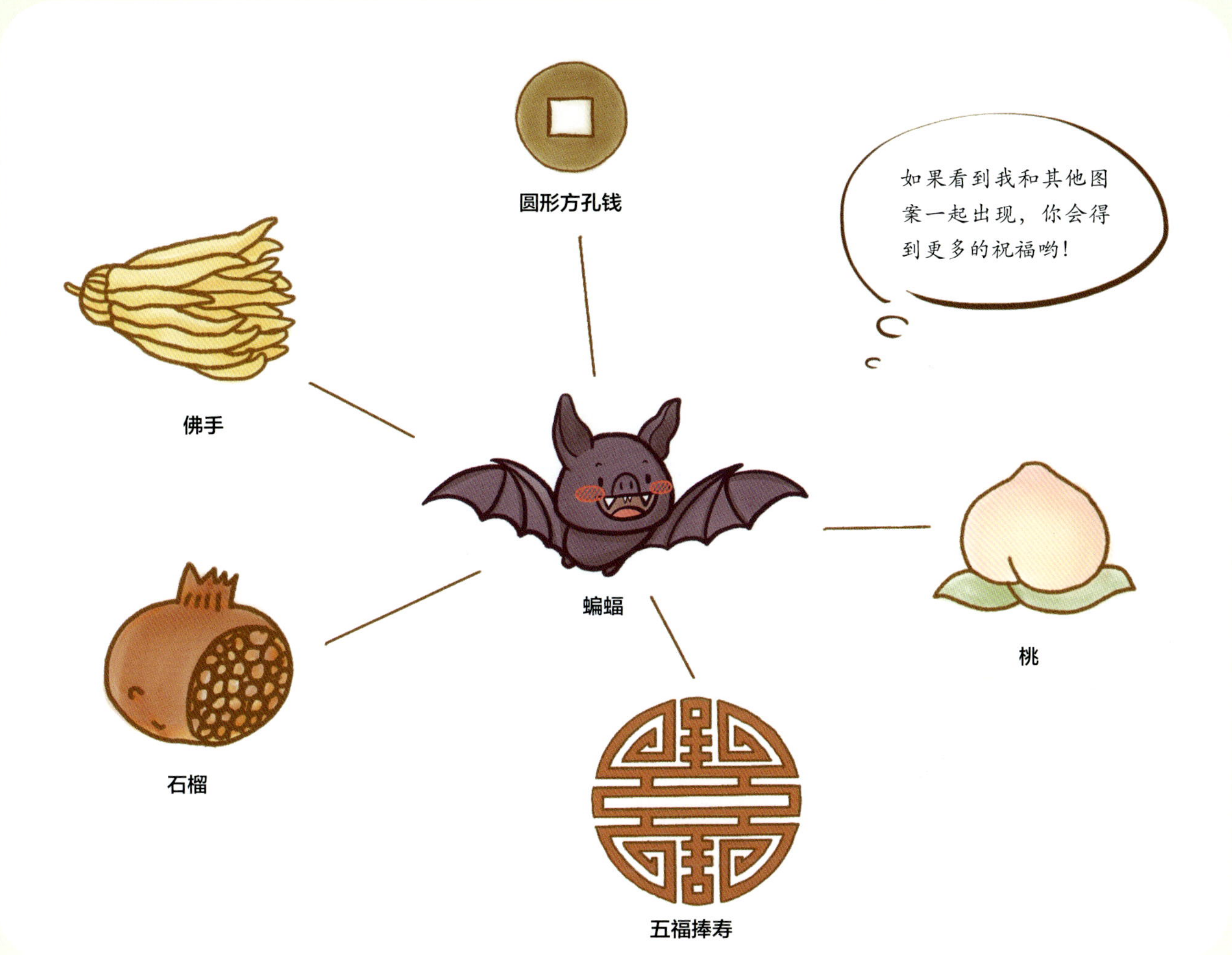

吉祥纹样

除了彩画、影壁、窗棂，你还可以在很多建筑装饰和室内陈设上看到吉祥纹样。你发现了多少呢？请接受来自皇宫的祝福吧！

一块裙板上藏有
多种祝福呢!

太极殿前殿裙板

圆形方孔钱

寓意富裕

佛手

寓意幸福

蝙蝠

寓意幸福

石榴

寓意多子

团寿字

万字纹

桃

寓意长寿

储秀宫的铜鹿

寓意福禄、权力等

翊坤宫的仙鹤

寓意长寿

太极殿前殿天花板上的装饰——五福捧寿

寓意幸福、长寿

彩画上的鱼

寓意富裕

史迹探微

02
史迹探微

草蛇灰线，伏脉千里。数百年前西六宫居民的生活痕迹给我们留下了许多信息。一切等你来发现！

只有梁上的铁环，
还记得那段快乐的时光。

紫禁城是明永乐皇帝朱棣下令建造的皇宫。这里曾经住过24位皇帝——包括朱棣在内的14位明代皇帝和10位清代皇帝。除皇帝外，这里还有皇太后、皇太妃、后妃、皇子皇孙以及太监宫女等人。他们都在这里留下了许多故事。

翊坤宫前檐梁下悬吊秋千的铁环

我们现在还能看到翊坤宫前檐梁下有四个铁环，那里曾经悬吊着两架秋千，它们为深宫寂寞的生活增添了一丝活力。储秀宫床上的棉被、炕下的手炉、地上的炭盆、已被封上的地炕入口……它们都曾温暖过宫殿的主人。翊坤宫屋檐下还设计了挂钩，冬日里悬挂抵挡寒风的棉帘，夏日里悬挂遮阳的竹帘。太极殿里的机械风扇就更特别了，它装有四片蝙蝠造型的扇叶，只要上满发条，就可以转动起来，在夏日为它的主人带来一丝清凉。

储秀宫的棉被

太极殿的机械风扇

储秀宫的手炉

铜丝罩子防止
炭火花爆出来

储秀宫的炭盆

储秀宫的地炕入口

挂棉帘
或竹帘

翊坤宫屋檐下的挂钩

夏天纳凉

冬天取暖

翊坤宫
青铜香炉

翊坤宫
青铜凤凰

翊坤宫
青铜仙鹤

翊坤宫
青铜水缸

储秀宫
青铜龙

今天，我们依然能够根据皇宫居民留下的痕迹，推测他们的生活状态，这也是一种有趣的体验。一般来说，越是重要的历史人物，留下的痕迹越是明显。西六宫里的好多物件都是有故事的。

翊坤宫里有青铜铸造的香炉、水缸、仙鹤、凤凰等各种物件。水缸表面有“大清乾隆年造”款识，香炉有“大清嘉庆年造”款识，凤凰有“大清光绪九年制”款识，仙鹤表面则没有文字。除仙鹤外，

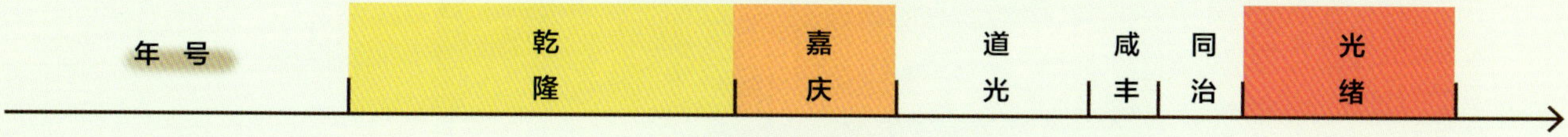

清代皇帝（部分）在位顺序

翊坤宫青铜水缸款识

翊坤宫青铜香炉款识

翊坤宫青铜凤凰款识

我们根据皇帝在位顺序，就可为这些物件排序。水缸铸造年代最早，其次是香炉，再次是凤凰，而且凤凰的铸造年代可以精确到1883年。与翊坤宫青铜凤凰一样，储秀宫青铜龙、体和殿青铜凤凰上也都有“大清光绪九年制”款识，它们都是为庆祝次年慈禧太后（1835—1908）五十大寿而铸造的。

储秀宫回廊墙壁上的龙凤琉璃装饰

慈禧太后是满洲镶蓝旗人（后抬入镶黄旗），姓叶赫那拉。作为同治、光绪年间中国的实际统治者，她是如何一步步登上权力巅峰的呢？咸丰二年（1852），初入宫的叶赫那拉氏住在储秀宫后殿，受封兰贵人，咸丰四年（1854）晋封懿嫔。咸丰六年（1856），在为咸丰皇帝生下皇长子爱新觉罗·载淳后，母凭子贵，又先后晋封懿妃、懿贵妃。

咸丰十一年（1861），咸丰皇帝病逝，载淳即位。皇后钮祜禄氏晋封皇太后，上徽号慈安；懿贵妃叶赫那拉氏以载淳生母身份晋封皇太后，上徽号慈禧。同年，慈禧联合恭亲王奕䜣发动政变，废除了咸丰皇帝指定的八位辅政大臣，授奕䜣为议政王，开始与慈安一起垂帘听政。

同治十三年（1874）十二月，同治皇帝载淳死于养心殿。两个多月后，同治皇帝的皇后阿鲁特氏也去世了。同治皇帝无子，慈禧立醇亲王奕譞之子（即慈禧胞妹之子）载湉为皇帝，两太后再次垂帘听政。光绪七年（1881），慈安去世，慈禧独揽大权。

光绪十年（1884），为庆祝慈禧五十寿辰，清宫耗费白银63万两对储秀宫进行大规模整修。回廊墙壁上有众臣为祝慈禧寿辰所撰写的《万寿无疆赋》，四周的龙凤纹琉璃装饰构图有些不寻常，两侧和顶部都是凤纹，唯有底部是龙纹。慈禧的显赫地位可见一斑。

溥仪过着时髦的新式生活

曾居住在紫禁城的最后一位皇帝（年号宣统）溥仪也对西六宫实施过改造，至今仍有迹可循。1912 年 2 月 12 日，溥仪退位，但溥仪仍以逊帝身份居住在紫禁城内，直至 1924 年底才被迫离开。溥仪曾经在这里剪辫子、学英文、穿西装、骑自行车，过着时髦的新式生活。为了能在后宫畅通无阻地骑车，溥仪还下令将螽斯门、百子门等内廷部分街门和院落之门的门槛锯掉。

广生右门

遵义门

在残留的门槛上凿出的卯眼

在锯下的门槛上做出的榫头

装回原位的门槛

利用榫卯设计的可拆卸门槛

为了保证顺利封门，人们并不是将门槛简单地锯下丢掉，而是做成了可拆卸构件：在锯下的门槛两端做出榫头，残留的两段门槛上分别凿出卯眼。这样可以将门槛装回原位，榫卯结合得严丝合缝，就能顺利封门。

紫禁城内的生活比我们想象的还要新潮。宣统二年（1910），隆裕太后下令在紫禁城内安装了一部 10 门电话用户交换机，在内廷的建福宫、储秀宫和长春宫设立了 6 部专线电话。这是我国最早也是唯一的皇家电话局。民国十年（1921），北京电话局在养心殿内为当时已经退位的溥仪安装了电话。

如果小皇帝想给隆裕太后打电话，有几种方式可以接通呢？

有两种！

① 通过电话用户交换机

② 专线电话

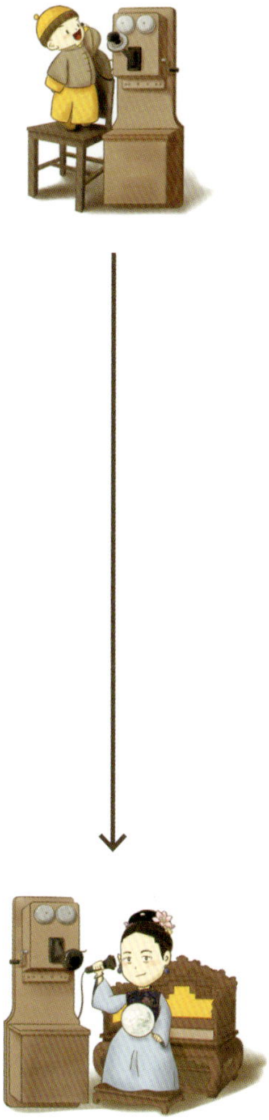

电话机

字里行间

03 字里行间

在西六宫中，我们可以看到很多文字，有些是古人留下的墨宝，有些是今人写的参观说明。参观西六宫时，除了欣赏这里的建筑和器物，还要多多留心出现在这里的文字，既能增长文化知识，又能了解古人的小心思。

匾上的文字
是谁题写的呢?

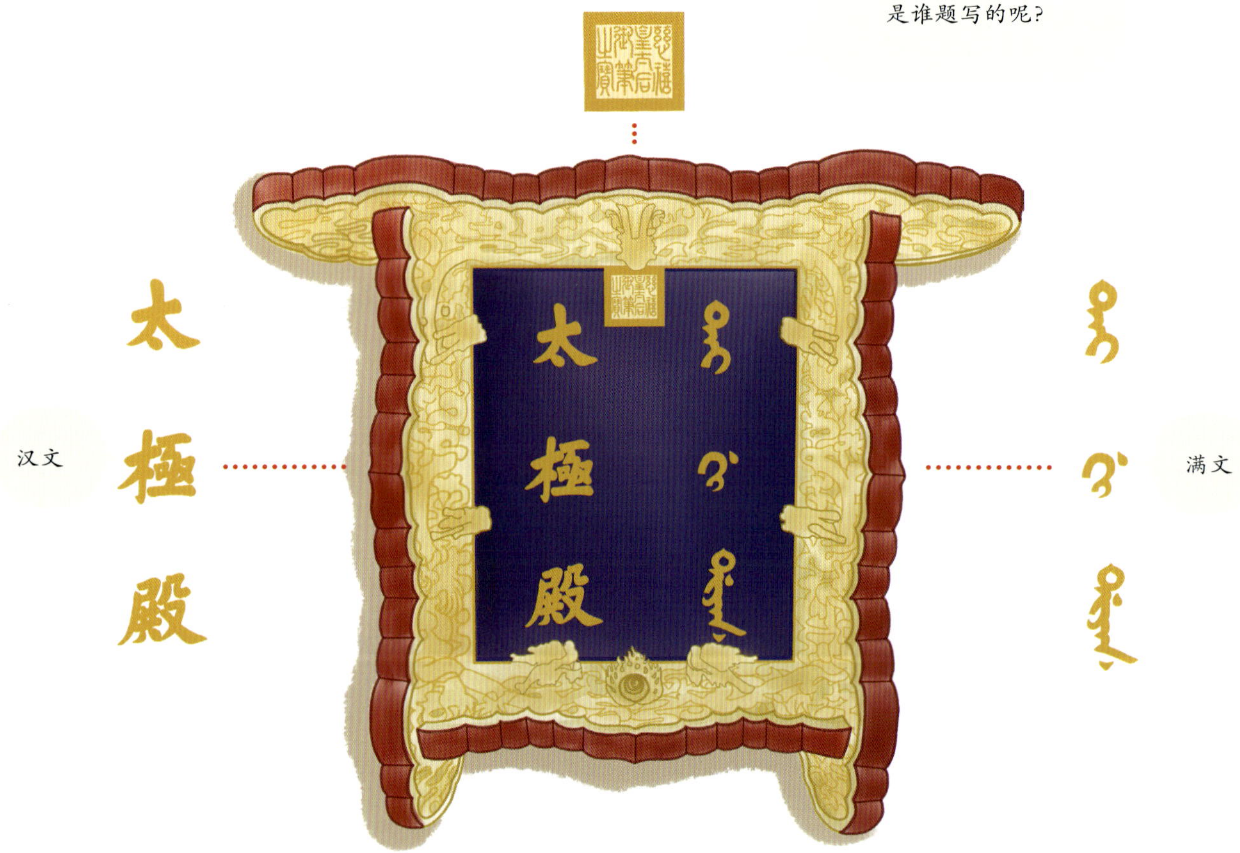

慈禧皇太后御笔之宝

满文　　汉文

自上而下

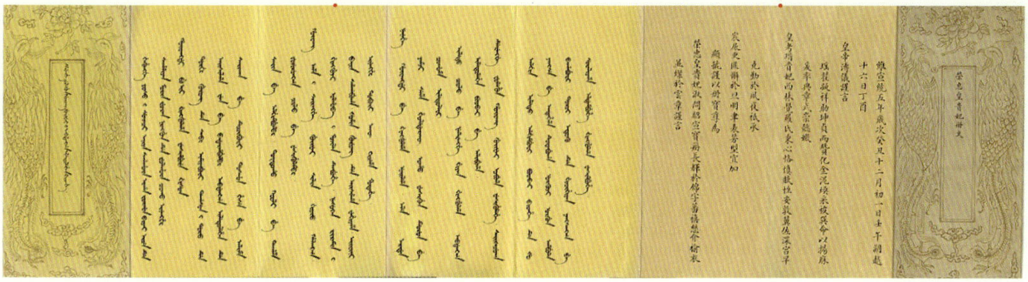

自上而下

自左向右　　自右向左

荣惠皇贵妃册文

太极殿匾额是慈禧题写的，有满、汉两种文字。满文书写顺序是自上而下、自左向右。在古代，汉字书写顺序是自上而下、自右向左。匾额上两列文字上方有一方玺印。印文内容是“慈禧皇太后御笔之宝”，表明匾上的文字是慈禧题写的。

在同治、光绪年间，慈禧地位甚至高于皇帝。同治皇帝是慈禧的儿子，光绪皇帝是她胞妹的儿子。

光绪皇帝名叫爱新觉罗·载湉，生于同治十年（1871），去世于光绪三十四年（1908）。他的生父是醇亲王奕環，生母是慈禧的妹妹。同治十三年（1874），同治皇帝病逝，没有子嗣继承皇位，慈禧就指定了年仅 4 岁的载湉为养子，即皇帝位，以次年为光绪元年。因为皇帝年幼，国家大权一直是由慈禧、慈安两宫皇太后掌握，实际只有慈禧一人掌握。光绪十三年（1887），光绪皇帝亲政。第二年，光绪皇帝选立后妃，而皇后人选正是慈禧太后弟弟桂祥的女儿，这桩婚姻也成为慈禧太后继续控制光绪皇帝的一种手段。

此处年龄是按虚岁计算的，出生当年就算 1 岁。

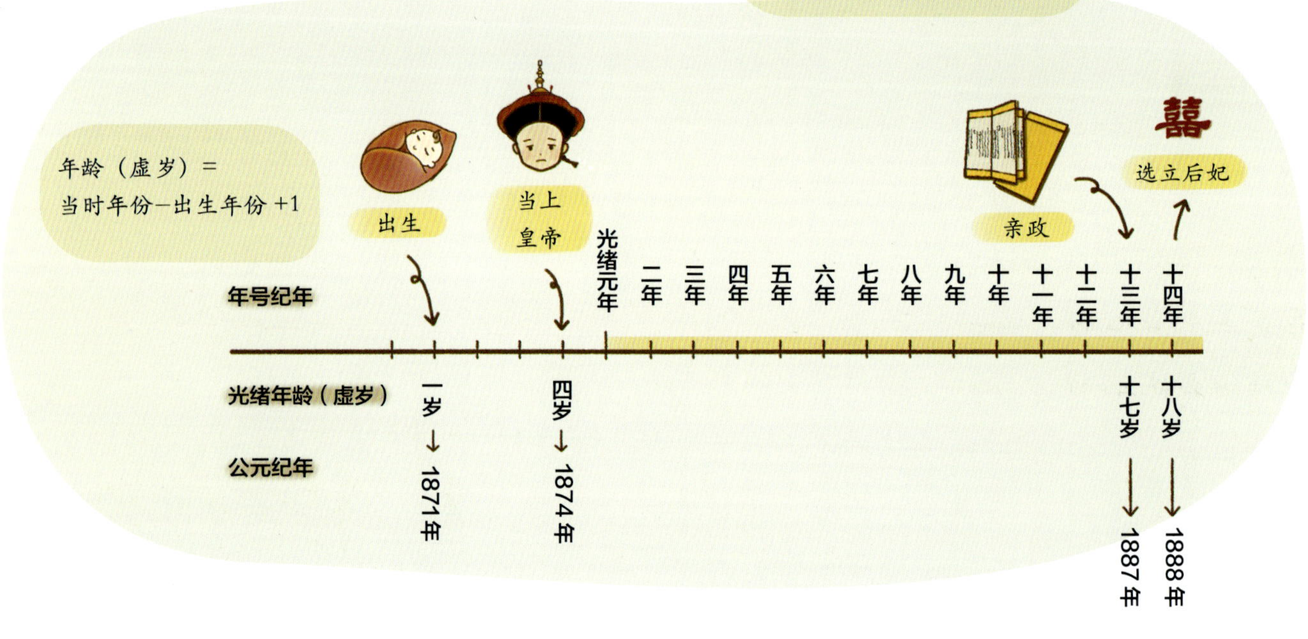

螽斯羽，诜诜兮。宜尔子孙，振振兮。
螽斯羽，薨薨兮。宜尔子孙，绳绳兮。
螽斯羽，揖揖兮。宜尔子孙，蛰蛰兮。

寓意后继有人，
多子多孙

皇帝广纳妃嫔是希望后继有人，多子多孙。西二长街北端的百子门和南端的螽斯门，都寓意皇帝多子多孙。螽斯是一种昆虫，繁殖力强，擅长鸣叫。《诗经·周南·螽斯》里描述了螽斯聚集一方、子孙众多、虫鸣阵阵的景象。根据这个典故为门命名，也是煞费苦心啊。这也是西六宫区域唯一以动物名命名的门。

紫禁城内的许多建筑都挂有对联。对联要求上下联字数相同，内容对仗工整，音调平仄协调。“天对地，雨对风，大陆对长空”——这是对联创作的入门级原则。

翊坤宫道德堂前檐柱上有一副对联。上联是“凤阁晓霞红散绮”，下联是“龙池春水绿生波”。“凤阁”对“龙池”，“晓霞红”对“春水绿”，“散绮”对“生波”——很工整，也很有画面感。

对联中的印文都有美好的寓意。“海涵春育”形容胸怀宽广，似海纳百川、春养万物。“知乐仁寿”源于《论语》中的“知者乐，仁者寿”。这两枚印和前面提到的那枚印都是慈禧御用玺印，形状各不相同，阳文阴文兼具。

圆形阳文印，印文“海涵春育”

方形阴文印，印文“知乐仁寿”

上联

下联

矩形阳文印，印文“慈禧皇太后御笔之宝”

注：印章文字或图案凸起为阳文印，凹陷为阴文印。

美人如画

04 美人如画

这深宫内苑，从来不乏秀丽端庄的女子。帝王对宫廷女子有什么特殊要求吗？宫中女子是否像长春宫游廊上的画中人那样命运多舛呢？

永寿宫“令仪淑德”匾额

乾隆六年（1741），皇帝下令依照永寿宫原有的匾额式样，制作了11面匾额，并亲自题字，挂在各宫前殿，还下了一道谕旨：“自挂之后，至千万年，不可擅动，即或妃嫔移住别宫，亦不可带往更换。”另外，乾隆皇帝还命画师以中国古代后妃美好德行为范本绘制了12幅宫训图，每幅图配赞（一种文体）四言十二句，告诫后妃要永远效法。乾隆皇帝下谕，每年的农历腊月二十六，东、西六宫除了张挂春联、门神，还要在正殿东墙挂宫训诗，西墙挂宫训图，等到次年农历二月二收门神之日，再将各宫的宫训图收回到景阳宫的学诗堂。

北宋仁宗皇后曹氏，在自己居住的宫殿前后，栽种五谷，亲自耕耘，且养蚕织布，以示重农，是中国古代著名贤后。

东六宫匾额题字及宫训图一览

东六宫	匾额题字	宫训图	宫训图宣扬的女性美德
景仁宫	赞德宫闱	《燕姞梦兰图》	乐观
延禧宫	慎赞徽音	《曹后重农图》	勤劳
承乾宫	德成柔顺	《徐妃直谏图》	忠直
永和宫	仪昭淑慎	《樊姬谏猎图》	劝谏
钟粹宫	淑慎温和	《许后奉案图》	尊老
景阳宫	柔嘉肃敬	《马后练衣图》	节俭

唐中宗的昭容上官婉儿聪慧秀丽，文采卓异。在随唐中宗游长安的昆明湖时，她点评学士词臣的赋诗，得到大家认可，从此留下一段文坛佳话。

西六宫匾额题字及宫训图一览

西六宫	匾额题字	宫训图	宫训图宣扬的女性美德
永寿宫	令仪淑德	《班姬辞辇图》	知礼
启祥宫（太极殿）	勤襄内政	《姜后脱簪图》	相夫
翊坤宫	懿恭婉顺	《昭容评诗图》	读书
长春宫	敬修内则	《太姒诲子图》	教子
储秀宫	茂修内治	《西陵教蚕图》	创新
咸福宫	内职钦奉	《婕妤当熊图》	勇敢

太姒是周文王的正妃，天性仁惠，明晓道理。她教诲十个儿子绝对不要做邪恶的事，要品行端正。

汉元帝与嫔妃等同游苑囿，忽然黑熊攀槛而出，情势危急，众人仓皇逃避，独一冯姓婕妤挺身向前以身体阻挡黑熊，后传为佳话。

（清）《婕妤当熊图》

长春宫《红楼梦》壁画

长春宫游廊墙壁上，绘有18幅以《红楼梦》为题材的巨幅壁画。画中包括书中大观园的多个景致，如怡红院、稻香村、潇湘馆和秋爽斋等，都富有立体感；人物也栩栩如生。

《红楼梦》问世之后迷倒了无数书生仕女，堪称奇书。据记载，慈禧“尤熟于《红楼梦》，时引贾太君自比”。据传，光绪皇帝的妃子珍妃和瑾妃提议绘制《红楼梦》壁画，得到了慈禧的许可。不过，壁画的绘制者是谁，并没有明确记载。据后人考证，壁画由清廷营造司的彩画师陈二先生与坊间画铺的画师古彩堂合作绘制，古彩堂主画人物，陈二先生衬景。《红楼梦》中的女子大多红颜薄命，那么深宫中女子的命运又是怎样的呢？

长春宫《红楼梦》壁画之“贾母游园”（局部）

乾隆皇帝的第一任皇后是孝贤纯皇后富察氏，生前曾住在长春宫。乾隆皇帝还是皇子时，雍正皇帝将富察氏指婚给他，为嫡福晋。二人一直恩爱互敬。富察氏端庄秀美，自幼接受正统教育，仁孝恭俭，是乾隆皇帝的贤内助。不幸的是，接连两次遭受丧子之痛，富察氏患了重病，身体每况愈下。乾隆十三年（1748），富察氏坚持随乾隆皇帝东巡，病逝于回京的船上。乾隆皇帝十分悲痛，命连夜赶回京城，灵柩放于长春宫，乾隆皇帝扶柩痛哭。乾隆皇帝下旨，长春宫保持富察氏生前陈设，不再住人。此后50年间，乾隆皇帝时常到无人的长春宫坐坐，回忆二人过去的美好时光。逢年过节，长春宫悬挂孝贤纯皇后像，按她生前标准进奉各种礼物。乾隆皇帝直到去世前，才下旨开启长春宫门，准许后世妃嫔入住。

孝贤纯皇后（1712—1748），
富察氏，满洲镶黄旗人

乾隆皇帝思念富察氏

孝贤纯皇后朝服像

1912 年 2 月 12 日，宣统皇帝溥仪正式宣布退位，此后作为逊帝仍然住在紫禁城内。他钦定 17 岁的郭布罗 · 婉容为皇后，于 1922 年冬大婚，还封 14 岁的额尔德特 · 文绣为淑妃。

淑妃文绣则是长春宫的最后一位主人。文绣身为妃子却并未享受应有的待遇，未得到皇帝的恩宠，还经常受到皇后婉容的冷眼相

文绣朝服像

文绣（1909—1953），
额尔德特氏，满洲镶黄旗人。

待。1924 年北京政变后，文绣也随着溥仪离开了皇宫，先后移居天津的张园和静园，被冷落的日子越发难过。1931 年，忍无可忍的文绣提出与溥仪离婚。在律师的帮助下，她与溥仪于同年 10 月 22 日签订了离婚协议。文绣也成为史上第一个与皇帝“对簿公堂”并重获自由的妃子。文绣离婚后重返北平，过上了清贫自由的平凡生活。1953 年 9 月，文绣病逝，未有儿女。

婉容（1906—1946），
郭布罗氏，满洲正白旗人。

婉容朝服像

皇后婉容则在婚后入住储秀宫，成为这里的最后一位主人。婉容样貌清秀俏丽，举止文雅，从小受西式教育，思想前卫，喜欢学英语、吃西餐、穿洋装。最初婉容和溥仪两人的感情还是不错的，常常一起骑车、打球，婉容教会溥仪如何吃西餐，溥仪也为婉容先后请过两位英文教师，专门教她英文。但是，婉容受西方思想的影响，并不认同丈夫应该有妾室，心里容不下文绣。文绣与溥仪离婚，溥仪觉得这件事一定程度上与婉容有关，就冷落她。婉容内心苦闷，开始吸食鸦片，最后病入膏肓。1946 年，婉容去世，身旁无一亲人陪伴。

溥仪婉容合影

溥仪和婉容的对戒

大兴土木

05
大兴土木

东西六宫均建成于明永乐十八年（1420），整体布局和规制基本相同。现在的东六宫较为完整地保留了明初时期的格局，而西六宫的格局则有较大的改动——启祥宫（今太极殿）与长春宫连为一体，储秀宫和翊坤宫合二为一。

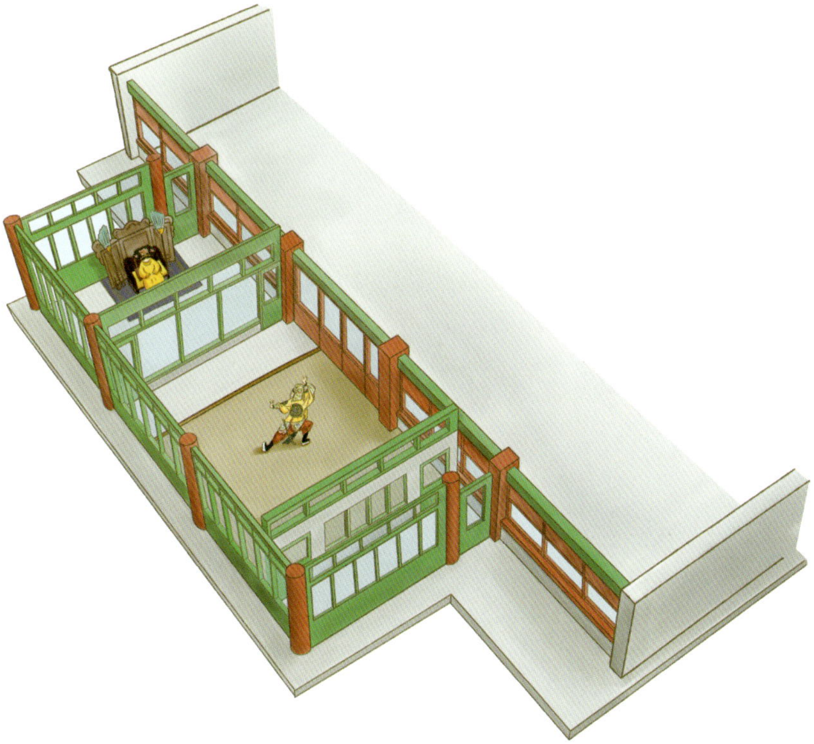

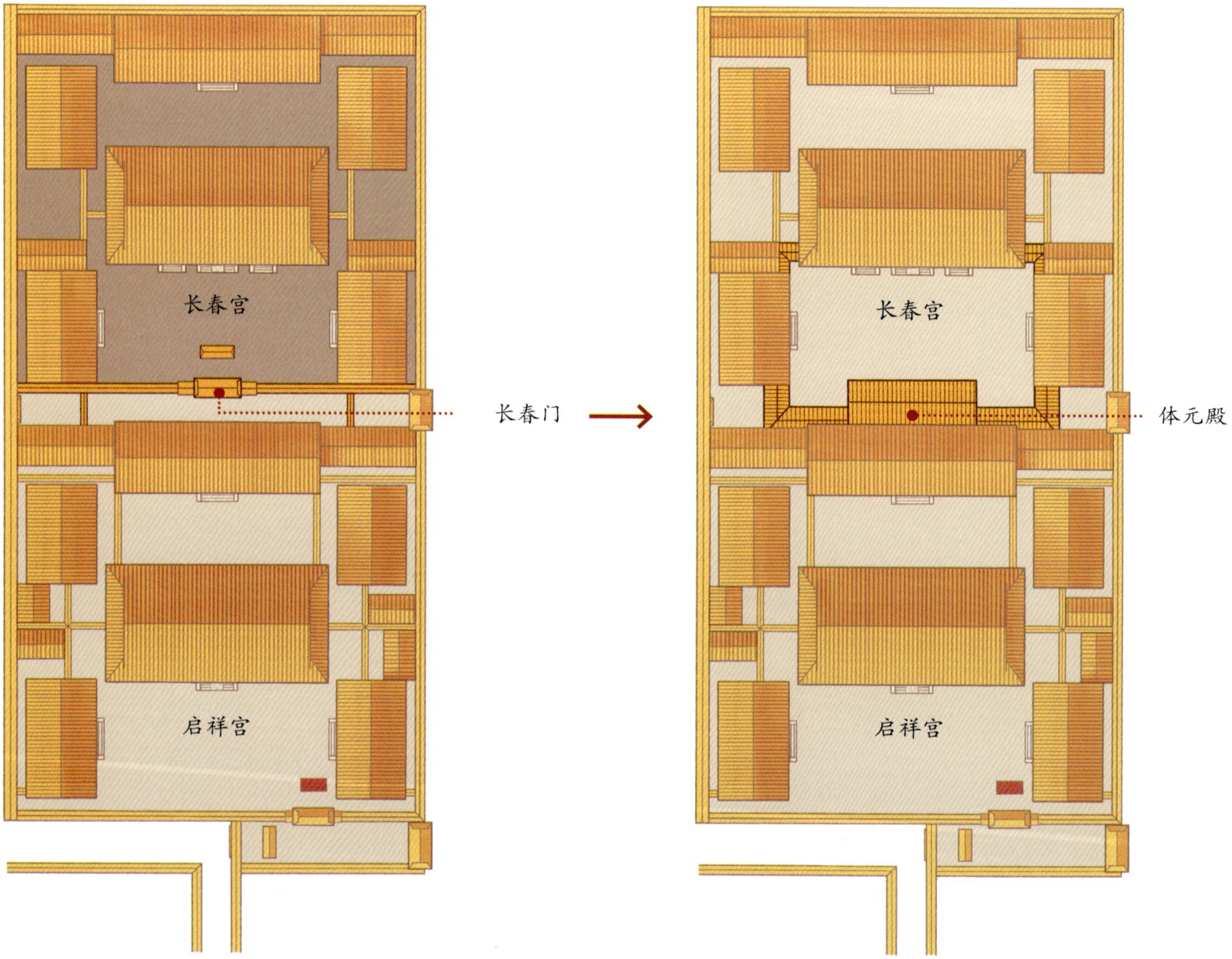

长春宫、启祥宫区域改建前后对比

长春宫始建于明永乐十八年（1420），清康熙二十二年（1683）重修，之后又经历咸丰九年（1859）、同治十二年（1873）、光绪十六年（1890）、光绪二十三年（1897）等多次的修缮和改造。其中，咸丰九年对长春宫做出的改建较大——拆除长春门及前宫墙，打通启祥宫（今太极殿）后殿为穿堂殿（今体元殿），改两进院为与启祥宫相通的四进院。

咸丰九年对长春宫的修整确定了今天太极殿至长春宫区域的建筑布局，是宫中建筑布局的第一次重大改变。这次改建工程，一是庆祝咸丰登基十周年，二是庆祝咸丰的三十万寿。改建后的长春宫成了东西六宫中规制最高的一处四进院落，也方便了皇帝和后妃在此区域穿梭行走。

咸丰九年正是国家内忧外患之际。尽管如此，咸丰皇帝还是决定改建长春宫。咸丰十年（1860）八月，英法联军进攻北京，咸丰皇帝携后妃皇子仓皇逃亡承德避暑山庄，于次年病逝，再没能回到紫禁城。

咸丰皇帝驾崩之后，年仅 6 岁的载淳继承皇位，他就是同治皇帝。慈安和慈禧便以辅佐年幼皇帝处理政务为由，共同在养心殿垂帘听政，分别住进养心殿后殿的东西耳房（今体顺堂和燕喜堂）。

同治八年（1869），同治皇帝到了可以大婚、亲政的年纪，慈安和慈禧太后必须搬离养心殿，另寻住处。于是，慈安选择在同治皇帝成年之后搬回自己原先的寝宫钟粹宫，慈禧却没有回到自己原先的寝宫储秀宫，而是搬到距离养心殿更近的长春宫。此时的长春宫，经咸丰皇帝改造，面积和规格都远超钟粹宫，再加上是咸丰皇帝为自己修缮的宫殿，在后宫中的地位不言而喻。不难看出，慈禧当时绝不甘心屈于慈安之下，处处争强，追求至高权力。

同治九年（1870），在正式入住之前，慈禧又对长春宫进行了一次修缮，包括为体元殿后游廊添建屋顶，将各殿油饰一新。为了庆祝慈禧的四十大寿，同治十二年（1873）左右再次大规模改建长春宫。为了满足慈禧听戏的需求，还改建了体元殿后游廊抱厦，并在抱厦搭建室内小型戏台。不过，这座室内戏台于光绪六年(1880)拆除，后来改建成为室外戏台。

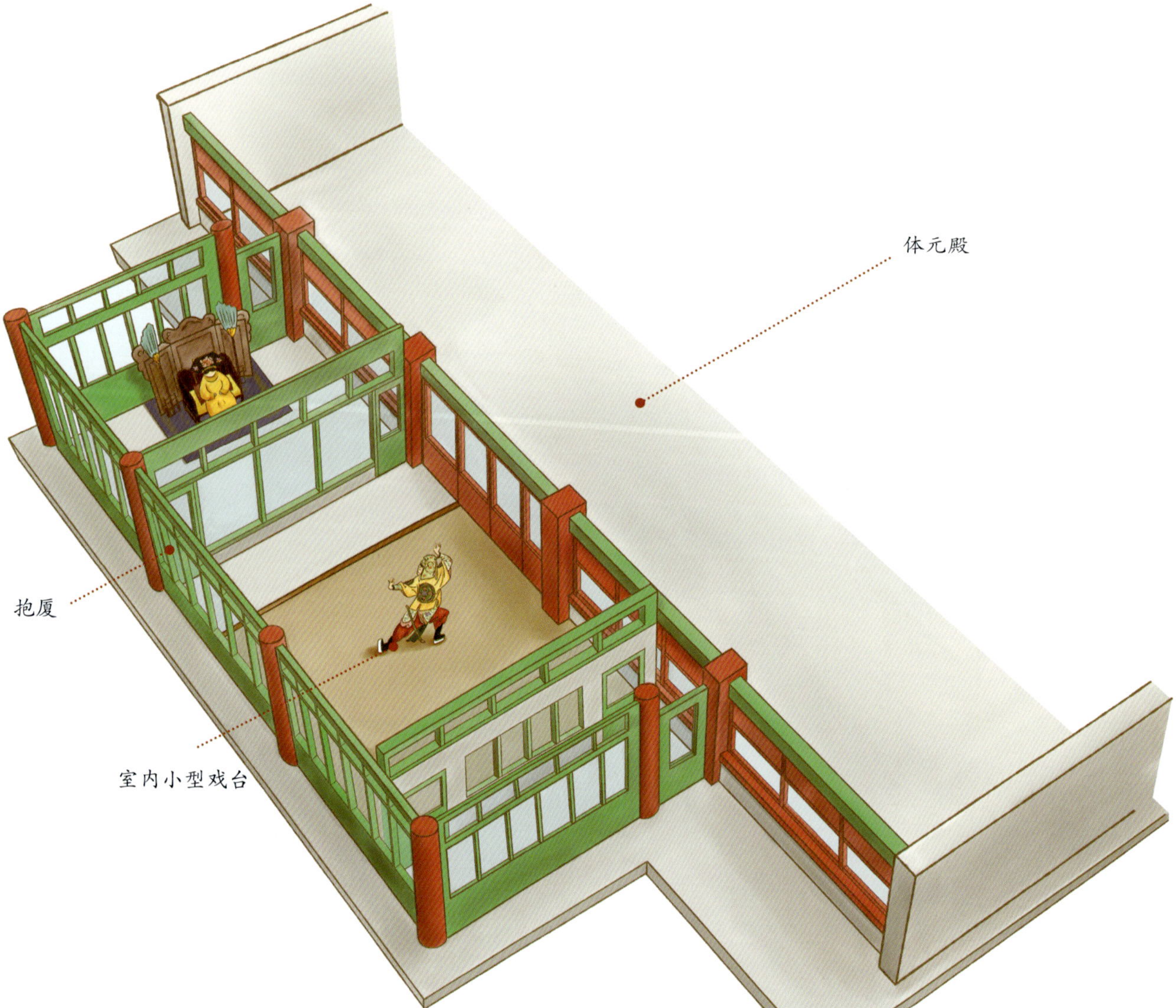

同治末年体元殿后游廊抱厦格局

体元殿后游廊抱厦现状

慈禧一生在紫禁城内住过很多地方，其中储秀宫对她来说最为特别。储秀宫是慈禧入宫后的第一处居所，又是她四次受封、诞育皇子的地方，可以说是她的福宫。

慈禧在光绪九年（1883）下令对储秀宫进行了工程浩大的修缮改建，共耗银63万两。此时的中国，国力日渐衰败，内忧外患，但是慈禧不惜耗费巨资，大兴土木来为自己祝寿做准备。

光绪十年（1884），慈禧太后五十大寿，以生母皇太后的身份再次入住储秀宫，以表示自己要归政养老。储秀宫改建主要参考了咸丰九年的长春宫改建方案：拆除储秀门和围墙，将翊坤宫后殿改为穿堂殿（今体和殿），连通储秀宫与翊坤宫，形成相通的四进院落。储秀宫的前殿和东西配殿均改为前出廊，并与体和殿后檐廊转角相连，构成回廊。

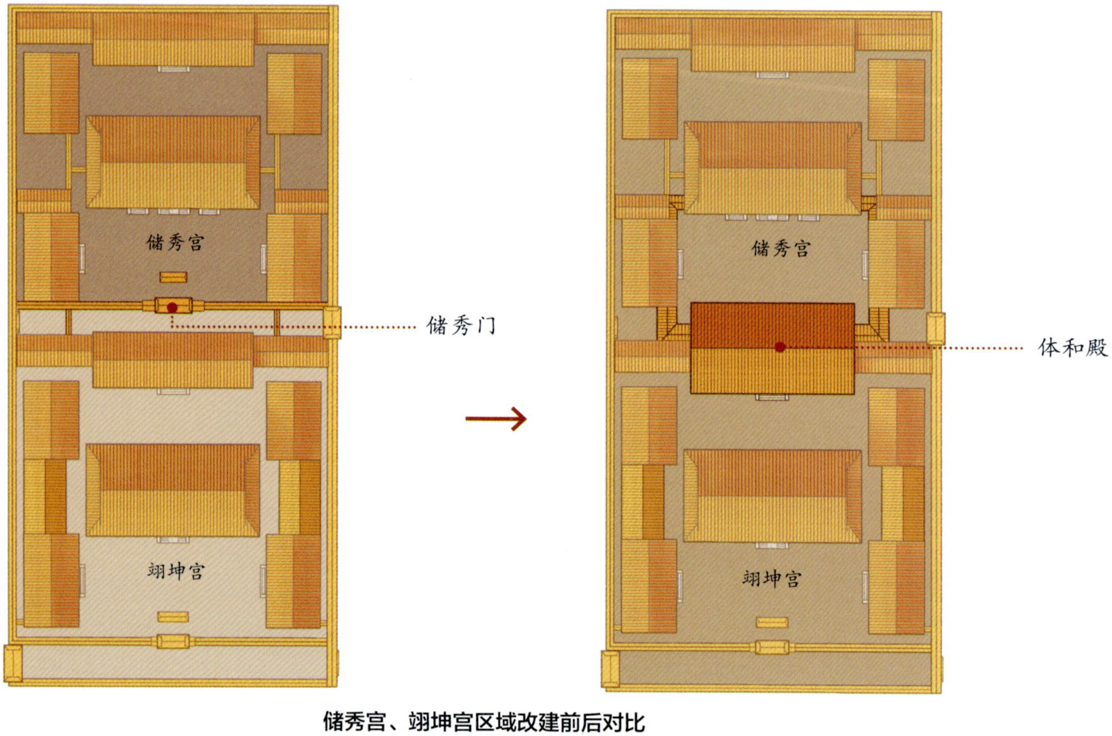

储秀宫、翊坤宫区域改建前后对比

改建后，整座宫院分为两部分，储秀宫主要是慈禧居住和办公的地方，体和殿主要是慈禧用膳和休息的地方。体和殿面阔五间，明间为穿堂，前后开门，东西次间、稍间均打通。传统建筑中，正中一间为明间，其左右相邻两间为次间，再向外两间称稍间。慈禧太后居住储秀宫时，在体和殿的东次间和东稍间进膳，在西次间和西稍间饮茶休息。

慈禧太后住储秀宫时，每逢重大节日都在翊坤宫接受朝贺。

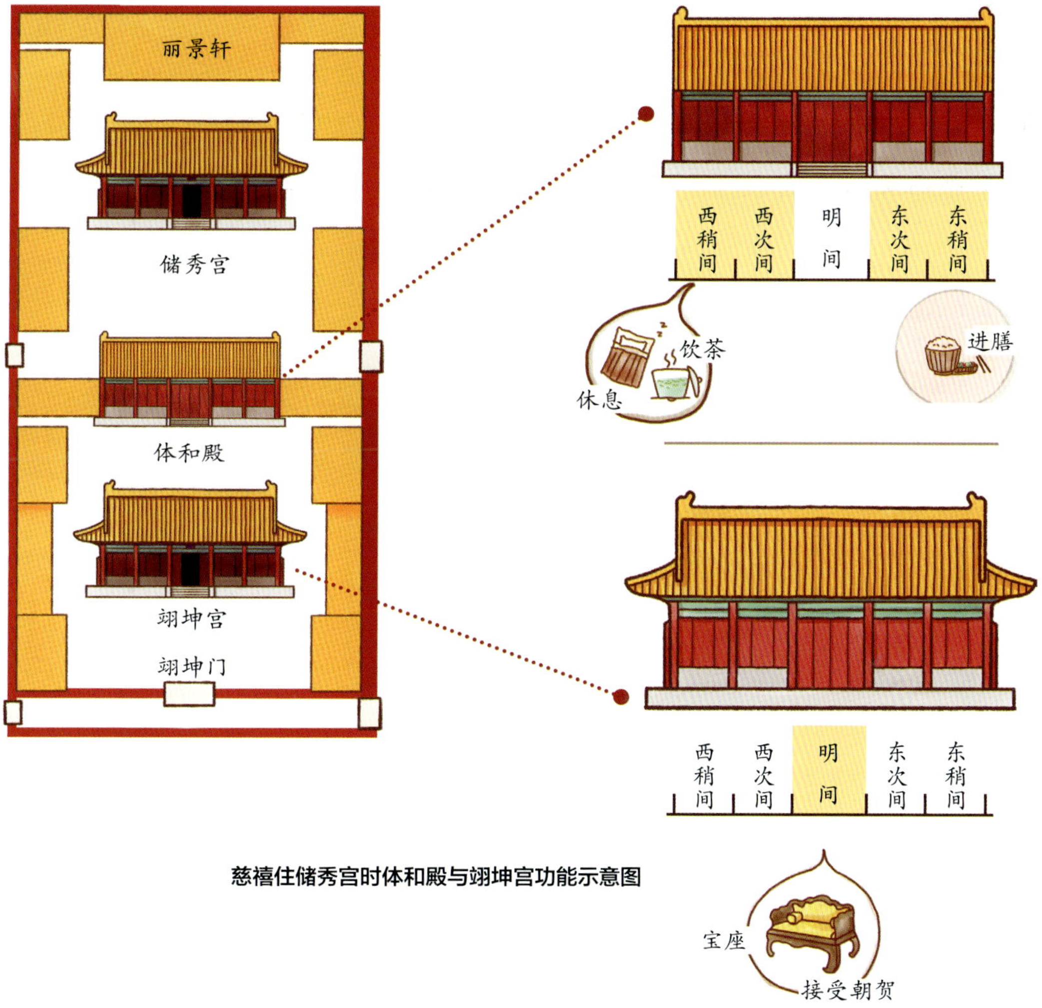

慈禧住储秀宫时体和殿与翊坤宫功能示意图

故宫宣教
THE PALACE MUSEUM
PUBLICITY AND EDUCATION

我要去故宫系列

探秘养心殿

故宫博物院宣传教育部 / 编著　果美侠 / 主编
本册作者：邓晨钰
本册绘者：御鉴文化（北京）有限公司　刘畅　周艳艳

中信出版集团 | 北京

探秘养心殿

编　　著：故宫博物院宣传教育部
主　　编：果美侠
本册作者：邓晨钰
本册绘者：御鉴文化（北京）有限公司　刘畅　周艳艳
摄　　影：齐梦伯
图片提供：故宫博物院资料信息部
策划出品：故宫博物院
　　　　　御鉴文化（北京）有限公司
出版发行：中信出版集团股份有限公司
　　　　　（北京市朝阳区东三环北路 27 号嘉铭中心　邮编　100020）
承 印 者：北京瑞禾彩色印刷有限公司

序言：我要去故宫

去故宫，可以有许多理由：陪亲朋，遛孩子，看展览，拍美照……

不去故宫，往往只有一个理由：太无趣！

相似的院落，差不多的建筑，看过和没看过，似乎没什么差异。如果不是真心喜欢，如果不是迫于无奈，自己说出“我要去故宫”的，可能少之又少。

常年工作在故宫的我们，也不是每个人都能把各个宫殿的与众不同讲出来。揭开600年宫殿建筑的奥秘，需要善于发现的眼睛，需要勇于探索的精神。

一群在这里工作的年轻人，每年向数以万计的游客讲述同样的建筑历史，述说600年不变的宫殿故事，好无趣！不妨换种方式，看看有什么能够吸引人们的看点，整理出新奇的探秘主题，既激发自己去主动发现，也让大家对故宫兴趣盎然。于是，从给学生参观使用的探秘学习单开始，我们策划了《我要去故宫系列》探秘图书。

匆匆的游客，常常一小时走过一座城。而我们，想让孩子们一小时只看一座宫。从中轴线，到东西六宫，再到外西路和外东路，20个建筑区域，构成了20册书的内容主体。既讲建筑，又说历史；既有精美的文物呈现，也有有趣的故事传说。看得见的，引你看细节；看不见的，诱你来想象。文字与插图相辅，内涵与颜值并重。这说的就是《我要去故宫系列》图书。每册分多个主题，涉及建筑、历史、藏品等内容，选题有趣、文字好读、插图好看！

午门，这里是紫禁城的门面担当，既有颜值，又有故事。午门前威严的皇宫仪仗中，竟曾有盛装的宝象，还有宝象拉的辂。

太和门，这里有规矩，讲秩序，门前的古物不只我们不知是做什么用的，就连曾经住在这座宫城里的皇帝也不知。石栏杆的火焰望柱头，开了洞的警报器石别拉似乎也不难发现。

太和殿，皇宫里最重要的建筑，历经600年风雨洗礼，既有灭火的陈设，也有克火的理念，只为向你证明曾经的盛世繁华，可以绵延不变。

保和殿，这里不仅是科举士人的考场，也是清初帝王的临时寝宫。方方正正的中和殿，更是帝王筹备亲耕之礼、关注皇家玉牒的重要场所。

乾清门，朝和廷的分野、家与国的界限，皇帝运筹帷幄在内，军机昼夜值守于外。皇帝很辛苦，大臣也不易，宫里禁火烛，官员上朝，几乎都得黑灯瞎火入宫，“蹭灯”的机会少之又少。

乾清宫，这里是帝王寝宫，却也传来皇子的琅琅读书声。这里药味浓，龙袍新，年节大典，更是院内高悬百丈灯，举国君民齐欢庆。

坤宁宫，凤舞千秋的世界，满汉交融的风格透过门、穿过窗，印在屋内的诸多角落。交泰殿的无为匾，一匾述说出三代帝王与这宫殿的渊源。

御花园，这里春有百花秋有月，夏有凉风冬有雪。钦安殿内护佑宫殿免遭火灾的玄武大帝，不知道是否注意到园内亭子中，井亭竟然没有顶。

西六宫，果然是宫闱趣事多，两枚锈迹斑斑的铁环，记载的是宫内静谧生活中难得的欢娱。末代帝后也在这里赶着新潮，穿洋装、吃西餐、学英语，西方的玩意儿在这里一样不少。

东六宫，曾经的后妃居住地，遗留下一座未建完的西式建筑，只能凭想象复原其类似水族馆的华美。其他的院落，也各有各的故事，既见证繁花盛放，也目睹香魂陨落。

宁寿全宫，看似普通的皇极门，竟然也是有限空间内建造出的另一座“小午门”。门内的皇极殿，更是有着乾清宫的外表，却发挥着太和殿的功用。乾隆皇帝的乐寿之所，不仅有乾隆，还有“钱龙”，而晚清的慈禧太后，也把这里作为御用居处，内政外交，见证了时代的更迭。

乾隆花园，文人的雅致随处可见，禊赏亭、古华轩、碧螺亭、藤萝顶，处处精致，处处惊喜。乾隆皇帝倦于勤，欣赏花园勤而不倦，乐此不疲。

慈宁宫，御路石上的小蜥蜴和门前的麒麟兽一同述说着这里的秘密，屋顶独特的轩辕镜与院内与众不同的月晷，则告诉你这里主人的独特身份。

重华宫，是“养在深闺人未识”的宫苑建筑，弘历在这里娶了他挚爱的富察氏。当了皇帝（乾隆皇帝）后也到这里举办茶宴，君臣之间赋诗联句，雅性使然、默契使然，更是家国天下的情怀使然。

养心殿，八代帝居一定不负众望，既有治国理政之所，也显生活起居之便，更有闲暇怡情之趣。小小的三希堂，幻化出大空间，一幅通景画，巧妙地让景入画，人也入画！

文华殿，象征水的黑色屋顶还不足以护佑文渊阁的《四库全书》，从屋檐彩画到栏板石雕，水的元素随处可见。“天一生水”而有黑瓦屋顶，“地六成之”便有了屋阔六间！

武英殿，摄政王的权力中心，变身为殿本修书之所。浴德之水蜿蜒而出，于断虹桥畔诉说沧桑。储冰之所，亦呈现皇室消夏之聪慧。

珍宝馆，华丽的珠宝背后，隐藏了采珠人等付出的艰辛。皇室的饰品，最精于其取材的独特。先秦石鼓唐时现，流转千年入深宫。只要有心，你就会被它们的文字和经历感动。

钟表馆，让我们了解中西方再次开启的对话。漂洋过海的计时仪器，成了皇家喜好的有趣玩具，可计时，可打更，可升降，可转花。魔术、水法、音乐、鸟音，无不炫目悦耳，赞从心生。

我觉得，以上这些远远不够，书中好玩的故事、好看的插画，等你去探索，由你去发现。如果每读完一本，你就有拿起书入宫的冲动，我们会万分欣慰。真诚地，真心地，在宫里，期盼你，欢迎你！

果美侠，写于墨尔本旅途

2019 年 7 月 27 日

目录

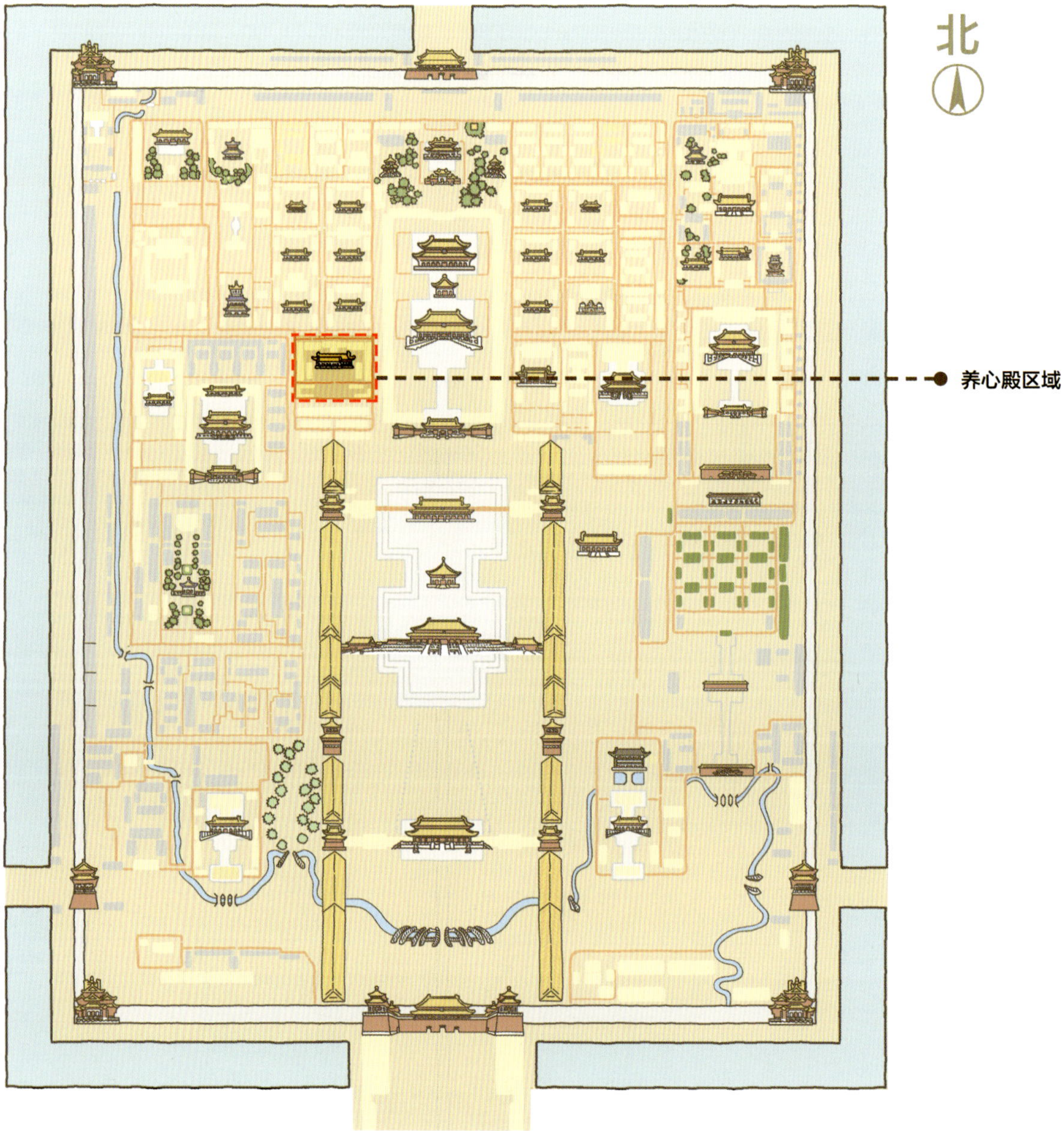

故宫平面示意图

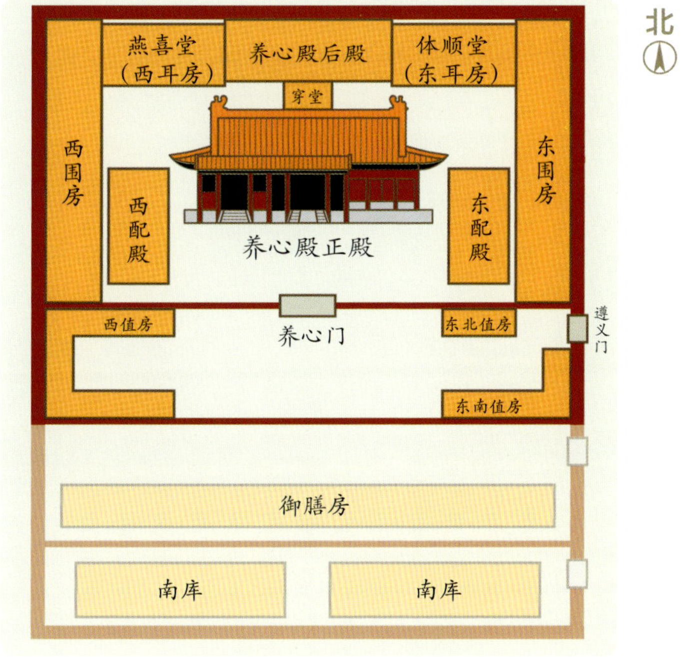

养心殿区域平面示意图

欢迎来到养心殿!

乾清宫西侧、西六宫南侧有一组院落，看似普普通通，实则非常重要，这便是大名鼎鼎的养心殿。养心殿建成于明代嘉靖年间，自清代雍正皇帝起，成为帝王读书学习、处理政务和日常起居的场所。

从清代雍正皇帝起，养心殿一路扶摇直上，升作权力中枢，成为八代帝居。这晋升之路让人惊叹！清代皇帝多次对养心殿进行改造、改建，他们的承古纳新精神在这些建筑上体现得淋漓尽致！有些建筑不仅设计精美，还暗藏玄机，让人拍案叫绝。

养心殿有太多的故事与奥秘，让我们来一探究竟吧!

扶搖直上

01
扶摇直上

在建造养心殿时，应该没有人会想到这座宫殿在日后会变得如此重要。事物的发展，就是如此难以预料。陪伴了一任又一任帝王，养心殿从一座名不见经传的便殿"扶摇直上"，成长为整个紫禁城（现故宫博物院）的中枢。

养心殿建成于明嘉靖十六年(1537)六月。“养心”二字,取自《孟子·尽心下》“养心莫善于寡欲”,意在告诉帝王,减少欲望是修身养性的最佳方法。建造养心殿的嘉靖皇帝为求长生不老,执意于求仙问道,曾在养心殿正殿南边,建了一座砖石无梁殿,用来烹炼丹药。

嘉靖皇帝

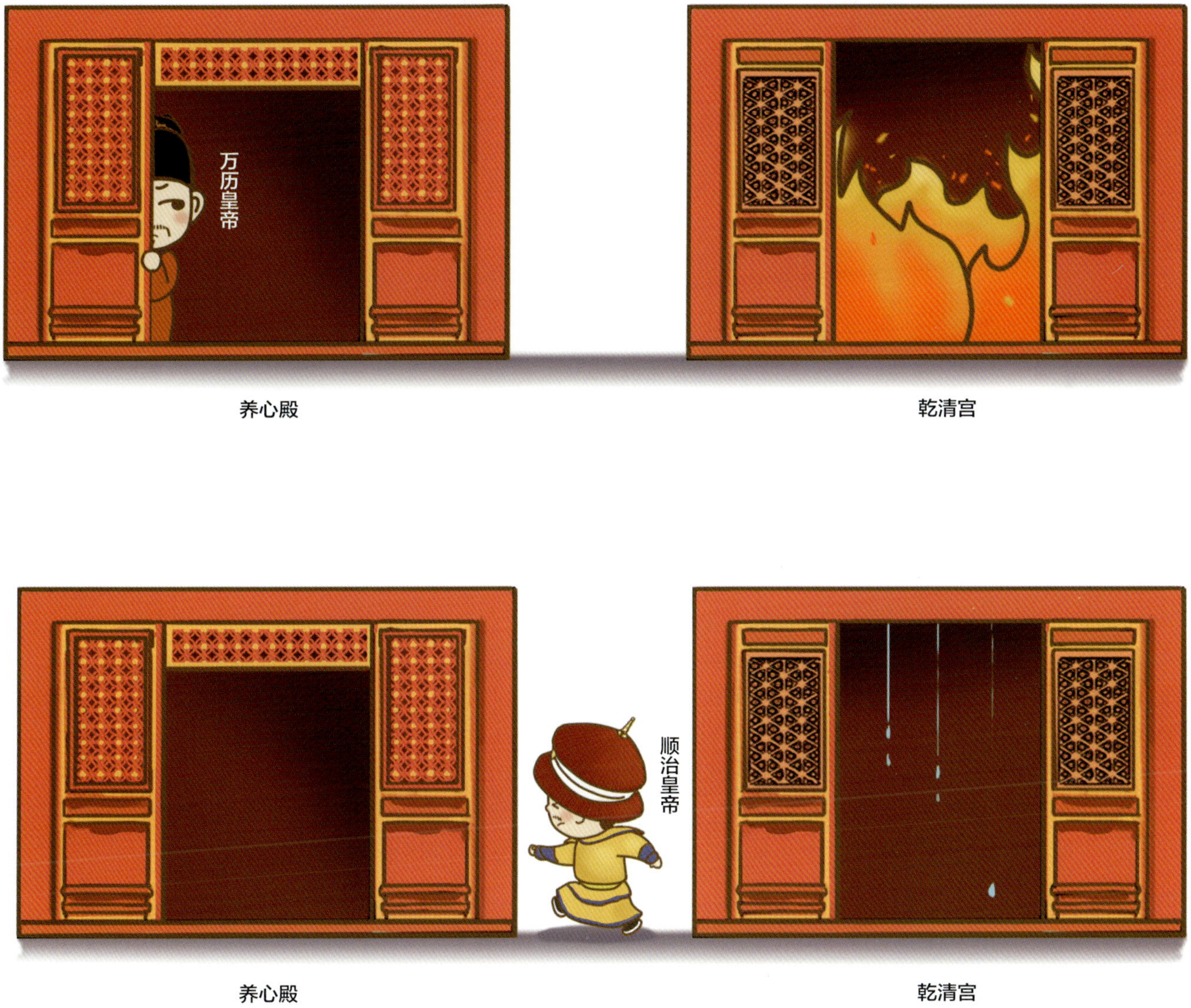

明万历二十四年（1596），皇帝生活居住和处理政务的乾清宫突然遭遇大火，变成废墟。幸好当时万历皇帝住在养心殿，逃过一劫。清顺治十七年（1660），乾清宫漏雨严重，顺治皇帝就将养心殿作为临时寝宫。第二年，顺治皇帝在养心殿去世。

有意思的是，至少在明代晚期，养心殿的主要建筑都有特定的名称，然而清代皇帝入主紫禁城后，养心殿区域虽得以沿用，却只保留了挂在养心殿正殿的外匾，其他建筑的殿额都消失不见，直到清代晚期，东西耳房才又有了文雅的专称。

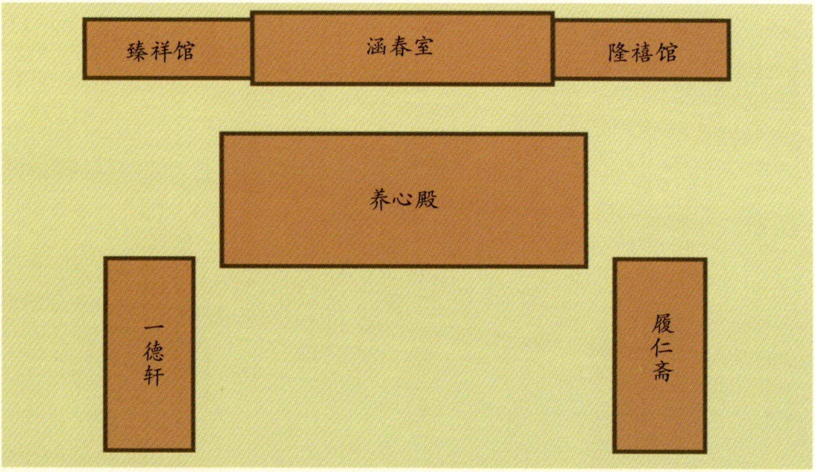

明代晚期养心殿格局示意图

根据《明宫史》文字描述绘制。

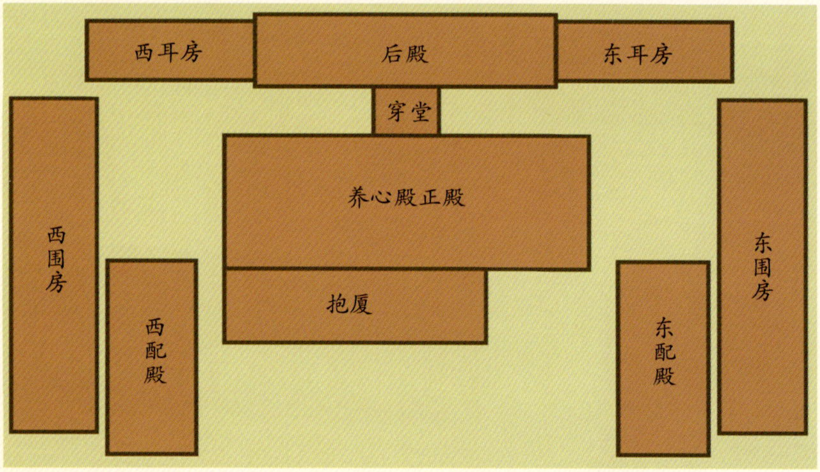

清康熙十八年（1679）养心殿格局示意图

根据何蓓洁《养心殿的历史沿革》绘制，见《紫禁城》2016年第12期。

康熙皇帝虽然没有住在养心殿，但对养心殿也是青睐有加。他年少时便受到汤若望、南怀仁等西方传教士的深刻影响，热衷于学习西方数学、天文学、地理学、药理学、音乐等课程，此后一直对西学保有浓厚兴趣。

康熙二十七年（1688），五名带着“国王数学家”头衔的法国传教士进入紫禁城。他们还带来了一些欧洲数学仪器。此后，养心殿正殿的西暖阁一度变成了科学教室。有时，皇帝很早就召传教士们进来，花费两个小时以上的时间学习几何学；有时，皇帝就研究传教士们进呈的仪器，研究数学演算。

康熙皇帝还在养心殿设立了造办处。造办处主要负责御用物品的制造，包括金器、玉器、木器、漆器、铜器、珐琅器、绘画等诸多门类。造办处工匠在接到活计后，往往先呈览画样，经过皇帝审定之后，再正式生产制作。

康熙皇帝会到养心殿造办处视察工作，因此工匠们不敢有丝毫懈怠。养心殿总是一派热火朝天的工作景象。后来，随着“业务”规模的扩大，造办处逐步外移，到了康熙四十七年（1708），养心殿的匠役全部迁出。一年之后，内务府以北的大量房屋建成，供造办处各作坊使用。

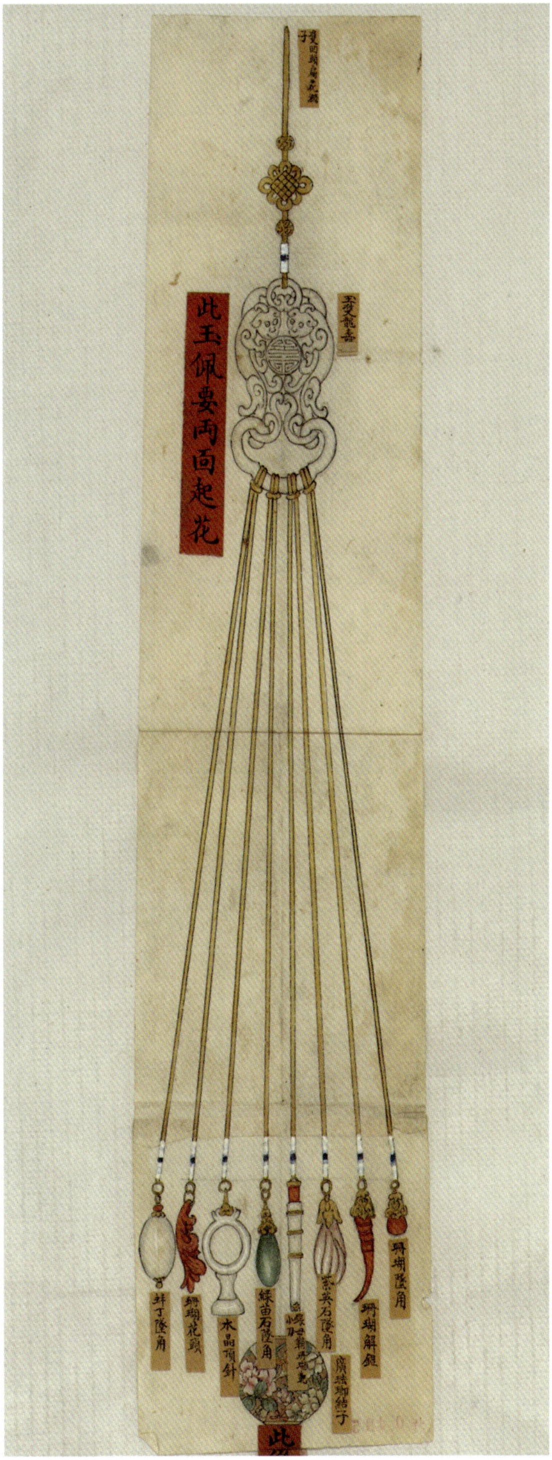

玉佩纸画样

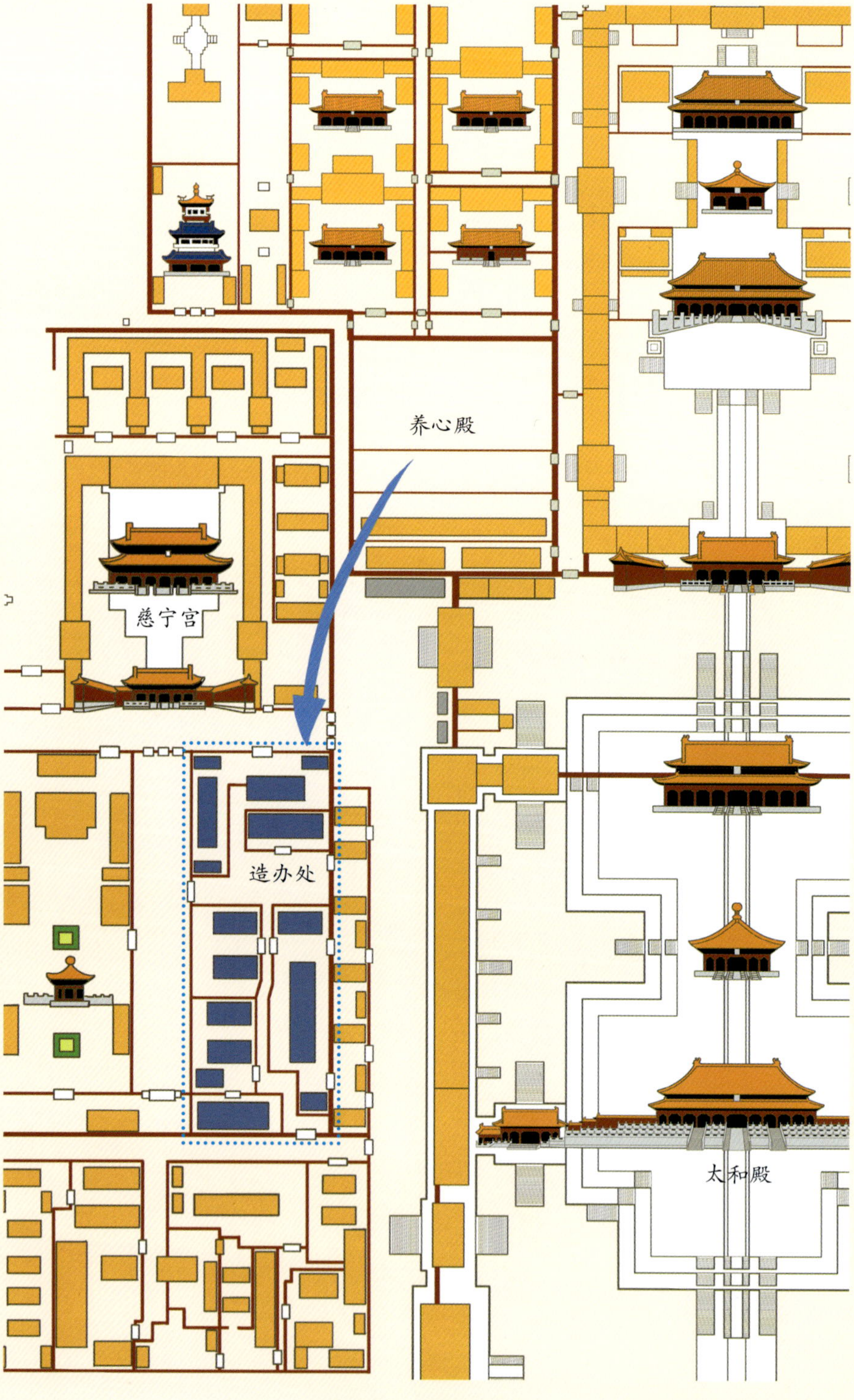

康熙朝造办处的位置变化

康熙皇帝驾崩后，雍正皇帝选择在养心殿为父亲守孝。按照古代的礼仪，一般人等需要守孝三年，而皇帝日理万机，往往守孝27天。但守孝27天过后，雍正皇帝没有搬到本该是帝王正寝的乾清宫。他宣称不忍心立即占用父皇居住了几十年的宫殿，要像常人一样，守孝三年，于是继续住在养心殿。之后，雍正皇帝索性正式移居养心殿，自此养心殿成为清代帝王勤政燕寝的首选。

如今的养心殿区域占地5000多平方米，共160余间房屋。正殿与后殿是该区域的核心建筑，以穿堂相接，三者宛若“工”字。正殿前有东、西配殿，后殿两侧接东、西耳房（体顺堂和燕喜堂），外围又有纵贯的东、西围房。养心门与遵义门是出入养心殿的两重门户，进门处各有一座影壁，而两道大门之间，则是一块难得的“留白”，建筑布局十分合理。皇帝的“家国天下”，可谓尽收其内。

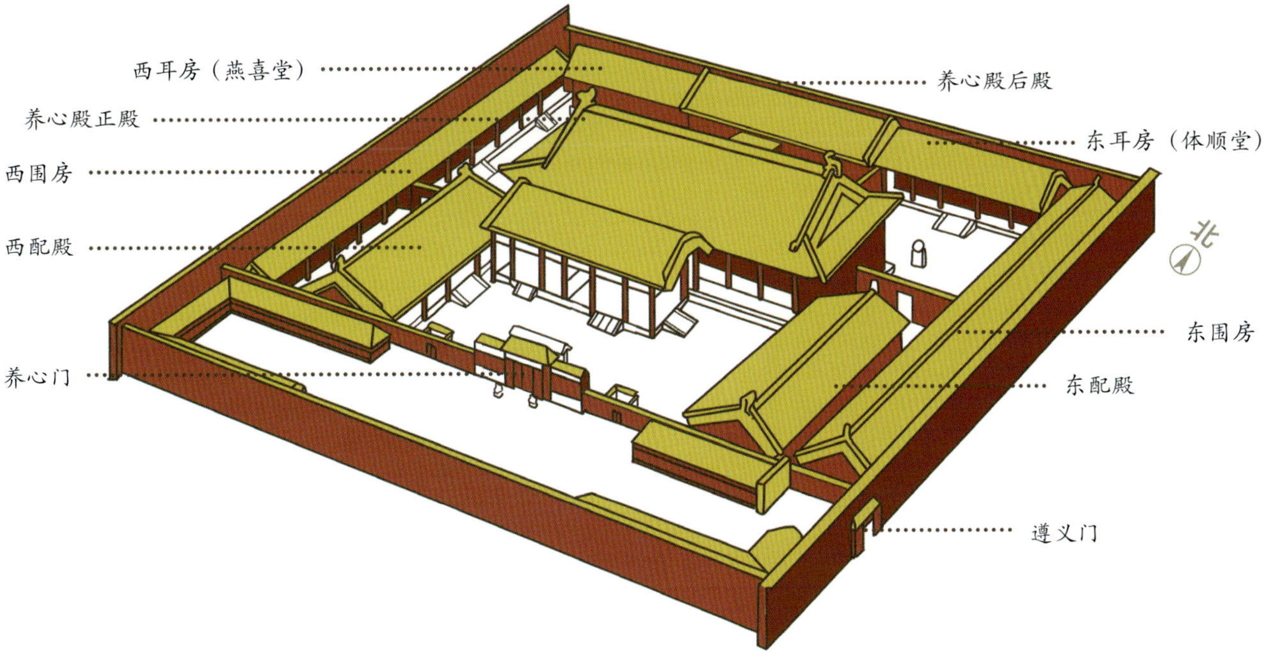

养心殿区域各殿位置示意图

根据傅连兴、许以林《养心殿建筑》绘制，见《紫禁城》1983年第6期。

权力中枢

02
权力中枢

雍正朝以后，养心殿一直是紫禁城的权力中心。清王朝覆灭之前，皇帝常在养心殿发布旨意政令，召见群臣，读书学习与居住，它见证了清王朝的鼎盛与衰败。

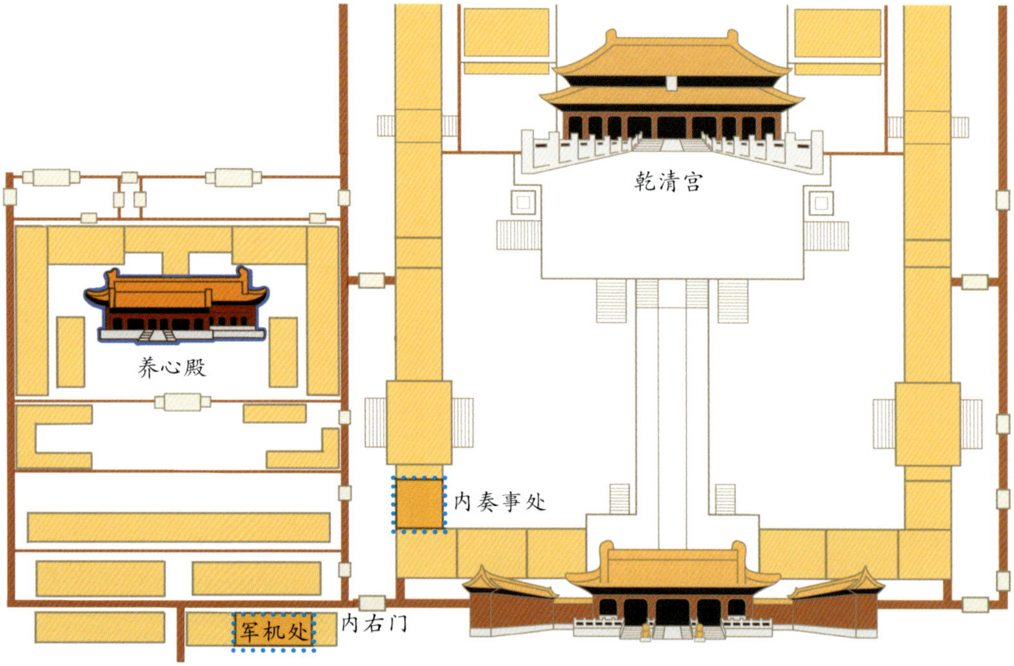

养心殿、军机处、内奏事处的位置关系图

养心殿坐落在紫禁城西六宫之南，地处内廷又临近外朝，从乾清门广场经内右门向北步行数十步就可到达，同时乾清宫西庑与其隔街相望。军机处、内奏事处等重要机构更是近在咫尺。前者设立于雍正年间，此后一直是辅佐皇帝治国安邦的核心机构，后者则有向皇帝呈递文书、向下传宣谕旨的职责。显然，这方便了皇帝与这些机构的沟通，更便于处理政务。

养心殿正殿的设计与陈设，都体现了其作为权力中心的地位。明间位于正殿正中，空间宽敞，十分气派。明间正中偏后是一块略高于地表的方台，称为地平。地平上摆放着皇帝的宝座，宝座上方是金色的蟠龙藻井，座前设御案，座后立屏风，两侧则布置着掌扇、角端和垂恩香筒各一对。这些宝座周边的常规陈设，无一不凸显着皇帝至高无上的身份与地位。

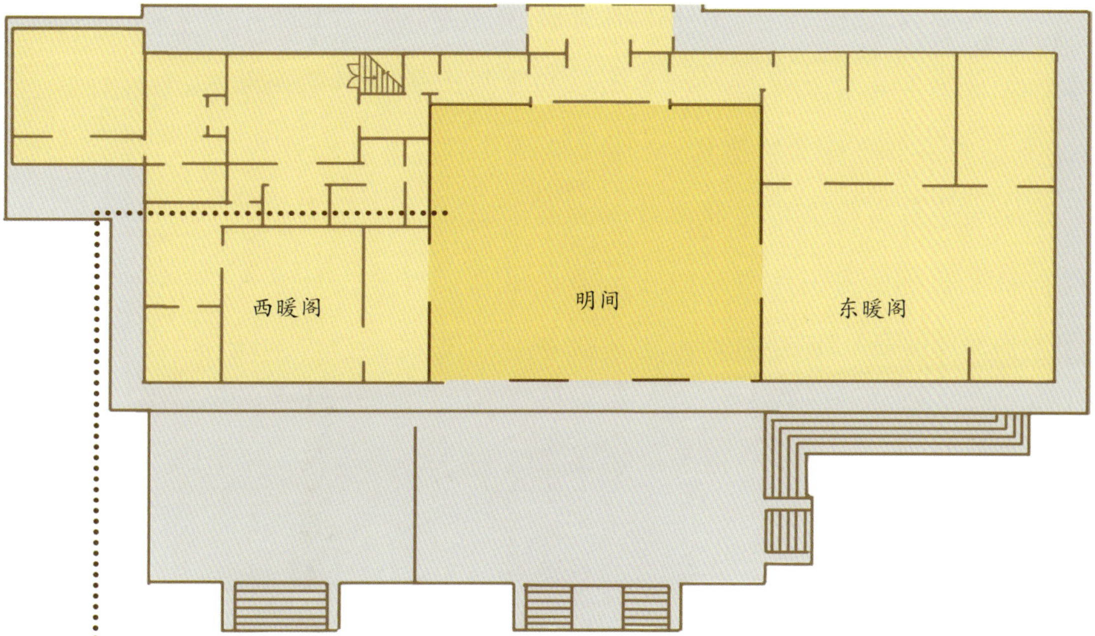

明间在正殿的位置示意图

养心殿正殿明间

平日里，皇帝会坐在明间的宝座上召见臣工。按照雍正皇帝定下的制度，在京的王公大臣会根据所属衙门的不同，被排入不同的值日班次，他们须在当值那天的清晨，先通过奏事处将写有自己姓名、职衔等内容的绿头牌或红头牌（绿头牌供文武官员使用，红头牌为宗室王公专用）呈递上去，由皇帝挑出欲召见对象的牌子。外省来京的官员若要觐见皇帝，也需递牌。因为牌子往往是在皇帝用早膳时被呈递，所以又被称为膳牌。

明间还是举行引见仪式的地方。清代四品以下、七品以上的官员大多在就任新的职位之前，要由高级官员引领面见皇帝，接受皇帝检验。有时一些级别更低的官员也会受到引见。一般来讲，文官履新由吏部尚书或侍郎带领至养心殿行引见礼，递交引见文书；武官则要先考核弓马技艺，合格后方可由兵部尚书或侍郎引领面圣。引见者需从正殿东侧的门扇进入，跪在宝座的左前方，被引见者跪在殿外的台基上，奏报自己的履历。在谈话间，皇帝会观察官员的容貌、谈吐、品德，并用朱笔把评语、升迁降革意见写在引见文书上。皇帝的决定不会在当场宣布，而是在事后派主管官员向被引见者传达。

为了兼顾明间的通透性和私密性，养心门内的那座木影壁经过了巧妙的设计。影壁的正中为两扇屏风门，开启时让人豁然开朗，关闭时，给人一种庭院深深的感觉。当屏风门敞开的时候，皇帝坐在明间的宝座上向南望去，首先映入眼帘的是养心门外的一块玉璧。这块玉璧被嵌入插屏式铜框之后，又安置在汉白玉石座上，十分醒目。养心殿门外的院落空间比较狭窄，若没有这块玉璧，首先映入眼帘的就是南墙，会给人一种压迫感。有了这块玉璧，仿佛空间变大了，还能提醒皇帝应以自省的态度治理国家，戒骄戒躁，而且改“面壁”为“面璧”，风雅别致，景观与韵味全然不同。

养心门外大玉璧

正殿内的另一处权力空间，是西暖阁的勤政亲贤室，它相当于皇帝的办公室。南面窗外的抱厦围有木屏，将勤政亲贤室与明间外的抱厦隔开，增加了私密性，利于皇帝专心工作。雍正皇帝勤政务实，凡事喜好亲力亲为，勤政亲贤室见证了他的日夜辛劳：他或是在这单独召见军机大臣等亲信官员；或是在这奋笔疾书，批阅奏章，处理军国大事。

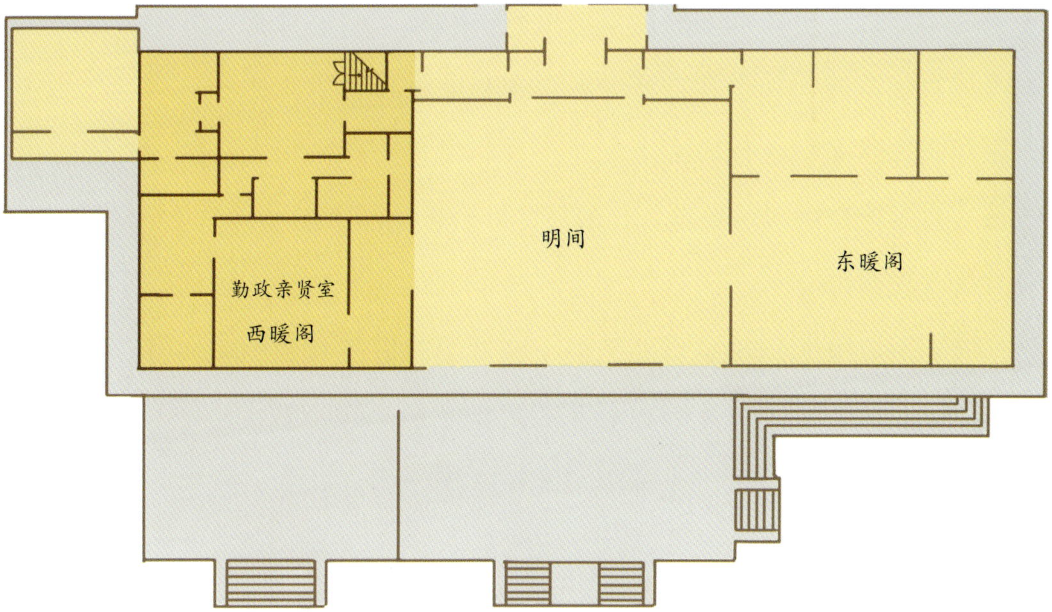

勤政亲贤室在正殿西暖阁的位置示意图

勤政亲贤室南面窗外抱厦

木屏

雍正皇帝最看重的文书莫过于奏折了。清代奏折是文书制度的一大创举，是政治运转体系的关键一环。它形成于康熙时期，自雍正年间，成为下情上达的主要媒介。清代的文书制度，最初沿用明代的模式，大臣奏事，钱粮、刑名等公事用“题本”，到任、升转等私事用“奏本”。与它们不同，清代使用的奏折可上奏的内容广泛，包括地方情势、施政得失、官场风气、人际关系、请安谢恩等，公私事务兼容并收。

奏折出现伊始，其实只是作为题本的补充，如果想要解决反映的情况、讨论的问题，仍需使用题本重新请示，政令才能下达。此外，康熙皇帝也专门让一些亲信去各地打探，向他呈送奏折。雍正时期，奏折的呈递越发制度化、规范化。官员递折，需密封装进皇帝特别颁发的奏折匣内递送入宫，最后由内奏事处完成揽收，转呈皇帝亲自拆封、批阅。皇帝批示后，奏折再由内奏事处交给军机处等机构，妥善办理。可以说，奏折制度在简化程序、提高行政效率、保密等方面卓有成效。由于奏折的呈递绕过了内阁，内阁的权力被大大削弱，君主的权力空前加强。雍正皇帝，这位以勤于政事闻名的君王，在位时间虽然不长，但在奏折上的批语竟累计超过1000万字。

道光时期的奏折和奏折匣

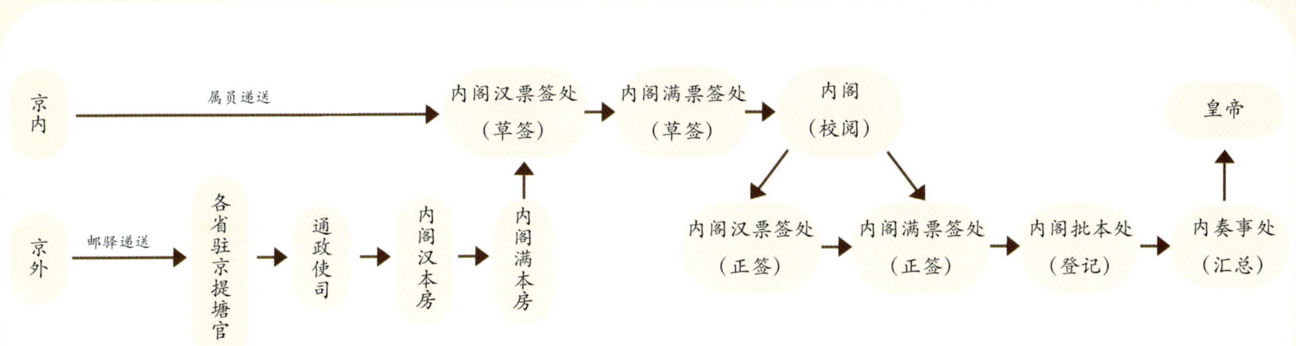

题本呈送流程图

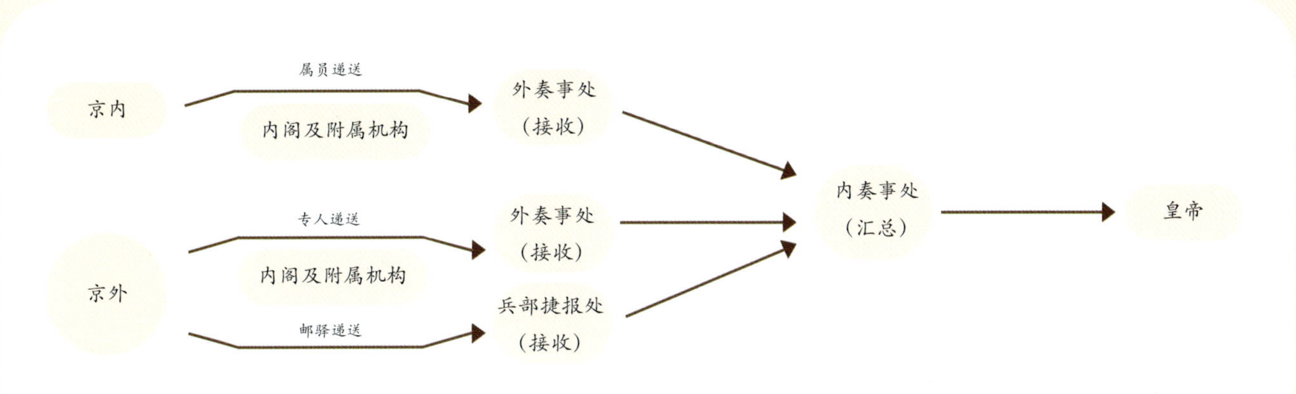

奏折呈送流程图

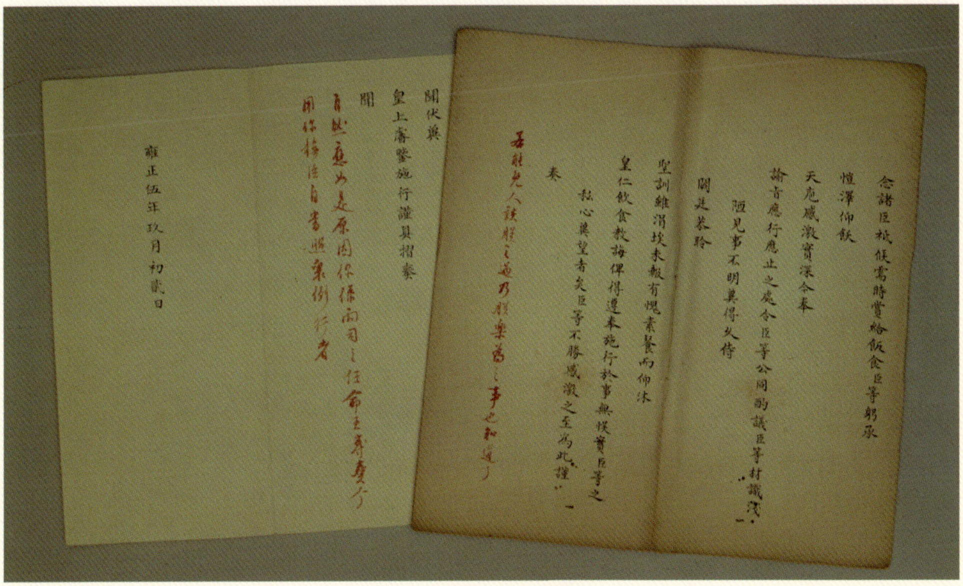

清代雍正皇帝的朱批奏折

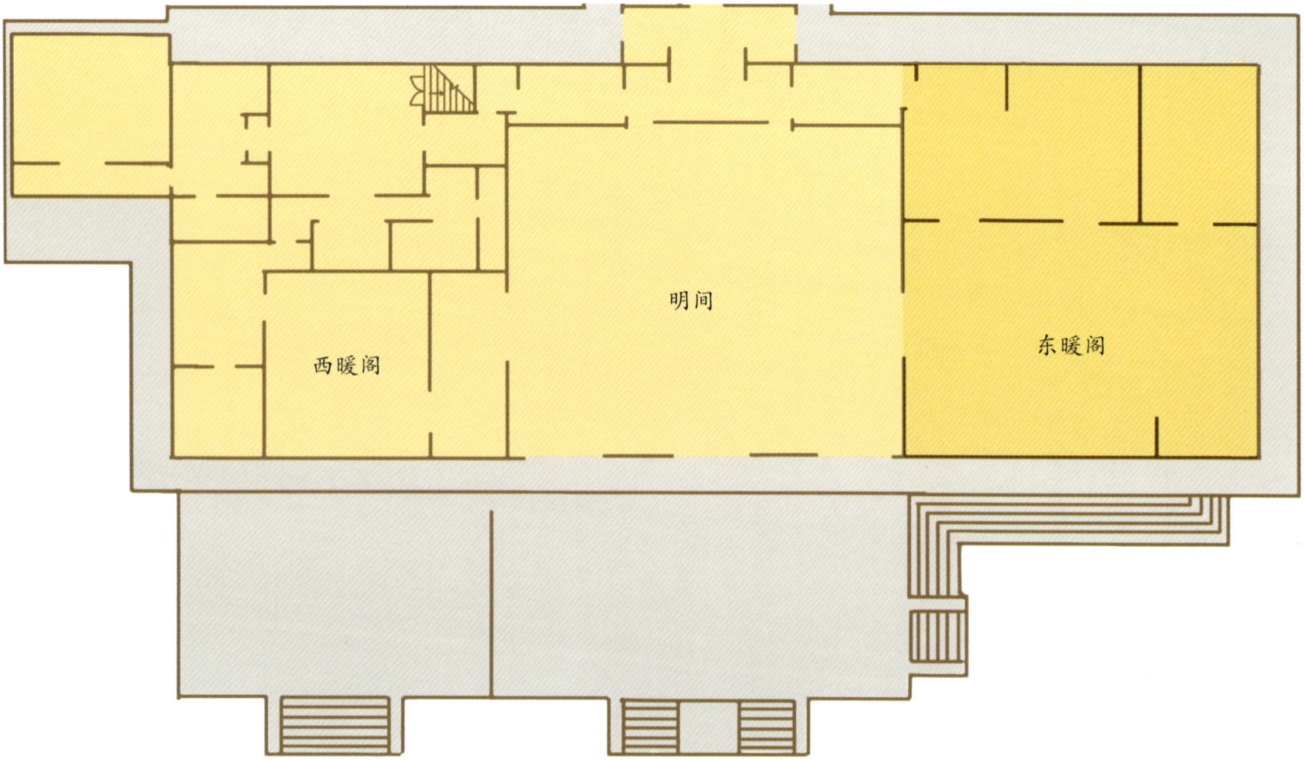

东暖阁在正殿的位置示意图

清代后期，皇帝登基时大都年幼，无法亲政。这使得皇太后们得以进入养心殿，协助年幼的皇帝处理政务。同治、光绪两朝，皇太后慈安、慈禧就曾经在养心殿的东暖阁垂帘听政。

东暖阁的进门处是一个比较开阔的空间，迎面可以看到前后两重宝座，两重宝座间有黄纱帘相隔。光绪七年（1881），慈安太后暴毙，从此慈禧太后一人在养心殿垂帘听政，独揽朝纲。后面双座的宝座床稍作调整，坐垫与靠背改为适合一人安坐的大小。1912 年 1 月，也是在东暖阁，袁世凯向隆裕太后直接提出了关于清帝退位的问题。同年 2 月 12 日，隆裕太后代表末代皇帝溥仪签了退位诏书，清王朝宣告灭亡。作为紫禁城中枢的养心殿，至此卸下了光环。

光绪初年养心殿东暖阁的垂帘听政

袁世凯向隆裕太后提出关于清帝退位的问题

八代帝居

03
八代帝居

养心殿院落内更多的空间是用于皇帝的日常起居。清代共有八位皇帝在此生活过。皇帝会对这些生活空间进行总体的规划与布置，使不同的人各安其位，都有符合自己身份的居住场所和行动路线。

正殿前的东西配殿，最初都用作佛堂。雍正皇帝为了能够在住处朝夕孝享（祭祀）父亲，便在东配殿供奉了康熙帝后的神位。乾隆时期，皇帝又在这儿增添了雍正帝后的神位，并打算把西配殿供奉的佛像移到宁寿宫的养性殿，宣称在自己及以后的皇帝过世后，都要将神位安放在养心殿的西配殿供后继者孝享。

养心殿东配殿

考虑到配殿的空间有限，乾隆皇帝还有着相当长远的规划。若真按乾隆皇帝设计实行的话，等到他玄孙辈的同治皇帝驾鹤西去，康熙皇帝的神位会从东配殿被请进景山的寿皇殿，乾隆皇帝的神位会从西配殿被请进东配殿，同治皇帝的神位会被请进西配殿。这看似复杂，其实简单来说，就是当东、西配殿放满神位时，世系最远的祖先神位需离开，新近离世者神位补位，而两者之间的诸位先皇神位，按辈分顺序进阶，原先在西配殿辈分最高者的神位，得转到东配殿安设。依此类推，在光绪皇帝去世后，雍正皇帝的神位也会被请进寿皇殿，安奉在东配殿的是乾隆皇帝和嘉庆皇帝的神位，在西配殿的是道光皇帝、咸丰皇帝、同治皇帝和光绪皇帝的神位。

或许是觉得此法徒增烦扰，乾隆皇帝很快就改变了主意，下令待他去世之后，便把祖父的神位送往寿皇殿，而自己的神位则与父亲一起，安放在养心殿的东配殿。因此，西配殿依旧作为佛堂，而没有成为祭祀祖先的宗庙。

正殿与后殿之间的短廊，名为穿堂，皇帝足不出户就可实现“国”与“家”的过渡。后殿是皇帝寝宫，有五间房一字排开。出于安全考虑，皇帝在东西稍间各有一张床，皇帝每天究竟会安睡在哪处，外人便不可知了。两张床的西侧，看似是衣橱，实际是净房，也就是我们今天所说的卫生间。净房内摆放净盆，上面有软垫，功能相当于现在的马桶。皇帝使用前，太监将净盆从净房请出，在里面垫好香木灰后放回净房，待皇帝用完，须再撒炭灰覆盖，立即端出寝宫。

净盆

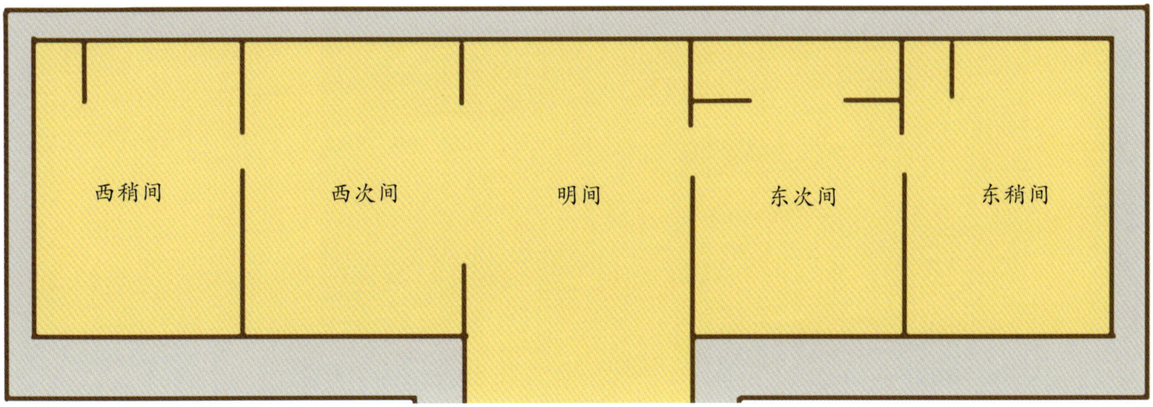

后殿各房间布局

后殿两侧为东、西耳房，它们与养心殿最外围的东、西围房，都是宫中女眷的临时住所。

东耳房是皇后的暂居之地，院中有一块巨大的水晶石，似乎是在提醒皇后，需有一颗晶莹剔透、光明磊落之心。西耳房则为其他等级较高妃嫔的临时居所，地位略低于东耳房。同治年间，慈安作为先帝的皇后，被尊奉为母后皇太后，住在东耳房；慈禧是同治皇帝的生母，被尊奉为圣母皇太后，位分稍低，住在西耳房。同治十一年（1872），皇帝大婚后，东耳房成为同治皇帝的皇后阿鲁特氏的侍寝居所，西耳房成为皇贵妃富察氏的侍寝居所。

水晶石

建筑物的外檐彩画也是有微妙的等级差异的：西耳房只绘制龙凤金线彩画，东耳房则有级别较高的龙凤和玺彩画。在咸丰皇帝之前，两座耳房并无专门名称。咸丰皇帝时期，东、西耳房被命名为绥履殿和平安室，同治九年更名同和殿、燕喜堂，最终在光绪一朝确定为体顺堂和燕喜堂，并沿用至今。无论历史上它们的名称如何变化，都寄托着皇帝对后宫喜庆祥和的美好愿景。

龙凤金线彩画

龙凤和玺彩画

光绪时期珍妃曾住燕喜堂

光绪时期隆裕皇后曾住体顺堂

处于整组建筑最外围的东、西围房，是低等级妃嫔的值舍。这些围房一直都默默无闻，只曾挂有“祥衍宜男”“定生贵子”等匾额，见证着皇家对生育皇子的美好愿望。

太监在值房门口

皇帝的身边自然少不了侍从。养心殿的设计也充分考虑了这一点。从遵义门向里望，可以看到在院落西边有一排连檐通脊的廊房，那就是太监们的值房。雍正皇帝在位时只有九间，很是简陋，屋顶是比较薄的铅叶顶，能防雨，但不隔热。乾隆年间增加了房间，屋顶也改用琉璃瓦，太监居住条件得以改善。

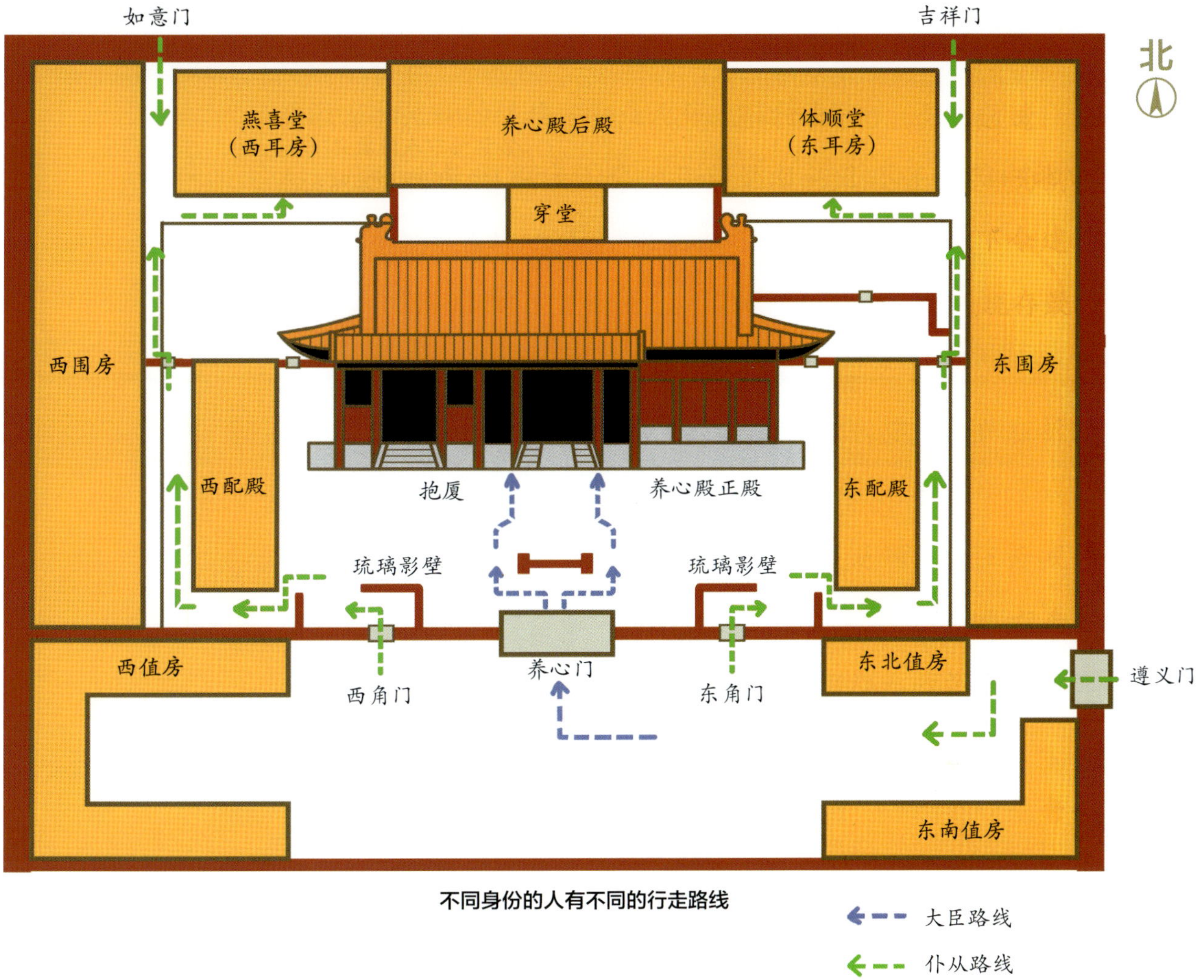

不同身份的人有不同的行走路线

养心门两侧的东、西角门，也是为身份卑微的仆从设的。他们没有资格出入养心门，只能走旁边的角门，而且就算走角门也不能直进直出，所以迎门处还设置了琉璃影壁，太监等需要在进门后贴墙各往东、西绕行。养心殿院落北墙上的吉祥门与如意门，则是养心殿的后门，它们与东、西角门异曲同工，都有助于实现功能分区。设置这些门既是为仆从提供通道，也尽可能地减少了他们对皇帝活动的影响。

承古纳新

皇帝在养心殿不仅指点江山、挥洒翰墨，还创设新的仪式，引进新的装饰元素，把自己的居室装点得既有浓浓古韵，又蕴含时代新风。

清代皇帝虽是满族人，但汉文化修养很高。养心殿里许多墨宝，有些是帝王御笔，有些是大臣敬书，内容多是对古代经典、先贤名言的摘录、阐释和发挥。

咸丰皇帝书“庄敬日强”匾

光绪皇帝书“昕宵勿怠”匾

雍正皇帝书“中正仁和”匾

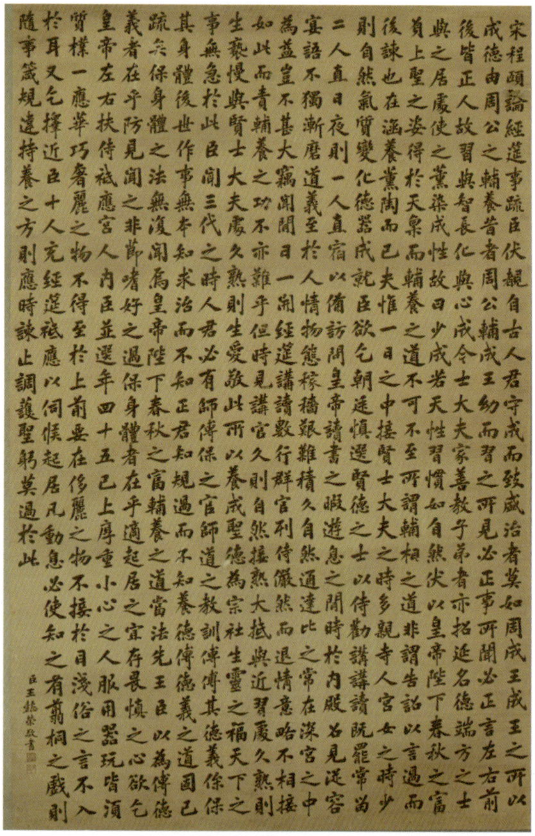

王懿荣书《程颐论》贴落

乾隆皇帝书“三希堂”匾

潘祖荫书对联

光绪皇帝书“积学储宝”匾

光绪皇帝书“化日舒长”匾

勤政亲贤室北面坐榻上方楹联“惟以一人治天下，岂为天下奉一人”为雍正皇帝亲笔书写，展现出他对前人名篇佳作的理解与重塑。这两句话源于张蕴古进献给唐太宗李世民的传世名篇《大宝箴》中的“故以一人治天下，不以天下奉一人”。雍正皇帝把原文中的“故”字改成“惟”字，将“不以”换成“岂为”。这不仅将这句话从上下文联系中解脱出来，还强调了他所坚持的为君之道——皇帝需凭一己之力治理天下，而不是集全天下之力去尊崇皇帝一人。

雍正皇帝的决心

养心殿东暖阁原状陈列示意图（局部）

雍正皇帝仿照元旦（大年初一）开笔的民间习俗，在养心殿东暖阁开创了一项文事活动——“明窗开笔”。“明窗”指的就是养心殿的东暖阁。这里没有抱厦与木屏的遮蔽，光照条件非常好，曾悬挂“明窗”一匾，即窗纸通明之意。

至乾隆年间，“开笔”越发具有仪式感，具备了一整套专用的物品和流程，极为讲究。每逢元旦，乾隆皇帝都会命人去“明窗”

养心殿东暖阁“明窗开笔”场景图

根据故宫“紫禁城里过大年”展览绘制。

匾额下设案，案上摆放着盛满屠苏酒的象征江山永固的金瓯永固杯。他在当天的子时来到这里，先亲手点燃玉烛，将刻有“万年青”“万年枝”字样的毛笔在吉祥炉上微熏，再分别用朱笔和墨笔写下吉祥用语，表达对新年的美好愿望。写好之后，皇帝自己把所用物件收拾好，交给专人收贮，等到来年开笔时再用。写好的吉语则全部放入特定的黄匣内封存，不许任何人拆看。后来的皇帝因循此典，沿袭相传。

俗话说“文无第一，武无第二”，很难讲清代哪位皇帝的汉文化造诣最深。然而要论谁的兴致最高，非写过4万多首诗的乾隆皇帝莫属了。《弘历是一是二图》就生动展现了他身着汉服、品鉴传统器具的样子。养心殿西暖阁稍间内的尺寸之地，曾经是乾隆皇帝看书写字的书房。乾隆十一年（1746），这儿改名为“三希堂”。

（清）《弘历是一是二图》（图像屏）

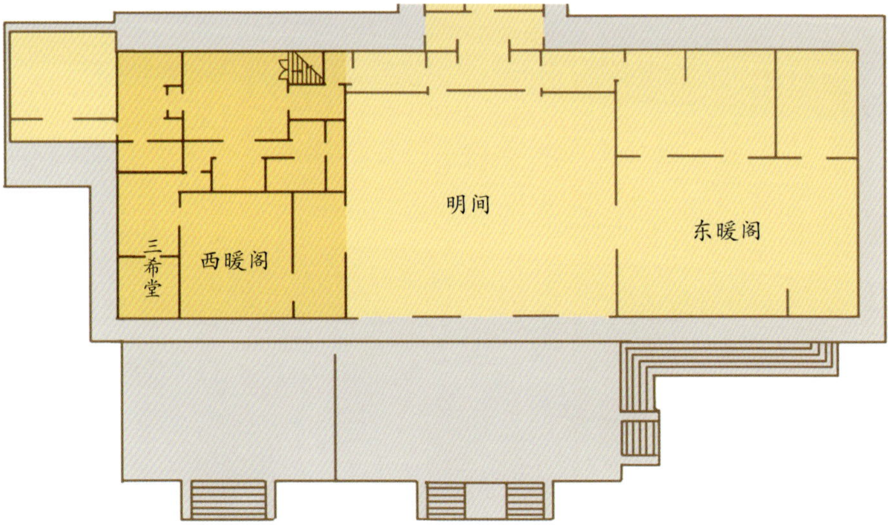

三希堂在正殿西暖阁的位置

按照乾隆皇帝撰写的《三希堂记》，“三希”有两重含义：一是“珍稀”之意，古文里“希”与“稀”相通，“三希”直指三件稀世珍品；二是“人希贤，贤希圣，圣希天”的引申之意，自勉之语，即士人希望成为贤人，贤人希望成为圣人，圣人希望成为知天之人。

三件稀世珍品是什么呢？就是乾隆皇帝最心爱的三件书法绝品——王羲之的《快雪时晴帖》、王献之的《中秋帖》和王珣的《伯远帖》。乾隆皇帝对它们爱不释手，竟在本身仅有28字的《快雪时晴帖》上亲笔题跋73处之多，并称它是“千古妙迹”，一有闲暇就临写一二。

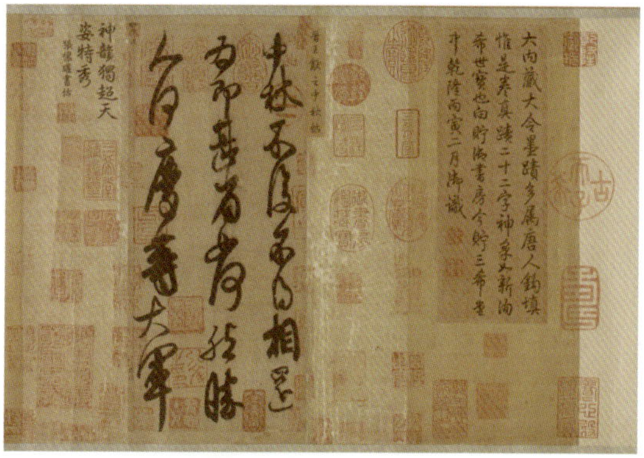

（东晋）王献之《中秋帖》

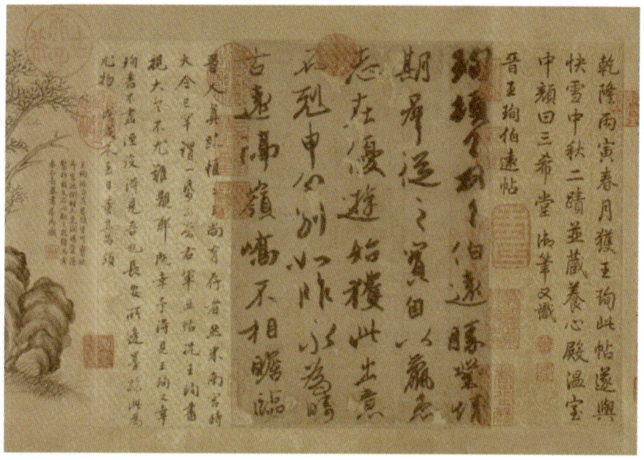

（东晋）王珣《伯远帖》

醉心于书画作品的乾隆皇帝

三希堂的面积不大，被一道楠木隔扇分作内外两小间——南间和北间。室内的装潢，古朴雅致中透露出一丝丝新意。

三希堂北间

三希堂透视示意图

三希堂北间看向南间

南间临窗设炕，这最大限度地利用了空间，为皇帝打造出可坐可卧的舒适环境。东墙的北侧排布有十余只色彩斑斓的陶瓷壁瓶，呈现出三维立体的效果，增加了房间的趣味性。对面西墙北侧的玻璃镜，舒缓了局促感。玻璃镜在明清之际传入中国，虽然清代康、雍、乾三朝从西方大量进口，并建立了玻璃加工厂，但玻璃在当时仍然属于奢侈品。

北间用蓝白两色几何图案的方形瓷砖墁地，西墙上的贴落画《人物观花图》则采用了融汇中西的新式样：描绘了一个地面铺满瓷砖的房间，南北两面墙上各有一组隔扇窗，仿佛与现实建筑连为一体，给人以空间扩大的感觉。月洞门外好似真有一座花园，一长一少两名男子漫步其间。这幅贴落画由西方画家郎世宁、中国画家金廷标共同绘制，是一幅使用中国传统绘画技法，同时运用西方透视原理的通景画，鲜明地体现了乾隆时期的时尚风潮。

月洞门：圆形门，因形似满月而得名，常用于古典园林建筑之中。

（清）《人物观花图》

三希堂南间的玻璃镜

贴落画是古代绘画的一种装裱形式，画心经过简单托裱，上可贴于墙壁，下可收藏，在清宫建筑的室内装潢中应用广泛。

暗藏玄机

05
暗藏玄机

禁宫之中，庭院深深，许多建筑都暗藏玄机，养心殿也不例外。它们隐匿在建筑内外，埋藏于悠悠岁月，鲜为人知。

从前，宫里的门和路，不是你想走哪处就走哪处的。紫禁城午门有五个门、乾清门有三个门，大多时候中门只有皇帝能够通行。只供皇帝行走的路称为御路，体现了皇帝的至高无上。养心殿是皇帝起居办公之所，但出入养心殿的主要门户遵义门、养心门都只有孤零零的一座门。这样的情况下，该如何突出皇帝的尊崇呢？

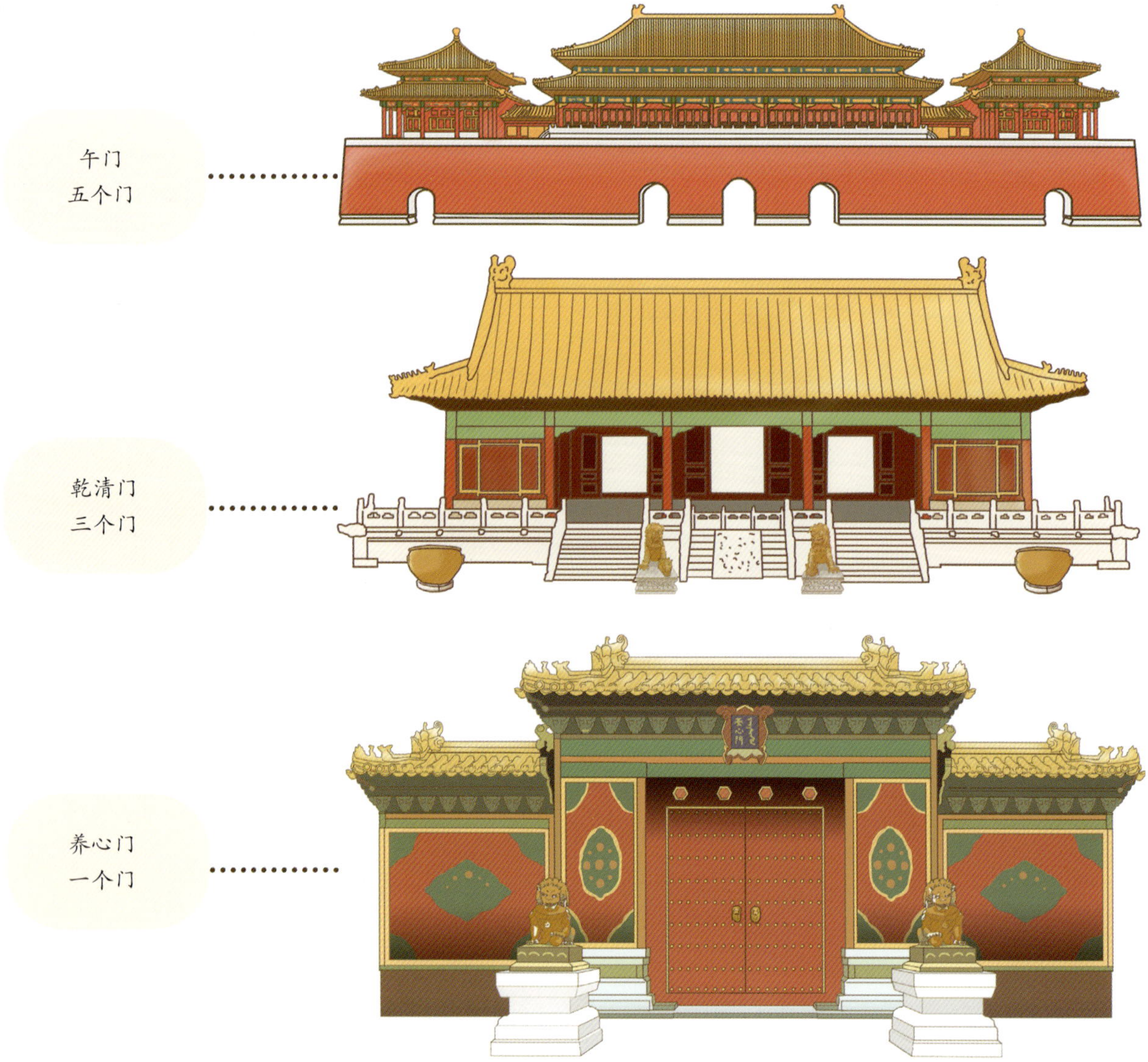

这可难不倒聪慧的古人！他们将穿过遵义门的路做了精心设计，在路面中央铺了错落有致的三路方砖作为御道。通过养心门的路也秉承了这样的设计理念，不过根据需要多加了两路方砖，形成五路的规模，保证了王公大臣有相应的行走和列班等候的空间。

为了突出皇帝的至高无上，养心门内的木质影壁也是做了专门设计的！它的中门由皇帝独享。官员们走到这里时，就必须离开平滑的砖面，向左右两侧绕行。

养心门

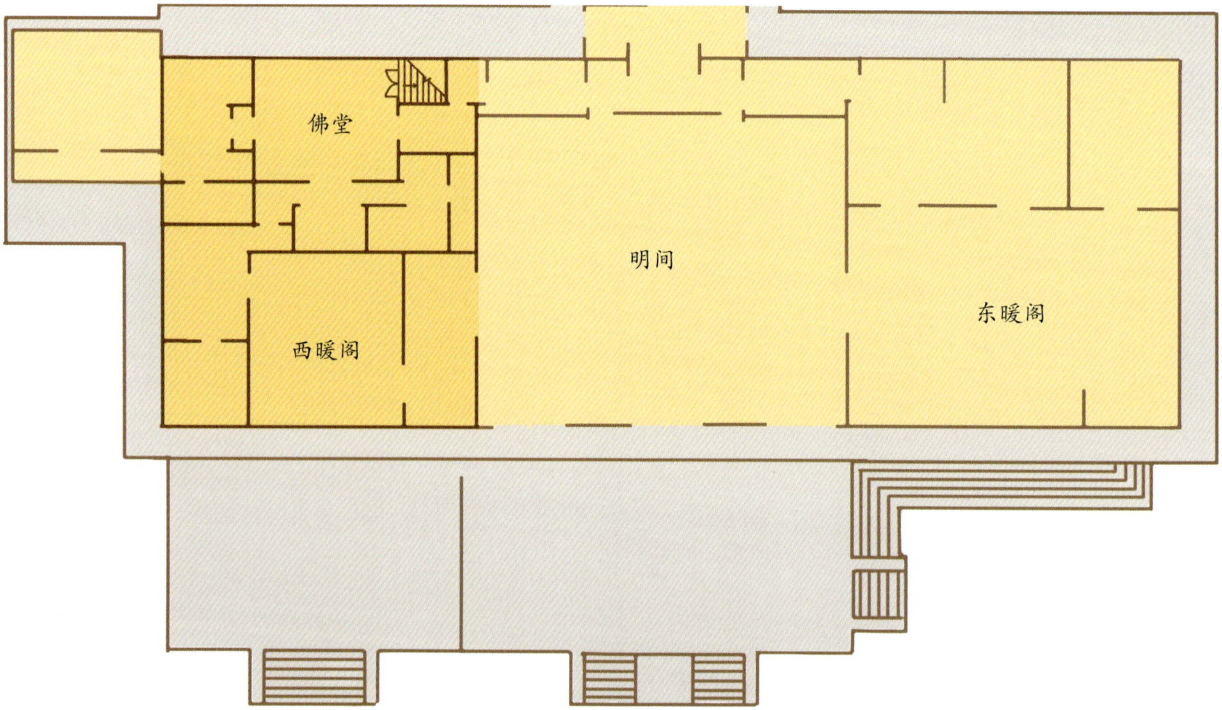

佛堂在正殿西暖阁的位置示意图

以乾隆皇帝为代表的清代帝王，对养心殿正殿西暖阁进行了巧妙设计，内部空间结构合理，设计精巧，可谓别有洞天。

乾隆皇帝即位之初，就将正殿的西暖阁划分为前后两部分。他在后半部分修建仙楼（二层阁楼），隔出众多小间，使它们近乎“暗室”，秘不示人。乾隆十二年（1747），又完成了装修，将仙楼用作佛堂，供奉佛像和唐卡，还有一座直逼屋顶的七层无量寿宝塔。

仙楼佛堂示意图

乾隆三十九年（1774），又在正殿外增建西耳房“梅坞”，建筑已探进后殿的庭院。它的入口却不开在院内，而是设在了西暖阁后半部分的西墙上，人们必须从明间出发，费一番“周折”才能找到。乾隆皇帝对建筑意趣的执着，真是可见一斑了。

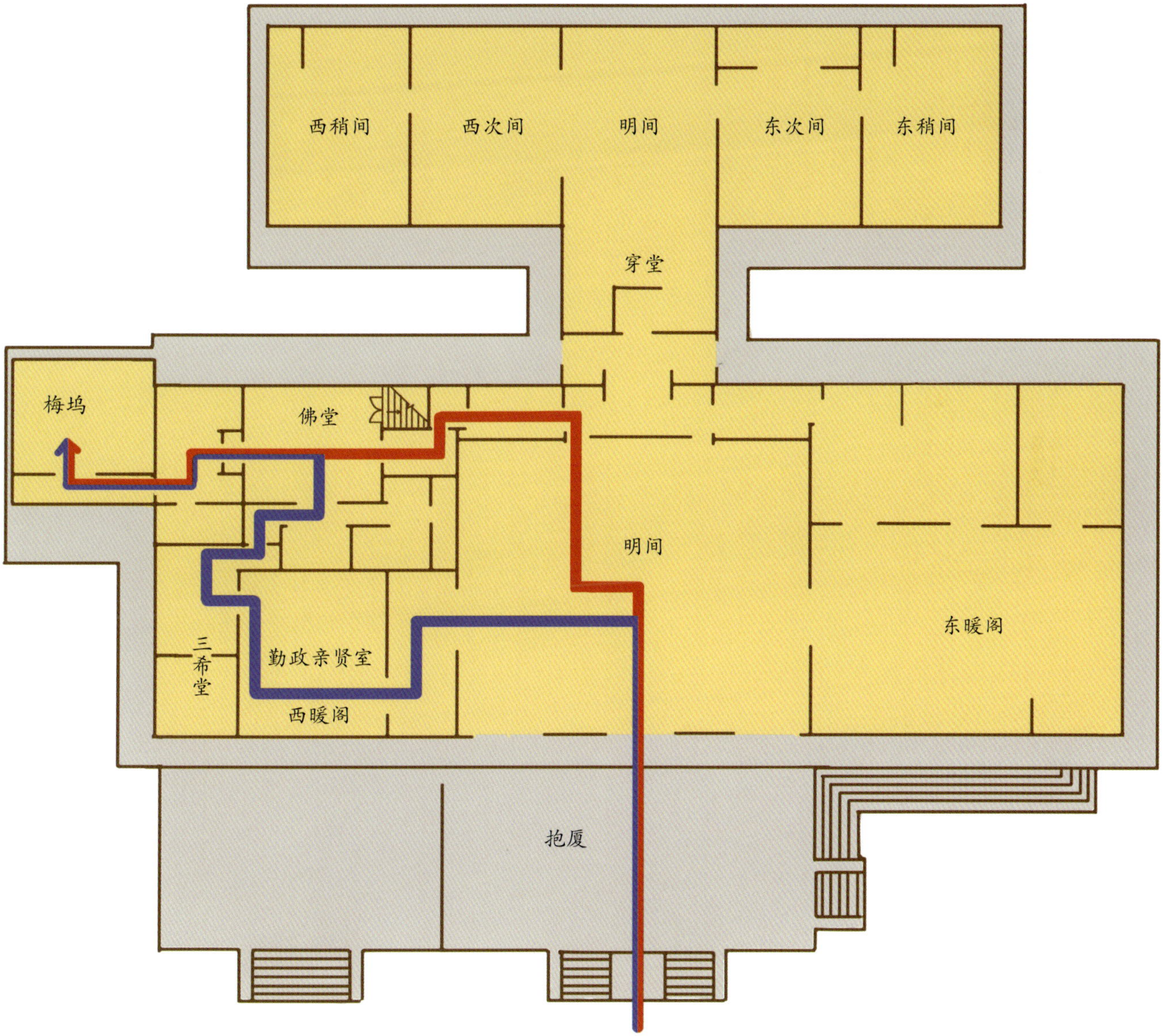

进入梅坞的路线示意图

对于排水遮雨，养心殿也藏有高招。由于养心殿正殿的歇山顶与抱厦的卷棚顶相搭连，雨水便会聚集在此处，匠人便设计了一道蓄水的天沟和一根俗称“水柱”的排水管，以排放蓄积的雨水。

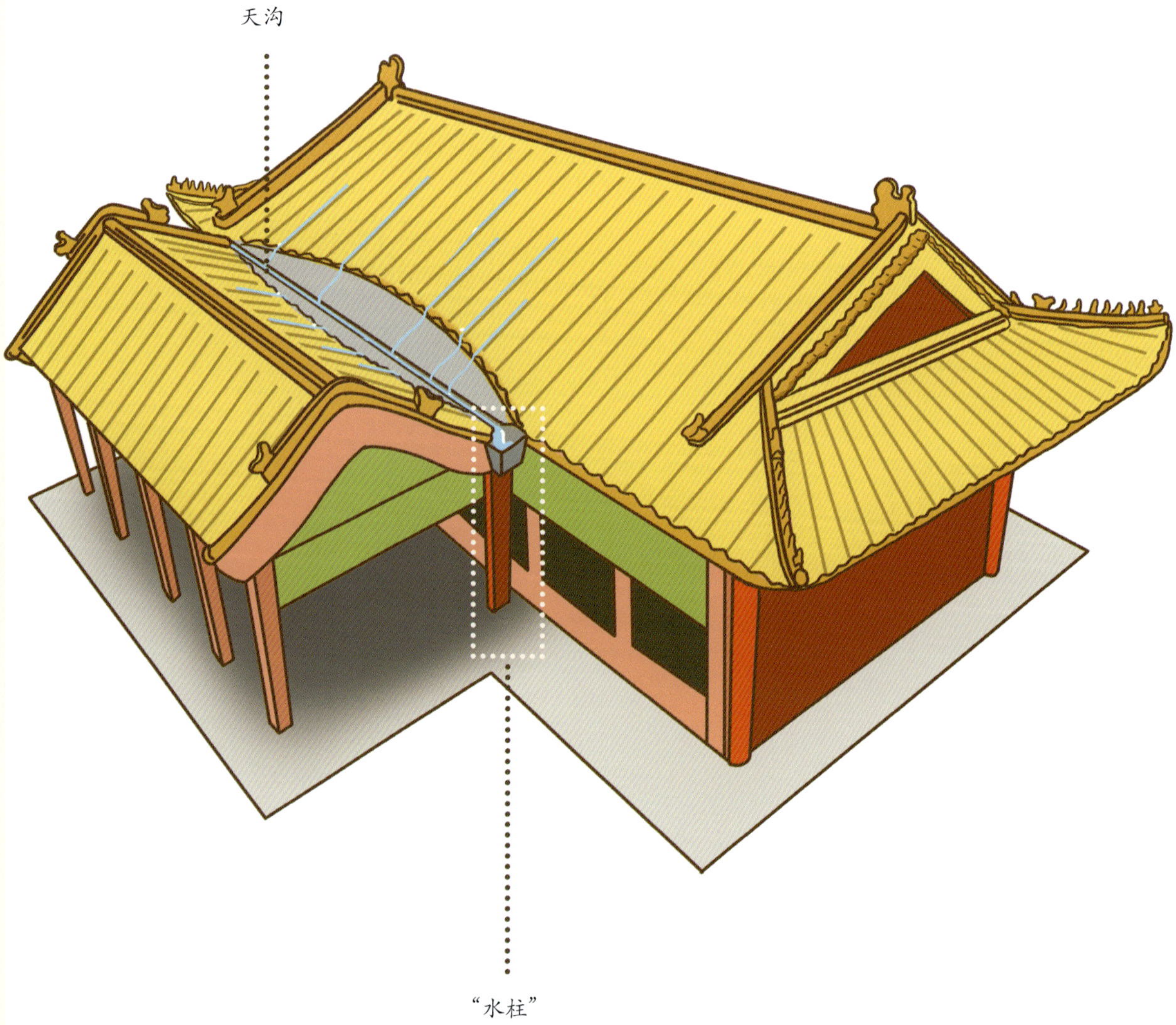

此外，正殿东暖阁北墙两扇大窗户上方不仅有屋檐，还有雨棚。按常理，屋檐足以满足雨天的基本排水需求，屋檐上的雨棚是干什么用的呢？这又是一个巧妙的设计。养心殿正殿与后殿的间距不大，下暴雨时，后殿前檐的雨水极有可能飞溅到正殿的北墙，从窗户缝渗进室内，日久天长就容易造成窗户和窗台墙面的损坏。雨棚的存在很好地解决了这个问题。为了保障雨棚的实用性和透光性，其棚顶瓦片是以贝壳为材料的，可谓别具匠心。

自2015年起，工作人员开启了关于养心殿的为期数年的研究性保护项目，从而有条件在大规模修缮养心殿之前，对养心殿进行彻底“解剖”，探索其中的秘密。正殿正脊内的宝匣、西配殿遗留的清代戏曲节目单、西围房地砖下的地暖管道等，一个个与人们相见，诉说着它们的历史故事。

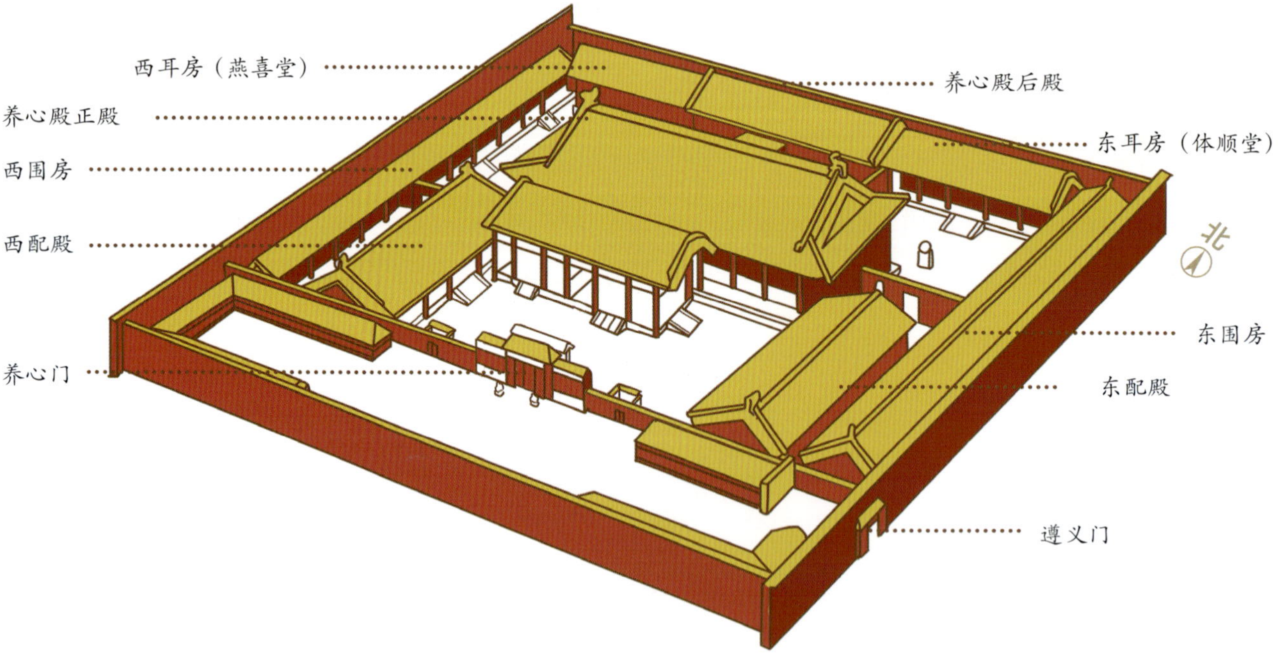

养心殿区域各殿位置示意图

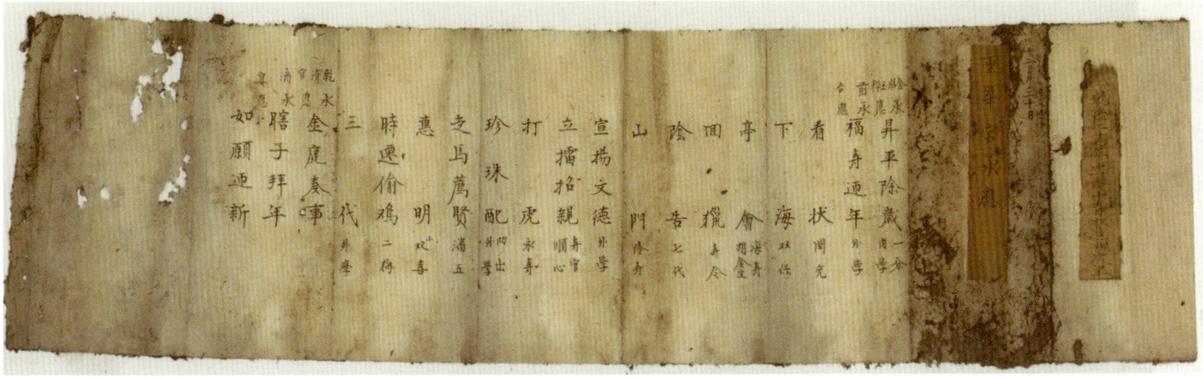

西配殿发现的清代戏曲节目单

西围房下的地暖管道示意图

正殿正脊内的宝匣

作为建筑主体始建于明代的古老建筑，作为清代宫廷生活的核心建筑区域，养心殿的历任主人，都在这里留下了印记。对于我们来说，养心殿则是一座历史的宝库，有太多潜藏的信息，需要几代人努力探寻。

故宫宣教
THE PALACE MUSEUM
PUBLICITY AND EDUCATION

我要去故宫系列

探秘重华宫

故宫博物院宣传教育部 / 编著　果美侠 / 主编
本册作者：梁爽
本册绘者：御鉴文化（北京）有限公司　刘畅

中信出版集团 | 北京

探秘重华宫

编　　著：故宫博物院宣传教育部
主　　编：果美侠
本册作者：梁爽
本册绘者：御鉴文化（北京）有限公司　刘畅
摄　　影：齐梦伯
图片提供：故宫博物院资料信息部
策划出品：故宫博物院
御鉴文化（北京）有限公司
出版发行：中信出版集团股份有限公司
（北京市朝阳区东三环北路 27 号嘉铭中心　邮编　100020）
承 印 者：北京瑞禾彩色印刷有限公司

序言：我要去故宫

去故宫，可以有许多理由：陪亲朋，遛孩子，看展览，拍美照……

不去故宫，往往只有一个理由：太无趣！

相似的院落，差不多的建筑，看过和没看过，似乎没什么差异。如果不是真心喜欢，如果不是迫于无奈，自己说出“我要去故宫”的，可能少之又少。

常年工作在故宫的我们，也不是每个人都能把各个宫殿的与众不同讲出来。揭开600年宫殿建筑的奥秘，需要善于发现的眼睛，需要勇于探索的精神。

一群在这里工作的年轻人，每年向数以万计的游客讲述同样的建筑历史，述说600年不变的宫殿故事，好无趣！不妨换种方式，看看有什么能够吸引人们的看点，整理出新奇的探秘主题，既激发自己去主动发现，也让大家对故宫兴趣盎然。于是，从给学生参观使用的探秘学习单开始，我们策划了《我要去故宫系列》探秘图书。

匆匆的游客，常常一小时走过一座城。而我们，想让孩子们一小时只看一座宫。从中轴线，到东西六宫，再到外西路和外东路，20个建筑区域，构成了20册书的内容主体。既讲建筑，又说历史；既有精美的文物呈现，也有有趣的故事传说。看得见的，引你看细节；看不见的，诱你来想象。文字与插图相辅，内涵与颜值并重。这说的就是《我要去故宫系列》图书。每册分多个主题，涉及建筑、历史、藏品等内容，选题有趣、文字好读、插图好看！

午门，这里是紫禁城的门面担当，既有颜值，又有故事。午门前威严的皇宫仪仗中，竟曾有盛装的宝象，还有宝象拉的辂。

太和门，这里有规矩，讲秩序，门前的古物不只我们不知是做什么用的，就连曾经住在这座宫城里的皇帝也不知。石栏杆的火焰望柱头，开了洞的警报器石别拉似乎也不难发现。

太和殿，皇宫里最重要的建筑，历经600年风雨洗礼，既有灭火的陈设，也有克火的理念，只为向你证明曾经的盛世繁华，可以绵延不变。

保和殿，这里不仅是科举士人的考场，也是清初帝王的临时寝宫。方方正正的中和殿，更是帝王筹备亲耕之礼、关注皇家玉牒的重要场所。

乾清门，朝和廷的分野、家与国的界限，皇帝运筹帷幄在内，军机昼夜值守于外。皇帝很辛苦，大臣也不易，宫里禁火烛，官员上朝，几乎都得黑灯瞎火入宫，“蹭灯”的机会少之又少。

乾清宫，这里是帝王寝宫，却也传来皇子的琅琅读书声。这里药味浓，龙袍新，年节大典，更是院内高悬百丈灯，举国君民齐欢庆。

坤宁宫，凤舞千秋的世界，满汉交融的风格透过门、穿过窗，印在屋内的诸多角落。交泰殿的无为匾，一匾述说出三代帝王与这宫殿的渊源。

御花园，这里春有百花秋有月，夏有凉风冬有雪。钦安殿内护佑宫殿免遭火灾的玄武大帝，不知道是否注意到园内亭子中，井亭竟然没有顶。

西六宫，果然是宫闱趣事多，两枚锈迹斑斑的铁环，记载的是宫内静谧生活中难得的欢娱。末代帝后也在这里赶着新潮，穿洋装、吃西餐、学英语，西方的玩意儿在这里一样不少。

东六宫，曾经的后妃居住地，遗留下一座未建完的西式建筑，只能凭想象复原其类似水族馆的华美。其他的院落，也各有各的故事，既见证繁花盛放，也目睹香魂陨落。

宁寿全宫，看似普通的皇极门，竟然也是有限空间内建造出的另一座“小午门”。门内的皇极殿，更是有着乾清宫的外表，却发挥着太和殿的功用。乾隆皇帝的乐寿之所，不仅有乾隆，还有“钱龙”，而晚清的慈禧太后，也把这里作为御用居处，内政外交，见证了时代的更迭。

乾隆花园，文人的雅致随处可见，禊赏亭、古华轩、碧螺亭、藤萝顶，处处精致，处处惊喜。乾隆皇帝倦于勤，欣赏花园勤而不倦，乐此不疲。

慈宁宫，御路石上的小蜥蜴和门前的麒麟兽一同述说着这里的秘密，屋顶独特的轩辕镜与院内与众不同的月晷，则告诉你这里主人的独特身份。

重华宫，是“养在深闺人未识”的宫苑建筑，弘历在这里娶了他挚爱的富察氏。当了皇帝（乾隆皇帝）后也到这里举办茶宴，君臣之间赋诗联句，雅性使然、默契使然，更是家国天下的情怀使然。

养心殿，八代帝居一定不负众望，既有治国理政之所，也显生活起居之便，更有闲暇怡情之趣。小小的三希堂，幻化出大空间，一幅通景画，巧妙地让景入画，人也入画！

文华殿，象征水的黑色屋顶还不足以护佑文渊阁的《四库全书》，从屋檐彩画到栏板石雕，水的元素随处可见。“天一生水”而有黑瓦屋顶，“地六成之”便有了屋阔六间！

武英殿，摄政王的权力中心，变身为殿本修书之所。浴德之水蜿蜒而出，于断虹桥畔诉说沧桑。储冰之所，亦呈现皇室消夏之聪慧。

珍宝馆，华丽的珠宝背后，隐藏了采珠人等付出的艰辛。皇室的饰品，最精于其取材的独特。先秦石鼓唐时现，流转千年入深宫。只要有心，你就会被它们的文字和经历感动。

钟表馆，让我们了解中西方再次开启的对话。漂洋过海的计时仪器，成了皇家喜好的有趣玩具，可计时，可打更，可升降，可转花。魔术、水法、音乐、鸟音，无不炫目悦耳，赞从心生。

我觉得，以上这些远远不够，书中好玩的故事、好看的插画，等你去探索，由你去发现。如果每读完一本，你就有拿起书入宫的冲动，我们会万分欣慰。真诚地，真心地，在宫里，期盼你，欢迎你！

果美侠，写于墨尔本旅途

2019 年 7 月 27 日

目录

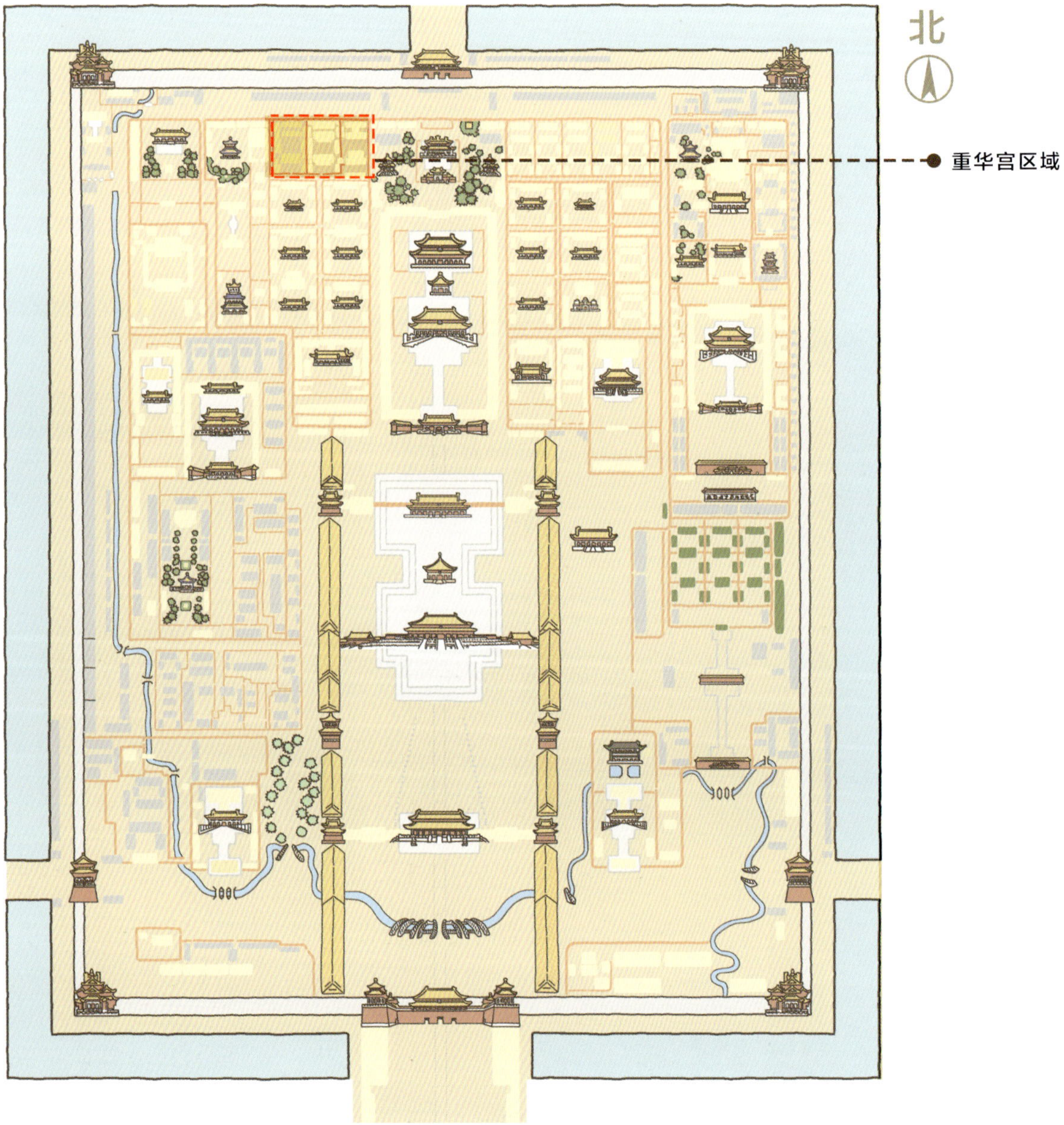

故宫平面示意图

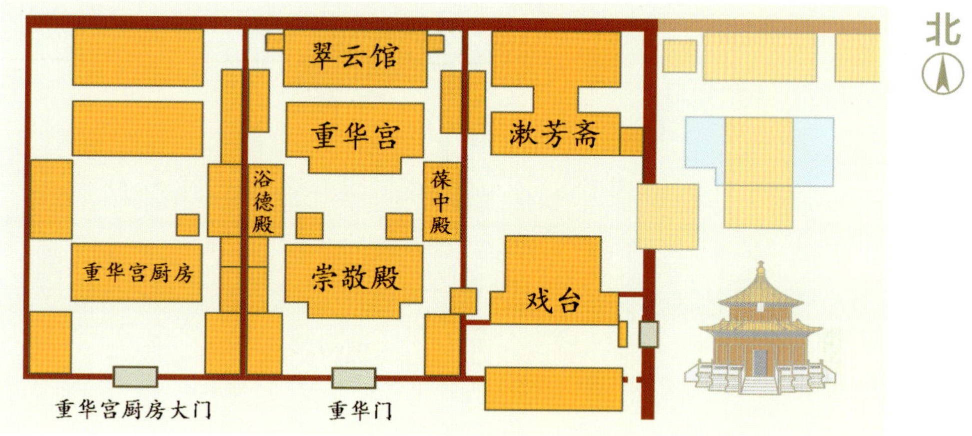

重华宫区域平面示意图

欢迎来到重华宫！

在紫禁城（现故宫博物院）鳞萃比栉的殿宇中，有一处“养在深闺人未识”的建筑。这里曾见证乾隆皇帝少年时代的青葱岁月，也曾目睹清代盛世的宴集盛况；作为乾隆皇帝即位前的“潜龙邸”，这里承载了一代帝王的家国襟怀。这里就是隐藏于内廷西六宫以北的重华宫区域，包括重华宫院落、重华宫厨房与漱芳斋。今天，就让我们通过华堂溢彩、笃慕永思、余音绕梁、嘉宴同堂和中西交融这五个专题来探索内廷秘境重华宫区域！

华堂溢彩

01
华堂溢彩

深藏于内廷的重华宫区域，曾频加修葺。华丽的内檐装饰在这里“争奇斗艳”，堪称紫禁城上乘之作。

重华宫区域原为紫禁城乾西五所中的头所、二所及三所，如今由重华宫院落、重华宫厨房及漱芳斋组成，是紫禁城中相对独立的一组宫殿。

乾西五所是内廷西六宫以北的五座院落，明代以来便是皇子生活起居的场所。清雍正五年（1727），时为皇子的弘历（即后来的乾隆皇帝）移居乾西五所之二所。弘历登基后，将曾经居住过的乾西二所作为肇祥之地改建为重华宫院落，而周围的几座宫殿也随之进行了改造，成为重华宫院落的附属配套建筑：头所改为漱芳斋并加盖戏台，作为重华宫宴集演戏之地，而三所则被改为重华宫厨房。改建后的重华宫区域摇身一变成为集宴赏、娱乐和休憩于一体的重要场所。

重华宫院落沿用乾西二所的三进院落格局，由南向北分别坐落着崇敬殿、重华宫及翠云馆三座主要建筑。作为即位前的“潜龙邸”，这里的内檐装修精致优雅、巧夺天工，处处彰显文人风韵。

重华宫各殿分布图

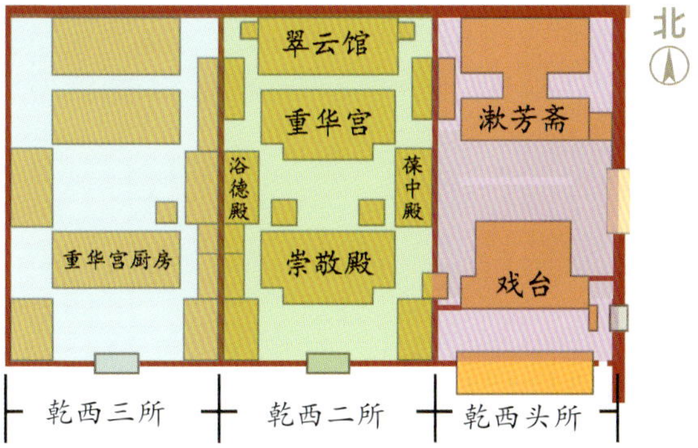

乾西三所分布图

重华宫紫檀雕花隔扇（局部）

重华宫中，一扇精美的紫檀雕花隔扇将明间与西次间隔开。隔扇分为八扇，每扇隔心部分都装裱着大臣颂贺的书画，别有一番雅趣。仔细观察，隔扇裙板上有大大小小的浮雕装饰，有瓶炉鼎彝、奇花异果……可谓五花八门。

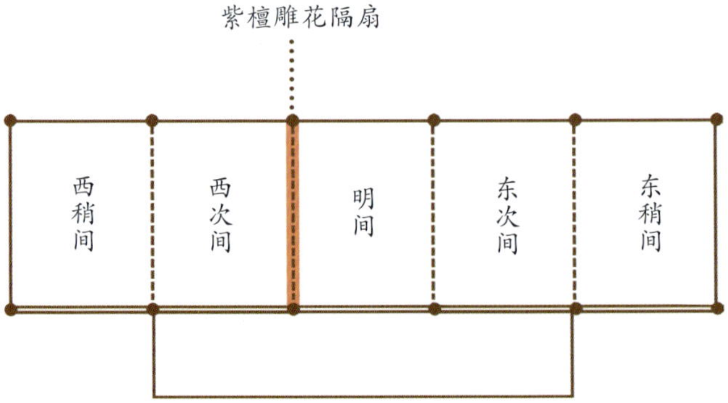

重华宫平面示意图

重华宫东次间和东稍间已打通。

漱芳斋封檐板局部

漱芳斋院落一角

隔扇裙板上的浮雕装饰名为“博古纹”，此类纹饰多以器物、花果为题材，寓意“通晓古事古物”。类似的装饰在漱芳斋院落中也有。漱芳斋的封檐板上就雕刻着精美的“博古纹”。封檐板是建筑外檐封护伸出的木构件的板材。

各类佳果的吉祥寓意

博古纹含义丰富，让我们一起来解读它们的吉祥寓意吧！佳果图案中，桃子代表长寿、石榴象征多子、苹果表示平安、佛手谐音福寿、葡萄意味丰收、柿子寓意事事如意……器物的图案就更多了，瓶插莲花象征平安连年，香炉、铜鼎代表礼制、权力，杯盏、瓷瓶寓意清雅、高洁，人们将对幸福生活的祈盼统统寄托于这些吉祥纹样之上。

香炉

铜鼎

杯盏

瓷瓶

瓶插桃子

瓶插莲花

瓶插如意

瓶插菊花

与隔扇相比，镂空花罩则多了一分“犹抱琵琶半遮面”的“娇羞”。花罩隔开的空间隔而不断、屏而不障，更加富有诗意。重华宫和漱芳斋中就有几架精美的落地花罩，让我们一起来细细品味。

古人非常重视事物的吉祥寓意，所以花罩图案的选择也颇有讲究。重华宫东次间与明间之间是一架子孙万代葫芦落地花罩，圆润可爱的葫芦点缀在繁茂的葫芦藤中。葫芦谐音“福禄”，又有很多的籽，是一种象征多子多福的吉祥佳果。这架花罩寄托着皇家对子孙昌盛、福禄万代的希望。

重华宫东次间子孙万代葫芦落地花罩

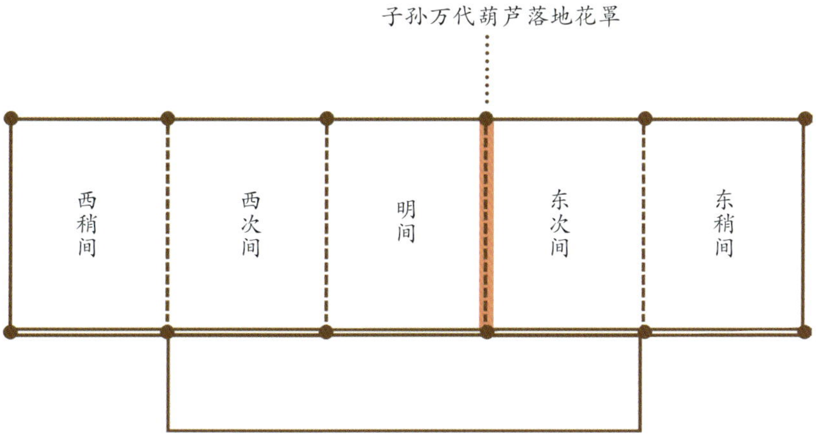

重华宫平面示意图

重华宫东次间和东稍间已打通。

子孙万代葫芦

要说吉祥寓意，漱芳斋里的花罩也丝毫不落下风。三架精致的金丝楠木落地花罩将前殿明间与东西次间及工字廊进行了巧妙的分隔，空间隔而不断，意趣十足。前殿西次间的花罩雕刻着牡丹纹样，寓意荣华富贵，花罩门框轮廓也凹凸有致。前殿东次间的花罩采用牡丹花叶的图案，门框垂直工整。相比西侧花罩的自由生动，仅仅数米远的东侧花罩显然要“淑女”得多。前殿明间通往工字廊的花罩雕刻工艺最复杂。仔细看，一朵朵缠枝花卉摇曳生姿，争相怒放。

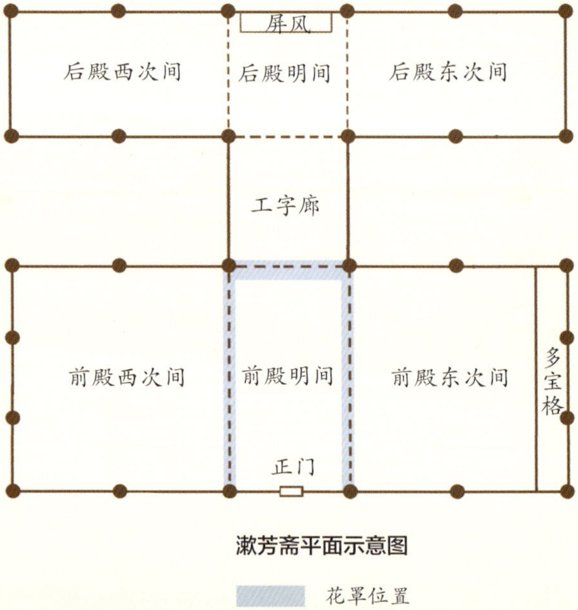

漱芳斋平面示意图

漱芳斋前殿西次间花罩

牡丹纹样（1）

牡丹纹样（2）

牡丹花叶纹样

漱芳斋前殿东次间花罩

漱芳斋前殿明间花罩

缠枝花卉纹样（1）

缠枝花卉纹样（2）

（清）粉彩瓜棱壶　（清）釉里红丹凤图象耳扁方瓶　（清）松石绿釉仿古贯耳壶　（清）粉彩百花不露地纹瓶

漱芳斋前殿东次间多宝格

漱芳斋前殿东次间矗立着一面古朴大气的多宝格，占据了东侧整整一面墙壁，里面满载上百件瑰丽的珍宝，有温润的玉器、细腻的瓷器，还有巧夺天工的料器，叫人目不暇接。

暗门

这面多宝格曾经置于房间的正中央，将房间东侧辟出了一间“密室”——这就是乾隆皇帝少时读书休息的场所——静憩轩。后来为了参观方便，多宝格才被挪到了现在的位置。

透露一个小秘密，多宝格上还隐藏着一道暗门呢！这道暗门设计十分精巧，如果仔细观察，你会发现多宝格左侧的格子周围有一圈不易察觉的双层框，这便是通往静憩轩的秘密开关了。

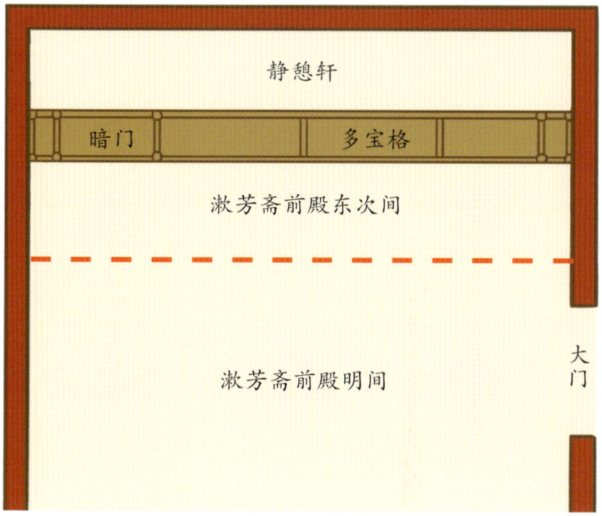

多宝格原来的位置

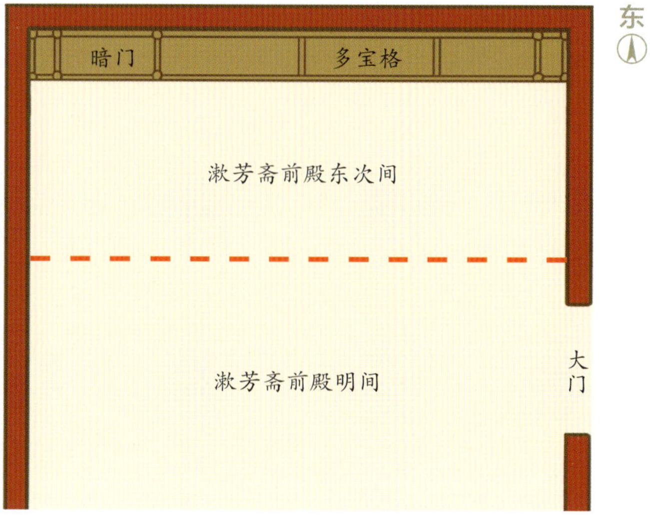

多宝格现在的位置

笃慕永思

02
笃慕永思

重华宫的一草一木、一砖一瓦都见证了乾隆皇帝即位前的青葱岁月。曾经的点滴美好，期待你用心去发现！

清雍正五年（1727），弘历在乾西二所迎娶了嫡福晋富察氏，也就是后来的孝贤皇后。不过，21 年之后，富察氏一病不起，最终香消玉殒。乾隆皇帝一直将他与富察氏的点点滴滴珍藏在记忆里，还将富察氏的遗物珍藏起来，以此缅怀亡妻。

乾隆皇帝晚年时，曾命人将重华宫按照从前与富察氏居住的样貌进行布置。原存于重华宫中见证二人感情生活的一对黄花梨大柜华贵非常，以冻石、云母和螺钿镶嵌出的人物等惟妙惟肖。柜子上层为历史故事图，讲述了三顾茅庐、姜太公钓鱼等故事。下层柜门装饰番人进宝图；柜肚为婴戏图，展现了一群虎头虎脑的童子嬉戏玩耍的场景。

黄花梨嵌螺钿玉石人物图竖柜

在乾隆皇帝手中，这对大柜摇身一变，成为他个人的储藏柜，存放他作为皇子时的生活用品，以及祖父康熙皇帝、父亲雍正皇帝、母亲崇庆皇太后赏赐给他的贵重物品。乾隆皇帝还在圣旨中详细描述过这对大柜，原文如下：

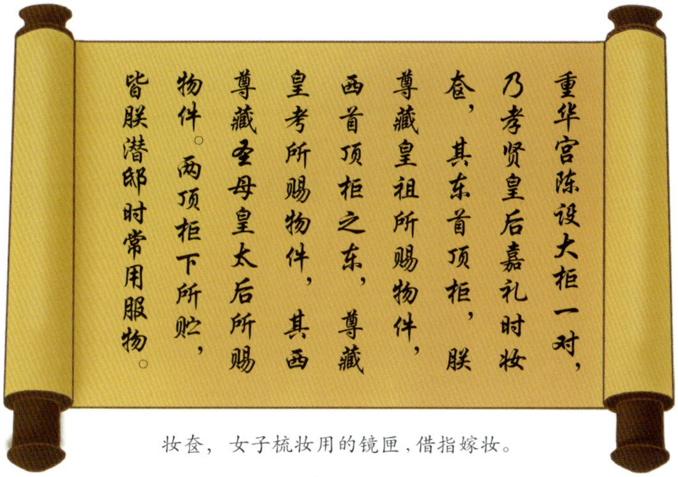

妆奁，女子梳妆用的镜匣，借指嫁妆。

乾隆皇帝

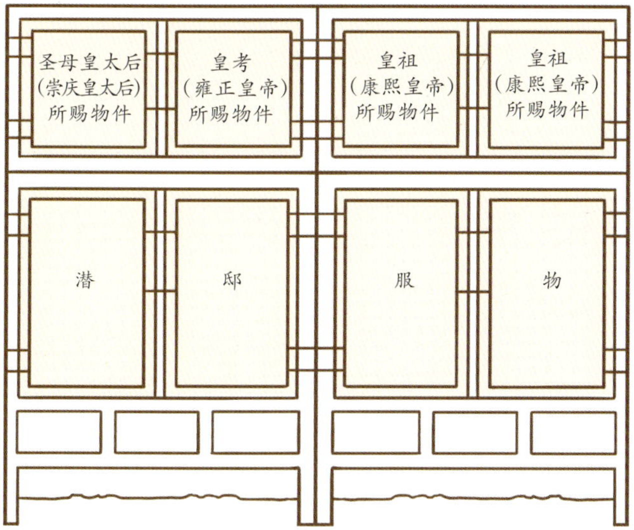

黄花梨嵌螺钿玉石人物图竖柜存放物品示意图

皇祖，皇帝对已故祖父的敬称。
皇考，皇帝对亡父的尊称。
圣母皇太后是皇帝的生母。

重华宫西稍间就是弘历与富察氏的洞房：卧床上方挂着一席绸缎幔帐，床上叠放着绸缎绣花面的被褥，极富生活气息。

卧室西侧墙上垂下的布帘，看上去普普通通，但掀开就“柳暗花明又一村”了：布帘后面的墙体中嵌着一个书橱，不知这里曾经放置了多少书籍，又为少年弘历带来了多少精神慰藉。

重华宫西稍间卧床

崇敬殿

雍正十一年（1733），弘历被封和硕宝亲王，住地赐名“乐善堂”，取“乐取于人以为善”之意。崇敬殿为起居宴客之所，在明间宝座的正上方，至今还悬挂着弘历为宝亲王时亲笔题字的匾额——乐善堂。

崇敬殿明间

乾隆皇帝才华横溢，酷爱书法。“乐善堂”三个大字笔画圆润、气韵流畅。匾额左侧落款“皇四子宝亲王书”，表明题写匾额时他还是皇子，封号为宝亲王。右侧的一列文字记录了匾额题写的时间：“雍正甲寅嘉平月吉旦”。雍正甲寅为1734年，嘉平月指农历十二月，吉旦是农历每月初一。

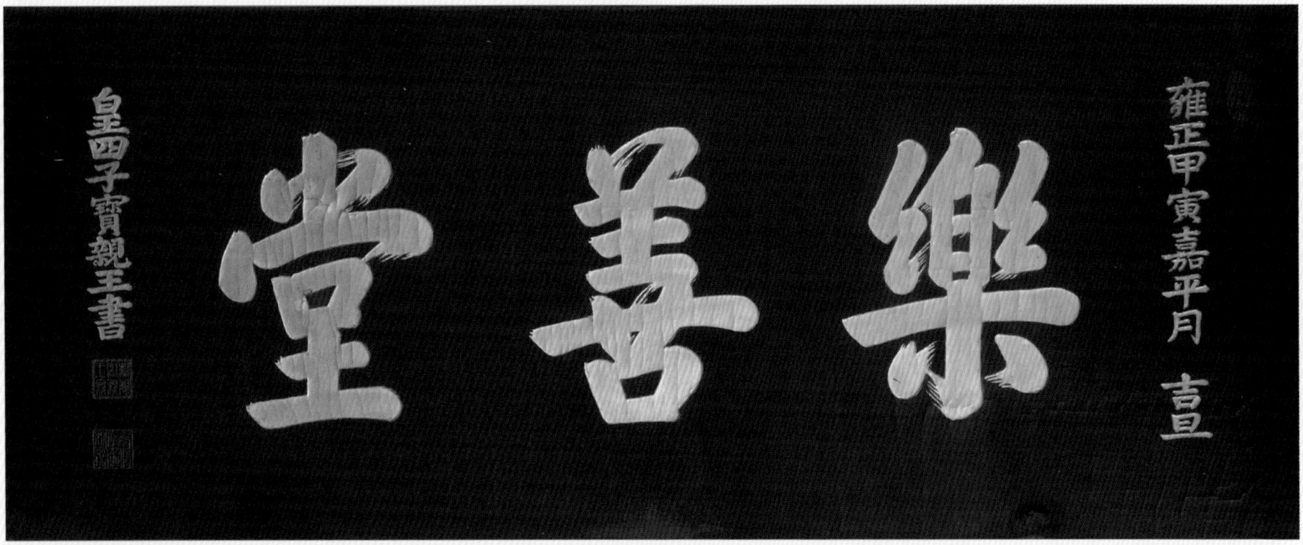

乐善堂匾额

我国古代采用天干地支（合称干支）纪年法。匾额上的落款“甲寅”是以干支纪年法计算而来的年份。

干支最初是用来纪日的，后来多用来纪年。天干地支源于我国古代对天象的观测。天干共十位，地支共有十二位，人们拿天干的“甲、丙、戊、庚、壬”和地支的“子、寅、辰、午、申、戌”相配，天干的“乙、丁、己、辛、癸”和地支的“丑、卯、巳、未、酉、亥”相配，共配成六十组，以表示年、月、日的次序，周而复始，循环使用。

天干共有十位：

甲	乙	丙	丁	戊	己	庚	辛	壬	癸
1	2	3	4	5	6	7	8	9	10

地支共有十二位：

子	丑	寅	卯	辰	巳	午	未	申	酉	戌	亥
1	2	3	4	5	6	7	8	9	10	11	12

同样的组合需要经历六十年的岁月才会出现，这也就是我们常常提到的“六十年一甲子”。

余音绕梁

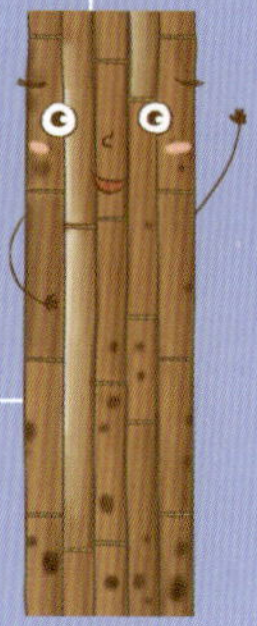

03
余音绕梁

一方戏台，不知演绎了多少悲欢离合。人生如戏，每一个定格都有说不完的流年故事。

清代皇室成员大多喜欢听戏，有的还是不折不扣的戏迷。为了满足这些人的戏瘾，宫中修建了很多大大小小的戏台。漱芳斋中的大戏台是紫禁城中最大的单层戏台，每逢良辰吉日，漱芳斋中总是锣鼓喧天、笙歌悦耳。1923年，逊清皇室在此戏台为敬懿皇贵太妃的生日举办演出，这成为宫中戏曲活动的终曲。

漱芳斋大戏台侧面

清代影像中美轮美奂的漱芳斋大戏台

漱芳斋大戏台匾额与楹联

协

漱芳斋庭院中，大戏台正面高悬着一块绿底金字匾额，上书“升平叶庆”四个大字。但这个“叶”字并不念“yè”，含义也跟“树叶”的“叶”大相径庭。古汉语中“叶”同“协”（xié），即“协同”，所以匾额上的“升平叶庆”，寓意共庆太平。

一般的戏台，在演员上下场处会标示“出将”和“入相”，分别代表演员从此处上场和下场。但漱芳斋大戏台却在对应位置刻的是“佾舞”和“谐音”，分别代表只有天子才可享用的舞蹈及和谐的音律。

谐音　　佾舞

“佾舞”源于《论语·八佾》中的“八佾舞于庭，是可忍也，孰不可忍也”。“佾”指的是古代乐舞的行列，八佾即八行八列共六十四人。《周礼》规定，只有周天子才可以使用八佾的规制。作为正卿的季氏，按照等级只能使用四佾而已。但是，季氏却不管不顾用八佾舞于庭院。孔子认为这种行为违背《周礼》，不能容忍。戏台上书写“佾舞”二字，无时无刻不在提醒宫中众人，娱乐时也不能忘了天子为尊的礼制，可见清宫等级之森严。

戏台台面下的水井示意图

在那个没有音响设备的年代，演员们只要登上这个大戏台，声音就会变得出奇嘹亮，他们会把这种音效归功于天子的威仪。那事实是怎样的呢？

原来，最初修建戏台时，工匠特意在木制戏台台面下的地面处挖了四眼水井，这样声音在传播过程中可以产生共振，就变得更加响亮。

戏台天井

像这样隐秘的机关，戏台上可不止这一处。你抬头仰望，就会发现湛蓝色的天花板宛如晴朗的天空，飘着朵朵祥云。天花板中央的天井上绘有两条活灵活现的金龙，正在欢腾戏珠。

戏台天花板

千万别小瞧这天井，它里面可大有玄机。天井的顶棚是用活板搭就的，里面藏着辘轳，以升降演员。当上演天宫戏时，扮演神仙的演员就能借此“从天而降”，这就是古代版的吊威亚。

除了庭院中的大戏台，漱芳斋后殿里还搭有一座精巧别致的小戏台，名曰“风雅存”，主要用于皇帝用膳时观看短小宴戏表演。乍一看，小戏台与斋中其他建筑风格迥然不同，整个戏台看似由竹子搭建而成，俨然一座古朴雅致的竹亭。

风雅存

这些“竹子”其实是由金丝楠木绘上竹纹后“伪装”的。乾隆皇帝醉心于江南风光，曾经六次出巡。为了延续江南梦，他命人在宫中仿建多处江南名胜。但南方特有的竹子建筑在北方相对干燥的气候下却极易开裂，因此工匠们绞尽脑汁，在楠木上刻制仿绘出了竹的纹路，也颇为雅致，这也算是展现了一派江南风韵，从而博得龙颜一笑。

木制仿竹纹

嘉宴同堂

04
嘉宴同堂

庭院深深深几许。深藏于内廷之中的重华宫区域，竟是举办宫廷内宴的重要场所。

梅花色不妖，佛手香且洁。
松实味芳腴，三品殊清绝。
烹以折脚铛，沃之承筐雪。
——乾隆御制诗《三清茶》节选

三清茶原料

尽管登基后，乾隆皇帝搬离了重华宫区域，但这片区域并没有变成凄凄的僻静之处，而是成为举行宫廷内宴的重要场所。乾隆皇帝对母亲非常孝顺，每逢万寿节、圣寿节、中元节、除夕等重要节日，皇帝都会在漱芳斋的后殿侍奉皇太后进膳、看戏，共享天伦之乐。

除此以外，重华宫区域还是重大节日期间赐宴群臣、赋诗联句的场所。每年正月还在重华宫院落举行著名的三清茶宴，这也是乾隆年间最重要的君臣雅集活动。乾隆皇帝以风雅自居，一生爱喝茶、品茶。他还别出心裁地发明了三清茶——以龙井贡茶为主料，佐以“三清”之物，即梅花、松子和佛手。就连泡茶的水选的都是雪水，也真是风雅了。

君臣一起赋诗联句是历年茶宴的固定活动。每次由皇帝先出题

乾隆皇帝与大臣们赋诗联句

目并作首句来定韵，然后群臣依次联句。联句题目大多根据时事而定，小到时令，大到政治，题材广泛，内容丰富。与宴的大臣要是没有点文学造诣还真应付不来。要知道，能够参与重华宫三清茶宴是臣子们最为荣耀的事之一。然而，三清茶宴的准入门槛可不低。凡是被选中的人，都是皇帝最为信任和倚重的大臣。看来，想要向皇帝讨一杯茶喝，可真不是件容易的事。

重华宫院落中崇敬殿南侧至今还悬挂着黑漆描金的《平定台湾联句》，讲述的是乾隆五十二年（1787），皇帝派大将军福康安去台湾镇压林爽文领导的农民大起义，并于乾隆五十三年（1788）擒获林爽文这一重大事件。

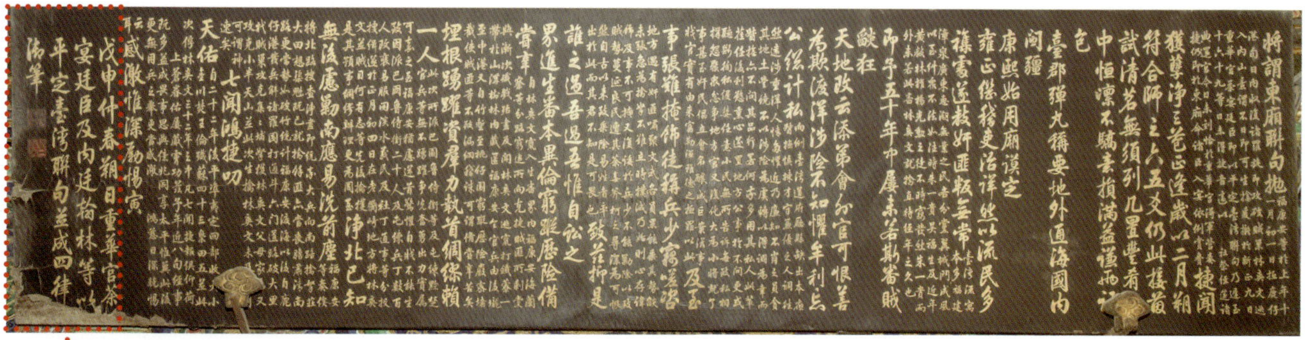

《平定台湾联句》

小字是对大字的解释。

“戊申仲春朔日重华宫茶宴廷臣及内廷翰林等以平定台湾联句并成四律御笔”意为：乾隆五十三年农历二月初一，重华宫茶宴上朝廷大臣及翰林学士等人以“平定台湾”为题作的四律联句。

除了《平定台湾联句》，重华宫区域的其他地方也有不少君臣共同创作的茶宴联句！比如重华宫和翠云馆墙壁上的各种贴落。贴落，是古代绘画、书法的一种装裱形式，画心经过简单托裱，上可贴于墙壁，下可收藏，在清宫建筑的室内装潢中应用广泛。

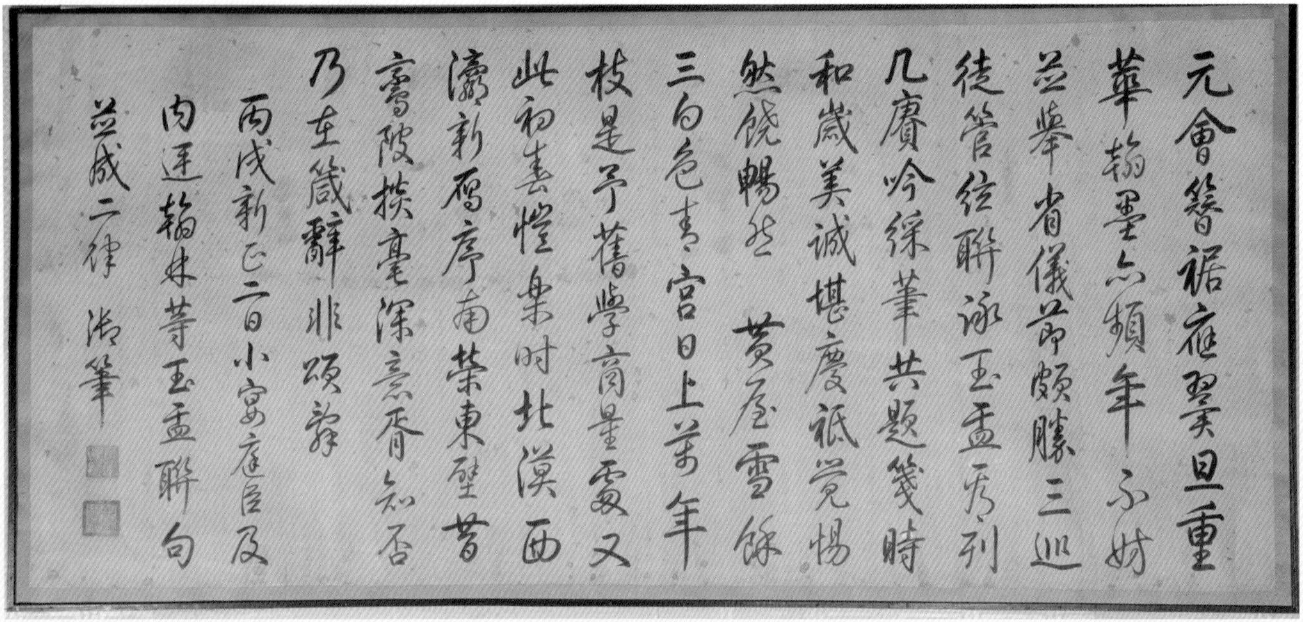

翠云馆西稍间贴落

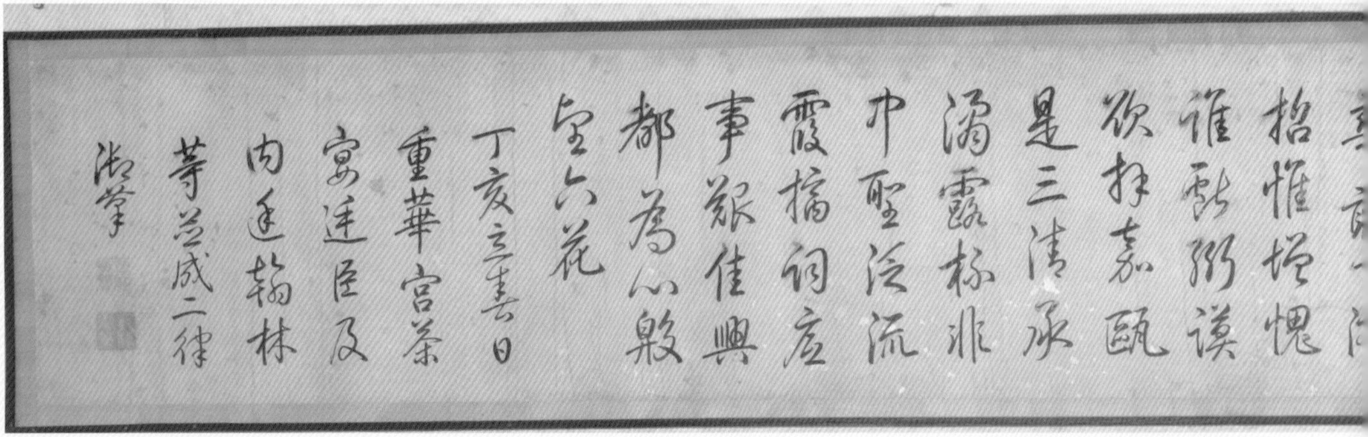

翠云馆东稍间贴落

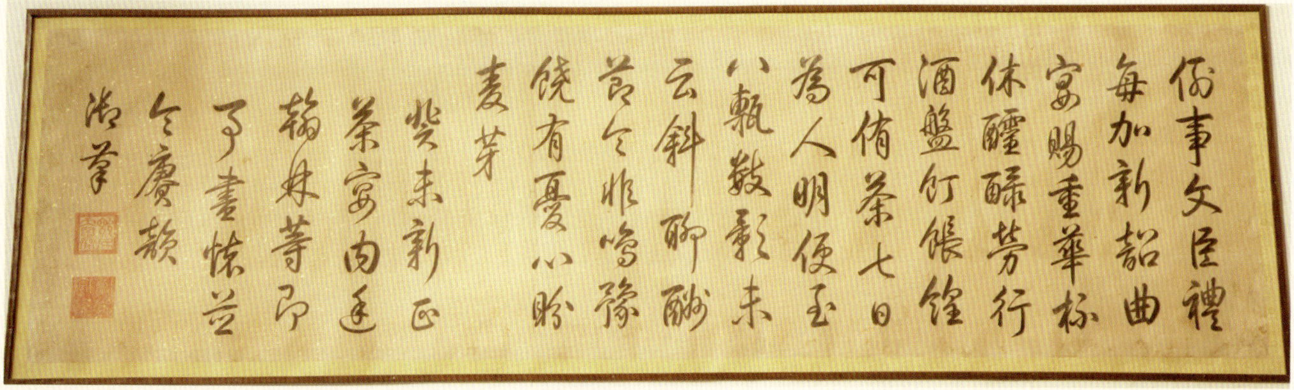

重华宫西次间贴落

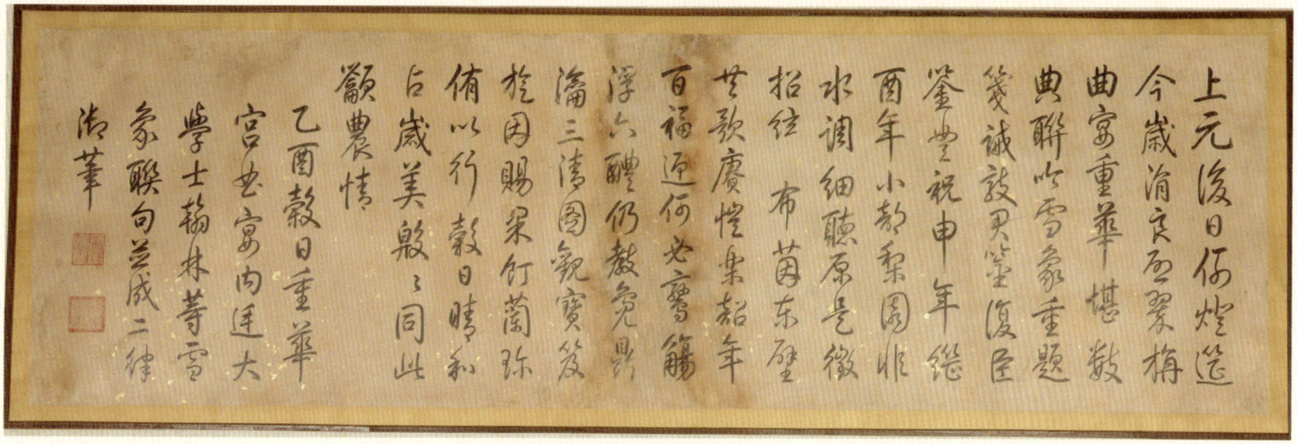

翠云馆西次间贴落

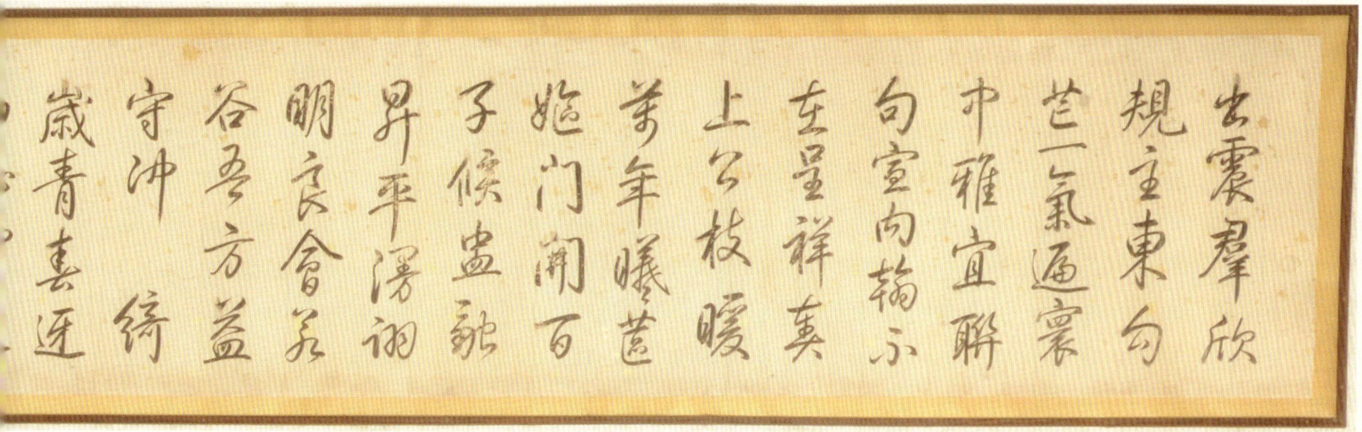

乾隆皇帝书福场景

清帝御笔福字

从左至右依次为：道光皇帝御笔、乾隆皇帝御笔、康熙皇帝御笔、雍正皇帝御笔、嘉庆皇帝御笔。

乾隆皇帝遵循祖父康熙皇帝“御笔书福”的旧例，将每年腊月初一在漱芳斋开笔书福定为常例。这就是清宫过年时的传统习俗——“嘉平书福”。一般来说，皇帝写出的第一张“福”字会被悬挂于乾清宫正殿中，其余的张贴于各个宫殿及赏赐给王公大臣和内廷翰林等人，以此联络君臣感情。受赐大臣会依次跪于案前，仰瞻天子泼墨挥毫。两名太监会面对面地手持“福”字，让大臣在“福”字下叩头谢恩，宛如沐浴于满满的福气中，以此寓意“满身是福”。值得一提的是清代皇帝每年写“福”字用的毛笔还有个专门的名字，叫“赐福苍生”，那还是从康熙时期传下来的古董呢！

中西交融

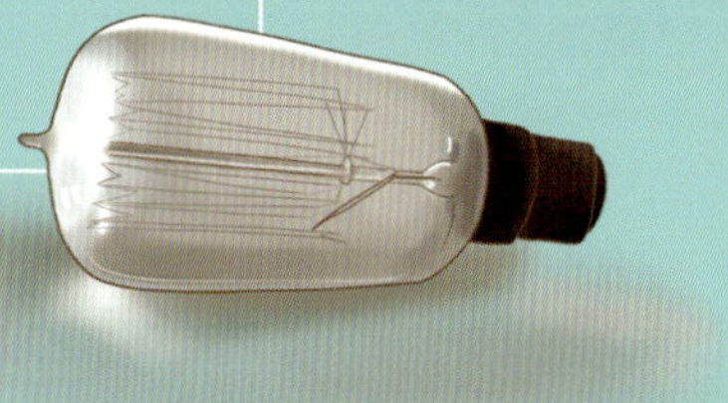

05
中西交融

不要以为皇帝居住的紫禁城，到处都是老古董。随着时代的发展，西式物件频频出现在紫禁城中。古老的紫禁城也是很时尚的。

明代万历年间，随着西方传教士的到来，欧洲机械钟表也进入中国，成为风靡宫廷的“奢侈品”。钟表既是计时工具，又是新奇有趣的宫廷陈设。重华宫与漱芳斋区域就有不少精巧的钟表，让我们一起了解一下！

重华宫西稍间，最为精巧的就数案台上的铜镀金象驮水法钟了。钟表上层为表盘及用料石镶嵌而成的花朵。金象驮轿为中层，象轿以西方面孔的人像为四柱，轿中放置水法装置。机械钟表中的水法装置代表水，不过这里的“水”可不是真正的水，而是拧成螺旋状的玻璃柱，这一注“水”不仅质地通透，还暗藏玄机。玻璃柱的中空部分藏有小齿轮。一旦上满发条，玻璃柱就会旋转起来，仿佛奔腾而下的瀑布，让人赞叹不已。钟表底层，四只威风凛凛的雄狮身负底座，底座上的雕刻向我们呈现了一幅狩猎的画面：志在必得的猎户、蓄势待发的猎狗、身姿矫健的雄鹿，正上演着一场惊心动魄的角逐。

狩猎场景

雄狮底座

铜镀金象驮水法钟

除了漂洋过海、远道而来的西方钟表，紫禁城中还有很多国货。喜爱钟表的清代皇帝甚至亲自指挥制作钟表。

漱芳斋的紫檀嵌螺钿群仙祝寿钟，是广州地区将西式钟表工艺与我国传统工艺相结合制造的“混血”钟表。钟壳镶嵌有珠光色泽的螺钿，上面有万代葫芦、团寿纹、葡萄、梅花等图案。钟表内部是群仙祝寿的祥瑞景象，中间站着一位慈祥的老寿星，左手托佛手，右手持拐杖，身旁分立两位天官，各牵一头背驮宝瓶的大象。当活动机械开动时，寿星持拐杖的手臂会上下移动，两位天官也会摆动各自的手臂，甚是奇趣精巧。群仙身后有三座拱门，中间门楣上书“圣寿无疆”，两边分别书写“尧天”“舜日”，正应了“太平盛世，永享万年”的美好愿景。

万代葫芦

寿星及两位天官

葡萄

紫檀嵌螺钿群仙祝寿钟

紫禁城中大多数建筑的窗户都安装了玻璃，回想起电视剧中用手捅破窗户纸的场景，大家可能会疑惑，古代的窗户不都是糊纸的吗？

玻璃是舶来品。尽管玻璃在我们的生活中随处可见，但在清代时玻璃可是稀罕物件。雍正年间，平板玻璃开始进入中国，紫禁城里也只有少数等级很高的宫殿才会安装玻璃。

作为潜龙邸，重华宫“待遇”自然不一般，这里的窗户在乾隆二年（1737）就进行了改造，起初只在中间安装巴掌大小的玻璃窗户眼。后来大概是觉得玻璃让房间更加明亮了，乾隆十一年（1746）皇帝又下令将密集的木质窗棂去掉，全部替换为整块玻璃，很是奢侈。所以我们要好好爱惜这些玻璃，在参观各宫殿时，千万不要簇拥在玻璃窗前，这既是对自己的安全负责，也是对文物的安全负责。

重华宫外景

重华宫玻璃窗

如果说玻璃为紫禁城增添了新气象，那么西式电灯则为古老的紫禁城带来了前所未有的改变。漱芳斋内有不少造型精致的琉璃吊灯，灯罩颜色亮丽，即使今天也光彩依旧。这些电灯的原配灯泡已经替换下来，成为故宫博物院的文物藏品。值得一提的是，这些灯泡的所属品牌——菲利普，就是如今大名鼎鼎的飞利浦！电灯是随着洋务运动而进入紫禁城的。光绪十四年（1888），北洋大臣李鸿章将电灯作为贡品献给慈禧太后，但碍于朝廷内部一些官员的反对，电灯只能先行安装在西苑（今南海、中海、北海）仪鸾殿和颐和园中试用。在证实了电灯拥有一系列优点后，它才被允许进入紫禁城。

北洋大臣李鸿章进献灯泡给慈禧太后

漱芳斋后殿明间灯

漱芳斋前殿西次间灯

漱芳斋后殿西次间灯

漱芳斋前殿明间灯

故宫宣教
THE PALACE MUSEUM
PUBLICITY AND EDUCATION

我要去故宫系列

探秘 慈宁宫

故宫博物院宣传教育部 / 编著　果美侠 / 主编
本册作者：高希
本册绘者：御鉴文化（北京）有限公司　周艳艳

中信出版集团 | 北京

探秘慈宁宫

编　　著：故宫博物院宣传教育部
主　　编：果美侠
本册作者：高希
本册绘者：御鉴文化（北京）有限公司　周艳艳
摄　　影：齐梦伯
图片提供：故宫博物院资料信息部
策划出品：故宫博物院
　　　　　御鉴文化（北京）有限公司
出版发行：中信出版集团股份有限公司
　　　　　（北京市朝阳区东三环北路 27 号嘉铭中心　邮编　100020）
承 印 者：北京瑞禾彩色印刷有限公司

序言：我要去故宫

去故宫，可以有许多理由：陪亲朋，遛孩子，看展览，拍美照……

不去故宫，往往只有一个理由：太无趣！

相似的院落，差不多的建筑，看过和没看过，似乎没什么差异。如果不是真心喜欢，如果不是迫于无奈，自己说出“我要去故宫”的，可能少之又少。

常年工作在故宫的我们，也不是每个人都能把各个宫殿的与众不同讲出来。揭开600年宫殿建筑的奥秘，需要善于发现的眼睛，需要勇于探索的精神。

一群在这里工作的年轻人，每年向数以万计的游客讲述同样的建筑历史，述说600年不变的宫殿故事，好无趣！不妨换种方式，看看有什么能够吸引人们的看点，整理出新奇的探秘主题，既激发自己去主动发现，也让大家对故宫兴趣盎然。于是，从给学生参观使用的探秘学习单开始，我们策划了《我要去故宫系列》探秘图书。

匆匆的游客，常常一小时走过一座城。而我们，想让孩子们一小时只看一座宫。从中轴线，到东西六宫，再到外西路和外东路，20个建筑区域，构成了20册书的内容主体。既讲建筑，又说历史；既有精美的文物呈现，也有有趣的故事传说。看得见的，引你看细节；看不见的，诱你来想象。文字与插图相辅，内涵与颜值并重。这说的就是《我要去故宫系列》图书。每册分多个主题，涉及建筑、历史、藏品等内容，选题有趣、文字好读、插图好看！

午门，这里是紫禁城的门面担当，既有颜值，又有故事。午门前威严的皇宫仪仗中，竟曾有盛装的宝象，还有宝象拉的辂。

太和门，这里有规矩，讲秩序，门前的古物不只我们不知是做什么用的，就连曾经住在这座宫城里的皇帝也不知。石栏杆的火焰望柱头，开了洞的警报器石别拉似乎也不难发现。

太和殿，皇宫里最重要的建筑，历经600年风雨洗礼，既有灭火的陈设，也有克火的理念，只为向你证明曾经的盛世繁华，可以绵延不变。

保和殿，这里不仅是科举士人的考场，也是清初帝王的临时寝宫。方方正正的中和殿，更是帝王筹备亲耕之礼、关注皇家玉牒的重要场所。

乾清门，朝和廷的分野、家与国的界限，皇帝运筹帷幄在内，军机昼夜值守于外。皇帝很辛苦，大臣也不易，宫里禁火烛，官员上朝，几乎都得黑灯瞎火入宫，“蹭灯”的机会少之又少。

乾清宫，这里是帝王寝宫，却也传来皇子的琅琅读书声。这里药味浓，龙袍新，年节大典，更是院内高悬百丈灯，举国君民齐欢庆。

坤宁宫，凤舞千秋的世界，满汉交融的风格透过门、穿过窗，印在屋内的诸多角落。交泰殿的无为匾，一匾述说出三代帝王与这宫殿的渊源。

御花园，这里春有百花秋有月，夏有凉风冬有雪。钦安殿内护佑宫殿免遭火灾的玄武大帝，不知道是否注意到园内亭子中，井亭竟然没有顶。

西六宫，果然是宫闱趣事多，两枚锈迹斑斑的铁环，记载的是宫内静谧生活中难得的欢娱。末代帝后也在这里赶着新潮，穿洋装、吃西餐、学英语，西方的玩意儿在这里一样不少。

东六宫，曾经的后妃居住地，遗留下一座未建完的西式建筑，只能凭想象复原其类似水族馆的华美。其他的院落，也各有各的故事，既见证繁花盛放，也目睹香魂陨落。

宁寿全宫，看似普通的皇极门，竟然也是有限空间内建造出的另一座“小午门”。门内的皇极殿，更是有着乾清宫的外表，却发挥着太和殿的功用。乾隆皇帝的乐寿之所，不仅有乾隆，还有“钱龙”，而晚清的慈禧太后，也把这里作为御用居处，内政外交，见证了时代的更迭。

乾隆花园，文人的雅致随处可见，禊赏亭、古华轩、碧螺亭、藤萝顶，处处精致，处处惊喜。乾隆皇帝倦于勤，欣赏花园勤而不倦，乐此不疲。

慈宁宫，御路石上的小蜥蜴和门前的麒麟兽一同述说着这里的秘密，屋顶独特的轩辕镜与院内与众不同的月晷，则告诉你这里主人的独特身份。

重华宫，是“养在深闺人未识”的宫苑建筑，弘历在这里娶了他挚爱的富察氏。当了皇帝（乾隆皇帝）后也到这里举办茶宴，君臣之间赋诗联句，雅性使然、默契使然，更是家国天下的情怀使然。

养心殿，八代帝居一定不负众望，既有治国理政之所，也显生活起居之便，更有闲暇怡情之趣。小小的三希堂，幻化出大空间，一幅通景画，巧妙地让景入画，人也入画！

文华殿，象征水的黑色屋顶还不足以护佑文渊阁的《四库全书》，从屋檐彩画到栏板石雕，水的元素随处可见。“天一生水”而有黑瓦屋顶，“地六成之”便有了屋阔六间！

武英殿，摄政王的权力中心，变身为殿本修书之所。浴德之水蜿蜒而出，于断虹桥畔诉说沧桑。储冰之所，亦呈现皇室消夏之聪慧。

珍宝馆，华丽的珠宝背后，隐藏了采珠人等付出的艰辛。皇室的饰品，最精于其取材的独特。先秦石鼓唐时现，流转千年入深宫。只要有心，你就会被它们的文字和经历感动。

钟表馆，让我们了解中西方再次开启的对话。漂洋过海的计时仪器，成了皇家喜好的有趣玩具，可计时，可打更，可升降，可转花。魔术、水法、音乐、鸟音，无不炫目悦耳，赞从心生。

我觉得，以上这些远远不够，书中好玩的故事、好看的插画，等你去探索，由你去发现。如果每读完一本，你就有拿起书入宫的冲动，我们会万分欣慰。真诚地，真心地，在宫里，期盼你，欢迎你！

果美侠，写于墨尔本旅途

2019 年 7 月 27 日

目录

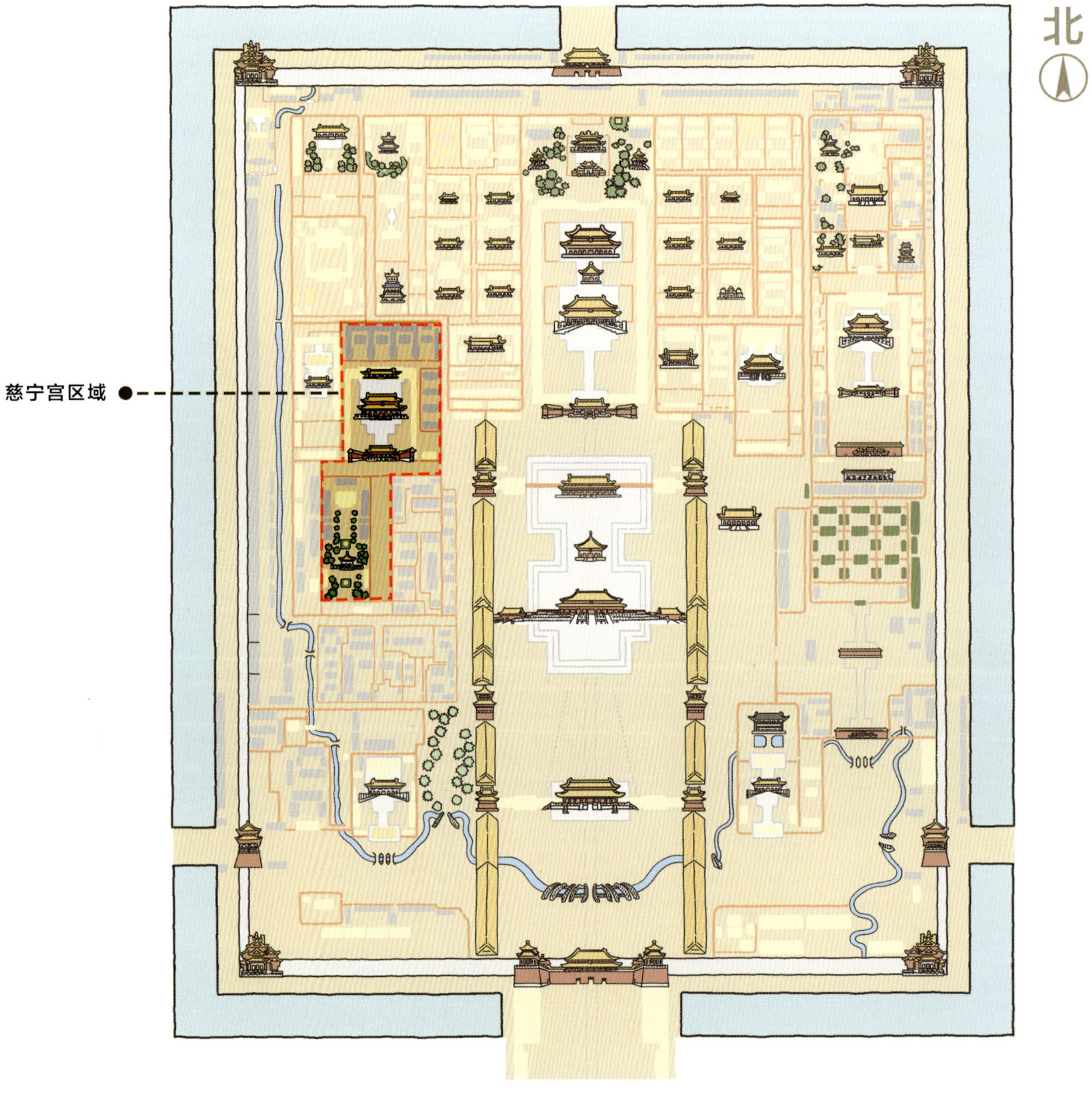

故宫平面示意图

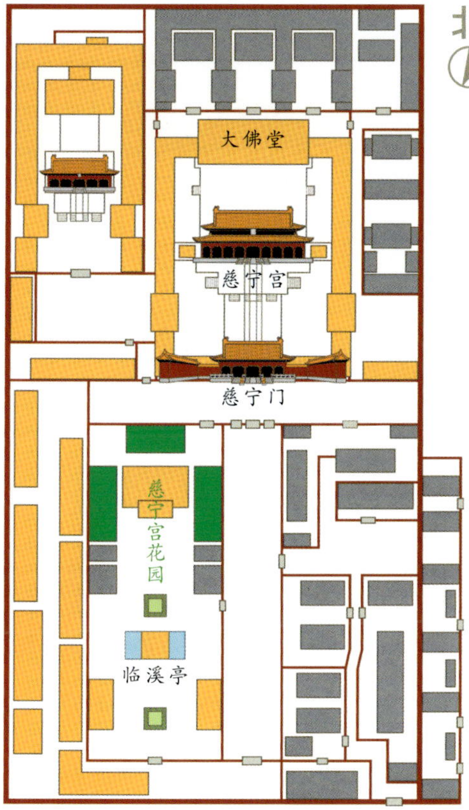

慈宁宫区域平面示意图

欢迎来到慈宁宫！

慈宁宫，位于紫禁城（现故宫博物院）内廷外西路，在明初仁寿宫故址基础上，撤除大善殿而建成，始建于明嘉靖十五年(1536)，明清两代相继使用近400年，是太皇太后、太后、太妃嫔等宫中女性长辈的居所。此处墙垣环绕，院落幽深，给人以平静、祥和之感。这座宫殿也代表着明清帝王对女性长辈的一片诚挚孝心。昔日的太后居所今天是何等样貌？明清太后们的生活是怎样的情形？慈宁宫中又发生过哪些不为人知的故事呢？

下面将通过慈宁尊养、佛堂余韵、地下寻真、御苑春秋、逸事遗珍五个专题，带您探秘慈宁宫。一起出发吧！

慈宁尊养

01
慈宁尊养

慈宁宫，顾名思义，蕴含了“慈祥、安宁”之意。它最初是嘉靖皇帝为生母而设，后来成为明清几百年间宫中许多女性长辈居住的场所。

慈宁宫位于紫禁城内廷外西路。穿过隆宗门西侧的永康左门，就来到了慈宁宫区域。慈宁宫耗时两年多建成，建筑岿巍庄严。可惜，嘉靖皇帝生母蒋太后（慈孝太后）入住不到半年便去世了，但慈宁宫在众多宫殿中的崇高地位仍得以保持。

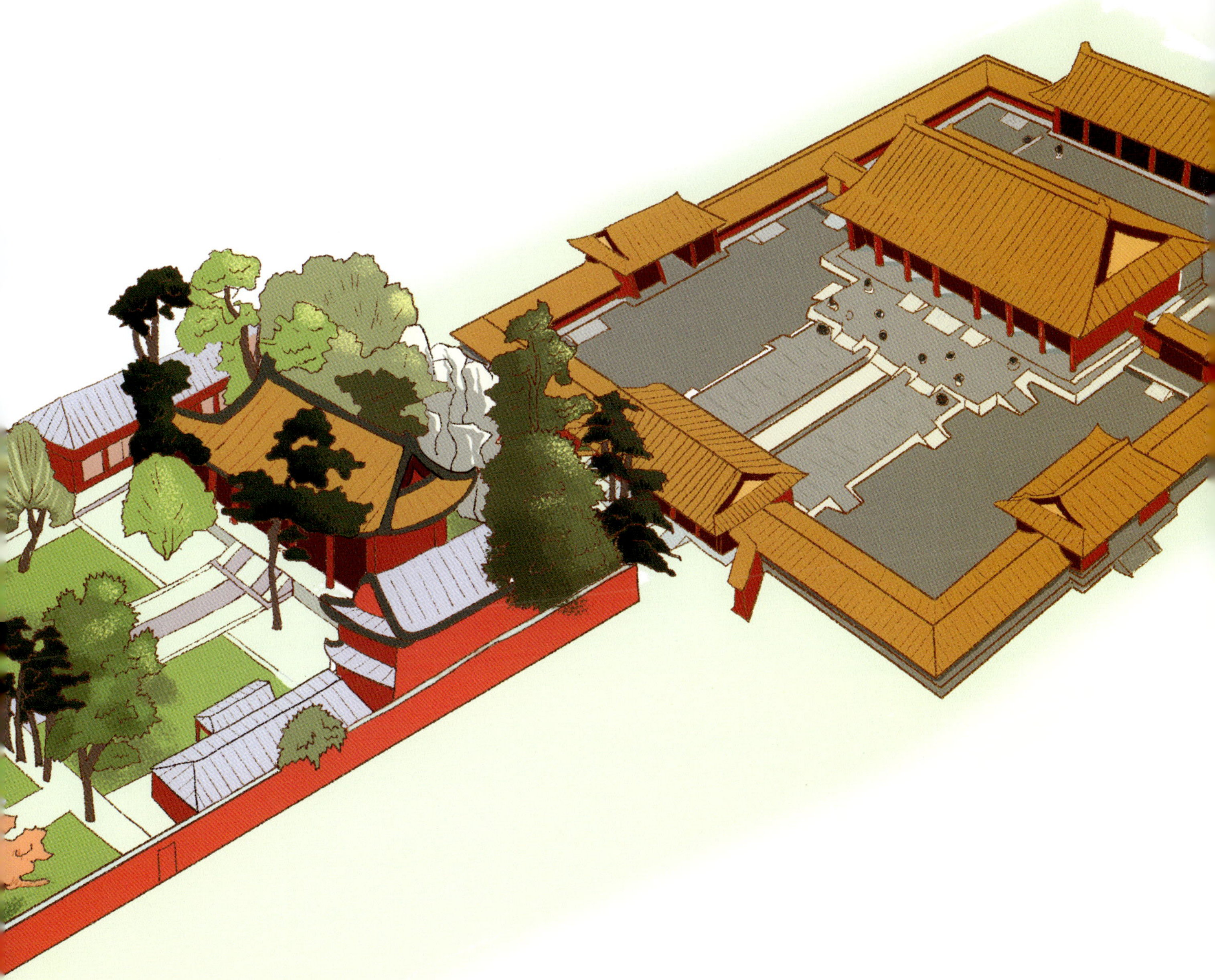

明代嘉靖年间初建的慈宁宫区域

明清两代，慈宁宫大多数时间都是皇太后、太皇太后居住的宫殿。明代万历皇帝之母慈圣太后和清代顺治皇帝之母孝庄太后居住时间最长，均在30年以上。由于孝庄太后地位尊崇，且在慈宁宫居住最久，她去世后，便无人再长时间居住此处，但慈宁宫仍作为太后们最重要的礼制活动场所。一般太后生日、上徽号、进册宝、公主下嫁时都要在这里举行盛大典礼。

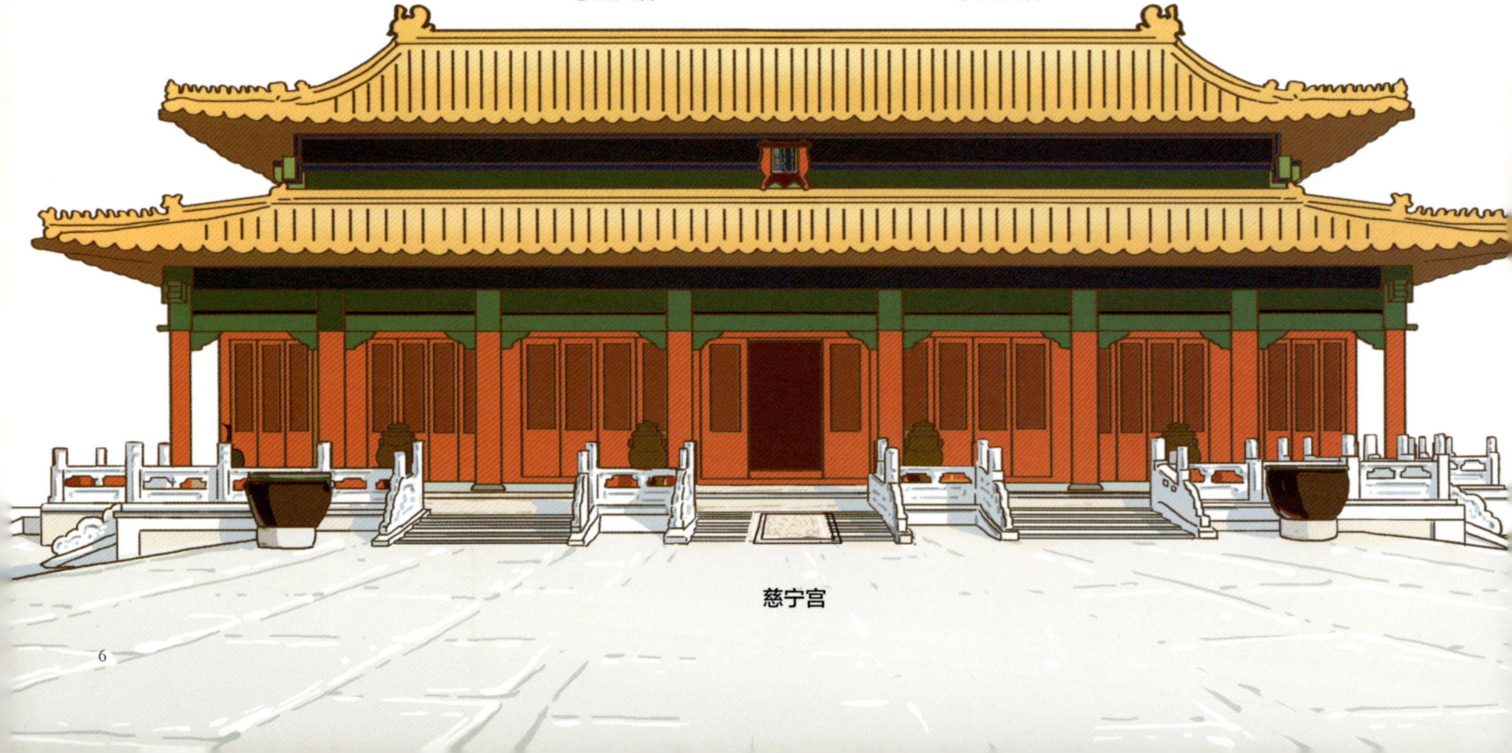

乾隆皇帝为母亲敬酒祝寿

（清）《慈宁燕喜图》（局部）

慈宁宫作为女性长辈居所，从内到外的设计都要与居住在此的主人身份相匹配。其正门慈宁门，是一座典型的殿宇式大门，与紫禁城内廷正宫门乾清门规制相仿。慈宁门庄严华丽，上覆黄琉璃瓦，歇山顶，下承汉白玉台基，周围环以石雕望柱、栏板，两侧建有八字影壁，门前有瑞兽一对。只不过此处的瑞兽并不是狮子，而是麒麟。

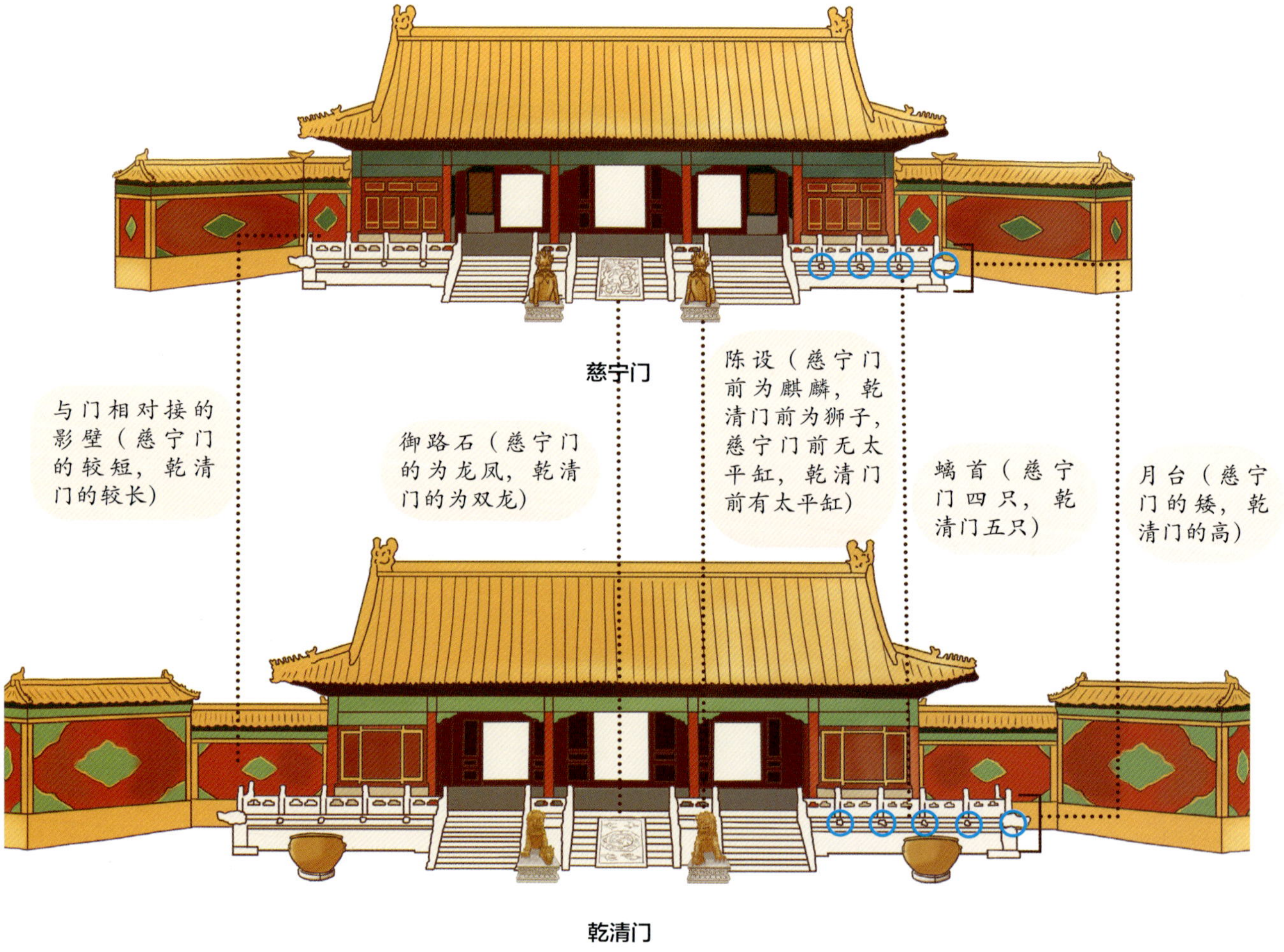

慈宁门前御路石

慈宁门前的御路石（也就是宫殿建筑台阶中间斜铺的汉白玉石块）上，雕刻着海水江崖纹饰和龙凤图案。这与我们在故宫中路主要建筑区域中见到的御路石大不相同，那里通常只雕龙而不雕凤。因为在紫禁城中，往往在女眷的生活区才会雕刻凤的图案。慈宁宫作为太后、太妃嫔的居所，御路石上也雕刻有凤凰。

紫禁城建筑悬挂的匾额上可见到满、蒙、汉三种文字，但三种文字基本不出现在同一个匾额上，而慈宁宫区域是紫禁城中唯一一处匾额同时以三种文字书写的，其他区域都只有满、汉两种，或仅有汉字。

紫禁城匾额上满、蒙、汉三种文字的出现源于清初的摄政王多尔衮。清顺治二年(1645)，摄政王多尔衮下令将紫禁城外朝三大殿及周围宫殿、楼阁、宫门改名，并翻译成满、蒙文字，由工部制造库制造满、蒙、汉文字三体合璧或满、汉合璧匾额悬挂。之所以选用三种文字来写，是因为：清王朝统治者的民族文字是满文；清王朝建国前后一直保持着与蒙古部族结盟、联姻的传统，蒙古的民族文字是蒙文；清王朝入主中原后，国内主体民族是汉族，使用汉文。

钦安殿

自顺治十三年（1656）十二月起，为抗衡宫中的蒙古势力，顺治皇帝下诏去掉了大部分宫殿匾额中的蒙文。民国时，袁世凯称帝，又将自己计划使用的故宫外朝区域宫殿匾额上的满文去掉，只保留汉文。

为什么慈宁宫区域是现今故宫唯一一处保有三种文字匾额的地方呢？因为这里曾居住过一位地位极高的出身蒙古族的太后，也就是著名的孝庄太后。为了表示尊崇，这座宫殿的重要牌匾在顺治时保留了蒙文；又因不在外朝区域，没有受到袁世凯对匾额文字调整的影响。

慈宁宫

如此一来，慈宁门和慈宁宫匾额上的满、蒙、汉三种文字就一直保存至今，其中的蒙、满文是类似于汉文楷书的常见字体，但汉字采用的是古老华美的篆书，这也是整个紫禁城中的特例。

孝庄太后像

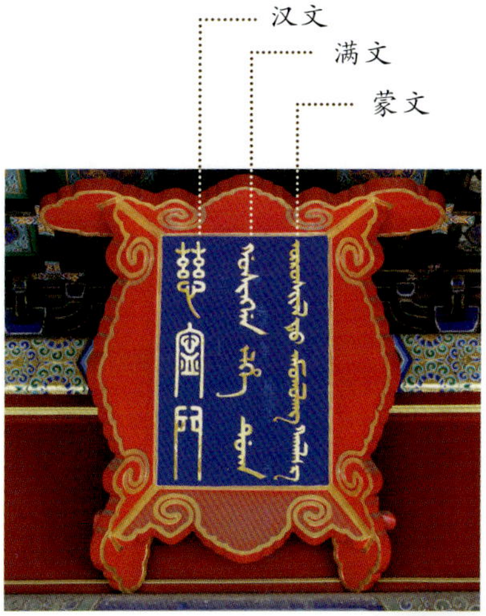

慈宁门匾额

乾清门匾额

太和门匾额

慈宁宫的主体建筑在明清两代屡经重修、改建。至乾隆三十四年(1769)，为筹办乾隆皇帝母亲崇庆太后八十岁圣寿庆典，乾隆皇帝下令将正殿由单檐改为重檐，并将后殿后移，整个建筑规格提升，成为今天的形制。

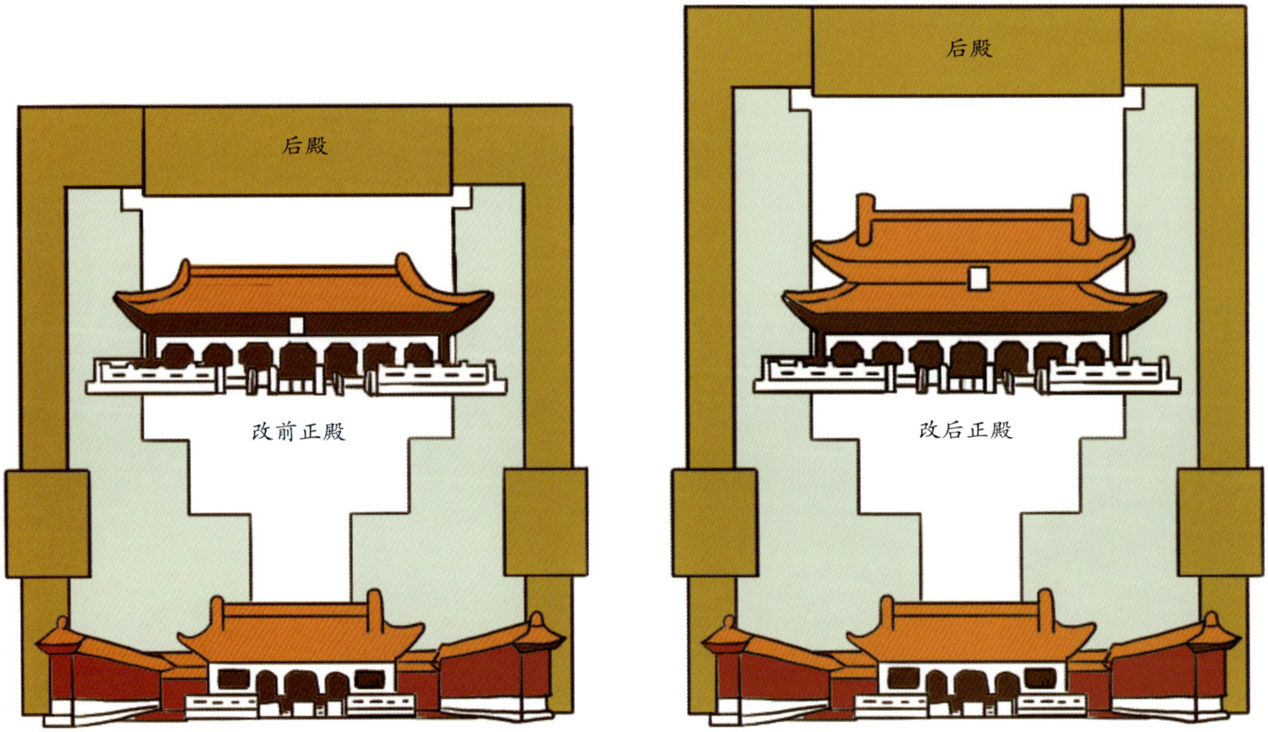

慈宁宫区域建筑变化示意图

慈宁宫正殿内外陈设也都围绕宫中主人的崇高身份而设计。大殿天花板正中设藻井，藻井中雕有蟠龙，口衔宝珠，也就是传说中能辟邪的轩辕镜。故宫建筑设置的轩辕镜往往是球形的，但慈宁宫却独具一格：圆形宝珠外嵌套有一正方体，二者方圆相济。古人认为“天圆地方”，以天象征人间的皇帝，而地则代表女性至尊。

天圆地方

这种带有方形的轩辕镜，只在太后常居的慈宁宫中出现，它不仅寓意方圆相济，更象征太后在紫禁城女性中的至尊地位。

慈宁宫藻井轩辕镜

养心殿藻井轩辕镜

太和殿藻井轩辕镜

正殿中还有两块慈禧太后手书的匾额，分别是“仁德大隆”“嘉承天和”，显示了慈禧太后对自己的标榜和定位。匾额上方则一排同时加盖三方印章，这是慈禧太后的用印特点。三方印章均为篆书书写，中间是“慈禧皇太后御笔之宝”，表明匾额文字为慈禧太后亲笔所书；两边是“和平仁厚与天地同意”及“数点梅花天地心”。文字分别取自宋代文人黄榦与翁森诗文中的嘉语，均为慈禧太后最喜爱的印玺。

慈宁宫正殿“仁德大隆”匾额

和平仁厚与天地同意

慈禧太后像

数点梅花天地心

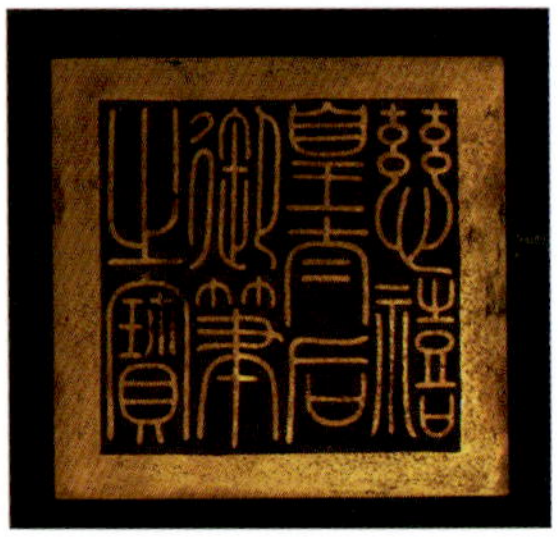

慈禧皇太后御笔之宝

黄榦

慈宁宫正殿“嘉承天和”匾额

翁森

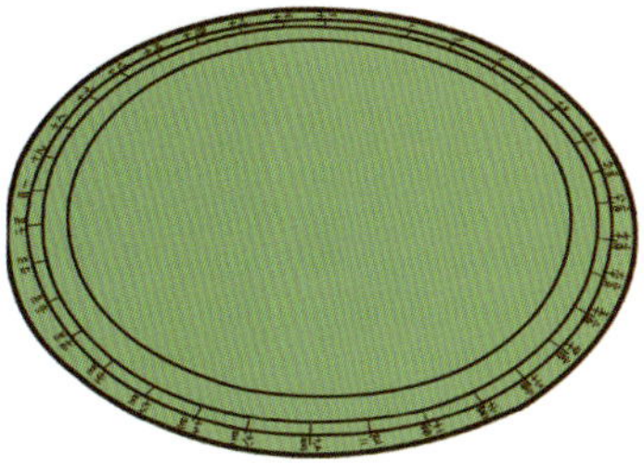

天盘

月晷

月引

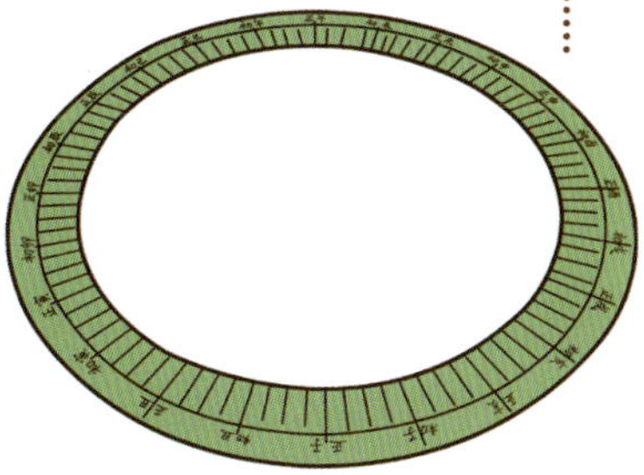

地盘

正殿外月台西侧的一座计时仪器也藏着讲究呢！它与紫禁城中常见的日晷十分相似，又不尽相同。人们叫它“月晷”。它由地盘、天盘、月引等几部分构成，是多坐标、较复杂的计时仪器。不过，这里的月晷并不是很实用，它更多是作为太阴月亮的象征来彰显皇太后在皇宫女眷中至高无上地位的。

佛堂余韵

02
佛堂余韵

明慈圣太后曾在慈宁宫“化身”“九莲菩萨”，清孝庄太后更将其后殿改作大佛堂，并使得慈宁宫一度成为紫禁城中最重要的佛教活动场所。

明代慈宁宫院落一角示意图

明清古代宫殿建筑，一般分为前殿后宫，前面是处理政务、举行典礼的场所，后面是日常起居的空间。慈宁宫也不例外，它的后殿原本是历代太后、太妃嫔等的寝宫，直到清代初年才发生了变化。清初孝庄太后尊崇佛教，将慈宁宫后殿改为礼佛场所，自己则移至慈宁宫东南围房居住。康熙十八年（1679）内务府档案中首见“慈宁宫佛殿”的称谓。

孝庄太后像

在此后的宫廷文献中，慈宁宫后殿被通称为“大佛堂”，成为清代太皇太后、太后、太妃嫔们的礼佛之处。清代在紫禁城内设有各式佛堂40余座，此处的佛堂曾是清宫众多佛堂中体量最大的，“大佛堂”由此得名。

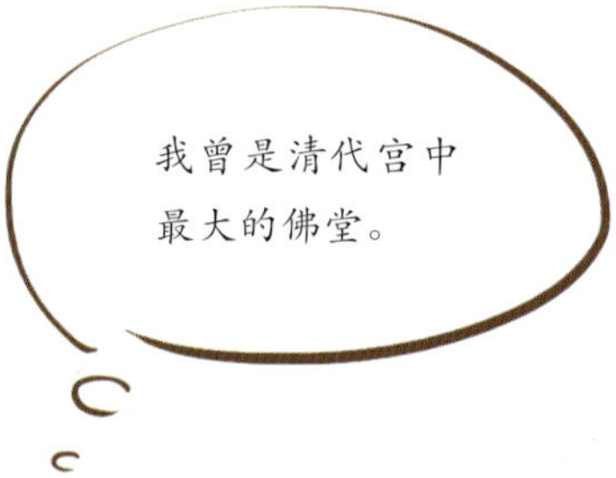

大佛堂

雨花阁

然而现在故宫中最大的佛堂并非慈宁宫大佛堂。乾隆十四年(1749)，乾隆皇帝在内廷西路春华门内建成了一座外观三层实则四层的密宗佛堂雨花阁。其体量超越了大佛堂，成为宫中佛堂最大的一处。

大佛堂殿前月台上原来有香炉和香筒用来燃香，不过目前香炉、香筒不在此处，出于文物安全考虑，它们已被收入文物库房保管。

原来在大佛堂前的香炉和香筒

大佛堂殿内装修考究，佛龛、供案、佛塔、佛像、经卷、法物、供器等陈设众多。其中最醒目的，是殿内正中的金漆仙楼大佛龛。仙楼是宫廷内檐装修的一种，在殿宇中隔出上下两层的仙楼，用于供奉佛像法器。大佛堂仙楼佛龛体量硕大，通体髹金漆，雕刻精致，是现存清代宫廷大型仙楼中的孤例。

佛堂供奉的主尊，为明初的夹纻三世佛。加之佛堂两侧的十八罗汉造像，都是传世佛造像中的精品，艺术价值极高。夹纻是中国传统造像工艺：先用泥塑成胎，再用麻布在泥胎外缠绕，后在麻布上反复涂刷大漆；漆干后，在漆层上施以雕刻、彩绘；最后将泥胎打碎挖出，形成只剩麻布与漆层的佛像外壳，因此又有“脱空像”之称。夹纻像不但柔和逼真，而且质地轻巧，便于在大型宗教活动中将佛像抬出佛堂，因此又称“行像”。

原大佛堂罗汉造像

原大佛堂罗汉造像

除了众多佛教造像、法器外，这里还曾陈设过一件体现祖孙深情的文物。康熙十八年(1679)二月初八，孝庄太皇太后六十六岁生日。康熙皇帝为给祖母庆生，亲笔御书“万寿无疆”四字，并命人将其制成刺绣大匾，悬挂在大佛堂中。款署“孙皇帝臣玄烨恭进”，钤盖“皇帝尊亲之宝”。

康熙皇帝御书“万寿无疆”匾

如今大佛堂建筑完好，但内部的佛像、佛龛、法器等陈设都因历史原因调拨河南洛阳白马寺、洛阳博物馆等处。目前，佛堂中主尊三世佛和十八罗汉造像，均在洛阳白马寺中陈设。

洛阳白马寺中的原大佛堂文物

如今，虽然大佛堂中陈设无存，但步入殿宇，还能寻觅到当初佛堂的痕迹。屋顶上方，曾经悬挂过幔帐的红色漆金长杆仍在；地面正中，佛龛柱础的痕迹犹存；北面墙壁上，还留有三世佛背光的残影。尤其在大佛堂正殿东西两侧的墙壁上，还留有富含佛教义理的八宝图案。

三世佛背光残影

三世佛背光残影

佛龛柱础痕迹

八宝图案

红色漆金幔帐杆

今日大佛堂

如今，随着故宫雕塑馆在慈宁宫区开放，昔日供奉佛像的佛堂重设为展馆，将不同时期、不同材质的144尊佛教造像展示给世人。大殿中展示的佛教造像恰与其古时的佛堂功能相呼应，文物与殿宇可谓相得益彰。

地下寻真

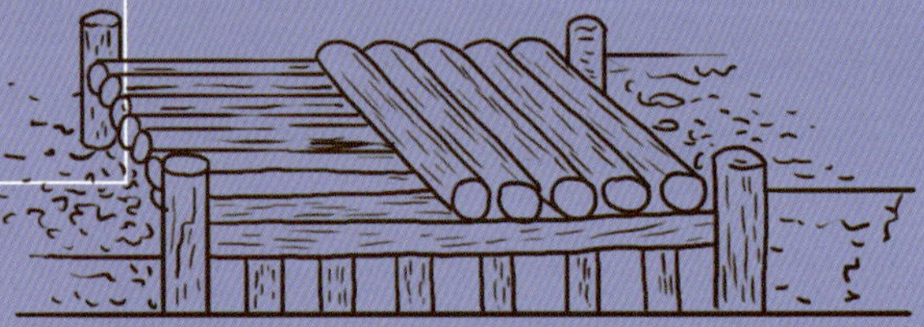

03
地下寻真

紫禁城被称为“地上的天宫”，实际上，在慈宁宫地下，也埋藏着一片“地下宫殿”。

出慈宁宫，入长信门，就来到慈宁宫花园的东院。这是一座南北长133米、东西宽22米的长方形院落。史料记载，这里曾属于元代的皇宫，明代初期是大型宫殿大善殿的所在区域。明代嘉靖以后，因修建慈宁宫，此处成为一片空旷地带。清代，这里成为举办皇太后圣寿庆典和皇帝大婚庆典的重要场所。光绪皇帝大婚时就在这里举行过大型庆典。

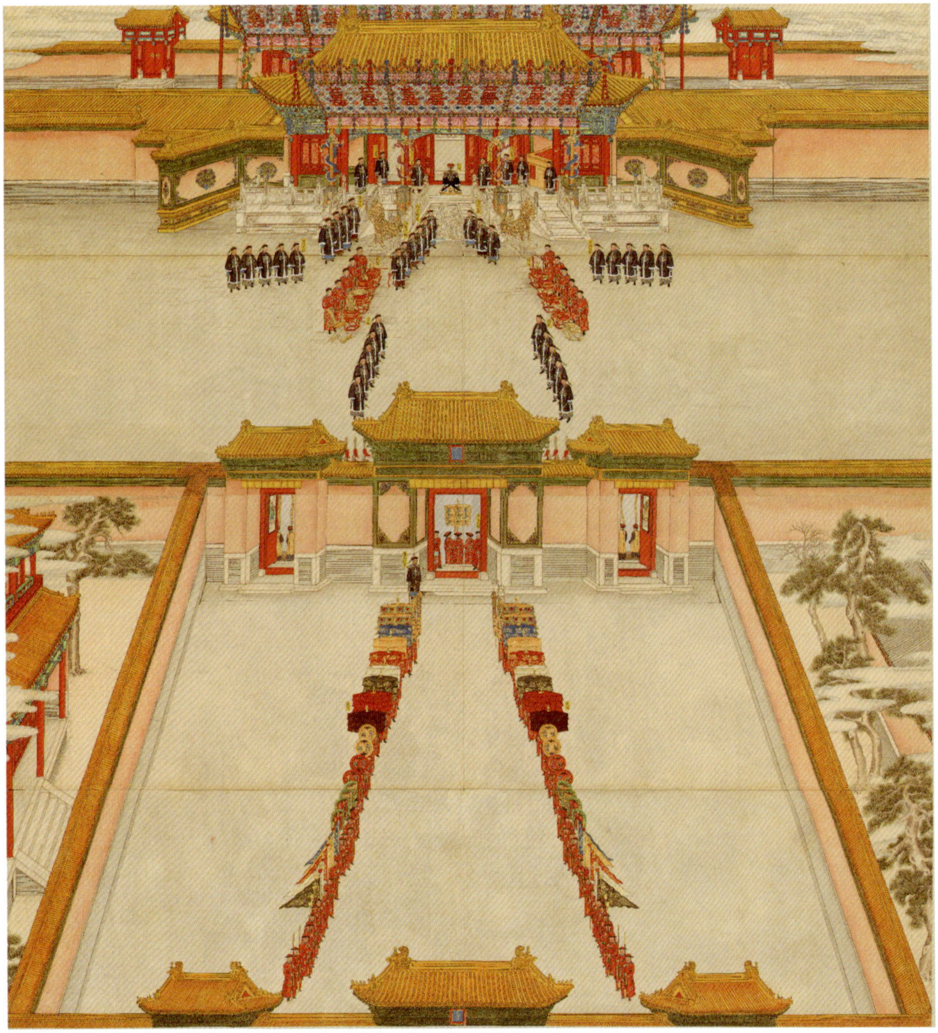

（清）《光绪大婚图》中的慈宁宫花园东院

如今，这片空旷的区域虽然已经不复当年庆典时的热闹繁华，但却被开辟为别样的考古空间。2014年8月，故宫工作人员在对慈宁宫花园东院进行日常修缮时发现了大型宫殿建筑遗迹。考古人员的抢救性发掘逐步揭开了它的面纱：这座宫殿建筑基址由桩承台、磉墩和夯土夯砖层等构成。桩承台以竖立的圆木作为地钉，再在上面铺设排木；磉墩是用砖砌成的柱基，上面承载大型宫殿建筑；夯土夯砖层则是把建筑地基的土层夯实。这些遗迹都是防止宫殿因为自重等原因下沉的有效手段，类似于现代建筑的地基。

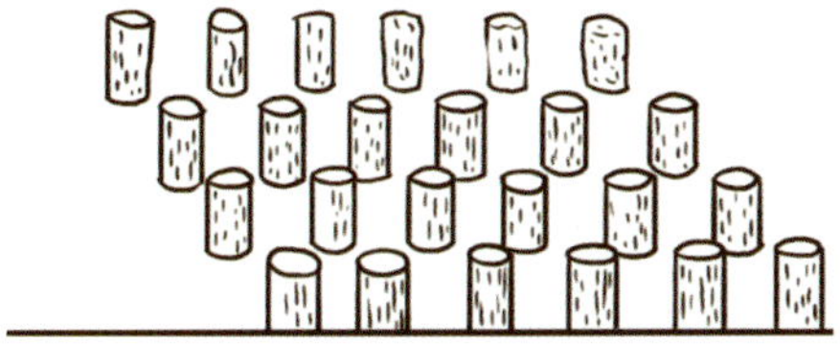

地钉示意图

工作人员考古场景

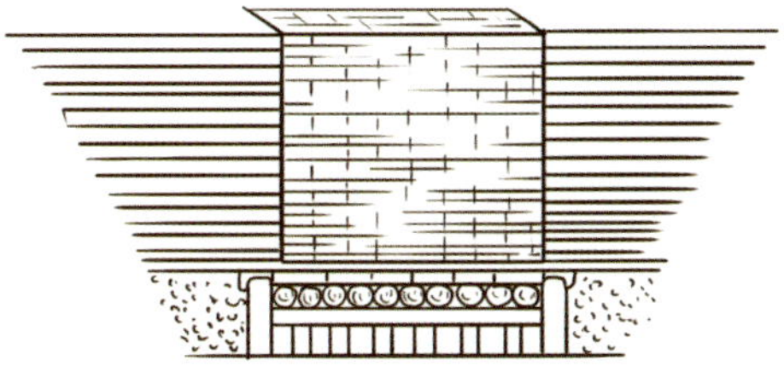

夯土夯砖层示意图

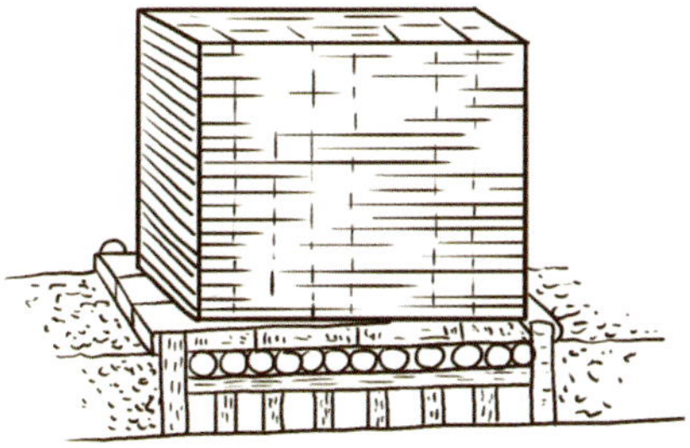

磉墩示意图

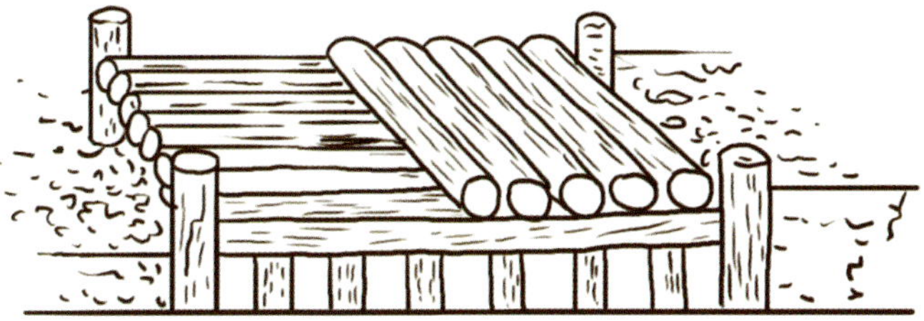

桩承台示意图

除了这些大型建筑遗迹外，这里还出土了元代风格的红胎布纹琉璃瓦、黑釉盆底残片和青釉碗口残片，以及多块带嘉靖铭文的青砖和明后期风格的青花瓷碗残片。通过这些出土文物可推测，这里原有的宫殿最迟建造于明早期而废弃于明后期，正与历史文献中的大善殿相互对应。

红胎布纹琉璃瓦

嘉靖铭文青砖

青釉碗口残片

慈宁宫花园东院出土文物

大善殿建于明永乐时期，位于紫禁城外西路，仁寿宫以南，时人在《皇都大一统赋》中曾这样描述它："乾清并耀于坤宁，大善齐辉于仁寿。"可见，大善殿能与当时皇帝居住的乾清宫相媲美。它在明代前中期作为佛堂，供奉众多佛教造像和佛牙佛骨。拆除大善殿时，崇尚道教的嘉靖皇帝命人把殿中的造像法器付之一炬。

如今，这一处保存完好、规模宏大、工艺考究的宫殿建筑基址，为研究紫禁城历史和中国古代建筑技术提供了新的资料。为了最大程度保护文化遗产，慈宁宫花园东院考古采取了“微创发掘”方式，考古探坑与周边的绿树红墙相掩映，观众可以徜徉其间，探索紫禁城地下的秘密，这里也成为故宫一处别样的景观。

慈宁宫花园东院考古工地现场

夯土夯砖层

探坑地层结构

就在慈宁宫花园东院考古发掘两年后，2016 年 6 月，慈宁门西南侧，再次出现了重要遗迹——明永乐时期的墙基，证明此处曾筑有厚重的宫墙，而墙内建筑的高大和重要也就不言而喻了。这是紫禁城内首次发现明代大型建筑的墙基以及建筑基槽遗迹，为探究慈宁宫的“前世今生”增添了新的证据。

慈宁门西南侧考古现场

这段墙基残存 20 层、残高 2.8 米，虽然表面斑驳，染尽岁月痕迹，但是砖块结构非常完整。墙基上还有明晚期夯土层和明晚期地面的遗迹。墙基遗迹底部发现 4 根木质地钉，地钉之上分别铺设了东西向和南北向的两组排木，这一横一竖的地钉和排木组成了稳固的桩承台。桩承台周边的基槽内另夯筑了厚约 0.8 米的碎砖层，这样一来，整个墙基的构造就更为坚实牢固。

慈宁门西南侧考古探坑示意图

周太后陪皇子朱祐樘玩耍

有墙就有宫殿，从目前历史文献和考古发现来看，还不能确定慈宁门西南侧区域建筑的名称。但是从其建筑构造、规模建制上也能窥得一丝踪迹。如果慈宁宫花园东院是大善殿的基址，那此处很可能就是仁寿宫的墙基。仁寿宫原是明代皇帝的便殿，明景泰皇帝曾迁英宗皇后钱氏于此暂居；明孝宗（朱祐樘）为太子时，由于后宫争斗，为防他遭人毒害，便由周太后养在此宫之中。

明孝宗朱祐樘像

值得一提的是，在距慈宁门不足百米的隆宗门西侧广场位置，即进入慈宁宫的必经之路上，同样发掘出一处古代建筑遗存。这里有清中期的砖铺地面和排水沟，明后期的墙、门道基址、铺砖地面，明早期的建筑基槽，以及最下层的元代夯土层和砖层基槽。

元皇宫的所在地一直以来扑朔迷离，此次考古发现的元代地层，则可以确定元皇宫就位于此处。这一发现在故宫发展史上具有重要意义。

隆宗门考古探坑中的夯砖层与夯土层

御苑春秋

04
御苑春秋

慈宁宫花园是慈宁宫的配套园林建筑，它清幽典雅，宁静肃穆，是明清太皇太后、太后、太妃嫔游园、礼佛之所。

慈宁宫花园明代即有，清代沿用，于乾隆三十四年（1769）大规模改建后形成今貌。它南北长约130米、东西宽50米，面积仅次于御花园，在紫禁城四座花园中位居第二。

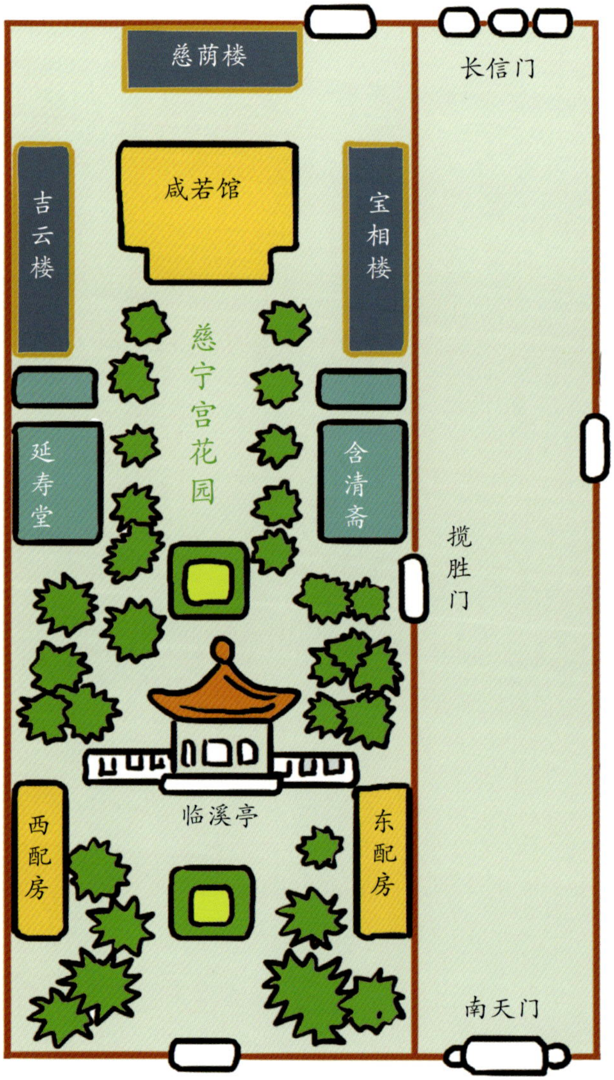

慈宁宫花园示意图

花园中现存9组建筑。不像一般园林那样迎门湖石假山，曲径通幽，而是布局疏朗，一路坦途，园内也没有登高爬坡的构筑，体现了适应老人家身体状况的设计，使太皇太后、太后、太妃嫔免于跋涉劳累而仍能享受游园之趣。

慈宁宫花园

鉴于其主要使用者太后、太妃嫔们日常生活中对礼佛的重视，花园北部正中建有佛堂咸若馆，外围还设置有慈荫楼、吉云楼和宝相楼 3 座佛楼。这几处佛教建筑各具功用。

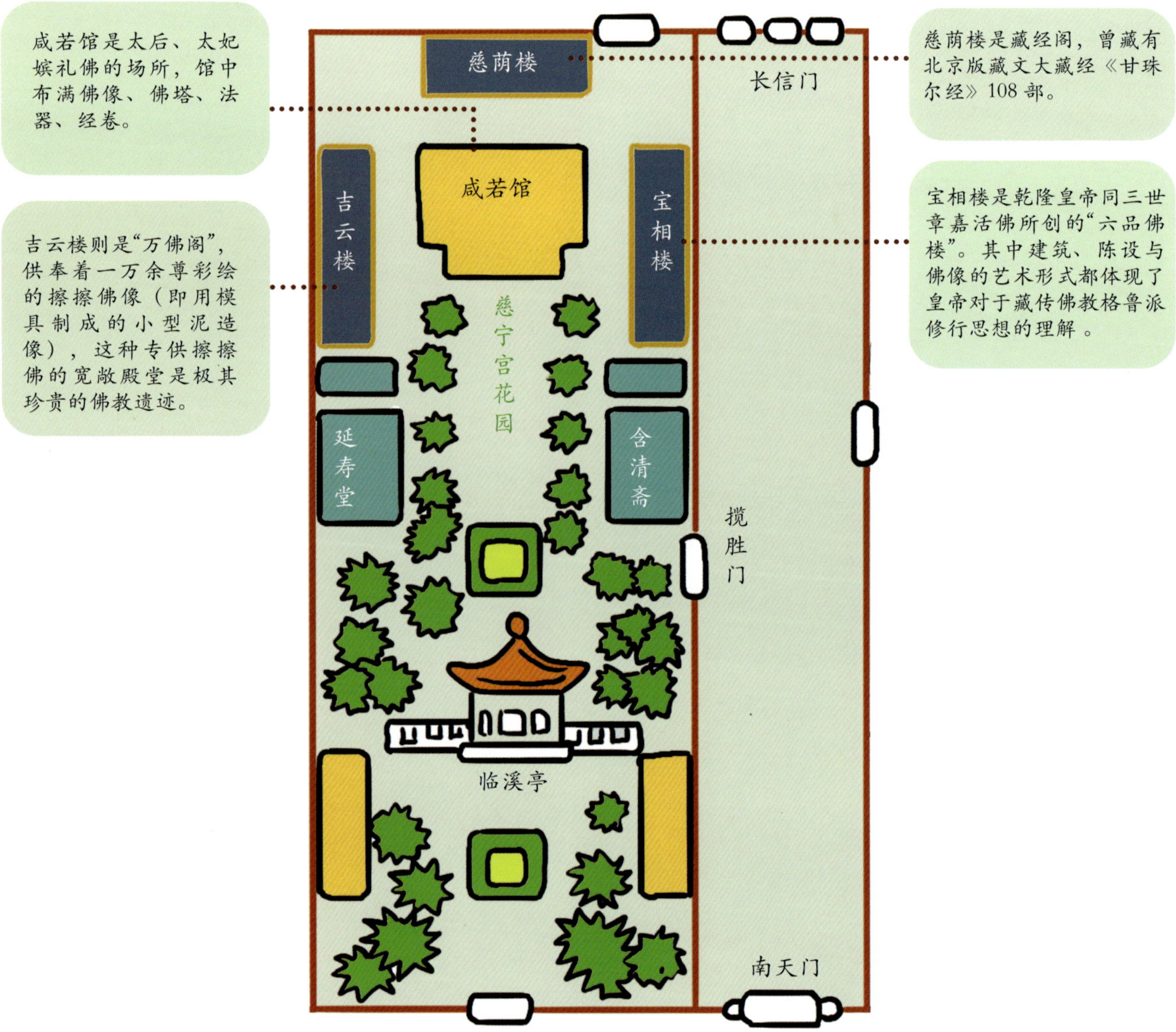

慈宁宫花园

宝相楼大门

吉云楼大门

咸若馆全貌

咸若馆原状陈列

慈荫楼正门

再往南，东西对称分布着两组院落，分别为含清斋与延寿堂。这两处建筑承载了皇帝对母亲生死相侍的孝道。两处院落均素雅质朴，小门、矮墙、勾连搭式卷棚顶、山墙上开的花窗，构成流畅活泼的建筑外观，在一片浓荫茂木掩映中，颇有江南宅院的情趣。乾隆四十二年（1777），崇庆太后去世，灵枢安放在慈宁宫正殿，乾隆皇帝就在含清斋为母亲守孝。

乾隆皇帝御笔“含清斋”匾

含清斋院外

咸丰皇帝曾在延寿堂侍奉太后用膳。皇太后的膳食都有什么呢？我们来看看咸丰十一年（1861）十月初十，慈禧太后早膳的膳单。

火鍋二品
羊肉炖豆腐、爐鴨炖白菜
大碗菜四品
燕窩『福』字鍋燒鴨子、燕窩『壽』字白鴨絲
燕窩『萬』字紅白鴨子、燕窩『年』字什錦攢絲
中碗菜四品
燕窩肥鴨絲、熘鮮蝦、三鮮鴿蛋、燴鴨腰
碟菜六品
燕窩炒熏鷄絲、肉片炒翅子、口蘑炒鷄片、
熘野鴨丸子、果子醬、碎熘鷄
片盤二品
挂爐鴨子、挂爐猪
餑餑四品
百壽桃、五福捧壽桃、壽意白糖油糕、壽意苜
蓿糕
湯
燕窩鴨條湯
面
鷄絲面

慈禧太后早膳膳单示意图

餐具

皇帝侍膳图

由这份膳单可以看出，晚清宫廷饮食种类多样，营养丰富，菜品又多有“福”“寿”等吉祥寓意。太后们在花园中享用如此美食，该是怎样的一番情趣！

既然是花园，自然也要为太后、太妃嫔们设计游憩的场所。花园中部偏南坐落的临溪亭就是太后、太妃嫔们游园休憩、赏花观鱼的绝佳场所。它也是慈宁宫花园的主要建筑之一，建在矩形水池中的单孔砖石券桥上，东西两面临水。水池中并非活水，明清时是以驴拉水车从西侧的内金水河中取水注入池中，同时在池中养鱼、种莲。

水池注水

慈宁宫生瑞莲

临溪亭被树影碧波环绕，意境清雅，夏季水池内莲花盛开，也是美哉妙哉。万历十四年（1586），太后居住的慈宁宫区出现了“瑞莲”。虽然不知道“瑞莲”具体长什么样子，但因莲花是水生植物，而慈宁宫区域只在此处有水，故推测，临溪亭下应该就是当年瑞莲诞生之地。当时，这一祥瑞之兆轰动朝野，大臣们一时陆续作《瑞莲赋》，纷纷称颂。借由此事，万历皇帝的母亲慈圣太后也被神化为“九莲菩萨”，供时人膜拜。

慈圣太后像

九莲菩萨像

临溪亭前还有一座青铜香炉，上面铸有“大明正统七年岁次九月吉日造”的文字。这说明它是明代正统时期的文物，但这座花园是明代嘉靖年间才建成的，前后相差近百年，难道是把前期做好的铜炉移到后期建成的花园中吗？

原来，这座香炉并不是故宫旧藏，而是 20 世纪 50 年代从社会上征集收购而来。由此可见，故宫中的文物并不一定都是明清皇宫中的收藏。那些在 1949 年之后通过国家调拨、社会捐赠、民间收购等途径新入藏的文物，在故宫的文物系统上也有着不一样的编号体系，它们被统一冠以“新 ×××××”字号。

慈宁宫花园的香炉

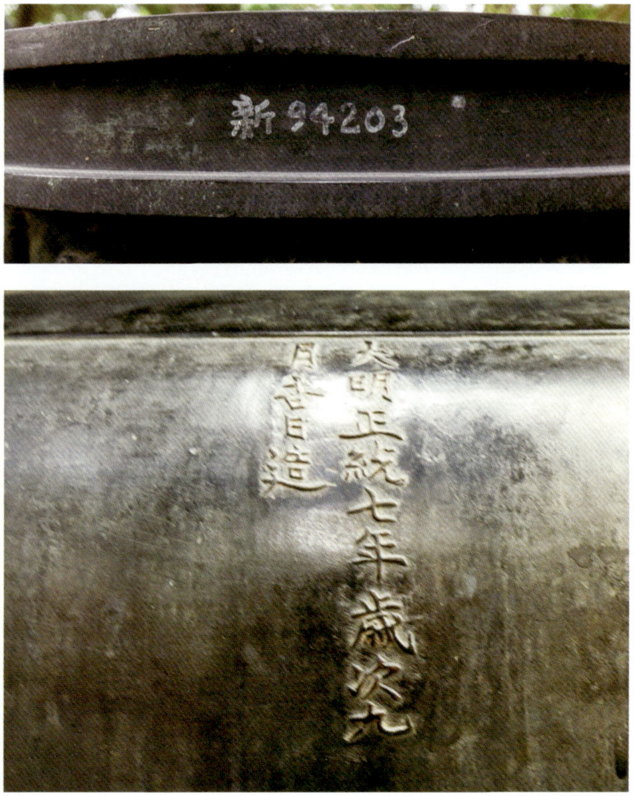

文物号和铭文

为女性长者颐养天年的花园自然不能少了长寿寓意的设计。花园最南端的太湖石假山就是最好的证明。太湖石是产于太湖区域的多孔而玲珑剔透的岩石，寓意长寿，亦称寿石。这处假山不为登高临远，只为象征寿比南山，表达对长者健康长寿的祝福与企盼。

慈宁宫花园的太湖石假山

环顾园内，除建筑、山石外，还有花坛两座，古树106棵。一年四时，目之所及，均给人以美好的享受。

慈宁宫花园四时花树

逸事遗珍

05
逸事遗珍

慈宁宫记录了明清众多太后、太妃嫔人生中最后的岁月，这里的一砖一瓦、一花一木，也无不讲述着几百年来的宫廷故事。

慈宁门前御路石上的蜥蜴

自慈宁门开始，当我们把目光重新投向御路石那一块汉白玉石雕时，会发现龙凤石刻之间还雕刻了一只不起眼的小动物，你能认出它吗？

它是蜥蜴，被认为可以上天入地、驱邪逐疫，寓意趋吉避凶、大吉大利。许多清代皇家建筑中都能找到它的身影。

比起蜥蜴这种小型动物，更加引人注目的是慈宁门前高大威猛的瑞兽。古人自战国时代起，形成了龙、凤、麟、龟的“四灵”概念。此后，它们便作为祥瑞的象征常常出现，体现了人们渴求安宁和平的愿望。慈宁门前的铜镏金瑞兽，毛发上耸，双目前视，昂首挺胸，有着龙头、鹿角、牛蹄和狮子尾，是传说中的“四灵”之一——麒麟。

慈宁门前的麒麟

龙、凤、麟、龟“四灵”图

这是我们常见的麒麟形象，其实历史上它的形象有过很多次变化呢！唐代的麒麟形似牛马，如武则天为母亲杨氏所建顺陵前的石麒麟，就给人一种牛的感觉。宋元时期，麒麟逐渐成为龙形的动物，头顶两只肉角，身上覆有鳞甲。明清以后才逐渐定型为现在的模样。

唐代麒麟

清代麒麟

麒麟是传说中的瑞兽，在现实中自然是不存在的。然而史料记载，明代永乐时期一位榜葛剌国的使臣曾向皇帝进献过一头“麒麟”，而且这个榜葛剌国也是真实存在的！它是明人对现在孟加拉国一带的称呼。历史上，榜葛剌国王分别于永乐十二年（1414）、正统三年（1438）两次派使臣到中国献“麒麟”。永乐皇帝命宫廷画师将麒麟的图像画了下来，并请翰林院修撰沈度写下一篇《瑞应麒麟颂》，抄写在图卷上，这也就是流传至今的《瑞应麒麟图》。

榜葛剌朝贡“麒麟”

然而这可不是真的带来了神兽“麒麟”，明人指的麒麟，居然是长颈鹿。为什么榜葛剌的国王要到中国进献长颈鹿，还称之为麒麟呢？榜葛剌是郑和下西洋的必经之地。极可能是因郑和一行发现长颈鹿长得很像传说中的麒麟，此事被榜葛剌国王知道，才决定将长颈鹿作为贡品献给中国。

嘉靖四十一年造太平缸

紫禁城里许多建筑前都陈设着蓄水防火的大铜缸，名为“太平缸”，寓意保佑宫中太平。慈宁宫也不例外，大殿前丹陛上的一对铜缸，不仅有着防火的功能，还记录着一段历史往事。

慈宁宫是嘉靖十七年（1538）建成的，而慈宁宫大殿前的铜缸上刻的却是“嘉靖四十一年御用监造”，这也就意味着铜缸的制造比慈宁宫的建成时间晚了整整24年。

为什么会有这种情况呢？原来，嘉靖三十六年（1557），紫禁城中奉天、谨身、华盖三殿大火，前朝区域烧为焦土。嘉靖四十一年（1562）三大殿才重建完成。据推测是为了预防大型火灾的再次发生，才又在宫中其他区域增配了这批铜缸。

据说，慈宁宫正殿前的铜仙鹤在历史上还曾挨过打。故事发生在明代万历年间。有一次，万历皇帝去慈宁宫看望母亲，随行太监张明手执藤条在前清路。因张明高度近视，没看清丹陛上的仙鹤，误把它当成了人，便用藤条抽打，并大喝道："圣驾来了，还不躲开！"这引得众人大笑。从此，他得了个"张打鹤"的绰号。

"张打鹤"

随着帝制王朝的衰落，慈宁宫在清末时渐渐不复当年兴盛。这里因无人居住而长期闲置，疏于管理，光绪时期这里还发生过一件骇人听闻的盗窃案。光绪七年（1881）的一天夜里，慈宁宫前殿和大佛堂的屋顶丢失了正脊中的宝匣和八挂镏金吻链，院内地面还发现了被遗弃的木杆和被揭去的瓦片。皇宫中本应宫禁森严，竟然有窃贼混入，慈禧太后震怒，她立刻下旨缉拿案犯。几天之后查明，原来是宫中太监徐志祥吸食鸦片成瘾，为筹烟款，招引窃贼行窃，涉案者多达 12 人。最终将抓获的太监徐志祥、盗贼袁大马等人处以了极刑。

慈宁宫镏金吻链

至清宣统元年（1909），隆裕太后曾计划在上徽号时，召集王公大臣们在慈宁宫行礼，将多年不用的太后宫重新投入使用，以标榜自己太后的身份。可是清末宫廷入不敷出，经费、人员都捉襟见肘。慈禧太后当年重修储秀宫时曾耗白银63万两，慈宁宫年久失修，殿宇破败，范围较储秀宫也更大，废置时间更长，重新修缮必是费用不菲。内务府无奈只得回禀“修理不及”，隆裕太后上徽号的典礼也不得不改在别处进行了。此时距清朝灭亡只有不到两年半的时间。

隆裕太后像

慈宁宫见证了母慈子孝，也历经了国运兴衰。如今，修缮一新的雄伟宫殿以故宫雕塑馆的身份重新面对世人，迎接着对中国文化抱有热忱的国内外游人，游客们可以在这座宫城中探寻历史的踪迹。

今日的慈宁宫

故宫宣教
THE PALACE MUSEUM
PUBLICITY AND EDUCATION

我要去故宫系列

探秘
宁寿全宫外朝

故宫博物院宣传教育部 / 编著　果美侠 / 主编
本册作者：姜琪鹏　王鑫淼
本册绘者：御鉴文化（北京）有限公司　别玮璐

中信出版集团 | 北京

探秘宁寿全宫外朝

编　　著：故宫博物院宣传教育部
主　　编：果美侠
本册作者：姜琪鹏　王鑫淼
本册绘者：御鉴文化（北京）有限公司　别玮璐
摄　　影：齐梦伯
图片提供：故宫博物院资料信息部
策划出品：故宫博物院
　　　　　御鉴文化（北京）有限公司
出版发行：中信出版集团股份有限公司
　　　　　（北京市朝阳区东三环北路 27 号嘉铭中心　邮编　100020）
承 印 者：北京瑞禾彩色印刷有限公司

序言：我要去故宫

去故宫，可以有许多理由：陪亲朋，遛孩子，看展览，拍美照……

不去故宫，往往只有一个理由：太无趣！

相似的院落，差不多的建筑，看过和没看过，似乎没什么差异。如果不是真心喜欢，如果不是迫于无奈，自己说出“我要去故宫”的，可能少之又少。

常年工作在故宫的我们，也不是每个人都能把各个宫殿的与众不同讲出来。揭开600年宫殿建筑的奥秘，需要善于发现的眼睛，需要勇于探索的精神。

一群在这里工作的年轻人，每年向数以万计的游客讲述同样的建筑历史，述说600年不变的宫殿故事，好无趣！不妨换种方式，看看有什么能够吸引人们的看点，整理出新奇的探秘主题，既激发自己去主动发现，也让大家对故宫兴趣盎然。于是，从给学生参观使用的探秘学习单开始，我们策划了《我要去故宫系列》探秘图书。

匆匆的游客，常常一小时走过一座城。而我们，想让孩子们一小时只看一座宫。从中轴线，到东西六宫，再到外西路和外东路，20个建筑区域，构成了20册书的内容主体。既讲建筑，又说历史；既有精美的文物呈现，也有有趣的故事传说。看得见的，引你看细节；看不见的，诱你来想象。文字与插图相辅，内涵与颜值并重。这说的就是《我要去故宫系列》图书。每册分多个主题，涉及建筑、历史、藏品等内容，选题有趣、文字好读、插图好看！

午门，这里是紫禁城的门面担当，既有颜值，又有故事。午门前威严的皇宫仪仗中，竟曾有盛装的宝象，还有宝象拉的辂。

太和门，这里有规矩，讲秩序，门前的古物不只我们不知是做什么用的，就连曾经住在这座宫城里的皇帝也不知。石栏杆的火焰望柱头，开了洞的警报器石别拉似乎也不难发现。

太和殿，皇宫里最重要的建筑，历经600年风雨洗礼，既有灭火的陈设，也有克火的理念，只为向你证明曾经的盛世繁华，可以绵延不变。

保和殿，这里不仅是科举士人的考场，也是清初帝王的临时寝宫。方方正正的中和殿，更是帝王筹备亲耕之礼、关注皇家玉牒的重要场所。

乾清门，朝和廷的分野、家与国的界限，皇帝运筹帷幄在内，军机昼夜值守于外。皇帝很辛苦，大臣也不易，宫里禁火烛，官员上朝，几乎都得黑灯瞎火入宫，“蹭灯”的机会少之又少。

乾清宫，这里是帝王寝宫，却也传来皇子的琅琅读书声。这里药味浓，龙袍新，年节大典，更是院内高悬百丈灯，举国君民齐欢庆。

坤宁宫，凤舞千秋的世界，满汉交融的风格透过门、穿过窗，印在屋内的诸多角落。交泰殿的无为匾，一匾述说出三代帝王与这宫殿的渊源。

御花园，这里春有百花秋有月，夏有凉风冬有雪。钦安殿内护佑宫殿免遭火灾的玄武大帝，不知道是否注意到园内亭子中，井亭竟然没有顶。

西六宫，果然是宫闱趣事多，两枚锈迹斑斑的铁环，记载的是宫内静谧生活中难得的欢娱。末代帝后也在这里赶着新潮，穿洋装、吃西餐、学英语，西方的玩意儿在这里一样不少。

东六宫，曾经的后妃居住地，遗留下一座未建完的西式建筑，只能凭想象复原其类似水族馆的华美。其他的院落，也各有各的故事，既见证繁花盛放，也目睹香魂陨落。

宁寿全宫，看似普通的皇极门，竟然也是有限空间内建造出的另一座“小午门”。门内的皇极殿，更是有着乾清宫的外表，却发挥着太和殿的功用。乾隆皇帝的乐寿之所，不仅有乾隆，还有“钱龙”，而晚清的慈禧太后，也把这里作为御用居处，内政外交，见证了时代的更迭。

乾隆花园，文人的雅致随处可见，禊赏亭、古华轩、碧螺亭、藤萝顶，处处精致，处处惊喜。乾隆皇帝倦于勤，欣赏花园勤而不倦，乐此不疲。

慈宁宫，御路石上的小蜥蜴和门前的麒麟兽一同述说着这里的秘密，屋顶独特的轩辕镜与院内与众不同的月晷，则告诉你这里主人的独特身份。

重华宫，是“养在深闺人未识”的宫苑建筑，弘历在这里娶了他挚爱的富察氏。当了皇帝（乾隆皇帝）后也到这里举办茶宴，君臣之间赋诗联句，雅性使然、默契使然，更是家国天下的情怀使然。

养心殿，八代帝居一定不负众望，既有治国理政之所，也显生活起居之便，更有闲暇怡情之趣。小小的三希堂，幻化出大空间，一幅通景画，巧妙地让景入画，人也入画！

文华殿，象征水的黑色屋顶还不足以护佑文渊阁的《四库全书》，从屋檐彩画到栏板石雕，水的元素随处可见。“天一生水”而有黑瓦屋顶，“地六成之”便有了屋阔六间！

武英殿，摄政王的权力中心，变身为殿本修书之所。浴德之水蜿蜒而出，于断虹桥畔诉说沧桑。储冰之所，亦呈现皇室消夏之聪慧。

珍宝馆，华丽的珠宝背后，隐藏了采珠人等付出的艰辛。皇室的饰品，最精于其取材的独特。先秦石鼓唐时现，流转千年入深宫。只要有心，你就会被它们的文字和经历感动。

钟表馆，让我们了解中西方再次开启的对话。漂洋过海的计时仪器，成了皇家喜好的有趣玩具，可计时，可打更，可升降，可转花。魔术、水法、音乐、鸟音，无不炫目悦耳，赞从心生。

我觉得，以上这些远远不够，书中好玩的故事、好看的插画，等你去探索，由你去发现。如果每读完一本，你就有拿起书入宫的冲动，我们会万分欣慰。真诚地，真心地，在宫里，期盼你，欢迎你！

果美侠，写于墨尔本旅途

2019 年 7 月 27 日

目录

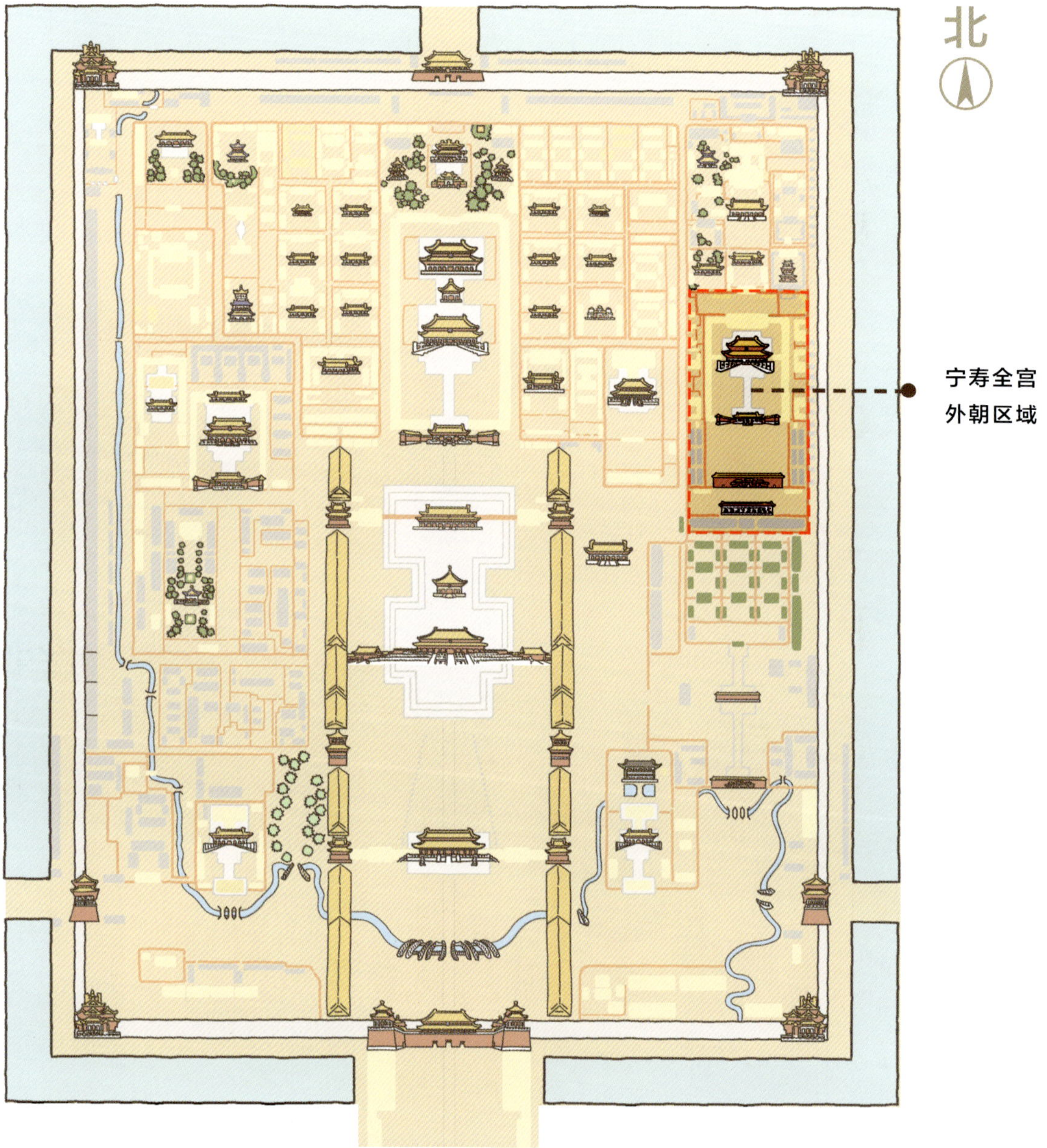

故宫平面示意图

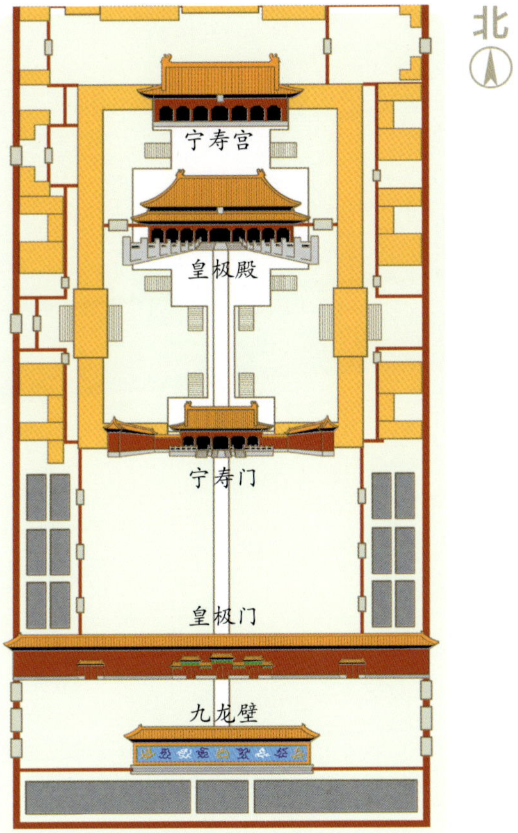

宁寿全宫外朝区域平面示意图

欢迎来到宁寿全宫外朝！

宁寿全宫位于东六宫以东，这组建筑拥有独立的中轴线，所属宫殿大多仿照紫禁城（现故宫博物院）主体建筑修建。以养性门为分界线，宁寿全宫被划分为外朝和内廷两个区域，是当之无愧的“宫中之宫”。

为了深入地了解宁寿全宫外朝区域，让我们共同感受“高宗改建”的傲气，并走进那段“旧时岁月”，探索宁寿全宫外朝早期的建筑格局和历史故事，体会“别有深意”的设计。拨开历史的迷雾，从宁寿全宫盛大的宫廷典礼中体会清王朝的“尊老敬天”。最后，在“晚清余晖”中，了解发生在宁寿全宫外朝的新故事。

高宗改建

01 高宗改建

乾隆皇帝深深仰慕自己的皇祖康熙皇帝，他对宁寿宫区域进行的改造与调整，正是这种仰慕的重要表现。

让我们把时光聚焦于1735年。这一年，雍正皇帝病逝，皇四子爱新觉罗·弘历接过了大清朝的基业，并于次年改元乾隆。

据《清实录》记载，乾隆皇帝即位之初，曾焚香向上天默祷，如果上天眷顾，能够在位六十年，就一定传位给储君，不敢和皇祖康熙皇帝执政六十一年相比较。

乾隆皇帝默祷

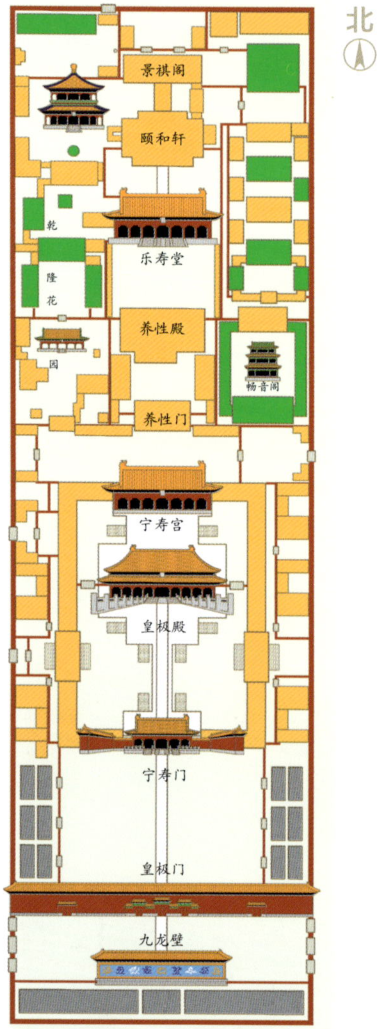

乾隆时的宁寿全宫平面图

乾隆三十五年（1770），乾隆皇帝六旬大寿庆典刚过，宫内立即应诏着手修建为其将来退位养老的太上皇宫，地方就定在了紫禁城东北角的宁寿宫一带。宁寿宫在康熙、雍正年间是供养后宫妃嫔女眷之所，乾隆三十三年（1768），最后一位康熙时代的皇贵太妃在宁寿宫薨逝，宁寿宫一带也就成为营建太上皇宫的理想位置。在改建工程开始之前，乾隆皇帝即定下“旧名袭宁寿”的规矩，在名义上保留了“宁寿宫”的名称，为了区别改建前后的名字，避免冲突，新营建的太上皇宫也被称为宁寿全宫。

由乾隆皇帝亲自主持营建工作的宁寿全宫，对旧有格局和设计理念有所突破。

首先，整个区域设计了一条独立的中轴线，用以彰显太上皇的权威与地位。沿中轴线自南至北主要分布九龙壁、皇极门、宁寿门、皇极殿、宁寿宫、养性门、养性殿、乐寿堂、颐和轩、景祺阁等各类建筑。宁寿全宫中轴线的建筑样式，甚至比紫禁城中轴线上的建筑样式还要丰富。

其次，在原有的居住功能基础之上，新增设了西部区域的花园，也就是紫禁城四大花园之一的乾隆花园，以及东部区域的畅音阁大戏台，为乾隆皇帝“退休”后的养老生活增添乐趣。

皇极殿外景

宁寿宫外景

最后，营建宁寿全宫外朝的主要宫殿，但并不是简单地照搬某座已有建筑，而是综合考量其规制与功能后重新设计。根据乾隆年间大臣奏案和清宫《奏销档》记载，现存的宁寿全宫外朝区域的两大建筑——皇极殿与宁寿宫，都不是以旧有宫殿为主体进行装修的，而是拆除后重建的。皇极殿是在原来宁寿宫前殿的旧址上兴建的，其建筑格局主要以保和殿为蓝本，兼顾乾清宫的部分形制；改建后的宁寿宫则是将原来的宁寿宫后殿拆除，然后仿照坤宁宫的样式修建的。

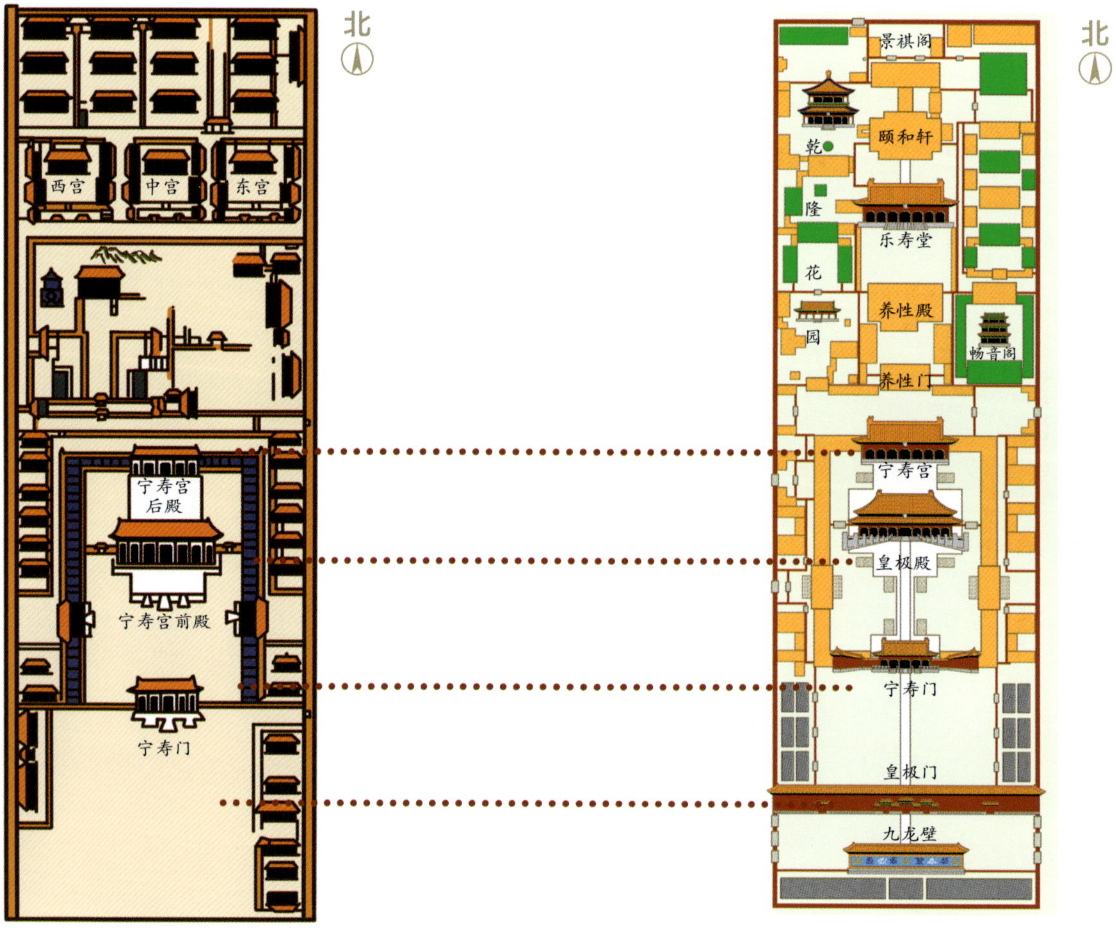

改建前　　改建后

乾隆皇帝的规划

这样一来，在宁寿全宫外朝区域，我们会发现一个很有意思的现象。紫禁城内建筑的命名存在一个基本规律，即宫门与宫殿同名，进入相应的门，就会出现名字对应的宫殿。如太和门之北为太和殿，乾清门之北是乾清宫，慈宁门之北是慈宁宫。但在宁寿全宫外朝区域，门和宫殿的排列却乱了，成了“两门两宫殿”的排布，从南至北依次为皇极门、宁寿门、皇极殿、宁寿宫。这是为什么呢？

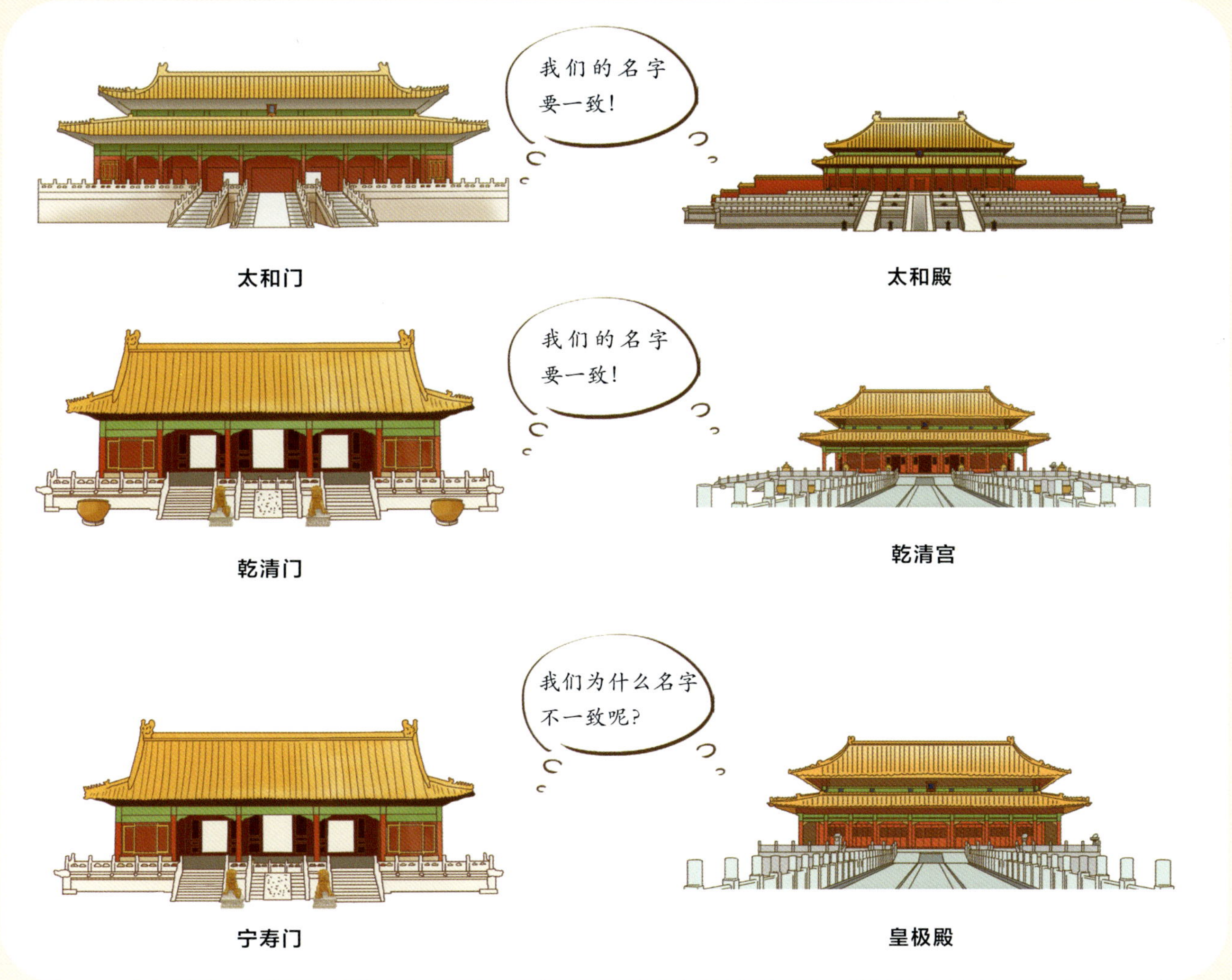

原来，出于对祖父康熙皇帝的尊敬，乾隆皇帝虽然拆除了旧有的宁寿宫并建成皇极殿和新的宁寿宫，但原宁寿宫的宫门——宁寿门却保存了下来。乾隆皇帝又命人在宁寿门南侧增建了与皇极殿对应的新门——皇极门。因此，才有了上述宫门与宫殿不对应的情况。这既满足了实际建筑使用功能，又灵活地融入了乾隆皇帝的主观意愿。

宁寿全宫落成后，乾隆皇帝还特意撰写了《宁寿宫铭》用以纪念，开篇就以“宁咸万国，寿先五福”阐述了宫殿群落沿用宁寿之名的原因。“宁咸万国”典出《周易》，借指天下太平；而“寿先五福”则出自《尚书·洪范》，指长寿居五种福泽之首。其实，皇极殿也好，宁寿宫也罢，都是乾隆皇帝通过殿宇名称不断提醒自己要守护天下太平，恪守为君之道，兢兢业业，将美好与福泽赐予万民。

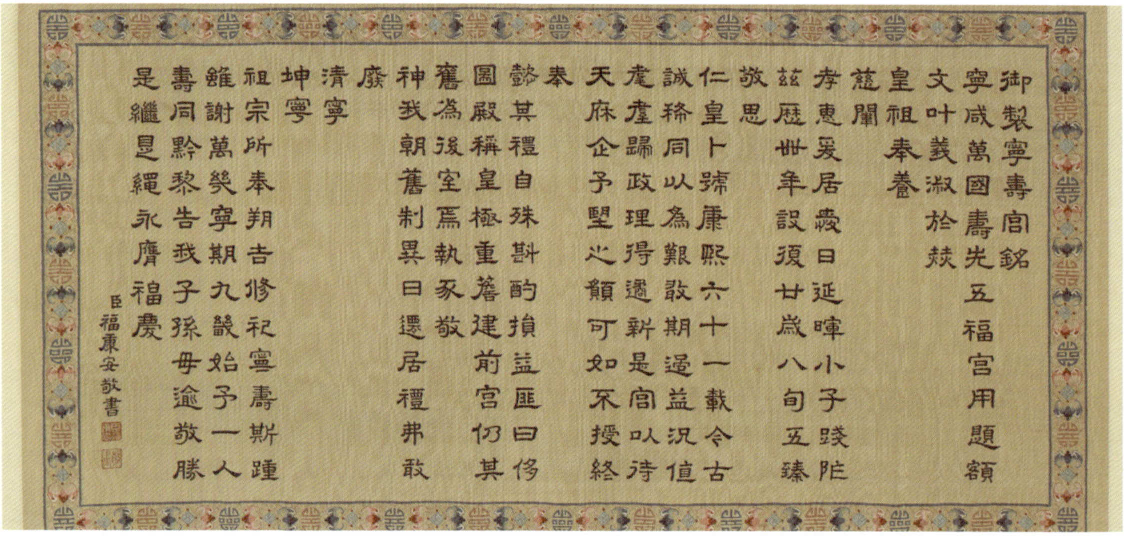

福康安书乾隆御制《宁寿宫铭》

修建宁寿全宫工程量浩大且历时长久，乾隆皇帝为此成立了宁寿宫总理事务处，让福隆安主持工作，和珅、英廉等人也参与其中，负责工程的具体筹备与开展。这个临时机构仔细管理着宁寿全宫的修建工作，无论是修建宫殿的顺序、开销预算的增减，还是皇帝的意愿是否达成，每一件事情都做到有记录，有汇报，有审核。

宁寿全宫自乾隆三十五年筹备建设，到乾隆四十四年（1779）建成，前后历时近 10 年，耗费近 144 万两白银。但是，乾隆皇帝却一天也没有住过。

乾隆皇帝乘坐步辇看宫殿建成

旧时岁月

02
旧时岁月

宁寿全宫主要是清代乾隆时期改建的。在此之前，这一区域的主体建筑宁寿宫一直是安置先帝女眷的场所。这里有过残酷无情的权力斗争，也有温暖感人的皇室亲情。

我们今天看到的宁寿全宫是清代乾隆时期改建的，位于东六宫以东。在明代，东六宫以东分布着仁寿殿及北部的哕鸾宫、喈凤宫等众多宫殿。有别于供皇帝妃嫔居住的东、西六宫，这里是供先帝有封号的妃嫔与无名封的宫中女眷居住养老的地方。清初这些建筑遭到了毁坏，仅在衍祺门一带留有少量的内宫用房。1620 年，仁寿殿迎来了在权力斗争中失败的李康妃（又称西李、李选侍）。她原是明光宗朱常洛的宠妃，当时，朱常洛即位不足一月，就因服用红丸猝然离世，年幼的太子朱由校即将登基。李康妃是太子的养母，她将太子挟持于乾清宫，希望凭借自己与朱由校的关系受封皇太后。这一举动引来大臣的强烈不满，最终李康妃失败，并在大学士刘一燝、给事中杨涟、御史左光斗等人的催促下，不情愿地离开了乾清宫，搬到了仁寿殿。明王朝灭亡之后，李康妃等明代女眷皆由清廷供养，后来李康妃于康熙十三年（1674）薨逝。

李康妃被迫搬离乾清宫

康熙二十八年（1689），康熙皇帝在此区域敕建新宫，并将嫡母仁宪太后，也就是先皇顺治皇帝的第二任皇后——孝惠章皇后博尔济吉特氏移居于此，其他太妃、太嫔作为太后的随居人员一同居住。

乾隆皇帝改建这一区域以前，宁寿宫主要是指单独的一座宫殿；改建后这一区域则成为整个紫禁城东北侧的建筑群落，称为宁寿全宫。在宁寿全宫之中也有一座宫殿叫宁寿宫，但它与康熙时期的宁寿宫除名称一致以外，二者的规模、功能，甚至建筑基址都完全不同。

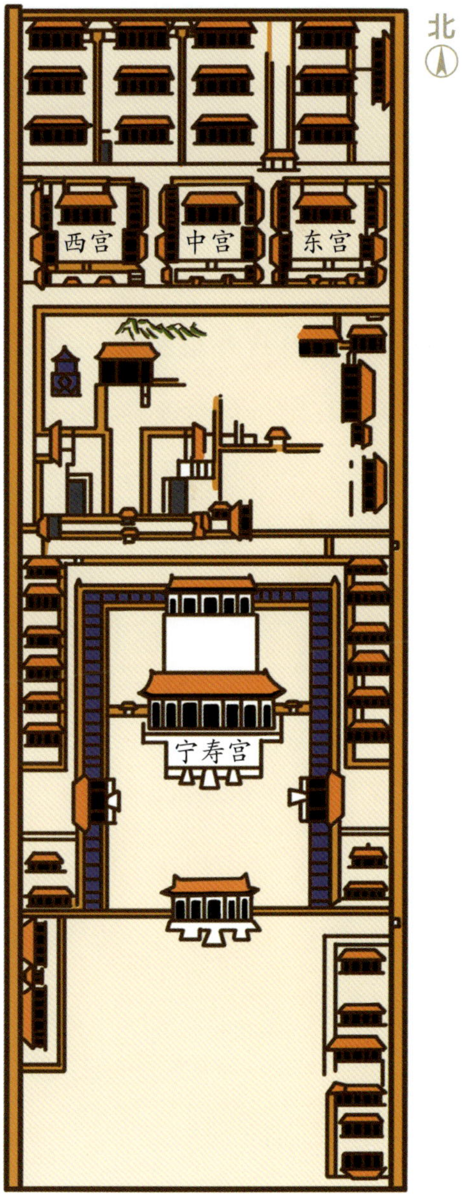

康熙皇帝与宁寿宫

仁宪太后虽然不是康熙皇帝的生母，但康熙皇帝一直将她当作生身母亲一样奉养。据《清实录·康熙朝实录》记载，康熙皇帝几乎天天前往皇太后宫请安。另外，拜谒祖陵、驾幸盛京、避暑古北口以及巡幸五台山等，康熙皇帝都会恭迎太后一同前去。即便太后没有前往，康熙皇帝也会在路上为太后送上心意。康熙二十二年（1683），皇帝率众出塞，路上用鸟枪猎获一只鹿。正当盛夏，康熙皇帝便命随行人员将鹿肉腌渍后晒干，制成鹿脯，快马送回到太后处所供其尝鲜。康熙三十五年（1696），北征期间的康熙皇帝给留守京师的太子胤礽下令，让他每年都要亲自给太后送去各地进献的礼品。皇帝外出巡幸，捕获鲫鱼、猎获银鼠，甚至得到时鲜水果等边远之物，都要进奉给宁寿宫中的皇太后。

康熙皇帝猎获小鹿

北征期间康熙皇帝敕谕太子

康熙皇帝的孝心

除此之外，康熙皇帝还经常去陪太后聊天解闷。康熙五十二年（1713），太后已是七十三岁高龄，白发苍苍，牙齿松动，她对康熙皇帝说：“我现在牙都松了，掉了的牙不疼了，剩下几颗没掉的还是疼起来没完。”康熙皇帝宽慰她说：“先辈常说，老人掉牙对子孙后代有好处，这正是您福泽绵长、垂恩后代的吉兆呢！”太后听后十分欢喜，笑着说：“皇帝这话，让我们这些老人家听了，真是开心呀！”

康熙皇帝与太后聊天

康熙五十六年（1717），仁宪太后病重，已经六十四岁的康熙皇帝身体状况也不太好，但他仍抱病前去探望太后，跪捧老太后双手，呼喊着“母后，儿臣在此”。老太后虽然苏醒过来，但已不能言语，只能拉着皇帝的手，母子四目相视。最后，仁宪太后以七十七岁高龄去世时，康熙皇帝竟不顾病体，号啕痛哭不能自已。

病重的仁宪太后与康熙皇帝

明代李康妃和清代仁宪太后都已经离我们远去，但在宁寿宫宫院内发生的故事，还远远没有结束。

别有深意

03
别有深意

宁寿全宫是一组充满“内容”的建筑群，这些大大小小的“内容”，无不体现着乾隆皇帝对国势强盛的自豪之情。

走进宁寿全宫，最先映入眼帘的就是著名的九龙壁。它由琉璃砖砌成，位于宁寿全宫最南端，是一座特殊的照壁。什么是照壁呢？照壁又叫萧墙或影壁，是我国古代特有的一种建筑形式，多立于大门内，有辟邪之意，也是古建筑里重要的审美构成。九龙壁并不在皇极门内，而是在皇极门外。

民间照壁

我国目前保存有三座较为完整的古代九龙壁。其一是山西大同的明代九龙壁，这是一座琉璃照壁，原先的主人是明太祖朱元璋的第十三子朱桂，照壁位于他府邸前。它宽 45.5 米，高 8 米，厚 2.02 米，无论是长度还是存在历史，它都是三座九龙壁中当之无愧的“老大哥”。其二是北京北海公园的九龙壁，长 27 米，高 5 米，厚 1.2 米，建成于乾隆二十一年（1756），是一座双面琉璃照壁，严格意义上应算作是双面“十八龙壁”。其三就是坐落于紫禁城宁寿全宫的九龙壁了，壁长 29.4 米，高 3.5 米，厚 0.45 米，相对于其他两座九龙壁，它是最年轻的，建成于乾隆三十七年（1772），但它身处皇宫大内，所以显得格外尊贵。

紫禁城皇极门外的九龙壁

有了九龙壁，在皇极殿里端坐的太上皇面对的将不再是枯燥单调的墙壁，而是九条腾龙正中那条唯一以正面示人的金黄色巨龙，它是九条龙中名副其实的王者。

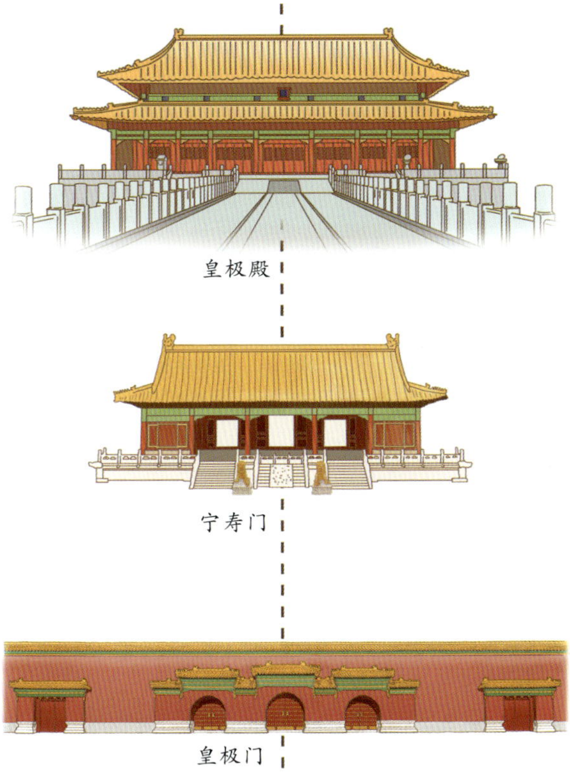

宁寿全宫的中轴线

相看两不厌

九龙壁东侧的白龙身上还隐藏着一个小小的秘密。仔细看会发现，它肚子下方呈弧形的一块砖不是琉璃，而是一块木头。为什么别的部件都用琉璃而这里用了木头呢？

据说，当年工匠们将九龙壁拼砌到最后时，不慎把一块琉璃砖打碎了。因为每块琉璃砖的样式都不同，而且没有可供替换的，打碎了其中一块，就意味着整批砖都要重新烧制，这将大大延误工期。更糟糕的是，如果让皇帝知道了，所有参与者都将难逃罪责。于是，大家急中生智：拿木头按原样重新雕了一块，再刷上白漆，小心镶嵌在破损的地方。九龙壁属于装饰性的照壁，皇帝也从来没有想过要走近摸一摸，就这样，这块木头的秘密就隐藏了下来。直到后来，岁月的洗礼使白漆剥落，这块以假乱真的木头才被人们发现。

白龙肚子的“秘密”

皇极门

九龙壁是宁寿全宫中轴线的南端起点，从此向北，还有不少建筑设计体现了乾隆皇帝的“别有深意”。先来看看走进皇极殿所必须经过的大门——皇极门。

皇极门与九龙壁相对，是宁寿全宫的南向大门。现存的皇极门中间三个门既没有匾额，又没有特殊说明，不容易引起人们的重视。然而事实上，皇极门等级非常高，几乎到了“一门之下，万门之上”的程度。这是由于皇极门的设计精神完全脱胎于故宫的正门——午门，二者的相同之处就在于“明三暗五”的开门形式和“门中有门”的命名方式。

皇极门

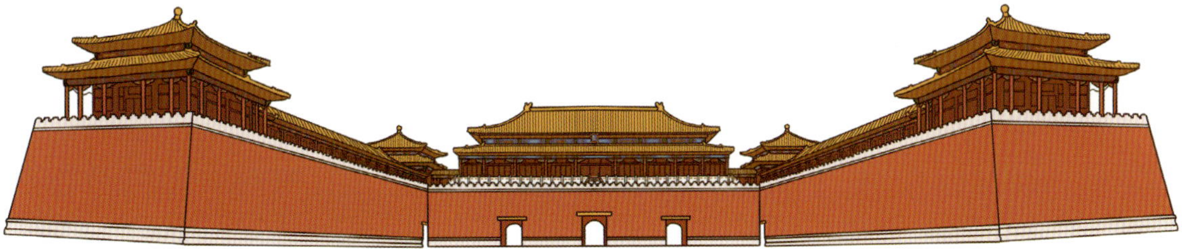

午门

皇极门、午门和奉先门都是宫中少有的开有五个门洞的大门。虽然碍于建筑形式，皇极门的五个门洞只能一字排开，无法做到午门那样十分明显的“明三暗五”，但中间三个最为宽大的门洞俨然已经“手拉手”亲密地自成一体，两端较矮的两个门洞则躲在远处，甚至各自掩映在古柏的后面，这可以看作“明三暗五”的一种形式。

最外侧这两个门洞上方还分别单独悬挂着“皇极左门”和“皇极右门”的匾额，与午门最左边的门左掖门、午门最右边的门右掖门如出一辙，也可以称为“门中有门”。由此可见，皇极门作为宁寿全宫的正门，等级是非常高的。

皇极左门

皇极右门

皇极门简约而不简单，那为什么不直接把皇极门建成午门的样子呢？根源就在于，宁寿全宫受地理位置所限，不能随心所欲、任意逾越。现在的皇极门既在实体建筑形式上做了最大限度的弱化，又在等级内涵上做了最大程度的强化，有舍有取，从而达到了最完美的平衡，也为后面的一系列建筑留下了足够的设计空间。乾隆皇帝虽然嘴上说不敢“有逾皇祖”，实际做起事来也可能就逾越了。

乾隆皇帝的心思

尊老敬天

04
尊老敬天

乾隆年间，皇极殿建成后曾举办过一时传为美谈的千叟宴，而宁寿宫虽然未曾正式投入使用，却也发生过许多动人的故事。

皇极殿和宁寿宫两座单体宫殿，构成了宁寿全宫外朝也是整座宁寿全宫最为重要的建筑。发生在这两座宫殿的故事，也让人津津乐道。

中国历史上曾经举办过四次千叟宴，两次在康熙时期，两次在乾隆时期。康熙五十二年（1713），第一次千叟宴在畅春园举办。所谓千叟宴，是指皇帝邀请高寿的官民参加的宴会。在康熙六十一年（1722）的千叟宴上，康熙皇帝作《千叟宴诗》，因此后人就把这种形式的宴会称为千叟宴。千叟宴旨在弘扬孝道，彰显国泰民安，宣扬太平盛世。

康熙皇帝与千叟宴

畅春园位于圆明园以南，是康熙皇帝在紫禁城外的驻跸之所。第二次鸦片战争、八国联军侵华期间多次被毁，现仅存少量建筑。

康熙六十一年（1722）正月初二，在紫禁城乾清宫前，设宴招待八旗文武大臣中65岁以上致仕的人员，合计680人。三天后，宴请汉族官员中65岁以上的致仕人员，共有340人。这是第一次在紫禁城举办千叟宴。

乾隆皇帝效仿祖父康熙皇帝，也举办过两次千叟宴：第一次在乾隆五十年（1785），地点在乾清宫，共有3900余人参加；第二次则是嘉庆元年（1796）正月初四，彼时乾隆皇帝刚刚将皇位传给皇十五子颙琰，即嘉庆皇帝，之后乾隆皇帝就以太上皇的身份在皇极殿举办了盛大的千叟宴。参加宴会的老人中，60岁以上的总共有5900余人，而太上皇乾隆也已经是86岁高龄了。

参加宴会的老人中不乏百岁老人，比如106岁的熊国沛和100岁的邱成龙，太上皇乾隆称他们为“百岁寿民”，并赐给六品顶戴，还赐给90岁以上老人七品顶戴。宴会的最高潮是即席联诗，一共得诗三十四卷。

注：缂丝是中国传统丝织工艺品种之一。织法以生丝为经，熟丝为纬，先将预定的图案纹样以墨线勾稿，画在经线面上，然后用几只乃至几十只装有不同色纬丝的小梭，依照纹样的轮廓和色彩以小梭、拨子等工具，将多种彩色纬丝分段缂织，按图稿所示与经线交织，形成“通经断纬”。“承空观之，如雕镂之象”，故名缂丝，又名刻丝、克丝、刻色等。由于缂丝工艺繁复，一件成功的作品，所用人力物力非普通人家可以承受，故有“一寸缂丝一寸金”之说。

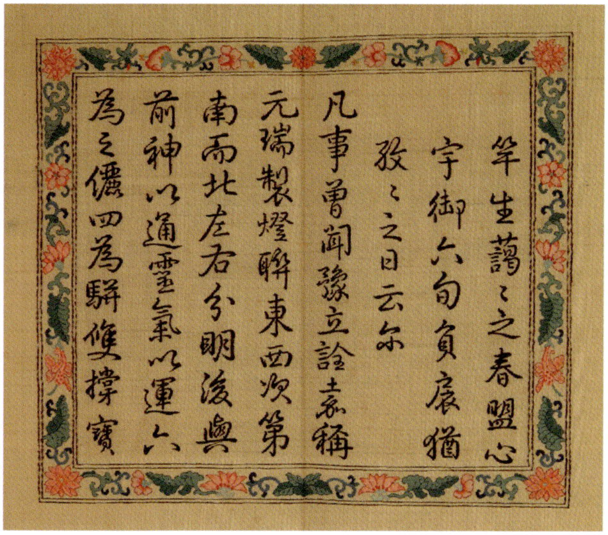

（清）千叟宴联席词册

使用缂丝工艺。

太上皇乾隆还为赴宴的老人准备了特殊的礼物，比如玉如意、楠木鸠杖、养老银牌、笔墨等，总共有16件之多。先说说鸠杖。什么是鸠杖呢？鸠杖也叫鸠首拐杖，指拐杖的扶手部分雕有斑鸠鸟。古人认为斑鸠吃东西不会被噎到，因此将鸠杖赐予与会老人，既可以作为工具，也期盼他们吃东西时不会被噎到。

太上皇乾隆赏赐长寿老人

再说说御赐养老银牌。在千叟宴结束后，太上皇乾隆命人根据老人年龄的大小分别赠予不同重量的银牌，最重的银牌达到十两，赏赐给最高寿的人。银牌的正面刻有“太上皇帝御赐养老”，背面则刻着“丙辰年 皇极殿千叟宴 重×两”。正面为阳刻，背面为阴刻。鸠杖和养老银牌，都是国家尊老敬老的体现。

鸠杖

养老银牌

无论是畅春园、乾清宫还是皇极殿，无论是皇祖康熙皇帝还是皇孙乾隆皇帝，皇帝们举办千叟宴都是为了营造一种普天同庆、国泰民安的盛世景象，所需要的花费都是非常巨大的。乾隆以后，国力日渐衰弱，朝廷再也无力举办这样盛大的千叟宴了。

除坤宁宫外，皇极殿以北的宁寿宫也是一处举行祭祀的场所，室内设有煮肉祭神大锅和木榻大炕。根据乾隆皇帝在《宁寿宫铭》中的记载，他打算将来禅位之后，将原本供在坤宁宫的祭祀神位与屋外的祭天神杆（即索伦杆）移至宁寿宫，以便完成太上皇的祭祀大典。不过，由于乾隆皇帝是“退位不退政”，大典仍在坤宁宫进行。因此，宁寿宫仅仅仿造了坤宁宫部分祭天的器具与装饰，神杆与神位都并未移到这里。

清代宫廷祭祀仪式结束后，使用的部分食物会让乌鸦吃掉。那么，祭祀活动为什么会有乌鸦的身影呢？根据《满洲实录》记载，乌鸦是满族的图腾，还曾帮了努尔哈赤大忙。

当年满洲的部落繁多，彼此征战，时为建州女真部落首领的努尔哈赤在混战中脱颖而出，成为一股强大的力量。但是，这却引起了以叶赫部为首的其他部落的畏惧与仇视。他们组成九大部落联军，分兵三路包抄建州女真。努尔哈赤派遣兀里堪前去勘探敌情。兀里堪奉命出行，向东探查了百余里地，在一处山岭被群鸦阻住去路，多次尝试无法通过。努尔哈赤又命兀里堪再从可扎喀向浑

退位不退政的乾隆皇帝

努尔哈赤

河一代侦察，发现敌军营寨篝火延绵不断。得到这一情报后，建州女真马上调整兵力部署，并一举击溃敌军的包围，取得了胜利。努尔哈赤认为乌鸦立了大功，便把乌鸦作为与天神沟通的“神鸟”。这与意大利“圣鹅守护罗马城”的故事有着异曲同工之妙！

宁寿全宫建造时间长、花费不菲，然而乾隆皇帝在宁寿全宫建成后一天也没有住进去过，仅在此设宴、举行典礼。

夕阳下的皇极殿

晚清余晖

05
晚清余晖

慈禧太后是晚清同治、光绪两朝的实际统治者，在她执政的岁月里，宁寿全宫又迎来了新的变化。

宁寿全宫本是乾隆皇帝为自己打造的太上皇宫，虽然当年曾对上苍发下归政宏愿，但实际情况是，乾隆皇帝退位而不退政，仍旧居住在养心殿内，一切军国大事必须经过他才能成行。直到100多年后，宁寿全宫才迎来了新的主人——慈禧太后。

慈禧太后像

同治时期，慈禧太后在宁寿全宫举办过多次宴会和赏戏活动。同治五年（1866）慈禧太后圣寿日那天，同治皇帝会同文武大臣，先到慈宁宫为慈禧太后庆贺。早膳过后，同治皇帝亲奉慈安、慈禧两宫太后到达宁寿全宫，并侍奉太后午膳，同行的宗室王公也都获赠宫廷御膳。之后的同治六年、七年、十年，慈禧太后的圣寿都照此操办。同治十三年（1874），宁寿全宫里曾经安排了四天的戏曲表演。

同治皇帝和慈安太后去世后，慈禧太后逐渐成为大权独揽的“太上皇”。

光绪十五年（1889），慈禧太后撤帘归政，将政权归还光绪皇帝。按照礼制，慈禧太后应入住慈宁宫。因为自孝庄文皇后开始，慈宁宫为皇太后、太妃、太嫔养老的主要居所。但慈禧太后搬进了宁寿全宫，并将外檐的围栏改为苏式彩画。

你知道整个故宫出现频率最高的匾额是什么吗？答案就是“仁德大隆”匾！写有这四个字的匾额，故宫中一共现存三块：两块高悬在宁寿宫的皇极殿，一块在殿门外的正上方，一块在殿内屏风之上；另一块则悬挂于慈宁宫的正殿。

“仁德大隆”匾

皇极殿内的“仁德大隆”匾额上的字为慈禧太后手书，此匾额两侧，还有光绪皇帝御笔楹联：日之升，月之恒，八表同登仁寿域；天所覆，地所载，万年常巩海山图。“日之升，月之恒”，意思是像太阳每天升起那样永久不变，像月亮一样永久长在。“八表同登仁寿域”，意即在太后和皇帝的英明治理下，八方人民都到达了仁义、长寿的境地。“天所覆，地所载”，意为在全世界范围内；“海山图”，指全国的山河，即全部湖海疆域；“万年常巩海山图”，意为普天之下太平盛世，大清江山万年永保。这对楹联下署“子臣载湉敬书”，载湉就是光绪皇帝。

光绪皇帝作为一国之君，首先想到了民之疾苦，这从“八表同登仁寿域”的希望中可以看出；又想到了国家的安危，这在“万年常巩海山图”的期盼中也有所表现。从这副对联可以看出，光绪皇帝的书法根基很厚，笔法遒劲有力，风格敦朴，大气磅礴。

与慈禧太后御笔的“仁德大隆”相对，皇极殿门内侧上方悬挂着光绪皇帝题写的“隆万化”三字匾。“隆”，就是兴隆；“万化”，指自然界万物繁育衍化。这三个字的意思就是万物充满生机，国家兴旺。匾额的落款也是“子臣载湉敬书”。

光绪皇帝像

“隆万化”匾

慈禧太后题字

光绪皇帝题字

在皇极殿内两侧，还悬挂着多个这一时期寓意美好的匾额。比如，大殿东侧内檐悬挂着慈禧太后题写的“圣膺嘉祐”匾。“嘉”即嘉奖；“祐”意保佑；“膺”指荣膺。这四个字意为统治者圣明有德，获得上天的嘉奖保佑。

皇极殿东墙上还有光绪皇帝亲题的“淑风嘉祥”匾。“淑风”，本意是美好的风范，这里用来赞美慈禧太后的母仪；“嘉祥”则是祥瑞。“淑风嘉祥”寓意太后的良好风范，是国之祥瑞。大殿西侧内檐之上是慈禧太后所书的“亿龄祉福”匾，“亿龄”即万万岁，“祉福”即福祉，也就是帝后拥有享受不尽的福祉。

时光如梭，昔日的王朝兴衰都已经离我们远去。今天的宁寿全宫外朝区域，仍然是那么庄严肃穆地迎来送往，似乎在向人们诉说着一个个还未讲完的故事……

“圣膺嘉祐”匾

“亿龄祉福”匾

“淑风嘉祥”匾

故宫宣教
THE PALACE MUSEUM
PUBLICITY AND EDUCATION

我要去故宫系列

探秘
宁寿全宫内廷

故宫博物院宣传教育部 / 编著　果美侠 / 主编
本册作者：范雪纯
本册绘者：御鉴文化（北京）有限公司　别玮璐

中信出版集团 | 北京

探秘宁寿全宫内廷

编　　著：故宫博物院宣传教育部
主　　编：果美侠
本册作者：范雪纯
本册绘者：御鉴文化（北京）有限公司　别玮璐
摄　　影：齐梦伯
图片提供：故宫博物院资料信息部
策划出品：故宫博物院
　　　　　御鉴文化（北京）有限公司
出版发行：中信出版集团股份有限公司
　　　　　（北京市朝阳区东三环北路 27 号嘉铭中心　邮编　100020）
承 印 者：北京瑞禾彩色印刷有限公司

序言：我要去故宫

去故宫，可以有许多理由：陪亲朋，遛孩子，看展览，拍美照……

不去故宫，往往只有一个理由：太无趣！

相似的院落，差不多的建筑，看过和没看过，似乎没什么差异。如果不是真心喜欢，如果不是迫于无奈，自己说出“我要去故宫”的，可能少之又少。

常年工作在故宫的我们，也不是每个人都能把各个宫殿的与众不同讲出来。揭开600年宫殿建筑的奥秘，需要善于发现的眼睛，需要勇于探索的精神。

一群在这里工作的年轻人，每年向数以万计的游客讲述同样的建筑历史，述说600年不变的宫殿故事，好无趣！不妨换种方式，看看有什么能够吸引人们的看点，整理出新奇的探秘主题，既激发自己去主动发现，也让大家对故宫兴趣盎然。于是，从给学生参观使用的探秘学习单开始，我们策划了《我要去故宫系列》探秘图书。

匆匆的游客，常常一小时走过一座城。而我们，想让孩子们一小时只看一座宫。从中轴线，到东西六宫，再到外西路和外东路，20个建筑区域，构成了20册书的内容主体。既讲建筑，又说历史；既有精美的文物呈现，也有有趣的故事传说。看得见的，引你看细节；看不见的，诱你来想象。文字与插图相辅，内涵与颜值并重。这说的就是《我要去故宫系列》图书。每册分多个主题，涉及建筑、历史、藏品等内容，选题有趣、文字好读、插图好看！

午门，这里是紫禁城的门面担当，既有颜值，又有故事。午门前威严的皇宫仪仗中，竟曾有盛装的宝象，还有宝象拉的辂。

太和门，这里有规矩，讲秩序，门前的古物不只我们不知是做什么用的，就连曾经住在这座宫城里的皇帝也不知。石栏杆的火焰望柱头，开了洞的警报器石别拉似乎也不难发现。

太和殿，皇宫里最重要的建筑，历经600年风雨洗礼，既有灭火的陈设，也有克火的理念，只为向你证明曾经的盛世繁华，可以绵延不变。

保和殿，这里不仅是科举士人的考场，也是清初帝王的临时寝宫。方方正正的中和殿，更是帝王筹备亲耕之礼、关注皇家玉牒的重要场所。

乾清门，朝和廷的分野、家与国的界限，皇帝运筹帷幄在内，军机昼夜值守于外。皇帝很辛苦，大臣也不易，宫里禁火烛，官员上朝，几乎都得黑灯瞎火入宫，“蹭灯”的机会少之又少。

乾清宫，这里是帝王寝宫，却也传来皇子的琅琅读书声。这里药味浓，龙袍新，年节大典，更是院内高悬百丈灯，举国君民齐欢庆。

坤宁宫，凤舞千秋的世界，满汉交融的风格透过门、穿过窗，印在屋内的诸多角落。交泰殿的无为匾，一匾述说出三代帝王与这宫殿的渊源。

御花园，这里春有百花秋有月，夏有凉风冬有雪。钦安殿内护佑宫殿免遭火灾的玄武大帝，不知道是否注意到园内亭子中，井亭竟然没有顶。

西六宫，果然是宫闱趣事多，两枚锈迹斑斑的铁环，记载的是宫内静谧生活中难得的欢娱。末代帝后也在这里赶着新潮，穿洋装、吃西餐、学英语，西方的玩意儿在这里一样不少。

东六宫，曾经的后妃居住地，遗留下一座未建完的西式建筑，只能凭想象复原其类似水族馆的华美。其他的院落，也各有各的故事，既见证繁花盛放，也目睹香魂陨落。

宁寿全宫，看似普通的皇极门，竟然也是有限空间内建造出的另一座“小午门”。门内的皇极殿，更是有着乾清宫的外表，却发挥着太和殿的功用。乾隆皇帝的乐寿之所，不仅有乾隆，还有“钱龙”，而晚清的慈禧太后，也把这里作为御用居处，内政外交，见证了时代的更迭。

乾隆花园，文人的雅致随处可见，禊赏亭、古华轩、碧螺亭、藤萝顶，处处精致，处处惊喜。乾隆皇帝倦于勤，欣赏花园勤而不倦，乐此不疲。

慈宁宫，御路石上的小蜥蜴和门前的麒麟兽一同述说着这里的秘密，屋顶独特的轩辕镜与院内与众不同的月晷，则告诉你这里主人的独特身份。

重华宫，是“养在深闺人未识”的宫苑建筑，弘历在这里娶了他挚爱的富察氏。当了皇帝（乾隆皇帝）后也到这里举办茶宴，君臣之间赋诗联句，雅性使然、默契使然，更是家国天下的情怀使然。

养心殿，八代帝居一定不负众望，既有治国理政之所，也显生活起居之便，更有闲暇怡情之趣。小小的三希堂，幻化出大空间，一幅通景画，巧妙地让景入画，人也入画！

文华殿，象征水的黑色屋顶还不足以护佑文渊阁的《四库全书》，从屋檐彩画到栏板石雕，水的元素随处可见。“天一生水”而有黑瓦屋顶，“地六成之”便有了屋阔六间！

武英殿，摄政王的权力中心，变身为殿本修书之所。浴德之水蜿蜒而出，于断虹桥畔诉说沧桑。储冰之所，亦呈现皇室消夏之聪慧。

珍宝馆，华丽的珠宝背后，隐藏了采珠人等付出的艰辛。皇室的饰品，最精于其取材的独特。先秦石鼓唐时现，流转千年入深宫。只要有心，你就会被它们的文字和经历感动。

钟表馆，让我们了解中西方再次开启的对话。漂洋过海的计时仪器，成了皇家喜好的有趣玩具，可计时，可打更，可升降，可转花。魔术、水法、音乐、鸟音，无不炫目悦耳，赞从心生。

我觉得，以上这些远远不够，书中好玩的故事、好看的插画，等你去探索，由你去发现。如果每读完一本，你就有拿起书入宫的冲动，我们会万分欣慰。真诚地，真心地，在宫里，期盼你，欢迎你！

果美侠，写于墨尔本旅途

2019 年 7 月 27 日

目录

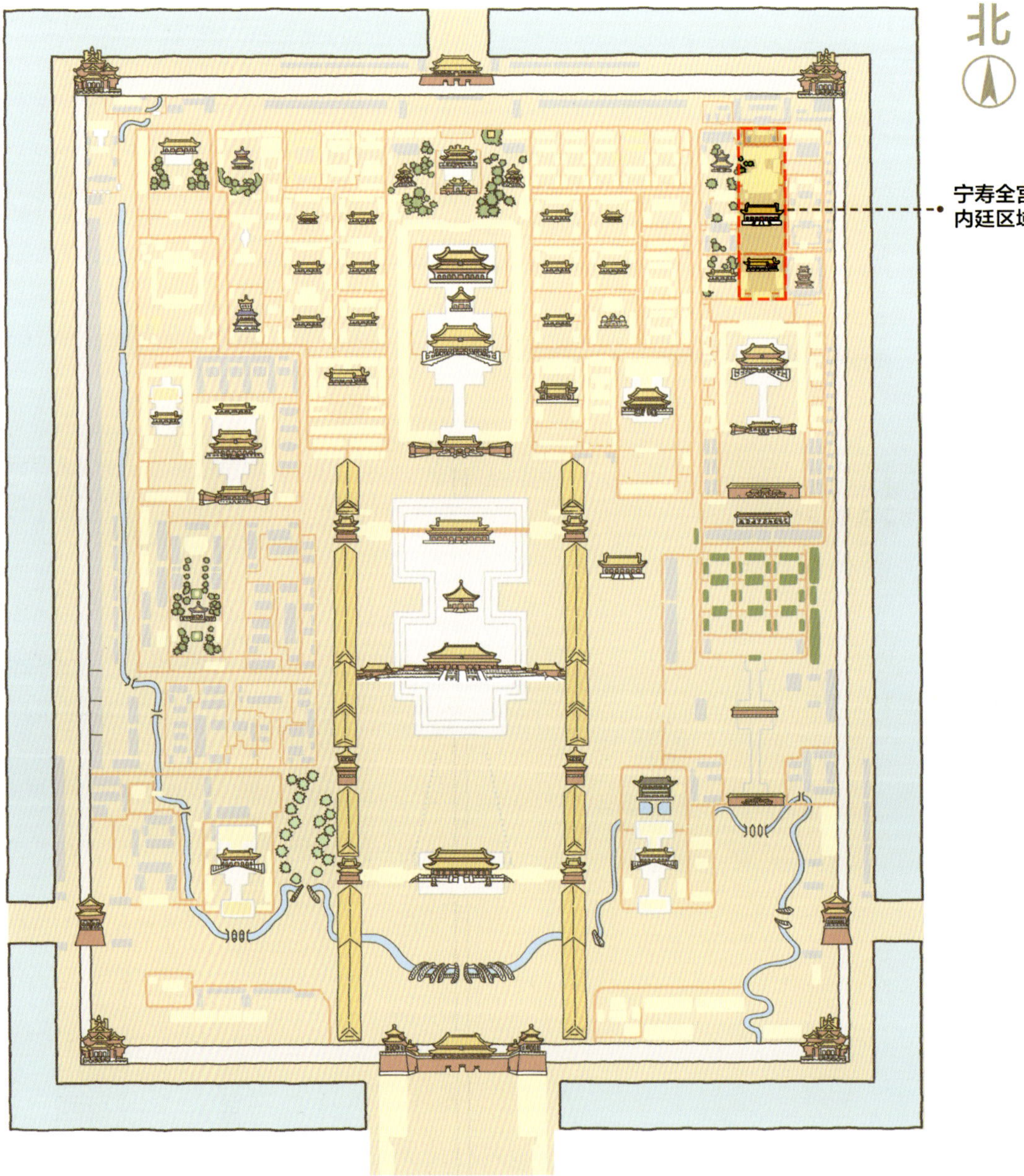

故宫平面示意图

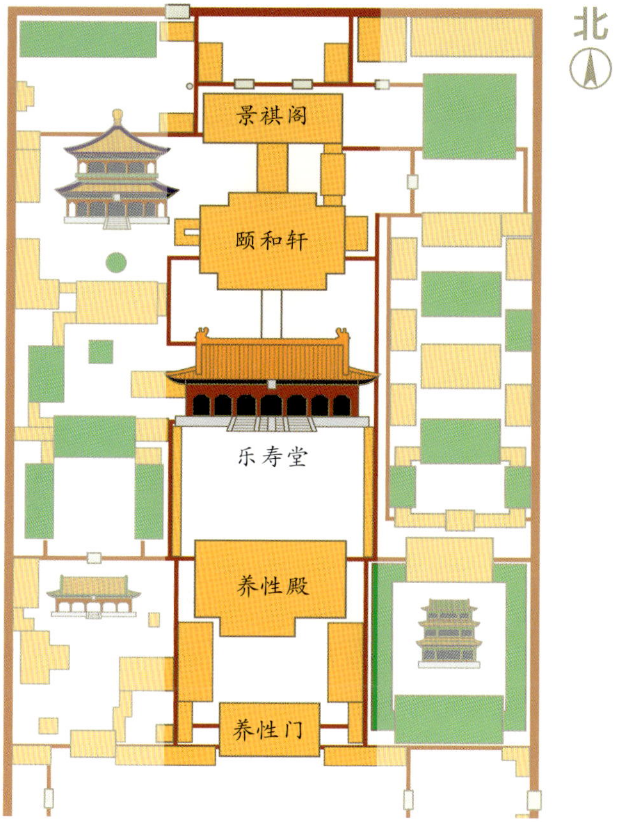

宁寿全宫内廷区域平面示意图

欢迎来到宁寿全宫内廷！

宁寿全宫，是位于紫禁城（现故宫博物院）内东北部的一组建筑群。我们目前所看到的格局，是乾隆三十六年（1771）至乾隆四十一年（1776）期间改建而成的。宁寿全宫四周有高大的宫墙围绕，建筑格局自成体系。与紫禁城整体布局类似，宁寿全宫也有自己的中轴线，并分为外朝和内廷部分。

宁寿全宫，是乾隆皇帝为自己修建的退位归政后颐养天年之处，所以也被称为太上皇宫。宁寿全宫的内廷，就是乾隆皇帝计划自己“退休”后生活起居的地方。内廷的中轴线上，依次坐落着养性门、养性殿、乐寿堂、颐和轩、景祺阁等建筑。

现在，就让我们通过乐寿养性情、武功通玉路、笔墨书胸臆、建造显神通、史记诉沧桑五个专题一起来探索和揭晓太上皇宫的内廷世界吧！

乐寿养性情

01 乐寿养性情

乾隆皇帝修建了宁寿全宫，却并没有真正在这里居住过。作为太上皇宫，“寿”成为贯穿该区域的一大主题。

养性，即颐养性情之意。乾隆皇帝有一首名为《题养性殿》的御制诗，里面写道："养心期有为，养性保无欲。"诗句表达了退位后移居养性殿，平心无欲、安享晚年生活的意思。乐寿堂的名字出自《论语》："知者乐水，仁者乐山；知者动，仁者静；知者乐，仁者寿。"这里不但是寝宫，也是读书之所，所以又名"宁寿宫书堂"。颐和轩通过高出地面的甬道与乐寿堂相连。《礼记》中称"百年曰期颐"，所以"颐和"有百年、期望长寿之意。颐和轩以北，有工字廊与二层小楼景祺阁相连，景祺阁中原有小戏台一座。

慈禧太后与外国使臣夫人合影

宁寿全宫建成后，乾隆皇帝并没有在此居住过，而是仍住在养心殿。使用这个区域最多的人，是晚清的慈禧太后。光绪二十年(1894)，慈禧太后曾经居住在乐寿堂西暖阁，在东暖阁进早膳、晚膳。在光绪二十九年(1903)时，还曾与光绪皇帝在养性殿接见外国使臣夫人。

养性殿的彩画装饰原为清代建筑彩画中等级最高的和玺彩画。在光绪十七年（1891）重修后，很多区域都改成了苏式彩画。苏式彩画指的是苏州地区式样的官式彩画，主要应用于装饰皇家园林建筑，如亭、台、阁、花门、游廊等小型建筑。苏式彩画的主体部分内容丰富多彩，有风景、动物、人物等，与和玺彩画相比更加生活化，也是慈禧太后在这里生活过的见证。

养性殿的苏式彩画

养性殿的苏式彩画

“寿”是贯穿养性殿、乐寿堂、颐和轩三座建筑的一大主题。不论是秦始皇寻找长生不老药还是魏晋时期炼丹成风，不论皇族贵胄还是平民百姓，古代中国人都将身体健康、长命百岁作为人生的一大追求，还喜欢用“福寿绵长”“寿比南山”等来表达美好祝福。寿文化，是中国传统文化的重要组成部分，有很多体现祝“寿”寓意的物品和纹样，比如寿桃、团寿纹、龟背纹等。

中国古典名著《西游记》中，孙悟空偷吃仙桃、大闹天宫的故事广为人知。传说王母娘娘的蟠桃数千年才成熟一次，她在蟠桃会上宴请各路神仙，凡人吃了也可以成仙得道。故而，桃子也有“仙桃”之称，被人们视为仙果，吃了可以长寿。你知道吗？在乐寿堂附近，就藏着“仙桃”呢！在乐寿堂的北门外，东西各有两尊精致的青铜香炉。香炉顶端，装饰着三只四爪独角的神兽，它们一起托起一个寿桃！在神兽的拱卫下，桃子更显得仙气袅袅呢！

乐寿堂北门外铜香炉上的神兽拱桃

龟在中国文化中是长寿的象征，龟背纹是以六边形组成的连续网格，它作为一种装饰图案，在建筑中也饱含健康长寿的美好寓意。颐和轩中，在明间的隔断和东西侧墙体的装饰上都大量使用了龟背纹做装饰。颐和轩后厦还挂有匾额和一副对联，匾上书有“导和养素”四字。匾对（即匾额和对联）漆底饰有龟背纹花心，而且每一个字都由无数极其细小的龟背纹螺钿片拼成，每个螺钿片上还刻有花瓣，做工精致。根据档案记载，这幅匾对出自苏州工匠之手，漆工艺和螺钿镶嵌技术可谓巧夺天工！

颐和轩明间隔断上的龟背纹（1）

颐和轩明间隔断上的龟背纹（2）

颐和轩后厦的“导和养素”匾额

颐和轩后厦匾额上的龟背纹

宁寿全宫内廷的建筑上，还装饰有很多团寿纹，这也是中国古代用来表达祝寿寓意的纹饰。团寿是以圆形呈现的“寿”字，是“寿”字的变形，往往出现在各种服饰、建筑上。团寿的线条环绕不断，寓意生命绵延不断。而团圆、圆满是古人的另一种美好愿望，以圆的形式来呈现“寿”字，将“寿”字变为一种美丽的图案，也象征着诸事圆满与长寿。团寿纹还常常与象征着“福”的蝙蝠一起出现，五个蝙蝠环一个“寿”字叫“五福捧寿”，寓意福寿连绵。

乐寿堂前廊下梁枋上的团寿纹

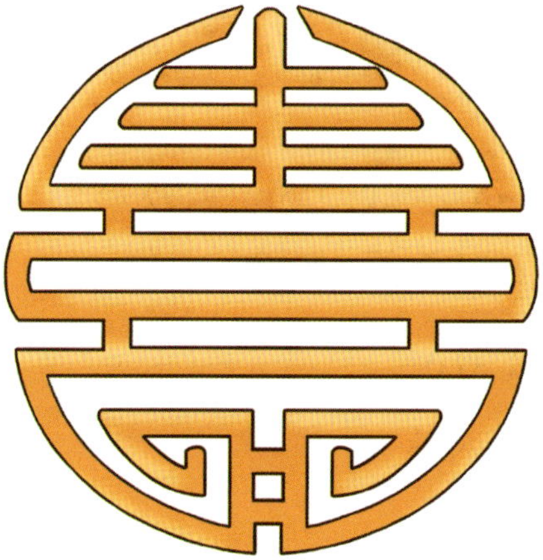

乐寿堂前廊下的五福捧寿天花

武功通玉路

02
武功通玉路

乐寿堂内大玉雕，是乾隆皇帝赫赫战功的体现，也是玉石雕刻技术发展的动力与见证。

乐寿堂内陈列着三件乾隆时期的大型玉雕作品，分别是青玉云龙纹瓮、丹台春晓玉山和大禹治水图玉山。

青玉云龙纹瓮重达2500千克，外身雕有九龙戏珠，只见龙奔腾于云海之间，形态各异，变化万千；瓮内雕有乾隆皇帝御制文《玉瓮记》。丹台春晓玉山重约1500千克，由清代宫廷画家方琮设计画样。层峦叠嶂、遍山松柏间，有通幽小径，鹤鹿同春，仙童采药，构图精巧，层次分明，乾隆皇帝十分喜爱。玉山左上角刻“丹台春晓”隶书，右下角还有乾隆皇帝的御制诗。这两件大型玉雕都取料于新疆和田，由扬州玉工进行雕刻，于乾隆四十五年(1780)送至紫禁城，陈设于乐寿堂明间，至今仍然在此。玉瓮与玉山，也被称为“福海”和“寿山”，象征着福如东海长流水，寿比南山不老松。

青玉云龙纹瓮

丹台春晓玉山

然而，最令人瞩目的当数乐寿堂内北部的大禹治水图玉山。此玉山高 224 厘米，宽 96 厘米，座高 60 厘米，重 5000 千克，其玉料产自新疆和田密勒塔山。

这座玉山上所雕刻的正是大禹治水的故事：崇山峻岭中，古木苍苍，飞瀑直下。山崖峭壁上，成群结队的劳动者在开山治水。玉山正面中部山石处，刻有乾隆皇帝阴文篆书“五福五代堂古稀天子宝”十字方玺。玉山背面刻乾隆皇帝《题密勒塔山玉大禹治水图》御制诗和“八徵耄念之宝”六字方玺。玉山底座为嵌金丝山形褐色铜铸座。此玉山于乾隆五十二年（1787）雕琢完工，之后便一直陈设在乐寿堂北部大厅。

大禹治水图玉山正面

大禹治水图玉山背面

大禹治水图玉山局部（1）

大禹治水图玉山局部（2）

这三件大型玉器的出现，乾隆皇帝可以说功不可没。他一生曾有十次重大的军事行动，也被称为他的“十全武功”。乾隆皇帝“十全老人”的称号也由此而来。乾隆皇帝在《十全记》中写道：“十功者，平准噶尔为二，定回部为一，扫金川为二，靖台湾为一，降缅甸、安南各一，即今二次受廓尔喀降，合为十。”乾隆二十四年（1759），清朝在平定准噶尔部和大小和卓叛乱的战役中取得胜利。颐和轩内东、西两侧墙壁上乾隆皇帝的御制诗《西师诗》和《开惑论》，记录的就是平定叛乱的经过。此后，新疆和田、叶尔羌等玉产区被朝廷控制，玉路畅通，质地优良的新疆玉料以岁贡正赋的形式被源源不断地输送到朝廷。

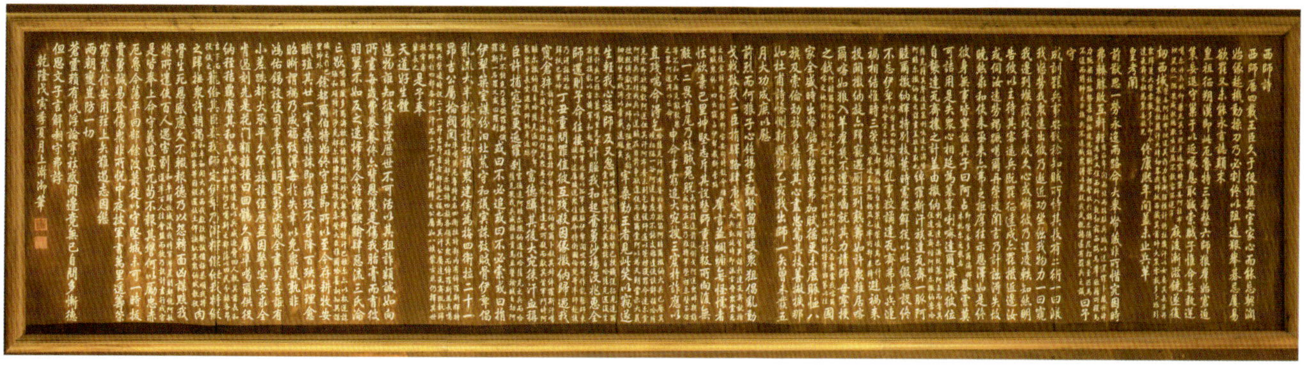

颐和轩《西师诗》

颐和轩《开惑论》

（清）《平定伊犁回部战图》（局部）

除了玉路的畅通之外，乾隆时期玉石加工技术也有了重大突破。连重达几千斤的玉料也被专门开采运送至京城，宫廷大型玉器制作得以实现。

传统上制作小件玉器时，使用的是一人操作足踏高腿桌式砣机，一般由玉工手持玉件，脚踩踏板带动砣机转动，由此打磨玉器。

而大型玉器由于原料巨大，无法由人手持移动，而且需要耗费大量工时。

（清）弘历戎装骑马像

为了雕琢大型玉器，造办处工匠不断创新，比如通武创造了凿錾玉器法，以火镰片为凿玉工具。火镰是古代一种取火工具，故宫中收藏有大量清代遗存的火镰包，里面有火镰片、火石、艾绒等。根据专家分析，乾隆时期凿錾玉器极有可能是通过木柄夹持火镰片，然后锤击木柄凿錾，来为大型玉器修整造型。这一技术的应用弥补了传统制玉技术的缺陷，极大地解决了大型玉器制作中面临的问题。从历史资料可以看出，乾隆时期绝大部分宫廷制作的大型玉器都使用了这一技术。

黑色缎平金八仙荷包式火镰

用火镰片凿錾大型玉器

传统小件玉器制作

笔墨书胸臆

動靜得其宜取義異他德壽

性情隨所適循名同我清游

03
笔墨书胸臆

乾隆皇帝可谓文武双全，宁寿全宫内廷里随处可见的文学和书法作品，体现着他的品位与修养。

乾隆皇帝文化修养很高，在书法上进行了持续的学习，各种书体均有涉猎，书法作品大量留存。乾隆皇帝为自己“退休”后建造的寝宫，也在多处装饰各种书法作品。

在乐寿堂和颐和轩院落，东、西两侧廊庑的墙壁上，镶嵌着数百块石刻，上面镌刻的诗文，统称为《敬胜斋法帖》。这是乾隆皇帝下旨刊刻的法帖刻石，也是清代皇家刻帖的珍贵遗存。法帖是乾隆皇帝的御笔，共有四十卷，按内容分类排列，其中包括乾隆皇帝御制诗文、乾隆皇帝抄录的经书和古人诗文，以及乾隆皇帝临摹的古代书法作品等。

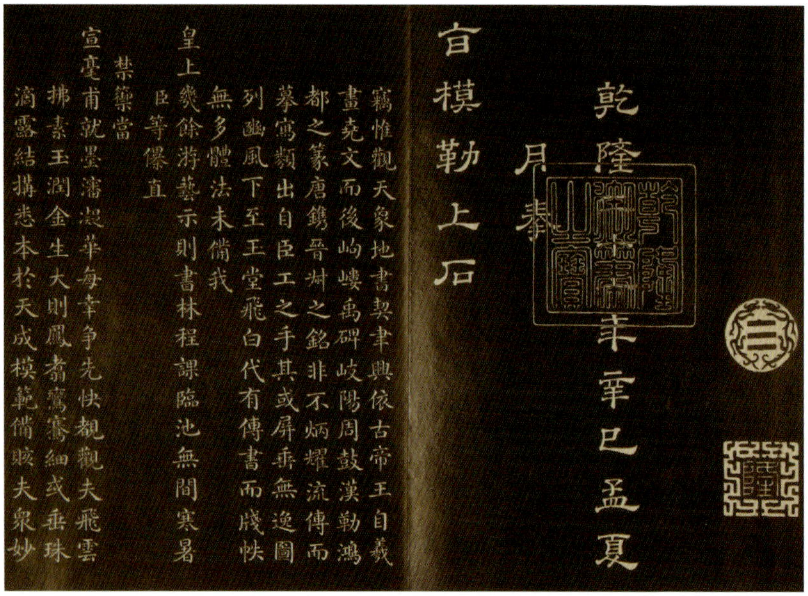

（清）《敬胜斋法帖》（局部）

敬胜斋位于紫禁城西北部建福宫花园中，乾隆皇帝在位期间，时常在此读书写字。由其书法镌刻成的《敬胜斋法帖》还被传拓为纸本，乾隆皇帝的书法作品得以世代留存。法帖中所收录的乾隆皇帝御笔，书体多变，被认为是乾隆皇帝的得意之笔，集中体现了他的书法水平。

晚年的乾隆皇帝除了追忆历史，也经常通过文字抒发归政后享受闲适生活的美好愿景。比如，乐寿堂南、北门内，各有一副对联，内容为：

乐在人和，肯寄高闲规宋殿；寿同民庆，为申尊养托潘园。

动静得其宜，取义异他德寿；性情随所适，循名同我清漪。

乐寿堂东侧廊下的《敬胜斋法帖》石刻

乐寿堂西侧廊下的《敬胜斋法帖》石刻

两副对联都表达了与民同乐、希冀长寿、颐养天年的情怀，而这两副对联的内容，也要互相联系起来理解。宋殿，指的是宋高宗赵构退位后所居的德寿殿。宋高宗享年81岁，算是罕见的高龄，乾隆皇帝听说宋高宗禅位后有“乐寿老人”的称呼，非常高兴，但是想到宋高宗作为偏安皇帝，政治上昏庸无能，又不齿与他相提并论，所以又想方设法摆脱与他的联系。所以，综合起来看，乾隆皇帝想说的是：与民同乐，颐养天年，要以宋高宗作为规鉴，我的乐寿堂，可与宋高宗的德寿殿不同。说起这个名字，明代官员潘恩的儿子为他养老修建的豫园也叫乐寿堂（“潘园”），而且，清代的清漪园中，也有一个乐寿堂呢！清漪园，即如今颐和园的前身，是乾隆十五年(1750)时为庆祝皇太后六十大寿建造的，里面也有一座乐寿堂。

除此之外，在颐和轩外，从西北侧面向建筑，可以发现它的西侧有个花瓶形的小门，门上两字“惬志”，也是乾隆御笔，却低调不施墨色，掩映在周围高大的建筑之中，或许在静静地诉说着乾隆皇帝的惬意之志。

颐和轩西侧花瓶形小门上方的“惬志”二字

建造显神通

04
建造显神通

宁寿全宫的内廷区域，建筑风格多样，兼具实用性与美观性的同时，还有很多独特之处。

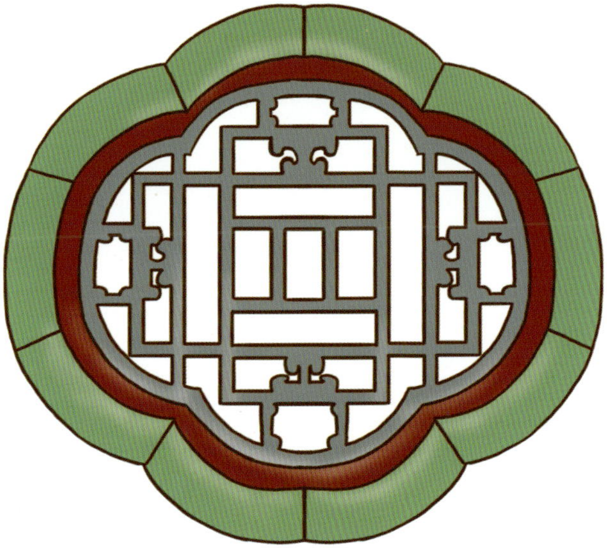

养性门

宁寿全宫内廷区域建筑布局紧凑，不同的建筑也各有特色，而且其中还藏着乾隆皇帝的小秘密呢！

养性门，作为宁寿全宫内廷的大门，与紫禁城中轴线上的乾清门相似，都建在汉白玉台基上，门前有鎏金铜狮守卫。乾清门两侧照壁上，面南的琉璃装饰是中轴线上的一大特色，而宁寿全宫内廷的风格似乎内敛了些，从正门外看不见装饰。但进门之后，转身回看，琉璃花鸟装饰的照壁正掩映在门的两侧。

琉璃作为装饰构件，在紫禁城中多有应用，琉璃瓦、琉璃砖，比比皆是。琉璃鲜艳光亮，色彩多样，坚固耐用，美观性和实用性兼具。养性门两侧的照壁十分精美，以黄绿色琉璃砖为主色调，四角装饰有花卉，中心部分称为“盒子”，造型生动。画面中一对鸳鸯戏水，荷花和蒲草掩映，荷叶呈立体翻卷状，蒲草茎叶似被微风轻拂，摇曳生姿，一派悠闲惬意的景象。

花鸟照壁

养性门照壁

养性殿位于养性门内，清乾隆三十七年(1772)仿养心殿形式而建。清代自雍正皇帝以来，以养心殿作为皇帝的寝宫，皇帝除了在这里居住，还要召见大臣、处理政务和读书学习等。养心殿的建筑特点之一是，明间和西次间外接卷棚顶抱厦。卷棚顶是古建屋顶的一种形式，屋顶呈前后两坡，瓦垄直接卷过屋顶，形成弧形的曲面。抱厦，就是从正殿外接出来一个有屋顶和柱子的部分。明间西侧的西暖阁内，有皇帝阅看奏折、与大臣密谈的小室，有乾隆皇帝的读书处三希堂，还有小佛堂等，另外为了保持私密性，还在抱厦部分做了木屏遮挡。养性殿的形式，简直与养心殿如出一辙，在建筑中部的明间和西暖阁前接抱厦并用木屏围挡，因此养性殿是宁寿全宫内廷为数不多的左右不对称的建筑。

养性殿俯视图

除了建筑的整体外形，门与窗也是体现建筑特色和等级的一部分。在宁寿全宫内廷里，门的形式多种多样。殿堂前后的门中规中矩，其他的门则有独特的造型，比如：颐和轩通向景祺阁的工字廊中，有个圆圆的门，像是一轮满月，被称为月亮门；在颐和轩西侧，有一扇开向北的花瓶形的门，造型特别。门里是颐和轩西侧的二层小亭，叫如亭，上层还有个小戏台，进入花瓶小门，里面的景致更是别有洞天呀！

颐和轩后的月亮门

颐和轩西侧的花瓶门

窗户是建筑的眼睛，代表了建筑的等级和风格。宁寿全宫内廷的正门养性门，体现着太上皇的权威与尊贵地位，因此装饰有宫中最高等级的三交六椀菱花窗。养性殿作为日常生活起居之处，采用的是方格式的支摘窗，方便通风换气。乐寿堂和颐和轩，窗棂的图案都是步步锦，棂条以工字为中心，由内向外逐条变长，象征着步步锦绣、美好前程。乐寿堂东侧还有装饰着灯笼框式窗棂的盲窗，窗棂的图案像灯笼。盲窗不是真的窗户，而是在不适宜开窗的墙面上做出的装饰。颐和轩西侧的北墙上，还有三个造型独特、图案精美的什锦窗，与旁边门相得益彰，体现了浓厚的园林趣味。

颐和轩西侧北墙上三个造型独特的什锦窗

真窗

盲窗

宁寿全宫内廷的建筑比较敞亮，原因在于这里大面积使用了平板玻璃，这也是紫禁城中一大特色。

作为舶来品，玻璃在很长的一段时间都属于稀有奇物，价格十分昂贵，乾隆皇帝还专门写了一首名为《玻璃窗》的诗，里面写道：“西洋奇货无不有，玻璃皎洁修且厚。”相比起传统的纸糊窗户，玻璃质地硬而脆，而且透明，可以给室内营造更好的采光效果，怎能不叫人喜爱？

但是，即便是对皇宫来说，玻璃在当时也是极其昂贵的。从宫廷档案可以看出，在雍正、乾隆时期，玻璃越来越多地用于宫殿建筑，只不过开始时使用的玻璃尺寸都很小，大多只安装在一扇窗户中心位置的一两个窗格上，其余窗格上仍然是糊窗户纸，这种做法叫“安装玻璃窗户眼”。之后，玻璃的应用面积逐渐增大，又有了用许多小块玻璃分别装在全部窗格上的做法。从乾隆中晚期开始，又在整扇窗上去掉窗棂，装以大块的平板玻璃，这叫“满安玻璃”。

养性殿正门的大块玻璃

有专家推算过，在乾隆中期，如果一间房屋安装两大块平板玻璃，其价格已经跟房屋本身的价格差不多了。所以，这样的开支，此时也只有皇家才能负担得起了。

乾隆三十六年(1771)至乾隆四十一年(1776)，宁寿宫改建的过程中，这里的建筑门窗更多地使用了平板透明玻璃。100多年后，慈禧太后六十大寿之前，对养性殿、乐寿堂等建筑改建，也在门窗上更多地使用了玻璃。这两次大改建后，宁寿全宫内廷区域的宫殿才呈现出了今天如此开阔敞亮的面貌。

养性殿后门的大块玻璃

你知道吗，养性殿里还藏着乾隆皇帝的一个小秘密。在屋顶脊部横梁位置有一条“钱龙”！这条钱龙由大量乾隆通宝铜钱串联，组合成了一条龙的形状，上方还搭着一匹大红云缎。根据史料记载，乾隆三十七年(1772)，养性殿大木立架完工，为此举行了隆重的上梁仪式，包括献神、香供、牲醴等，而钱龙的装饰具有隐秘性，档案中并没有详细记录。皇帝自称真龙天子，而“钱”与“乾”谐音，以“钱龙”喻“乾隆”，将其装饰在屋顶最高处，岂不正是乾隆皇帝飞龙在天?

养性殿屋顶的“钱龙”

养性殿屋顶的“钱龙”（局部）

养性殿屋顶的“钱龙”（局部）

组成“钱龙”的乾隆通宝铜钱

说到这里，就不得不提与“钱龙”异曲同工的“乾龙”。乾隆皇帝有一枚印章，印文由八卦中的乾卦与环绕乾卦的两条龙组成，在乐寿堂东侧的《敬胜斋法帖》石刻中就能看到它。

乾隆、钱龙还是乾龙？

“乾龙”印章刻石

史迹诉沧桑

05
史迹诉沧桑

古物是历史的见证，有的保存完好、留存至今，有的虽已不复存在，但留下了些许痕迹，有的则默默封存着一段段沧桑往事……

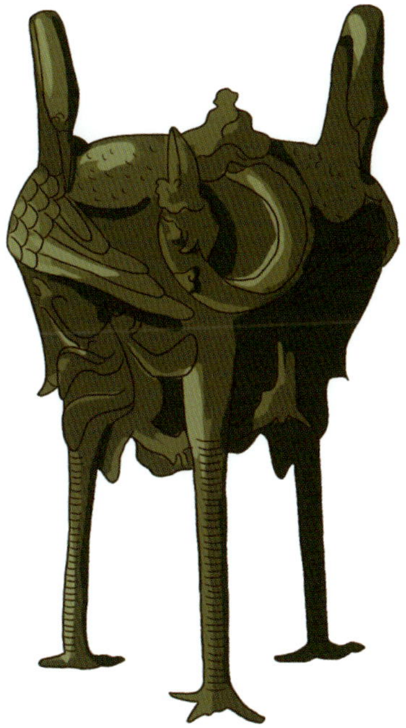

紫禁城占地72万平方米，其中建筑面积有15万平方米之多，其余的便是宽广的庭院。庭院中陈设着多种多样的景观器物，与建筑互相映衬。陈设在室外的器物，需要禁得起风吹日晒，不易腐蚀，所以多是石质、铁制和铜制。石质器物是主要陈设品之一，如今宁寿全宫内廷区域，天然太湖石的陈设随处可见。从清代开始，铜制器物大量出现。乾隆皇帝博雅好古，钟爱古韵悠然的铜器，在位期间命人制造了大量铜器，一些作品陈设后一直没动过地方，比如养性门前的铜鎏金狮子、大铜缸等等。

养性门前铜鎏金狮子

养性门前大铜缸

养性殿后陈设着两对铜花瓶，这在宫中并不多见。花瓶，在中国传统器物中有着“平安”的美好寓意。

乐寿堂前后，还陈设有不同样式的香炉，有双重檐的高大香炉，也有装饰精致的香炉。乐寿堂后的“神兽拱桃”香炉上还有一对绳子样的提手，造型可谓别致有加。

乐寿堂前双重檐铜香炉

乐寿堂后的“神兽拱桃”铜香炉

养性殿后铜花瓶

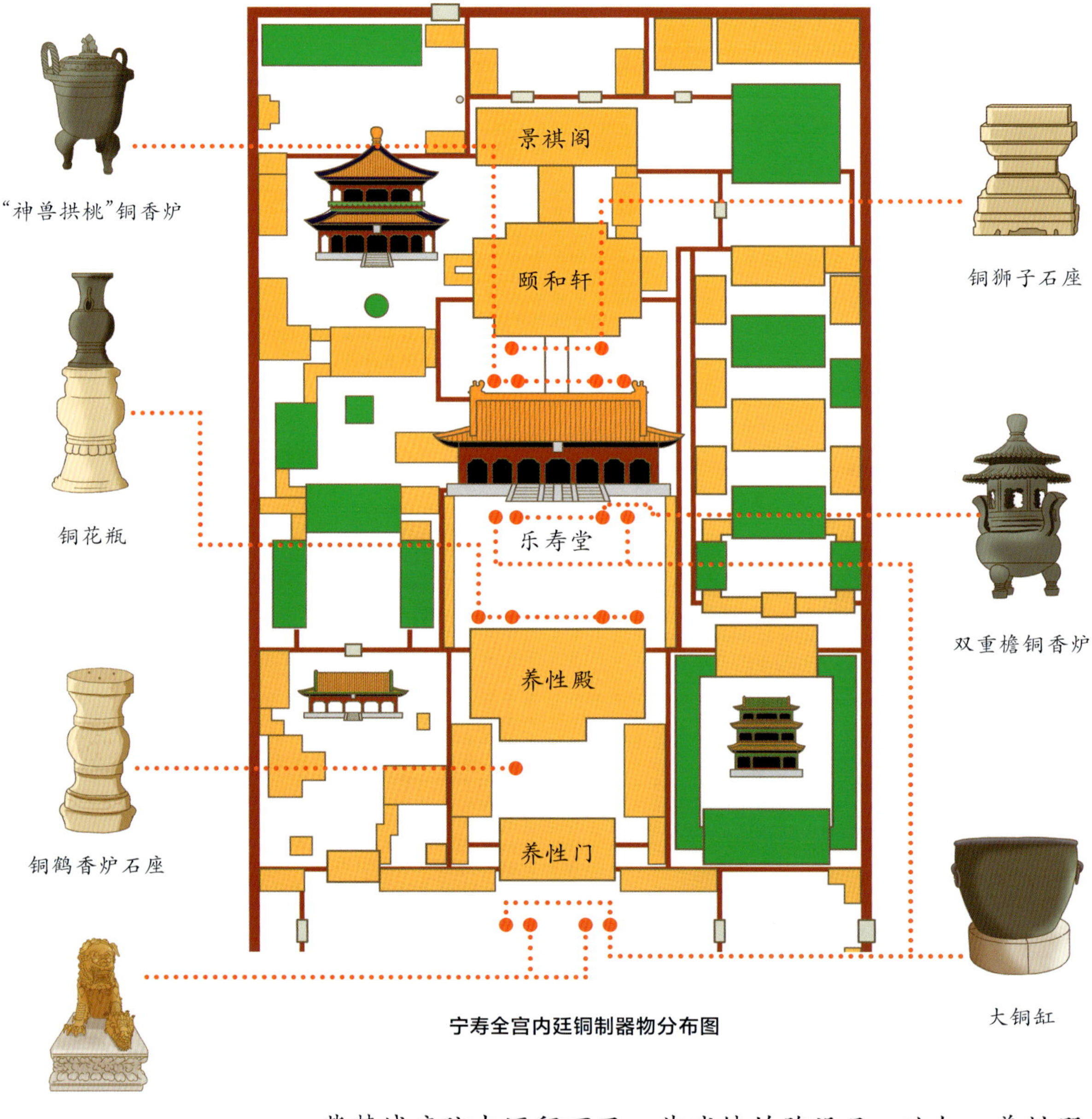

宁寿全宫内廷铜制器物分布图

紫禁城庭院中还留下了一些残缺的陈设品。比如，养性殿前西侧有个石座，上面有三个孔洞；又比如，颐和轩门前的一对低矮的石座，上面有类似脚印的痕迹。以前这些地方陈设着什么呢？鉴于养性殿是仿照养心殿建造的，那么殿前陈设的物品会不会也相同或相似呢？

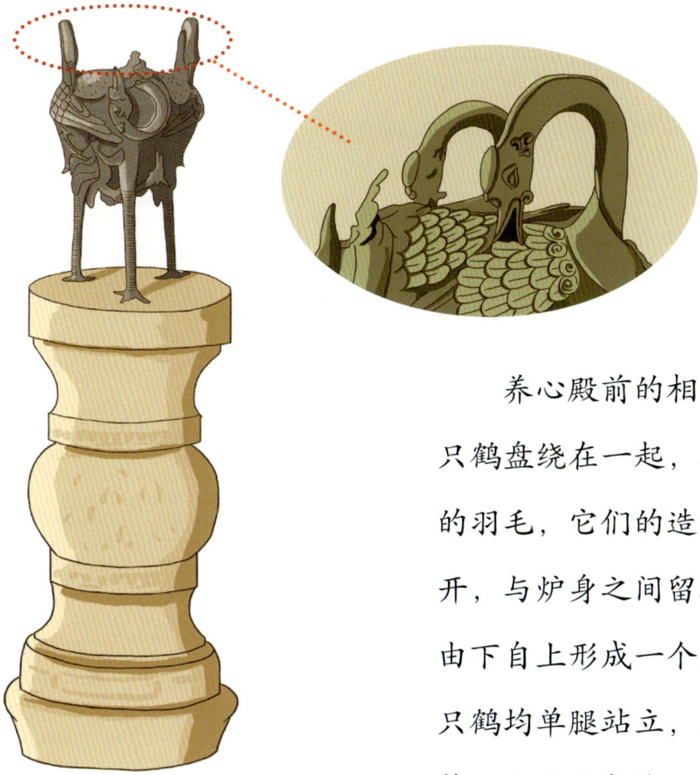

养性殿前曾经摆放的铜鹤香炉

养心殿前的相同位置，陈设着一尊铜制香炉，造型为三只鹤盘绕在一起，其中两只颈部向下弯曲，似乎在梳理背部的羽毛，它们的造型正好形成香炉的两耳，仙鹤尖尖的嘴张开，与炉身之间留有缝隙，以便烟雾排出。而另一只则颈部由下自上形成一个圆弧，贴靠在炉身上，嘴部向上抬起。每只鹤均单腿站立，另一只腿蜷缩进身体里，形成三足鼎立之势。从照片资料可以证实，养性殿前确实曾经与养心殿一样，摆放着一尊香炉。而颐和轩前石座上的脚印，像极了一只蹲着的小狮子，前后爪正好与石座上的痕迹吻合。

养性殿前铜鹤香炉石座

颐和轩前石座

走遍宁寿全宫，有个地方总能引起人们的好奇心。这就是大名鼎鼎的珍妃井。珍妃井在哪里？为什么这么出名呢？原来，这口井见证了一段清代末年的重要历史。

光绪皇帝有一个皇后，两个妃子，其中珍妃深受宠爱。据说珍妃活泼貌美，喜欢新鲜事物，是光绪皇帝苦闷生活中的安慰，而慈禧太后的外甥女、被安排给光绪皇帝的隆裕皇后却被冷落，这令慈禧太后十分不悦。后来，光绪二十四年(1898)，珍妃因为支持光绪皇帝进行维新变法，而被慈禧太后幽禁在景祺阁北小院，光绪皇帝则被幽禁在西苑的瀛台，两人不得相见。

珍妃井

怀远堂内楠木龛

怀远堂内“精卫通诚”纸匾

光绪二十六年（1900），八国联军攻入北京。当权的慈禧太后带着光绪皇帝仓皇西逃，抛弃了京城和百姓。临走时，慈禧太后将幽禁在景祺阁北小院的珍妃召唤至颐和轩，以避免被洋人侮辱为由，命太监崔玉贵等人将珍妃推入贞顺门内井中溺死。那时，珍妃仅有25岁（虚岁）。第二年，慈禧太后、光绪皇帝从西安返回北京后，才将珍妃的尸体从井中打捞出来，并追封珍妃为珍贵妃。后来，珍妃的姐姐、同为光绪妃子的瑾妃，在井北侧的小房为珍妃设小灵堂“怀远堂”，立牌位，以示哀悼。

珍妃溺亡的这口井，也被后人称为珍妃井。如今，井上放有井口石，并在石头两侧凿小洞，用铁棍穿过小洞，将井口上锁，而历史却不会因此而尘封。井口石锁住了慈禧太后的残忍、光绪皇帝的无奈、珍妃的怨恨，也提醒着人们那段没落王朝的屈辱记忆。

故宫宣教
THE PALACE MUSEUM
PUBLICITY AND EDUCATION

我要去故宫系列

探秘乾隆花园

故宫博物院宣传教育部 / 编著　果美侠 / 主编
本册作者：李小洁
本册绘者：御鉴文化（北京）有限公司　别玮璐

中信出版集团 | 北京

探秘乾隆花园

编　　著：故宫博物院宣传教育部
主　　编：果美侠
本册作者：李小洁
本册绘者：御鉴文化（北京）有限公司　别玮璐
摄　　影：齐梦伯
图片提供：故宫博物院资料信息部
策划出品：故宫博物院
　　　　　御鉴文化（北京）有限公司
出版发行：中信出版集团股份有限公司
　　　　（北京市朝阳区东三环北路 27 号嘉铭中心　邮编　100020）
承 印 者：北京瑞禾彩色印刷有限公司

序言：我要去故宫

去故宫，可以有许多理由：陪亲朋，遛孩子，看展览，拍美照……

不去故宫，往往只有一个理由：太无趣！

相似的院落，差不多的建筑，看过和没看过，似乎没什么差异。如果不是真心喜欢，如果不是迫于无奈，自己说出“我要去故宫”的，可能少之又少。

常年工作在故宫的我们，也不是每个人都能把各个宫殿的与众不同讲出来。揭开 600 年宫殿建筑的奥秘，需要善于发现的眼睛，需要勇于探索的精神。

一群在这里工作的年轻人，每年向数以万计的游客讲述同样的建筑历史，述说 600 年不变的宫殿故事，好无趣！不妨换种方式，看看有什么能够吸引人们的看点，整理出新奇的探秘主题，既激发自己去主动发现，也让大家对故宫兴趣盎然。于是，从给学生参观使用的探秘学习单开始，我们策划了《我要去故宫系列》探秘图书。

匆匆的游客，常常一小时走过一座城。而我们，想让孩子们一小时只看一座宫。从中轴线，到东西六宫，再到外西路和外东路，20 个建筑区域，构成了 20 册书的内容主体。既讲建筑，又说历史；既有精美的文物呈现，也有有趣的故事传说。看得见的，引你看细节；看不见的，诱你来想象。文字与插图相辅，内涵与颜值并重。这说的就是《我要去故宫系列》图书。每册分多个主题，涉及建筑、历史、藏品等内容，选题有趣、文字好读、插图好看！

午门，这里是紫禁城的门面担当，既有颜值，又有故事。午门前威严的皇宫仪仗中，竟曾有盛装的宝象，还有宝象拉的辂。

太和门，这里有规矩，讲秩序，门前的古物不只我们不知是做什么用的，就连曾经住在这座宫城里的皇帝也不知。石栏杆的火焰望柱头，开了洞的警报器石别拉似乎也不难发现。

太和殿，皇宫里最重要的建筑，历经 600 年风雨洗礼，既有灭火的陈设，也有克火的理念，只为向你证明曾经的盛世繁华，可以绵延不变。

保和殿，这里不仅是科举士人的考场，也是清初帝王的临时寝宫。方方正正的中和殿，更是帝王筹备亲耕之礼、关注皇家玉牒的重要场所。

乾清门，朝和廷的分野、家与国的界限，皇帝运筹帷幄在内，军机昼夜值守于外。皇帝很辛苦，大臣也不易，宫里禁火烛，官员上朝，几乎都得黑灯瞎火入宫，“蹭灯”的机会少之又少。

乾清宫，这里是帝王寝宫，却也传来皇子的琅琅读书声。这里药味浓，龙袍新，年节大典，更是院内高悬百丈灯，举国君民齐欢庆。

坤宁宫，凤舞千秋的世界，满汉交融的风格透过门、穿过窗，印在屋内的诸多角落。交泰殿的无为匾，一匾述说出三代帝王与这宫殿的渊源。

御花园，这里春有百花秋有月，夏有凉风冬有雪。钦安殿内护佑宫殿免遭火灾的玄武大帝，不知道是否注意到园内亭子中，井亭竟然没有顶。

西六宫，果然是宫闱趣事多，两枚锈迹斑斑的铁环，记载的是宫内静谧生活中难得的欢娱。末代帝后也在这里赶着新潮，穿洋装、吃西餐、学英语，西方的玩意儿在这里一样不少。

东六宫，曾经的后妃居住地，遗留下一座未建完的西式建筑，只能凭想象复原其类似水族馆的华美。其他的院落，也各有各的故事，既见证繁花盛放，也目睹香魂陨落。

宁寿全宫，看似普通的皇极门，竟然也是有限空间内建造出的另一座“小午门”。门内的皇极殿，更是有着乾清宫的外表，却发挥着太和殿的功用。乾隆皇帝的乐寿之所，不仅有乾隆，还有“钱龙”，而晚清的慈禧太后，也把这里作为御用居处，内政外交，见证了时代的更迭。

乾隆花园，文人的雅致随处可见，禊赏亭、古华轩、碧螺亭、藤萝顶，处处精致，处处惊喜。乾隆皇帝倦于勤，欣赏花园勤而不倦，乐此不疲。

慈宁宫，御路石上的小蜥蜴和门前的麒麟兽一同述说着这里的秘密，屋顶独特的轩辕镜与院内与众不同的月晷，则告诉你这里主人的独特身份。

重华宫，是“养在深闺人未识”的宫苑建筑，弘历在这里娶了他挚爱的富察氏。当了皇帝（乾隆皇帝）后也到这里举办茶宴，君臣之间赋诗联句，雅性使然、默契使然，更是家国天下的情怀使然。

养心殿，八代帝居一定不负众望，既有治国理政之所，也显生活起居之便，更有闲暇怡情之趣。小小的三希堂，幻化出大空间，一幅通景画，巧妙地让景入画，人也入画！

文华殿，象征水的黑色屋顶还不足以护佑文渊阁的《四库全书》，从屋檐彩画到栏板石雕，水的元素随处可见。“天一生水”而有黑瓦屋顶，“地六成之”便有了屋阔六间！

武英殿，摄政王的权力中心，变身为殿本修书之所。浴德之水蜿蜒而出，于断虹桥畔诉说沧桑。储冰之所，亦呈现皇室消夏之聪慧。

珍宝馆，华丽的珠宝背后，隐藏了采珠人等付出的艰辛。皇室的饰品，最精于其取材的独特。先秦石鼓唐时现，流转千年入深宫。只要有心，你就会被它们的文字和经历感动。

钟表馆，让我们了解中西方再次开启的对话。漂洋过海的计时仪器，成了皇家喜好的有趣玩具，可计时，可打更，可升降，可转花。魔术、水法、音乐、鸟音，无不炫目悦耳，赞从心生。

我觉得，以上这些远远不够，书中好玩的故事、好看的插画，等你去探索，由你去发现。如果每读完一本，你就有拿起书入宫的冲动，我们会万分欣慰。真诚地，真心地，在宫里，期盼你，欢迎你！

果美侠，写于墨尔本旅途

2019 年 7 月 27 日

目录

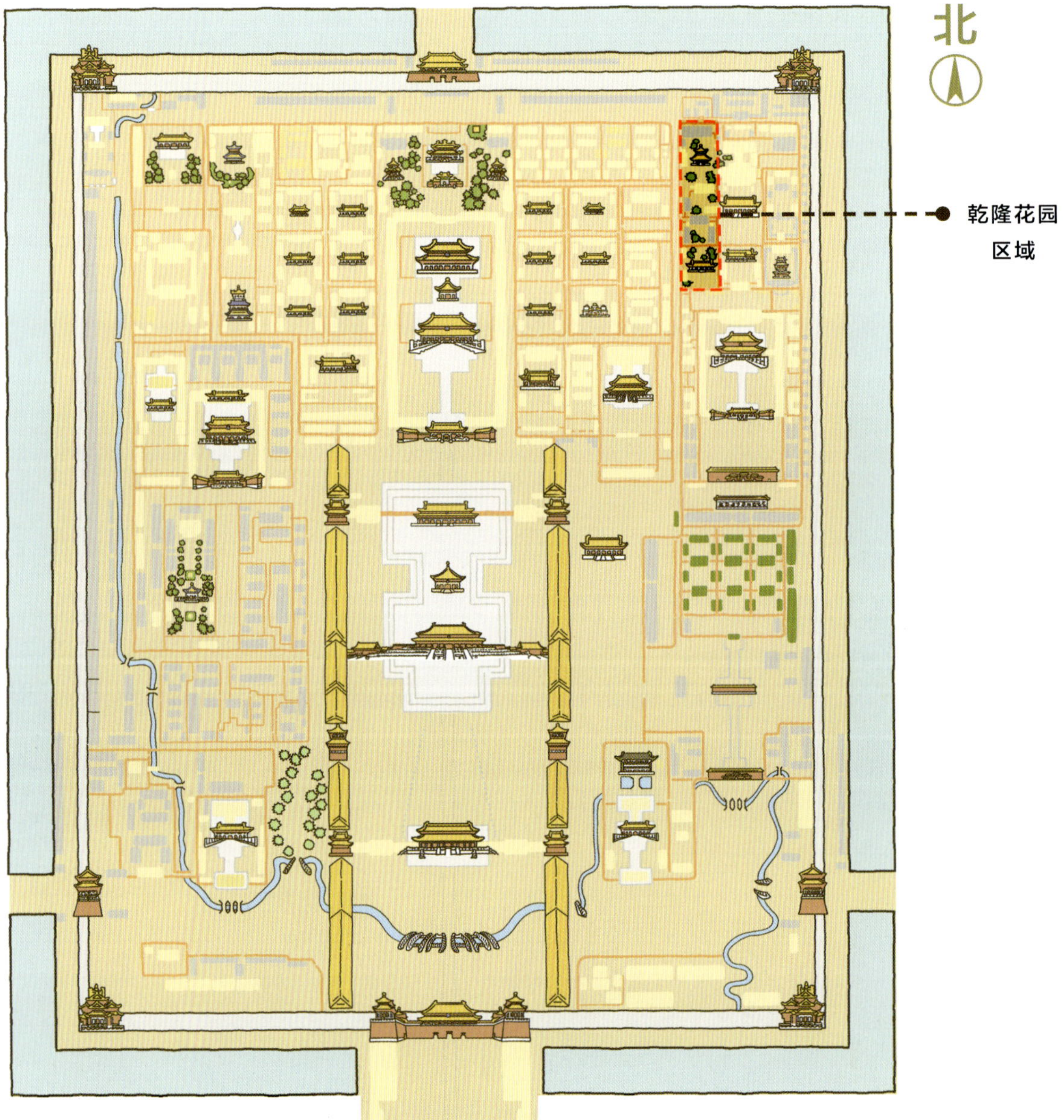

故宫平面示意图

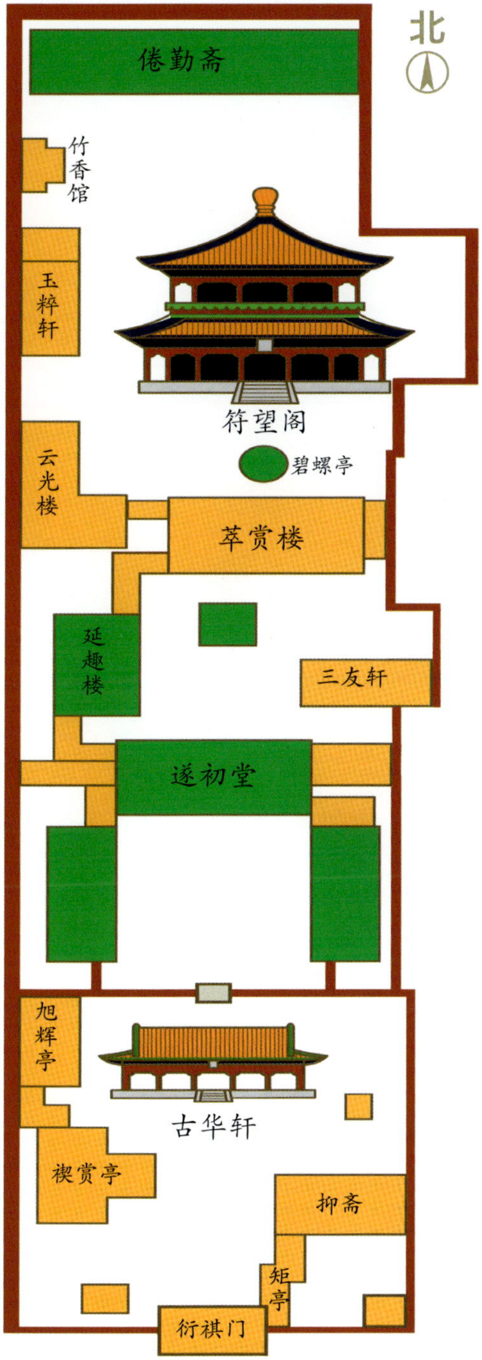

乾隆花园区域平面示意图

欢迎来到乾隆花园！

宁寿宫花园是宁寿全宫的附属花园，由乾隆皇帝主持设计，被后人称为乾隆花园。它不是紫禁城（现故宫博物院）中唯一的花园，却是其中最精致的，代表了乾隆时期宫廷建筑和皇家园林的最高水平。

这里有哪些精巧的建筑？用了什么样的造园手法？又体现了乾隆皇帝怎样的家国情怀？让我们从花甲之愿、因地制宜、文人情怀、福寿安康、物尽其用五个专题来探寻这座花园深处的秘密吧。

花甲之愿

01
花甲之愿

乾隆三十七年（1772），乾隆皇帝过完六十大寿之后，便开始着手准备自己归政退休后的生活。随后，一座太上皇宫殿（宁寿全宫）拔地而起，后世闻名的乾隆花园应运而生。

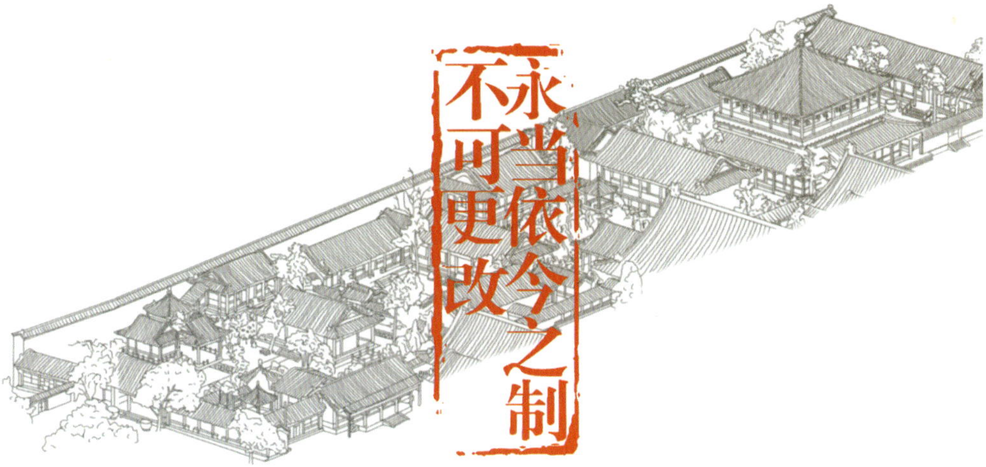

乾隆花园也叫宁寿宫花园，位于紫禁城宁寿全宫的西北角，基本保持了乾隆三十七年改建后的样子。在此之前，这里的样貌与现在的大相径庭。从绘制于乾隆十年（1745）至乾隆十五年（1750）间的《乾隆京城全图》的影印图片上可以看出，曾有一座小花园位于改建前的宁寿宫区域西部。乾隆皇帝对其大规模改建后，才形成了今天的面貌。

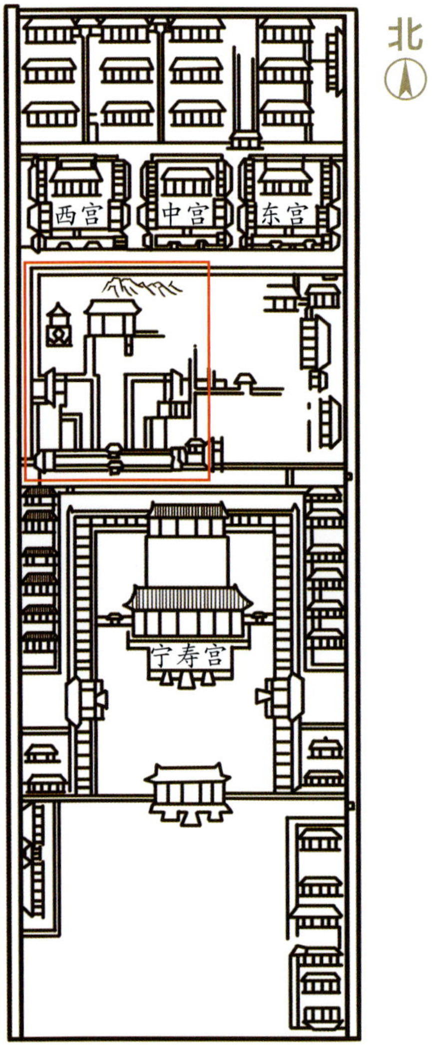

《乾隆京城全图》绘宁寿宫区域

引自孙大章《清代紫禁城宁寿宫的改建及乾隆的宫廷建筑意匠》。

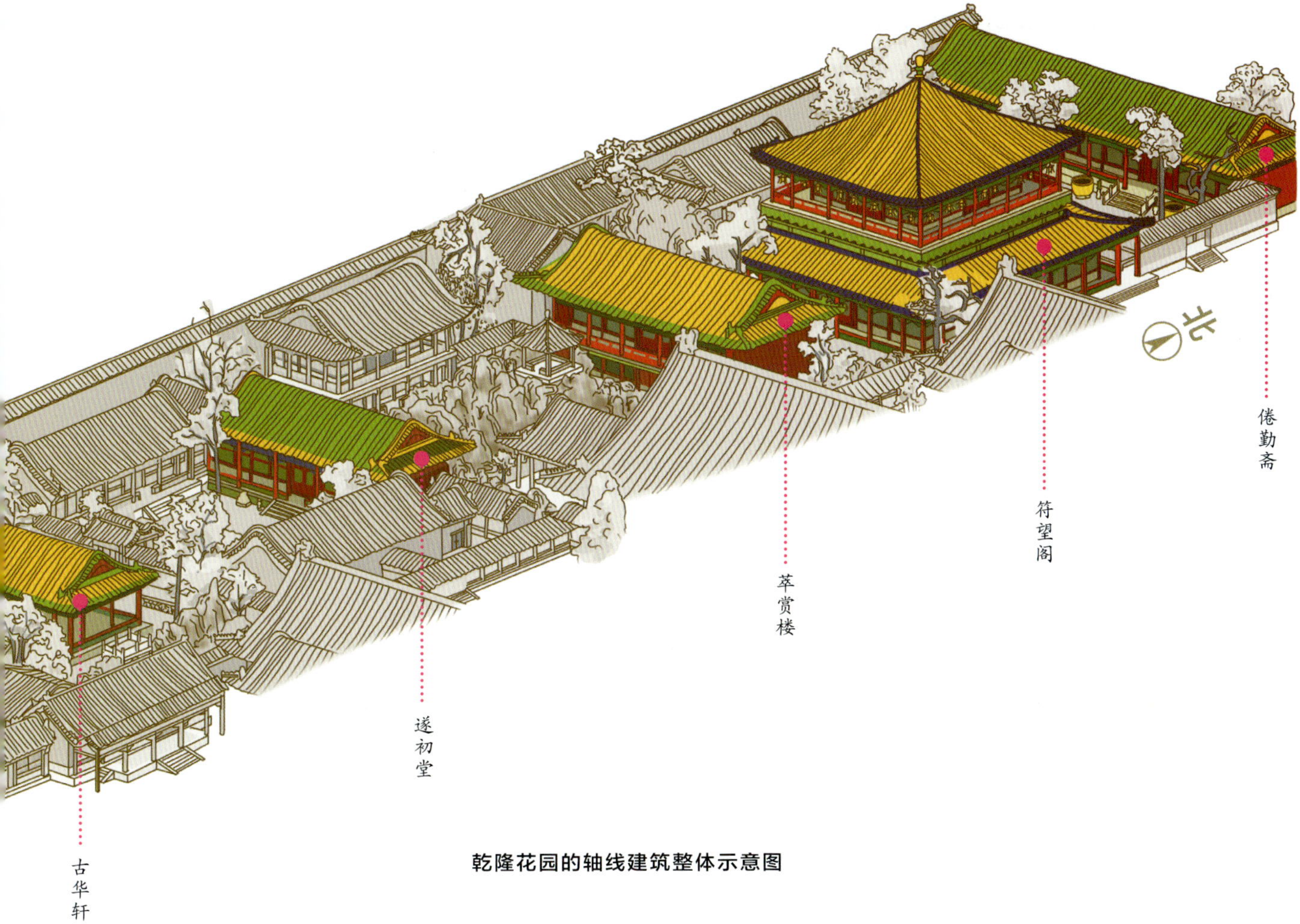

乾隆花园的轴线建筑整体示意图

改建后的乾隆花园由南至北有四进院落。整体设计既遵循传统，又别出新意。衍祺门、古华轩、遂初堂、萃赏楼、符望阁和倦勤斋形成一条轴线，其余建筑分布于两侧，秩序井然。

四个院落风格迥异，动静结合。从第四进院落的设计来看，院落布局基本仿照建福宫花园的布局。如乾隆花园倦勤斋仿建福宫花园的敬胜斋，竹香馆仿碧琳馆，玉粹轩仿凝晖堂，符望阁仿延春阁等。就连假山上的碧螺亭也是模仿建福宫花园的积翠亭而建的。除整体布局和建筑造型外，很多室内装饰也采用了同样的设计手法。这是因为两座花园都是由乾隆皇帝营造的，建福宫花园建于乾隆初年，而乾隆花园建于乾隆晚年。

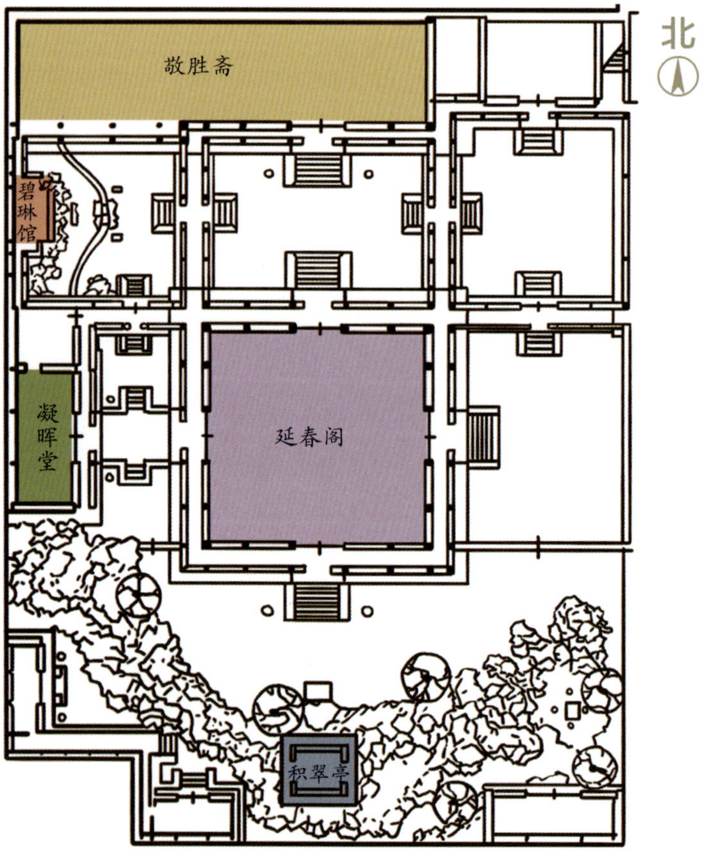

建福宫花园平面图

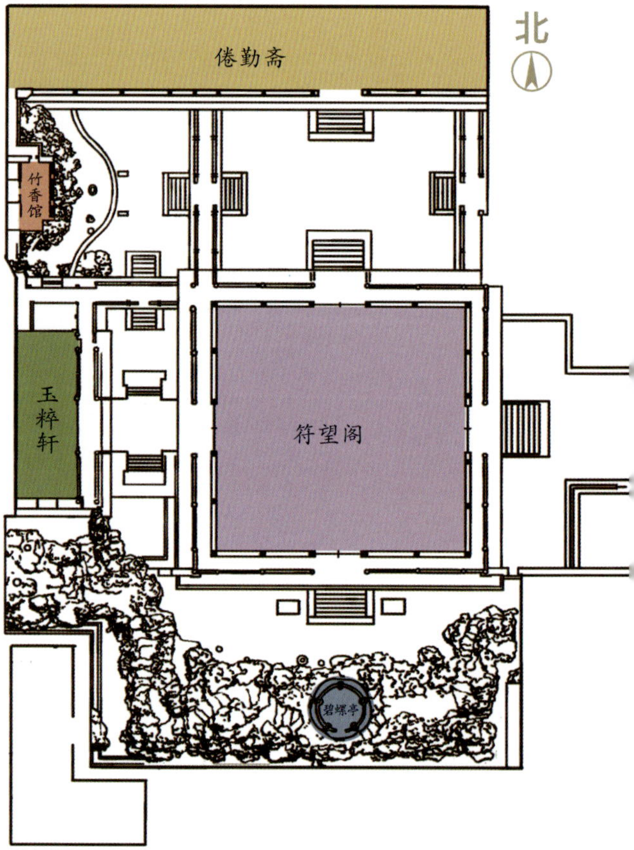

乾隆花园第四进院落平面图

乾隆花园建成后，乾隆皇帝虽然并没有像设想的那样在这里颐养天年，但也时常亲临。他在这里写下了不少以花园景物为题的诗。园内第一进院落东面有一座矩亭，乾隆皇帝曾题诗曰“循规蹈矩意勤然，惟日孜孜敢或愆。设曰求余规矩外，更当待以浃旬年”。大意是：距我归政还有十来年的时间，在未归政前，我仍要规规矩矩地按照皇帝的标准严格要求自己。

这座花园也是乾隆皇帝宴请、娱乐和礼佛的场所。乾隆年间每年腊月二十一，乾隆皇帝在符望阁赐饭菜给王公大臣。闲暇之余，也会命南府太监在倦勤斋的戏台上演唱岔曲。岔曲，是八角鼓和单弦的主要曲调。内容可以用古人文赋做素材，或是自由创作。乾隆皇帝曾令词臣根据其腔调另外编写词句，或描写景色或抒发感情，既可以是凯旋之歌，也可以作地方民歌。

戏台上唱岔曲

抑斋东间西缝佛龛

清代皇室重视礼佛，皇家御苑中多设有佛堂，乾隆花园也不例外。花园面积虽不大，却在抑斋、萃赏楼、养和精舍、倦勤斋、玉粹轩等多处设置佛堂。

遇上年节，花园内萃赏楼、符望阁等处也都安设灯座，营造出过节的气氛。

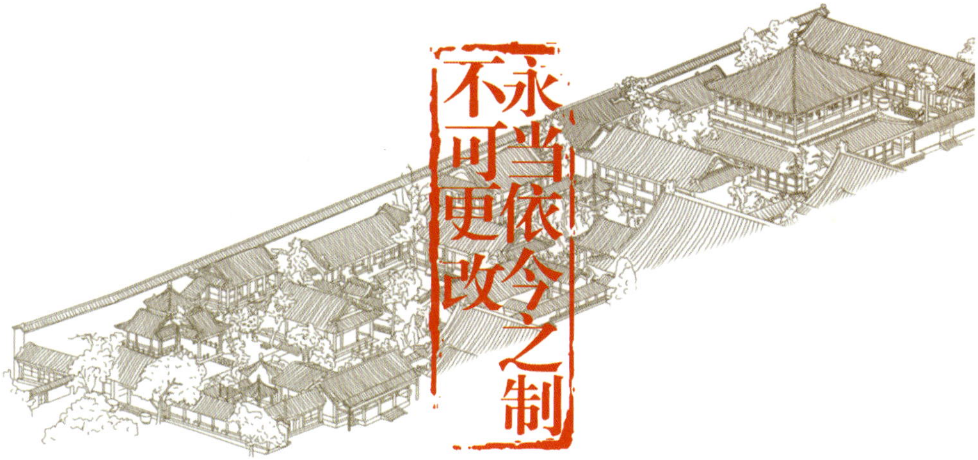

永当依今之制 不可更改

这座花园是乾隆皇帝在宁寿宫处理政务之余的修身养性之所，乾隆皇帝不希望它被改动，曾下令“其宫殿，永当依今之制，不可更改”。故宫博物院成立以后，对乾隆花园进行了维持原状的古建保护修复工程。因此，时隔两百多年，乾隆花园总体上还是保留着当初的模样。

因地制宜

02
因地制宜

乾隆花园所在区域狭长，园内树木、山石、建筑、道路等，都要在有限的空间内合理布局，同时还要满足相应的功能属性。漫步其中，能够陶冶性情，使人惬意愉悦。

乾隆皇帝曾六下江南，对江南园林十分熟悉。修建这座花园时，他便将南方园林的造园理念融于这座北方园林的造园实践之中。那么，在南北长 160 米、东西宽约 37 米的狭长空间内，乾隆皇帝又是如何因地制宜，呈现出他理想中的园林景致的呢？

乾隆花园前后四进院落，每进院落布局有序，张弛有度，特点鲜明。第一进蜿蜒曲折，东西呼应；第二进则平坦开阔，朴实无华；第三进峰峦叠嶂，层层深入；第四进华丽端庄，结构紧凑。园内山石、树木、楼阁在有限的空间内布局巧妙、繁而不乱。建筑之间以游廊、石桥、暗道等贯通。规划设计既适应原有空间，又不失整体美感。

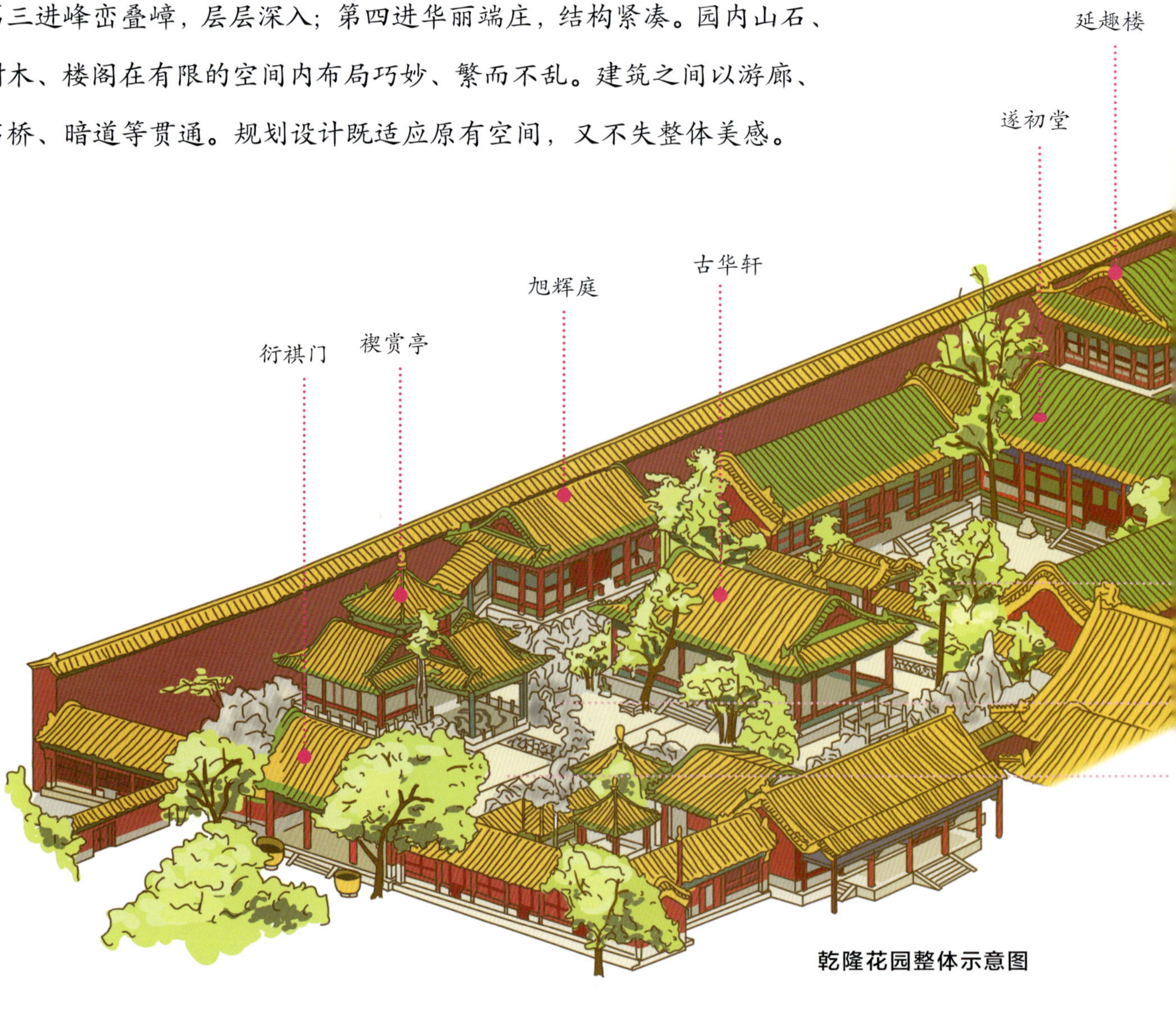

乾隆花园整体示意图

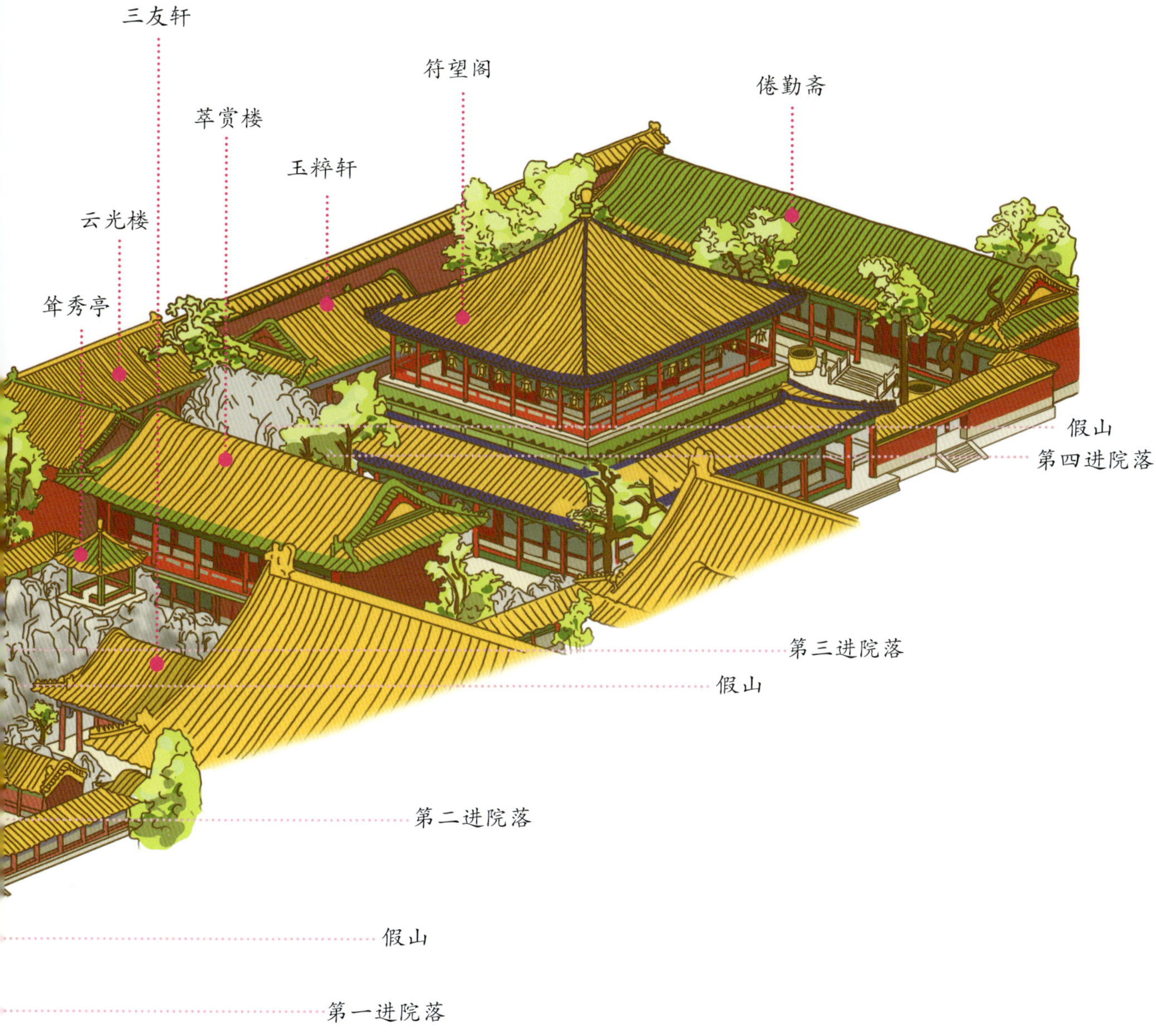
三友轩
符望阁
倦勤斋
萃赏楼
玉粹轩
云光楼
耸秀亭
假山
第四进院落
第三进院落
假山
第二进院落
假山
第一进院落

花园要讲求建筑与花木相映成趣。为此，花园内大量使用山石、树木烘托景致。山石选用京郊房山的北太湖石和苏州的南太湖石。北太湖石多密集小孔穴而少有大洞，质地坚硬，外观比较沉实，浑厚雄壮，和南太湖石的清秀、玲珑有明显区别。

南太湖石

北太湖石

根据地形和布局需求，这些山石或堆为假山，或垫为基石。乾隆花园内有三处假山，分别位于古华轩前、萃赏楼前和符望阁前。假山中有陡峭的石阶，或是低矮的石洞，营造出山峦起伏、曲径通幽的意境。园内西面或建成两层小楼，或在山石上建游廊等建筑，从而抬高整体高度，用以遮挡西面围墙，改变了宫墙给人的单调乏味感。第四进院落的云光楼，也是上下两层，却没有楼梯，而是从山石堆砌而成的台阶拾级而上。这样既节省了空间，又将山石和建筑巧妙地融合在一起。

建于山石上的旭辉庭

第三进院落的云朵状假山

山石堆叠的高低、疏密也与空间的宽窄相配合。狭窄的地方，缩短人与山石的距离，使假山更显巍峨；空旷的地方，山石的堆叠则更多样，营造出形态各异的山林意境；有的甚至根据石头纹理横向叠砌，使之宛如朵朵云彩，行走其中宛如穿梭云间，身临仙境。

山石与建筑之间或挺拔或低矮的树木，为花园增添了绿意和活力。古华轩所在的第一进院落，院内有树木40余株，倚着假山、围墙、屋亭而生，错落有致。其中最特殊的当属院北的一棵楸树。说它特殊，是因为这棵树在乾隆花园改建之前就已经生长在这里了。

古华轩前老楸树

乾隆皇帝爱树也爱花，而且这楸树的花着实好看：花冠白色，内有紫斑，花蕊绯红，绚丽夺目。为了保留这棵树，乾隆皇帝特意将原本规划建造于此的建筑北移了一些，并将其命名为古华轩，轩中抱柱联更是乾隆皇帝题写的：“明月清风无尽藏，长楸古柏是佳朋。”这才让我们今天仍能欣赏这棵古树的风华。

楸树花示意图

禊赏亭正面图

乾隆花园局促的空间，限制了部分建筑的营造，使其形成了特殊的形制。如禊赏亭为凸字形建筑，但依照明代造园学家计成在《园冶》中对亭子的解释来看，禊赏亭更像是在十字亭的基础上做了改动，即去掉了十字亭的一个抱厦。减少一个抱厦后，禊赏亭西面便为一个平面，使整体建筑依墙而建，缓解了因院落狭窄而使建筑布局过于局促的情况。

禊赏亭示意图

园内打破常规的建筑不止这一处。三友轩虽位于乾隆花园内，实为宁寿全宫内廷区域乐寿堂的附属建筑，与东边的乐寿堂隔窗相望。靠近乐寿堂一边的屋顶也因此降低了等级，这就使得三友轩西为歇山顶，东为悬山顶。同样的处理方式也见于云光楼，云光楼为“L”形建筑，北为歇山顶，东为硬山顶。

三友轩（左）和乐寿堂（右）

虽然空间受限，但园内建筑屋顶的颜色及其形制却仍在巧妙的规划下摆脱束缚，呈现出多样的变化。乾隆花园里的琉璃瓦颜色十分丰富，除了常见的黄色、绿色和紫色，还有一些特别的颜色如孔雀蓝、翡翠绿等。园内多数建筑都是黄瓦配以绿剪边的，如萃赏楼。遂初堂、耸秀亭、延趣楼、竹香馆则是绿瓦黄剪边的，符望阁为黄瓦蓝剪边的。碧螺亭更是从样式到颜色都与众不同。样式上，碧螺亭平面呈梅花形，有两层屋顶。颜色上，屋顶上层覆以翡翠绿琉璃瓦，下层则是孔雀蓝琉璃瓦，两层都配以紫晶色琉璃瓦剪边，绚丽别致，但随着时光流逝，琉璃瓦蓝绿区分已不甚明显。

符望阁

萃赏楼

碧螺亭

遂初堂

文人情怀

03
文人情怀

乾隆皇帝自称“十全老人”，文治武功，颇有建树。他非常崇尚儒家文化，也是清代最有文人气质的皇帝。

乾隆皇帝虽是满族人，但从小深受儒家思想影响，虽为皇帝，内心却藏着文人的风骨和情怀。他修建乾隆花园，既是为其做太上皇做准备，也表达了他的文人情怀。这里饱含着他对文人高洁品格的欣赏，对“兰亭”情怀的执迷以及对隐逸生活的向往。

松、竹、梅被称为“岁寒三友”，取其常青不老、宁折不弯和耐寒开花的特点，常用于比喻品格高尚。乾隆花园里大量使用松、竹、梅图案作为装饰，表达了乾隆皇帝对文人品格的欣赏与向往。园内的碧螺亭，也称碧螺梅花亭，因多用梅花纹饰而得名。它就像是乾隆花园里一位美丽的妙龄少女，站在符望阁前的山石主峰上。

（清）《弘历是一是二图》（局部）

乾隆皇帝崇尚儒家文化，在多幅绘画作品中均能看到他着汉服的形象。

碧螺亭栏板

碧螺亭示意图

碧螺亭宝顶

碧螺亭藻井

这位少女头戴双檐攒尖顶式五瓣梅花帽，帽上有翠蓝底白色冰梅纹宝顶，光彩照人。帽檐间绘有海墁式彩画（苏式彩画的基本表现形式之一，具有构图开放、题材广泛、对建筑构件形式要求低的特点），青绿底色上画满梅花、桃花。帽檐下柱子间安装有折枝梅花纹的倒挂楣子。站在亭子内往上看，藻井为柏木嵌紫檀材质，并雕有梅花纹。集梅花造型和梅花元素于一身，碧螺亭也因此在紫禁城诸多建筑中成为绝无仅有的佳作。

倒挂楣子：安装于屋檐下两柱之间，透空设计，主要起装饰作用。

碧螺亭彩画

在古代，梅花和竹子在南方更为普遍，而北方因冬季寒冷，就比较难得一见了。但诸多文献表明，乾隆花园中就曾种有梅花和竹子。人们在冬天的时候，需要在院子里搭暖棚，为竹子保暖，保证其顺利过冬。待天暖了再将暖棚拆除。梅花往往做成盆栽放于室内，以便过冬。乾隆皇帝在《延趣楼自警》诗中曾写道：“飒沓松竹影，胥足助心会。”如今延趣楼前仍有竹子，只是已非当年所种。

冬天搭暖棚的竹子

同样能看到竹子身影的还有最后一进院落的竹香馆。乾隆皇帝在此有“北地虽云艰种竹，条风拂亦度筠香”的吟咏。这里弓背状的围墙上开辟着许多琉璃漏窗，为单调的红墙增添些许灵动，让人更想一探园内的美景。

竹香馆

紫禁城内有两座三友轩。除乾隆花园中有一座外，建福宫凝晖堂南室也有一座，内藏有以松、竹、梅为主题的珍品，深受乾隆皇帝喜爱，但在清晚期毁于大火。

乾隆花园内的三友轩门窗装修和家具陈设皆以松、竹、梅为主题装饰图案，设计上更加彰显文人气质。

乾隆花园内三友轩外景图

三友轩内松、竹、梅图窗

王羲之像

乾隆皇帝也喜欢文人雅趣。他在第一进院落修了一座禊赏亭。禊赏即祓禊，指的是在水边举行的祛除不祥的祭祀仪式。后因东晋大书法家王羲之等文人在兰亭（今浙江绍兴兰亭）举行饮酒赋诗的雅集活动，成为古人休闲娱乐的一种方式。参加集会的人面向水流坐于水渠两岸，曲折的流水中放置酒杯，酒杯随波逐流，待杯停时，杯子正对的人要饮酒作诗。

（明）《兰亭修禊图》

乾隆皇帝非常喜欢这样的雅事，故依假山而建禊赏亭，并在禊赏亭四周石质栏板上雕刻竹子，以应兰亭雅集时“崇山峻岭”“茂林修竹”的场景。亭内“流杯渠”，为“曲水流觞”之所。这里的意境，正是乾隆皇帝个人性情和他文人情怀的体现。

禊赏亭内流杯渠

禊赏亭栏板

乾隆皇帝崇尚文人避世退隐的生活情怀，但身为皇帝，必忧心天下。乾隆花园恰似他的一个梦圆之所，能够让人暂时远离世俗尘嚣。园中多处建筑命名都流露出乾隆皇帝的退隐之意，最典型的就是院中最后一座建筑——倦勤斋。“倦勤”取自《尚书·大禹谟》“朕宅帝位三十有三载，耄期倦于勤”之句，意思是舜因为年迈无法继续从事政务，但如果天下太平，他便可以让位。乾隆皇帝以此为建筑取名，表达了他归隐的想法及修造此园的初衷。园内还有一座遂初堂，也是应其禅位隐退，实现当初心愿之意。

福寿安康

04
福寿安康

从古至今，长寿都是人们最朴实的企盼和最长久的祝福。在乾隆花园里，这种思想也得到了淋漓尽致的体现。

乾隆花园是乾隆皇帝60岁时决定修建的，意为其执政60年后归政为太上皇时的颐居之所，而那时他将是85岁高龄。在当时，即使是60岁也算长寿了。所以，在太上皇的花园中，长寿自然是花园营建的主题之一，或体现在匾额上，或抒发于楹联间，或蕴含在画作中。

乾隆花园最南端的正门为衍祺门，“衍”通“延”，延长之意；“祺”意为“吉祥”，“衍祺”就是长寿的意思。门内禊赏亭的“禊”源于“祓禊”，是古人消除不祥的祈福活动。后来，曲水流觞的禊赏活动，也被赋予了宁寿的含义。如南朝齐王融《三月三日曲水诗序》：“正歌有阕，羽觞无算。上陈景福之赐，下献南山之寿。”宁静致远即是古人禊赏活动的最高追求。养和精舍内的乾隆皇帝题联写道：“远靖迩安宣悦豫，寿徵福履自骈臻。”“远靖迩安”即指天下太平，“悦豫”是指喜悦，“福履”表达福禄，“骈臻”意为一并到来；表达的都是美好吉祥的愿望，与对长寿的企盼是一样的。

禊赏亭匾额

衍祺门匾额示意图

除文字外，更多关于长寿的寓意是通过室内装饰的通景画体现出来的。通景画是一种画幅很大的壁画，有着类似于西方天顶画的透视感。天顶画多用于教堂内，直接绘制于建筑室内顶部，具有很强的立体效果。而通景画则采用中国传统的贴落方式，即先画在纸或绢帛上，再贴到墙上，像现代装修用的壁纸，可以贴上去，也可以再摘下来。

通景画除画幅比较大之外，最大的特点在于其立体效果。以倦勤斋屋顶的藤萝花架通景画为例，为了让花朵呈现出立体效果，选定某一特殊位置，头顶的藤萝花正好垂直而挂。周围的花朵逐渐远去，距离越远画得越倾斜，最远处的花朵几乎是平躺着的样子。可若从之前选定的位置往戏台方向看去，却又会感觉藤萝花朵朵下垂，鲜活生动，惟妙惟肖。

倦勤斋通景画之藤萝花架（局部）

倦勤斋通景画之藤萝花架

乾隆花园里共有四幅通景画，都寓意长寿安康、子孙绵延。这与乾隆花园的建造初衷是吻合的。其中，最著名也是最大的一幅，便是倦勤斋内紫色藤萝花的巨幅通景画了。这幅通景画从屋顶延伸至墙壁，屋顶的藤萝花蔓延至北面墙上，墙上有一月亮门，门内盛开牡丹花，仙鹤翩翩起舞。一只喜鹊停在篱笆墙上，另一只好似外出归来。藤萝枝繁叶茂，象征延绵不断；果实累累，象征子孙万代。这些都是长寿之人的福气。仙鹤，就是丹顶鹤，因为其寿命有 50 到 60 年，被古人视为长寿的象征。

倦勤斋通景画

倦勤斋通景画之仙鹤

另一幅通景画是《厅堂婴戏图》，贴于玉粹轩明间西壁，描绘的是一位王妃端坐于厅堂中，正含笑看着一群嬉戏玩耍的孩童，俨然一幅享受天伦之乐的场景。

玉粹轩通景画之《厅堂婴戏图》

轩内有乾隆皇帝御制诗句题联“内安外靖升平世，五代一堂康健身”。这诗句是乾隆五十年（1785）千叟宴后乾隆皇帝在重华宫所赋的，收入《清高宗御制诗》五集卷十一，表达了他对太平盛世、身体康健又喜得玄孙、五世同堂的愉悦心情。

正面

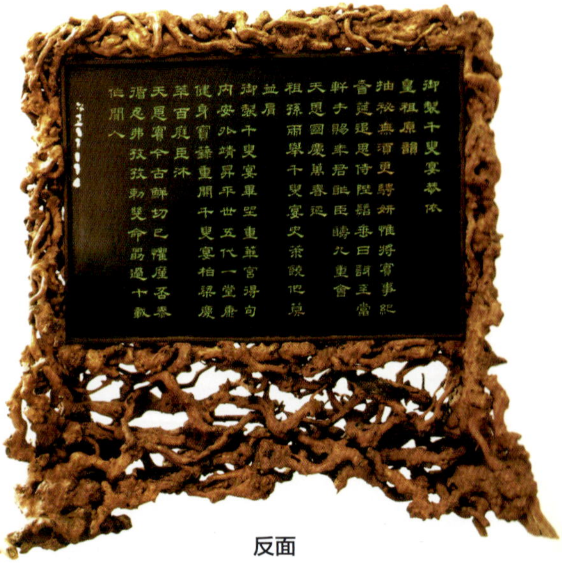

反面

天然木黑漆嵌玉石九老图千叟宴诗双面插屏

养和精舍有两幅通景画。明间西壁上有一幅《园林婴戏图》，描绘了一群孩童嬉戏玩耍的场景。其中，三个孩童在放风筝，风筝为蝙蝠形状。蝙蝠的“蝠”与“福”同音，寓意美好、福寿。红色的蝙蝠风筝飞到空中，寓意洪福齐天。

养和精舍通景画之《园林婴戏图》

《园林婴戏图》局部

东间南壁上绘有《厅堂接子图》，图中有两个人物，一位女子和一个孩童。女子手中拿着一朵盛开的花正要送给孩童，孩童张开手臂准备接花，寓意“花开结子”，也是以子孙绵长隐喻长寿。

养和精舍通景画之《厅堂接子图》

物尽其用

05 物尽其用

乾隆花园建造得如此精致，得益于乾隆年间国力的强盛。而一位位手艺高超的匠人，直接将这种强盛物化在了乾隆花园精致的内檐装修和内部装饰上。

乾隆花园的室内装饰汇集我国南北方技艺之精华，是名贵物料与匠人深厚技艺相辅相成的产物。有的装饰取材虽不算名贵，却在匠人手中巧夺天工地幻化成另一种样子。乾隆花园内多处都能看到竹子的身影，有些是直观可见的竹影婆娑，有些以另外一番模样显示着低调含蓄的奢华。

倦勤斋内东部仙楼的槛窗下的木壁板上，就有使用贴雕竹黄技艺雕刻的百鹿图，其中的山石由竹黄制成，梅花鹿用竹片雕刻而成，仔细看还能发现鹿身上的斑点和毛发，让人无法分辨哪些是竹子原有的纹理，哪些又是工匠巧手雕刻上去的。

倦勤斋内百鹿图

贴雕竹黄是一种雕刻技艺，源于我国南方地区。技艺难度不在于雕刻，而在于原材料的制作。雕刻原料取自毛竹，须先将毛竹锯成竹筒，去掉竹节和青绿色表皮，留下内层的竹黄；再将竹黄煮、晒干、压平后，粘贴或镶嵌在木胎或竹片上，磨光后再在上面雕刻人物、山水、花鸟、诗文等。

贴雕竹黄过程示意图

竹丝镶嵌

除了竹黄，竹子也可以用作竹丝镶嵌。做法为将竹丝拼接成万字纹，粘贴于木质胎体上，并在镶嵌好的竹丝之上刻出凹槽，嵌上硬木（一般是黄杨木）和玉片。镶嵌用竹丝一般为黑红、深黄和浅黄三种颜色。黑红色为染色而成的，深黄色为竹丝青面的颜色，浅黄色为竹丝肉面的颜色。三种颜色拼接成的纹饰在光线的照射下，呈现出美妙的立体效果。乾隆花园的三友轩、符望阁和倦勤斋内都应用了竹丝镶嵌工艺。

常见的竹子被巧雕成了梅花鹿，常见的羊角、牛角在宫里也有着华丽的样貌。清代有一种灯具很常见，叫作角灯。这种灯自唐代就有，后被广泛使用，清代以前也称作明角灯。其材质有别于传统的纸、纱、玻璃，是用羊角或牛角制成的。无论是羊角还是牛角，其成分都为角质化蛋白质，接近人类指甲的成分，即使断了也能再长出来。比以钙质物为主的鹿角更有韧性，易于变形，适合做灯具。制作羊角灯，需将羊角加工成桶状，高温软化后利用工具拉薄，再塑成球形或椭球形的外壳。

故宫家具馆里的角灯

“气死风”

角灯灯壁薄且脆，透光性好，质地细密，里面放置蜡烛后不易被吹灭。所以这种灯还得了个有意思的名字叫“气死风”。现在，故宫家具馆中就安设有一件角灯，尺寸较大，灯壁上还有团寿纹装饰。

竹黄雕刻和角灯还能看出原料，有的工艺则故意以假乱真，让人难以辨别其本来材质。乾隆皇帝喜竹，宫廷内有很多竹制摆件和用竹子制作的家具。但竹子属南方植物，在北方大面积使用会产生开裂等问题。于是，有些大型建筑就通过木制髹漆来仿制竹子。工匠需将木材修成竹子般粗细，再涂上与竹子颜色相近的漆料，把木材伪装成了竹子。倦勤斋戏台便采用这种方法装饰而成。“倦勤斋戏台”图中左侧主体戏台为木制髹漆制成的“假竹子”戏台，右侧为湘妃竹制成的“真竹子”戏台。主体戏台使用的材料看似竹子，其实是金丝楠木仿制的湘妃竹，竹纹及斑点均为人工装饰的。湘妃竹即是斑竹，亦称湘竹、泪竹，因其茎上生有紫褐色斑点而得名，给人以清丽淡雅之感，常用于制作家具。

倦勤斋戏台

湘妃竹

主体戏台上模仿湘妃竹的木制髹漆竹

这样做既实现了竹制的视觉效果，又保证了戏台有更好的承重力和实用性，还避免了竹子在北方容易开裂的弊端。而为了与真假竹戏台呼应，倦勤斋西侧的墙面上也绘满了竹篱笆。倦勤斋内真假湘妃竹一同呈现，让人难以分辨，意趣盎然。

湘妃竹围栏局部放大图

倦勤斋通景画上的“湘妃竹”篱笆

故宫宣教
THE PALACE MUSEUM
PUBLICITY AND EDUCATION

我要去故宫系列

探秘珍宝馆

故宫博物院宣传教育部 / 编著　果美侠 / 主编
本册作者：姜倩倩
本册绘者：御鉴文化（北京）有限公司　陈欣

中信出版集团 | 北京

探秘珍宝馆

编　　著：故宫博物院宣传教育部
主　　编：果美侠
本册作者：姜倩倩
本册绘者：御鉴文化（北京）有限公司　陈欣
摄　　影：齐梦伯
图片提供：故宫博物院资料信息部
策划出品：故宫博物院
　　　　　御鉴文化（北京）有限公司
出版发行：中信出版集团股份有限公司
　　　　　（北京市朝阳区东三环北路 27 号嘉铭中心　邮编　100020）
承 印 者：北京瑞禾彩色印刷有限公司

序言：我要去故宫

去故宫，可以有许多理由：陪亲朋，遛孩子，看展览，拍美照……

不去故宫，往往只有一个理由：太无趣！

相似的院落，差不多的建筑，看过和没看过，似乎没什么差异。如果不是真心喜欢，如果不是迫于无奈，自己说出“我要去故宫”的，可能少之又少。

常年工作在故宫的我们，也不是每个人都能把各个宫殿的与众不同讲出来。揭开600年宫殿建筑的奥秘，需要善于发现的眼睛，需要勇于探索的精神。

一群在这里工作的年轻人，每年向数以万计的游客讲述同样的建筑历史，述说600年不变的宫殿故事，好无趣！不妨换种方式，看看有什么能够吸引人们的看点，整理出新奇的探秘主题，既激发自己去主动发现，也让大家对故宫兴趣盎然。于是，从给学生参观使用的探秘学习单开始，我们策划了《我要去故宫系列》探秘图书。

匆匆的游客，常常一小时走过一座城。而我们，想让孩子们一小时只看一座宫。从中轴线，到东西六宫，再到外西路和外东路，20个建筑区域，构成了20册书的内容主体。既讲建筑，又说历史；既有精美的文物呈现，也有有趣的故事传说。看得见的，引你看细节；看不见的，诱你来想象。文字与插图相辅，内涵与颜值并重。这说的就是《我要去故宫系列》图书。每册分多个主题，涉及建筑、历史、藏品等内容，选题有趣、文字好读、插图好看！

午门，这里是紫禁城的门面担当，既有颜值，又有故事。午门前威严的皇宫仪仗中，竟曾有盛装的宝象，还有宝象拉的辂。

太和门，这里有规矩，讲秩序，门前的古物不只我们不知是做什么用的，就连曾经住在这座宫城里的皇帝也不知。石栏杆的火焰望柱头，开了洞的警报器石别拉似乎也不难发现。

太和殿，皇宫里最重要的建筑，历经600年风雨洗礼，既有灭火的陈设，也有克火的理念，只为向你证明曾经的盛世繁华，可以绵延不变。

保和殿，这里不仅是科举士人的考场，也是清初帝王的临时寝宫。方方正正的中和殿，更是帝王筹备亲耕之礼、关注皇家玉牒的重要场所。

乾清门，朝和廷的分野、家与国的界限，皇帝运筹帷幄在内，军机昼夜值守于外。皇帝很辛苦，大臣也不易，宫里禁火烛，官员上朝，几乎都得黑灯瞎火入宫，“蹭灯”的机会少之又少。

乾清宫，这里是帝王寝宫，却也传来皇子的琅琅读书声。这里药味浓，龙袍新，年节大典，更是院内高悬百丈灯，举国君民齐欢庆。

坤宁宫，凤舞千秋的世界，满汉交融的风格透过门、穿过窗，印在屋内的诸多角落。交泰殿的无为匾，一匾述说出三代帝王与这宫殿的渊源。

御花园，这里春有百花秋有月，夏有凉风冬有雪。钦安殿内护佑宫殿免遭火灾的玄武大帝，不知道是否注意到园内亭子中，井亭竟然没有顶。

西六宫，果然是宫闱趣事多，两枚锈迹斑斑的铁环，记载的是宫内静谧生活中难得的欢娱。末代帝后也在这里赶着新潮，穿洋装、吃西餐、学英语，西方的玩意儿在这里一样不少。

东六宫，曾经的后妃居住地，遗留下一座未建完的西式建筑，只能凭想象复原其类似水族馆的华美。其他的院落，也各有各的故事，既见证繁花盛放，也目睹香魂陨落。

宁寿全宫，看似普通的皇极门，竟然也是有限空间内建造出的另一座“小午门”。门内的皇极殿，更是有着乾清宫的外表，却发挥着太和殿的功用。乾隆皇帝的乐寿之所，不仅有乾隆，还有“钱龙”，而晚清的慈禧太后，也把这里作为御用居处，内政外交，见证了时代的更迭。

乾隆花园，文人的雅致随处可见，禊赏亭、古华轩、碧螺亭、藤萝顶，处处精致，处处惊喜。乾隆皇帝倦于勤，欣赏花园勤而不倦，乐此不疲。

慈宁宫，御路石上的小蜥蜴和门前的麒麟兽一同述说着这里的秘密，屋顶独特的轩辕镜与院内与众不同的月晷，则告诉你这里主人的独特身份。

重华宫，是“养在深闺人未识”的宫苑建筑，弘历在这里娶了他挚爱的富察氏。当了皇帝（乾隆皇帝）后也到这里举办茶宴，君臣之间赋诗联句，雅性使然、默契使然，更是家国天下的情怀使然。

养心殿，八代帝居一定不负众望，既有治国理政之所，也显生活起居之便，更有闲暇怡情之趣。小小的三希堂，幻化出大空间，一幅通景画，巧妙地让景入画，人也入画！

文华殿，象征水的黑色屋顶还不足以护佑文渊阁的《四库全书》，从屋檐彩画到栏板石雕，水的元素随处可见。“天一生水”而有黑瓦屋顶，“地六成之”便有了屋阔六间！

武英殿，摄政王的权力中心，变身为殿本修书之所。浴德之水蜿蜒而出，于断虹桥畔诉说沧桑。储冰之所，亦呈现皇室消夏之聪慧。

珍宝馆，华丽的珠宝背后，隐藏了采珠人等付出的艰辛。皇室的饰品，最精于其取材的独特。先秦石鼓唐时现，流转千年入深宫。只要有心，你就会被它们的文字和经历感动。

钟表馆，让我们了解中西方再次开启的对话。漂洋过海的计时仪器，成了皇家喜好的有趣玩具，可计时，可打更，可升降，可转花。魔术、水法、音乐、鸟音，无不炫目悦耳，赞从心生。

我觉得，以上这些远远不够，书中好玩的故事、好看的插画，等你去探索，由你去发现。如果每读完一本，你就有拿起书入宫的冲动，我们会万分欣慰。真诚地，真心地，在宫里，期盼你，欢迎你！

果美侠，写于墨尔本旅途

2019 年 7 月 27 日

目录

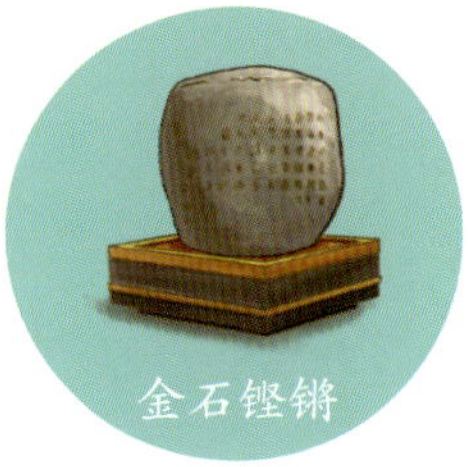

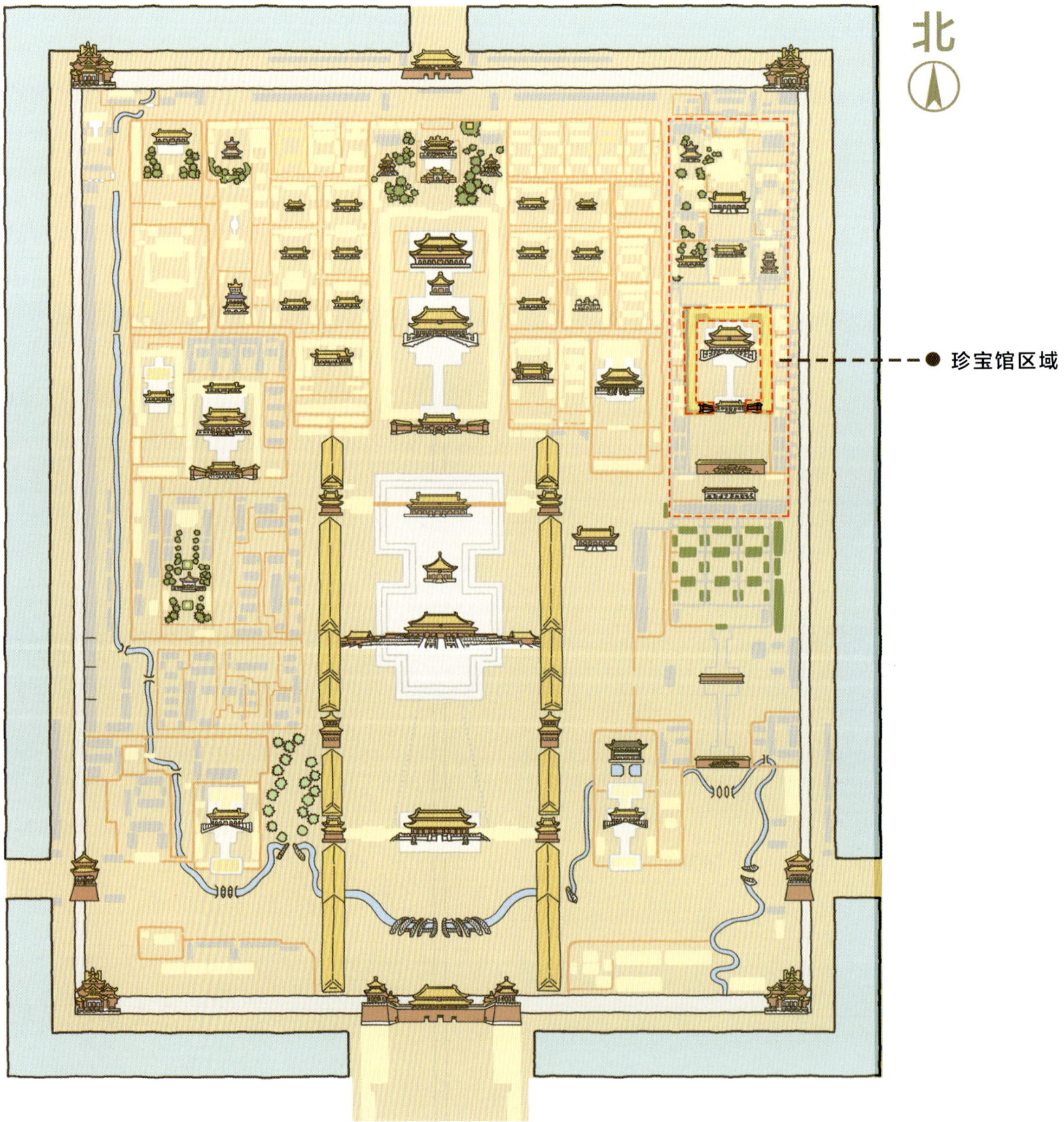

故宫平面示意图

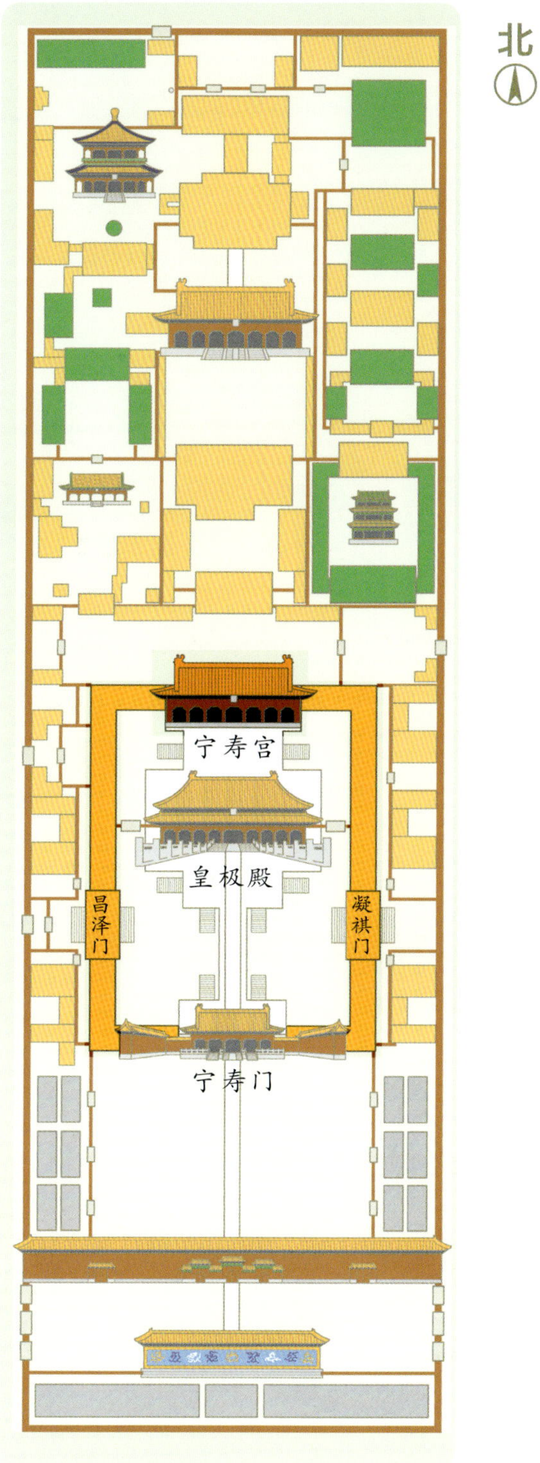

珍宝馆区域平面示意图

欢迎来到珍宝馆！

珍宝馆是故宫专题展馆，现在位于宁寿全宫。1958年首次开馆，经过数次改陈后形成现在的规模和形式。其中，皇极殿两侧庑房展示有珠宝、盆景、玉石等，宁寿宫展示有先秦石鼓。养性斋、乐寿堂、颐和轩等为原状陈列。珍宝馆内展示的多个门类的故宫藏品或由宫廷制造，或由臣工进献；或为实用器物，或为礼制用具；或以形制见长，或以文字为贵……这些珍宝从多个侧面展现了明清皇家气派和宫廷生活。

曾经，它们散布各处；如今，它们相聚一地。这只为呈现一种生活，诉说一段故事。穿过历史的长河，它们依然华贵典雅、光彩照人。

今天，就让我们通过珠围翠绕、衣冠礼仪、“器”宇不凡、金枝玉叶、金石铿锵这五个专题来探秘珍宝馆，近距离“接触”皇极殿庑房和宁寿宫展厅的珍宝。

珠围翠绕

01
珠围翠绕

皇家首饰，珠翠环绕，源于天然，做工精致。

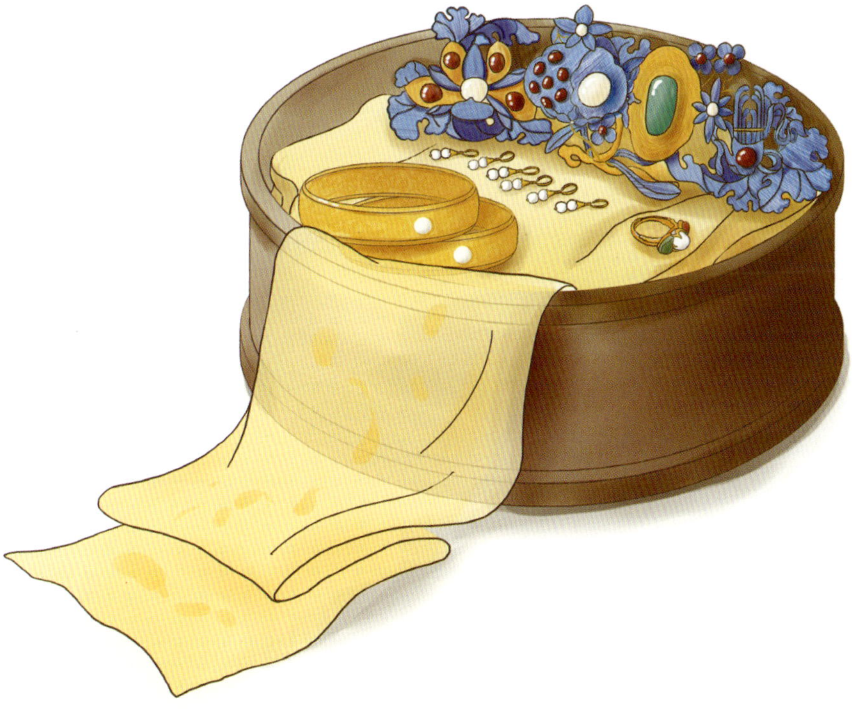

首饰，无论在哪个时代，大都深受女性喜欢。清代宫廷首饰，向我们展现了宫廷女性的细腻与精致。这些首饰样式，有的如今仍在流行，有的则已随时代变迁而成为历史。

（清）金镶珍珠耳环

（清）金累丝龙戏珠纹手镯

（清）金镶珠翠红宝石戒指

珍宝馆内展示的许多首饰的设计很有现代感，如上图这几种。仔细观察其材质，我们可以发现，除了黄金，它们还都使用了珍珠。珍珠是清代宫廷首饰常用的一种材质。

珍珠是某些软体动物，如蚌的贝壳内产生的圆形颗粒。当异物进入贝壳时，这类动物便分泌出珍珠质，将异物一层层包起来，日积月累便形成了珍珠。优质珍珠是不需修饰的、最为天然的珍宝。清宫首饰所用珍珠多为东珠。东珠产于满族始兴之地东北黑龙江、松花江流域，极为名贵，清代皇帝与王公用东珠作为冠饰，象征清代皇族的地位至高无上。因东珠产量极少，所以在清代特别受尊崇。清廷不仅设专门机构管理东珠的采集、入贡，而且对东珠的使用做了严格的规定，如只有皇帝、皇太后、皇后可以佩戴东珠朝珠。

珍珠

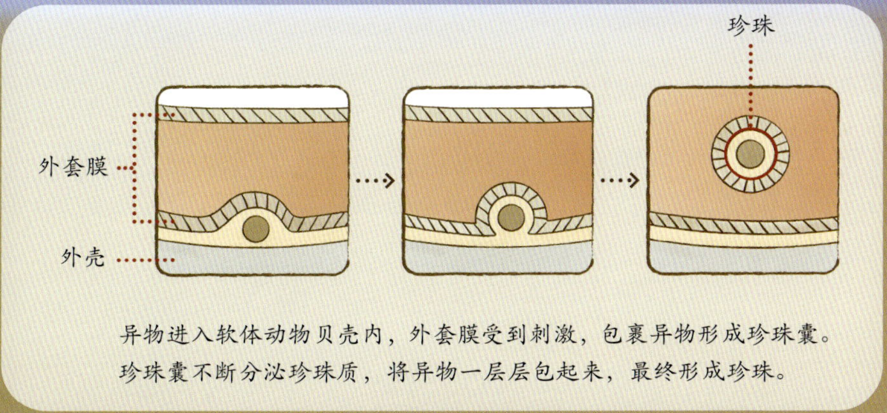

珍珠形成过程

珍珠虽美丽，古人采珍珠却危险重重。《天工开物》记载：采珠人腰间系长绳，带上腰篮和锡制弯管装置潜入水中。弯管类似于浮潜所用的呼吸管，管的末端罩住口鼻以便呼吸。耳颈处还要用熟皮包严。采珠人可入水100多米，将蚌拾入篮中。呼吸困难时则摇绳，由船上人迅速拉起，命运不好的或许就要葬身鱼腹。采珠人出水时，要立刻用煮热的毛毯等盖在身上，慢了便会冷死。由此可见珍珠采集之险。

虽然有不少首饰样式流传至今，但还有很多首饰“止步”于历史。它们未能跟上时代的脚步，不再为今人所用，如扁方、钿子。

（清）金镂空嵌宝石富贵吉祥扁方

满族妇女有一种特殊发式——两把头，扁方就是主要用于这种发式的头饰。扁方不仅具有装饰作用，还能固定发髻，防止头发散落。满族妇女所梳两把头最初是把真发分成两绺，以扁方固定。晚清时，两把头发展为大拉翅，即在头顶发髻上安放头板和头座，与真发缠绕成形，头板中间插入扁方固定。宫廷中所用扁方多为玉制的，也有翡翠制的，或者是金镶玉、镶翠或镶嵌其他珠宝等制作而成。上面这件扁方就是以黄金镂雕镶嵌珠宝制成。

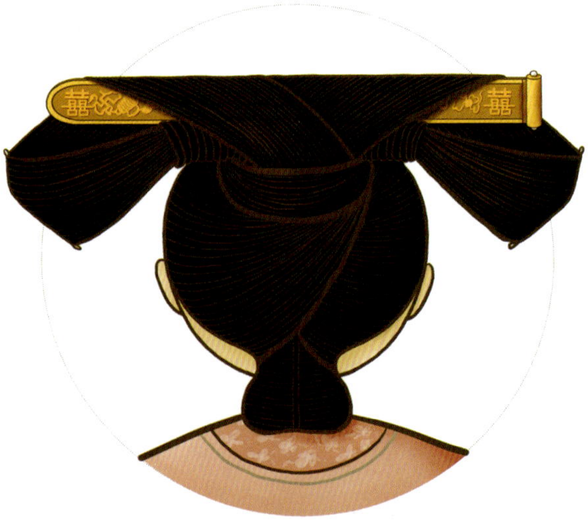

两把头背面

两把头正面

两把头正面佩戴饰品效果

两把头发式及扁方的佩戴方法

大拉翅发式不依靠扁方盘扎，但需使用扁方来装饰和支撑顶部。用青缎包裹“不”字形铁丝（或竹藤）制成头板，使用时将底座直接套在头顶梳好的圆髻上。

大拉翅造型使女性可以将更多的用金、银、玉、珍珠、宝石等制成的名贵首饰戴在头上，更具有装饰性。

大拉翅头座

大拉翅正面

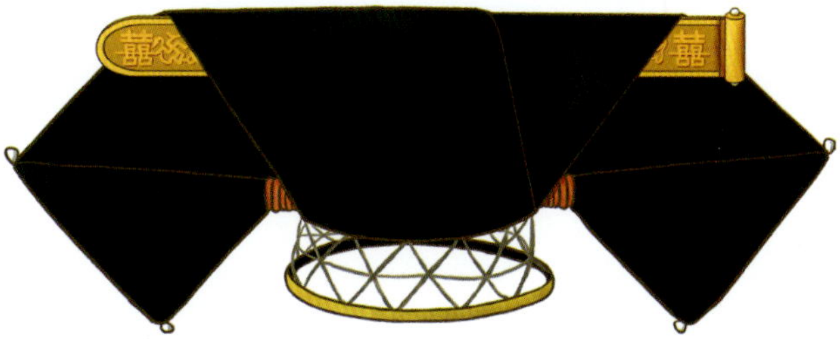

大拉翅背面

大拉翅分解图

慈禧太后像

（清）金累丝嵌珍珠宝石五凤钿（正面）

钿子是清代贵族妇女的一种头饰，应用场合广泛，可在节庆时搭配吉服穿戴，也可在日常着便服时佩戴。钿子构造烦琐，由内到外为骨架、内胎和外饰。一般用藤丝或铁丝编成帽子形状的骨架，在上面缠绕黑色丝线或缎条为胎，编出方格纹、钱纹、盘肠纹等，再将各种宝石、珍珠装饰在表面。这些装饰也称作钿花。根据钿花数量，钿子分为凤钿、满钿和半钿，分别装饰九块、七块和五块钿花。金累丝嵌珍珠宝石五凤钿就是装饰钿花数量最多的凤钿。

戴上钿子的宫妃

（清）金累丝嵌珍珠宝石五凤钿（背面）

这件钿子内里低调朴素，外部装饰却十分华美。从前部看，蓝色底纹和金凤的蓝金组合颜色鲜艳，绚烂夺目。仔细看，你会发现，金凤有细密的网状结构，蓝色底纹也是丝缕分明。这金网是如何编织而成的？蓝色丝缕又是什么呢？这就要提到两种传统工艺——累丝和点翠。

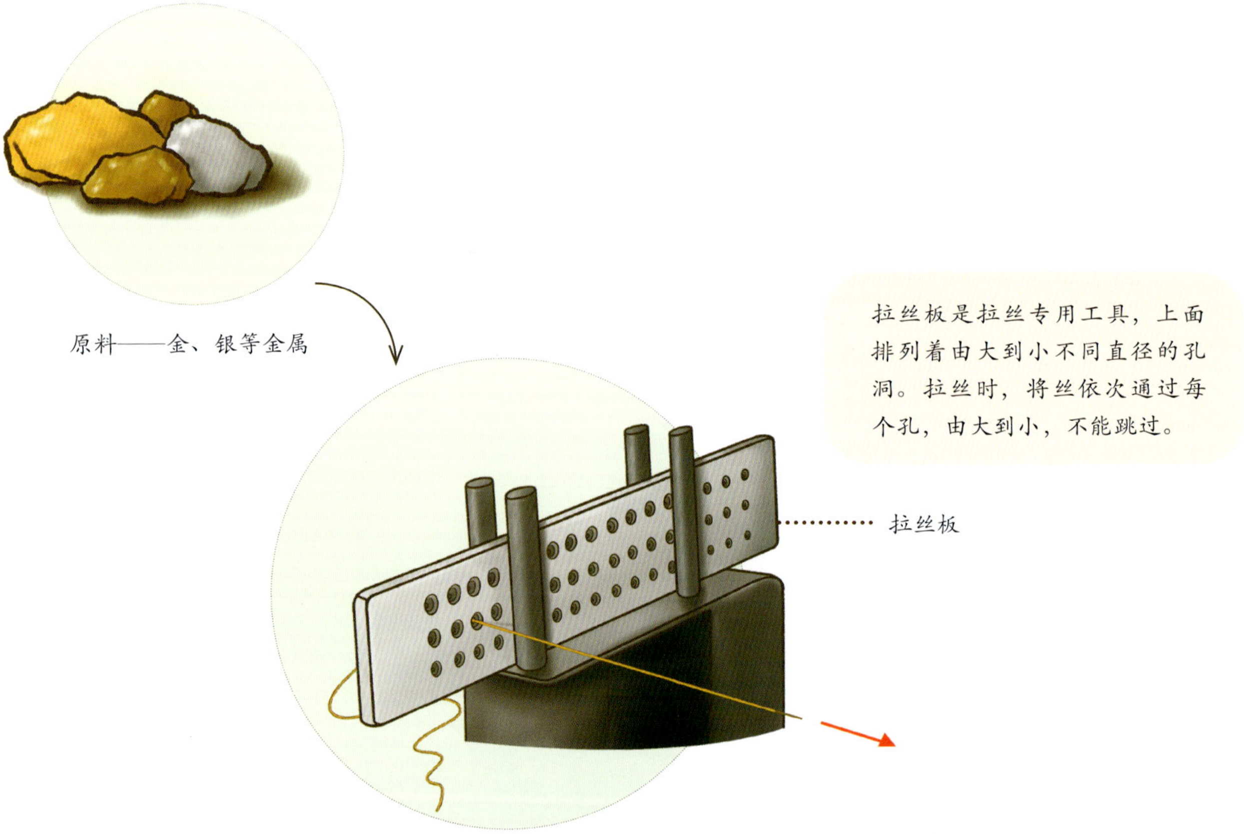

累丝工艺——拉丝

累丝是我国古代传统金属加工工艺之一，又称“花丝”或“花作”，是金属工艺中最精巧的一种。利用金、银等金属的良好延展性，将其拉成细丝（拉丝），再根据需求经过搓、掐、填、编、攒等工艺，制成辫股或各种网状组织，再焊接于器物上。金累丝嵌珍珠宝石五凤钿正面的金凤便采用了累丝工艺。

累丝工艺制成的器物细腻精致，在现代依然很受欢迎。古今累丝制作，虽工具不同，但工艺步骤是相同的。

（1）搓丝

将很细的金属丝搓成两股以上的花丝。

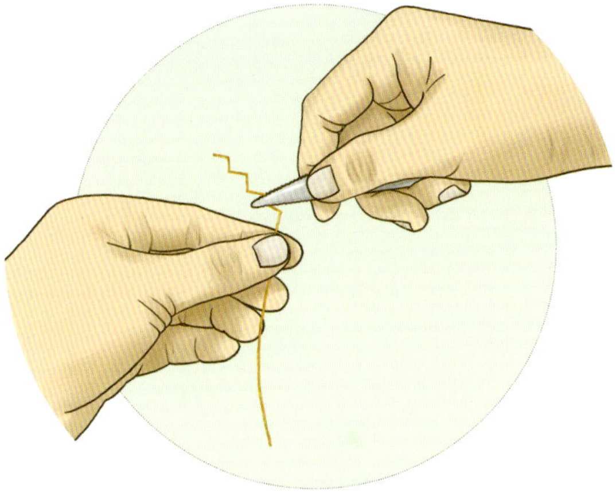

（2）掐丝

用镊子将花丝掐成需要的纹样。

在掐制好的纹样轮廓中，逐个填充上各种花丝纹样。

（3）填丝

累丝工艺

搓丝、掐丝、填丝。

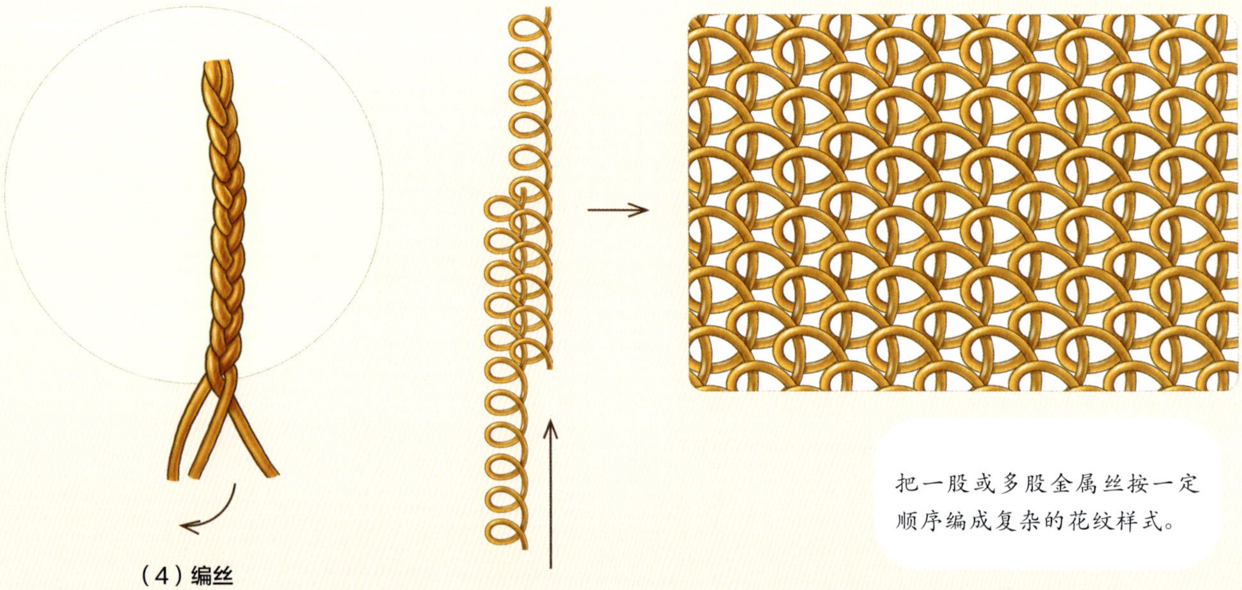

（4）编丝

（5）攒丝

累丝工艺

编丝、攒丝、焊丝。

累丝工艺在清代饰品中的使用十分广泛。下面这几件饰品虽然也都采用了累丝工艺，样式却变化多多，体现了累丝工艺的精巧。

（清）金累丝嵌珍珠宝石九凤钿口

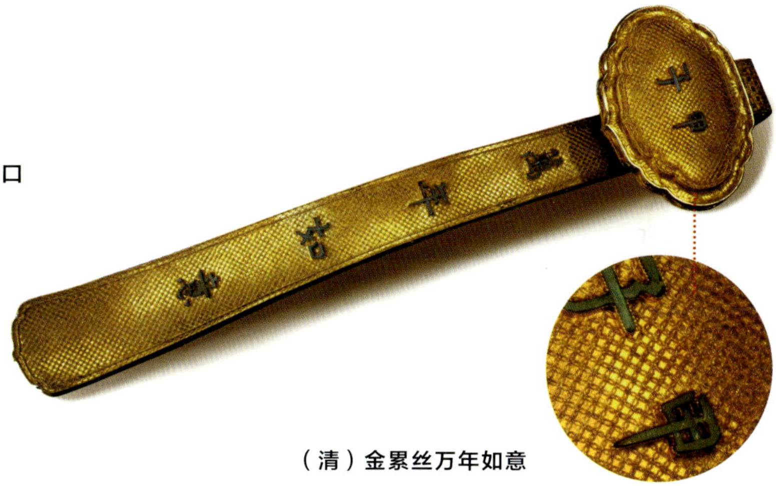

（清）金累丝万年如意

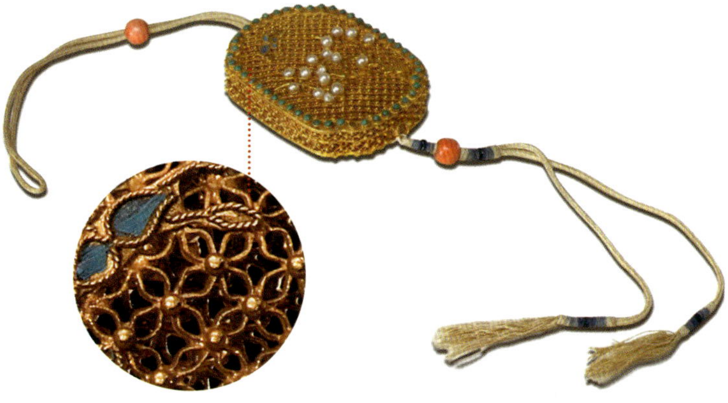

（清）金累丝点翠嵌珍珠香囊

点翠是一种主要用于金银首饰装饰的工艺。在金属制成的底托上，用金属线沿图案边缘焊接，然后于焊完后形成的线条间凹槽处粘贴翠鸟的羽毛。点翠工艺繁杂细致、耗工费时，讲求平整服帖、不露底。用点翠工艺装饰的器物色彩鲜艳，华丽精美。金累丝嵌珍珠宝石五凤钿，虽历经岁月的洗礼，蓝色点翠部分华美依旧。

点翠工艺

点翠是清代后妃最喜爱的工艺形式之一，很多宫廷饰品都采用了点翠工艺。

（清）银镀金点翠嵌宝石花果纹簪

（清）银镀金点翠嵌珍珠宝石结子

结子是钿花的一种，一般为橄榄形或圆形。

衣冠礼仪

02
衣冠礼仪

穿衣戴帽有规矩，举手投足不随意，宫廷的高贵与束缚同在。

（明）点翠嵌珍珠宝石金龙凤冠（左图正面，右图背面）

在清廷，从天子到官员，从皇太后到命妇，服饰穿戴均有严格要求，等级森严，不得僭越。例如，在举行朝会和祭祀时，帝后大臣们都必须穿朝服，同时搭配朝冠、朝珠等饰物。这些饰物不仅装点了主人的形象，也代表了等级地位。

上图和右图是两顶皇后佩戴的冠帽，一件属明代，一件属清代。两顶冠帽虽形制不同，但都有凤凰，这就是通常所说的凤冠。但清代这顶冠帽，一般称为“朝冠”，为的是与明代“凤冠”的称呼区分开来。

（清）金嵌珍珠皇后冬朝冠

清代朝冠款式有男女和冬夏之分。男冬朝冠帽檐上扬，呈圆形，用薰貂皮或黑狐皮制成，上缀朱纬（红色丝条）。男夏朝冠以玉草或藤丝、竹丝做成，罗（一种丝织品）为表，绸或纱为里。冠为圆锥形，下檐外敞呈双层喇叭状。冠前和冠顶缀有饰物，饰物因地位不同而有所不同。女冬朝冠以薰貂皮制成，冠上缀有朱纬。冠后有护领，左右各一条垂绦。女夏朝冠以青绒制作，其他与冬朝冠相同。冠顶和冠上的饰物以及冠后垂绦颜色因等级不同而各异。珍宝馆内展出的金嵌珍珠皇后冬朝冠代表了女冬朝冠的最高等级。

皇帝冬朝冠

皇帝夏朝冠

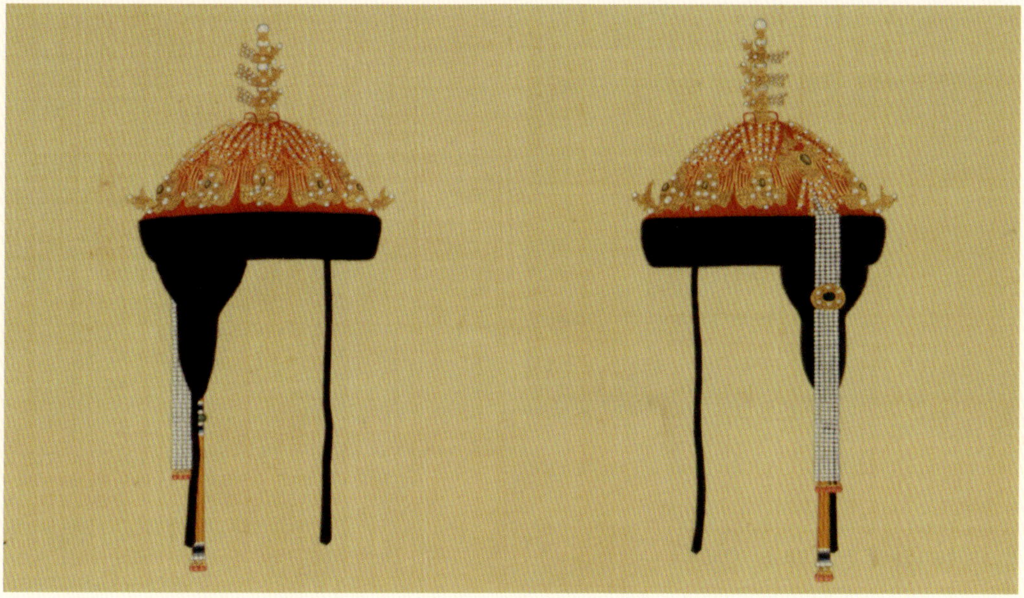

皇太后、皇后冬朝冠

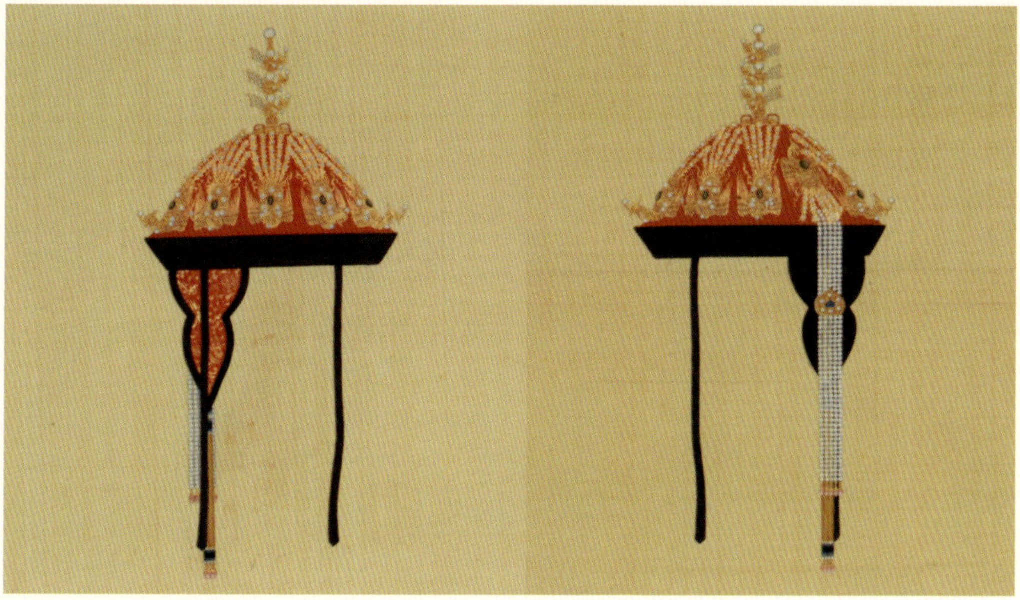

皇太后、皇后夏朝冠

头顶有饰物，项间怎能空空？佩戴朝冠的场合，朝珠也要出场。

（清）东珠朝珠

朝珠是我国古代王公贵族佩玉的沿袭，源于佛教的念珠。朝珠分为主体、记念和背云三部分。主体部分由108颗大小、材质均一的珠子穿成。每隔27颗珠子会有一颗形状稍大、材质与主珠不同的珠子，称为佛头。朝珠主体上垂挂有三小串珠子，称为记念。颈后正中佛头之下，悬坠一条丝带，丝带上串有珠宝玉石，佩戴朝珠时，垂于背后，称为背云。人在佩戴朝珠时，背云起平衡整串朝珠的作用，使朝珠不会过于前倾或左右移动。

朝珠主体部分的108颗珠子代表一年有12个月、24个节气、72个候（五天为一候），即12+24+72=108。四颗佛头象征一年四季。三串记念，每串10颗相同的珠子，共30颗，代表一个月有30天（每月以30天计），分上中下三旬，每旬10天。

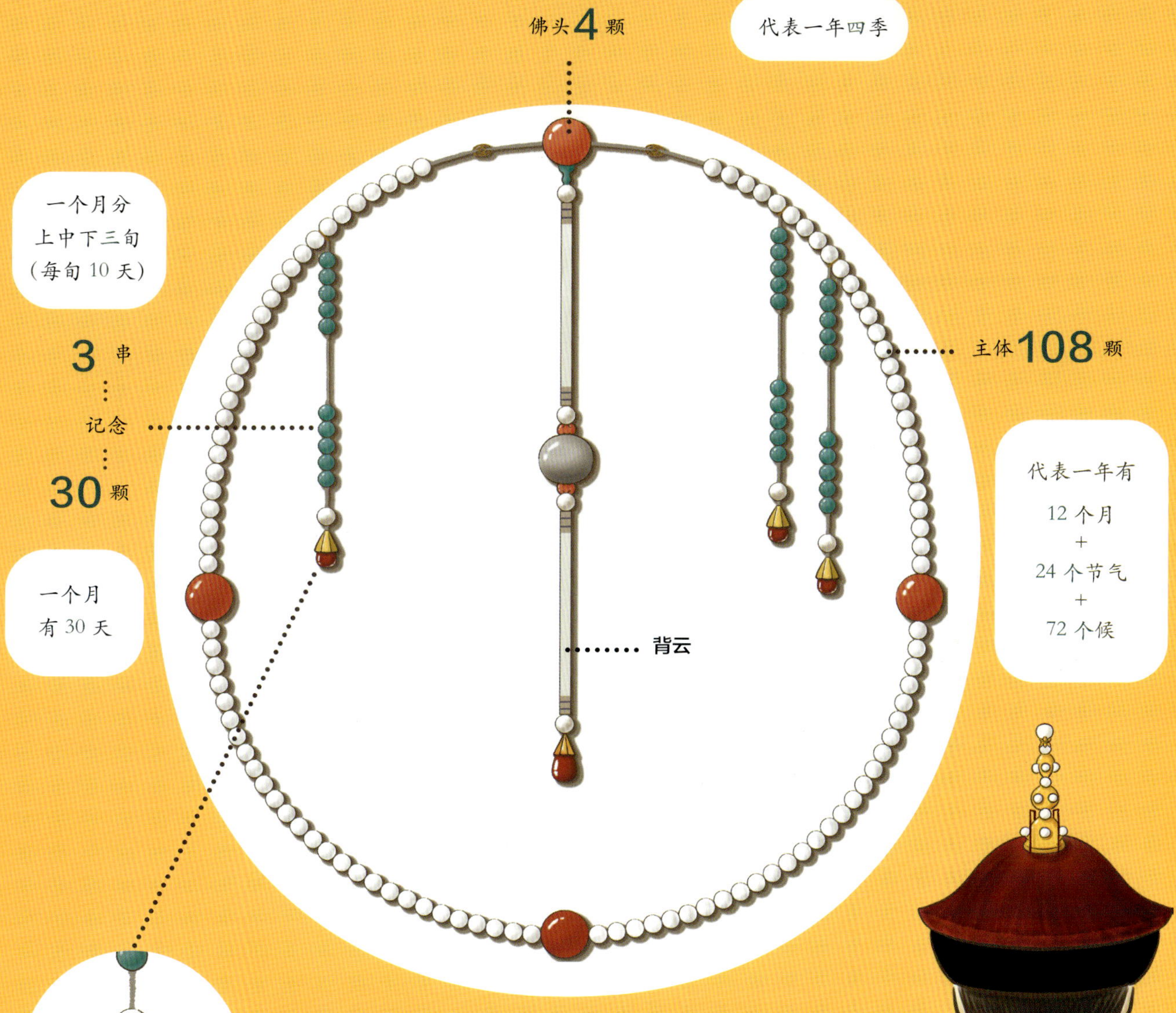
佛头 4 颗
代表一年四季
一个月分
上中下三旬
（每旬 10 天）
3 串
记念
30 颗
主体 108 颗
代表一年有
12 个月
+
24 个节气
+
72 个候
一个月
有 30 天
背云

坠角

背云起平衡整串
朝珠的作用。

朝珠组成示意图

清代对在何种场合佩戴何种质地的朝珠均有严格规定。例如，皇帝登基佩戴东珠朝珠，祭天佩戴青金石朝珠，祭地佩戴蜜蜡朝珠，祭日佩戴红珊瑚朝珠，祭月佩戴绿松石朝珠。其中东珠朝珠最为珍贵，只有皇帝、皇太后和皇后在参加大典时才佩戴。

登基

祭天

祭地

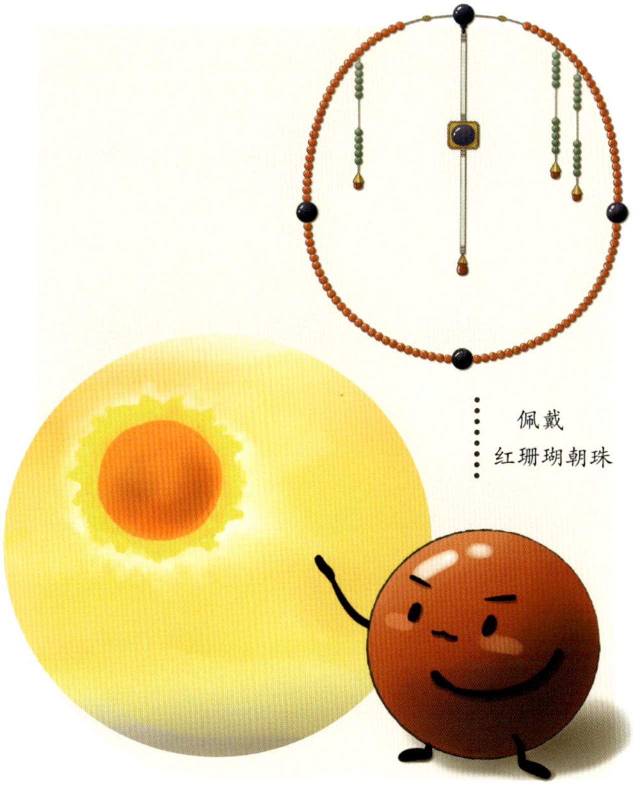

祭日

祭月

（清）青金石朝珠

（清）红珊瑚朝珠

（清）绿松石朝珠

（清）蜜蜡朝珠

此外，男女佩戴朝珠的数量和方法也很有讲究。男性，不论皇帝，还是文武百官，皆为胸前正挂一盘。女性则佩挂三盘，左右斜交各一盘，中间正挂一盘。

男性佩戴朝珠方法和数量

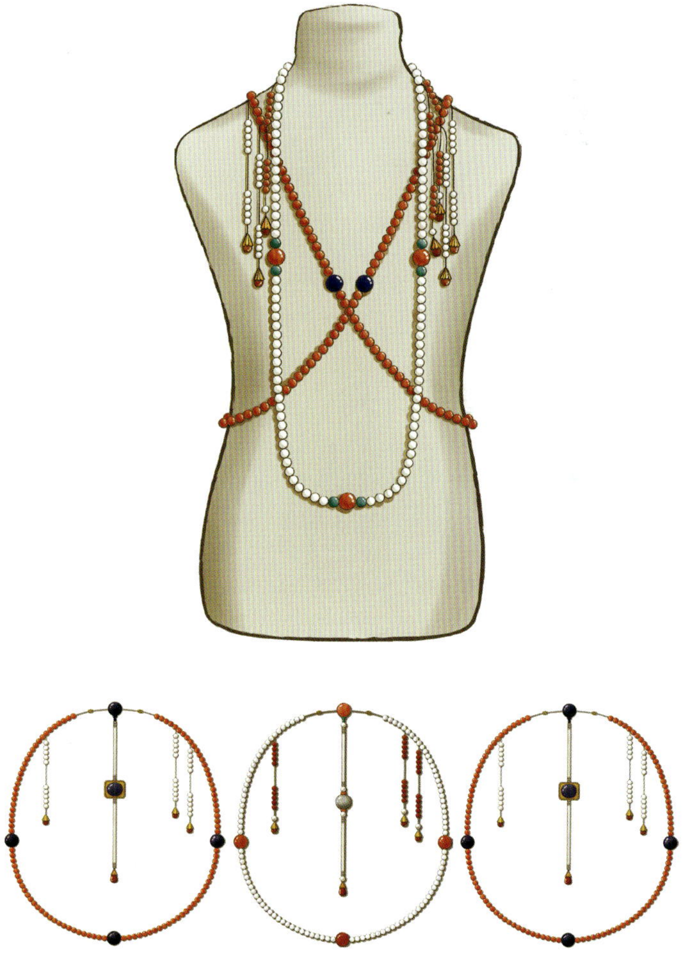

女性佩戴朝珠方法和数量

孝贤纯皇后朝服像

金约

领约

耳环

女性在穿朝服时，还会佩戴其他饰品。从乾隆皇帝孝贤纯皇后的朝服像上，我们可以看到她的额部、领部和耳部都有饰品。

额部装饰叫作金约，是一种圆形类似发卡的装饰品，佩戴在朝冠下檐处。戴朝冠时需先戴金约，用以束发。金约一般由金箍和后部垂缀的串珠两部分组成。金箍的节数和串珠的行数有等级之分。

领部装饰叫作领约，一种圆形类似项圈的装饰品，佩戴在朝袍披领上，用于约束颈间衣领。领约上所饰珠宝种类、数量及垂绦颜色也有等级之分。

耳部装饰就不用多做解释了，现代女性依然热衷于佩戴各式耳环。仔细观察，我们会发现，这个皇后有点时髦，因为她每个耳朵上都佩戴了三只耳环。这是满族的习俗。满族妇女注重耳饰，讲究“一耳三钳”，就是要在每只耳朵上扎三个孔，戴上三只耳环。依清代制度，上至皇太后，下至七品命妇，皆左右耳各戴三只耳环。

（清）镶青金石金约（此为金箍，串珠部分已缺失）

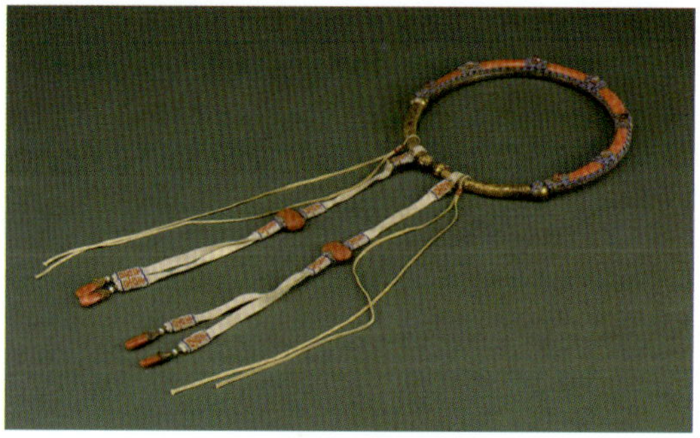

（清）银镀金镶珊瑚领约

（清）金镶珍珠耳环

『器』宇不凡

03
“器”宇不凡

腹有诗书气自华，摆设不只是摆设。

皇家器物，总给人一种非同寻常的感觉。其实有些器物没有什么实用性，只是用作礼器或陈设用器。

下面这组物品，有水盆、水瓶，还有一只带提梁的小炉子。它们个个金光灿灿、装饰精美、沉静端正。这是陈设用器还是礼器呢？其实，它们都是皇家仪仗的成员。

（清）金錾云鹤纹瓶

（清）金云龙纹提炉

（清）金双凤纹盆

清代皇帝外出时的仪仗称为卤簿，皇太后、皇后仪仗称为仪驾。卤簿、仪驾中都有金器八件，包括两个提炉、两个香盒、一个盥盆、一个唾壶和大小瓶各一个，俗称“金八件”。金八件最初为实用器皿，后来逐渐演变成仪仗队伍中的固定法物。

香盒

盥盆

提炉

唾壶

瓶

清代皇家仪仗中的金器

（清）《卤簿图卷》（局部）

图由清代宫廷画家丁观鹏绘，展示了卤簿中的金八件。八件物品均置于方几和托盘之上，分左右两列陈设。左侧为提炉（图中所示香炉）、香盒、唾壶（图中所示唾盒）和大瓶各一件，右侧为提炉、香盒、盥盆（图中所示盆）和小瓶各一件。除金八件外，图中还绘有拂尘（图中所示金拂）一对、交椅一把和大方凳（图中所示杌）一个。

皇帝宝座在室外有金八件做伴，那在室内呢？下图展示的就是宝座的室内小伙伴：角端和香亭。角端是中国古代传说中的一种神兽，据说能日行一万八千里，通四方语言，而且只陪伴明君，专为英明帝王传书护驾。御前陈设一对角端是为彰显皇帝的圣明。香亭，是香炉的一种，因顶为亭式，所以叫香亭。香亭寓意天下大治，国泰民安。

（清）金角端形香熏

（清）金亭式香熏

当然，皇帝宝座两旁的物品不止这些。以太和殿为例，殿内正中设宝座，左右有四对陈设，除刚才提及的角端和香亭，还有宝象和仙鹤各一对。宝象稳如泰山，象征天下太平、政权稳固；背上驮一宝瓶，取意“太平有象”；大象瓶中放有五谷，表示五谷丰登、吉庆有余。仙鹤，则是长寿吉祥的化身，寓意皇帝身体康健，万寿

无疆，江山社稷能永世长存。这些陈设除寓意吉祥外，还有实用功能。它们连同宝座台基下的四只鼎式香炉，都是焚烧檀香的器皿。当皇帝举行朝会时，这些器皿中焚起檀香，香烟缭绕，肃穆庄严。

宫廷陈设类别很多，家具、玉器、瓷器、青铜器、书画等，样样齐全，还有一部分天文仪器。根据嘉庆七年（1802）对养心殿陈设的记载，养心殿明间东边设天球仪，西边设地球仪。地球仪在现代很常见，但天球仪却比较少见。

天球仪是天球的模型，可直观显示天体的相对位置和运动规律，是古代用于观测天体位置的仪器。右边这件天球仪，除天文功用外，还有走时、报时、奏乐的功能，是一件内藏机械构造的天文钟。上弦后，天球仪按顺时针转动，转一周为24小时，以此显示一天之中天象的变化。这也是流传至今唯一一件以黄金制成的天球仪模型。

天球，是为便于标记和度量天体的位置和运动而引进的一个假想球面。

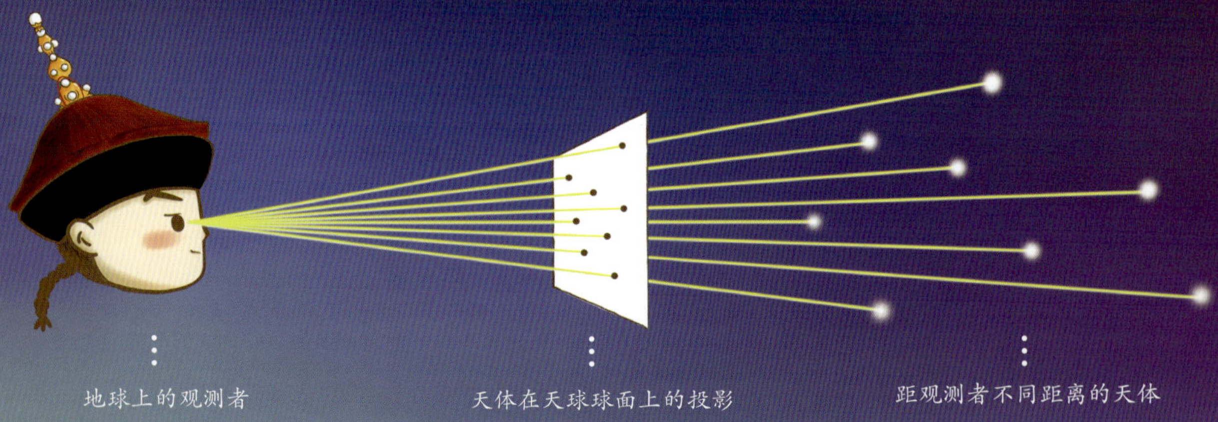

（清）金嵌珍珠天球仪

宫廷陈设也受殿室功能影响。外朝作为举行典礼仪式的地方，室内陈设注重突出皇权礼制，而内廷作为日常起居的地方，陈设更富有生活气息。花插就是内廷陈设的一个代表。

这件金嵌翡翠碧玺花插有四个插筒，一大三小，大的为主筒。插筒外部錾刻花叶，还有各色宝石点缀其间。插筒下为花叶式托盘。整体造型富丽典雅。

（清）金嵌翡翠碧玺花插

花插，顾名思义，是插花用的器物，与花瓶 、花觚、花囊同属花器。花器最初用于佛前供花，唐宋开始用作室内陈设。随着时代的变迁，花器造型由简到繁，材质由铜或瓷扩展到竹、漆、玉等，呈现形式也从摆放在案桌到吊挂、壁挂等。养心殿三希堂里就陈设着许多壁瓶。

（清）仿汝釉花囊

花囊

（清）青玉兽面纹出戟方花觚

（清）掐丝珐琅花瓶

花瓶

花觚

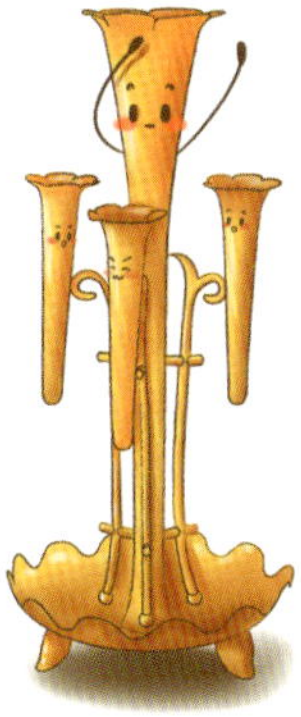

花插

（清）画珐琅勾莲纹五供

养心殿三希堂内景

养心殿三希堂壁瓶装饰

在清代宫廷，除了在庆典活动期间用花卉装饰宫殿外，采花、插花、赏花更是后妃日常生活中一项十分重要的活动。清人画《雍正十二美人图》中，几乎每幅画中都有花卉陈设。

（清）《雍正十二美人图》中的花卉陈设

（清）青玉荷花图花插

（明）“子冈”款茶晶梅花花插

（清）红白玛瑙刻诗桃桩式花插

（清）白釉三孔花插

（清）天蓝釉五孔花插

（清）粉青釉七孔花插

故宫藏花插以玉器和瓷器居多，其中玉花插的形式丰富多样，瓷花插则专指多孔插花器物，如三孔花插、五孔花插等。花器中所插花卉并非都是鲜花，也有宝石制成的。

（清）玛瑙镂雕佛手盆玉石玻璃花卉盆景

金枝玉叶

04
金枝玉叶

金为枝条，玉为叶，四季鲜艳，永不凋谢。

盆景，是一种陈设品，它将自然景观或人造景观浓缩于花盆之中，满足人们的观赏需求。盆景是清代宫廷的常用陈设，用以增加室内自然气息，足不出户便可亲近自然，还可与室外景观相映成趣。盆景也是宫廷绘画的常用主题，其在宫廷生活中占有重要地位。

（清）《胤禛行乐图册·书斋写经页》

这幅图描绘了雍亲王胤禛（即后来的雍正皇帝）在书斋写经的场景。画面右下角摆放有松树盆景，与门外的兰花相映成趣。

盆景有天然盆景和工艺盆景之分。天然盆景是将天然花草树木栽培于盆中。工艺盆景，又名“像生盆景”或“宝石盆景”，用金银、玉石等模拟天然盆景制作而成。除植物外，工艺盆景中还会出现仙人、动物、山石等其他造景元素。

工艺盆景相对天然盆景有很多优势。一是不受时节、花期影响，永远新鲜艳丽，四季皆可欣赏；二是便于养护，只需除尘，不必时时浇灌、悉心培育。清宫收藏的工艺盆景多用于年节陈设等。因此，这些盆景通常用材珍贵、工艺精巧，集多种宝石于一身，绚烂夺目，能够彰显皇室的尊贵地位。此外，它们多有吉祥寓意，如江山永固、福禄寿喜等，符合皇室的审美与追求，深受皇室喜爱。

（清）窑变釉盆玉石荷花盆景

（清）铜镀金嵌珐琅海棠式盆红珊瑚盆景

有的寓意由物品的谐音延伸而来，有的则与植物特性和文化内涵有关。谐音类的，如佛手寓意福寿，葫芦寓意福禄等；文化内涵类，如牡丹寓意富贵，菊花寓意隐逸，梅花寓意清雅，竹子寓意谦虚，石榴寓意多子，等等。

（清）仿官釉瓷花囊玉石菊花景

（清）铜镀金錾寿字盆红宝石梅花盆景

（清）木胎海棠式盆翠竹盆景

（清）画珐琅盆蜜蜡佛手盆景

（清）金长方盆玉石珐琅松鹤盆景

这些吉祥寓意中，最常见的是福、禄、寿，它们可以借助不同的意象表达出来。松树和仙鹤搭配，寓意“松鹤延年”：松树四季常青，是长寿的象征；仙鹤气质优雅，且寿命较长，寓意长寿。

再如，桃子与鹿搭配，寓意长寿高禄。桃，寓意长寿。小说《西游记》中，王母娘娘种植的蟠桃，三千年一熟的，吃了可得道成仙；六千年一熟的，吃了长生不老；九千年一熟的，吃了与天地同寿。常见的寿星形象，手里也是捧着一个桃子。鹿与“禄”谐音，寓意加官进禄。二者合在一起，寓意福寿绵绵、官运亨通。

此外，花盆也是表达吉祥寓意的重要载体。例如，右图桃鹿盆景中的花盆上有团寿纹和蝙蝠纹，寓意福寿；与盆景中的鹿合在一起，又寓意福、禄、寿。

（清）黄玉侧雕仙鹤捧大桃立寿星

（清）金长方盆玉石珐琅桃鹿盆景

万年青盆景，以碧玉制成叶片，“青”与“清”谐音，寓意大清江山万年永固，代代相传；将万年青植于筒中，又有“一统万年”之意。筒上刻有八仙，取八仙过海、八仙庆寿的寓意，表达的是对兴盛和长寿的期盼。

（清）填漆八仙图筒式盆碧玉万年青盆景

韩湘子（中）

何仙姑（中）

花盆上的八仙图案

下图中金灿灿的桃树和铁树盆景的花盆装饰图案是一样的。铁树寿命长，与桃树一样，寓意长寿。与此呼应，花盆的六个面上也都装饰了与长寿有关的神话传说图案，分别为王母仙驾、老君炼丹、仙女采桃、老子乘牛、童子献寿和东方朔偷桃。

（清）银六方盆金桃树盆景

（清）银六方盆金铁树盆景

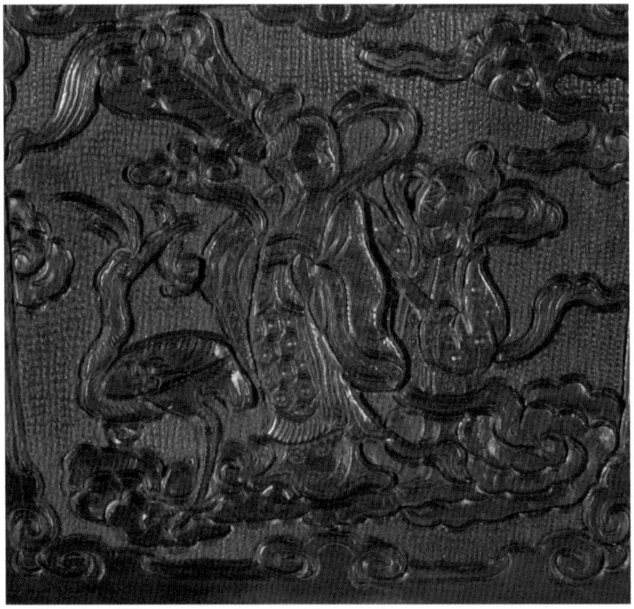

王母仙驾

传说王母娘娘掌管不死之药，是长生的象征。王母娘娘旁立有仙鹤，也象征长寿。

老君炼丹

传说吃了太上老君在八卦炉中炼的仙丹可以长生不老。

仙女采桃

仙女采的桃便是王母娘娘种的蟠桃。

老子乘牛

老子是春秋时期的思想家，寿命很长。传说他云游四方，经过函谷关时，守关人看到一团紫气从东方飘来，原来是老子骑着一头青牛慢慢走来。

童子献寿

童子所献的也是寓意长寿的仙桃。

东方朔偷桃

东方朔，西汉著名文学家。传说东方朔因三次偷吃王母仙桃而被贬谪到人间，但也因吃了仙桃而寿命增加。

下面这个盆景再现了仙人乘槎的场景。槎是一种木筏，可以载着人在水上漂浮。关于槎，还有个美丽的传说。相传大海与天河相通。有个住在海边的人，发现每年八月都能看到槎漂过。他很是好奇，于是，备足一年干粮，登上槎，随之漂流。漂流了很久之后，他来到一个地方，里面女子纺纱，男子牵牛——原来是牛郎和织女。此后，乘槎逐渐与升仙、长寿等寓意关联。清代，仙人乘槎的形象广泛出现在画作和器物上。

（清）木槎葫芦架玉石仙人景

（清）《胤禛行乐图册·乘槎成仙页》

图中胤禛身穿道服，怡然自得，表达了对渡海升仙的向往。

金石铿锵

05
金石铿锵

石鼓非鼓，历尽沧桑，流转千年，诉说那个遥远年代的故事。

石鼓展厅

宁寿宫于2017年改造为石鼓馆，里面展出了十块大石头。乍一看，石头黑乎乎的，厚重结实；凑近看，石头上都刻着文字。这些石头从何而来？上面写的什么？它们有怎样的价值竟能独自撑起一个展厅？

这些石头有个好听的名字——石鼓。石鼓，花岗岩材质，因外形似鼓而得名。石鼓上刻有文字，称为石鼓文。石鼓年代众说纷纭，据金石学家唐兰先生考证，石鼓文的刻凿时代为秦献公十一年（前374），距今将近2400年。这些古老的文字是石鼓的价值所在。

“吾车”石及石上文字

石鼓文主要记述了战国时期秦国国君外出狩猎前的准备工作，秦地气候、环境以及狩猎活动。为方便研究，根据石鼓文每篇开头两字或文中清晰完整的两字，将十面石鼓分别命名为乍原、而师、马荐、吾水、吴人、吾车、汧殹、田车、銮车、霝雨。

乍原

叙说修治道途。

而师

追叙秦献公迎接周天子使者到来的盛大场面。

马荐

这面石鼓由于损毁严重，一个字也辨别不出了。参照北宋墨拓本，这面石鼓描述了秦地气候湿润，雨量充沛，畜牧环境优良。

吾水

叙说秦地水很清澈，道路已修平，树木种植就绪。

吴人

叙说秦献公的队伍首先到达吴阳，在太祝的主持下秦献公遥祭吴岳。

吾车

叙说游猎开始时的情景，
尤其突出车马整齐。

汧殹

赞颂汧源之美和游鱼之乐。

田车

叙说原野上打猎的情景，
也是整个狩猎活动的高潮。

銮车

展现狩猎将要结束时的情景。

霝雨

描写狩猎归途遇雨、涉水、行舟之事。

这些记载了先秦历史的石鼓，走到现在，经历了十分曲折的过程。

石鼓最早发现于唐代，之前一直散落荒野无人知。唐代文人认识到石鼓的价值，在元和年间（806—820）将它们迁入凤翔孔庙。但此时，石鼓已遗失一面（“乍原”石），只剩九面。唐末战乱，石鼓再次流落民间。

北宋初年，九面石鼓重新聚齐，被安置在凤翔府学。皇祐四年（1052），金石收藏家向传师经过多方寻找，找回了遗失的“乍原”石。找到时，该石鼓已被百姓削去一半，挖成臼形，用于舂米，也就是给谷子去壳。

大观年间（1107—1110），宋徽宗将石鼓运至都城汴京（今河南开封），后搬入保和殿，还对石鼓做了涂金装饰。1127 年，“靖康之变”，石鼓被金兵运往燕京，途中金兵将石鼓上的涂金刮掉后，再次将它们遗弃。

元大德末年，大都路儒学教授虞集从淤泥荒草中找到石鼓。皇庆元年（1312），石鼓被运至北京国子监安放。此后直至民国，石鼓未再经颠沛流离，但由于拓印过量，文字损毁也比较严重。

1931 年“九一八”事变之后，故宫为保护文物安全，将石鼓南迁，并于 1950 年运回故宫。

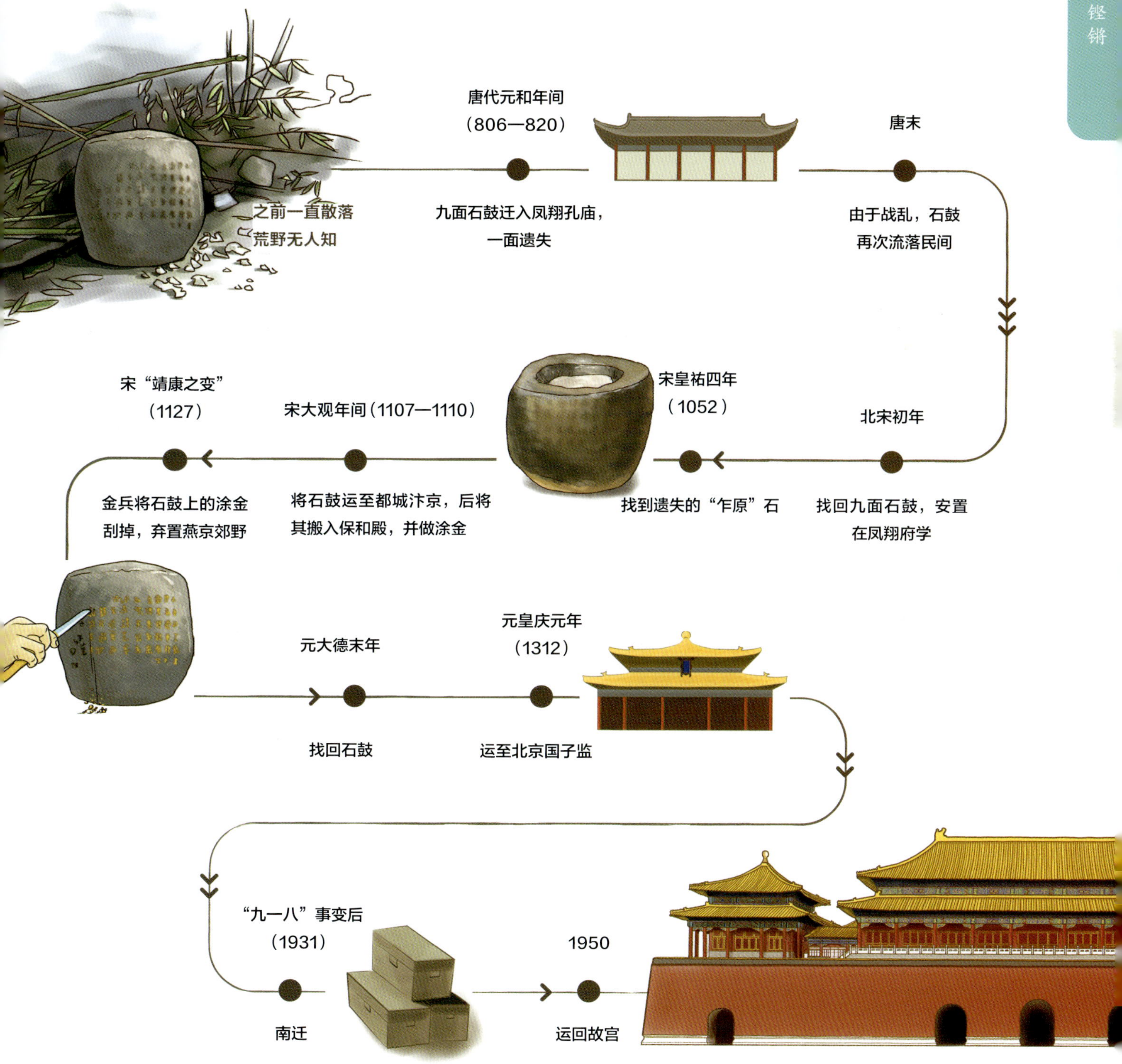
之前一直散落
荒野无人知
唐代元和年间
（806—820）
九面石鼓迁入凤翔孔庙，
一面遗失
唐末
由于战乱，石鼓
再次流落民间
北宋初年
找回九面石鼓，安置
在凤翔府学
宋皇祐四年
（1052）
找到遗失的“乍原”石
宋大观年间（1107—1110）
将石鼓运至都城汴京，后将
其搬入保和殿，并做涂金
宋“靖康之变”
（1127）
金兵将石鼓上的涂金
刮掉，弃置燕京郊野
元大德末年
找回石鼓
元皇庆元年
（1312）
运至北京国子监
“九一八”事变后
（1931）
南迁
1950
运回故宫

石鼓流传历史

石鼓的价值在于文字。历代人如此费尽心力地保护石鼓，也都是为了上面的文字。石鼓文在历史考古学、文学史、汉字发展史等方面都占有十分重要的地位。石鼓研究者在解读文字含义的同时，也在研究文字特点。石鼓文的文字属秦文大篆类，是西周金文向秦小篆演变过程中的一种字体。金文指铸刻在青铜器上的文字。古人也称青铜为吉金，所以铜器上的铭文叫作“金文”。石鼓文既有西周金文厚重古拙的特点，又显现出小篆字体趋于规整匀称的变化，是汉字发展史上重要的一环。其中一些动物的名称，还保留着象形字的痕迹，如马、虎、鹿、兔、鱼等。

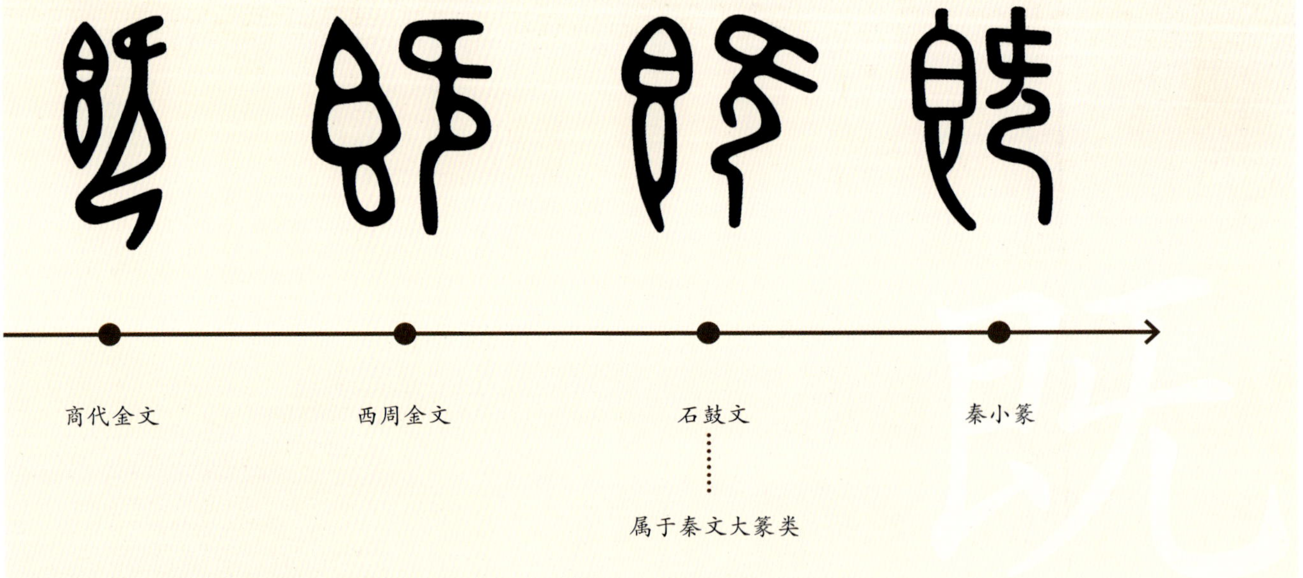

“既”字字体演变

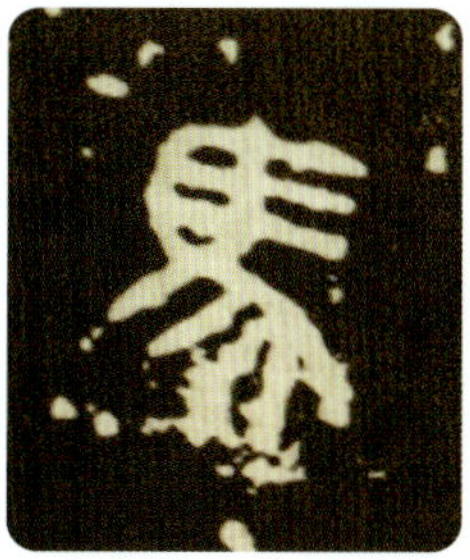
马

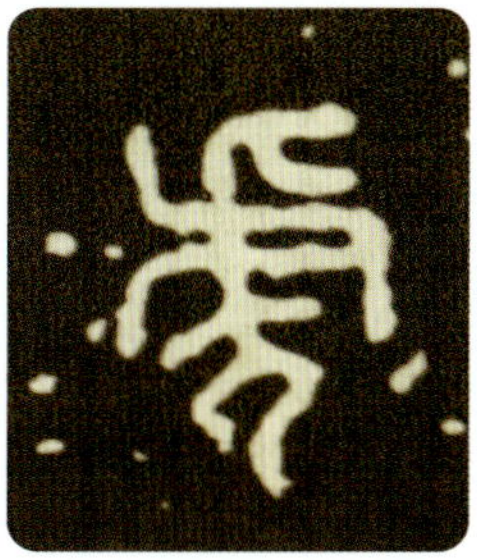
虎

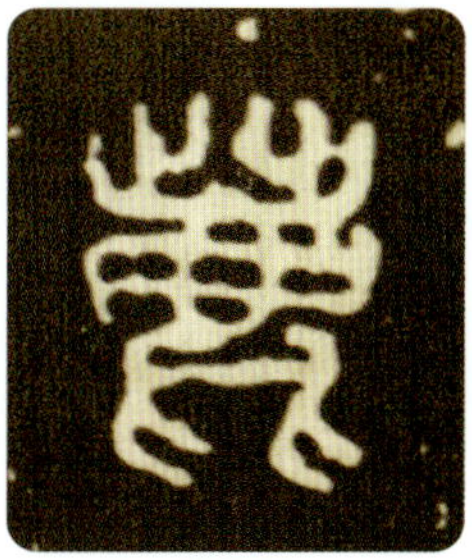
鹿

兔

鱼

石鼓文中的一些动物名称

“马荐”石

“马荐”石

历经时代变迁，石鼓上的文字已然不全，其中以“马荐”石损毁最为严重，至今已一字无存。

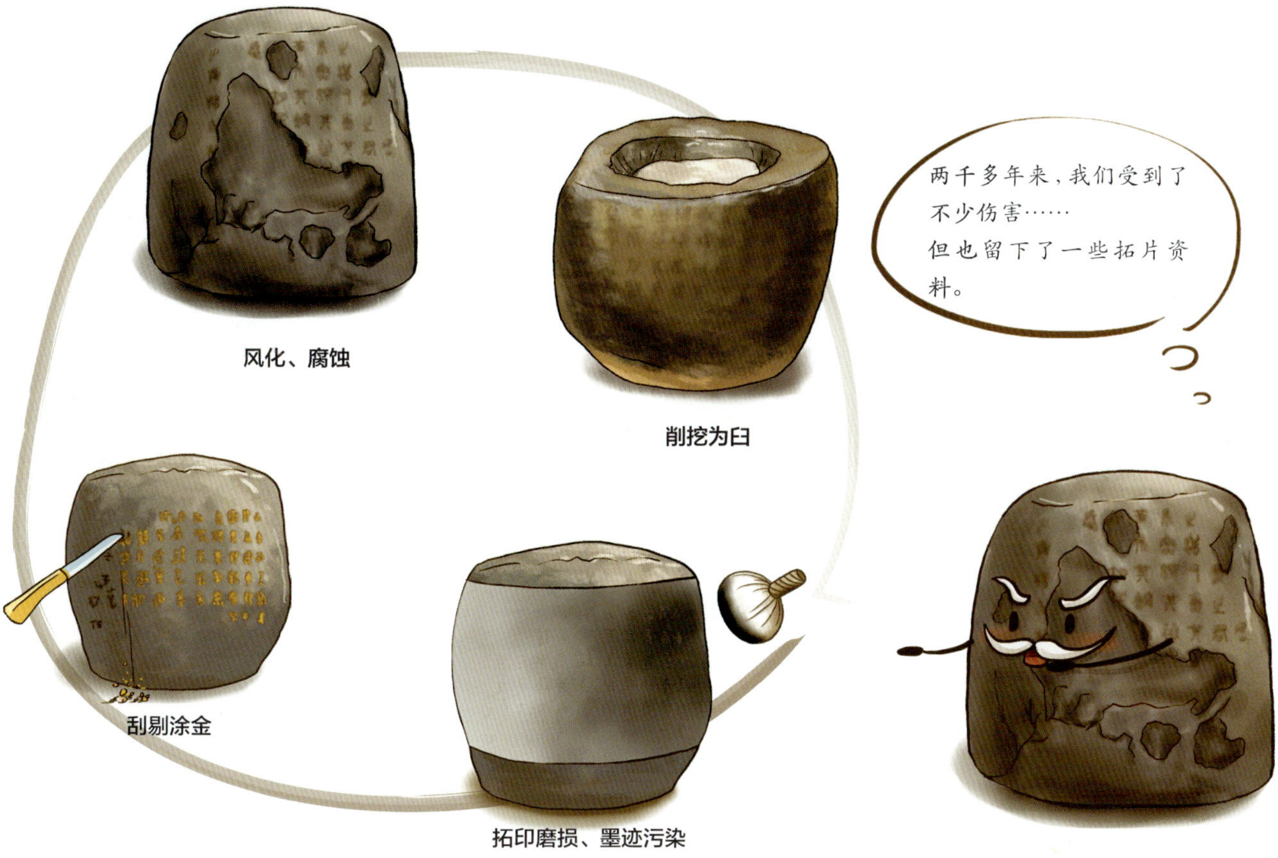

石鼓文字损毁

石鼓文字损毁与石鼓长期暴露在野外经受风化、腐蚀，以及刮剔涂金、拓印磨损和墨迹污染等人为因素有关。那还有什么方法能帮助我们了解那些已然不在的文字呢？人们只好参照历代留存下来的拓片来研究石鼓。拓片，是碑石器物上文字或图形的纸本复制品。拓片是怎样制成的呢？这就要讲到传拓。传拓是一种用宣纸或高丽纸等纸张将碑碣或青铜器等器物的文字、纹饰“复制”下来的传统工艺。制作时将纸张贴在器物表面，用墨拓印来记录花纹和文字。拓片上的花纹和文字，其大小和形状与原物相同，且字迹清晰，便于阅读和保存。当然，拓印在保存石鼓文字的同时，也不可避免对石鼓造成了污染和损毁，不能不说是一种遗憾。

1 清理传拓对象表面，避免玷污拓本。

2 上纸，用白及水濡湿拓纸。

注意：用白及水上纸，纸干后仍能与石刻紧密结合，便于拓印。白及是一种植物，泡在水中，可使水略有黏性。

3 覆上干燥的宣纸，吸取多余水分。

4 用打刷击打拓纸，使拓纸均匀凹入字口。

传拓工艺

5 用鬃刷刷除气泡，使拓纸与石刻紧密结合。

6 备墨。

注意：拓包上的墨色需均匀，可先在预备纸上试打。

7 上墨，用拓包上下来回渐次密集捶打。

注意：应在拓纸七八成干时上墨。

8 取下拓片。

注意：取下拓片时，拓纸不可过湿，否则容易撕裂。

故宫宣教
THE PALACE MUSEUM
PUBLICITY AND EDUCATION

我要去故宫系列

探秘
钟表馆

故宫博物院宣传教育部 / 编著　果美侠 / 主编
本册作者：陈欣
本册绘者：御鉴文化（北京）有限公司　陈欣

中信出版集团 | 北京

探秘钟表馆

编　　著：故宫博物院宣传教育部
主　　编：果美侠
本册作者：陈欣
本册绘者：御鉴文化（北京）有限公司　陈欣
摄　　影：齐梦伯
图片提供：故宫博物院资料信息部
策划出品：故宫博物院
　　　　　御鉴文化（北京）有限公司
出版发行：中信出版集团股份有限公司
　　　　　（北京市朝阳区东三环北路 27 号嘉铭中心　邮编　100020）
承 印 者：北京瑞禾彩色印刷有限公司

序言：我要去故宫

去故宫，可以有许多理由：陪亲朋，遛孩子，看展览，拍美照……

不去故宫，往往只有一个理由：太无趣！

相似的院落，差不多的建筑，看过和没看过，似乎没什么差异。如果不是真心喜欢，如果不是迫于无奈，自己说出“我要去故宫”的，可能少之又少。

常年工作在故宫的我们，也不是每个人都能把各个宫殿的与众不同讲出来。揭开600年宫殿建筑的奥秘，需要善于发现的眼睛，需要勇于探索的精神。

一群在这里工作的年轻人，每年向数以万计的游客讲述同样的建筑历史，述说600年不变的宫殿故事，好无趣！不妨换种方式，看看有什么能够吸引人们的看点，整理出新奇的探秘主题，既激发自己去主动发现，也让大家对故宫兴趣盎然。于是，从给学生参观使用的探秘学习单开始，我们策划了《我要去故宫系列》探秘图书。

匆匆的游客，常常一小时走过一座城。而我们，想让孩子们一小时只看一座宫。从中轴线，到东西六宫，再到外西路和外东路，20个建筑区域，构成了20册书的内容主体。既讲建筑，又说历史；既有精美的文物呈现，也有有趣的故事传说。看得见的，引你看细节；看不见的，诱你来想象。文字与插图相辅，内涵与颜值并重。这说的就是《我要去故宫系列》图书。每册分多个主题，涉及建筑、历史、藏品等内容，选题有趣、文字好读、插图好看！

午门，这里是紫禁城的门面担当，既有颜值，又有故事。午门前威严的皇宫仪仗中，竟曾有盛装的宝象，还有宝象拉的辂。

太和门，这里有规矩，讲秩序，门前的古物不只我们不知是做什么用的，就连曾经住在这座宫城里的皇帝也不知。石栏杆的火焰望柱头，开了洞的警报器石别拉似乎也不难发现。

太和殿，皇宫里最重要的建筑，历经600年风雨洗礼，既有灭火的陈设，也有克火的理念，只为向你证明曾经的盛世繁华，可以绵延不变。

保和殿，这里不仅是科举士人的考场，也是清初帝王的临时寝宫。方方正正的中和殿，更是帝王筹备亲耕之礼、关注皇家玉牒的重要场所。

乾清门，朝和廷的分野、家与国的界限，皇帝运筹帷幄在内，军机昼夜值守于外。皇帝很辛苦，大臣也不易，宫里禁火烛，官员上朝，几乎都得黑灯瞎火入宫，“蹭灯”的机会少之又少。

乾清宫，这里是帝王寝宫，却也传来皇子的琅琅读书声。这里药味浓，龙袍新，年节大典，更是院内高悬百丈灯，举国君民齐欢庆。

坤宁宫，凤舞千秋的世界，满汉交融的风格透过门、穿过窗，印在屋内的诸多角落。交泰殿的无为匾，一匾述说出三代帝王与这宫殿的渊源。

御花园，这里春有百花秋有月，夏有凉风冬有雪。钦安殿内护佑宫殿免遭火灾的玄武大帝，不知道是否注意到园内亭子中，井亭竟然没有顶。

西六宫，果然是宫闱趣事多，两枚锈迹斑斑的铁环，记载的是宫内静谧生活中难得的欢娱。末代帝后也在这里赶着新潮，穿洋装、吃西餐、学英语，西方的玩意儿在这里一样不少。

东六宫，曾经的后妃居住地，遗留下一座未建完的西式建筑，只能凭想象复原其类似水族馆的华美。其他的院落，也各有各的故事，既见证繁花盛放，也目睹香魂陨落。

宁寿全宫，看似普通的皇极门，竟然也是有限空间内建造出的另一座“小午门”。门内的皇极殿，更是有着乾清宫的外表，却发挥着太和殿的功用。乾隆皇帝的乐寿之所，不仅有乾隆，还有“钱龙”，而晚清的慈禧太后，也把这里作为御用居处，内政外交，见证了时代的更迭。

乾隆花园，文人的雅致随处可见，禊赏亭、古华轩、碧螺亭、藤萝顶，处处精致，处处惊喜。乾隆皇帝倦于勤，欣赏花园勤而不倦，乐此不疲。

慈宁宫，御路石上的小蜥蜴和门前的麒麟兽一同述说着这里的秘密，屋顶独特的轩辕镜与院内与众不同的月晷，则告诉你这里主人的独特身份。

重华宫，是“养在深闺人未识”的宫苑建筑，弘历在这里娶了他挚爱的富察氏。当了皇帝（乾隆皇帝）后也到这里举办茶宴，君臣之间赋诗联句，雅性使然、默契使然，更是家国天下的情怀使然。

养心殿，八代帝居一定不负众望，既有治国理政之所，也显生活起居之便，更有闲暇怡情之趣。小小的三希堂，幻化出大空间，一幅通景画，巧妙地让景入画，人也入画！

文华殿，象征水的黑色屋顶还不足以护佑文渊阁的《四库全书》，从屋檐彩画到栏板石雕，水的元素随处可见。“天一生水”而有黑瓦屋顶，“地六成之”便有了屋阔六间！

武英殿，摄政王的权力中心，变身为殿本修书之所。浴德之水蜿蜒而出，于断虹桥畔诉说沧桑。储冰之所，亦呈现皇室消夏之聪慧。

珍宝馆，华丽的珠宝背后，隐藏了采珠人等付出的艰辛。皇室的饰品，最精于其取材的独特。先秦石鼓唐时现，流转千年入深宫。只要有心，你就会被它们的文字和经历感动。

钟表馆，让我们了解中西方再次开启的对话。漂洋过海的计时仪器，成了皇家喜好的有趣玩具，可计时，可打更，可升降，可转花。魔术、水法、音乐、鸟音，无不炫目悦耳，赞从心生。

我觉得，以上这些远远不够，书中好玩的故事、好看的插画，等你去探索，由你去发现。如果每读完一本，你就有拿起书入宫的冲动，我们会万分欣慰。真诚地，真心地，在宫里，期盼你，欢迎你！

果美侠，写于墨尔本旅途

2019 年 7 月 27 日

目录

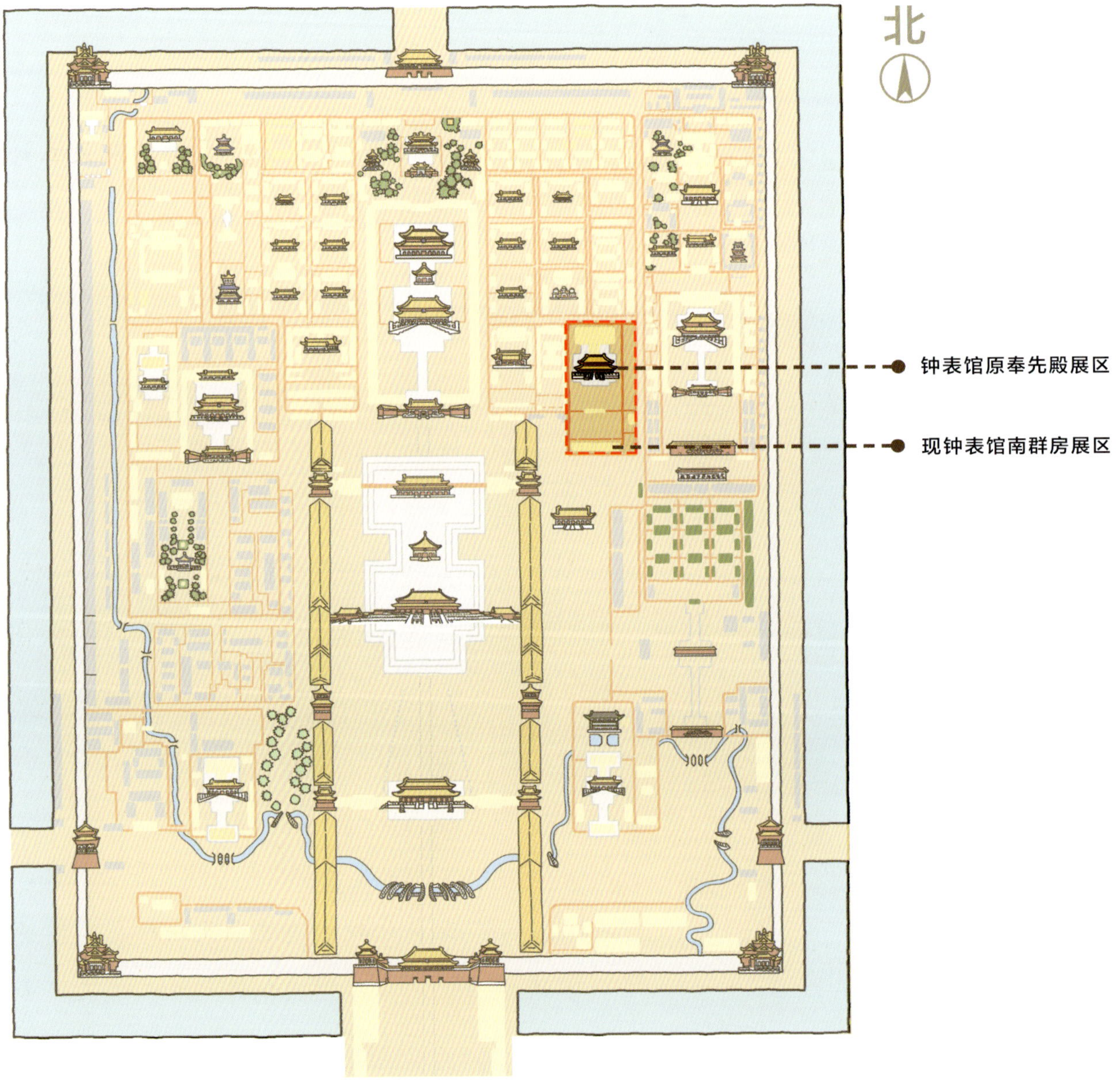

故宫平面示意图

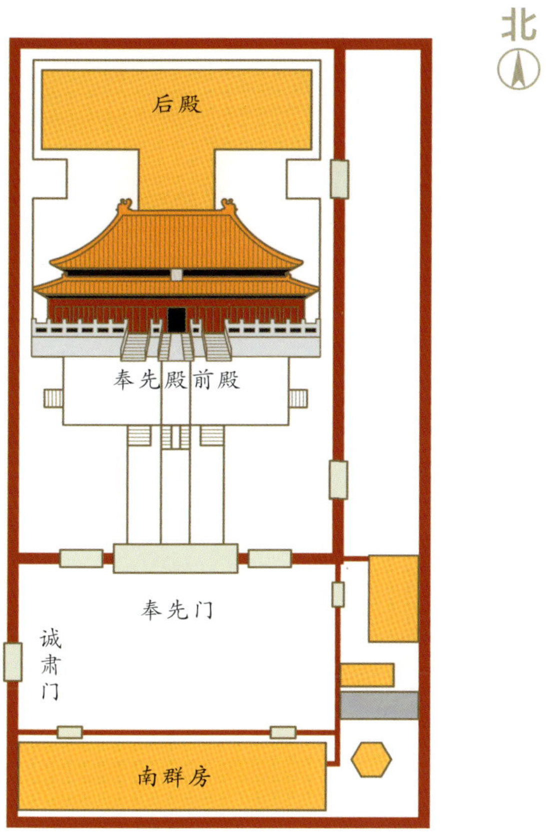

钟表馆区域原奉先殿展区、现南群房展区平面示意图

欢迎来到钟表馆！

自20世纪30年代故宫博物院设立钟表馆以来，先后曾经以永和宫、奉先殿、保和殿东庑为馆址。2004年9月底，钟表馆再次迁至奉先殿。经过十余年的展出，并根据故宫博物院展览计划调整，奉先殿改为原状陈列，奉先门南侧的南群房区域改设为新钟表馆，并于2019年1月向公众开放。

本册中介绍的所有钟表均曾在奉先殿进行过展出，包括清宫造办处、广州、苏州、英国、法国等制造的各类型钟表文物，为大家呈现了一部简明、生动的明清宫廷钟表发展史。钟表在明清宫廷生活中占有一席之地，同时在17世纪和18世纪的中外交流中扮演着十分重要的角色。

下面，让我们通过敬天法祖、紫禁钟声、表盘工艺、独具匠心和锦上添花这五个专题走进钟表馆吧！

敬天法祖

01
敬天法祖

《明史》有云："敬天法祖，无二道也。"

敬是态度，天是天道，法是学习，祖是祖先。

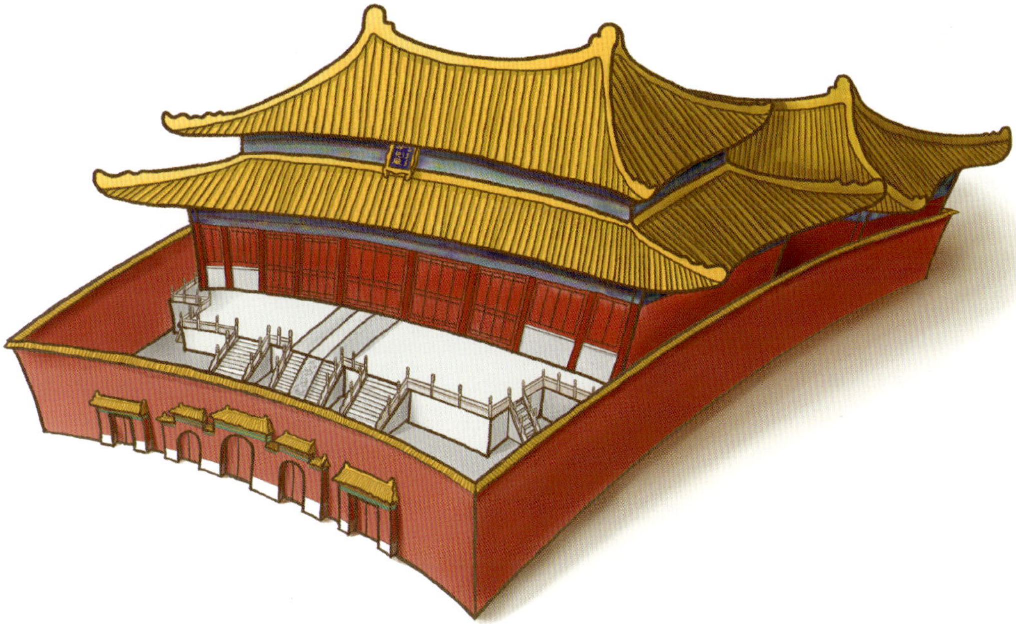

午门背面

奉先门

皇极门

这三座门形制相似，
皇帝都是从最中间的门洞出入吗？

紫禁城（现故宫博物院）内各门都有严格的等级，设计时并不全是为了实际出入的需要，也有装饰和礼制的需求，这一点在祭祀性建筑上体现得尤为突出。比如，奉先殿的正门奉先门，有三座正门和两座便门，与紫禁城的正门午门和宁寿全宫的正门皇极门，形制相似。按清代礼制，只有逝去皇帝和皇后的神位，才可以经过奉先门中间的门洞，安奉于奉先殿中。在位的皇帝来奉先殿祭祀时，只能从奉先门东侧的门洞进入，皇子只能从奉先门西侧的门洞进入，两旁的便门则是其他参加祭祀的人员出入的通道。

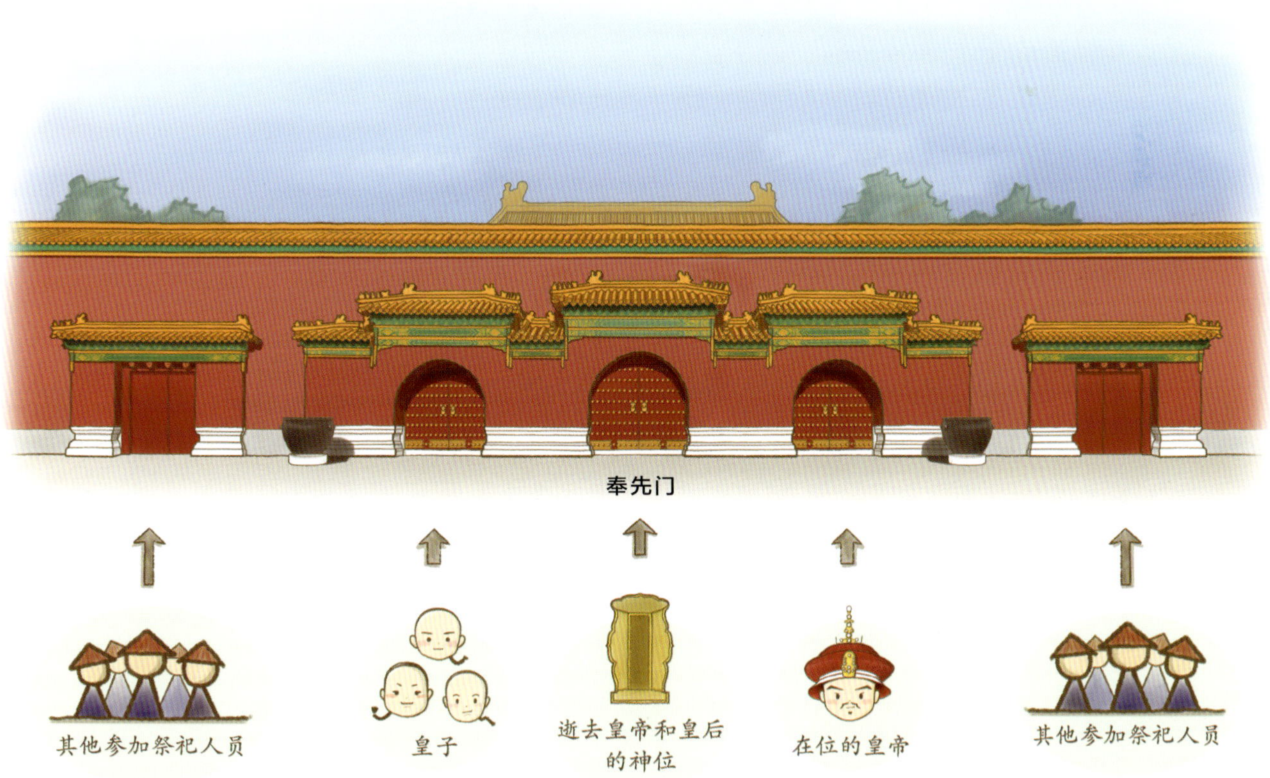

进入奉先门，首先映入眼帘的是汉白玉栏板上雕刻的龙凤纹望柱头。在紫禁城中，龙和凤分别是帝、后的象征，龙凤交相辉映，用来显示帝王家的尊严与皇权的至高无上。栏杆除了装饰作用，还具有区分宫殿等级的功能。紫禁城内主要建筑的宫殿、宫门栏杆都采用雕龙、雕凤或龙凤纹的望柱头；次要建筑采用火焰形望柱头，每个柱头上有二十四道弯线，也称二十四气望柱头。而在帝后休闲游玩的后花园中，使用的则是形式更自由活泼的望柱头，如御花园千秋亭的石榴形望柱头、乾隆花园褉赏亭的方形望柱头等。

奉先殿前龙凤纹望柱头

雕龙望柱头与雕凤望柱头交错排列。

奉先殿前雕龙望柱头

奉先殿前雕凤望柱头

御花园澄瑞亭蕉叶纹望柱头

御花园千秋亭石榴形望柱头

内金水河边火焰形望柱头

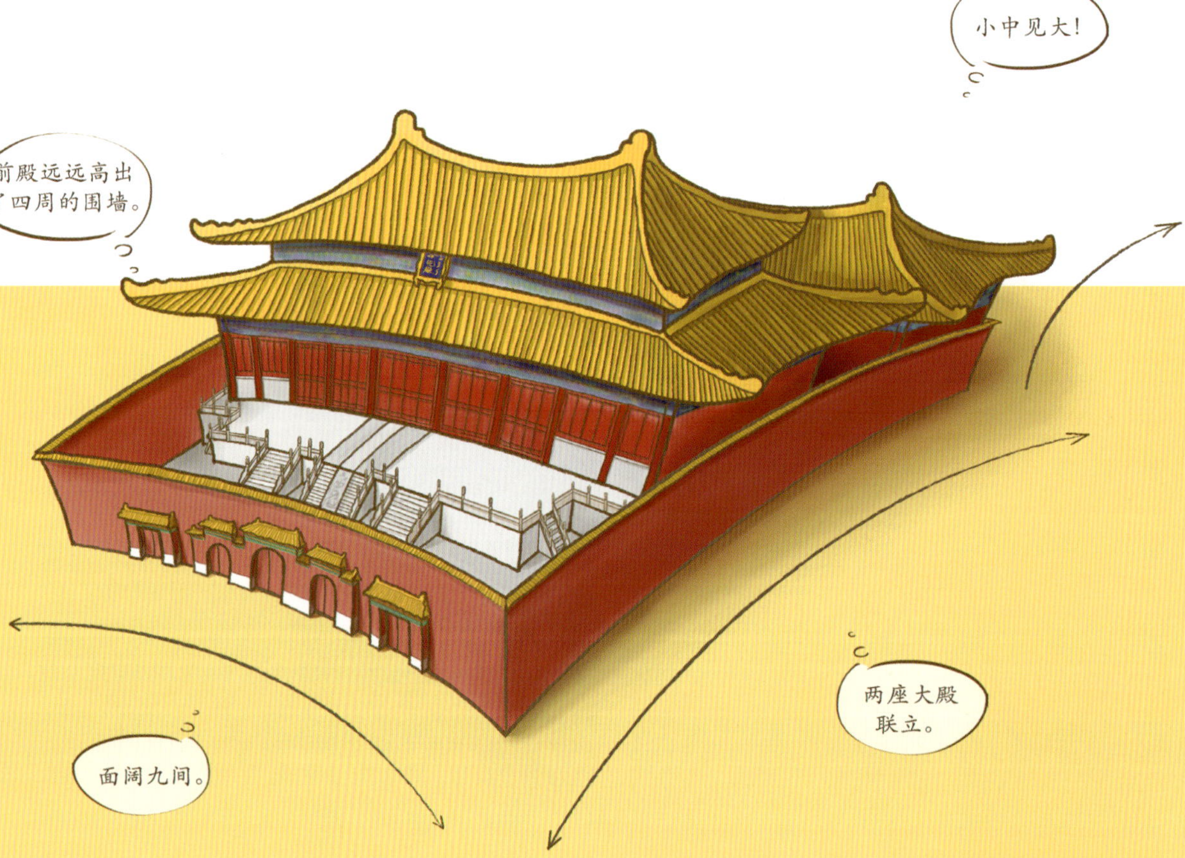

奉先殿

奉先殿的建筑布局与故宫内大部分建筑迥然不同，这里不是采用典型的一正两厢院落布局，而是前正殿后寝殿中间以工字廊连接的工字形殿，与皇帝日常居住并处理政务的养心殿的布局类似。

奉先殿前殿

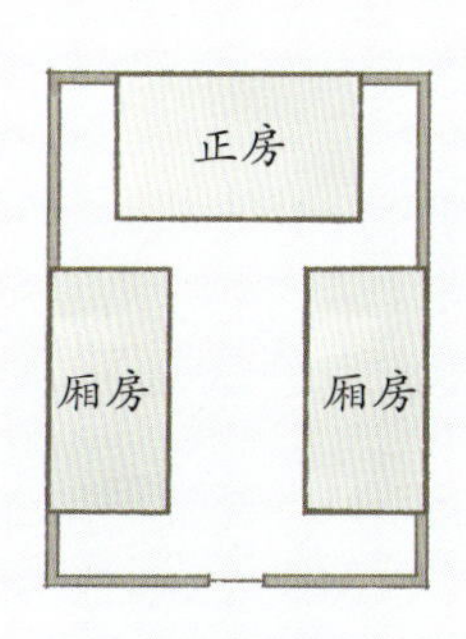

一正两厢院落布局

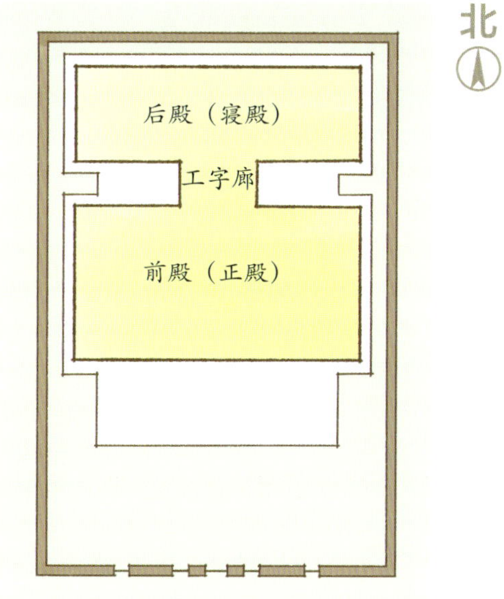

奉先殿建筑布局示意图

奉先殿有前殿和后殿之分。前殿采用重檐庑殿顶，檐角安放9只屋脊兽，殿内使用楠木本色柱子，而梁枋、天花板支条等构件，都使用赤金、库金这两种颜色的金箔装饰，突出环境的庄严肃穆与高贵大气。后殿采用单檐庑殿顶，檐角安放7只屋脊兽，殿内为红色柱子。后殿比前殿空间小得多，天花板图案使用的是青、绿为主的冷色调，突出室内的幽深意境与神秘感。

库金含金量为98%，又称九八金箔，色泽黄中透红，耐晒、耐风化，不受环境影响，色泽经久不变。赤金含金量为74%，又称七四金箔，色泽黄中偏青白，比库金颜色浅，而且发白，延展程度不如库金。

奉先殿前殿檐角

奉先殿后殿檐角

·楠木本色柱子

·天花板使用赤金、库金两种颜色的金箔

奉先殿前殿殿内

·红色柱子

·天花板使用青、绿为主的冷色调

奉先殿后殿殿内

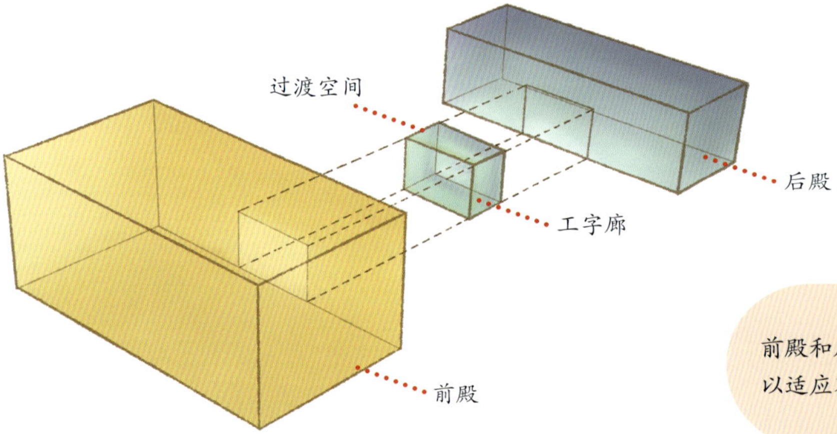

奉先殿的过渡空间透视图

前殿和后殿营造了不同的室内气氛，以适应不同的使用需求。

奉先殿后殿内部陈设旧影（摄于20世纪80年代）

奉先殿是宫内供奉祖先牌位、举行祭祀活动的场所，与太庙有所不同。太庙祭祀属于国家大祭，非常正式，而奉先殿属于家庙性质，祭祀时不用饮祭酒、吃祭肉，王公百官不陪祀，不像太庙祭祀那么隆重。本着“事死如事生，事亡如事存”的观念，凡遇宫中大型的节庆活动，如皇太后圣寿、皇帝万寿、元旦、冬至等，都在奉先殿前殿举行祭祀，而一般的日常祭祀则在后殿进行，如上徽号、册立册封、巡狩、回銮等。

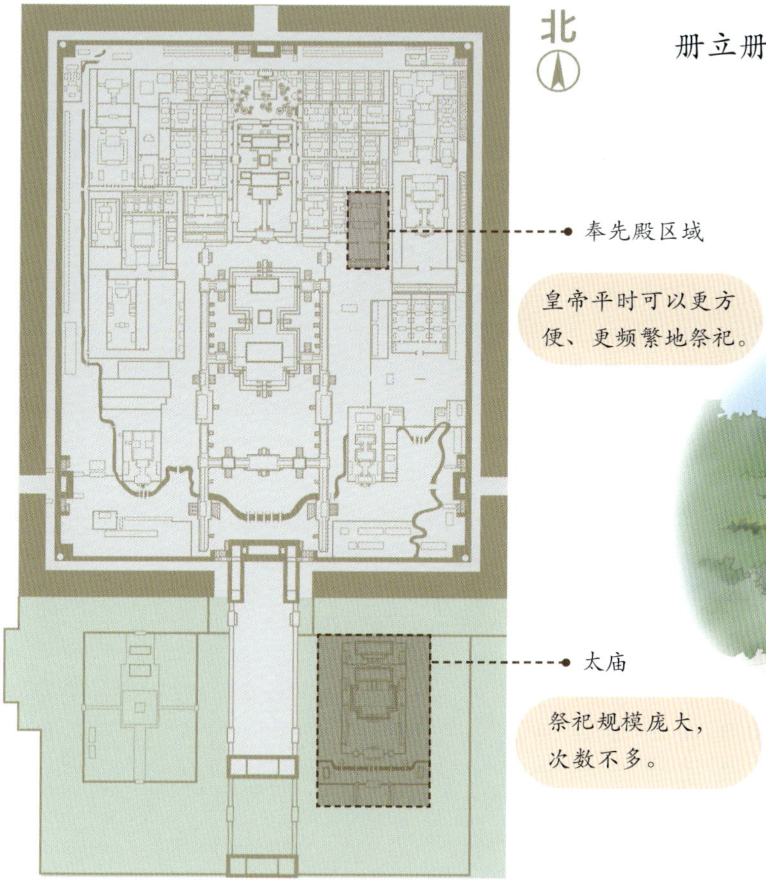

奉先殿及太庙位置示意图

奉先殿内金砖铺设的地面

金砖墁地?!

一般来说，紫禁城中轴线上的重要建筑使用金砖墁地。为什么称为金砖，说法不一。有种说法是，制作金砖的土产自苏州地区，土质细腻，可塑性强，制成的砖质地坚硬，敲起来有金石的声音。还有一种说法是，这种砖要运到京城，称作“京砖”，结果在流传过程中，误把“京砖”当作“金砖”传下来了。奉先殿位于内廷外东路，因为祭祀祖先十分重要，殿内使用金砖铺设，这也是紫禁城内为数不多的遍铺金砖的宫殿了！

金 砖

- 学名为细料方砖;
- 传统制作工艺极为复杂;
- 质量要求非常严苛;
- 制作周期长。

后来故宫博物院在奉先殿设立钟表馆，展示清宫收藏的各式精美钟表。展出十余年后，奉先殿改为原状陈列，力求为大家呈现出一段真实的明清历史。

紫禁钟声

02
紫禁钟声

明代万历年间，钟表悦耳的嘀嗒声传入紫禁城。

我国古代通过圭表、日晷、铜壶滴漏等仪器计时，其中圭表和日晷是利用日影测量时间，而铜壶滴漏则是利用水的流动来计时，在任何天气状况下都可以使用。

青铜圭表

·陈设于北京古观象台

·利用日影来测定一年的季节和节气

日晷

·陈设于太和殿前东侧

·利用日影来测定时刻

铜壶滴漏

·清宫造办处制作，原陈设于皇极殿

·利用水的流动来测定时刻

明万历二十九年（1601），意大利传教士利玛窦拜见万历皇帝并进贡多件礼物，其中的两件钟表尤其获得了皇帝的喜爱，一件是大型铁制钟表，另一件是适用于家庭装饰的小型钟表。在早期西方传教士进入中国的过程中，西方钟表、科学仪器、西药等新鲜玩意，使他们得到了皇帝的接见以及在京居留权，从而揭开了以传教士为媒介的中西文化交流史的重要一页。这两件钟表是皇宫中拥有的最早的机械钟表，也是中国宫廷钟表收藏的源头，此后大量精美的钟表源源不断地进入皇宫。

（清）硬木雕花楼式自鸣钟

自鸣钟是一种上完发条，就能自动走时、按时打点的钟。左图这座大钟是乾隆时期由清宫造办处制作的，高 5.85 米，底座大小为 2.6 米×2.6 米，是宫中现存最大的自鸣钟。虽然钟表来自西方，但这座大钟却有一个中式外壳。钟体为二层楼阁式，如果想上弦，人需要从钟后面的小门进入，走楼梯上二层。这是宫廷特造的大钟，象征皇权的意义往往要大于计时的功能。

钟上层正面的铜镀金錾花面板上嵌有白珐琅罗马数字钟盘。仔细观察，你会发现表盘上代表数字 4 的罗马数字，不是Ⅳ，而被写成了 ⅡⅡ。这是为什么呢？据历史学家考证，ⅡⅡ为罗马数字Ⅳ的正统写法。在表盘上写 ⅡⅡ，更容易为人们所读懂，不容易与其他数字混淆。

故宫所藏的钟表，除了舶来品，很大一部分是宫廷制造的。为制造出与西方技艺相媲美的计时器，清宫聘用了不少西方传教士来制造、维护、修理钟表。宫中的钟表制作机构主要是造办处的做钟处。做钟处制造出的御制钟奇异精巧，主要供皇帝及后妃赏玩、使用。通常来讲，一件钟表的制作需要很多部门共同完成，比如铸炉处负责铸造钟瓤，珐琅作负责制作珐琅钟盘及盘上的珐琅字，油木作负责制作木制钟架、钟表的基座和钟罩等，匣作负责制作盛放钟表的匣箱，如意馆负责制作钟壳上的玻璃油画……可以说每一件钟表都凝结了众多匠人的智慧与心血。

清代从康熙朝起，钟表制作逐渐形成三足鼎立的局面，除清宫造办处，广州和苏州两地的钟表制造业也得到了快速发展。

（清）紫檀重檐楼阁式嵌珐琅更钟

广州钟表的兴起得益于广州当时中西方贸易中心的地理地位，大量西方钟表在这里集散，是中国最早接触自鸣钟的地方。早期，广州钟表制作以模仿西方为主，质量不够上乘。为满足皇帝需求，粤海关只能高价购买机巧精致的西洋钟表进贡。经过多年经验积累和技术提高，乾隆中期以后，广州钟表质量大大提高，通常机械构造复杂、造型传统吉祥、色彩鲜艳亮丽，进而跻身贡品行列。广州也成为我国钟表生产的重要基地。

西方钟表传入中国后，中国工匠对其进行改造使其中西合璧，更具特色。清代宫廷制造出的独特更钟，能按中国传统的夜间计时方式报时。这个需求是雍正皇帝提出来的。每夜时间平分为五份，每一份为一更。但冬日夜长，夏日夜短，因此不同节气里，更的长短不一样，起更时间也不相同。为了解决这个问题，造办处给更钟增加了定更和发更装置，可以调整起更时间，从而实现更钟每晚五次的自动报更功能。故宫所藏的这座紫檀重檐楼阁式嵌珐琅更钟，除了白天报时的主钟盘，另有两个专为夜间打更设计的小钟盘——定更盘和节气盘。宫人会预先拨动小表盘上的指针，确定夜晚起更时间后，更钟就能在夜里自动报更啦！

苏州钟表制作最早的记载出现在嘉庆时期，它的迅速发展与苏州的地理位置及当时周边的技术环境有着密不可分的联系。上海、南京等地很早便接触到了自鸣钟，一些手工业者掌握制钟技术后流向苏州并开设工场，苏州一带也成为中国最早独立制作钟表的地区之一。苏州钟表以插屏钟（插屏是几案上的一种摆设，属于带座屏风的一种）闻名，影响很广，消费群体很大一部分来自社会上层。

右图钟是光绪时期苏州所制的钟表。它采用插屏造型，钟体由紫檀制成，上嵌螺钿。钟面板上装饰有万字纹、蝙蝠纹和寿字，寓意“万福万寿”。

（清）紫檀嵌螺钿插屏钟

17 世纪，英国工场手工业快速发展，为工业革命的爆发奠定了技术基础。18 世纪，英国开启用机器制作钟表的时代，生产的钟表工艺精湛，机械装置奇巧，在清宫中很受欢迎，中国也成为进口英国钟表最多的国家之一。19 世纪，法国钟表业迅速崛起，一时间涌现出很多工业题材的钟表，它们独特的设计受到了中国统治者的追捧。法国钟表的进入，打破了英国钟表长期独占中国市场的格局。19 世纪末 20 世纪初，瑞士钟表经由法国传入中国，它们造型别致，装饰独特，选材贵重，很快也得到了中国市场的青睐。从此，中国钟表市场呈现出一派多国钟表竞相争艳的繁荣景象。

右图钟生产于 18 世纪，英国制造，上面有多个活动部件。

（英国）铜镀金鹿驮转花变花钟

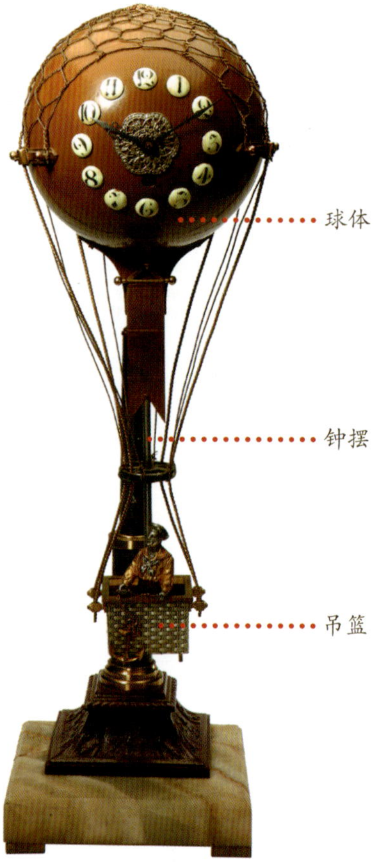

（法国）铜制热气球式钟

左图钟生产于 19 世纪，法国制造。工业革命时期，是欧洲科学技术大发展的时期。清宫收藏的法国钟表，大多把近代科技元素融入造型之中，带有鲜明的工业革命特色。载人热气球是由法国人发明的，此钟就采用了热气球造型。钟上部的球体与下部的吊篮由一根长杆相连，长杆为钟摆。上弦启动后，吊篮随球体同步摆动，呈现出热气球在空中飘动的状态。

此怀表生产于19世纪，瑞士制造，直径只有3.2厘米，外形小巧，内部构造精密。

（瑞士）铜镀金珐琅仕女抚琴怀表

在故宫钟表馆，可以领略清宫造办处钟表的皇家风范，广州钟表的富丽堂皇，苏州钟表的细腻清雅，英国钟表的多姿多彩，法国钟表的巧妙构思，瑞士钟表的小巧玲珑……故宫钟表代表的不仅是中国，也是同时代世界钟表行业的先进制造水平。

表盘工艺

03
表盘工艺

钟表的表盘上隐藏着许多小秘密，你能把它们找出来吗？

表盘，是钟表的脸面，通过盘面可以看出制作地、工匠名字、制作时间等，表盘做工的精细程度也能反映出钟表本身的品质。

五个上弦孔

三个上弦孔

两个上弦孔
二针
罗马数字

三针
阿拉伯数字

二针
带有秒针盘

故宫所藏钟表的表盘上有数量不等的圆孔（上弦孔），有两个、三个、五个等，这与钟表的功能直接相关。一般来讲，两个孔的钟表只有走时和报时功能，三个孔的钟表增加了报刻功能，而五个孔的钟表则在走时、报时、报刻的基础上，又增加了发更和打更功能。钟表表盘上的罗马数字或阿拉伯数字代表时间，表盘有二针或三针，三针比二针多个秒针，有的二针表盘内带有秒针盘。

（清）彩漆嵌铜活鼓字盘钟表盘（局部）

（清）三套钟机芯表盘（局部）

（清）木质金漆楼阁钟表盘（局部）

清宫造办处御制钟的表盘有鲜明的特点，主要分为珐琅表盘和铜镀金表盘两种。另外，表盘上刻有皇帝年号，尽显皇家气派。目前故宫所藏造办处钟表大多制作于乾隆时期，这是宫中钟表制作的鼎盛时期，所以很多钟表表盘内都有“乾隆年制”款识。

广州钟表最突出的特点是外壳为黄、绿、蓝等色彩鲜艳的珐琅，这种珐琅又称“广珐琅”，是广州工匠效法西方技术，并结合中国艺术特色创制的。珐琅上的装饰花纹细密繁复，是其他地方的钟表所不具备的。此外，广州钟表的表盘上也镶嵌各色料石，显得富丽堂皇。

广州钟表的题材注重吉祥寓意，以祝颂太平、庆寿祈福为主。左图钟底层下方有布景箱，箱内有三只白猿，两只手捧仙桃，一只手捧珊瑚。白猿是长寿的象征，清宫所藏以白猿献寿为题材的钟表多是在帝后寿辰时臣子进献的。

（清）转花亭式卷帘白猿献寿钟

苏州钟表表盘体大突出，可清晰分辨时间，代表江南钟表的风格，在清宫帝后奢华的生活中也占有一席之地。善于结合天文星座与节气制钟也是苏州钟表的一大特点。

此钟钟盘上绘有北极恒星图，包括三垣（太微垣、紫微垣、天市垣）和二十八星宿。钟盘边缘有两道铜圈，内圈刻有二十四节气，外圈刻十二时辰。

（清）紫檀北极恒星图时辰节气钟

西方钟表

西方钟表与中国钟表最显著的不同是，西方钟表有的表盘上注明工匠名字、产地。比如英国钟表常注有 LONDON（伦敦）字样，表盘上的署名有 JAMES COX（詹姆斯·考克斯）、Willamson（威廉森）、Barbot（巴伯特）等。法国钟表常注有 Made in France（法国制造）或 PARIS（巴黎）字样，还有钟表厂家的名称，如 L.VRARD&Co、SENNET FRERES、J.Ullmann 等。有的法国钟表上还嵌有风雨表盘，说明这类钟表是专门为中国市场打造的。

工匠名字

CABRIER

London

产地

铜镀金嵌珠石杯式表表盘

铜风轮表的风雨表盘

风雨表盘上
加写的汉字

钟表厂家

L.VRARD & Co

TIENTSIN
Made in France

铜镀金飞人钟表盘

产地

细心的你，或许会发现有些钟表本身体量很大，而具有计时作用的表盘却很小，这大概是由于“皇帝所需者为奇巧机器，而非钟表”，所以计时功能被排在次要位置，而突出展现设计巧妙的活动玩意及悦耳动听的音乐装置。清代皇帝大多喜爱收藏钟表，尤其是款式新奇有趣的钟表，其中乾隆皇帝就以新奇作为收藏钟表的标准之一。清宫档案曾多次记载，皇帝对大臣进献的钟表要求很高，从造型样式到钟表上的机械装置都要求精益求精。明清时期钟表制造水平的快速提高，很大程度上得益于皇帝的喜爱与推崇。

（英国）铜镀金象拉战车乐钟

此钟的表盘在整体造型中所占比例很小，有趣的造型和好玩的活动装置几乎让人忽略了它钟表的本来身份。活动装置的发条比计时部分还要多，象腹、铜桶、指挥官脚下的方箱和车厢内部均各有一盘发条：象腹内的发条控制大象局部活动，铜桶内的发条负责为战车提供行进的动力，方箱内的发条负责控制指挥官的动作，车厢内的发条则负责发出乐声。上弦启动后，大象转动眼睛，摇鼻摆尾，带领战车沿弧形轨迹行进。车轮滚动前行时，指挥官还会不时转动身体。战歌相伴，兵士抖擞，行进中的铜镀金象拉战车乐钟，仿佛是一队斗志昂扬、即将开赴战场的军士。

独具匠心

04 独具匠心

钟表设计独具匠心，绝对让你啧啧称奇。

故宫所藏钟表类型多样，有冠架钟、迎手钟、风扇钟、魔术钟、八音钟、四明钟、挂钟等，做工优良，具有极高的艺术价值。

清宫造办处制造钟表时，为了突出皇家的富有和奢华，多用紫檀木、红木为外壳，以亭台楼阁的传统建筑形式为造型，也有如更钟、迎手钟、冠架钟及风扇钟等具有宫廷特色的钟表品种。

（清）铜镀金冠架钟

冠架和迎手是宫廷常见的生活用品。冠指帽子，冠架是放置帽子使其不易变形的帽架。迎手则是一种坐在床榻上时用来搁臂肘的方形小枕。将这些生活用品与钟表结合起来，效果会不会很奇妙？故宫钟表就应用了这样的奇思妙想！左图中的冠架钟，主体部分设圆形表盘，顶端有五个支撑柱，可放置冠帽。下图中的迎手钟既是迎手，又是钟表，还是一个低调的音乐盒。音乐装置在迎手钟内部，按压顶部软垫，便触及垫下的机械开关，钟便发出优美的乐声；停止按压，音乐也随即停止。把生活用品与钟表结合在一起，也真是一大趣事了。

（清）镀金嵌料石迎手钟

（清）红木人物风扇钟

红木人物风扇钟高1.94米，比很多成年男性的身高还要高！钟表下层是一个硕大的木质雕花箱座，小巧的钟盘位于中间的须弥式基座上。有意思的是，基座上方有一个面带笑容的孩童，单腿跪地，左手托着一个寿桃，右手拿着一把桃形扇子，孩童身后上方是一风扇，扇叶呈蝙蝠形。这个风扇可不是摆设，钟表上弦启动后，风扇会徐徐转动，孩童也会上下摇动手中的扇子，可见它不仅可以计时，还有消暑功能，蝙蝠和寿桃的造型还传递了“福”与“寿”的美好祝愿。

启动机械装置，随之而动的不仅有钟表的指针，还有各种有趣的活动部件：旋转的美丽花草、引吭高歌的小鸟、悠然骑马的宫人，甚至还有近在眼前的“喷泉”和叮咚响在耳际的“泉水”！这些“喷泉”装置叫作水法，是钟表工匠用有螺旋纹的玻璃柱模拟出的水流。玻璃柱的转动，带给人们一种泉水上下涌动的感觉，真是妙极了！一般来讲，同一座钟表，可以有多套齿轮装置，但每套齿轮的转速是相对固定的。钟表工匠却能够在有限的传动装置中，将螺旋纹密度不同的玻璃柱，按照不同的方向旋转，呈现出不同流速的上喷水、下流水、平流水，从而营造出一个多姿、奇幻的水法世界。

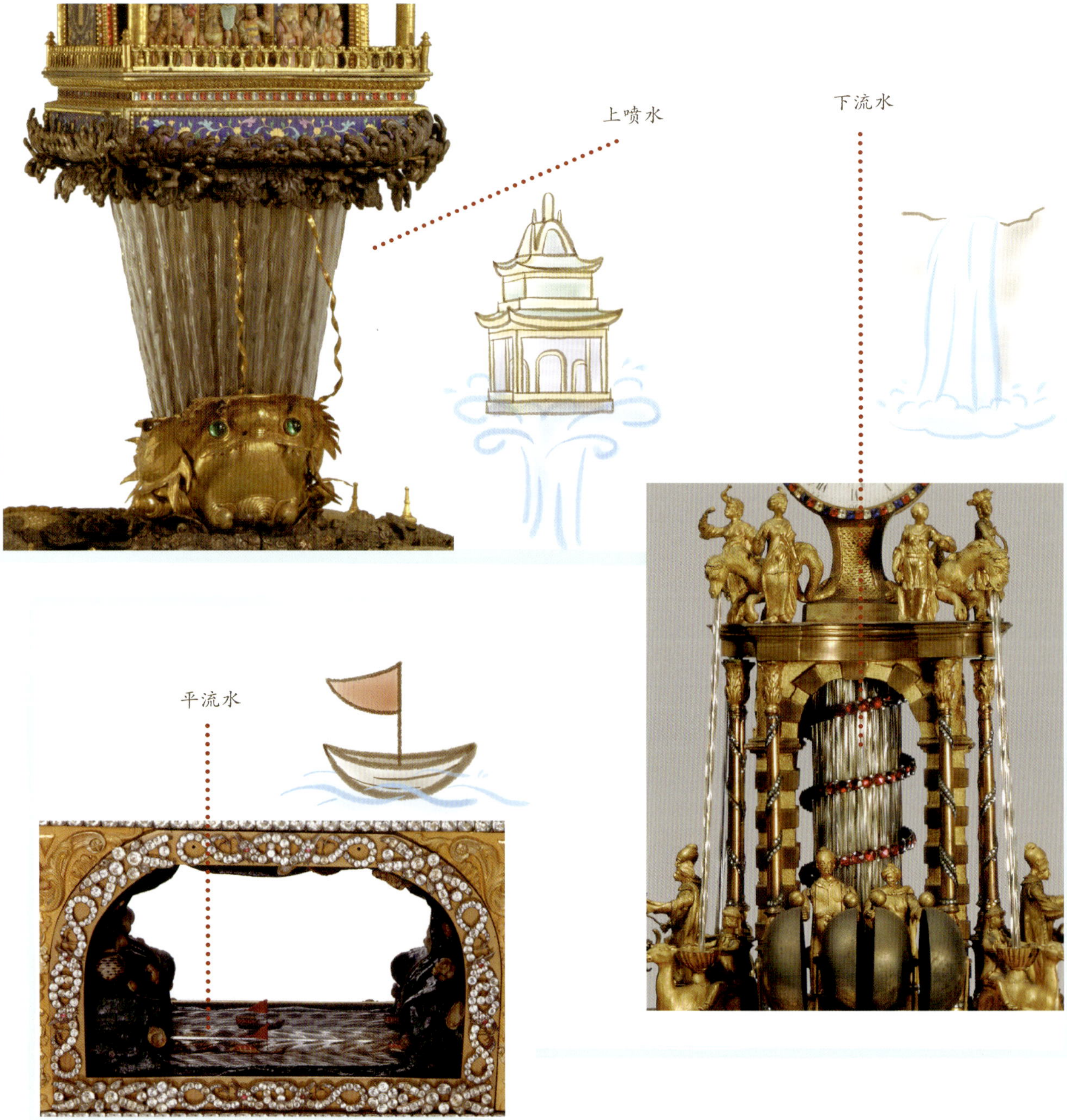
上喷水
下流水
平流水

清宫造办处制作钟表时，首先要听取皇帝的意见。皇帝会对钟表的用料、外观、保养、维修等方面提出明确要求，工匠据此进行设计，获得批准后照样制作，最后由皇帝本人验收。对于皇帝而言，钟表既是计时器，又是陈设品，还能体现他们的宗教信仰与精神追求。乾隆皇帝一生笃信藏传佛教，他在位期间让工匠们制作了许多宗教题材的钟表。比如铜镀金转八宝亭式钟，亭子主体是装饰精美的佛教八宝和转经筒。八宝即法轮、法螺、宝伞、白盖、莲花、宝罐、双鱼和盘肠。转经筒中还装满了经卷。上弦启动钟表，转经筒与八宝都会转动起来。

（清）铜镀金转八宝亭式钟

在故宫所藏法国钟表中，有两件没有发条，使用自身的动力源带动机芯运转。一件是铜镀金滚钟，另一件是铜镀金滚球压力钟。

典雅别致的铜镀金滚钟，运转起来靠的竟是无形的重力。那么，重力是如何转化为钟表动力的呢？其实，这款滚钟没有发条，却有很特别的内部结构——坠砣。使用时，钟被放在一个长55厘米、倾斜角度为10度的坡板上。在重力作用下，钟从坡板最高处缓慢下行。滚动过程中，在坠砣与机芯的相互作用下，时针和分针正常工作计时，令人叹为观止！

这个钟没有发条，那它的动力源是什么呢？

这个原理听起来好像很简单，实现起来却并不容易。首先，要克服重力的作用，保证滚钟匀速下行。于是，坡道两侧特意设计了小齿，通过小齿对钟的摩擦力，保证钟用 24 小时匀速从坡道顶端滚到底端。其次，为便于读数，表盘不能与外壳一同滚动。设计师特意将钟壳与表盘、坠砣、机芯有效隔离，钟壳在坡板上滚动时，表盘只是移动了位置，方向并不改变。此外，不用上弦，仅通过滚动就可计时，也可谓实用又富有情趣，突显出 19 世纪法国钟表制造领域科技与浪漫相结合的特点。

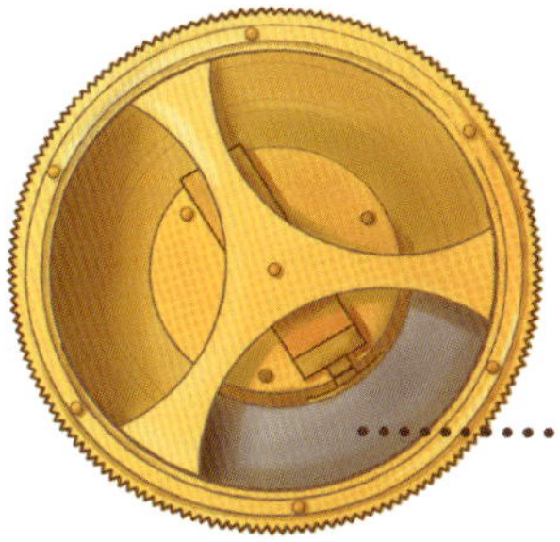

滚钟背面

（法国）铜镀金滚钟

（法国）铜镀金滚球压力钟

铜镀金滚球压力钟背面（局部）

铜镀金滚球压力钟，从正面看造型别致，机芯后有个大转盘。转盘形似摩天轮，被分隔成12个距离相等的小格。转盘上部有收纳盒，下部有抽屉，用以储藏钢球。这些钢球的作用是什么呢？原来，它们就是钟表的动力来源。这些钢球最初都储藏在上部盒内，最多

时 18 个。将 4 个钢球沿轨道滚入转盘，转盘便在重力作用下开始转动；转动过程中，盒子里的钢球依次滚入转盘，继续带动转盘运动，钢球到最下方格子时，会从转盘滚出落入底部的抽屉。循环往复过程中，转盘里最多只能有 6 个钢球。通过这样的转动，机芯随着一起运转，进而带动钟表走时。

锦上添花

05
锦上添花

钟表上的小装饰，可以说是好上加好，锦上添花。

故宫珍藏的钟表不仅是计时工具，更是制作精美、装饰华丽的陈设品与艺术品。钟表工匠别出心裁地将生活中的日月星辰、建筑陈设、花草树木、各种动物等都设计进钟表里，每一件钟表似乎都在讲述一个生活里的小故事。活泼可爱或憨态可掬的小动物们还往往被赋予吉祥美好的寓意：大象象征太平，狮子象征威严，羊代表祥瑞，鹿象征财富和长寿，麒麟是吉祥的象征。它们或卧或立，千姿百态，仿佛为钟表注入了鲜活的生命力。

动物装饰给钟表赋予了吉祥美好的寓意。

用我们装饰钟表，
祝福满满哟！

（英国）铜镀金四象驮跑人日历表（局部）

（英国）木楼三角形音乐钟（局部）

（英国）铜镀金鹿驮转花变花钟（局部）

大象	鹿
狮子	
麒麟	羊

（清）铜镀金仙猿献寿麒麟驮钟（局部）

（清）铜镀金四羊驮表（局部）

钟表上有吉祥寓意的动物装饰

除了各种各样的动物装饰，本是舶来品的钟表上还装饰了许多中国特有的祥瑞物件，如福禄寿三星、八仙、葫芦、仙桃等。

传统的祝寿题材。

最具有吉祥寓意的搭配。

福禄寿三星

装饰性为主。

（清）铜镀金福禄寿三星钟

福寿禄三星

左图钟制造于乾隆时期，将乾隆时期大多数钟表以装饰性为主的特点体现得淋漓尽致。钟体有三层，装置启动后，八仙会依次出现在底层的四面。中层的装饰元素最多，最主要的是福寿禄三星。他们各手持一折，上书贺词，分别为“福如东海”“万寿无疆”“寿比南山”。

广州钟表绝大部分带有葫芦式样。

（清）铜镀金珐琅葫芦顶渔樵耕读钟（局部）

（清）铜镀金珐琅葫芦式转花钟（局部）

（清）铜镀金倒球葫芦式钟（局部）

“葫芦”谐音“福禄”。

铜镀金写字人钟的最大亮点是会写字的机械人，而且是一个用毛笔写汉字的西方装束机械人。整个钟高两米多，由四层楼阁组成，设计复杂精妙。顶层是圆亭，内有两人，上弦后这两个人会拉开距离，为皇帝献上“万寿无疆”的四字卷轴。第三层为方亭，里面的敲钟人会在报完 3、6、9、12 时后敲打钟碗奏乐。第二层是表盘，也就是钟表的计时部分。底层是整座钟表里内容最精彩、结构最复杂的部分。上弦后，西方装束的写字人会一边晃着脑袋，一边提笔书写出“八方向化”和“九土来王”八个汉字。

为了让写字人展示精湛的书法技巧，工匠特意按照每个字的笔画、笔锋制作了三个圆盘，分别控制字的横竖笔画和笔的上下移动动作，使写字人写出的每一笔横、竖、撇、捺都有笔锋，字迹工整有神韵。这个写字人由一套独立机械控制，与计时部分的机械不相连。也就是说，即使钟表不走时，机械人依旧可以写字。

根据记载，乾隆皇帝也曾参与这座钟表的设计，提出了让西方人写毛笔字的创意，还在退位为太上皇之后，命人把写字人钟搬到自己养老的宁寿全宫中，以便随时欣赏。这座写字人钟不仅是乾隆皇帝的心爱之物，也是如今故宫游人眼中新鲜奇妙的玩具钟表。

（英国）铜镀金写字人钟

圆亭

方亭

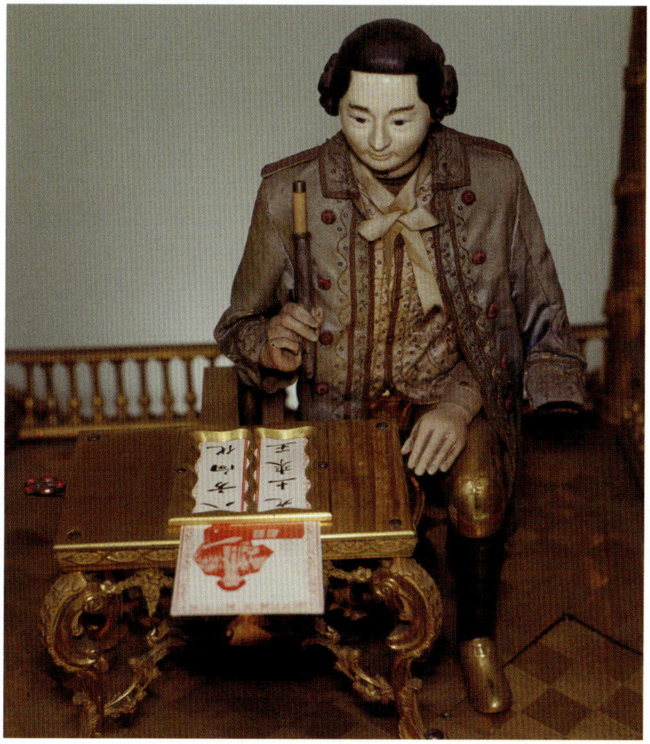

铜镀金写字人钟底层写字机械人

铜镀金写字人钟的表盘上有 Williamson 字样，说明它是由英国伦敦的钟表制作名家威廉森（Williamson）制作的，但这并不是说所有部件都出自他手。18世纪的欧洲钟表制造业发达，匠师有明确分工，一件钟表的机芯、机械人、八音盒、各种转花配件可能来自不同的匠师。这件写字人钟虽然是由威廉森制作的，但最具亮点的部件写字机械人却可能出自雅凯－德罗家族。资料显示，雅凯－德罗家族制作了三个著名的机械人：写字机械人、绘画机械人和音乐演奏机械人。

钟表馆的每一件钟表背后都有一段故事，流连其中，也许你会产生无尽的遐思。

锦上添花